아시아의 민중봉기

Asia's Unknown Uprisings Volume 2
: People Power in the Philippines, Burma, Tibet, China, Taiwan, Bangladesh, Nepal, Thailand, and Indonesia, 1947–2009

Copyright © George Katsiaficas, 2012
All rights reserved.

Korea Translation Copyright © 2015 by Maybooks

이 책의 한국어판 저작권은 저자와 직접 계약한 도서출판 오월의봄에 있습니다.
신저작권법에 의해 한국 내에서 보호를 받는 저작물이므로 무단전재와 복제를 금합니다.

아시아의 알려지지 않은 민중봉기 2

아시아의 민중봉기

필리핀, 버마, 티베트, 중국, 타이완, 방글라데시,
네팔, 타이, 인도네시아의 민중권력, 1947~2009

조지 카치아피카스 지음
원영수 옮김

오월의 봄

신은정, 1972~2012년
활동가, 영화감독, 작가
나의 동반자이자 영감이었던 이에게

한국어판 서문

이 책을 마무리할 무렵 아랍의 봄과 오큐파이 운동이 놀라운 속도로 등장했다. 나는 수백 곳에서 등장한 봉기의 에너지에 흥분했지만, 동시에 의문이 생겼다. 봉기들이 점차 전 지구적으로 동시에 나타난다는 가설을 입증하는 데 내 인생 10년을 바쳤는데, 이미 역사가 그것을 풍부하게 증명해주지 않는가?

2011년의 지구적 봉기는 진보적 힘으로 소멸했지만 사회운동들이 어떻게 급속하게 확장하면서 동시적인 물결로 등장했는지 보여주며, 이것이 바로 내가 '에로스 효과'라고 부르는 그 현상이다. 14개월 동안 아랍의 봄은 항상 좋은 쪽은 아니지만 10여 개 이상의 나라에서 정치 지형을 변혁시켰다. 하지만《아시아의 민중봉기》의 주제인 1986~1992년 아시의 물결은 6년이라는 짧은 기간에 9개국 가운데 8개국에서 독재의 종식을 가져왔음에도 대개 잘 알려지지 않은 상태다.

1968년 이래 전 지구적으로 연결된 사회운동은 역사의 윤곽을 규정했다. 유럽과 미국의 무장해제운동은 냉전 종식에 기여했고, 아시아의 물결은 동유럽 정권 교체의 출현을 촉진했으며, 오랫동안 독재에 안주한다고 여겨져온 아시아에서 '민주주의'를 인도했다. 사파티스타

봉기에서 유래된 대안 세계화운동은 세계인의 대화와 자기이해를 변화시켰다.

비록 1986년을 시점으로 잡지만 아시아 물결의 진정한 출발점은 1980년 광주민중봉기이며, 광주는 현대 남한 민주주주의의 발생점으로 오래도록 이해되고 있다. 나는 이 책을 통해 20세기 말 아시아의 엄청난 정치 변화의 중심에 광주가 있다는 것을 보여주고자 했다. 필리핀, 남한, 타이완, 방글라데시, 네팔, 타이, 인도네시아에서 수천 명의 인명 희생에도 불구하고 풀뿌리운동들이 독재를 '민주적' 체제로 변혁할 때에, 광주의 자랑스런 피플파워의 모범은 활동가들에게 영감을 줬다. 광주봉기에 대해 부당하게 비난받았던 김대중은 매사추세츠에서 필리핀 상원 의원 베니그노 아키노와 같이 망명 생활을 했고, 이 시기는 광주의 에너지가 확산되던 시점이었다. 1989년 톈안먼 광장에서 활동가들 주위에 집결한 중국 시민들은 광주와 마닐라에서 벌어진 대대적인 민중의 저항을 잘 알고 있었고, 이 저항은 그들이 계엄령 실행을 저지할 때 모델이 됐다. 광주는 20세기의 파리코뮌이며, 민중의 저항과 자치 역량에서 세계사적 정점이다.

오늘날 아랍의 봄은 시리아와 리비아에서 유혈 사태로 변질돼 무바라크하의 이집트보다 훨씬 더 나쁜 독재를 만들어냈다. 아시아의 '민주주의'는 대개 최상의 경우라도 체계적인 후원에, 더 흔하게는 정치적 반대 세력에 대한 보복 처벌에 갇혀 있다. 이런 운동을 만들어낸 풀뿌리 활동을 외면하기 전에, 심지어 가장 위대한 근대 혁명들도 자신의 약속을 지키는 데 실패했다는 사실을 기억하자. 미국혁명은 버펄로 살육과 아메리카 원주민에 대한 인종 학살 증가로 귀결됐고, 프랑스혁명은 프랑스의 제국적 야망을 강화해 아프리카와 아시아에서 유혈 정복으로 이어졌다. 러시아혁명은 굴라크$_{gulag}$(강제수용소)를 만들어내 수백만 명이 사망하게 했고, 개인의 권리를 말살했으며, 궁극적으로 소비에트연방을 유혈의 외국 정복으로 내몰았다. 하지만 완벽한 사회를 향한 인간들의 이런 시도가 실패했다는 것을 이해해야 하는 것과 동시에 그 시도의 엄청난 성과도 함께 이해해야 한다.

《한국의 민중봉기》에서 한국 역사는 이명박 정부에서 마치는데, 이 시기는 한국의 암흑시대였다. 암흑은 박근혜(야당을 사보타주하는 정보기관의 도움으로 선거에서 승리한) 정권 아래서도 계속되고 있다. 박근혜는 모든 국민의 어머니가 되겠다는 약속을 깨뜨렸고, 이런 약속 파기는 세월호 참사와 그 이후에 보여준 무심함에서 가장 분명히 드러난다. 이 참사는 한국의 취약한 민주주의가 아직도 얼마나 기만과 뒤섞여 있는지를 비극적으로 보여준다. 권위주의적 과거로의 퇴행을 암시하는 많은 경향에도 불구하고, 남한에는 수천 명의 경험 많은 사회운동 활동가들이 있으며 이들은 더 많은 자유를 위한 투쟁을 포기하지 않고 있다.

《한국의 민중봉기》는 전적으로 한국의 운동을 다루는 반면, 《아시아의 민중봉기》는 9개 나라의 봉기를 다루며, 그런 다음 전 지구적 자본주의 체제에 대한 보편적 비판의 일부로서 한국의 역학과 가능한 변혁의 시나리오를 모색한다.

한국어판을 준비하는 과정에서 수많은 벗들의 도움을 받는 행운을 누렸다. 특히 나간채, 이재의, 나일성, 홍성담, 진주, 안종철, 윤장현, 오충일, 조일준, 서유진, 박해광에게 감사를 표하고 싶다. 원영수는 이 책을 번역했고, 박석삼은 번역 원고를 꼼꼼하게 읽어줬다.

나의 동반자 신은정은 우리 노력의 결과물을 보지 못하고 2012년 갑자기 세상을 떠났다. 그렇지만 이 책을 완성하는 데 신은정은 엄청난 기여를 했다. 이 책을 그녀에게 바친다.

멕시코 오악사카에서, 2015년 2월 9일
조지 카치아피카스

차례

한국어판 서문 • 7
들어가며 • 16

1장   봉기하는 세계 • 20

아시아의 민중권력 봉기 | 1968년에서 1998년까지, 보통 사람들의 저항 | 전 지구적 민중권력 | 1968년에서 1998년까지, 소비에트 공산주의의 몰락 | 헌팅턴의 제3의 물결 다시 보기 | 민주주의란 무엇인가 | 집단의 지혜, 똑똑한 군중 | 봉기를 어떻게 평가할 것인가 | 세계 자본주의에 맞서는 투쟁

2장   필리핀 • 74

마르코스 체제, 인구의 4분의 3이 빈곤선 | 베니그노 아키노 암살 | 조기 선거, 레이건의 개입 | 군대 내부의 반란 | 피플파워의 등장 | 최후의 전투 | 제1차 피플파워의 국제적 여파 | 아키노 정부의 배신 | 라모스에서 에스트라다로 | 제2차 피플파워, 에스트라다에서 아로요로 | 제3차 EDSA, 빈민의 피플파워

3장   버마 • 136

8888 총파업 | 권력에 오른 평의회 | 테르미도르, 철권의 도래 | 1988년 이후의 민주주의 수난 | 군사 통치의 경제학 | 2007년 '사프란혁명'

4장 **티베트** · 174

1959년 봉기, 달라이 라마를 보호하라 | 망명과 점령 | 1980년대 후반, 다시 불타오른 봉기 | 계속되는 저항, 티베트의 힘

5장 **중국** · 204

문화대혁명이 1989년 운동에 기여한 것 | 경제개혁, 새로운 흐름의 등장 | 1989년 위기, 학생들과 노동자들이 일어서다 | 학생들의 주도권 장악 | 공격받는 학생들 | 단식농성자들의 쿠데타 | "톈안먼 광장 보위 지휘부 총사령관" | 계엄령에서 6월 4일 유혈 사태로 | 봉기의 여파 | 억압 속 중국의 번영 | 계속되는 저항과 국가통합

6장 **타이완** · 274

1947년 봉기와 학살 | '침묵의 세대'에서 가오슝 사건으로 | 풀뿌리 시위와 계엄령 종료 | 민주화의 고양 | 야생백합학생운동 | 민주화 이행을 향하여

7장 **네팔** · 328

네팔의 시민사회 | 자나 안돌란의 준비 | 정당들과 민중운동 | 파탄 해방구 | 봉기의 절정 | 협상과 타협 | 미완으로 끝난 제1차 자나 안돌란 | 봉기의 시민사회 혁신 | 과도정부 | 마오주의의 추동력 | 2002년 10월 4일 궁정쿠데타 | 제2차 자나 안돌란과 2006년 록탄트라 안돌란 | 어려운 수확, 눈부신 승리 | 누가 권력을 장악하고 있는가?

8장 **방글라데시** · 406

유혈 사태로 탄생한 방글라데시 | 전면에 나선 학생들 | 방글라데시 학생의 힘 | 값비싼 승리, 민주적 발전 | 이슬람 가부장제와 싸우는 여성운동 | 의류 노동자들의 계급투쟁

9장 **타이** · 438

국가, 종교, 국왕 | 1973년 학생혁명 | 봉기 후의 고조 | 1976년 학생 대학살 | 신자유주의의 타이식 얼굴 | 1992년 '검은 5월' | 5월 17일 최후의 결전 | 1992년 검은 5월의 성과 | '휴대전화 폭도' | 1997년 민중헌법 | 1997년 IMF 위기 | 레드셔츠와 옐로셔츠

10장 **인도네시아** · 518

IMF 위기, "물러나라, 수하르토" | 1998년 학생들의 의회 점거 | 레포르마시 시대

11장 **민중권력은 여전히 작동한다** · 540

정치의 전복이 필요하다 | 1968년에서 봉기 2.0으로 | 아랍의 봄, 여전한 민중봉기의 물결 | 에로스 효과의 재검토 | 에로스 효과의 활성화

12장 **자유로운 코뮌 만들기** · 572

파리코뮌에서 광주봉기로 | 광주와 파리의 차이 | 군대의 역할 | 광주봉기에서 파리코뮌의 역할 | 표트르 크로포트킨과 민중봉기

13장 조직과 운동 · 602

시대와 아방가르드의 미학 | 시위의 미학, 아방가르드 정치 | 봉기 2.0, 가상 코뮌의 건설 | 기업의 돈을 받는 NGO의 역할 | 미국이 개입한 혁명의 시나리오

14장 프롤레타리아트의 변화하는 얼굴 · 636

확대되는 혁명의 토대, 중산층과 룸펜프롤레타리아트 | 젠더와 봉기 | 여성의 원형과 민주화 | 안티고네와 춘향

15장 봉기의 공식 · 660

봉기를 일으키는 경제적 요소 | 시위의 정점과 민주화의 심도 | 사망자 집계와 권력 | 군대와 정권 내부자의 역할 | 아시아에는 시민사회가 없는가 | 봉기들의 자율성과 집중화 비교

16장 문제는 체제다 · 686

가장 훌륭한 사람과 가장 똑똑한 사람 | 자유와 민주주의의 이름으로 | 세계 체제의 구조적 요청 | 첫 번째 구조적 요청 – 전쟁과 무기 | 두 번째 구조적 요청 – 거품과 붕괴의 위기 | 세 번째 구조적 요청 – 억만장자와 거지 | 네 번째 구조적 요청 – 이윤과 공해 | 합리적 체제를 향하여 | 계속되는 전 지구적 봉기

옮긴이의 말 · 720
미주 · 724
인터뷰 목록 · 787
Credits · 791
찾아보기 · 793

이름 없는 사람들

바실 페르난도, 1970년

우리는
이름 없는 사람들이다.
사진도
그림도 없다.
우리의 과거를 기록할
우리의 선조들은
우표를 수집하지도 않았다.
거리의 어떤 벽에도
우리의 이름은 없다.
공식 시합에는
우리에게 주는 상이 없다.

우리는
이름 없는 사람들이다.
우리의 선조들도 마찬가지였다.
고통의 세월이
우리를 과거와 연결한다.
아무도 우리를 기억하지 않지만
우리의 세계는 광활하다.

우리는
이름 없는 사람들이다.
침묵은 우리의 가면이다.

들어가며

이 책을 쓰게 된 계기는 2000년 5월 광주에서 저녁식사를 하면서 받은 제안 때문이었다. 그날 저녁 내 맞은편에 앉은 동티모르의 카를로스 벨로 주교는 내 눈을 깊숙이 응시하며 나를 바라보았다. 뛰어난 지성을 바탕으로 한 겸손한 태도로 벨로 주교는 나에게 아주 정중하게 물었다. "선생님, 지금까지 유럽과 미국의 사회운동에 관한 책을 쓰셨는데, 이번엔 아시아에 대한 책을 쓰시면 어떻겠습니까?" 이 단순한 제안 때문에 그 뒤 내 인생의 10년은 예상치 못한 전환을 맞게 됐다.

2001년과 2008년에 광주에서 지내는 동안, 나의 이전 저작들이 번역되면서 다른 외국인들은 거의 경험하지 못한 문이 내게 열렸다. 연구를 하는 과정에서 수십 명에 달하는 사람들이 기꺼이 시간을 내어 자기 경험의 뉘앙스를 설명해주고 내가 미지의 영역에 발을 내디딜 수 있도록 안내해주었다. 나는 한국을 근거지로 삼아 동아시아 지역을 폭넓게 여행했으며, 광주에서 처음 만났던 활동가들과도 자주 만났다. 그들은 한국의 주요한 인물들을 소개해주었다. 또한 미국(민중에게서 단지 주변적 지지밖에 받지 못하는)보다 훨씬 더 발전한 투쟁에 대한 시야를 열어

줌으로써 나에게 많은 것을 가르쳐주었다. 수십 년에 걸친 민중의 희생과 역경에 대한 기억 때문에 10여 년에 걸쳐 이 책을 완성할 수 있었다.

아시아 전역의 봉기 형성 과정에서 광주가 담당한 역할로 인해 남한의 운동은 아시아 민중권력의 중심에 위치하고 있다. 내가 《한국의 민중봉기》에서 지적한 것처럼, 광주봉기는 남한이 미국의 지원을 받는 군부독재의 궤적에서 벗어날 수 있도록 했다. 19일에 걸친 1987년 6월 봉기와 더불어, 광주는 오늘날 한국에 민주주의가 존재하는 이유이다. 한국의 풍부한 20세기 봉기의 역사가 이 책에서 분석한 다른 9개국의 사례에 적지 않은 의의를 갖고 있지만, 《아시아의 민중봉기》를 이해하기 위해 《한국의 민중봉기》를 꼭 읽어야 하는 것은 아니다. 독자들은 이 책부터 새로 시작할 수 있을 것이다.

내가 다룬 많은 봉기가 독재자들을 몰아내는 데 성공했지만, 어떤 봉기도 참가자들의 최대 열망을 실현하지는 못했다. 많은 경우에 글로벌 기업들이 봉기 주체들의 등을 타고 넘어와 과거에 닫혀 있던 시장을 열고 자국 자본가들에게 고용된 민중의 노동력을 착취했다. 내 견해로는 이것이 사회변혁의 수단으로 풀뿌리운동의 의의를 과소평가할 이유는 되지 못한다. 미국독립혁명에서 프랑스혁명과 러시아혁명에 이르기까지, 어떤 과거의 봉기도 그 주체들이 가장 원하는 꿈을 성공적으로 쟁취하지는 못했다. 그렇다고 또 하나의 에피소드가 그럴 것이라고 예상해서는 안 된다. 과거의 혁명들이 "체제를 분쇄하기보다 완성"했지만, 민중봉기들은 수백만 민중의 삶을 질적으로 향상시키고 개인과 집단의 자유를 증대시켰다. 이런 의미에서 우리 모두는 그들에게 지속적으로 감사해야 하며, 특히 참여 주체들이 지불한 엄청난 희생을 고려하면 더욱 감사해야 한다.

전 지구적 1968년 운동에 대한 이전의 연구에서, 나는 동일한 투쟁과 열망이 국제적으로 동시에 출현했음을 밝혔고, 이 현상을 에로스 효과라고 이름 붙였다. 아주 놀랍게도, 1986년에서 1998년까지 아시아의 민주화운동에서도 에로스 효과가 중대한 차원이었음을 발견했다. 이 책의 사례 연구를 이용하여 나는 에로스 효과에 대한 경험적 이해를 확장하고 분석을 심화할 수 있었다.

나는 미래에 학자들과 활동가들이 이 작업에 기초하여 과거의 단점을 수정하고 외견상 서로 다른 운동들에서 새로운 연관성을 발견하기를 희망한다. 《한국의 민중봉기》와 《아시아의 민중봉기》 이 두 권의 책이 아무리 사소하더라도 미래의 전 지구적 봉기의 의식적 동기화에 기여하고, 미래의 봉기가 군사화된 민족국가와 전 지구적 자본주의의 족쇄를 파괴하도록 힘을 보태게 된다면 대단히 기쁠 것이다.

이 책은 이름을 밝히길 원치 않는 많은 사람들에게 엄청난 빚을 지고 있다. 네팔의 전 대통령 람 바란 야다브, 전 국무총리 마다브 쿠마르 네팔, 필리핀 상원 의원 그레고리오 호나산 등 저명한 정치 지도자들을 포함한 수많은 사람이 때로 아주 까다로운 나의 질문에 시간을 들여 답해주었다. 인터뷰 응답자의 목록은 부록에 있다. 나는 한국연구재단과 비스틀라인 연구장학재단의 재정 지원과 웬트워스 공대의 안식년 휴가에 감사를 표하고자 한다. 특히 웬트워스 공대 도서관의 직원인 댄 오코널과 피아 로마노는 끊임없는 도움의 원천이었다. 풀브라이트 상급연구장학금 덕분에 2007~2008년 한국에서 지내면서 연구할 수 있었다. 수년간 광주의 전남대학교 사회학과와 5·18연구소는 나를 방문교수로 초빙하여 상당히 중요한 지적 공간을 제공해주었다.

이 책을 완성하는 데 많은 동료가 지적 지원을 제공했고, 자주 비판적 개입도 해주었다. 특히 빅터 월리스, 제임스 페트라스, 바실 페르난도에게 감사하고 싶다. 이들의 주의깊은 독해와 정중한 제안은 자주 내가 생각지 못한 방향을 제시해주기도 했다. 에디 위안, 잭 힙, 응오 빈롱, 테오도로스 키로스, 로런 골드너, 데이비드 마르티네스는 귀중한 격려와 충고를 해주었다. 조디 고메즈는 편집상의 도움을 주었다. 내가 방문한 많은 나라에서 활동가들과 학자들의 도움을 받는 행운을 누렸다. 필리핀의 피트 라온과 메리 라셀리스, 버마의 산 아웅과 아웅 초 소와 투라, 중국에 대해서 김진호와 김재관, 타이완의 마이클 샤오와 프랭크 천, 방글라데시의 서맨사와 존 크리스티안센, 파르빈 아키와 아타우르 라만, 네팔의 수레시 포카렐, 람 찬드라 포카렐, 비말 샤르마, 바와나 바타, 록 라지 바랄, 타이의 소르 라따나와 찌라난 한탐룽윗 등이다. 한국의 동료 박해광, 김찬호, 나일성, 나간채는 내가 이 연구를 완성할 역량을 갖추는 데 중대한 역할을 했다. 특별히 나의 딸 커샌드러에게 감사한다. 그 아이는 마지막 몇 달간 내가 이 책에 집중할 수 있도록 도움을 주었다. 커샌드러와 달랄은 엄청난 지지와 활기찬 대화를 제공했다. 내 아내 신은정은 노력의 본보기를 보여주는 사람으로, 그녀와 함께한 시간은 나 자신의 노력에 자양분이 됐다.

매사추세츠 주 케임브리지에서, 2011년 9월 21일

1장
봉기하는 세계

동유럽에서 민주주의가 발전할 가능성은 사실상 전무하다. 소수의 예외가 있지만 전 세계적으로 민주주의 발전은 이미 한계에 도달한 것 같다.
— 새뮤얼 헌팅턴, 1984년

우리, 늙은이들은 다가오는 혁명의 결정적 전투를 결코 보지 못할지도 모른다.
— V. I. 레닌, 1917년 1월

봉기는 끔찍하고도 아름다운 사건이다. 봉기는 아주 예상치 못하게 발생해서 그 적들을 당황시키는 만큼, 봉기에 참여하는 사람들 스스로를 놀라게 한다. 우리가 깨닫는 것 이상으로 우리가 사는 세상은 혁명적 봉기에 의해 만들어져왔다. 미국독립혁명에서 러시아혁명까지, 광주봉기에서 아랍의 봄까지, 봉기는 놀라울 정도로 규칙성 있게 일어난다.

1980년대까지 동아시아 독재 정권들은 수십 년간 집권해오며 흔들리지 않을 것처럼 보였지만, 저항의 물결이 곧 그 지역을 바꾸었다. 이 봉기들은 아시아인들이 민주주의보다 권위주의 정부에 더 만족해한다는 흔한 편견을 날려버렸다. 그리고 더 많은 자유와 시민이 참여할 수 있는 새로운 기회를 가져왔다. 이는 또한 국제 자본에도 기회였다. 이 책의 목표 중 하나는 이런 변화가 지닌 모순적 성격과 이 변화를 불러온 세력들을 평가하는 것이다.

《아시아의 민중봉기》는 체제 세력과 대치하는 순간에 민중이 상호작용하는 형태에 초점을 맞출 것이다. 나는 수십만 민중의 행동이 자유의 구체적 역사를 묘사하는 수단으로서 스스로 말하도록 노력할 것이다. 자주 반복되는 "민중이 역사를 만든다"는 문장은 민중봉기에 집중하지 않고는 이해할 수 없다.《한국의 민중봉기》에서 나는 사회운동이라는 프리즘을 통해 한국의 역사를 살펴보았다. 연이은 세 왕조가 각기 500여 년간 지속된 독특한 이력이 있는 나라 한국에서, 장기 20세기는 과거와 비견할 바 없이 풍부한 봉기와 격변을 낳았다. 1894년 일본 식민주의에 맞선 농민운동에서 미국산 '미친 소'고기 수입에 반대한 2008년 촛불시위까지, 봉기는 강도 높게 지속됐다. 민중운동은 과거의 투쟁에서 교훈을 얻었고, 민중은 지난 성과와 실패를 스스로 평가함으로써 전술과 투쟁 대상을 개발해왔다.

《아시아의 민중봉기》는 범위 면에서 국제적이며 9개 지역의 봉기를 다루지만, 민중봉기 주체들이 서로에게서 배우고 이전 사례에 근거하여 운동을 확장하고 서로의 어휘와 행위와 열망을 빌리는 수용력에서 공통점을 발견할 수 있다. 거의 하룻밤 사이에 '민중권력'은 활동가들에게 종교와 민족, 경제적 경계를 넘어 동시대 공통의 전 지구적 정체성이 됐다. 특정한 봉기를 경험적으로 분석함으로써, 이 책은 필리핀(1986), 버마(1988), 티베트(1989), 중국(1989), 타이완(1990), 네팔(1990), 방글라데시(1990), 타이(1992), 인도네시아(1998) 등 아시아 지역 봉기의 발전 과정에 초점을 맞출 것이다.

1989년 소비에트 체제에 맞선 동유럽의 혁명은 잘 알려져 있지만, 유럽 중심주의적 (그리고 반공주의적) 편견은 자주 아시아 지역 혁명의 중요성을 축소하며 대개 눈에 띄지 않도록 한다. 아시아 봉기들은 성과 면에서 주목할 만하고 성격 면에서 (고르바초프의 러시아 제국 포기 시도로 운동이 촉발됐던) 동시대 동유럽의 격변보다 더 의미심장하게 풀뿌리의 힘에 바탕을 두었음에도 여전히 알려져 있지 않으며, 심지어 봉기가 발생한 지역 내에서마저 그렇다. 1980년에서 1998년까지 동아시아 봉기의 흐름은 거대한 정치적 충격을 불러일으키며 견고한 8개 체제를 전

[표 1.1] 민중권력 봉기로 축출된 독재자들

독재자	나라	축출 연도
페르디난드 마르코스	필리핀	1986
전두환	한국	1987
네 윈, 세인 르윈	버마	1988
에르샤드	방글라데시	1990
수찐다	타이	1992
수하르토	인도네시아	1998

복했다. 필리핀의 독재자 페르디난드 마르코스는 망명해야 했고, 남한의 전두환은 치욕을 당한 후 탄핵당하기 전에 대통령 직선제를 허용했으며, 타이완의 40년 계엄 체제는 전복됐다. 버마의 시민 동원은 2명의 독재자를 타도했지만 그 후계자들이 수천 명을 상대로 저지른 학살과 마주했다. 네팔 왕정은 입헌군주정으로 바뀌었고, 방글라데시 군부 통치자 모하마드 에르샤드는 하야할 수밖에 없었으며 결국 감옥에 갇혔다. 타이 군 최고사령관 수찐다 크라쁘라윤은 총리직에서 물러나야 했고, 인도네시아 장기 독재자 수하르토는 축출당하면서 30년 집권의 막을 내렸다.

한 세기 넘게 연구가 이루어졌는데도, 근대 사회과학은 정치적 격변을 예측하는 데 전적으로 무능력하다. 민주화 이론가들은 민주주의의 지속 가능성을 가늠할 중요한 지표가 될 일련의 주요 변수를 확인했다. 반세기 전에 시모어 마틴 립셋은 경제 발전과 민주주의의 상관관계에 대한 가설을 세워, 일단 한 사회의 부가 한계점에 도달하면 가난한 사회보다 민주화될 가능성이 상당히 높다고 주장했다. 이후 다양한 이론가들이 립셋의 '근대화 이론'을 도구로 삼아 부와 민주적 정치 체제의 생존율을 관련짓는 특정한 양적 예측을 이론화했다.[1] 도시화가 민주화의 전제 조건이라는 관측에 근거하여 새뮤얼 헌팅턴은 '강제징

집형 도시화'를 추천했으며, 이 악명 높은 정책은 베트남에서 농민을 도시로 강제이주시키는 수단으로서 무차별 포격 지대와 농촌 집중 폭격이라는 결과를 초래했다. 미국은 "민주주의의 전제 조건을 창출하기 위해" 제2차 세계대전 동안 모든 곳에서 사용된 양보다 더 많은 폭탄을 베트남에 퍼부었지만, 결국 베트남 민족주의가 승리했다. 자본주의와 프로테스탄트 윤리의 상관관계를 논한 막스 베버의 개념도 유교와 민주화의 역관계를 주장하는 분석을 통해 아시아에 적용됐다. 비록 동아시아의 경제성장이 이런 이론가들을 주저하게 만들었지만, 유교의 공동체 가치는 여전히 "민주주의에 부적합한 전통문화의 핵심"[2]으로 간주되고 있다. 헌팅턴에게 유교적 민주주의란 모순어법, 즉 "용어상의 모순"[3]이었다. 헌팅턴의 뒤를 따라 구미권 이론가들은 미국식 '시민사회'의 결핍을 민주주의 부재의 이유로 이해했다.

위에서 살펴본 민주정치의 설명 변수에 봉기의 정밀한 성격이 추가되어야 한다. 시위대의 상호관계(극단적 위기의 순간에 힘을 모아 조직할 능력, 수직적 또는 수평적 형태의 권위, 자신의 대열 내에서 집단의 규범과 가치에 반하는 자들을 대하는 태도)는 다가올 정치적 관계를 예측하는 중요한 요소이다. 이와 비슷하게 봉기 주체들과 상대 세력의 상호작용(포로 대우, 동원과 대결 전술, 배신자와 적의 전투원을 재판하는 형태)은 운동이 성공하는 경우에 작동할 민주적 규범의 질에 대한 통찰을 제공한다. 정점에 이른 투쟁의 강도를 비교하면 이후 민주화의 심도를 측정하는 수단이 될 수도 있다. 위기 국면에 동원된 특정 사회계층을 주의 깊게 보면, 조용한 시기에 실시한 100인 전화 여론조사보다 정치 여론을 이해하는 데 더 나은 수단이 될 수 있다. 일반화된 정치적 과정에 동의하는 듯한 개인들도 때로 마음속으로는 다른 사고의 흐름을 보인다. 대중매체의 엄청난 영향력에도 불구하고, 통제되지 않는 직관과 통찰은 비록 밖으로 드러나지 않을 때라도 계속 작동한다.

사회운동을 더 잘 이해하려는 것은 내가 이 책에서 장황하게 시민봉기를 재구성한 하나의 이유이지만 유일한 이유는 아니다. 나는 이 작업에서 미래 세대의 자유 투쟁에 유용한 교훈과 통찰을 찾아내기를 희망한다. 내 견해로는, 인류의 막대한 사회적 부를 억만장자 수백 명이 통제하고 이윤 동기를 통해 부의 분배가 이뤄지는 상황을 근본적으로 단절하지 않는다면, 우리 지구는 무모하게 계속되는 산업화와 끝없는 전쟁으로 황폐해질 것이다. 기업 자본주의에 체계적 변혁이 없다면, 수억 명의 민중은 빈곤과 기아, 질병 때문에 생지옥에서 살 수밖에 없을 것이다. 내가 생각하기에 지속적 평화, 환경 보전, 번영의 공유에 필요한 사회적 재조직화가 이제껏 이어온 경제·정치 구조의 점진적 진화를 통해 이루어질 가능성은 전혀 없다. 오히려 전 지구에 걸친 혁명적 변화야말로 군사화된 국민국가, 권력에 굶주린 정치인, 부를 움켜쥔 억만장자라는 질병을 치료하는 데 일반적으로 필요한 처방전이다.

예술처럼 혁명도 인간 고유의 활동의 중요한 차원이자, 자체 문법과 논리를 갖춘 유적 구성species-constitutive 행위의 한 형태이다. 인간이 습관과 일상의 동물이라는 점은 사실이지만, 우리는 또한 엄청난 변화를 이끌어낼 수 있다. 우리는 일상생활에 익숙해지면서 현재 상태가 영원히 지속되리라는 환상을 품거나 그럴까봐 두려워한다. 오늘날 민족국가는 모든 곳에서 헤게모니를 장악했지만, 봉기는 가장 명백하고 깊숙하게 뿌리박힌 사회관계마저 하룻밤 사이에 변혁할 수 있다.

민족주의 관점에서 역사를 구성할 때 한 가지 문제는, 다양한 장소에 사는 인간들이 실제로 자국의 '동포'보다 서로 더 긴밀하게 연결되어 있고 보통 사람들의 열망과 꿈, 의식적·무의식적 욕구와 필요가 자국 엘리트들의 것보다 서로 더 비슷할 수 있다는 사실을 미리 부인한다는 점이다. 한 나라의 역사를 다른 나라의 역사와 함께 살펴본다 하더라도, 자칫 사실도 아니고 중요하지도 않은 주장에 빠져 국가를 초월한 유사성, 공통성, 병행하는 풀뿌리의 성장을 가릴 수 있다. 아시아 지역 최초의 민족주의 혁명이 1896년 스페인에 대항한 봉기로 필리핀에서 일어났는지 아닌지는 그다지 중요하지 않다.[4] 조선의 갑오농민전쟁 또는 동학운동은 그보다 2년 먼저 일어났다. 중요한 사실은 두 봉기 모두가 외세의 점령에 맞서 자유를 위해 싸웠다는 점이다. 동학운동, 중국의 태평천국운동, 베트남의 까오다이 등이 쟁취한 거대한 국제적 총합은 관련 연구의 민족주의적 제약 탓에 많은 학자들이 인식하는 것보다 더 공통점이 많다.

오늘날 전 지구적 통합이 점점 빨라지면서 인간은 급속하게 하나의 종種으로서 스스로를 인식하고 있으며, 이는 세계화가 지닌 최상의 차원 중 하나이다. 세계사는 새로운 가능성을 열어젖혔으며, 이는 가까운 과거를 적절하게 수용하는 데 필요한 수단이기도 하다. 만약 A라는 나라의 시민들이 B라는 나라의 민중을 보고서 지배자를 타도하려는 동기를 얻는다면, 한 나라의 역사만으로는 해방운동을 제대로 평가하지 못할 것이다. 훨씬 더 중요한 사실은 많은 나라에서 해방 투쟁이 '동시에' 발생한다는 점이다. 국경을 넘어 개념화할 경우 봉기를 더 정확하게 표현하고 미래의 더 밝은 전망을 확인할 수 있다. 이런 노력은 20세기 후반에 일어난 도시 봉기를 다룬 내 모든 책에서 핵심을 이룬다.

사회운동의 전 지구적 성격을 이해하지 못하는 분석가들의 무능력은 부분적으로 한 국가의 맥락 안에서조차 봉기에 대한 경험적 연구가 부족한 데서 기인한다. 한국의 경우, 최고의 영어권 역사가들이 봉기를 둘러싼 기본적 사실을 자주 무시했고(때로는 잘못 기술했고), 봉기의 의미에 대해서는 거의 주의를 기울이지 않은 채 '위대한 남성'과 '위대한 여성'을 강조했다. 타이의 경우, 솜차이 파타라타나눈트가 2006년에 썼듯이 "사회운동 형태의 타이 시민사회 단체를 다룬 주요 저작은 지금도 몇 없다".[5] 숱한 노력을 기울였지만 나는 이 책에서 논의한 많은 봉기에 관해 독일어 또는 영어로 된 포괄적 역사서를 찾지 못했고, 따라서 그 봉기들을 독자적으로 연구하고 기술했다.

(흔히 경제 용어로 이해하는 현상이지만) 세계 체제의 주변부에서 중심으로 이동하면서 동아시아는 오늘날 펼쳐지는 세계 정세에서도 주도력을 발휘하는 위치에 있다. 미국이 참여한 전쟁에서 발생한 원주민의 막대한 인명 손실(한국전쟁에서 300만 명 이상, 인도차이나에서 최소 200만 명 이상이 살해당했다)은 불도가니 역할을 했고, 수천만 명의 난민을 불러왔으며, 사회를 변혁하려는 유례없는 운동을 낳았다. 3년간 이어진 파괴적인 전쟁으로 과거의 양반계급은 쇠퇴하고, 영토는 완전히 파괴됐으며, 시민들은 힘겹게 재건에 나서야 했다.

파괴와 재건을 겪어낸 정신과 힘으로 한국인은 아시아 민중봉기의 물결에서 중심에 섰으며, 이후 한국인의 문화적 물결(한류)이 20세기 말 대륙을 휩쓸었다. 1960년 한국 학생들은 미국이 내세운 독재자 이승만에 맞서 투쟁을 선도했다. 경찰이 서울 거리에서 186명의 젊은이를 학살한 이후 이승만은 망명길에 올랐고 민주주의는 승리했다. 1973년 타이 학생들은 군부 독재자에 맞서 수십만 민중을 동원했으며, 이 와중에 73명이 총에 맞아 사망한 뒤 비록 짧은 기간이었지만 민주주의를 쟁취했다. 1980년 광주 시민들은 남한 군대의 잔학 행위에 맞서 용감하게 들고일어났다. 군대를 광주 밖으로 몰아낸 뒤에 시민총회를 통해 자치를 실현했다. (카터 미국 대통령이 지원한) 군대에 진압당해 수백 명이 목숨을 잃었지만, 그들은 1987년 군사정부 타도를 위해, 10년 뒤에는 독재자 전두환과 노태우를 감옥에 보내기 위해 투쟁을 계속했다.

아시아의 민중권력 봉기

비록 패배하더라도 민중봉기는 민중을 변혁하고 이후 예상치 못한 형태로 다시 등장한다. 1986년에서 1992년까지 6년이라는 짧은 기간 동안 갑자기 여덟 번의 민중권력 봉기가 일어난 것이 문제의 핵심이다. '민중권력People Power'이라는 개념은 1986년 2월 수십만 필리핀인의 투쟁에서 태어났다. 이때 시민들은 18일간의 봉기를 통해 마르코스 독재 정권을 타도했다. 선거 부정과 군부의 핵심 분파가 일으킨 반란으로 촉발된 봉기에서 민중은 끈질기게 거리로 나서 정부군 탱크와 군인들을 저지했다. 끊임없이 목숨을 위협받는 상황에서도 용감하게 공공장소를 가득 메운 민중은 반란군에 비판적 지지를 보냈다. 오늘날 신화화되긴 했지만, 민중의 비폭력 저항이 무장 군인들이 수행한 결정적 역할을 흐리게 해서는 안 된다. 그들의 총과 헬리콥터는 마르코스 축출에 필수적이었다. 또 풀뿌리 반란이 가톨릭교회 지배층의 중요성을 가려서는 안 된다. 시민들에게 마닐라 거리로 나서라고 호소한 것이 교회였기 때문이다.[6] 봉기가 시작된 이후 로널드 레이건 미국 대통령은 오랜 친구인 마르코스를 계속 지지했지만, 일단 군부의 다수가 반정부 진영 측에 가담하자 미국은 마르코스가 물러날 때가 됐다고 주장했다. 곧 마르코스는 마지못해 망명길에 올랐지만, 얼마 지나지 않아 '민중권력' 개념은 전 세계 어디에서든 장기 집권 중인 독재자들을 위협할 만큼 충분히 잘 알려지게 됐다.

마르코스 타도는 남한의 1987년 6월봉기를 자극하는 데 도움이 됐다. 6월봉기는 19일간 이어진 마라톤 불법 시위로 그 가운데 사흘은 각각 100만 명 이상이 동원됐다. 수십만 한국인은 명백히 필리핀 동료들에게서 영감과 교훈을 얻었다. 한국의 전설적인 학생운동과 더불어, 기독교 단체들도 대통령 직선제와 정치개혁을 쟁취하는 데 지도적 역할을 했다. 시민사회는 "야당과 대연합을 형성하고 궁극적으로는 권위주의 체제가 아래에서 비롯된 '민중궐기'에 굴복하도록 압력을 가함"[7]으로써 민중봉기에서 결정적 역할을 했다.

한국인이 민주주의를 쟁취하자, 많은 이웃 나라에서도 민중운동이 발생했다. 한국 군부가 반대 세력의 요구에 굴복한 지 한 달도 채 안 되어 1987년 타이완에서도 38년 계엄 통치의 종식을 쟁취했다. 일설에 따르면 타이베이 거리에서 사람들은 한국의 민주화운동 당시 불린 노래를 불렀다.[8] 이어진 3년간의 투쟁은 1990년 3월 학생들이 장제스 광장을 점거하면서 정점에 오른다. 학생들은 총통과 의회(입법원)의 민주 선거를 주장했고 결국 이를 쟁취했다.

버마에서 중앙 통제를 완화하고자 하는 민중의 열망은 1988년 3월 체제 세력과 유혈 충돌로 이어졌다.[9] 1980년 광주에서 그랬듯이 랑군의 학생들은 민중을 거리로 이끌었고, 군대는 최고위 권력을 틀어쥔 무자비한 장군들의 명령으로 피의 학살을 저질렀다. 끔찍한 탄압에도 민중은 저항을 계속했고, 네 윈 대통령은 결국 26년간의 집권 끝에 하야할 수밖에 없었다. 그러나 네 윈이 수많은 민간인 도륙에 책임이 있는 경찰 총수를 후임으로 임명하자, 다시 학생들이 주도한 5일간의 시위로 또 다른 사임을 끌어냈다. 이어진 권력 공백 속에서 노동자와 작가, 승려, 소수민족, 학생 등으로 구성된 민중평의회가 다당제 민주주의를 위한 전국적 운동의 지도부로서 등장했다. 더 큰 자유를 원하는 민중의 분명한 열망에 아랑곳하지 않고, 군부는 훨씬 더 많은 시위대를 학살함으로써 권력을 유지하기로 결정했다. 질서가 회복되기까지 최소 3,000명이 살해당했다. 1990년 새로 선출된 100명 남짓한 국회의원을 포함하여 수천 명을 체포한 버마 군사정부는 아웅 산 수 치의 민족민주동맹(NLD)이 선거에서 거둔 압승을 무시했고, 이후 20년간 대부분 그를 가택 연금에 처했다.

1989년 3월, 중국의 점령에 맞선 봉기가 실패한 지 30년 만에 티베트인들이 다시 일어섰다. 중국 경찰이 한족의 이주 정책과 식민주의에 반대하는 소규모 시위대를 공격하자, 시위대는 반격에 나서 중국 상권에 분노를 돌렸다. 당 지도부는 군대를 보내 3월 8일 라싸에 계엄령을 선포했다. 두 달 후 벌어질 베이징 사태의 전조였다. 동유럽 공산주의가 최대의 시련에 직면하기 몇 달 전인 1989년 5월, 톈안먼 광장에서 학생운동가들이 민주주의를 위한 광범한 요구를 제기했다. 곧 수십만 노동자와 시민이 동참하면서, 운동은 거의 모든 도시로 확산되어 모든 사람의 기대를 뛰어넘었다. 마닐라에서 마르코스의 군대를 저지하기 위해 동원된 필리핀인들의 전술을 따라 베이징 시민들은 며칠 동안 인민해방군을 저지하며 정부가 선포한 계엄령 집행을 방해했다. 군대와 공산당 내부의 분열에도 불구하고, 결국 톈안먼 광장 일대에서 수백 명이 살해당한 이후에야 질서는 회복됐다. 이후 수년간 활동가들은 수배당하고 체포당했다.

중국의 저항은 당 외부에서 비롯됐지만, 당 최고위층에도 중요한 동맹자가 있었다. 이웃한 베트남의 공산주의 전당 내에서도, 독재에 맞선 저항의 시대정신Zeitgeist이 작동하던 무렵인 1989년 정치국 간부 쩐도 장군이 공개적으로 다당제 민주주의를 요구했는데, 이는 유례없는 일이었다. 아시아의 저항에 고무된 유럽인들도 소련의 지원을 받는 독재 체제를 타도하기 위해 더 결정적인 행동을 취하기 시작했다. 여기서도 집권 공산당 내 반대파가 활동가들에게 중대한 영향을 미쳤다. 변화의 홍수가 동유럽에 들이쳤고, 헝가리, 폴란드, 체코슬로바키아, 루마니아에 새 정부가 들어섰다. 1989년 11월 베를린장벽이 무너지고 독일은 빠르게 하나로 재결합했다. 발트 해 연안국들은 소비에트연방에서 탈퇴했고, 소비에트연방 또한 자체의 무게에 짓눌려 곧 10여 개 이상의 새 공화국으로 해체됐다.

1990년에는 방글라데시와 네팔의 민중이 지배자를 타도하기 위해 대거 동원됐다. 방글라데시에서는 학생들이 서로 다투던 야당들을 압박하여 군부 독재자 모하마드 에르샤드에 맞서 단결하도록 한 뒤에야 독재자의 사임을 강제할 수 있었다. 네팔에서도 1990년 4월에 시작된

53일간의 불법 시위로 국왕이 입헌군주제라는, 야당 지도자들의 너그러운 제안을 받아들여야만 했다(2006년 새 국왕이 통치권을 장악하자 19일간 민중봉기가 일어났고, 군주제는 폐지됐다).

이러한 여파는 나라에서 나라로 전해져, 타이도 1992년 민주화 세력을 키운 유혈 봉기를 경험했다. 타이의 봉기는 한 야당 정치인이 쿠데타 지도자 수찐다 크라쁘라윤 장군의 총리직 취임에 반대해 단식투쟁에 들어가면서 조촐하게 시작됐다. 정부에 대한 시민 통제와 민주주의를 위한 운동이 확대되면서, 수십만 명의 사람들이 거리로 나섰다. 1992년 5월 18일, 군대가 가두시위를 진압하려고 총탄을 사용하면서 50명 이상의 사망자가 발생했다. 군대의 잔학 행위로 수찐다는 물러날 수밖에 없었다.[10] 여러 해에 걸친 풀뿌리운동 끝에 개정된 새 헌법은 아시아 헌법 가운데 진일보한 것으로 1997년에 발효됐다.

1998년 인도네시아에서는 학생들이 '민중권력 혁명'을 호소했다. 캠퍼스에서 며칠간 시위를 벌인 뒤에 학생 수만 명이 국회의사당에 집결했고, 수하르토 대통령의 30년 집권을 끝장냈다. 시위대는 채팅과 웹페이지, 이메일 등 인터넷 기술을 활용하여 운동을 조직하고 사람들을 모았다. 신뢰할 수 없는 친정부 언론 대신에 학생들은 운동을 알리기 위해 웹을 채택하고, 군대와 경찰의 위치와 규모에 관한 첩보를 공유하기 위해 암호화된 메시지를 이용했다. 학생단체들이 정부의 삼엄한 감시를 받았기 때문에, 주요 학생 조직 중 하나인 포럼 코타Forum Kota는 매주 지도부와 사무국 장소를 바꿀 것을 고집했다.[11]

이 책에서 검토한 다양한 운동은 표 1.2에 정리했다.

이 봉기들을 다룬 수많은 책이 나왔지만, 이들의 동시적 출현과 상호관계에 대해서는 아직도 더 연구할 필요가 있다. 이 저항들의 상호관계가 역사적으로 아직 연구되지 않은 차원인 것과 마찬가지로, 이 봉기들이 1968년 전 지구적인 신좌파운동에서 시작되어 대륙을 넘어

[표 1.2] 아시아의 민중권력 봉기, 1986~1998년

나라	연도	운동 유형	단기 결과	장기 결과
필리핀	1986	가톨릭교회와 민중권력의 지원을 받은 군사 반란	엘리트 주도 민주주의, 신자유주의 개혁	2001년 제2차 피플파워 혁명으로 에스트라다 대통령 타도, 2008년까지도 정치 암살단 활동
한국	1987	민중봉기, 19일간의 불법 시위	대통령 직선제, 자유의 확대, 파업의 물결	군사독재의 종식, 자유와 번영의 증대, 한류
타이완	1987~1990	재야 투쟁(탕웨이黨外 운동), 학생 시위	40년 계엄령 폐지, 시위의 물결, 선거	제한적 민주주의, 번영의 증대
버마	1988	학생 주도 민중봉기, 평의회	두 명의 독재자 타도, 폭력 진압으로 수천 명 사망	군부독재 지속
티베트	1989	승려 주도 시위가 폭동으로 전화	계엄령, 극심한 탄압	군부독재 지속
중국	1989	학생 시위가 권력에 대한 대중적 논쟁으로 이어짐	탄압, 번영의 증대	일당 지배 지속, 그러나 더 큰 경제 번영
네팔	1990	53일간의 민중봉기와 총파업	입헌군주제, 파업, 개혁	2006년 제2차 봉기로 군주제 타도
방글라데시	1990	학생 주도 민중봉기	에르샤드 타도, 새 선거, 파업	독재 지속, 제한적 민주주의
타이	1992	시민연합이 시위 주도, 군부의 공격 이후 강력한 투쟁	폭력 진압 이후 새 헌법 제정(1997)	2006년 군부 쿠데타, 투쟁 지속, '레드셔츠'와 '옐로셔츠'의 대립
인도네시아	1998	학생 주도 봉기, 국회의사당 점거	수하르토 축출, 신자유주의 개혁	제한적 민주주의

선 훨씬 더 커다란 봉기의 물결에 위치한다는 사실 역시 제대로 다뤄지지 않았다.

1960년대가 먼 과거에 속한다는 믿음은 1960년대부터 20세기 말까지 이어져온 봉기의 연속성을 무시한다. 신좌파의 봉기는 1968년의 혁명적 열망과 투쟁의 급속한 확산이라는 특징을 지니면서도 장기적으로 중대한 영향을 끼쳤다. 봉기가 창출했던 가치의 변화는 남아프리카에서 아파르트헤이트 체제 붕괴가 단지 시간문제였음을 의미한다. 모든 곳에서 독재가 청산될지 말지가 아니라, 그 시기가 언제인지만이

문제였다. 1960년대 신좌파가 발전시킨 직접민주주의와 집단행동의 형태가 지속적으로 봉기의 열망과 구조를 결정하며, 그것이 바로 신좌파가 세계사적 운동인 이유이다.[12]

1968년에서 1998년까지, 보통 사람들의 저항

전 세계 거의 모든 나라에서, 저항의 사회운동이 1968년에 등장했다. 프랑스에서 세네갈, 중국에서 미국, 폴란드에서 멕시코까지, 다른 수십 개국에서처럼 전투적 학생들이 선두에 나섰고 때로는 더 광범한 사회적 폭발을 일으켰다. 프랑스에서는 학생들의 반란 이후 1968년 5월 최소 900만 명의 노동자가 총파업에 참여해 공장과 사무실에서 돌아가는 틀에 박힌 일상의 종식을 요구했다. 공산당이 주도한 노동조합이 임금 인상을 요구하는 합의안으로 협상을 타결하자, 수천 명의 노동자가 노조 지도자들에게 병과 도시락을 던지고 야유를 퍼부으며 그들을 무대에서 끌어내렸다. 전국적으로 노동자들은 공산당이 제안한 합의안을 거부했다. 그들은 새로운 종류의 삶을 원했다. 숨 막히는 조립 라인과 지루한 사무실을 참아내는 대가로서 얻는 임금 인상이 아니라, 더 나은 삶을 원했던 것이다. 그들은 체제 전체를 거부하며 자본 지배의 종식과 자주관리를 요구했다.

자본주의와 공산주의 사회 모두가 자유롭지 않다는 이유로 둘 다를 거부하면서, 1960년대 운동은 선배 격인(또는 일부의 주장처럼 적인) 공산주의 내지 '구좌파'와 구별해 '신좌파'라고 알려졌다. 프라하의 봄으로 대표되는, 체코슬로바키아에서 이뤄진 '인간의 얼굴을 한 사회주의' 실험이 50만 러시아 침략군에 의해 끝나자, 프라하 민중은 도로 표지판과 건물의 표식을 없앴다. 소련군이 우체국을 찾는 데만 일주일이 걸리기도 했다. 미국 평화운동의 한 장을 빌려, 젊은 시위대는 탱크의 포신에 꽃을 꽂았다. 폴란드와 유고슬라비아에서도 학생운동이 전 지구적 시위의 물결을 따라 등장했다.

1968년의 국제적 저항은 20세기 최대의 무장봉기로 꼽히는 베트남 구정공세로 촉발됐다. 1968년 1월 31일 밤, 베트남 남부의 거의 모든 도시와 모든 미군 기지가 기습 공격을 받았다. 50만 명 이상의 미군과 막강한 첩보 기구도 전국에서 동시에 조직된 봉기를 전혀 예상하지 못했다. 단 하룻밤에 7만 명의 남베트남 게릴라들이 공격을 감행했다. 베트남 제2의 도시인 후에는 해방되어 3주간 저항을 계속했으며, 사이공의 미국 대사관 부지도 점령당했다.[13] 미국 대통령 선거 시점에 맞춰 계획된 구정공세로 린든 존슨 대통령은 재선에 나서지 않기로 했고, 독일과 프랑스, 스페인, 세네갈, 멕시코, 심지어 미국 중심부에서조차 격변이 일어났다. 몇 주 후인 4월 4일 마틴 루서 킹 2세가 암살당하고, 150개 이상의 도시에서 폭동이 일어났다. 워싱턴 D.C.에서는 1812년 전쟁 당시 영국군이 점령했을 때보다 더 많은 피해가 발생했다. 이 모든 운동은 상호증폭의 과정 속에 하나로 모였다.[14]

1968년에 일어난 봉기들의 자생적 연쇄반응과 공적 공간의 대규모 점거는, 인류가 서로 연대하여 투쟁하는 수백만 보통 사람들이라는 역사로 갑작스럽게 들어섰음을 상징한다. 민중은 직관적으로 세계의 향방을 전쟁에서 평화로, 인종주의에서 연대로, 애국주의에서 인간주의로 바꿀 수 있다고 믿었다. 1968년의 전 지구적 상상력에 관한 책에서 나는 혁명적 열망과 행동의 급속한 확산을 설명하기 위해 에로스 효과라는 개념을 발전시켰다.[15] 에로스 효과가 일어날 때 공통의 관심사는 사회의 지배적 가치(민족적 쇼비니즘, 계급, 지배)를 부정하는 동시에 일반화된다. 마르쿠제가 아주 분명하게 정식화한 것처럼 인간은 자유를 본능적으로 필요로 하는데, 이때 자유는 우리가 직관적으로 이해하는 것이다. 그리고 이 본능적 필요야말로 에로스 효과가 나타나는 순간에 집단적 현상으로 승화한다.[16] 에로스 효과의 차원에는 다음과 같은 현상이 포함된다. 갑자기 동시에 등장하여 공적 공간을 점거하는 수십만 인파, 많은 곳에서 반란의 동시적 출현, 수십만 명 사이의 직관적 동일시, 새로운 가치에 대한 공통된 믿음, 그리고 경쟁적 사업 관행·범죄 행동·탐욕 같은 평범한 일상의 중지 등이다. 이 책에서 우리는 이런 수많은 순간과 마주칠 것이다. 어떤 정당의 지침이 아니라 민중의 직관과 자기 조직화가 이런 투쟁을 등장하게 하는 열쇠이다. 1968년 수백만 민중의 행동으로 현실화된 에로스 효과는 엄청난 미래의 잠재력을 지닌 무기이다. 1980년 광주봉기와 관련하여 이 현상은 '절대공동체'라는 이름을 얻었다.[17] 2011년 아랍의 봄에서도 국경을 초월한 투쟁의 분출이 폭넓게 목격됐다.

흔히 1968년에 정점에 올랐다고 보긴 하지만, 전 지구적 운동은 그 이후에도 강화됐다. 1969년 이탈리아의 뜨거운 가을Hot Autumn에서는 수십만 노동자가 공장의 권위에 도전했고, 자주적 형태의 생산 현장 관리 체계를 제도화했다. 1970년 미국의 운동은 블랙팬더당(1965년 결성된 미국의 급진적인 흑인운동단체로, '검은표범당'으로도 불린다 — 옮긴이)이 제창한 '혁명적 민중의 제헌 회의'에서 최고조에 이르렀고, '미국식 1968'의 정점은 1970년 5월에서 9월까지 5개월간 벌어진 주목할 만한 궐기였다. 이 시기에 운동은 폭넓은 주체들 사이에서 동시다발로 정점에 이르렀다. 켄트 주립대와 잭슨 주립대에서 자행된 학살 이후 400만 학생과 50만 교직원이 벌인 정치적 파업, 전미여성기구(NOW)의 여성 총파업(그리고 페미니즘의 현대적 상징을 도입한 일), 베트남전 전역 군인의 대규모 평화운동 합류, 최초의 게이 프라이드 주간, 8월 29일 로스앤젤레스에서 일어난 치카노 모라토리엄 등이다. 사회 전체가 제 목소리를 내면서, 푸에르토리코인과 아메리카 원주민, 그 밖의 다양한 주체들이 새로운 미국 헌법을 작성하자는 블랙팬더당의 호소에 응하여 필라델피아에 모여들었다. 1만 명 이상이 참여한 과정 속에서 미래의 헌법 초안이 만들어졌다. 이 합의에는 상비군을 민중자위군으로 대체하는 것과 전 세계 부의 균등한 재분배도 포함되어 있다.[18]

1970년에는 폴란드 노동자들의 운동도 부활했다. 그 당시 노동자들은 학생들을 지지하여 집결하지 못했기 때문에 "우리는 1968년에 대해 사과한다!"라는 구호를 사용했다. 그 당시 노동자들은 학생들을 지지하여 집결하지 못했다. 노동자들이 그단스크 거리에 나서자 경찰과 전투가 격해지면서 최소 45명이 사망하고 수백 명이 부상했으며 건물 19동이 불탔는데, 그중에는 폴란드 통일노동당의 중앙당사가 포함되어 있었다. 운동은 그디니아와 슈체친으로 퍼져나갔다. 봉기는 에드바르트 기에레크 당수가 사임하고서야 겨우 진정됐다.[19] 가두투쟁은 잦아들었지만 노동조합운동은 천천히 자유노조Solidarność로 결집했고, 이 조직은 1989년 폴란드 정부를 전복할 때까지 지속됐다.[20]

1972년 말, 미국 정부가 북베트남의 제방을 폭격하고 하이퐁 항을 어뢰로 공격하자, 캠퍼스에서 벌어진 항의 집회에 다시 수백만 명의 학생이 동참했다. 1973년 10월에는 타이 학생들이 투쟁에 나섰는데, 미국에서 공부하며 신좌파 사상을 익혀 돌아온 이들이 투쟁을 주도했다. 방콕 거리에서 수십 명이 사살당하자, 학생들은 타놈 군부독재를 타도하고 타이 역사상 가장 개방적인 시기를 이끌어냈다.

한 달 후에는 그리스 학생들이 미국에서 앉힌 파파도풀로스의 독재에 반대하여 아테네 공과대학을 점거했다. 그들은 타이 동료들의 용기를 칭송하는 슬로건을 외쳤다. 1973년 그리스 학생운동에 쓰인 거대한 "OXI!"(NO!) 포스터는 헤르베르트 마르쿠제가 신좌파의 '위대한 거부'라고 규정했던 것에서 영감을 받아 그린 것이다. 11월 17일 탱크와 바주카포, 자동화기로 무장한 군인들은 34명을 사살하고 공과대학을 다시 접수했다. 학살 8일 후 파파도풀로스는 자기 휘하에 있던 부대의 반란으로 축출됐지만, 군정의 시대는 얼마 남지 않은 상태였고 1년

마르코스의 사임을 촉구하는 필리핀 민중의 직관.
사진: Joe Galvez, Jr., 출처: Monina Allarey Mercado, editor, *People Power: An Eyewitness History* (Manila: The James B. Reuter, S.J. Foundation, 1986), 145.

을 못 가 붕괴했다.

1974년에서 1991년까지, 전 지구적 저항으로 변화의 수문이 열린 후 약 40개 나라가 민주화됐다. 1974년 4월 25일 포르투갈의 독재 타도를 시작으로, '카네이션 혁명'은 빠른 시간 내에 스페인 군사정부의 사망으로 이어졌다(1977). 1977년에는 페루에서 파업과 민중봉기로 정부가 전복됐다. 수십 개국에서 민중은 국제통화기금(IMF)의 구조조정 요구에 맞서 투쟁했다. 1978년에서 1979년까지 볼리비아에서 IMF에 반대하는 광범한 파업이 일어났다. 니카라과와 이란의 민중운동은 미국이 들여앉힌 독재자들을 타도했다. 역사의 시대정신이 갑자기 모든 곳에서 나타났다. 그것은 때로 민중봉기와 거리운동의 형태가 아니더라도 권력의 배후에서 이루어졌다. 모두가 이 물결을 따라잡기 위해 내달렸다. 세네갈(1978), 가나(1979), 나이지리아(1979), 볼리비아와 온두라스(1982), 터키(1983)가 그랬다. 1982년 아르헨티나에서는 수년 만에 처음으로 군부독재에 맞선 총파업에 민중이 동원됐다. 우루과이에서 1983년 5월부터 시작된 월례 집회는 정치범 석방과 군부독재 종식을 요구하며 40만 명이 참여한 초대형 시위(인구가 겨우 300만인 나라에서)로 정점에 달했다. 1984년 수백만 브라질인은 대통령 직선제를 위해 투쟁을 벌였다.

민중봉기가 차례대로 발전하면서, 수십 년간 권좌에 앉아 있던 아이티의 독재자 뒤발리에도 1986년 2월 초에 도주할 수밖에 없었다. 필리핀 민중은 뒤발리에 축출에서 희망을 보고 같은 달 말에 마르코스에 맞서 대규모 투쟁에 나섰다. 원편의 사진을 보면, 한 무리가 직접 만든 팻말을 들고서 모래주머니 바리케이드 위에 앉아 있는데 팻말에는 이렇게 적혀 있다. "마르코스, 뒤발리에가 당신을 기다린다!" 이런 전 지구적 연관은 자주 무시되거나 일회적인 것으로 치부되지만, 민중의 직관적 연결은 기존 권력에 도전할 때 강력한 자원이 된다.

전 지구적 민중권력

1986년 이후 민중권력이 아시아를 휩쓸면서, 동유럽에서 라틴아메리카까지, 다시 아시아와 아프리카로 전 세계의 시민들이 들고일어났다. 콜롬비아, 브라질, 칠레에서 문민정부가 군사정부를 대체했고, 코트디부아르, 자이르, 가봉, 알제리에서 다당제 민주주의가 등장했다. 1987년 12월, 이스라엘 점령하에 있던 팔레스타인인들은 첫 번째 인티파다(봉기)를 시작했다. 심지어 파키스탄에서도 1988년 8월 17일 비행기 사고로 지아 울하크가 사망한 이후 민주적 선거가 치러졌다. 1989년 1월 베냉의 마르크스-레닌주의 정부는 전국을 마비시킨 총파업에 직면했고, 결국 자유선거를 실시해야만 했다. 1989년 2월 말, 베네수엘라인들은 IMF가 강제한 긴축 조치에 맞서 엄청난 민중반란으로 일어섰다.

대규모 동원이 멈출 때까지 276명 이상이 살해당했고(일부에서는 수천 명이 학살됐다고 추정한다), 그 이후 10년간 베네수엘라에서는 정치적 우선순위가 재조정되면서 우고 차베스가 권력을 잡았다. 남아프리카공화국의 운동은 계속 역량을 축적해왔고, 전 세계 수백만 명이 아파르트헤이트 반대 캠페인에 동참하며 1990년 2월 11일, 37년간의 수감 끝에 넬슨 만델라가 감옥에서 나왔다.

이런 봉기의 물결은 중앙집권적 정당 또는 이데올로기적으로 통일된 조직이 이끄는 무장봉기의 특징을 띠지 않는다. 평화주의도 공산주의도 아닌 이 운동들은 풀뿌리에서 발생했다. 일반적으로 무장하지 않았고, 훈련된 간부(이를테면 프롤레타리아트 백인단 또는 홍위병)들이 조직하거나 지도한 것도 아니다. 또한 전통적으로 정의하는 노동자계급 부문의 산물도 아니다. 중앙집권적 정당이 주도하는 정치적 봉기와 대조적으로, 이 봉기들은 전 지구적 시민사회에 의해 창출된 사회적 봉기이며, 1968년 이래 지속적으로 성장한 민중의 지혜가 다양하고 자주적인 방식으로 표출된 것이다. 운동의 대중성과 축제의 성격은 자주 권력자들을 당황시켰다. 남한에서 6월봉기가 벌어지는 동안에는 심지어 군부 충성파조차 극도의 혼란에 빠져, 최고위 장성들도 군사개입이 도움되지 않을 것이고 또 다른 광주봉기를 도발하리라고 생각했다.[21]

지구 전체를 휩쓴 진정한 투쟁의 해일 속에서, 민중은 직관적으로 자신의 힘을 깨달았고 도시를 장악했다. 필리핀, 루마니아, 동독에서 군중이 대통령궁을 접수했다. 필리핀의 1986년 '피플파워' 봉기는 (남한의 1980년 광주봉기가 필리핀의 저항에 영감을 주었듯이) 분명하게 남한 민중을 고무했고, 민중권력이라는 명칭은 버마, 타이완, 중국의 투쟁에서도 채택되었다. 루마니아의 독재자 차우셰스쿠를 타도한 사건은 네팔에 심대한 영향을 미쳤다. 왜냐하면 차우셰스쿠가 1987년 카트만두를 방문한 적이 있기 때문이다. 1998년 인도네시아인들은 필리핀에서 '민중권력'이라는 이름을 가져왔고, 자카르타의 개혁운동은 이후에 그 이름('reformasi')을 말레이시아 운동에 물려주었다.[22] 승리한 경우만이 아니라 패배한 경우에도 민중은 직관적으로 서로를 동일시했다. 1989년 6월 4일 베이징 거리에서 중국의 시위대가 무자비하게 탄압당하자, 동독 활동가들은 자신들도 곧 '중국식 해법'에 직면할까봐 걱정했다.

1968년에 시위대 간의 연결은 대부분 즉각적이고 비성찰적이었지만, 1989년에 시민들은 자의식을 가지고 서로 연대했다. 대중매체의 발달로 사람들은 점점 더 전 세계에서 일어나는 사건들을 해석하고, 지구상의 멀리 떨어진 곳에서 벌어진 사건들을 보고 며칠 만에 적절한 교훈을 끌어낼 수 있게 됐다. 1968년에 수백만 민중이 보인 행동에 대한 초기 연구에서 나는 전 지구적 신좌파의 다섯 가지 주요 원칙을 도출했다.

1. 경제적 착취만이 아닌 인종적, 정치적, 가부장적 지배에 대한 반대
2. 물질적 궁핍에서 벗어날 자유를 넘어 새로운 종류의 인간이 될 자유로서 자유의 개념
3. 민주주의와 개인 권리의 제약이 아닌 확장
4. '프롤레타리아트화'한 중간층을 포함하여 혁명의 기반 확대
5. 직접행동의 강조[23]

이런 원칙들은 수백만 민중의 행동 속에 존재하며, 자주관리와 국제 연대를 위한 역량을 구현한다.

20세기 말의 봉기들은 신좌파운동의 이런 특징과 놀랍도록 유사한 패턴을 보인다. 프랑스혁명과 1871년 파리코뮌에서 러시아혁명과 중국혁명에 이르기까지 고전적 좌파운동이 교회에 적대감을 보인 것과 달리, 신좌파운동은 교회 내에서 등장해 교회를 지지 기반으로 이

용했다(미국 흑인의 시민권 투쟁에서든 개신교 교회를 은신처로 활용한 동독에서든). 1960년대 운동에는 마틴 루서 킹 2세 같은 수천 명의 목사와 메데인 해방신학 선언 이후 변화한 가톨릭교회가 참여했다. 1980년 광주봉기 동안 YMCA와 YWCA는 조직의 주요 구심점이었고, 1986년 마닐라의 추기경 하이메 신은 필리핀 민중권력 혁명이 승리하는 데 중대한 역할을 했으며, 같은 역할을 다음해 한국의 6월봉기에서 개신교와 김수환 추기경이 담당했다.

신좌파의 주요한 특징은 혁명 주체의 확대이다. 이 요소는 광주에서 무장 저항 투사들에 룸펜프롤레타리아트가 가세한 중요한 변화, 1987년 서울의 '넥타이 부대'와 같은 새로운 노동자계급(사무직 노동자들)의 동원, 1990년 네팔에서 전문의, 변호사, 기자들이 전개한 단호한 투쟁, 그리고 1992년 '이동전화 부대mobile phone mob'로 잘못 알려진 타이의 운동 세력 등에서 두드러진다.[24] 더 최근의 운동들은 팩스, 휴대전화, 인터넷, 소셜미디어와 같은 새로운 테크놀로지를 완전히 능숙하게 활용하는 한편, 신좌파의 장난, 유머, 풍자, 자율적인 예술 표현을 대항 전술로 부활시켰다.

참여민주주의의 신좌파적 형태들은 1955년 앨라배마 주 몽고메리의 버스 인종차별 반대 투쟁에서 운동의 정체성을 이루는 핵심이었다. 수십 개국의 학생운동, 코펜하겐의 크리스티아나 코뮌, 샌프란시스코의 디거Diggers, 암스테르담의 프로보Provos, 버클리의 민중공원뿐 아니라 블랙팬더당의 '혁명적 민중의 제헌 회의'에서도 참여민주주의가 핵심이었다. 1960년대의 참여민주주의 전통을 이어온 독일의 자율주의운동(아우토노멘)도 주요한 결정을 내리고 여러 세대의 활동가들을 거치며 스스로 살아남기 위해 총회 합의제를 이용했다. 농민과 생태주의자들과 연대하여 아우토노멘은 독일 핵발전 산업이 폭탄 등급 고농축우라늄을 생산하려는 시도를 저지하는 데 성공하기도 했다. 전투적 행동을 통해 발전하면서 아우토노멘은 시민 러다이즘(기계파괴운동)에서 기업 체제 전체에 저항하는 세력으로 변화했다.

아시아의 봉기들 중에는 남한의 1980년 광주봉기, 1990년 타이완 장제스 광장에서 벌어진 야생백합(野百合) 학생운동, 1990년 카트만두 파탄의 해방구에서 유사한 형태의 '숙의민주주의'를 발견할 수 있다. 동일한 전통에서, 1999년 시애틀의 WTO 반대 시위는 참여민주의의 엄격한 원칙에 기초한 직접행동 네트워크가 주축을 이뤄 준비했다. 시애틀 시위 이후 비약적으로 성장한 기업 주도 세계화 반대운동에서는 숙의제 의사 결정 형태가 많은 단체에서 등장했고, 인디미디어 Indymedia와 같은 프로젝트로 가능해진 의사소통의 탈중심화로 참여윤리가 확산됐다. 심지어 멕시코의 사파티스타 무장봉기도 신좌파와 공통점이 많다. 사파티스타는 전통적인 노동자계급 기반이 아니라 참여민주주의와 일상생활의 문제를 운동의 중심으로 가져온다. 그들은 직접 국가권력을 장악하려 하지 않고, 대항제도들을 통해 삶을 변화시키려 노력했다. 나아가 '새로운 인간'의 창조를 논하기도 했다. 이 모든 상황의 전개는 특별히 중요하며 전 지구적으로 서로 연결된 운동을 강조하고 강화하는 데 도움이 된다.

아시아의 활동가들은 신좌파에 크게 영향을 받았으며, 신좌파의 일부로 간주되어야 한다. 타이의 1973년 봉기는 상당 부분 미국에서 유학하면서 1960년대 사상과 투쟁을 경험했던 학생들에 의해 조직됐다. 1973년 세대는 그 봉기를 지도했을 뿐만 아니라, 1992년 민주주의 봉기에서도 상당히 중요한 세력으로서 참여했다. 필리핀의 운동 역시 1960년대 에너지의 산물이었다. 군개혁운동(RAM, 1986년 군부 반란의 중심 조직) 회원들은 역사적 과제를 준비하는 시기에 1952년 파루크 국왕을 타도했던 이집트 장교들을 연구했고, 많은 나라의 사회운동 역사, "특히 간디의 활동과 체코슬로바키아와 헝가리 민중의 경험"을 검토했으며, 마닐라로 통하는 도로를 봉쇄하여 마르코스 친위 부대가 그를 구하러 오지 못하도록 '꽃부대flower brigade'를 조직하기 위해 시민 활동가들과 접촉했다.[25] 그들은 "1968년 미국의 청년운동에서 베트남전 반대 시위를 진압하려는 군대를 무장해제하기 위해 이용했던 사례"[26]를 꽃부대의 모델로 삼았다. 2009년에 나는 1986년 군부 반란의 핵심 지도자인 필리핀 상원 의원 그레고리오 호나산을 인터뷰했다. 그는 RAM을 1970년 필리핀 운동인 "폭풍의 일사분기First Quarter Storm의 아이들"로 묘사했다.[27]

1986년 마르코스에 맞선 대통령 선거운동에서 코리 아키노는 'LABAN'(Lakas ng Bayan), 즉 '민중의 권력'이라는 깃발 아래 나섰고, 이는 블랙팬더당의 주요 슬로건인 '모든 권력을 민중에게'와 놀랍도록 비슷했다. 오늘날 이와 똑같은 구호가 많은 상황에서 사용된다. 이를테면 베네수엘라에서는 경찰차에도 페인트로 이 구호가 쓰여 있다. 이 슬로건의 정확한 기원은 사회운동에 결집된 끊임없이 변화하는 민중의 창조성에 있지만, 슬로건이 공통적으로 등장하는 것은 이 운동들의 유사성을 말해준다.[28] 한 분석가는 1989년 동독의 민주혁명에 참여한 사람들이 '민중권력'이라는 구호에 익숙했음에도 그 말이 필리핀에서 비롯되었다고는 생각하지 못했다고 보고했다. 비슷하게 네팔의 활동가들도 필리핀의 사례를 언급하지 않은 채 이 슬로건을 사용했다.[29]

동유럽 봉기의 경험적 역사를 추적하면, 그 이전에 일어난 아시아의 봉기들에 영감을 받았다는 점은 분명하다. 아시아의 봉기들은 1989년 유럽에서 혁명에 참여한 이들에게 중요한 사례, 심지어 "전 지구적 운동의 중심"[30] 사례였다. 동유럽 민주화 투쟁의 한 참여자는 중국의 운동을 보도하는 텔레비전 뉴스가 중대한 역할을 했다고 지적했다. "동유럽 모든 곳에서 사람들이 중국에 대해 말하고 있었어요. 모든 사람이 '중국인들이 없었다면 우린 아무것도 못했을 것'이라고 나에게 말했죠."³¹ 톈안먼 광장의 중국 시위대 진압에 관한 텔레비전 보도 역시 명백히 동유럽의 소비에트 지도자들을 평화롭게 황혼으로 사라지도록 설득하는 데 중요한 역할을 했다(유일한 예외는 루마니아의 차우셰스쿠였다). 중국의 운동은 필리핀과 한국의 선례를 따랐는데, 이 두 사례는 미국의 영향권 내에서 벌어진 사안이라 중국에서 많이 보도됐다. 1995년 체코 대통령 하벨이 필리핀을 방문했을 때, 그는 필리핀의 피플파워 혁명이 체코의 운동에 준 영감을 언급했다.³²

1960년대의 전 지구적 봉기를 시작으로 사람들은 더 이상 단일한 전위당을 필요로 하지도, 바라지도 않는다는 점을 인식했다. 러시아혁명의 역사와 동유럽에서 드러난 자유의 결핍은 전위당 전략의 한계를 보여주는 상식적 증거가 됐다. 미국과 소련이라는 거대 국가들이 보인 유사성도 마찬가지였으며, 이런 공통된 인식은 심지어 비틀스의 노래에도 반영되었다. 사람들이 (미국처럼) 인종적, 경제적 평등이 없는 자유는 진정한 자유가 아니며, (소련처럼) 자유가 없는 평등은 평등이 아니라는 사실을 이해하게 되면서 기업·공산주의 괴수에 대한 환멸이 자라났다. 전 세계적으로 점점 더 많은 이들이 전쟁은 쓸모없어지고 핵무기는 폐기되고 경찰의 탄압은 중지되어야 한다고 생각했다. 신좌파의 자생에 대한 강조는 바로 보통 사람들의 지혜와 지성에서 성장했다.

1968년의 전 지구적 운동은 정치 지도자들과 경제구조에 대한 사람들의 기대를 완전히 바꿔놓았다. 그러나 다른 무엇보다도 변화한 것은 자신과 자신의 권력에 대한 민중의 인식이었다. 유럽-미국의 신좌파와 달리, 아시아의 활동가들은 투쟁을 북돋기 위해 새로운 대항문화를 발명할 필요가 없었다. 오히려 아시아의 운동은 전통 음악과 미술, 철학, 연극을 부활시켰고, 낡은 정치적 관계와 포스트식민주의적 자본축적 구조에 맞서 투쟁하면서 공동체의 유대를 강화했다.

1968년에서 1989년까지, 소비에트 공산주의의 몰락

1968년 이후에 풀뿌리운동들은 지속적으로 민주주의와 자율과 연대의 증가라는 문법에 따라 구조를 갖추었다. 지금은 보편적으로 보이는 이 열망은 자본주의적 가부장제라는 완고한 체제와 완전히 대립한다. 이 통일된 열망과 함께 사회운동들은 전 지구적으로 연결되어 있으며, 국제적으로 동시적 행동이 더욱더 일반화됐다. 이런 관점으로 보면, 20세기 후반의 민주화운동은 1968년에 맞은 정점의 지연된 결과였다. 1960년대에 마련된 미래를 위한 선물이었다. 아무도 몰락을 예견하지 못했지만, 헝가리, 폴란드, 동독, 체코슬로바키아, 불가리아, 유고슬라비아, 루마니아의 동유럽 공산주의 체제는 모두 1989년에 변혁됐다. 소련도 홀로 남아 있을 수는 없었고 곧 해체됐다. 동아시아 독재와 동유럽 소비에트 체제를 휩쓴 봉기의 흐름을 되돌아보면서, 이매뉴얼 월러스틴과 테런스 홉킨스, 조반니 아리기는 1989년 운동을 "1968년의 지속"이라고 불렀다.[33]

1968년과 1989년 봉기들 간의 수많은 역사적 연관성과 강력한 유사성 중에서도, 1968년에 체코슬로바키아, 폴란드, 유고슬라비아에서 구좌파 공산주의 정부에 맞선 신좌파 봉기들은 서로 직접 연결되어 있었다. 체코슬로바키아에서 1989년 12월 28일 새로운 정부가 출범했을 때, 의원들은 1968년 프라하의 봄 지도자 알렉산드르 둡체크를 의회의 첫 번째 연사로 선정했다. 소련에서는 수많은 저명한 당내 지식인, 특히 《평화와 사회주의 문제》 저널을 중심으로 활동한 지식인 단체가 체코의 운동에 큰 영향을 받았다. 소련의 지도자 미하일 고르바초프도 자신이 공산당 내에서 부상한 일이 프라하의 봄에 빚졌다는 점을 인정했다. "1968년의 체코슬로바키아는 나를 비판적 사고로 이끈 주요한 충격파였다. 나는 우리나라에서 옳지 않은 일이 일어나고 있다는 걸 알았다. 그러나 그 충격은 외부 세계에서 왔다."[34] 모스크바 국립대학교 출신인 고르바초프의 대학 시절 친구는, 미래의 체코 반정부 활동가이자 1968년 개혁 강령의 작성자 중 하나인 즈데네크 믈리나르시였다. 프라하의 봄이 분쇄된 후에, 고르바초프는 소련 대표단의 일원으로 양국 관계를 재건하기 위해 파견됐다. 그는 노동자들이 왜 소련 대표와 만나기를 거부했는지 알게 되었는데, 그에게는 "눈이 번쩍 뜨이는" 경험이었다. 19년 뒤, 체코슬로바키아의 1968년과 자신의 프로그램 사이에 어떤 차이가 있는지 질문을 받자 그는 간단히 답했다. "19년."[35]

프라하의 봄으로 인해 변화하고 영감을 얻은 것은 고르바초프만이 아니었고, 체코 활동가들은 이후로도 계속 사회변혁 과정에 헌신하며 최선을 다해 그 임무를 수행했다. 우리는 도표 1.1에서 프라하의 봄이라는 꿈을 살려 헝가리, 소련, 불가리아, 루마니아, 폴란드 등 수많은 나라에 그 꿈이 퍼지도록 도운 주요 활동가들의 직계를 추적할 수 있다.[36]

1968년은 서유럽의 평화운동에도 추가로 파장을 끼쳤는데, 신좌파에서 비롯된 이 평화운동은 얼어붙은 냉전기의 권력관계를 바꾸는 데 도움을 주었다. 즉, 서유럽 사회를 정치 엘리트들이 부적절하게 몰아넣은 막다른 골목에서 벗어나게 한 셈이었다. 유럽의 거리에서 미국의 퍼싱 II 미사일(그리고 소련의 SS-20)에 항의하는 평화운동이 펼쳐지지 않았다면, 고르바초프와 소련 지도부는 결코 동유럽 완충 국가(새로운 독일 침공에 대비한 보험)에 대한 통제력을 완화할 준비를 하지 못했을 것이다. 핵전쟁 가능성에 반대하는 대규모 시위들이 당시 철의 장막이라고 불리던 것의 양쪽에서 분출한 이후에는, 소련 지도자들이 원했던 보장으로서 완충 국가나 단거리 미사일도 더 이상 필요가 없어졌다. 1981년 가을, 미국의 정책에 반대하여 유럽에서 거리로 나선 수백만 인파는 고르바초프로 하여금 러시아에 대한 서구의 군사개입이 불가능하다고 확신하게 했다. 이런 동원들은 역사적으로 세계의 정치 엘리트들이 창조해 교착상태에 이른 군사 대결을 해체하는 데 기여했다.

[도표 1.1] 1968~2006년 오렌지(혁명의) 계보

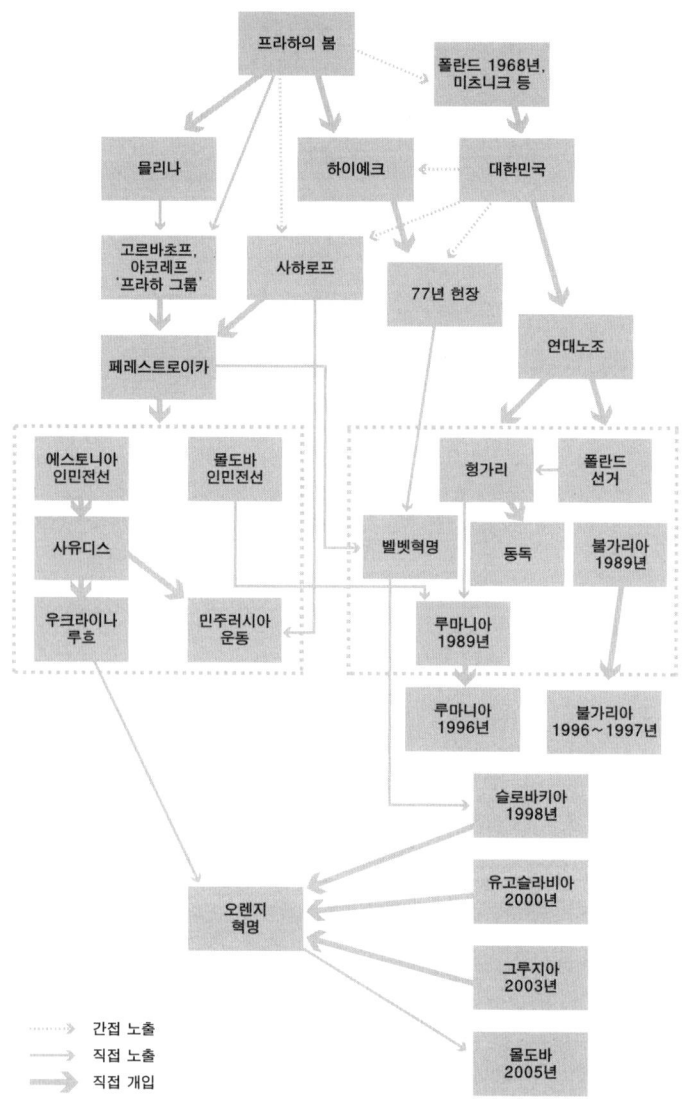

출처: Fredo Arias-King, "Orange People: A Brief History of Transnational Liberation Networks in East Central Europe," *Demokratizatsia* 15, no. 1 (January 2007): 35.

물론 러시아의 지배에 대항한 풀뿌리운동 자체도 역사가 깊다. 1980년대까지 그들은 고르바초프와 소련 지도자들을 성가시게 하는 세력으로 성장했지만, 아시아 봉기가 민중권력을 역사의 무대로 올려놓은 이후에 동유럽의 운동은 자극과 영감을 얻었다. 1987년 8월 23일, 남한의 독재자 전두환이 대통령 직선제에 마지못해 동의한 지 채 두 달이 안 되어, 리투아니아 자유동맹은 1939년 몰로토프-리벤트로프 조약 기념일에 항의하는 데 수백 명의 사람을 불러모았다. 이로써 최초의 공개적 반대집회가 열린 것이다. 1988년 6월 10일, 수천 명의 리투아니아인은 금지된 민족주의 노래를 공개적으로 불렀고, 나중에 '노래하는 혁명'이라고 이름 붙인 운동을 촉발했다. 2주 뒤인 6월 24일에 지식인들은 소련의 지배에 반대하는 독립 투쟁을 공개적으로 이끌고자 사유디스(Sajudis, 리투아니아어로 '공동운동'이란 뜻)를 조직했다. 사유디스는 예술인, 학자, 언론인, 음악가, 철학자, 작가들로 구성됐고, 이 지식인들은 몇 달 만에 지지자들이 수만 명으로 늘어나자 다른 사람들만큼 놀랐다.[37] 8월 23일에는 20만 명 이상이 민족 독립을 위한 시위에 나섰다. 녹색운동과 결합한 이 운동은 수만 명의 시민을 모아 발트 해 해안선을 따라 인간띠를 형성하여, 이그날리나 핵발전소와 그로 인한 파국적인 오염 가능성에 항의했다. 활동가들은 민요와 축제를 부활시켰고, 전통문화를 이용하여 대규모 저항을 활성화했다. 9월 11일에 이웃 나라 에스토니아에서 열린 '에스토니아의 노래'라는 집회에는 약 30만 명의 사람이 모여들었으며, 이는 에스토니아 인구의 4분의 1이 넘는 수였다.

이 시위들에 뒤이어 1988년 12월 7일, 미하일 고르바초프는 UN 총회 연설에서 "무력과 무력 사용 위협은 더 이상 대외 정책의 도구가 될 수 없고 또 되어서도 안 된다"고 했다. 곧이어 수만 명에 달하는 소련 군대가 동유럽에서 철수하기 시작했다. 일단 고르바초프가 독일의 또 다른 침략에 대비한 방어선을 유지하기 위해 무력을 사용하는 것을 중단하기로 하자, 변화의 물결이 동유럽을 덮쳤다. 특히 눈에 띄는 시위 장소 중 하나는 라이프치히였는데, 1989년 초봄에 라이프치히 민중은 "우리는 철수를 원한다!Wir wollen raus!"라는 구호를 외쳤다. 그해가 다 가기 전에 베를린장벽이 무너지리라고 예측한 사람은 거의 없었다.

1989년 6월, 2,000명 이상이 사망했던 1956년 헝가리 봉기 때 처형당한 영웅 임레 너지가 재매장됐다. 이는 소련에서 독립하기 위해 나아가려는 정권의 소망을 드러낸 상징적 행위였다.[38] 몰로토프-리벤트로프 조약 50주년이 되던 해인 1989년 8월 23일, 에스토니아, 라트비아, 리투아니아에서 약 200만 명이 손을 맞잡고 탈린에서 빌뉴스까지 600킬로미터에 이르는 인간띠를 만들어 러시아의 지배에서 벗어날 자유를 요구했다. 9월 11일에 헝가리가 서방 쪽 국경을 개방하자 동독인들이 밀물처럼 몰려들었고, 동독 지도자들은 점차 성장하는 라이프치히의 월요 행진을 탄압하지 않았다. 10월 16일에는 10만 명이 행진했고, 그 다음주에는 30만 명이 참여했으며, 마침내 11월 4일 월요일에는 베를린에서 TV로 생중계되는 가운데 50만 명이 모였다. 11월 9일, 장벽이 무너졌다.

역사는 이 순간에 숨 가쁘게 변화했다. 베를린장벽이 무너진 지 하루 만에 불가리아 독재자 토도르 지브코프가 권좌에서 물러나야 했다. 한 달하고 하루가 지나, 벨벳 혁명이 체코슬로바키아에서 세를 얻었다. 동독의 종언은 저항을 강화하는 데 도움이 됐다. 왜냐하면 동독 비밀경찰은 오랫동안 체코 정권을 지탱하는 가장 강력한 세력 중 하나였기 때문이다. 벨벳 혁명은 6주간의 자발적 시위 형태로 이어졌다. 11월 17일 프라하 경찰이 한 학생을 살해했다는 소문이 돌자, 1만 5,000명이 스트라호프에 있는 대학 주변에 집결했다.[39] 사람들이 언덕에서 도시 중심부로 내려오자, 붉은 베레모를 쓴 군인들은 평화적 촛불집회를 해산했다. 이어진 학생들의 동맹휴학을 지지한 배우들은 극장을 대중 집회 장소로 제공했다. 하벨을 지도자로 하는 시민 포럼은 자유민주주의와 시장경제를 요구했다. 사흘 후, 10만 명 이상의 군중이 바츨라프 광장을 메웠다. 군중은 열쇠를 흔들며 1968년 프라하의 봄 영웅인 둡체크의 복권을 요구하면서, 공산당이 정부 청사를 비워야 한다고 주장했다. 다음날 훨씬 더 많은 사람이 집결했고, 이번에는 확성기까지 등장했다. 11월 27일에는 학생들의 동맹휴학이 2시간 전국 파업으로 발전해 공산당 국가원수 구스타프 후사크가 퇴진하도록 이끌었고, 다음 달 연방의회는 만장일치로 하벨을 새로운 대통령으로 선출했다.

12월 10일, 체코 후사크 대통령이 사임한 같은 날에 울란바토르에서 시위가 불붙은 뒤에 학생을 중심으로 몽골민주동맹이 결성됐다.[40] 대규모 광장에서 록밴드 혼흐Khonkh(종鐘)가 야외 공연을 할 때, 사람들은 '관료주의적 억압'에 항의하는 플래카드를 들고 행진했다. 일주일 후 열린 두 번째 집회에는 2,000명이 모였고, 학생들은 언론의 자유, 다당제, 인권을 요구하는 플래카드를 들고 돌아왔다. 이듬해인 1990년 1월 21일, 기온이 영하 30도까지 떨어진 그날 사람들은 오랫동안 금지된 민족 영웅 칭기즈칸을 찬양하는 전통 민요를 불렀고, 매주 시위를 하기로 결의했다. 3월 7일 (톈안먼의 중국 학생들에게 영감을 받아) 전통복장 차림으로 단식투쟁을 시작한 울란바토르의 활동가들은 수만 명의 지지자들을 모았고, 수도에서 총파업을 시작했다. 시위가 우후죽순으로 번지자, 정부는 재빨리 다당제를 허용했다. 4월 중순에는 석탄 노동자들 사이에서 2차 투쟁이 일어났고, 트럭 운전사들은 더 큰 경제적 권리를 요구했다.

동유럽 엘리트들의 구조적 변화에도, 무자비한 독재자 니콜라에 차우셰스쿠는 물러설 의도가 전혀 없었다. 체코의 후사크 대통령이 사임한 지 일주일 후, 루마니아의 티미쇼아라 시는 군대의 발포로 100여

명 가까이 사살당하면서 폭력으로 요동쳤다. 학살에 맞서 티미쇼아라에서 벌어진 총파업 동안, 군인들은 시민들과 대화를 시작했다. 일주일 안에 군대는 도시에서 철수했고, 혁명위원회가 사실상 정부가 됐다.[41] 군대가 갑자기 편을 바꾼 후인 12월 22일, 군대의 탱크가 부쿠레슈티 시민들을 이끌고 차우셰스쿠의 본부를 공격하여 그를 생포했다. 크리스마스에 차우셰스쿠와 그의 부인은 처형됐고 새로운 공산당 정부가 재빨리 그들을 대체했다.

변화의 과정이 지속되면서, 1990년 3월 11일 리투아니아는 독립을 선포했다. 같은 날 에스토니아에서는 민주적으로 선출된 대안의회가 수도에서 소집되어 독립 선포를 향해 움직였다. 소련을 떠나려는 리투아니아의 결의에도, 소련 군대는 리투아니아 기반 시설 대부분에 대한 통제를 유지했다. 1991년 1월 13일에 소련군이 가한 대대적 탄압으로 이날은 민중의 마음에 '피의 일요일'로 각인됐다. 소련군은 빌뉴스의 텔레비전 송전탑에 대한 통제권을 지키기 위해 탱크와 장갑탄을 사용했고, (KGB 요원을 포함하여) 최소 14명이 사망하고 702명이 부상당했다.[42] 민중은 대거 저항에 나서 소련군이 혼동을 일으키도록 (1968년 프라하에서 그랬던 것처럼) 거리 표지판을 없앴고, 의사당과 텔레비전 송전탑을 방어하는 저항 투쟁에 적극적으로 참여했다.

일주일이 채 지나지 않아, 이웃 라트비아에서도 시위대 6명이 사살되자 50만 명이 수도 리가의 중심부에 집결했다. 그들은 의사당과 방송국을 방어하기 위해 바리케이드를 세웠고, 트럭과 트랙터로 바리케이드를 강화하고 철조망과 화염 물질로 방어선을 구축했으며, 순찰대를 조직했다. 시민들은 식사와 땔감, 의약품을 제공하며 소련의 포위에 대비했다.[43] 풀뿌리 활동이 분주한 가운데 상황이 정리되자, 러시아는 어떤 침공도 시도하지 못했다.

몇 달이 안 되어, 동유럽의 소비에트 체제는 전복됐다. 헝가리와 폴란드 정부는 개혁 지향적 조치를 취하고 제도적 타협 과정을 거쳐 야당을 권력 구조 내부로 통합했다. 체코슬로바키아와 동독에서는 바람에 굽히기를 거부했던 정권들이 민중봉기로 권력에서 쓸려나갔다. 알바니아, 불가리아, 루마니아에서는 최고위 공산당 지도자들이 제거된 후에 기반을 다진 공산당 간부들이 수도와 정치권력에 대한 통제력을 유지했다.

제국이 붕괴하자 소련의 강경파 지도자들은 권력을 되찾으려고 시도했다. 고르바초프의 야심찬 개혁 프로그램에 격노한 당의 보수파가 1991년 8월 19일 쿠데타를 시도했다. 공산당과 KGB, 군대의 보수파가 동시적 행동에 동원됐다. 고르바초프와 그의 가족은 가택 연금에 처해졌지만, 공산당 강경파의 반격에 대한 민중의 저항은 광범했다. 모스크바에서는 사람들이 러시아 의회를 보호하기 위해 거리로 몰려나왔다. 여성과 학생들은 군인들에게 합류하라고 호소했다. 종교인들은 거리에서 무릎을 꿇고 기도했고, 평화주의자들은 비폭력 투쟁 방법에 관한 글을 나눠줬으며, 국가에 의해 문을 닫은 신문과 라디오방송 들은 대안매체를 세웠다. 레닌그라드의 궁전광장에는 10만 명이 넘는 사람이 집결했다. 시장은 군부에 쿠데타를 지지하지 말라고 호소했고, 러시아정교회 수장은 쿠데타 지도자들의 지침을 따르는 사람들을 파문하겠다고 위협했다. 러시아 대통령 보리스 옐친은 우호적인 탱크 위에서 저항을 극적으로 호소했고, 심지어 일부 KGB 인사들도 불복종에 따른 죽음의 위험을 무릅쓰고 명령에 따르기를 거부했다. 결국 쿠데타는 붕괴했고, 소비에트연방은 해체의 길을 열었다. 차례로 15개 공화국이 독립을 선포했다. 12월 초에 러시아 대통령 보리스 옐친과 다른 공화국 지도자들은 소련을 해체했다. 이는 이후에 고르바초프가 '위헌적 쿠데타'라고 묘사한 조치였다. 8월 쿠데타로 세력이 약해진 고르바초프로서는 70년간의 공산당 지배에 이은 소비에트연방의 붕괴를 막기에 역부족이었다.

이렇듯 변화가 가속되는 시기에 미국의 전 NATO 대사인 할런 클리블랜드는 "이제 전 세계적으로 일반 대중이 정치적, 사회적 변화의 추동력이며, 그들의 '지도자들'은 대중을 따라가려고 애쓰고 있다. 세계사에서 강대국의 정치 지도자들이 중요한 결과에 그토록 무관해 보인 시기를 떠올리기 어렵다. 세계의 군사 열강과 경제 대국의 대통령과 국무총리 같은 저명인사들은 놀라움을 숨기지 못한 채 저녁 뉴스를 지켜봤다"[44]고 말했다. 풀뿌리운동의 권력을 인정한 동유럽의 최고 지도자들 역시 중대한 역할을 했다. 라이프치히, 베를린, 부다페스트, 프라하 등 동유럽의 많은 도시에서, 군중은 "고르비! 고르비!"를 외쳤다. 그들은 자신을 해방할 지도자, 정부의 최고위 수준에서 진보를 실현할 새로운 표트르대제를 원했다. 개혁 과정을 관리하려는 엘리트들의 시도에도 불구하고, 돌파가 이뤄지자 결과는 그 누구의 예상과도 달랐다. 서독은 한입에 동독을 삼켰고, 악몽과도 같은 엄청난 예산 초과 문제와 네오나치의 학살 같은 문화적 혼란을 낳았다. 소련의 종언은 소비에트 개혁가들의 기대나 소망을 넘어섰다. 기업 자본주의가 구소련 지역에 급속하게 침투하는 상황을 아무도 저지할 수 없었고, 러시아는 하버드 대학교 출신 경제학자들의 신자유주의 공세로 황폐화됐다. 장기적 운동과 격렬한 봉기, 풀뿌리 저항, 활동가 단체들은 강력하고 지속적인 민주적 변화를 가져오는 열쇠와도 같다. 하지만 공산주의 세계에 변화를 불러온 핵심적 촉매는 위에서 비롯되었기 때문에, 민주화는 지속적이지도 깊지도 않았고, 새로운 엘리트들은 통제력을 장악한 뒤에 글로벌 자본과 제휴했다.

소련의 붕괴와 더불어, 미국의 승리주의자들은 냉전에서 승리를 거뒀음을 선포하고 미국이 세계를 주도하게 될 또 다른 세기를 준비했다. 프랜시스 후쿠야마의 오도된 견해에 따르면, 우리는 '역사의 종말'

에 도달한 셈이었다. 비록 그는 나중에 이 주장을 철회했지만, 많은 사람은 전 세계가 미국식 대의민주주의를 가능한 최상의 정부 형태로 환영하리라고 믿었다. 폴 울포위츠와 딕 체니는 미군을 이라크에 파병하면서, 자신들이 바그다드 거리에서 꽃다발 세례 속에 환영받으리라 기대했다. 계속해서 늘어나는 미군 사상자, 2008년 시작된 경제 위기, 중국의 상승세 등과 함께 전 지구적 지배라는 미국의 환상은 사막의 신기루처럼 순식간에 사라졌다. 2009년에 오바마 대통령이 일본 천황에게 갖춘 예우와 베이징에서 보여준 침묵은 앞으로 더욱 심화될 미국의 몰락을 암시하는 표면일 뿐이다. 그럼에도 불구하고 미국이 중심에 있다고 주장하는 20세기 후반의 이데올로기적 해석은, 새뮤얼 헌팅턴이 주창한 제3의 물결 개념에서 여전히 작동 중이다.

헌팅턴의 제3의 물결 다시 보기

어떤 이론가의 아이디어가 국가 정책에 새뮤얼 헌팅턴만큼 광범하게 적용된 경우는 드물 것이다. 펜타곤의 내부자들과 전 지구적 학문의 네트워크에서 그의 한마디 한마디에 귀를 기울이는 이상, 그의 이론이 지닌 힘을 과소평가해서는 안 된다. 평생을 '냉전의 전사'로 산 헌팅턴은 심지어 미국의 지원을 받는 억압적인 제3세계 독재국가에서도 군대를 '발전의 원동력'이라고 칭찬했다. 소련의 몰락 이후 '미친 개(헌팅턴의 제자들은 그를 이렇게 부른다)'는 '문명의 충돌'을 경고했으며, 이로써 이슬람 세계에 초점을 맞춘 미국의 전 지구적 군사개입의 토대를 마련했다. 리처드 닉슨 대통령 아래서 미국은 베트남에서 미군이 움직이는 것이면 무엇이든 죽일 수 있는 '무차별 포격 지대'를 설정하고 대대적 폭격을 가함으로써 '강제징집형 도시화'를 단행했다. 미국은 닉슨 대통령 재임 기간 동안 1분마다 1톤 이상의 폭약을 베트남에 퍼부었는데, 이는 모두 320만 톤으로 아이젠하워와 케네디, 존슨 집권기의 폭격량을 합한 것보다도 많은 양이다.⁴⁵ 칼 보그스가 설명한 것처럼 "이 전쟁 말기에 미국은 1만 5,000개 촌락 가운데 9,000개를 파괴했고, 2,500만 에이커의 농지, 1,200만 에이커의 산림, 150만 마리의 농업용 가축을 파괴했다. 도시와 마을은 폭격당하고 불태워지고 불도저에 밀렸다. 주민들은 자주 한데 몰려 학살당했다. 거의 100만 명에 달하는 고아와 18만 1,000명의 불구자, 100만 명의 미망인이 생겨났다. 남부에만 1,900만 갤런 이상의 독성 제초제가 퍼부어졌는데, 이는 화학전 사상 최대 규모의 사용량이다".⁴⁶

5만 8,000명 이상의 미국인이 희생되고 200만 명이 도살당했음에도 남부 베트남을 '민주화'하려는 헌팅턴의 시도는, 베트남 자유투사들의 영웅적 저항과 전 지구적 평화운동으로 분쇄됐다. 베트남에서 미국이 패배한 데 충격을 받은 헌팅턴은 3자위원회Trilateral Commission에 제출한 보고서에서 '민주주의의 질병democratic distemper'을 1960년대 시위의 원인으로 지목했다. 그는 미국에서 민주주의가 더 줄어들어야 한다고 결론 내렸다.⁴⁷ 그 당시 많은 사람은 자유의 건강을, 즉 새뮤얼 헌팅턴이나 헨리 키신저 같은 하버드 출신의 비뚤어진 미덕의 표본들이 가하는 공격에서 살아남을 수 있는 능력을 우려했다.⁴⁸

1984년 헌팅턴은 "동유럽에서 민주주의가 발전할 가능성은 사실상 전무하다. …… 소수의 예외가 있지만 전 세계적으로 민주주의 발전은 이미 한계에 도달한 것 같다"⁴⁹는 잘못된 결론을 내렸다. 잘못된 평가를 한 게 헌팅턴 혼자만은 아니었다. (소비에트 체제 붕괴의 물결이 일기 직전인) 1989년에 출판된 민주화에 관한 여러 권짜리 책에서, (주류 민주화 이론을 이끌어온 석학들인) 후안 린츠, 시모어 마틴 립셋, 래리 다이아몬드는 "공산주의 국가는 민주주의로 이행할 전망이 거의 없다"⁵⁰는 이유로 단 한 나라도 포함하지 않았다. 이런 예측 실패는 정보가 부족했기 때문일 수 없다. 미국 언론은 지속적으로 공산주의의 내부 문제를 폭넓게 다뤄왔던 반면, 미국의 영향권 내에서 벌어지는 사건들은 거의 다루지 않았다. 중국의 톈안먼 광장 시위 때 미국 언론이 광분한 데 비해 1980년 광주봉기에 적은 지면이 할애된 점은, 왜 중국보다 9년이나 먼저 일어났는데도 광주봉기가 '한국의 톈안먼'이라고 불리는지 설명하는 데 도움이 된다.

동아시아와 동유럽에서 독재 정권이 차례로 몰락하자, 헌팅턴은 재빨리 비관주의를 버리고 민주화의 '제3의 물결'이라는 개념을 설파했다. 과거에 상정했던 이데올로기적 전제 때문에 그는 1960년대 운동이 도입한 가치에 대한 진지한 재평가를 무시했다. 시민권운동과 신좌파 이후에 남아프리카의 아파르트헤이트 정권은 몰락할 날짜만 세는 신세였고, 그리스, 포르투갈, 스페인, 필리핀 등 수많은 나라에서 미국(그리고 헌팅턴)의 지지를 받는 다른 독재 정권도 마찬가지였다. 공산주의의 '철의 장막' 뒤에서든 자본주의의 '자유세계'에서든 간에, 1968년의 전 지구적 물결이 세계를 변화시킨 이후 폭압적인 정부는 지속될 수 없었다. 반민중적 정권은 연이어 몰락했고, 헌팅턴은 민주화운동을 그것이 비롯된 신좌파에서 분리하고 '민주주의의 물결'에서 미국이 맡은 역할을 과장하는 도구로서 '제3의 물결'을 고안해냈다.

민주주의란 무엇인가

오늘날 인류가 직면한 정치적 문제 중에서 민주주의의 의미보다 더 중요한 것은 거의 없다. 보편적 가치를 지닌 민주주의는 여전히 정의하기 힘든 개념이다. 최소한 선거로 정의한다 해도, 그 이름에 걸맞은 민주주의라면 시민이 자신의 일상생활에 영향을 미치는 중요한 의사 결정에 참여할 권리는 물론 정의正義의 존재도 중요한 요소이다. 그럼에도 헌팅턴은 여전히 "투명하고 자유롭고 공정한 선거가 민주주의의 본질, 불가분한 필수 조건sine qua non"[51]이라고 주장했다. 그러면서 헌팅턴은 보편적 진실성이 서구식 대의 정부, '형식적 민주주의'에 내재한다고 보지만, 그런 민주주의하에서 경제 엘리트의 구성원들은 정치권력의 자리를 놓고 선거로 경쟁하며 소수의 인구만이 투표라는 수고를 할 뿐이다.

전국적으로 치러지는 미국의 선거에서, 펜타곤과 초국적 기업 권력에 충성하지 않는 후보는 대개 TV 토론에 참여할 수 없다. 주요한 기금 조성은 말할 것도 없다. 그 결과, 미국 선거의 절대다수가 코카콜라와 펩시콜라 간의 선택보다 못한 수준에서 이뤄진다. 설사 투표를 한다 해도 전쟁에서 물러날 가능성처럼 시민들에 유의미한 선택지는 제공되지 않는다. 민주당이 집권하든 공화당이 집권하든, 기업에 의한 공공 재정과 막대한 펜타곤 예산의 약탈은 전쟁 기계의 끝없는 탐욕을 먹여 살린다. 몇 년마다 치르는 선거는 사람들이 정부에 대해 발언권이 있다고 느끼게 해줄지는 몰라도, 진정한 민주주의를 보장하는 데는 별로 하는 일이 없다.

비록 우리가 헌팅턴의 시각을 일시적으로 수용한다 해도 주요한 문제가 생긴다. 단순히 선거를 민주주의로 보는 그의 개념에 따르면 측정이 편리해진다. 왜냐하면 선거의 부재 또는 존재 여부를, 그가 선거민주주의가 존재한다고 보는 두 가지 기준에 따라 측정하기 때문이다. 즉, 성인 남성의 50퍼센트가 투표권이 있어야 하고, "책임을 지는 집행부"가 투표로 선출된 의회의 지지를 받거나 직접선거로 선택되어야 한다는 것이다.[52] 오늘날 사상가들은 헌팅턴에게 왜 50퍼센트의 남자만으로 충분하며, 왜 여성은 배제했는지 의문을 제기할 것이다. 유권자의 투표 참여율이 대략 60퍼센트를 웃돌면, 남성만의 선거는 약 30퍼센트의 시민만이 투표한다는 것을 의미한다. 그렇다면 후보자는 '다수'인 16퍼센트 시민의 표만으로 선출될 수 있으며, 이는 민주적이라고 간주하기 어려운 숫자이다. 비록 투표권이 모든 사람에게 확대된다고 해도 투표하는 60퍼센트의 다수는 여전히 전체 유권자의 30퍼센트밖에 되지 않는다.

헌팅턴의 민주주의에 대한 최소한의 정의와 대조적으로, 그와 다른 이해가 1960년대 이래 민중운동 내부에서 꾸준히 제기되었다. 평범한 시민들이 의사 결정에 직접 참여함으로써 실질적 권력을 가져야 한다는 것이다. 민중의 개입은 전쟁의 종식과 군부의 대량살상무기 해체를 실현하는 데 도움이 될 것이다. 귀중한 자원을 한 줌의 억만장자들이 통제하기보다 민주적으로 할당할 수 있을 것이다(예컨대 머독이 글로벌 미디어를 통제하는 대신, 우리가 시민기자가 되어 전 세계에 뉴스를 제공할 수 있다). 자율적으로 관리되는 기구들이 기업의 탐욕이 아니라 인간의 필요에 기초하여 사회의 목표와 작동 수단을 결정할 수 있을 것이다. 민주화는 "사람들 사이에서 합리적 토론과 의사 결정이 이루어질 수 있는 독립적인 '공론장'의 창출, 그리고 권력과 부의 탈집중화에 기초하여 측정될"[53] 수 있다. 이름에 걸맞은 민주주의는 모든 개인에게 정치적 문제를 심의하는 데 참여하여 어떤 정책을 취할지 결정할 권한을 부여할 것이다. 이런 유형의 숙의민주주의는 민중봉기의 실천 속에서 예시될 수 있지만, 현 대의정부 체제에서는 우리에게 주어질 가능성이 희박하다.

지금과 같은 형태의 대의민주주의는 기업 시장경제에 이상적으로 적합하다. 후보자들이 광고를 통해 상품처럼 경쟁할 수 있으며, 실질적 이슈보다 개인에 대해 투표하는 것은 소비자들이 슈퍼마켓에서 하는 것과 같은 종류의 선택이다. 의회민주주의는 경제 엘리트들의 지배를 정당화하고, 기업과 소비자 시장을 넓히며, 전 지구적 자본주의 경제와 협력하고, 은행들에 안전하고 믿을 만한 금융 인프라를 제공하는 데 적합한 도구이지, 민주주의의 중심 요소가 아니다. 헌팅턴의 '민주화' 개념이 더욱 널리 받아들여질수록, 자유에 대한 위협은 더욱 실질적인 것이 된다. 그는 '민주주의'가 미국의 전략적 필요 또는 기업

이익을 방해하지 않을 때만 좋은 것이라고 간주했다. 아옌데의 칠레와 차베스의 베네수엘라에서, 또는 미국인들이 전쟁에 항의할 때, 그는 민주주의가 제한되어야 하며 심지어 필요하다면 타도되어야 한다고 믿었다. 헌팅턴의 '제3의 물결' 개념은 시장을 개방하고 미국계 초국적 기업의 침투를 심화하도록 고안된 도구였다.

헌팅턴을 따라, 일군의 정치학자들이 민주주의의 본질은 선거라고 선포했다. 그렇게 함으로써 파키스탄의 무샤라프와 아프가니스탄의 카르자이같이 수천 미국인의 목숨, 수십만 원주민의 생명, 미국 납세자들에게서 징수한 수천억 달러를 낭비해야만 유지되는 하찮은 독재자들의 제한적 민주주의를 위한 토대를 준비했다. 이 모두가 그것들이 '민주주의'에 필요하다고 묘사하는 언론 캠페인과 정교한 이데올로기적 현혹을 통해 정당화된다. 헌팅턴의 이론이 전 세계에 강제하는 유형의 '민주화'에는 아부그라이브와 CIA의 용의자 인도 프로그램, 살해당하는 희생자의 절대다수가 민간인인 끝없는 전쟁, 환경 파괴, 세계체제의 주변부에서 수백만 명에게 죽음의 저주를 퍼붓는 무역자유화 등이 포함되며, 이 정책들은 그 어떤 실질적인 민중의 토론이나 현실적 대안들 간의 선택 없이 실행된다.

미국이 벌이는 전쟁을 이데올로기적으로 정당화하기 위해, 헌팅턴은 역사를 아주 장황하게 다시 쓰는 데까지 나아갔다. 《제3의 물결》(1991)에서 그는 민주주의가 세 번의 커다란 물결 속에서 태어났다고 주장했다.

    제1의 물결: 1828년에서 1926년까지
    제2의 물결: 1943년에서 1962년까지 (제2차 세계대전 이후 시기)
    제3의 물결: 1974년에서 (책이 출간된) 1991년까지 풀뿌리 권력에 대한 그의 편견과 일치하게, '제1의 물결'의 시기 구분은 민주주의를 미국독립혁명이나 프랑스혁명처럼 근대적 대의민주주의를 창출한 사회운동에서 분리하는데, 이는 '제3의 물결'에 관해 1960년대 봉기라는 뿌리에서 민주주의를 분리한 것과 같다. 그는 1960년대 사회운동으로 시작된 봉기들을 배제하는 반면, 1974년 이전의 경제 발전은 배제하지 않는다. "상당 부분 1974년부터 시작된 민주화의 물결은 그에 앞서 20년간 이뤄진 경제성장의 산물이었다."[54] 헌팅턴의 세 물결은 자본주의 엘리트들의 승리에 조응하며, 그 자체로 진정한 민주주의보다는 시장경제의 확대와 더 관련이 있다. 헌팅턴은 자신이 인정한 정치적 발전만을 무시하지 않았고, 그가 어떤 활동의 기여를 인정할 때면 그것은 어김없이 엘리트들의 행동이었다. 그는 "1970년대와 1980년대 제3의 물결은 압도적으로 가톨릭의 물결이었다"[55]고 확신했다. 그러면서 가톨릭 물결의 기원을 교황 요한 23세에서 비롯된 1960년대 가톨릭교회의 변화에 두지만, 이를 교회라는 토대에서 '기독교 좌파'의 기원이 된 1960년대 운동과 연결짓지는 않았다. 1960년대 운동에 대한 편견 때문에, 그는 기독교 좌파와 해방신학 옹호자들 수만 명이 단순히 교황의 신민이 아니라 교회에 변화를 일으킨 능동적 창조자이자 전 지구적 풀뿌리운동의 자주적 참여자임을 이해하지 못했다.[56]

헌팅턴은 제3의 물결을 미국의 제국적 권력과 민주적 위신에 대한 헌사라는 틀에 짜맞추었다. "전 세계적으로 민주주의를 위한 운동은 미국의 모범에서 영감을 얻고 이를 모방한 것이다. 랑군에서 민주주의 지지자들은 미국 국기를 흔들었고, 요하네스버그에서는 《연방주의자The Federalist》를 재인쇄했으며, 프라하에서는 〈우리 승리하리라〉를 불렀다. 바르샤바에서는 링컨을 읽고 제퍼슨을 인용했다. 베이징에서는 민주주의의 여신상을 세웠다."[57] 여기서 헌팅턴은 사안들을 잘못 해석하는 결정적 오류를 범했다. 그는 톈안먼 광장에 있는 민주주의의 여신상이 미국 자유의 여신상을 모방한 거라고 주장했다. 그러나 실제로는, 중국의 미술과 학생들이 자유의 여신상을 모방하는 게 너무 '친미적인' 발상이라며 분명하게 거부했고, 그 대신에 러시아 공산주의자 베라 무히나의 기념비적 조각인 〈노동자와 집단농장 여성〉을 모델로 삼았다. 이 조각은 1937년에 열린 파리 만국박람회에서 소련 전시관 지붕에 두 손에 횃불을 든 모습으로 전시된 바 있다.[58]

이와 비슷하게, 그리스 독재 타도 운동에 목숨을 바친 아테네 공과대학 학생들 역시 완전히 반미적이었다. 그리스인들에게 잘 알려져 있다시피, 미국과 이스라엘은 1967년 그리스의 민주 정권을 전복하고 그 자리에 파파도풀로스 군사정권을 들여앉혔다.[59] 이 시기에 펼쳐진 전 지구적 봉기의 실제 성격을 정확히 이해하면, 아테네 공과대학 학생들을 더 잘 이해할 수 있다. 그들의 투쟁은 남부 지중해의 독재 정권들을 타도하는 과정에서 핵심적 사건이었다. 미국의 베트남전쟁에 강력하게 반대했던 1968년의 전 지구적 학생운동은 그리스 학생들을 자극했다.[60] 1973년 아테네의 학생들도 마찬가지로 미국의 전쟁에 반대하고, 몇 달 전에 군부 통치자들을 축출한 타이 학생들과 자신들을 동일시했다. 헌팅턴은 그리스와 타이의 학생들을 무시했고, 그 대신 살라자르 독재에 대항한 포르투갈 군부 쿠데타를 제3의 물결의 시작으로 삼았다. 심지어 그 경우에조차 포르투갈의 장교들을 모잠비크, 앙골라, 기니비사우에서 봉기한 아프리카 게릴라들과 연결짓지 않았다. 이들은 1974년에 성공적으로 살라자르를 타도하기에 앞서 포르투갈의 식민지 장교들에게 커다란 영향을 미친 핵심적 풀뿌리운동 세력이었다.

확실히, 미국 민주주의의 광채는 1980년대에도 여전했다. 광주봉기 당시 가장 전투적인 투사들은 스스로를 미국의 인기 TV 프로그램 이름을 따라 'SWAT(특수기동대)'라 불렀고, 많은 시민이 한국 영해에 진입한 미국 항공모함 코럴시호가 자신들을 구하러 온 것이라고 믿었다. 하지만 진실은 정반대였다. 미국이 한국 군부독재 정권에 봉기를 분쇄하도록 교사한 이후, 남한에서는 극렬한 반미주의가 등장했다. 세계 역사상 가장 자유로운 사회이자 동시에 가장 호전적인 미국의 변증법적 성격은, 분명히 1980년대까지도 다양한 열광적 지지를 낳았다. 헌팅턴에게 미국은 "힘과 성공의 이미지를 지닌"[61] 나라였다. 다른 사람들에게 미국의 이미지는 보통 시민들이 번영 속에서 그 어느 곳에도 없는 자유를 누리며 사는 사회였다.

헌팅턴의 이종교배적 정치 발전 모델은 민주주의를 제2차 세계대전 이후의 '제2의 물결'처럼 외부에서 강제할 수 있는 시스템으로 이해했다. 제2차 대전이 끝난 후 "연합국의 점령은 서독, 이탈리아, 오스트리아, 일본, 한국에서 민주적 제도의 출범을 촉진했다"[62]는 것이다. 한국전쟁이 시작되기도 전에 10만 명에 이르는 남한 사람이 살해됐다는 사실은 차치하더라도 이런 의문이 남는다. 과연 한국은 민주주의 국가였는가? (헌팅턴 자신의 정의에 따라) 그 당시 한국에 어떤 "투명하고 자유롭고 공정한 선거"가 있었는지 묻는다면, 누구도 전혀 가리킬 만한 것이 없다. 더 최근에 헌팅턴은 외부에서 강제된 민주주의를 찬양하면서, 미국의 그레나다와 파나마 침공을 이 나라들에 민주주의가 시작된 것으로 환영했다.[63] '민중의 지배'를 제외하고는 외부에서 강제된 어떤 정부 체제도 민주주의의 자격이 없다는 사실을 그는 파악하지 못하는 것이다. 1972년 크리스마스에 하노이를 폭격한 헨리 키신저와 아프가니스탄 전쟁을 확대한 버락 오바마가 노벨평화상을 받는 세상에서 주류 학계의 연구에 결함이 있는 것은 놀랄 일이 아니지만, 그 점을 지적하지 않을 수 없다.

집단의 지혜, 똑똑한 군중

1980년대 후반에 미국국립과학아카데미는 헌팅턴의 저작이 '이데올로기'이지 '과학'이 아니라는 이유로 그의 가입을 두 번이나 거부했다. 헌팅턴의 가입을 반대하는 캠페인에서 예일 대학교 수학과 교수 서지 랭은 그의 저서인 《정치 질서와 사회 변화Political Order in Changing Societies》(1968)를 지적했다. 이 책에서 헌팅턴은 아파르트헤이트하의 남아프리카공화국을 "만족스러운 사회"라고 불렀다. 헌팅턴의 이데올로기적 입장은 전혀 독특한 게 아니다. 미국의 주류 정치학계 상당수가 통상적으로 가치 편향적 연구를 '과학'으로 받아들인다. 헌팅턴의 케임브리지 이웃(하버드 대학과 MIT는 미국 케임브리지 시에 있다—옮긴이)이자 MIT 교수였던 이실 드 솔라 풀은 고문당한 베트콩 용의자들의 심문 기록을 적의 동기 분석용 '데이터'로 사무실 캐비닛에 보관함으로써 암묵적으로 전체 고문기구의 일부가 됐다. 베트남 전쟁범죄 공모에도 불구하고, 아니 바로 그 때문이라고 해야 할지도 모르겠지만, 오늘날 풀의 이름은 미국 정치학협회의 연례 수상자 명단에 올라 있다. 풀처럼 헌팅턴도 자신을 단지 학자로 보지 않고 저서에 "발전의 원동력"인 군대에 대한 칭송과 권고를 끼워넣었다.

헌팅턴처럼 '공평무사'하고 '가치 중립적'인 정치학자들에게, 엘리트들의 역학은 주요 변수이다. 그들은 엘리트가 항상 지배하리라고 가정하기 때문에, 유일한 질문은 "어떤 엘리트인가?"이며, 또한 "민주적 이행이 옛 엘리트의 기본 틀을 유지하는 선에서 가능한가?"이다. 헌팅턴의 행정적 사회연구는 이행하는 체제의 성격을 범주화해서, 옛 엘리트를 모조리 교체하지 않고 주요 지도자들이 새로운 권력 지형에서 지위를 유지하는 '전위transplacement'와 옛 엘리트를 새로운 엘리트로 대체하는 '전환transformation'으로 분류한다. 엘리트 지배의 전면적 폐지와 실질적 민주주의 창출은 가능성의 영역 밖에 남아 있다. 자칭 "야심찬 민주적 마키아벨리"인 헌팅턴은 지도자들에게 어떻게 급진적 반대 세력을 고립시킬 것인가에 관한 "묘책"을 제공했다.[64]

엘리트 행동을 강조함으로써, 헌팅턴은 20세기 말을 휩쓴 민주화의 큰 파도에서 시민사회의 역할을 폄하했다. 그는 "시위, 항의, 파업은 1980년대 말까지 완수되거나 진행 중이던 겨우 6개 체제(필리핀, 남한, 동독, 폴란드, 체코슬로바키아, 루마니아)의 이행에서만 중심적 역할을 수행했다"[65]고 주장했다. 마지못해서였다고 해도 "비록 증거는 별로 없지만, 필리핀과 한국의 상황이 1988년 버마와, 1986년 가을과 1989년 봄에 중국에서 일어난 민주화 시위를 고무하는 데 도움이 됐고, 타이완에서 일어난 자유화에 약간의 영향을 끼쳤을 수 있다"[66]는 점은 인정했다. 헌팅턴처럼, 기예르모 오도넬과 필립 슈미터도 반정부운동으로 정권이 직접 전복되기보다 엘리트들이 권력을 지지자들의 일부 분파에 이양하거나 개혁 성향의 야당과 이행에 대해 협상하는 것이 바람직하다고 믿는다.[67] 그것이 바로 엘리트들이 비폭력을 수용하고 폭넓게 선전하는 한 가지 이유이다. 다시 말해, 비폭력으로 인해 옛 지배자와 새 지배자 간에 협상이 가능해지고 새 체제 내에서 낡은 체제가 평화적으로 적응할 수 있게 된다. 또한 개혁주의 정당들이 그렇게 유용한 이유도 여기에 있다. 스티븐 해거드와 로버트 코프먼은 "몇 가지 우리의 사례에서 본 바와 같이, 개혁은 때때로 개혁 과정에서 부정적 영향을 받은 사람들에 대한 보상과 정치적 영향력의 가능성을 제공할 수 있는 '좌파' 정당들이 시행할 때 한층 더 효과적이었다"[68]는 점을 깨달았다. 그들의 견해에 따르면 대중운동은 더 큰 민주주의로 이어질 수 없으며, "통제 불가능"한 세력으로 입증될 수도 있고, 기존 체제를 완전히 뒤엎는 혁명적 전복 또는 탄압의 증가를 불러올 수도 있다.[69]

이해하는 범위가 얼마나 다르든 간에, 주류 사회학자와 경제학자, 정치학자들은 '합리적' 개인 행위자가 사회의 핵심에 있다는 개념에 동의한다. 애덤 스미스의 '보이지 않는 손'처럼, 그들은 '합리적 선택' 또는 각자의 이해에 따른 개인의 발전이 사회적 선의 극대화로 이어지리라고 믿는다. 먼저, 개별화된 도구적 합리성은 합리적 행위의 한 형태일 뿐이며, 비합리적 형태일 때도 많다. 집단의 도구적 합리성과 가치 합리성은 이와는 다른 형태이며, 이 둘은 사회운동을 자극하는 데 중심 역할을 한다. E. P. 톰슨이나 조지 루데 같은 중요한 예외가 있긴 하지만, 사회과학자들은 전통적으로 군중을 개인보다 덜 합리적이라고 간주했다. 극단적 해석에서 군중은 '전염'의 한 형태, 권위주의적 지배와 집단 폭도 같은 비지성적 행위를 체현하는 것으로 이해됐다. 전통적 지혜에 따르면, 군중은 개인들이 개별적 합리성을 버리고 '원초적인' 본능의 열정에 따라 행동하도록 한다.

이런 견해와 대조적으로, 사회운동으로 단결한 수백만 명의 사람은 다른 동학의 증거로 볼 수 있다. 달리 말해, 최상의 사회적 이익을 위해 함께 행동하는 보통 사람들은 민족국가와 거대 기업을 지배하는 엘리트들보다 더 커다란 합리성과 지성을 체현한다. 집단지성이라는 개념을 견지하기 위해 급진주의자가 될 필요는 없다. 최근 테크놀로지의 목격자들은 간단하지만 의미심장한 통찰을 기록했다. 인터넷과 월드와이드웹이 "집단의 지혜"와 "똑똑한 군중"을 가능케 했다는 것이다.[70]

한국의 경우, 엘리트 주도의 이행을 선호하는 정치학자들의 편견 때문에 카네기위원회는 한국의 민주화 이행 과정에서 봉기운동이 기여한 것을 무시했다. 그 대신 (광주 민중에게 저지른 범죄로 나중에 감옥에 갇힌) 노태우에게 그 영예를 돌렸다.[71] 후안 린츠와 A. 스테판은 동독의 사례를 연구하면서 민중 동원이 정치 지형을 변혁했다는 실질적 증거에도 불구하고, "체제 붕괴"가 일어났다는 결론에 이르렀다.[72] 새로운 민주주의 체제에서 과거 독재 체제의 일부가 일정 역할을 하도록 허용한 경우(남한, 동독, 루마니아, 인도네시아), 그 주된 이유는 봉기운동의 합리성과 순진함이었지 영향력 부족은 아니었다. 민중은 심지어 물러난 많은 독재자가 부정하게 취득한 재산을 유지할 수 있도록 아량을 베풀었는데, 뒤발리에, 마르코스, 전두환, 에르샤드, 수하르토 같은 이들 모두가 그랬다.

봉기를 어떻게 평가할 것인가

봉기는 시대가 낳은 최상의 것이자 최악의 것이다. 엄청난 변화가 일어나지만, 거대한 후퇴도 가능하다. 어떤 사람들은 새로운 평생의 친구를 사귀고, 다른 이들은 사랑하는 이가 살해당하고 피가 거리에 흐르는 것을 공포에 떨며 지켜보기도 한다. 이런 희생은 가치가 있을까?

대부분의 정치학자처럼 헌팅턴은 봉기의 충격을 주로 엘리트 권력의 변화로 이해한다. 이는 확실히 분석적인 접근이지만, 훨씬 더 중요한 결과가 존재한다. 한 가지는 민중의 삶의 질과 행복의 광범한 지표, 하위 집단이 쟁취한 새로운 권리, 확대된 자유를 평가하는 것이다. 즉 무거운 부담과 독재가 어느 정도까지 해소되었는가? 두 번째 평가의 차원은 200년 전에 나온 것으로, 이마누엘 칸트가 이성이 도덕적, 문화적으로 중요한 결정 요소가 되는 정도를 측정하는 지표를 연구했다. 만약 사람들의 삶에서 자유를 측정하는 틀로 칸트의 통찰을 추정하면, 우리는 이렇게 질문할 수 있다. 민중은 사회적, 정치적 문제를 논하는 주체가 될 수 있었는가? 보통 시민들이 쟁취한 자유가 얼마나 자유로운 공적 대화, 보통 시민이 정책 수립에 참여하는 수준의 증대, 권위의 형태 변화, 시민 조직 활성화로 귀결됐는가? 미래의 자유운동을 위해 어떤 종류의 자원을 생산했는가?

정치적 통제 센터를 유지해야 하는 헌팅턴과 주류 정치학자들은 이런 결과를 인식하지 못한다. 흔히 얘기하는 것처럼, 승자가 대문자로 역사를 기록한다. 그러나 주변부에서, 지배적 이데올로기에 속박되지 않은 더 정확한 이해가 가능하다. 모든 혁명적 격변은 미래의 봉기를 위한 지반을 준비한다. 권력을 장악하지 못했으므로 명백한 실패이지만, 1848년, 1905년, 1968년에 일어난 사회운동의 물결은 가치를 뿌리부터 바꿔놓으며 새로운 정치적 시대를 인도했다.[73] 1848년 이후 노동자들은 더 많은 고용권을 쟁취하고 시민들의 투표권이 확대됐다. 1905년 이후로 민족해방을 위한 투쟁은 더욱 정당성을 얻었다. 1968년 이후에는 여성의 권리, 하층 집단을 위한 정의, 환경이 중심적 관심사로 떠올랐다. 이와 비슷하게, 뒤이은 아시아의 봉기는 권력 장악 없이도 자유를 확대했다. 강력한 봉기운동이 불러온 가치의 재평가는 엘리트 구성의 일시적 변동이나 새로운 투표 제도의 시행보다 더 지속적이고 더 커다란 의의를 지닐 수도 있다. 봉기의 성공 이후, 38년간 지속해온 타이완의 계엄 체제는 마침내 종식됐고, 타이인, 네팔인, 필리핀인, 한국인들은 모두 더 진보적인 새 헌법을 획득했다. 남한에서는 1987년 이후 몇 년간 노동자들이 매해 연간 두 자릿수에 달하는 임금 인상률을 쟁취했고, 타이, 네팔, 남한, 중국의 노동자들은 노조 활동에 관해 더 폭넓은 권리를 확보했다.

하지만 봉기는 사람들의 삶의 기준이 퇴보하고, 시민들이 운동에서 이탈하고, 국가적 문제에서 정치의 역할이 줄어드는 상황을 야기할 수도 있다. 타이, 남한, 인도네시아, 필리핀에서는 성공적으로 독재를 타도한 후, 세계은행과 IMF, WTO의 지원을 받는 엘리트 기업들이 민중운동이 터준 공간을 이용하여 미국과 일본의 상품과 투자자들에 대한 장벽을 무너뜨렸다. 그 결과 필리핀에서는 빈곤이 증가했고, 1997년에는 타이와 남한에서 IMF 위기가 발생했다. 버마에서는 극심한 빈곤이 지배하고, 군부 장성들이 부를 축적할 때 절대다수는 주변화된 삶으로 고통을 겪는 무자비한 약탈 국가가 도래했다. 구소련 지역에서는 기아가 증가하고 기대수명이 하락했다. 1989년에는 겨우 2퍼센트의 러시아인이 빈곤선 이하로 생활했다. 그러나 '민주주의'가 도래한 지 10년 만에, 전체 어린이의 절반이 빈곤 속에 살고 인구의 23퍼센트 이상이 하루 2달러 이하로 궁핍하게 살아갔다.[74] 무려 40퍼센트의 러시아인이 하루 4달러로 연명하며, 결핵과 유아사망률은 사상 최고치로 올랐다. 20년 사이 남성의 평균 기대수명은 5년이나 줄어 60세가 됐다.

이 책에서 다룬 9개 사례 연구의 한 가지 공통된 결과는 나라마다 봉기 이후에 여운의 격동afterglow surge이 일어났다는 점이다. 봉기는 시민사회에 활기를 불어넣었고, 노동자의 파업과 농민운동, 소수민족과 하층민의 동요, 독립신문과 협동조합과 정치활동의 급증이라는 뚜렷한 결과를 낳았다. 분명히 봉기는 투쟁 주기의 확대를 불러왔다. 봉기의 대립은 고객을 시민으로 탈바꿈시켰고, 엘리트들이 목표를 재평가하고 정책을 조정하도록 유도했고, 풀뿌리 조직들에 힘을 부여했다. 개인과 집단들은 비합법적 체제 변혁 행동에 참여한 이래, 확립된 절차를 쇄신하고 다른 사람들이 참여할 새 공간을 창출하는 새로운 정치 참여 형태에 가담할 방법을 발견했다. 세계 최대의 천연자원은 인간의 상상과 의지이며, 이는 20세기 말의 격동으로 고무되고 표출된 힘이다.

그와 동시에, NGO의 활성화 같은 봉기의 여운으로 인해 직업적 활동가라는 새로운 계층이 등장한다. 이 활동가들은 미국 기관들이 민주주의 증진에 관심을 기울이면서도 전 지구적 엘리트들의 권력과 부에 도전하지 않을 지원자를 찾는 데 풍부한 기반이 되었다. 전문화된 활동이 운동을 지배하면서 봉기는 일제히 붕괴되고, 심지어 좋은 의도를 지닌 활동가들도 과거에 반대했던 바로 그 체제에 봉사하는 기구들에 포섭됐다. 1980년대에 민중권력 저항들이 정치 동학을 바꿔놓자, 미국의 글로벌 전략은 억압적 군사개입과 CIA 비밀작전에 전적으로 의존하던 것에서 벗어나 '민주주의 증진'이라는 공공 부문, 표적으로 삼은 나라(미국의 정책 입안자들이 비우호적 또는 불안정하다고 간주하는 체제의 나라들)에서 싹트기 시작한 시민사회에 침투해 관련 움직임을 통제하려는 시도로 옮겨갔다. 과거 CIA가 관리하던 프로그램, 예를 들어 '우호적' 노동조합과 정당, 여성주의 단체, 활동가 무리, 미국의 초국적 이익을 지지하는 미디어의 창출 등에 수천만 달러를 지출했다.[75] 국립민주주의기금(NED), 산별노조총연맹(AFL-CIO), 민주당과 공화당의 국제위원회, 미국상공회의소 등과 더불어 미국 관료들이 선택한 NGO들은 신흥 시민사회를 글로벌 엘리트들의 초국적 동맹에 끌어들이기 위해 내부에서 우호적인 목소리를 조성할 목적으로 기금을 지원받았다.[76]

이런 노력은, 마르코스 치하의 필리핀이나 더 최근에는 무바라크 타도 이전의 이집트에서처럼 원래 미국의 지원을 받던 독재에 맞서 투쟁하는 과정에서 발전한 토착 급진 조직들을 약화할 필요가 있었다. 필리핀과 이집트의 경우에 목표는 아래에서 분출된 민중의 요구들을 억압하는 것이었다. 미국의 정책 입안자들은 거리의 급진적 동력이 그 자체의 논리에 따라 발전하도록 내버려두면 지속적으로 확장하여 미국의 전략적 군사 이익과 기업의 지배 둘 다에 위협이 되리라는 것을 충분히 인식하고 있다. 미국이 토착 시민사회 단체들에 침투하는 것은 보통 운동의 급진적 잠재력을 약화하려는 예방 조치이다. 아랍의 봄 기간에 제임스 페트라스가 진술한 것처럼 "너무 오래 기다리는 것, 독재자를 고수하는 것의 위험은 봉기를 급진화한다는 데 있다. 달리 말하면 봉기에 수반한 변화는 정권과 국가기구 둘 다를 쓸어버리고, 정치적 봉기를 사회혁명으로 전환한다."[77] (기존 정권이 유고슬라비아의 밀로셰비치처럼 미국에 비우호적인데도 군사개입으로 타도할 수 없는 경우에는, NGO들이 이끄는 전략적 비폭력 반정부 세력이 대안적 전술로 활용됐다.)[78]

글로벌 경제가 발전하면서, 권위주의적 독재는 경제적 확장에 족쇄가 되거나, 내부에서 일어나는 봉기를 진압할 수 없었다. 자본주의의 팽창이라는 새로운 국면을 용이하게 하는 데 더 나은 조건을 갖춘 새로운 준엘리트들에게 자리를 마련해주기 위해, 과거에 우방이었던 정권들이 차례로 희생됐다. 겉으로는 '족벌주의'를 타도한다는 구실을 앞세워, 내부의 축적 논리에 따라 활동했던 토착 자본가들을 과거에 폐쇄됐던 노동시장과 소비자들에 침투하고 싶어하는 초국적 은행과 기업이 대체했다.

20세기 말의 봉기들은 차례로 보통 사람들의 집단적 지혜가, 민주적으로 선출됐든 스스로 자임했든 간에 견고한 참호를 갖춘 엘리트들의 지혜보다 더 훌륭하다는 사실을 생생하게 증명했다. 높은 급여를 받는 트레이너 없이, 활동가들은 새로운 테크놀로지에 적응하여 기업 엘리트들보다 이를 더 신속하게 활용했다. 거리로 나서 폭력과 체포에 직면하면서 자신의 목숨과 가족의 미래를 위험에 빠뜨리는 평범한 시민들의 대오는 자유의 가능성을 확대한다. 이어지는 장들에서 나는 바로 이런 가능성을 묘사하고, 수만 명의 민중이 참여한 행동에서 표출된 목적을 드러내고자 한다. 내 목적은 민중의 가장 깊숙한 열망, 즉 그들이 참여한 사건이 금세 사그라지거나 의도하지 않은 결과를 불러올 때조차 가슴속에 남아 있는 열망을 탐구하는 것이다. 수십만 명의 보통 사람, 연인원으로 셈한다면 수백만 명에 이를 이 같은 행동에 대한 경험적 분석은 보통 사람들이 평화, 더 많은 민주적 권리, 평등, 소박한 형태의 진보를 원한다는 사실을 보여준다. 반면 엘리트들은 부자 감세, 국민주권의 확대, 기업 이윤의 보호에 더 노심초사한다.

민중의 힘으로 변혁된 현실에서, 동원된 다수는 새롭게 발견한 변화의 역량을 갖추고 있다. 민중운동은 과거 권력의 정점에 있던 엘리트들을 전복한 보통 사람들의 운동에 영감을 받아, 계속해서 인간 자유의 영역을 확대하고 있다. 봉기한 수십만 민중의 행동을 재구성함으로써, 나는 그저 나 자신의 생각이 아니라 대중의 투쟁에서 철학적 역사를 세울 수 있기를 희망한다. 수전 벅모스가 표현했듯이, 필요한 것은 "역사의 철학이 아니라 역사로부터 철학을 건설하는 일, 아니면 (결국 같은 것이지만) 역사적 질료를 철학으로서 다시 세우는 일"[79]이다.

세계 자본주의에 맞서는 투쟁

20세기 후반 봉기의 물결은, 오늘날 신자유주의 경제체제에 맞선 전 지구적 봉기로 지속되는 엘리트 지배에 대한 논쟁의 연장선에서 분리할 수 없다. 어제 형식적 민주주의를 쟁취한 전 지구적 운동은 오늘 세계적 빈곤의 종식을 요구한다. 인류의 집합적 부가 소수 억만장자와 수백 개 기업에 집중된 데 도전한다는 점에서, 전 지구적 정의운동은 지속적인 민주화의 물결이다. 아무도 그렇게 하라고 말하지 않았는데도, 전 세계의 수백만 민중은 세계 자본주의 체제를 투쟁의 대상으로 선택했다. 1999년 시애틀 충돌 이후 세계 미디어에서 가장 공공연하게 다룬, 엘리트 권력에 대한 민중의 대립은 전 지구적 경제체제의 목표와 규칙에 대한 민주적 협의를 추구한다. 전 세계적으로, 수천 명의 시위대가 IMF, G8, WTO 각료회의, 세계은행의 정상회담에 도전했다. 다원적이고 탈중심적인 새로운 세계 경제에 대한 비전을, 포르투알레그리에서 출범한 세계사회포럼의 참여자들과 WTO-세계은행-IMF 축에서 자유로운 지역 동맹은 제기하고 있다. 수많은 이들을 생지옥으로 몰아넣는 오늘날의 혐오스런 낭비와 전쟁의 저주를 인류는 얼마나 더 용납할 것인가?

명백한 후퇴에도 불구하고, 사회운동의 에너지는 국경을 넘어 풀뿌리에서 공명하며, 역사상 그 어느 때보다 더 빠른 속도와 더 큰 힘으로 서로를 자극하고 있다. 집단은 형성됐다가 해체되고 군중은 모였다가 흩어진다. 그러나 그들은 과거의 경험을 바탕으로 쌓은 사고와 행동의 집단적 역량을 흔적으로 남긴다. 봉기를 통해 변화하면서, 민중은 과거에 수용되던 지배 형태를 거부한다. 민중의 지혜는 운동이 반복해서 등장할 때마다 성장한다. 한층 더 새로운 열망은 행동을 자극한다. 결코 끝나지 않을 자유를 위한 투쟁 속에서 우리는 계속해서 목표를 향해 조금씩 전진하지만, 결코 역사의 종말에 이르지는 않는다.

2장
필리핀

권력과 저항의 변증법은 역사의 위대한 원동력 중 하나이다. 권력은 갈등을 낳고, 적대적 세력 간의 갈등은 더욱 새로운 해결책을 낳는다.

— 베니그노 아키노

이 대치에서부터, 거리의 보통 필리핀인, 톤도Tondo 사람들과 얼굴 없는 사람들이 중간계급에 합류했고, 양자는 결코 과거에 행사한 적이 없는 일종의 자발적인 집단 의지와 그들이 결코 키우지 못했던 공동의 유대를 발견했다. 이 경험은 그들을 감전시켰다. 눈물이 흘러내렸다. 사람들이 노래하기 시작했다. '피플파워'가 탄생했다.

— 스털링 시그레이브

연표

1970년 1월 30일	'검은 금요일', 경찰의 시위대 공격으로 6명 사망
1972년 9월 21일	페르디난드 마르코스 대통령 계엄령 선포
1983년 8월 21일	베니그노 아키노 암살
1984년 11월	미국 국가안전보장회의 비밀 메모, "마르코스는 물러나야 한다"
1986년 2월 7일	마르코스와 코라손 아키노 간의 불시 대선
1986년 2월 9일	마르코스 측 선거 결과 조작에 항의하여 투표 감시단 30명 퇴장
1986년 2월 16일	100만 명 이상이 마르코스에 반대하며 리살 공원에서 집회
1986년 2월 19일	미국 상원, 필리핀 선거의 "광범한 부정"을 비난하는 결의안 채택
1986년 2월 22일	4일간의 피플파워 혁명(EDSA 1)이 군부 반란으로 시작
1986년 2월 22일	하이메 신 추기경, 국민들에게 군부 내 반란군 보호를 호소
1986년 2월 23일	EDSA의 군중이 오전 5만 명에서 저녁 100만 명으로 증가
1986년 2월 24일	마르코스 충성파 공격 개시, 그러나 공군이 반란군에 합류
1986년 2월 24일	마르코스가 비상사태 선포하자, 교전 후 반란군이 TV 방송국 접수
1986년 2월 24일	반란군 헬리콥터가 말라카냥 대통령궁 공격
1986년 2월 25일	별도의 취임식에서 마르코스와 아키노가 대통령 취임 선서
1986년 2월 25일	반란군이 마지막 TV 방송국 접수, 마르코스의 취임식 방송 취소
1986년 2월 26일	마르코스, 하와이로 망명
1986년 7월 6일	첫 번째 반아키노 쿠데타 시도
1986년 9월 26일	농민들의 전국적인 토지 점거 캠페인 시작
1986년 11월 20일	노동계 지도자 롤란도 올랄리아 피살, 장례식에서 수만 명 행진
1986년 12월 10일	좌파 민족민주전선(NDF)과 휴전
1987년 1월 22일	'멘디올라 학살', 토지를 요구하며 마닐라에서 행진하던 농민 21명 사살

1987년 8월 26일	200만 명에 가까운 노동자와 지지자가 아키노의 정책에 반대하며 행진
1987년 8월 28일	가장 많은 사상자를 낸 다섯 번째 유혈 쿠데타 시도(호나산 쿠데타)
1991년 9월 16일	필리핀 상원, 미군 기지 임대 연장안 부결
2000년 12월 7일	조지프 에스트라다 대통령의 탄핵 재판 상원에서 시작
2001년 1월 16일	상원이 에스트라다에게 사실상 무죄를 선고하자 제2차 피플파워 혁명 시작
2001년 1월 18일	EDSA의 군중이 50만 명 이상으로 늘어남
2001년 1월 19일	군 지휘부가 야당 편으로 넘어감
2001년 1월 20일	에스트라다 대통령, EDSA 2에 의해 타도
2001년 4월 25일	에스트라다, 여전히 대통령임을 주장하다 횡령 혐의로 체포됨
2001년 4월 25일	에스트라다를 지지하는 제3차 피플파워('빈민의 피플파워') 시작
2001년 4월 26일	EDSA의 군중이 100만 명을 넘김
2001년 5월 1일	EDSA 3, 에스트라다를 지지하며 말라카냥 궁으로 행진, 경찰이 시위대 3명 살해

"역사는 반복된다. 처음에는 비극으로, 그다음엔 희극으로." 매우 자주 반복되는 이 진부한 표현은 절대적 진리의 지위를 부여받았다. 역사의 간계는 역사의 발전 법칙을 (심지어 '철'칙까지도) 일반화하려는 모든 시도를 부정할 방법을 찾아낸다.

필리핀에서 세 번의 피플파워 봉기 경험은 다른 양상을 드러낸다. 1986년 2월 수십만 명의 필리핀인은 페르디난드 마르코스 대통령이 자리에서 물러나 망명할 때까지 마닐라의 거리를 용감하게, 불법적으로 점거했다. 결코 비극적이지 않은 이 승리는 최초의 비폭력적 '민중권력' 봉기로 신화화됐다. 15년 후인 2001년 1월 20일, 수많은 동일한 참여자가 같은 장소인 마닐라의 중심 간선도로 에피파니오 델로스 산토스 대로(EDSA)에 다시 모였다. 지속된 시위로 조지프 에스트라다 대통령이 말라카냥 대통령궁에서 쫓겨났고, 글로리아 마카파갈 아로요 부통령이 EDSA의 성지에서 새로운 최고 행정권자로서 선서했다. 아로요의 대통령 취임은 파국적인 결말로 끝났다. 석 달 후에, 자신이 정당하게 선출된 대통령이라는 에스트라다의 주장을 지지하기 위해 그의 지지자들이 EDSA에 다시 집결했다. 100만 명 이상이 거리로 홍수처럼 밀어닥쳤고, 제3차 피플파워 혁명(또는 '빈민의 피플파워')은 수만 명의 에스트라다 지지자들, 빈민촌 거주자들, 마닐라의 노동계급 주민들이 말라카냥 대통령궁으로 행진하면서 정점에 올랐다. 중산층 시위대 앞에선 자제하던 경찰이 이번에는 발포하여 3명이 죽고 100명 이상이 부상했다.

피플파워의 국제적 '에로스 효과'는 엄청났지만, 1986년 봉기의 성공과 그것이 가져온 변화의 한계에 대해서는 자세한 검토가 제대로 이루어지지 않았다. 평화주의자들은 거리에 나선 100만 명이 넘는 민중이 보여준 비폭력시위의 무한한 힘을 찬양하며 제1차 피플파워 혁명을 신화화했지만, 1986년 봉기의 실제 전개는 전혀 달랐다. 가톨릭교회와 미국의 지원을 받은 최고위 군부 지도자들이 무장반란을 일으켜 마르코스를 타도했고, 화력은 승리에 결정적인 요소였다. 두 차례의 결정적 순간에, 무장 반란군은 사격을 하면서 마닐라의 주요 TV 방송국들에 진입했고, 반란군 헬리콥터가 대통령궁과 친정부 공군기지를 공격했다.[1] 전체적으로 1986년 권력 이전 시에 최소한 10여 명이 살해당했다. CIA는 마르코스 부대의 이동에 관한 실시간 첩보를 군부 지도자들에게 제공했다.[2]

제1차 피플파워를 정확히 설명하려면, 반드시 군부 반란에서 시작해야 하며, 마르코스를 필리핀에서 축출하는 데 미국이 담당한 역할을 틀림없이 기록해야 한다. 흔히 무시되는 필리핀 군부 내의 반란 세력이 봉기를 촉발하긴 했지만, 가톨릭 추기경 하이메 신, 그리고 군사적 위협에도 불구하고 거리로 몰려나온 수십만의 보통 필리핀인들이 없었다면 반란군이 성공했을지 의심스럽다.

1986년 봉기로 마르코스는 국외로 추방되고 필리핀에서 몇 손가락에 꼽히는 부유한 가문의 딸인 코라손 아키노가 그를 대체했다. 제1차 피플파워가 무엇이든 영감을 주었다고 해도, 그것이 성취한 '혁명'은 친미 엘리트 파벌 간의 권력 이전을 넘어서지 못했다. 봉기의 상의하달식 성격은, 대통령이 바뀌어도 기본적인 경제, 사회 체제는 변하지 않았을뿐더러 오히려 새 정권이 덜 억압적이라고 생각하는 보통 사람들로 인해 더 강화됐음을 의미한다. 비록 새 헌법이 NGO들에게 힘을 주고 미군 기지 폐쇄를 강제한 국민투표로 이어졌지만, 필리핀 사회는 여전히 마르코스 독재 아래서 겪었던 똑같은 많은 문제에 빠져 있다. 외견상 난치성 빈곤이 모든 시민의 절반 가까이에 영향을 미치고 있다. 어린이 수백만 명이 영양실조와 발육부진 상태이다. 발전은 좌절되고, 필리핀 노동력의 4분의 1이 가족을 부양하기 위해 해외에서 일자리를 찾고 있다.

300년간 이어진 스페인의 식민 지배는 토착 필리핀 문화의 정수를 훼손하여, 소설가 시오닐 호세의 말대로 필리핀을 "근대적 나라country이지만, 아직 국가nation는 아닌"[3] 상태로 남겨두었다. 3,000개의 섬에 사는 필리핀인들은 80개의 언어를 사용한다. 19세기 말 스페인 제국이 몰락하면서 미국이 필리핀에 대해 권리를 주장했다. 미국인들의 '명백한 운명'에 복종하기를 거부했다는 이유로, 독립운동이 분쇄되기 전까지 미국은 약 20만 명의 원주민을 학살했다. 비록 마크 트웨인을 비롯한 선각자들이 미국의 제국적 야망을 제어하고자 반제국주의연맹을 결성했지만, 미국이 "작은 갈색 형제들"을 "해방"하는 수년 동안 학살은 계속됐다. 미국 역사에서는 대부분 잊혔지만, 필리핀과 미국의 관계에서 지속된 긴장은 자유롭게 살기를 원하는 죄밖에 없던 섬나라 사람들을 잔혹하게 정복한 데서 생겨난 것이다.[4]

제2차 세계대전 동안 일본에 정복당하고 굴욕을 당한 많은 필리핀인은 미국과 함께 격렬한 게릴라전을 수행했다. 반면 점령자에 협조하는 데 익숙한 필리핀 엘리트들은 일반적으로 히로히토의 종들에게 협력했다. 전쟁 후, 미국의 사령관 더글러스 맥아더는 주된 친일 협력자 중 1명인 마누엘 로하스를 면책하고 필리핀공화국의 대통령으로 선출될 수 있도록 했다.[5] 대지주들은 대산업가로 변신했고, 농촌의 토지에 남아 있길 원하는 지주들은 토지개혁을 위해 투쟁한 후크 게릴라를 소탕하는 데 미국의 지원을 받았다.

제2차 세계대전 말, 필리핀은 동남아시아에서 가장 현대적인 나라였다. 시오닐 호세가 회상하듯이, "지역의 학생들이 우리나라 학교에 왔다. 나는 여행하면서 모든 곳의 후진성에 놀랐다. 자카르타와 쿠알라룸푸르는 시골 마을이었다. 방콕에서 가장 높은 건물은 왓 아룬이었다. 서울과 타이베이는 마차와 자전거가 다니고 일본인들이 남긴 낮은 벽돌 건물이 있는 조용한 도시였다. …… 마닐라에는 지금 고층 빌딩들이 있지만, 우리가 얼마나 쇠락했는지 보여주는 빈민가들이 도처에 있다."[6] 필리핀은 "지역 내에서 일본 다음으로 가장 부유한 나라"였다. "우리 대학들에는 아시아 전역에서 학생들이 몰려들었고, 우리나라에는 최고의 교수와 가장 현대적인 상점과 병원이 있었다."[7] 1980년대에 이르러, 필리핀은 아시아 지역에서 경제가 마비된 나라 중 하나가 됐고, 지역 내 대부분의 나라들이 '기적 같은' 진보를 이룩하는 동안에 이 섬 공화국은 계속 아래로 추락했다. 1940년, 필리핀은 동남아시아 전체에서 가장 높은 문자해독률을 기록했고, 이는 의심할 바 없이 그전 수십 년간 정부의 교육 부문 지출이 풍부했던 결과이다(전체 예산의 약 50퍼센트). 오늘날에는 인구의 절반이 겨우 초등학교를 다니고, 초등학교 어린이들의 43퍼센트만이 고등학교를 마칠 것으로 예상된다.[8]

마르코스 체제, 인구의 4분의 3이 빈곤선

필리핀의 몰락에 대한 많은 비난이 마르코스 체제에 쏟아졌다. 비천한 출신이었던 지방 정치인 페르디난드 마르코스는 1965년 국가의 최고지위에 올랐고, 이후 모든 권력을 강탈하고 1986년까지 줄잡아 50억 내지 200억 달러로 추정되는 엄청난 재산을 축적했다.[9] 마르코스는 미국의 기업과 정치 지도자들의 축복 속에서 20년 이상 나라를 통치했다. 외국 기업의 지분소유를 위협하는 대법원 결정을 뒤집어서 미국 상공회의소의 찬사를 받았던 마르코스는 미국의 지지를 막대한 부로 바꿀 수 있었다. 현지인들은 마르코스 체제를 정의할 때 '법과 질서'보다는 '총, 깡패, 황금'에 대해 말한다.

1972년 5월 1일, 미국 멘토들의 충고를 받아들여 마르코스는 경제 정책을 수입 대체(국가 무역수지 균형을 위해 내수용 생산을 늘리는 정책)에서 수출 지향적, 노동 집약적 산업으로 전환한다고 선언했다. 몇 달 뒤인 1972년 9월 21일, 국방장관 후안 폰세 엔릴레에 대한 조작된 '암살 시도'를 이용하여 마르코스는 계엄령을 선포했고, 이를 통해 대통령 임기 제한을 피했다. 다른 계엄 조항으로 파업을 금지하고 언론을 집중 통제했고, 수천 명을 체포했다. 심지어 예수회 수도원도 예외는 아니어서, 1974년 8월 군대는 헬기로 기습 공격을 감행했다. 이는 신 추기경의 심기를 건드렸고, 나중에 마르코스가 값비싼 대가를 치르게 된 행동이었다.

수십 년간 마르코스 일가와 가까운 협력자들은 국고를 약탈하여 필리핀을 파산시키는 한편, 시민들을 곤경으로 몰아넣었다. 박정희, 이란 국왕, 장제스 같은 독재자들과 나란히, 마르코스는 넉넉한 선거자금을 기부해 미국 대통령들의 환심을 샀다.[10] 미국이 베트남에서 이용하도록 육군 건설 여단을 빌려주기도 했다. 아낌없는 후원의 대가로 마르코스도 상당한 보상을 받았다. 단 하나의 계약만으로 웨스팅하우스 사에게서 8,000만 달러를 받았는데, 이는 미국 수출입은행을 통해 조성된 자금으로 건설할 핵발전소 사업이었다.[11] 구정공세 당시 한 저명한 미국 기자의 눈으로 볼 때 "마르코스는 의기양양하고, 새롭고, 젊고, 역동적이었다. 필리핀인들만이 아니라 외국인들에게도 올바른 말을 했고, 계획과 공약으로 우리 모두에게 깊은 인상을 주었다".[12]

4,500만 필리핀 인구의 4분의 3이 빈곤에 시달리고, 마닐라 거리의 아이들이 아무 데나 몰려다니는 것에 관심이 없는 마르코스는 전 미인대회 우승자와 결혼하여 화려하게 살았다. 마르코스 부부는 자신들을 아담과 이브로 묘사한 기념벽화를 말라카냥 궁에 그리게 했다. 서로의 이름을 따서 고속도로의 명칭을 정하고, 사치스러운 파티를 벌였다. 그들이 결국 쫓겨난 것은 놀라운 일이 아니다. 이해하기 어려운 점은, 그들을 용서하고 가난한 필리핀에서 그들이 수십억 달러에 이르는 부를 계속 유지하도록 허용하는 필리핀 민중의 관대한 아량이다. 수년간 마르코스의 시체는 레닌, 마오쩌둥, 김일성, 호찌민 등과 같은 공산주의의 아이콘처럼 방부 처리되어 대중에 공개됐다. 민중이 불손하게 축출하여 해외로 망명을 보냈던 자에 대한 공개적 존경의 표시였다.

대통령으로서 마르코스는 반대를 거의 허용하지 않았으며, 평화적인 경우조차 마찬가지였다. 1968년 전 세계의 거의 모든 나라에서 학생 시위가 정부를 흔들었다. 필리핀에서 이 소요는 '폭풍의 일사분기'로 알려지게 됐다. 1970년 1월 30일, 말라카냥 궁으로 이어지는 멘디올라 다리에서 시위 도중 경찰의 공격을 피하려고 달리던 6명이 참혹하게 살해당했다.[13] 당시 상원 의원이던 베니그노 아키노가 '검은 금요일'이라고 이름 붙인 이 사건은 정권의 야만성을 보여주는 수많은 사례 중 하나였다. 고문과 실종에서 장기 투옥에 이르기까지, 반정부 세력은 지하로 들어가는 것 외에 별다른 선택의 여지가 없었다. 필리핀의 지도적 가문의 상속인이자 선동적인 연설가, 10대에《마닐라 타임스》의 한국전 종군 사진기자였던 아키노 상원 의원은 곧 마르코스에게 제1의 숙적이 됐다. 대통령 선거에 출마하는 대신에 아키노는 감옥에서 생활해야 했다. 건강이 악화되자 그는 석방되어 미국으로 건너갔고, 거기서 한국의 반정부 인사 김대중과 하버드 대학 국제문제센터의 동료가 됐다.

다른 많은 나라처럼, 정권이 탄압하면 할수록 학생들은 더욱 급진화됐다. 전 세계적으로 공산주의자들은 소련과 연계된 주류 공산당에서 이탈하여 필리핀공산당(CPP) 같은 마오주의 정당을 결성했다. 중국에서 마오주의가 거둔 승리에 영감을 받은 CPP의 신인민군(NPA)은 급속히 성장하여 유일한 반정부 세력이 됐다. 그들의 반란이 권력 장악에 성공하지는 못했지만, 하나의 성과는 군부 내 개혁운동을 촉발하는데 도움을 주었다는 것이다. 이는 모잠비크, 앙골라, 기니비사우의 아프리카 게릴라 봉기가 포르투갈 식민 군대에 영향을 주어 1974년 살라자르 독재를 타도하는 데 성공했던 것과 유사한 성과이다.

NPA와 싸우던 장교들은 미국이 지원하는 수백만 달러의 군자금을 정부가 빼돌리는 데 불만을 품었고, 마르코스가 전쟁을 수행하는 뛰어난 자질을 갖춘 장교보다 자신에게 충성하는 장교를 요직에 임명하는 경향을 좋아하지 않았다. 마르코스가 지휘관들에게 농촌 마을들을 무자비하게 탄압하라고 명령했지만, 일반 사병들은 식량과 군복 배급에서 기만당하고 있었다. 때로는 새로 등장한 모로민족해방전선(MNLF)이 더 무장을 잘하고 있었다.[14] 일군의 장교들이 반게릴라 전쟁을 수행하는 데 믿을 만한 항공 수송, 의료 지원, 적절한 군수물자를 제공하지 못하는 정부에 점점 불만을 품게 됐다. 그레고리오 '그링고' 호나산이 내게 설명한 바에 따르면, 그는 육군의 농촌 진압 작전 이후에 지역 지도자들에게 곧 도로와 의료 시설이 들어설 것이라고 약속했다. 그러나 몇 년 후 같은 지역에 다시 배치됐을 때 "아무것도 변한 게 없었다".[15] 이 문제에 대해 뭔가 하기 위해서 호나산은 동료 장교들과 군개혁운동(RAM)을 조직했고, 이 단체는 1986년 피플파워 반란을 주도하게 된다.

베트남전 패배에도 불구하고 1980년대에 여전히 미국 정책의 아주 강력한 동력이었던 전 지구적 반공 전쟁은 마르코스 권위주의 정권의 손에서 흔들리고 있었다. 1983년 필리핀군이 적절한 의료 지원과 군화 없이 싸우는 동안, 미국 첩보부는 NPA와 필리핀군이 "전략적 등위"에 이르렀다고 평가했다.[16] 1972년 수백 명 규모로 시작한 NPA는 1985년에 이르러 미국 상원에 따르면 3만 명의 전투원을 보유할 정도로 성장했다.[17] NPA는 73개 지방 가운데 68곳에 존재했고, 최소한 50만 명이 넘는 민중의 지지 물결 속에서 전국 마을의 20퍼센트에 대해 일정한 통제력을 행사했다.[18] 펜타곤 고위 지휘부가 예측하기에는, 아키노와 같이 미국이 선호하는 엘리트들이 더 민주적인 의회 체제를 통제한다면, 공산주의의 승리를 막는 수단으로서 마르코스보다 훨씬 더 유리했다. 궁극적으로, 워싱턴의 눈으로 볼 때 마르코스가 저지른 최대의 실수는 점차 전통적 엘리트들에서 스스로 유리된 것이었다.

사치스런 소비를 충당하기 위해 마르코스는 국제 금융기구들이 수월한 조건으로 제공하는 많은 돈을 빌렸다. 1980년대 초, 필리핀의 부채 위기는 경제의 자유낙하에 큰 영향을 미쳤다. 1983년 10월 필리핀은 부채 상환을 중단하면서 국제 투자자들을 불안하게 하고 미국 정부를 불편하게 했다. 해외투자 감소를 보충하기 위해 국립은행은 화폐 공급을 늘렸다. 계엄령 발효 후 처음 7년간 경제는 연평균 6퍼센트 성장했지만, 1982년에 3퍼센트로 떨어졌고 1년 뒤에는 2.6퍼센트로 떨어졌다. 1980년까지 실질임금은 서서히 올랐지만, 그 이후 심각한 연간 소득 감소가 도시와 농촌 모두에서 느껴지기 시작했다. 1984년에는 1945년 이래 최악의 불경기에 휘청이면서 경제 생산이 6퍼센트나 떨어졌다.[19] 물가상승률이 1983년 47퍼센트, 1984년 23.5퍼센트에 달하는 등 심각한 부담이 됨과 동시에, 물품 부족과 사재기가 등장했다.[20] 1982년에서 1985년까지 이 통화의 가치는 100퍼센트 이상 평가절하됐다. 1986년까지 불경기는 여전히 해소되지 않았고, 그해 총생산은 8

[표 2.1] 필리핀의 외국인 직접투자(단위: 100만 달러)

	1980	1985	1990	1995	1997
인도네시아	180	310	1,092	4,346	4,677
타이	189	164	2,562	2,068	3,626
필리핀	-106	12	550	1,459	1,249

출처: UNCTAD as quoted in Dae-oup Chang, "Neoliberal Restructuring of Capital Relations in East and South-East Asia," in *Neoliberalism: A Critical Reader*, eds. Alfredo Saad-Filho and Deborah Johnston (London: Pluto Press, 2005), 254.

퍼센트 가까이 하락했으며, 국제 투자자들은 타이와 인도네시아로 이동했다. 마르코스 정권이 측근과 가족에게 부여한 특혜는 필리핀 기업인들에게 별로 도움이 되지 못했다. 표 2.1에 나타나는 것처럼, 투자자들은 1980년부터 자본도피를 시작했는데, 이는 그들이 마르코스를 거의 믿지 않았다는 걸 보여주는 지표이다.

베니그노 아키노 암살

지정학적 구성체로서 동아시아는 서구가 지배하기 전까지 존재가 희미했다. 그러나 20세기 말에는 아주 강력해져서, 심지어 야당 지도자들도 미국에서 미래의 국가수반을 위한 대기실을 발견했다. 1980년대 초, 광범한 민주적 계층의 인기 있는 친미 지도자인 김대중과 베니그노 아키노는 망명지 매사추세츠 주 뉴턴에서 함께 앉아 얘기를 나누었다. 이들은 자국 사법부의 사형선고를 피해 온 상태였다. 서로 친해진 두 사람은 어떻게 독재를 극복할 것인가에 대해 견해를 교환하면서, 최소한 한 번 이상 아키노의 집에서 아침식사를 하며 정세를 토론했다.[21] 두 사람의 운명은 고국의 정치 변화에 묶여 있었다. 그날 아침에 요리를 했던 아키노의 부인 코라손이 몇 년 뒤에 국가의 수반이 되리라고는 아무도 추측하지 못했을 것이다.

필리핀이 경제적 혼란에 빠지자, 베니그노 아키노는 조국을 구하기 위해 미국의 안전한 망명지에서 고향으로 돌아갈 때가 됐다고 판단했다. 1983년 8월 21일, 비행기가 착륙하자마자 그는 살해당했다. 암살 몇 시간 뒤에 마르코스에 반대하는 시위가 터져나왔다. 슬픔의 표현으로, 100만 명 이상(어떤 사람들은 그 2배로 추정한다)이 퍼붓는 비에 아랑곳없이 장례식 행렬에 참여했다. 사상 처음으로 사무직 노동자, 기업체 간부, 가정주부, 교사들이 보통 학생, 노동조합, 좌파에 한정됐던 시위에 가담했다. 마르코스 반대파의 전면에 마카티 경제클럽이 섰는데, 이것으로 봤을 때 필리핀의 경제 엘리트들이 아키노의 살해를 마르코스의 총체적 악정에서 최후의 결정타로 간주했다는 데 의문의 여지가 없었다. 매주 수요일과 금요일 정해진 시간에 저명한 기업인들은 사원들에게 일을 멈추라고 지시했고, 이때 마카티의 고층 빌딩에서 노란색 색종이가 비처럼 뿌려졌다. 이 의례는 마닐라의 다른 지역과 민다나오의 다바오 같은 남부 지방까지 퍼져나갔다.

베니그노 아키노의 암살 이후, 워싱턴은 점차 냉담해졌다. 마르코스가 필리핀에 해악을 끼친다는 결론을 내리는 데에는 많은 첩보가 필요하지 않았다. 1984년 6월에 미국 대사관의 비밀 보고서에서 공산주의자들의 영향력 증대에 대해 마르코스를 비난했고, 11월에는 NSC(국가안전보장회의) 비밀 지침에서 필리핀의 "이행"을 요구하며 "'족벌' 독점자본주의를 해체하여 경제가 자유시장의 힘에 반응하도록 해야 할 것"[22]이라고 명시했다. 대사관 직원을 척후병으로 이용하여 워싱턴은 조용히 마르코스의 지배를 잠식하기 시작했다.[23] 1985년에 미 합참의장 윌리엄 크로 제독은 마르코스의 무능력을 지적하면서, 군대가 게릴라와 더 잘 싸우기 위해서는 마르코스가 사임해야 한다고 충고했다. 당시 로널드 레이건 대통령이 마르코스와 친구였어도, 그의 보좌관들은 펜타곤이 말하자 귀를 기울였다.

[표 2.2] 연도별 파업 횟수 및 파업 참여 노동자 수(필리핀)

연도	파업 횟수	참여 노동자 수
1972	69	33,396
1973	0	0
1974	0	0
1975	5	1,760
1976	86	70,929
1977	33	30,183
1978	53	33,731
1979	48	16,728
1980	62	20,902
1981	260	98,585
1982	158	53,824
1983	155	33,638
1984	282	65,306
1985	371	111,265
1986	581	168,779
1987	436	89,600

출처: Bureau of National Labor Relations; Bach M. Macaraya, *Workers' Participation in the Philippine People Power Revolution* (Manila: Friedrich Ebert Stiftung, 1988), 1, 27; ILO, *Year Book of Labor Statistics*, Haggard and Kaufman, Political Economy 62.

    1984년 국회의원 선거에서 두 야당이 후보를 냈다. 필리핀민주당(LABAN 또는 피플파워)과 민족민주기구연합(UNIDO)이었다. 부정선거 혐의가 광범위하게 있었음에도, 야당은 183석 가운데 56석을 얻었다. 마르코스는 경찰에 야당의 가두시위를 허용하지 말라고 명령했다. 1984년 9월 경찰이 수천 명의 반정부 시위대를 해산시키려고 총과 곤봉을 사용하면서 최소한 시위대 34명이 부상당해 병원에 입원했다. 다음달 그보다 10배나 많은 시위대가 거리로 나섰고, 신 추기경의 지도 아래 평화적으로 집회를 열었다.[24] 반정부 시위, 집회와 함께 표 2.2에서 보이는 것처럼 파업이 확산됐다.

비록 노동운동 내부가 친마르코스파와 좌파 경향으로 분열되어 있긴 했지만, 파업은 1984년과 1985년에 급격히 늘어나, 1983년 50만 일 수준이었던 파업 손실 일수가 2년 후 거의 5배로 증가했다.

풀뿌리에서 민중이 나서서 필리핀민중회의(KOMPIL)를 조직했다. 이는 마르코스 독재를 끝내기 위해 헌신하는 NGO, 이슈 중심 시위 단체, 노동과 종교 기반 조직, 좌파 단체, 저명한 개인들의 광범한 연대체였다. 연극단이 수십 개씩 결성되어 전국의 섬을 돌면서 마르코스의 부패와 미국에 대한 굴종, 위험한 핵발전 기술의 수입에 대한 이야기를 퍼뜨렸다.[25] 보통 필리핀인들은 필리핀이 끔찍한 하락 국면에 있다는 것을 알았지만, 마르코스는 가족을 위해 대규모 파티를 열고 지배를 지속하기 위해 미국의 지지에 의존했다.

교회, 학계와 중산층 내부의 반마르코스 세력은 재빨리 노동자와 빈민을 끌어들였다. 노란 색종이 시위를 계기로, 조합원들에게 마카티의 주간 집회에 참여할 것을 촉구하는 필리핀노동조합회의(TUCP)와 더불어 계급 간 동맹이 발전했다. 이런 정기 시위는 1986년 폭발에 중요한 밑거름이 되었다. TUCP는 광범한 전선체인 필리핀노동자연합의 결성을 도왔고, 이 연대체는 정권에 맞선 총파업 수행을 목표로 했다. 1980년대 초, 바탄 수출가공공단의 파업으로 인해 TUCP 지도자들은 다른 반정부 세력과 통일된 행동을 통해서만 마르코스를 타도할 수 있음을 확신했다.[26]

반정부 세력이 토대를 확대하는 과정에서, 초기의 반제국주의와 운동의 원대한 비전은 아키노가 마르코스를 대체할 사람이라는 새로운 합의에 포섭됐다. 랜돌프 데이비드는 이런 변화를 다음과 같이 묘사했다. "2월 사건이 전개되기 시작하자, 민주화와 사회정의는 이미 EDSA 의제에서 희미한 각주가 됐다. 반제국주의는 군사화 반대 캠페인과 함께 거의 하룻밤 사이에 사라졌다. 이를 대신한 것은 꽃과 묵주의 헤게

모니적 상징이었다."²⁷

조기 선거, 레이건의 개입

국무장관 조지 슐츠 같은 미국 고위관료들은 필리핀 정권이 붕괴하고 있다고 초조해했다. 그들은 정부 정책을 개선하고 야당과 화해하라고 마르코스에게 사적으로 압박을 가했다. 마르코스의 건강은 급속하게 악화되고 있었고, 권력 승계를 기다리는 것처럼 보였던 파비안 베르 장군은 (다른 사람들과 함께) 아키노의 살해에 연루된 것으로 밝혀졌다. 마르코스는 지속적 통치에 대한 미국의 지지를 정당화하라는 압력을 받았고, 자신의 인기를 증명하고 미국 보호자들을 달래기 위해 미국 텔레비전에서 특별 '조기 선거'를 제안했다. (원래 CIA 국장 윌리엄 케이시가 제안한 것으로 나중에 밝혀졌다.²⁸) 그 당시에 외견상 자의적인 이 결정이 마르코스를 대통령직에서 물러나게 하리라고 추측한 사람은 거의 없었다.

가톨릭교회는 마르코스 퇴진운동에서 후발주자가 아니었다. 조기 선거가 다가오자, 신 추기경은 코라손 아키노에게 대통령 출마를 권고했다. 코리는 남편이 무덤에서 자신에게 말을 걸어서 대통령에 출마하라는 영감을 주었다고 추기경에게 말했다. 신 추기경은 그녀에게 "마르코스에게 맞서는 것은 결코 농담이 아니기" 때문에 더 많이 기도하라고 충고했다. 코리는 핑크시스터스 수도원에서 피정하는 동안 결심했다. 그녀의 말을 옮기자면, "좋아요, 이제 출마할 거예요. 결심했어요. 출마하기로요. 신의 뜻이에요"였다. 추기경이 화답했다. "좋습니다. 무릎을 꿇으시오. 당신은 대통령이 될 것이오. 당신은 잔 다르크요."²⁹ 코리는 선거 캠페인 색으로 노란색을 채택했고(반마르코스 시위에서 비처럼 쏟아지는 색종이와 같은 색), 노란색 옷을 매우 자주 입어서 '카나리아'라는 별명을 얻었다.

교회는 선거의 공정성을 보장하기 위해 시민을 동원했다. 자원봉사자 수만 명이 전국자유선거시민운동(NAMFREL)의 선거 참관인으로 공식 등록했다. 1953년 CIA가 설립한 NAMFREL은 NGO 단체들에서 20만 명이 넘는 무정파 자원봉사자가 참여해 1983년 국회의원 선거를 준비하면서 재조직됐다.[30] 조합원이 약 7,000명인 필리핀노동조합회의(미국의 이익에 복무하는 보수적 소규모 연맹)는 미국의 국립민주주의기금(NED)의 재정 지원을 받아 NAMFREL의 선거 감시에 참여했다.[31] 이 단체의 핵심은 'NAMFREL 해병대'였는데, 수녀 600명으로 이루어진 신 추기경의 엘리트 '기동타격대'로서 지시가 내려지는 순간 현장에 파견될 수 있었다. NAMFREL 메트로 마닐라 대표인 빈센테 파테르노는 이렇게 회상했다. "25개 타격대 300명이면 충분하다고 생각했다. 그리고 우리는 600명의 수녀, NAMFREL 해병대를 배치했다. ……우리에겐 기동타격대가 있었고, 대략 3만 명의 자원봉사자가 있었다. 우리에겐 군대가 있었다."[32]

예상대로, 마르코스는 선거를 조작하려고 했다. 1986년 2월 9일 밤, 공식 개표소에서 부정투표 집계에 항의하며 (한 RAM 지도자 부인의 지휘를 따라) 컴퓨터 기술자 30명이 퇴장했다. 그 긴박한 순간에조차, 아무도, 심지어 날마다 상황의 세부 사항까지 관심을 기울이던 미국의 고위인사들마저도 다음주에 그러한 격동이 닥치리라고 예상하지 못했다. 마르코스를 향한 교회의 경고에도 불구하고, 투표를 조작하는 사람들의 영원한 영혼에 대한 위협은 말할 것도 없이, 성직자들의 공정 선거 요구는 무시당했다. 국민의 관심이 선거 결과에 집중된 미묘한 순간에, 미국의 레이건 대통령은 2월 11일 부정의 "확실한 증거"는 없다고 선언했다. 반정부 세력에 충격을 준 레이건의 발언은 부정행위가 "양측에" 있었다고 암시했다.

많은 사람이 레이건의 발언을 마르코스와의 친분 탓으로 돌리지만, 워싱턴의 주된 관심은 클라크와 수비크 만의 미군 기지였다. 레이건은 기자회견에서 "이 기지들보다 더 중요한 것은 모른다"고 실토했다. 레이건의 언론 담당 비서인 래리 스피크스는 아키노가 패배했다는 의견을 밝혔다. 그는 정부를 구성하는 데 아키노가 마르코스를 도와야 한다고 충고했다.[33] 투표함이 사라지는 장면을 목격하고, 마르코스에게 투표하도록 유권자들에게 돈을 주는 현장을 보고, 위협당하거나 괴롭힘을 당하고, 반마르코스 지도자들이 살해됐다는 소식을 접한 필리핀인들에게, 레이건이 틀렸다는 것은 모든 면에서 명백했다. 미국 대통령의 성명 이틀 후에, 가톨릭주교회의는 공개적으로 이 선거가 "유례없는 부정행위"로 얼룩졌다고 선언하고, 민중에게 "정의를 위한 비폭력 투쟁"에 동참하라고 호소했다. 다음날, "부정을 통해 권력을 유지하는" 정부는 "도덕적 기반이 없다"는 선언이 나왔다.

아키노는 지지자들에게 2월 16일 리살 공원의 루네타에 집결하라고 호소했다. 그녀의 세력이 집결하자, 아키노는 100만에서 200만에 이르는 군중을 "우리 인생 최대의 군중"이라고 불렀다.[34] 아키노는 마르코스와 가까운 것으로 알려진 특정한 은행과 기업을 보이콧하고, 공과금 납부를 연기하고, 마르코스의 취임 다음날에 일일 총파업을 할 것 등 광범한 계획을 발표했다. 민중의 지지가 봇물처럼 쏟아지는 가운데, 수녀와 종교계 인사들이 타깃 은행에서 돈을 인출하려 줄을 섰고, 4대 노동 연맹도 1986년 2월 26일 수요일 총파업을 승인함으로써 아키노의 계획을 지지했다(그들은 그 시점에 마르코스가 망명하리라는 것을 알지 못했다). 심지어 네슬레 사도 아키노의 보이콧 명단에 있는 신문 중 하나를 비롯해 친정부 방송 채널 4에도 광고를 중단했다. 2월 19일, 미국 상원은 필리핀의 선거에서 "광범한 부정"이 있었다고 선언하는 결의안을 85 대 89로 가결했다. 다음날 하원에서 증언하면서, 레이건 정부 관리 폴 울포위츠는 마르코스가 대통령직에 있는 한 미국은 원조를 중단할 것이라고 선언했다.

이 무르익은 순간, 필요한 것은 국내 세력이 행동하는 것뿐이었다. 교회 지도자들과 야당 정치인들은 마르코스를 퇴진시키려고 최선을 다했지만, 공산주의자들은 "아키노와 마르코스는 거의 차이가 없기" 때문에 반란과 거리를 두기로 결정했다. 둘 다 부자들을 대표한다는 이유로 민족민주전선은 선거에 불참했고 내부 문제에 집중했다. 1985년 민다나오 전역에서, 민족민주전선은 군대의 비밀 첩자가 침투했다는 보고를 받고 야만적인 내부 숙청을 단행했다. 6개월 동안 간부 약 950명이 처형당하면서 가장 빠르게 성장했던 지역 지부는 크게 위축됐고, 필리핀공산당은 '새로운 크메르루주(1975~1979년까지 캄보디아를 통치한 급진 공산주의 세력—옮긴이)'라는 주장까지 나왔다. 수천 명이 당을 떠나면서 당원은 9,000명에서 3,000명으로 줄었다.[35] 당 지도부가 조기 선거 불참을 결정하자, 당원들과 전선 조직들은 당 내 보안대를 자극하지 않으려고 충실하게 명령을 따랐다.[36] 공산당이 대중의 분위기를 얼마나 오해했는지는 투표율이 90퍼센트 이상이었다는 사실에서 드러났다.

군대 내부의 반란

1986년 2월 22일 토요일 자정 직후, 작은 무리가 국방장관 후안 폰세 엔릴레의 저택에 모여 마르코스를 타도하려는 과감한 계획을 매듭지었다. 23일 새벽 2시에 그레고리오 호나산 대령이 말라카냥 궁을 기습 공격하여 대통령 일가를 체포할 계획이었다. 필리핀 군사학교의 옛 동기들인 에두아르도 카푸난과 빅토르 바탁 대령도 동시에 작전을 전개했다. 자신의 목숨을 걸고 조국을 위한 결의를 보여줌으로써, 그들은 RAM 비밀 네트워크의 반체제 장교들(줄잡아도 군대의 1만 5,000명 장교 중에서 5,000명이 포함된다고 추정하는)이 자신들에게 가담할 것이라고 믿었다.

호나산과 동료들은 노력에 대한 어떤 개인적 보상도 받아들이지 않겠다고 서약했다. 그 대신 과도정부에 코리 아키노, 신 추기경, 후안 폰세 엔릴레, 육군참모총장 피델 라모스를 포함하기로 결정했다. RAM은 맥주를 마시는 토론 모임으로 소박하게 출발해서, 운영위원회가 국립경찰 본부에서 정기적으로 만나는 수준으로 성장했다.[37] 호세 알몬테 대령은 신 추기경과 접촉하여 RAM의 계획에 대해 알렸다. 교회의 지지를 요청하자, 신 추기경은 "대령, 당신은 당신의 의무를 다하시오, 나는 나의 의무를 다할 것이오"라고 대답했다.

작은 무리의 공모자들이 2월 22일 엔릴레의 집에서 모였을 때, 회원 중 한 명이 밀고자가 되어 바로 그 순간에 대통령궁 내에서 베르 장군에게 비밀을 누설하고 있다는 사실을 그들은 알아차리지 못했다. 베르는 신속하게 수천 명의 정예부대로 대통령 경호를 강화했고, 22일 새벽 2시에 RAM의 주요 구성원인 해병대원 19명을 체포했다.[38] 한밤중에 호나산과 카푸난이 비밀리에 공격하기로 계획한 주요 지점을 답사하다가 완전무장한 해병 대대가 매복해 기다리고 있는 것을 목격했다. 베르의 부대를 파악한 호나산은 엔릴레의 집으로 달려가 자신들 모두가 곧 체포될 것임을 알렸다. 곧바로 그들은 가능한 빨리 행동을 취하기로 결정했다.

대체 계획에 합의한 호나산은 그들의 부대에 오후 3시 EDSA의 아기날도 기지에 재집결하라는 신호를 보냈다. 전화를 받은 피델 라모스는 거기에서 합류하기로 동의했다. 엔릴레는 헬리콥터를 타고 기지에 도착하자마자 미국 대사 스티븐 보즈워스와 일본 대사 소미야 기요시에게 전화했다. 아마도 지지를 호소하기 위한 가장 중요한 전화는 마닐라의 신 추기경에게 건 전화였을 것이다. 가톨릭 라디오 베리타스에서 연설하면서, 신 추기경은 마닐라 민중에게 놀라지 말고 집에 머물라고 권고했다.[39] 반란군이 인원 점검을 마쳤을 때 320명의 무장한 장

반란군 지도자 후안 폰세 엔릴레가 미국과 일본 대사에게 전화를 걸고 있다.
사진: Franz Lopez, 출처: *People Power: An Eyewitness History*, 114.

교와 사병, 12개 팀으로 조직된 약 300명의 민간인이 전부였다.[40] 장교들은 동료들에게 전화를 걸어 도움을 요청했다. RAM의 전화 연락이 확대되면서, 제15타격대대 지휘관인 공군 대령 안토니오 소텔로가 지지 서약을 보내왔다. 그는 비행대대 지휘관을 모아 무장시키고 공격용 헬리콥터 5대에 연료를 채웠다.

언론이 기자회견에 맞춰 기지로 밀려들자, 엔릴레와 라모스는 공개적으로 반란을 선언하고 대중에게 참여를 요청했다. 그들은 식량이 없다고 밝혔다. 민중의 지원은 즉각적이었다. 수천 명이 너무 많은 식량을 가져와서, RAM은 사람들에게 더 이상 생쌀을 가져오지 말라고 부탁했다. 첫 번째 식사 가운데 일부는 은쟁반에 담아 내오기도 했다.[41] 콜게이트파몰리브 사는 치약과 칫솔, 비누를 박스째로 보냈다.[42] 담배가 갑자기 "무더기로" 쌓였다.

저녁 9시경, 신 추기경이 다시 라디오 베리타스에 출연해 사람들에게 "우리의 좋은 친구 2명"을 지지하라고 요청했다.⁴³ 그때부터 라디오 베리타스는 반란군과 밀접하게 협력했고, 반란군 사이의 연락까지 도왔다. "전 세계 군 역사상 처음으로, 시민들이 운영하는 민간 방송 매체가 야전의 군부대에 군사 명령 또는 지침을 송출했다."⁴⁴ 예수회 사제 제임스 로이터가 전체 작전의 핵심 연결고리였다. 그는 라디오 베리타스를 통해 지속적으로 크레임 기지의 라모스와 직접 접촉했고, 전화로 미국 대사관과 접촉했다.⁴⁵ 국방부의 후방에서 CIA 요원들은 엔릴레와 라모스에게 "베르가 한 모든 일"을 알려주고 "말라카냥에서 나가는 모든 통신을 전달해줬다. 엔릴레는 이 CIA의 후방 연결을 통해 보즈워스 대사와 빈번한 접촉을 유지했다".⁴⁶ 나중에 라모스는 "미 국방 공군 무관 톰 핼리 대령과 끊임없이 접촉했고, 대령은 미국 대사가 내 파트너로 임명한 인물이었다"⁴⁷고 인정했다. 미국의 제7함대가 필리핀 해역에 대기하자, 반란군의 사기는 더욱 고무됐다.

　이 결정적인 순간에, 아키노는 수백 킬로미터 떨어진 세부에 있었다. 엔릴레(마르코스의 국방장관)를 신뢰하기를 꺼렸던 그녀는 다바오에서 자신들만의 과도정부 선포를 고려하고 있었다.⁴⁸ 다음날, 그녀는 신 추기경과 전화로 논의하면서 '제3세력(RAM)'이 문제라고 말했다. "아니요"라고 추기경이 대답했다. "그들은 당신이 대통령이 되길 원하기 때문에 이 사건을 일으켰다고 확신하오. 거기에 가서 그들에게 감사하시오. 이 일이 없었다면, 당신은 매일 시위를 하면서도 대통령이 되지 못할지도 모르오. 그러나 이제 당신은 대통령이 될 것이오. 당신은 신의 손을 볼 수 있소. 이는 우리의 기도에 대한 응답이오."⁴⁹ 나중에 많은 사람이 그 손이 신의 손인지 CIA의 손인지 의문을 제기했지만, 군대의 반란이 운동의 성공에 관건이었다는 점에서 추기경의 발언은 핵심을 찔렀다. 기적이나 CIA의 음모가 아니라, 풀뿌리 봉기(RAM도 그것의 한 표현)가 마르코스를 필리핀에서 축출한 역사적 원동력이었다.

이틀째인 2월 23일 일요일 자정 직후, 라모스는 탱크 17대와 헬리콥터 2대로 크레임 기지 내 전력을 강화했다. 밤사이 기지 밖 지지자들의 숫자가 2만 명에서 2,000명으로 줄었다. 새벽 4시, 공격이 임박한 듯 보였지만 실제로 이뤄지진 않았다. 대부분 아직 발각되지 않은 RAM 회원들이 명령 수행을 거부했기 때문이다. 도시가 깨어나자 훨씬 더 많은 군중이 EDSA로 몰려들기 시작했다. 8시경 군중은 약 5만 명으로 불어났다. 몇 시간 뒤, 마침내 베르가 지휘하는 정부군이 공격을 개시했을 때 탱크 7대 모두가 EDSA와 오르티가스 사거리에서 군중에 의해 저지됐다. 이 시점에 라모스와 엔릴레는 다수의 경찰대 지휘관과 40개 지방 부대 지휘관의 지지를 확보했다.

일요일 이른 아침, 무장한 정부군이 라디오 베리타스를 파괴했지만, 몇 시간 뒤에 라디오 베리타스는 수명이 얼마 안 남은 임시 송신기를 사용하여 방송을 계속했다. 송신기가 꺼지기 전에 신 추기경은 미리 제임스 로이터에게 연락해 다른 송신기를 찾아달라고 부탁해두었다. 곧 라디오 반디도라 명명한 새로운 방송국이 방송을 재개했고, 이는 거리로 나선 사람들의 사기와 합동에 아주 중요했다. 수백 명의 수녀들이 도착해 새 방송국으로 이어지는 계단으로 몰려가 정부군의 건물 진입을 막았다.

점심 무렵에는 수십 만 명의 민중이 반란군 주위를 둘러쌌는데, 일부는 EDSA에 100만 명 이상이 모였다고 추산했다. 사람들은 스스로를 지키기 위해 나무와 가로등을 잘라냈다. 메르세데스와 다른 자가용들과 나란히, 시내버스들을 바리케이드로 세웠다. 모래주머니를 신속하게 쌓고 성상 수십 개로 장식했다. 탱크와 장갑차를 앞세운 대규모 해병 부대가 크레임 기지를 공격하려고 시도하자, 묵주를 든 수녀들이 그들에게 맞섰다. 탱크가 움직이려고 해도, 사람들은 꿈쩍하지 않았다. 너무나 많은 사람이 반란군 기지 주위의 차도와 거리를 메워서, 마

묵주를 든 수녀들이 마르코스의 군대에 맞서고 있다.
사진: Pete Reyes, 출처: *People Power: An Eyewitness History*, 178.

르코스에 충성하는 군부대는 전진할 수 없었다.

이제 더욱 자신감에 찬 반란군 지휘관들은 세력을 합치기로 결정했다. 엔릴레와 호나산은 아기날도 기지에서 부대를 이끌고 EDSA를 가로질러 크레임 기지의 라모스와 합류했다. 일단 그곳에서 엔릴레는 미국 대사에게 자신의 이동에 대해 알렸고, 그런 다음 베르 장군에게 전화를 걸었다. 그는 두 사람에게 똑같은 메시지를 전했다. '만약 베르의 탱크가 더 전진하면, 유혈 사태가 발생할 것이다.' 마르코스는 모든 반란군에게 완전 사면을 제안했지만, RAM 지도부는 제안을 고려하는 것조차 신속히 거부했다. 동시에, 반란군 사병들은 자신들을 둘러싼 수천 명의 지지자에게 무기를 나눠주지 않기로 결정했다.

피플파워의 등장

밤낮으로 거리에 머물던 마닐라 민중은 필리핀 역사의 경로를 바꿨을 뿐 아니라, 그들 자신도 변화시켰다. 마르코스에 맞선 투쟁은 새롭고 즐거운 방식으로 그들을 한데 묶었다. 국민의 새로운 정체성이 형성됐다. 3세기에 걸친 스페인 식민 지배와 1세기에 걸친 미국의 지배는 가톨릭과 깊은 문화적 영향을 남겼지만, 섬사람들의 토착 정체성은 파괴됐고, 필리핀인으로서 정체성 형성은 진행 중인 상태였다. 외국 문화의 영향이 어찌나 깊이 침투했는지, 심지어 MNLF 게릴라조차 자신들을 가리킬 때 '모로'라는 스페인어 명칭을 사용하고, NPA 게릴라 투사들도 여가 시간이면 베이스캠프에서 본래 미국 스포츠인 농구를 할 정도였다.

시오닐 호세가 내게 말했듯이, 필리핀은 "동아시아의 주요한 문화적 흐름(유교, 힌두교, 불교) 밖에서 아직 국가가 되지 못한 나라이며, 필리핀인들에겐 앙코르와트나 보로부두르가 없다". 타이 활동가 술락 시와락과의 대화에서, 호세는 똑같은 감정을 다른 식으로 표현했다. "우리는 타이, 인도네시아, 대륙의 동남아시아 국가 상당수에 대해 커다란 열등감을 느끼고 있습니다. 왜냐하면 그들은 보고 배울 수 있는 고대 문명의 유물이 존재하고, 그들의 역사는 과거부터 이어져온 것이기 때문입니다."[50]

피플파워는 필리핀인들에게 새로운 통일성과 목적의식을 부여했다. EDSA 혁명 웹사이트에서 회고하듯이 "그것은 민중에 관한 것이었다. 그것은 부자와 빈자, 늙은이와 젊은이, 먹물과 근육에 관한 것이었고, 자신의 지위를 버리고 서로 팔을 겯고서 고속도로의 긴 대열에 함께 서 있을 때, 그들은 단지 필리핀인이었다. 그들 모두는 하나였다".[51] 운동은 그 자체로 미국의 점령 이래 그 어떤 것보다 강력한 통일된 필리핀의 정체성을 형성했다. 한 작가는 이를 다음과 같이 표현했다. "이 대치에서부터, 거리의 보통 필리핀인, 톤도 사람들과 얼굴 없는 사람들이 중간계급에 합류했고, 양자는 결코 과거에 행사한 적이 없는 일종의 자발적인 집단 의지와 그들이 결코 키우지 못했던 공동의 유대를 발견했다. 이 경험은 그들을 감전시켰다. 눈물이 흘러내렸다. 사람들이 노래하기 시작했다. '피플파워'가 탄생했다."[52] 내가 에로스 효과라 부르는 것이 여기 수십만 필리핀인의 감정과 행동에서 명백하게 나타난다.

민중의 정상치는 하룻밤 사이에 변화했다. 한 어머니는 회상했다. "나는 군대와 경찰을 미워했지만, 일요일에는 그들을 위해 샌드위치를 만들고 있었어요. 그들에게 식량이 필요하다는 말을 라디오로 들었지요. 나는 단지 군인들에게 먹을 것을 주기 위해서 군중을 뚫고 지나가야 했어요. 집회 때 그들을 항상 저주했던 것을 기억하는데, 지금은 내가 그렇게 멀리 걸어가서 그들을 위해 그렇게 열심히 일한다는 게 놀라웠죠."[53] 엔릴레에게 변화는 명백했다. "사람들이 내 평생 들어보지 못했던 말, '우리는 우리 군인들을 사랑한다'고 외치는 걸 들었습니다.

많은 사람이 광장을 점거했기 때문에 마르코스는 탱크를 사용할 수 없었다.
사진: Joey D. Vera, 출처: *People Power: An Eyewitness History*, 155.

군대에서 보낸 시절 내내, 그런 말을 결코 들어본 적이 없었죠. 우리는 그럴 만한 가치가 있어야 합니다. 우리 충성의 대상은 민중이지요."[54] 코리 아키노는 이렇게 회상했다. "모든 것이 아주 자연스러웠죠. 감독도 없었고요. 진정으로 사람들이 변화를 일으키길 원했고, 그들은 그렇게 했어요. 한데 뭉쳐서 하나가 되어 마침내 서로를 인식한 건 바로 민중들 자신이죠. …… 마침내 필리핀 민중은 필리핀인의 모든 좋은 점을 인식하게 됐습니다. 음식을 나누어 먹고 함께 기도하는 것, 모든 사람에게 보여준 친절과 지지, 완전한 헌신……"[55] 레네 크루스는 이렇게 느꼈다. "정말로 기적이 일어난 것 같았어요. 군인들은 명령을 받아도 발포하지 않았고, 우리 아이들과 아내는 EDSA에 나가서 실제로 즐기고 있었고, 4일 내내 날씨는 아주 시원하고 좋았죠. …… 소매치기,

강도나 추악한 사건에 대한 보도는 전혀 없었고요."[56] NGO 지도자 코라손 훌리아노솔리만은 내게 말했다. "모두가 보통 사람들이 영웅적 행동을 하고, 투표소를 지키고, 투표함을 인간 사슬로 막는 것을 목격했죠. 모든 순간순간은 서로의 용기로 만들어진 것이었고, 모두 하나의 커다란 가족이 된 것처럼 느꼈습니다."[57]

노동자들의 참여도 아주 광범해서, 어떤 목격자들은 봉기를 "마르코스 체제의 악정에 맞선 노동자들의 혁명"[58]이라고 간주했다. 택시 기사들은 요금을 받지 않고 사람들을 가득 태워 기지로 데려다줬다. 많은 노동자가 시위에 참여했지만, 그들은 개인으로, 즉 노동조합의 구조 외부에서 참여한 것이었다.[59] TUCP는 내부의 의견 불일치로 야당을 직접 지지하지는 않았다. 자유노동자연맹은 계속해서 '정치로부터의 자유'라는 원칙을 견지했고, 좌파 노동절운동(Kilusang Mayo Uno, KMU)은 선거 보이콧에 충실한 채 공식적으로 봉기를 승인하기를 거부했다.

주로 마닐라에 집중되긴 했지만, 투쟁은 다른 지방에서도 일어났다. 세부 시에서는 사람들이 군사 반란에 우호적이라고 알려진 필리핀 경찰대 기지 앞에 집결해 기지를 친마르코스 세력의 공격에서 지켜내는 데 성공했다. 일로일로 시에서는 거리에서 모닥불을 피우고 춤을 추며 아키노를 축복했다. 마라위에서 열린 기도 집회는 마르코스를 지지한 정치인들을 성토했다.[60]

민중의 용감한 비타협 정신은 모든 군부대가 손에 무기를 쥔 채 반란군 편으로 넘어오도록 설득했다. 2월 22일에 200명이던 반란군은 48시간 내에 20만 군대라는 다수로 바뀌었다. 마르코스는 전 세계가 지켜보는 가운데 주요 군사 지휘관들이 자신에게 등을 돌리자 공포에 떨었다. 23일 오후 7시, 교황은 교황사절을 통해 평화적 해결을 호소하는 편지를 마르코스에게 전달했다. 그리고 얼마 지나지 않아, 처음으로 미국 정부가 공개적으로 마르코스 정부의 "신뢰성과 정당성"에 의

문을 제기했다. 미국은 은밀히 마르코스에게 망명을 제안했지만, 그는 계속 대통령으로 머물겠다고 주장하면서 제의를 거부했다. 그날 늦은 저녁, 라모스와 엔릴레는 각자 그린힐스에 있는 코리 아키노의 여동생 집으로 향했고, 그곳에는 아키노가 대중의 관심을 끌지 않으려고 자가용 비행기로 도착해 있었다. 아키노는 여전히 엔릴레와 함께 일하기를 주저했다. 왜냐하면 남편의 오랜 투옥 기간 동안 그를 잡아두었던 사람과 거래해야만 했기 때문이다.[61]

EDSA에 어둠이 내리자, 한 예수회 사제가 친마르코스 탱크 지휘관을 설득하여 밤사이 부대를 철수하도록 했다. 탱크들이 물러나자 사람들이 소리쳤다. "잘 자라! 내일 보자!" 지휘관 모르게, 일부 부대는 조용히 사람들에게 "우리가 서로를 공격하는 일이 없도록 계속 머무르시오."[62]라는 말을 돌렸다. 밤새도록 EDSA의 사람들은 교회 종이 반복적으로 울리는 소리를 들었는데, 이는 마르코스의 군대가 공격할 것이라는 신호였다. 군대의 이동 소문이 퍼지자, 사람들은 떼 지어 뛰어나가 거리를 봉쇄했다. 기도와 노래로 계속해서 사기를 북돋웠다. 크레임 기지의 정문 앞에서 수녀들이 노래하는 동안 군인들은 시민들에게 화염병의 적절한 사용법을 알려줬다.[63] 정부 측 트럭들이 군중에 접근하여 마르코스를 지지하는 군대에 식량을 제공하기 위해 통과하겠다고 우겼다. 라모스가 와서 사람들에게 말했다. "통과하게 하시오. 배고픈 군인들은 위험합니다." 식량은 통과됐다.[64] 새벽 2시에 라모스는 휴이 헬리콥터 한 대가 반란군 편으로 넘어왔다고 군중에게 발표했고, 인기 가수 프레디 아길라르는 마르코스가 오랫동안 금지한 대중가요인 〈바얀 코(Bayan Ko, 나의 조국)〉를 불렀다. 워싱턴의 레이건 대통령과 상의한 다음 국무장관 조지 슐츠는 마닐라 시간으로 새벽 4시에 미국 대사 보즈워스에게 전화를 걸어 "시간이 다 됐다"고 마르코스에게 통보하라고 말했다.[65] 마르코스는 폭력을 통제하는 한 미국으로 올 수 있다는 보증을 받았다. 하지만 마르코스는 여전히 떠나길 거부했다.

최후의 전투

2월 24일 새벽, 크레임 기지 내부의 반란군은 목숨을 희생해야 할 전면 공격을 예상하고 있었다. 그들은 서로 껴안고 마지막 작별인사를 했다. 라디오에서 필리핀 군사학교 교가가 흘러나오자 모두 기립했고, 많은 사병의 눈에 눈물이 고였다. 몇 분 후, 라디오를 통해 마르코스가 베르 장군에게 "그들을 쓸어버리라"라고 명령하는 것을 들을 수 있었다. 연발 최루가스 뒤로, 곤봉을 든 진압경찰이 길에서 사람들을 해산시켰다. 동시에 수백 명의 친정부 부대가 아기날도 기지의 동쪽을 공격해 크레임 기지와 마주한 벽을 뚫었다.

나라의 운명이 불안정한 상태에서, 기적이 전투의 결과를 결정했다. 강력한 돌풍이 최루가스를 발사한 친정부 부대 쪽으로 불었다. 공격한 군인들을 포함하여 모두가 멈칫했다. '신의 손'을 목격한 그들은 갑자기 봉기한 이들 편으로 넘어가서, 모여든 군중과 껴안고 환호했다. 거의 동시에, 5대의 헬리콥터 공격기가 반란군을 공격하라는 명령을 받고 출격했지만, 모든 조종사와 승무원(안토니오 소텔로 대령의 휘하에 있던)이 반란군 편으로 넘어가 헬기를 크레임 기지에 착륙시켰다. 비행사 16명이 라모스의 작전실로 날렵하게 들어서자 열렬한 박수가 쏟아졌다. 수녀들이 그들에게 꽃을 주었다. EDSA를 따라 환호가 터져나왔다. 해군 방어 부대의 지휘관인 타굼파이 하르디니아노 준장은 장교 50명의 환호 속에 자신은 "싸울 만한 가치가 있는 대의"를 위해 반란군 편으로 넘어간다고 선언했다.⁶⁶ 곧이어 파시그 강에서 순양함이 위치를 움직여 대포를 말라카낭으로 조준했다. 전투기 2대가 크레임 기지 내부의 반란군을 공격하기 위해 파견됐다. 이 전투기들은 공중을 선회한 뒤에 임무 수행을 멈추고 클라크 공군기지에 착륙했고, 반란의 나머지 기간 동안 지상에 머물렀다.

EDSA 전투의 흐름이 봉기한 이들에게로 이동하는 바로 그 순간에, 코리 아키노는 엔릴레가 더 이상 그녀의 이름을 언급하지 않고 있다는 말을 들었다. 실제로, 그녀의 보좌관들은 엔릴레가 독자적으로 권력을 장악하고 있다고 믿었다. 아키노는 '변호사들을 불러들여' 즉각적인 취임 선서를 준비했다.[67] 마르코스가 필리핀을 떠났다는 소문이 퍼지면서, 군중은 일부에서 수백만이라고 주장할 정도로 늘어났다.[68] 몇 킬로미터 떨어진 말라카냥 내부에서, 마르코스는 채널 4에 자신이 필리핀을 떠나지 않았다고 방송하라는 명령을 내렸다. 오전 9시 15분, 마르코스는 부인 이멜다와 손주들에게 둘러싸여 채널 4에 출연했다. 그는 비상사태를 선언했고, 사임할 계획이 없다고 주장했다. 기자회견 도중에 베르 장군이 크레임 기지를 공격하겠다고 허가를 구했다. 마르코스는 "공격하지 말라"며 장군을 제지했고, 그에게 오직 소화기小火器만을 사용할 권한을 주었다.

크레임 기지 안에서는 엔릴레가 채널 4를 접수하려 부대를 파견했다. 그는 또한 로켓으로 무장한 헬리콥터 부대에 말라카냥 궁 자체가 아니라 주변 지역을 타격하라고 명령했다. 몇 분 지나지 않아 트럭 2대에 나눠 탄 반란군이 채널 4를 포위했다. 송전탑 위의 저격수가 건물을 방어하면서 총격이 울렸다. 반란군도 응사해 저격수를 사살했다. 오전 9시 56분, 채널 4에서 마르코스의 모습은 사라졌다. 마르코스의 41분 방송은 그가 대통령직을 유지할 수 있는 충분한 지지를 확보하는 데 실패했다.

30분 후에 반란군 헬리콥터가 정부군 헬리콥터를 파괴하기 위해 말라카냥 궁과 비야모르 공군기지를 공격했다.[69] 로켓 6기가 대통령궁을 향해 발사됐고, 궁을 방어하던 병사 두 명이 부상당했다. 격노한 베르 장군은 공군에 크레임 기지를 폭격하라는 명령을 내렸지만, 돌아온 대답은 상황이 얼마나 악화됐는지 보여주는 것이었다. "충성! 현재 말라카냥 궁 폭격 대기 중!" 공군의 반란군 가담은 만장일치여서, "헬리콥터들은 2월 24일 월요일에 말라카냥 궁 대지에 경고사격을 하고, 비야모르 공군기지에 있는 대통령 전용 헬리콥터 3대를 파괴하고, 정부가 통제하는 TV 방송국 채널 4를 장악한 반란군을 공중에서 엄호하는 등 하루 종일 바빴다".[70] 해방된 채널 4 내부에서는 5개의 임시 위원회가 신속하게 구성되어 라디오, TV, 제작, 승인, 뉴스를 포함한 제작을 재개했다. 로비 외부에서 마르코스의 초상화를 끌어내려 불태우자 사람들이 환호했다. 오전 11시 45분에는 라디오 베리타스가 방송을 재개했고, 오후 1시 25분 채널 4가 다시 방송에 들어가며 이번에는 "이제 시청자 여러분은 이 채널에서 진실을 보게 될 것입니다"라고 약속했다. 카메라 기사들과 기술자들이 돌아와 상황이 어떻게 될지 모른 채 자진해서 일했다.

오후 늦게 베르는 해병 대대와 육군 부대를 크레임 기지에 '자살 공격대'로 파견했다. 베르의 공작을 알아차린 미국 대사관은 이를 즉각 워싱턴에 알렸고, 레이건 대통령을 깨웠다. 처음으로 그는 오랜 친구의 사임을 공개적으로 요구하는 데 동의했다.[71] 그날 밤, 마르코스 가족은 엄청난 재산을 미친 듯이 상자에 쌌다. 금괴, 채권, 신권 화폐, 보석, 예술 작품, 문화 유물 등이 모두 보트로 미국 대사관 인근의 정박지에 보내졌다. 다음날 오전 2시 45분, 마닐라에서 마르코스는 네바다 주 상원 의원 폴 랙솔트에게 전화를 걸었다. 랙솔트는 슐츠 국무장관을 비롯해 주요 의원들과 회의를 하던 중이었다. 마르코스는 레이건이 정말로 자신에게 떠나라고 요청했는지 알고 싶어했다. 다른 전화선으로 이멜다가 낸시 레이건에게 같은 질문을 했다. 새벽 5시경, 대답이 도착했다. 랙솔트는 마르코스에게 "시간이 됐다"고 조언했다. 낸시는 이멜다에게 만약 폭력을 피한다면 그들이 미국에서 살도록 기꺼이 받

아들일 것이라고 말했다.[72]

마르코스는 워싱턴의 마지막 지침을 충실히 따랐지만, 모든 대치가 평화롭게 끝난 것은 아니었다. 자정이 조금 지나, 채널 4를 재탈환하려는 탱크를 막아선 시민들에게 정부군이 철조망 사이로 총격을 가해 여러 사람이 부상당했다. 다음날인 2월 25일, 산발적 총격전이 마닐라의 여러 곳에서 벌어졌다. 보도에 따르면 오전 7시경 정부군 저격수가 케손시티(EDSA와 말라카냥에 모인 수십만 명에게서 멀리 떨어진)의 채널 9 송전탑 근처에서 발포해 최소한 4명이 부상당했다.[73] 그날 오전 늦게, 아키노와 마르코스는 각자 필리핀의 차기 대통령으로 선서했다. 공중파를 통제하려는 전투에서, 약 60명의 봉기 부대는 채널 9 송전탑(마르코스에게 유일하게 남아 있던 방송 채널)의 통제를 놓고 약 30명의 정부군과 교전했다. 마르코스 정부군 3명이 고지를 선점하려고 마르코스 정부군 3명이 송전탑에 기어오르자, 무장 헬리콥터가 재빨리 그들을 사살했다.[74] 공격으로 송전기가 마비됐고, 채널 2, 9, 13이 폐쇄되면서 사실상 마르코스의 취임식은 보도되지 않았다. 마지막 방송 매체를 빼앗기자 마르코스의 지위는 별 볼일 없어졌지만, 그는 여전히 항복하기를 거부했다. 오후 3시 46분경 토마스 모라토와 티모그 사거리에서 정부군 트럭과 지프가 바리케이드를 뚫기 위해 군중에 총격을 가하면서 여러 명이 부상당했다.[75]

그날 아침, 호화로운 클럽 필리피노에서 열린 코리 아키노의 취임식에 많은 사람이 참석하지는 않았다. 취임식에 참석한 부유층은 승리를 확신하지 못했지만, 1776년 독립선언에 서명한 사람들처럼, 승리에 기꺼이 목숨과 재산을 걸고자 했다. 《마닐라 타임스》의 기사에 따르면 "상석에 필리핀 사회의 하층 사람들이 아무도 대표로 나오지 않은 점은 실망스럽다. 내부의 사람들 대부분은 여전히 사회·경제적 배경으로 정책 결정에 영향을 줄 주요한 지위에 있는 오랜 정치 가문의 구성

텔레비전 방송국들의 통제권을 장악하기 위해, 반란군이 마르코스에 충성하는 정부군을 사살했다.
사진: Pete Reyes, 출처: *People Power: An Eyewitness History*, 259.

원이다. 인정을 원하는 새로운 사회 세력은 클럽 필리피노의 파워 엘리트 내에서 보이지 않는다."[76] 아키노는 재빨리 엔릴레를 국방장관으로, 라모스를 육군참모총장으로 임명하는(정확히 마르코스가 했던 것처럼) 행정명령 1호에 서명했다.

멘디올라 주변 거리에서 친정부 군대와 시민들은 수천 명의 다른 시민과 전투를 벌였다. 최소 4명의 외국인 사제를 포함해 사제 30명과 신학생 대오가 친정부 해병대와 시위대 사이에 섰다. 10여 명이 심각하게 다쳐 누워 있었지만, 사제들의 신속한 행동이 더 이상의 부상을 막았다.[77] 수천 명이 자리를 지키면서 대통령궁을 포위했다. 마침내 모든 부대에 말라카냥 궁을 떠나라는 명령이 내려왔지만, 부대는 계속 근처의 거리에 남아 있었다.

밤 9시경, 미국 헬리콥터 5대가 마르코스를 데려가려고 도착했다. 그 마지막 순간, 엔릴레가 선을 넘어가 30년 동안 자신의 보스였던 이에게 작별인사를 했다. 마르코스가 떠나기 전 끝으로 그들이 오래 포옹했다고 목격자들이 전했다.[78] 또 다른 보고에서는 마르코스가 헬기에 타지 않으려고 버티다가 강제로 떠났다고도 한다.[79] 헬리콥터들이 마르코스 일가를 태우고 떠나자, 민중의 환호가 EDSA를 가로질러 메아리쳤고, 이 대열에 함께한 동성애자와 복장도착자 그룹도 즐거운 비명을 질렀다. "마르코스는 갔다! 마침내 말라카냥 궁을 구경하게 됐다."[80] 해병 경비대가 사라지자, 수백 명이 건물로 몰려가 문서를 파괴하고 물품을 약탈했다. 그러나 이멜다가 버리고 간 3,000켤레의 디자이너 구두 컬렉션은 후세를 위해 남겨뒀다.

하지만 대결은 아직 마무리되지 않았다. 마르코스는 일단 클라크 공군기지에 도착하자 보즈워스 대사에게 외국으로 망명하기 전에 고향 지방에서 시간을 보낼 수 있는지 물었다. 보즈워스는 아키노에게 전화했지만, 아키노는 마르코스가 즉각 떠나야 한다고 주장했다. 그런

데도 마르코스는 보좌관들을 불러 역쿠데타로 마닐라를 되찾기 위해 '일로카노군Ilocano Army'을 조직하라고 명령했다. 미국은 아무 얘기도 들으려고 하지 않았다. 다음날 아침, 미국 관리들과 격한 말다툼을 벌인 끝에, 마르코스는 마지막으로 한 번만 고향에 가겠다고 우겼다. 마침내 그는 비행기에 올랐다. 마르코스를 국외로 이송하라고 명령받은 미국인 조종사들은 고향으로 가라는 마르코스의 요구를 듣지 않겠다고 주장했다. 전직 대통령은 말다툼을 벌이지 못하도록 진정제를 맞아야 했다.[81]

제1차 피플파워의 국제적 여파

마르코스를 대체하여 등장한 체제에 수많은 한계가 있었고 운동은 사회혁명으로 발전하지 못했지만, 1986년 피플파워 봉기는 분명히 위대한 승리였다. 비교적 피를 덜 보는 방식으로 견고한 독재를 몰아낼 수 있다는 것을 입증함으로써, 아무리 강력하게 보이더라도 보통 사람들의 힘으로 정부를 전복할 수 있다는 꿈을 키웠다. 피플파워의 전 지구적 반향은 즉시 울려퍼졌다. 수십만 시민이 공적 공간을 불법 점거하는 전술이 민중운동의 무기고에 새롭게 추가되면서 봉기의 물결을 일으켰다. 공적 공간의 전용轉用은 전 세계에서 되풀이되는 지속적 전술이며, 가장 최근에는 카이로의 타흐리르 광장에서 나타났다. 현대사회에서 수도에 모든 기능이 극도로 집중되면서, 도시의 그물망은 체제의 핵심에 필수적인 것이 되었다. 어떤 정당이나 중앙위원회가 명령하지 않아도, 시민들은 그런 핵심 공간을 점거하는 법을 배웠고, 민중의 열망이 발산되고 운동의 성장으로 유지되는 탈군사화된 시위를 창출했다.

필리핀의 피플파워 혁명은 남한의 1987년 6월봉기를 촉발하는 데 도움을 주었다. 이 19일간의 마라톤 시위에서도 천주교 단체들이 지도적 역할을 했다.[82] 타이완에서는 마르코스의 타도가 "중산층에게 영감을 주어 그들이 민주주의를 위한 때가 됐음을 깨닫도록 자극했다".[83] 1998년, 인도네시아 학생들은 스스로를 '피플파워 운동'이라 불렀고, 이는 장기 독재자 수하르토를 타도하는 데 도움을 주었다. 아랍의 봄 동안 봉기한 많은 사람이 자신들의 운동을 '피플파워'라고 불렀다. 1986년 봉기는 그 자체로 1968년의 세계사적 운동에서 촉발된 전 지구적 동학의 산물이었고, 그 여파 속에서 풀뿌리 운동들의 국제적 연대처럼 국경을 넘어선 운동이 중요하게 떠올랐다. 이는 아시아만의 현상은 아니었다. 마르코스에게 저항한 필리핀의 반란은 아이티 독재자 장 클로드 뒤발리에가 쫓겨난 지 몇 달 안 되어서 일어났다. 봉기 동안 마닐라 거리에서 찍은 한 사진에서 어떤 시위자는 "마르코스, 뒤발리에가 당신을 기다린다!"고 쓴 손팻말을 들고 있다.

1986년 이후 10년이 지나 마닐라의 《선데이 타임스》는 이렇게 보도했다. "세계가 지켜봤다. 전 세계에서 수백 명의 통신원이 선거를 취재하기 위해 파견됐다. 그들이 얻은 것은 혁명의 바로 앞 좌석이었다. 전 세계의 목격자들은 아직 자신들의 마르코스와 이멜다를 제거하지 못한 일부 아프리카와 남아메리카 나라들에 똑같은 체계를 적용하고자 이 무혈혁명을 연구한다."[84]

코리 아키노는 2009년 사망했다. 라모스는 그녀를 칭송하면서 이렇게 회상했다. "그녀에게 혁명은, 마닐라에서 서울, 요하네스버그에서 프라하, 바르샤바와 모스크바에 이르기까지 헤아릴 수 없는 수천만 민중을 해방한 '벨벳 혁명'의 첫 번째 물결이었다. 아키노 대통령의 '피플파워' 혁명은 진실로 우리나라 역사에서 가장 자랑스런 순간이었고, 자유와 존엄을 위한 인류의 오랜 투쟁의 서사시에 우리 국민이 뚜렷하게 기여한 것이었다."[85] 1995년 마닐라를 방문했을 때 체코 대통령 바츨라프 하벨은 "여러분의 평화적인 피플파워 혁명은 우리 자신의 혁명에 영감을 주었다"고 지적했다.

아키노 정부의 배신

필리핀 엘리트의 한 친미 분파에서 다른 분파로 권력이 이전된 정치혁명에 한정됐기 때문에, 마르코스 타도는 이름뿐인 민주주의를 회복하는 데 그쳤다. 정권을 잡은 지 몇 주 되지 않아 아키노 대통령은 정치범들을 석방했고, 그중에는 보니파시오 요새의 감옥에 수감되어 있던 CPP의 창건자 호세 마리아 시손도 있었다. 아키노는 자신의 사람들, 즉 토지개혁에 반대하는 부유한 지주들을 소홀히 할 수 없었다. 아키노 정부는 토지개혁에 태만하게 접근해서 심지어 그녀의 지지 기반인 세계은행에게도 비판받았다. 아키노는 마르코스가 남긴 최소 260억 달러의 빚에 대해 세계은행과 재협상해야 했는데, 그것은 1988년 국가 예산의 39퍼센트에 해당하는 금액이었다.[86] 그녀는 빈민에게 토지를 나눠주겠다는 약속을 부분적으로 지키고 600만 헥타르를 아우르는 재분배 계획을 입법했지만, 아시엔다 루이시타의 자기 지분을 포함하여 필리핀의 최고 부자 지주들이 소유한 200만 헥타르 이상의 땅은 제외했다. 아키노가 취임한 지 몇 주 후, 미국 국무부 관리가 다음과 같이 보고했다. "우리의 목표는 중도 민주 세력을 장악하고…… 고무하는 것이었고, 그다음에는 중도에 의한 통제를 공고히 하고 NPA에 대해 약해진 지지를 빼앗아 오는 것이다. 현재로선 아주 좋다."[87] 미국의 재정 지원은 아키노 행정부에 경제적 성공을 보장했다.

인권침해는 마르코스 때보다 아키노 행정부에서 더 심각한 문제였다. 앰너스티 인터내셔널은 실제로 아키노 정부 아래서 인권침해 전체 건수가 증가했다고 보고했다.[88] 취임 첫 7개월 동안, 최소한 239건의 고문이 보고됐다. 같은 시기에 그녀의 군대는 일상적으로 내란 기도 진압 작전을 수행하면서 필리핀의 오지 마을을 파괴했다. 수십 건의 농촌지역 대량소개 명령이 내려졌다.[89] 1986년 11월 13일, 노동계 지도자 롤란도 올랄리아가 무참하게 암살당했다. 노동절운동(KMU) 노조 연맹의 지도자인 올랄리아는 80만 명 이상의 노동자를 대표하고 있었다. 그 당시, 필리핀 인구의 4분의 3이 빈곤 속에 살았고, 많은 노동자가 시간당 60센트 정도를 벌었다(세계적 기업들이 대개 규제를 받지 않는 수출가공공단의 착취 공장 여성 노동자들은 그 절반을 받았다). 올랄리아는 인민당 Partidong Bayan의 당수이기도 했는데, 이 당은 수많은 지역 조직의 광범한 연대체였다. 아주 많은 풀뿌리 세력이 교차하는 가운데 올랄리아는 정부와 좌파 NDF 간의 평화를 역설했다. 그의 암살은 봉기에 대한 전쟁을 강화하길 원하는 사람들, 특히 국방장관 후안 폰세 엔릴레의 측근들 작품이라는 소문이 퍼졌지만, 그런 주장은 결코 증명되지 않았다. 1986년 11월 20일에 열린 그의 장례식에 수만 명이 참석했다.

민주화 이후 몇 주간, 노동자들은 과거보다 훨씬 많은 파업 투쟁에 참가했고, 이는 남한에서 우리가 목격한 역학이었다.[90] 마르코스 집권 후반부터 서서히 증가하던 파업은 독재자의 망명 이후 공정한 대우를 요구하는 노동자들의 외침으로 봇물처럼 터져나왔다. 1986년에는 581건의 파업이 보고됐는데, 이는 371건을 기록한 1985년을 제외하면 1972년 이래 어떤 해보다 2배 이상 높은 수치였다. 파업으로 인한 총 손실 일수는 1983년 50만 일을 약간 상회했던 수준에서 1986년에는 표 2.3에서 볼 수 있듯이 5배 이상으로 늘어났다.

페르디난드 마르코스의 축출 이후 민중의 단결과 낙관은 애석하게도 겨우 몇 달간만 지속됐다. 1987년 1월 22일, 땅 없는 사람들이 평화적 시위를 벌이며 아키노 정부에 토지 관련 공약을 지키라고 경건하게 요구하고 있을 때, 경찰이 멘디올라 다리에서 발포해 최소 21명이 사살되고 100명 가까이 부상당했다. 1970년에 그녀의 남편이 마르코스의 '검은 금요일'이라고 불렀던 때의 3배가 넘는 사람들이 살해된 것이다. 이 멘디올라 학살로 아키노 정부는 지지를 많이 잃었고, 아키노는 확실히 탈 줄 알았던 노벨평화상을 놓쳤다.[91] 다음달인 2월 11일 아

[표 2.3] 필리핀의 파업, 1983~1987년

연도	횟수	참여 노동자	총 손실 일수
1983	155	33,600	581,300
1984	282	65,300	1,907,800
1985	371	111,300	2,457,700
1986	581	169,500	3,637,900
1987	436	89,600	1,907,700

출처: ILO, *Year Book of Labor Statistics*; Stephen Haggard and Robert Kaufman, *The Political Economy of Democratic Transitions* (Princeton: Princeton University Press, 1995), 62.

키노는 필리핀 군사학교 졸업생들에게 "전쟁의 칼을 뽑을"때가 됐다고 말하면서 공산주의에 대한 전면전을 선포했다.

1987년 2월에 이르자, 1986년 12월 10일 NPA 봉기에 대해 선포된 휴전이 무너졌다. 레나토 아불란, 오를란도 카스티요, 파블로 바엔 산토스 등의 예술가들은 아키노가 공약을 지키지 않는다고 처음으로 공개 비판했다. '사회주의적 사실주의자'를 자칭하는 이들은 아키노의 보수적 정책에 반대하는 불꽃을 지폈다. 1987년 8월 26일, 200만 명에 가까운 노동자와 지지자가 아키노의 정책에 항의하며 행진했고, 이틀 뒤에는 아키노를 타도하기 위한 5번째 쿠데타이면서 가장 피를 많이 흘린 호나산 쿠데타가 시작됐다.

아키노는 재빨리 입장을 바꾸었다. 자경단들이 무기를 소지하도록 허용했고, 심지어 그들 중 하나인 NAKASAKA를 '피플파워'의 발현이라며 칭찬했다. 1987년 말에는 악명 높은 반공주의 폭력 자경단 알사마사를 공개적으로 승인했다.[92] 아키노는 인민당과 같은 과거의 지하 단체들을 합법화했지만, 당이 공개된 이후 당원들이 살해됐다. 베트남의 피닉스 작전 암살단에서 알사 마사 같은 필리핀의 반공주의 암살단까지 CIA가 계속 개입했다는 증거가 있다. 특히 미국 합동군사고문단의 제임스 로 대령과 존 싱글로브 장군은 봉기 세력에 대한 정부의 '전면전'에 참여한 것으로 알려져 있다.[93] 시손처럼 과거에 수감됐던 정치 활동가들에게 다시 체포영장이 발부됐다(다른 많은 이들과 달리, 시손은 네덜란드에 망명처를 구할 수 있었다).

군대와 가톨릭교회가 봉기를 지도하여 엘리트 통치자를 바꾸는 방향으로 이끌었기 때문에, 사회변혁 과정에서 민중운동은 중심 역할을 잃어버렸다. 민주화운동 세력이 군부독재 엘리트의 다수를 제거하고 광범한 중산층에 번영을 확산시킨 남한과 달리, 필리핀에서 사람들 대부분의 일상생활은 빈곤과 지배의 거미줄에 묶인 채로 남았다. 체제 변화의 가능성을 잃어버린 것은 일반 시민보다는 교회 고위층과 군대가 민주화운동을 주도한 탓이 크다. 진정한 변화의 가능성은 결코 환상이 아니었다. 한 목격자가 설명한 것처럼, "필리핀인들이 계속 나아가 더 공정한 부의 분배, 군대의 폐지, 또는 민중의 요구에 더 민감하게 반응하는 정부의 탈집중화를 위해 투쟁하기로 결정했다면, 그들이 얼마나 더 놀라운 일을 쟁취했을지 누가 알겠는가".[94] 아키노는 권력을 공고화한 후 RAM의 권력을 빼앗았다. 일부 장교들은 배신당했다고 느꼈고, 다른 장교들은 자신들이 아키노보다 조국을 위해 훨씬 더 일을 잘할 수 있으며 많은 민중의 지지를 받으리라고 믿었다. 엘리트들의 지지와 명백한 성공에도, 아키노는 취임 1년 반 동안 6회의 쿠데타 시도에 직면했다.

아키노는 마르코스를 제거하기 위해 마지못해 대통령에 출마한 정치 초보자로 자기 자신을 묘사하곤 했지만, 사실 그녀는 필리핀 최대 부자 가문의 후계자 중 한 명이며 가족의 거대한 농장 기업의 수지를 맞추는 데 개인적으로 도움을 주었다. 취임 첫 18개월 동안 법령에 의한 통치를 하면서(대부분 마르코스와 똑같은 방식으로), 아키노의 신자유주의적 정책(무역자유화, 환율 유연성, 민영화, 세제 개혁 같은 시장 기반 개혁 등)은 필리핀의 병든 경제에 다시 단기 성장을 불러왔다.

새 헌법이 작성되어 1987년에 선거가 치러졌지만, 어떤 친마르코스 조직 세력도 선거에 나서지 않았다. 새 헌법은 대통령의 비상 권한 행사를 제한하고 보건을 기본권으로 인정했는데, 이는 보건 노동자들에게 엄청난 승리였다.[95] 중요하게, 새 헌법은 국가의 의사 결정 과정에서 NGO와 PO(People's Organization, 민중조직)의 역할을 신성시하여 정부가 NGO를 장려하고 "PO의 역할을 존중"하며 이들이 "모든 수준의 의사 결정에 참여"할 수 있도록 했다. 아키노가 기여한 지속적 변혁 중 하나는 여성들 사이에서 NGO를 고무하고 장려하는 것이었다(그 당시 여성들은 남성 수입의 39퍼센트만을 버는 것으로 추정됐다).[96] 1980년대에 2개의 다른 네트워크, 즉 '10대 그룹(G-10, Lakas ng Kababaihan)'과 '발전을 위한 여성행동네트워크(WAND)'가 등장했다. 1990년대 중반에 이르러 이 두 단체는 약 200개 조직을 포괄했다. 1989년에는 필리핀-미국 여성 연대 조직이 결성됐고, 이미 5년 차인 가브리엘라(GABRIELA, 개혁, 청렴, 지도력, 행동을 위한 여성 총회)는 100개 이상의 협력조직과 함께 일했으며, 전국적 여성단체인 KABAPA는 회원이 약 3만 명이었다.[97] 1993년에 최초로 공공장소에서 레즈비언 행진이 열렸다.[98]

아키노는 필리핀 역사의 영웅으로 대통령직에서 물러났지만, 대통령으로서 아키노의 경력은 부족함이 많다. 도덕주의적 호소와 약속에도 불구하고, 필리핀 정치는 부패와 폭력으로 얼룩졌다. 아무도 놀라지 않겠지만 많은 사람이 실망할 정도로, 옛 엘리트들이 확고하게 통제력을 유지했다. 1987년 5월 11일에 실시된 상하원 선거에서 전통적으로 지역구를 통제하던 가문들이 200개 의석 가운데 169석을 얻었다. 일부 지역 관리들은 해고됐지만, 새 헌법이 약속한 농업개혁과 원주민의 권리는 꿈으로 남았다. 아키노는 6회의 쿠데타 시도와 2회의 탄핵 시도에 직면했다.

1987년 8월, 최악의 유혈 쿠데타 중 하나가 마침내 끝날 때까지 3일간 지속됐다. 상당한 비율의 사람들이 충분히 먹을 것이 없고 오직 소수만이 차를 소유한 사회에서 아키노의 지지자들은 자동차 행렬을 이루며 도착했다.[99] 비록 1991년에 탈집중화법이 통과됐지만, 권력은 여전히 마닐라에 집중되어 있었다. 일단 입법부가 선출되고 새 헌법이 승인되자, 1987~1991년 GDP가 거의 5퍼센트 증가했다. 아시아의 호랑이들과 겨룰 정도는 아니었지만, 1981~1985년 1퍼센트 이하 상승과 1986년 약 8퍼센트 하락에 비하면 확실히 활발한 성장이었다.

정권의 지속적인 신자유주의 정책으로 경제문제가 발생하자 1989년 아키노는 국내 석유 가격을 인상했고, 이에 즉각 광범한 시위와 군사 쿠데타가 일어났다. 미국이 공군력을 사용하여 신자유주의적 아키노 정권을 유지할 것임을 밝힌 후에야 쿠데타는 실패로 끝났다.[100] 아키노에 맞선 6회의 쿠데타 가운데, 1989년 12월 RAM과 청년장교단Young Officers이 시도한 쿠데타는 거의 성공할 뻔했다. 국방장관 피델 라모스가 미국 대사 니컬러스 플랫에게 반란군의 공격을 막을 공중 지원을 요청한 뒤에야 쿠데타는 패배했다.[101] 일단 미국 공군기가 뜨자 쿠데타는 붕괴했다. 쿠데타 지도자 중 한 명인 에드가르도 아베니나는 이렇게 설명했다. "우리는 정부를 접수할 참이었다. 그때 미국의 전폭기들이 나타났다. 우리는 미국 공군의 막강한 화력에 맞서 승리를 기대할 수 없었다."[102] 아키노는 감사 표시로 미군 기지를 보전하기 위해 할 수 있는 모든 일을 다 했고, 심지어 루네타에 동원을 호소했다. 사람들은 거의 참석하지 않았고, 1991년 9월 16일 상원은 미국 기지 임대를 연장하려는 계획을 거부했다.

앞에서 묘사한 필리핀 피플파워에 대한 비판적 평가에도 불구하고 변화를 위한 추진력은 지속됐고, 특히 미군 기지에 반대한 동원은 성공했다. 미국은 기지 유지 비용으로 연간 10억 달러 넘게 원조를 하고 있었지만, 클라크 공군기지와 거대한 수비크 만 시설은 국민투표로 폐쇄됐다. 반미주의가 상원의 반대에 중요한 역할을 했지만, 또 다른 요소는 미국의 재정 지원 감소였다. 1986년 EDSA 봉기와 1991년 기지 폐쇄 결정 사이에 미국의 원조 총액은 7억 5,019만 달러였는데, 같은 기간 일본은 필리핀에 41억 9,000만 달러를 보냈다.[103] 1996년까지 일본의 원조 총액이 매년 10억 달러 이상이었던 데 반해 미국의 원조는 그 수치의 5퍼센트 이하인 5,000만 달러 선이었다. 일본의 조선 식민화와 미국의 필리핀 지배를 상호합의한 1905년 태프트-가쓰라 밀약에 기술된 역할이 명백히 뒤집힌 셈이었다.[104] 마르코스가 타도된 후, 일본 기업들은 항만, 도로, 발전소 건설과 다른 거대 프로젝트를 위해 아시아개발은행(ADB)에서 돈을 빌렸다. 지역 주민의 필요가 아니라 외국 기업의 이익에 따라 거대한 투자의 성격과 위치가 결정됐다.

IMF와 세계은행은 아키노 정부를 상당히 많이 지원했고, 아키노는 필리핀 외채의 '특별' 재조정을 협상할 수 있었다. 1991년까지 아키노가 수입자유화, 금융시장 규제 철폐, 공기업 민영화 등 구조조정 프로그램을 강제한 이후, 정권은 원금을 실질적으로 상환하기 시작할 수 있었다.[105] 1992년 외환 유통을 규제하는 장애가 제거됐다. 곧 엄청난 무역 적자가 생겼지만, 지불액을 상당히 줄인 부채 조정 계획으로 상쇄됐다. 해외의 필리핀 노동자들이 고향에 보낸 돈이 필리핀의 경제성장에 중대한 역할을 했다. 통화가치가 절하되고 GDP의 일부인 수출이 증가하자 반아키노 연합이 결성됐지만, 의원들은 IMF와 보조를 맞추고 있었다. 구조조정 프로그램의 오랜 반대자였던 상원 의장은 아키노의 동맹자로 대체됐다.

라모스에서 에스트라다로

1986년 봉기의 핵심 지도자인 피델 라모스가 1992년 대통령직에 올랐다. 웨스트포인트 졸업생으로 한국전과 베트남전에 참전한 바 있는 라모스는 외국인 투자를 유례없이 크게 개방했다. 라모스의 신자유주의 정책 아래서 경제는 지속적으로 성장했지만, 급속한 정도는 아니었다. 코리 아키노 치하에서 3.8퍼센트이던 GDP 성장률이 이때는 연간 평균 3.2퍼센트였다.[106] 특히 이주 노동자들이 송금하는 외화가 급증하면서, 필리핀으로 유입되는 외환 총액은 아키노 재임 기간 동안 246억 5,000만 달러에서 라모스 정부의 처음 3년간 409억 달러로 증가했다.[107] 아주 많은 필리핀 여성들이 '연예인'으로 위장하여 일본의 사창가에서 일자리를 찾았고, 미 국무부는 결국 일본을 인신매매 감시 국가 명단에 올렸다.[108] 정부 통계만 보면 빈곤이 감소한 것 같지만, 실제로는 대도시에서 구걸하는 집 없는 어린이들이 넘쳐나고, 다리 아래 또는 수레에서 사는 가족들도 늘어났다. 1993년 한 추정치에 따르면 마닐라 인구의 30퍼센트(약 2,500만 명)가 무단 점유자로 살고 있었다.[109]

라모스는 약 150명의 퇴역 장교를 정부와 국영기업 요직에 임명했고, 미군을 다시 필리핀으로 복귀시키려고 최선을 다했다. 임기 말에는 대통령으로 재임할 수 있도록 헌법을 개정하려고 했다. 1997년 NGO와 시민사회의 주도로 50만 명 이상이 마닐라 거리에 몰려나와 투쟁을 벌인 후에야 피델 라모스는 권좌에 남아 있으려는 계획을 포기했다.[110]

1998년 신 추기경, 코리 아키노, 필리핀 엘리트들이 공개적으로 반대했는데도, 부통령 조지프 에스트라다가 공공연하게 미군 기지 반대 후보로 대선에 출마했다. 11명의 후보가 난립한 가운데 그는 40퍼센트의 득표를 얻었다. 에스트라다 대통령은 저명한 경제학자들을 영입하여 라모스의 자유시장 정책을 고수하면서, 동시에 부재지주들이 소유한 토지를 그곳에서 일하는 농민들에게 이전하려고 노력했다. 에스트라다도 라모스처럼 마르코스 아래서 출세가도를 달렸고, 선거운동 자금 대부분도 과거의 마르코스 지지자들에게서 나왔다. 일단 권력에 오르자 그는 이멜다 마르코스의 재산에 대한 정부의 청구권을 그녀에게 유리하게 해결했고, 외국인들이 토지를 소유하도록 허용하는 안을 내놓았다. 1999년 8월, 신 추기경과 아키노, 시민사회 지도자들의 호소로 거리에 나선 수천 명의 시위대가 에스트라다를 퇴진시켰다.[111]

라모스와는 달리 에스트라다의 뿌리와 지지 기반은 필리핀의 빈민들이었고, 그들의 압도적 지지로 대통령에 오른 에스트라다는 감사를 표하는 것을 마다하지 않았다. 그는 2000년 초에 《아시아위크》에서 "나의 유일한 꿈은 빈민을 돕는 것이다. …… 나는 대중의 대의를 옹호한 대통령으로 알려지고 싶다"고 말했다. 비록 에스트라다는 중상류층에서 자랐지만 대학을 중퇴하고 액션영화 스타가 됐는데, 이때 주로 민족주의적 주제를 다루고 빈민을 옹호하는 역할을 맡았다. 교외 도시의 전 시장으로서 그는 1992년 부통령에 당선됐다. 에스트라다의 경력에 전혀 장점이 없는 것은 아니었다. 그가 대통령에 취임했을 때 나라의 절반 이상이 빈곤 속에서 살고 있었지만, 그가 말라카냥 궁에 있다는 것만으로 빈민들은 대통령을 친구로 두었다고 느꼈다. 더 중요하게, 2000년 1월부터 11월까지 공권력에 의한 적법하지 않은 살해가 단지 8건만 보고되었고, 실종 건수 역시 같았는데 그중에서 2명은 나중에 산 채로 발견됐다.[112] 더욱이, 1999년에서 2000년까지 필리핀에서 보고된 강간 건수는 903건에서 650건으로 상당히 감소했다.[113]

그러나 경제는 혼란에 빠졌다. GDP 성장률은 약 4퍼센트 증가했지만, 필리핀은 여전히 IMF 위기에서 회복하지 못한 상태였다. 2000년 말까지 동남아 지역의 다른 나라들이 성장세로 돌아섰을 때도 필리핀은 정체 상태였다. 실업률은 여전히 두 자릿수였고, 페소peso의 가치는 계속 낮았으며, 투자는 거의 없거나 빈약했다.[114] 세 행정부의 신자유주의 정책, 특히 금융시장 규제 철폐로 전 지구적 동학에 대한 취약성이 높아졌다. 국제기구들의 신자유주의적 지침에 순응한 지 수십 년 만에 경제는 황폐해졌다. WTO 규약을 이행한 3년 내에 400만 개의 일자리가 감소했는데, 특히 1996년에서 1998년까지 농업에서만 71만 개의 일자리가 없어졌다.[115] 수입의존도가 증가하면서, 기본 식량의 소비는 감소했다.[116] 1995년 WTO 가입 이후 첫 10년 만에 쌀 수입량은 100만 미터톤에 이르렀고, 이는 587퍼센트가 폭등한 수치였다.[117] 마르코스 축출 후 10년간 필리핀의 경제성장률은 겨우 연간 2.9퍼센트였다. 이에 비해 같은 기간 동안 중국은 연간 7.8퍼센트, 인도네시아는 6.3퍼센트 성장했다.[118] 1997년 IMF 위기를 맞아 필리핀은 더 전 지구적으로 경제가 통합된 다른 나라들보다 잘 견뎌냈지만, 동남아 다른 나라들처럼 많은 사람이 대재앙을 겪었다. 주식거래는 1998년 1월에 전년 대비 가치의 50퍼센트 이하로 추락했다. 환율은 1997년 7월 달러당 26.3페소에서 1998년 35페소로 떨어졌다.[119] 마닐라의 스카이라인에 짓다 만 건물들이 나타나기 시작했고, 재산 가치는 폭락했다.

제2차 피플파워, 에스트라다에서 아로요로

음울한 경제 상태에서 사람들이 불안해하는 동안에 교회, 도시 중산층, 군대 등 마르코스를 타도했던 주요 세력들은 에스트라다의 생활방식 탓에 그를 받아들이지 못했다. 에스트라다는 각각 사치스러운 저택에 사는 '부인들'과의 사이에 많은 아이를 낳으며 공공연하게 엽색을 즐겼기 때문에 결코 가톨릭 고위층의 인정을 받을 수 없었다. 그래서 그는 근본주의 신교와 비바티칸계 엘샤다이에 구애를 했다. 그는 '자정子正 내각'을 과시했는데, 이 모임에서 가까운 친구들과 수백만 달러를 건 도박을 하면서 나라의 미래에 관한 중요한 결정을 내렸다. 그는 도덕주의적 가톨릭계 주류를 격노시킨 만큼, 한편으로 성적인 정복력과 공개적인 부의 과시로 가난한 지지자들을 대리만족시켰다.

에스트라다는 담합 계약으로 자신과 측근들의 부를 쌓았다. 그는 안와르 이브라힘 말레이시아 총리가 구속되자 그를 옹호하고 아웅 산 수 치의 남편을 지지하는 등 아시아에서 인권을 증진시켰지만, 필리핀 언론에게는 전혀 관대하지 않았다. 에스트라다가 측근에게 혜택을 주려고 할인된 가격으로 공유지를 매각한 사건에 개입했다고《마닐라 타임스》가 보도하자, 신문 소유주에게 신문사를 매각하라고 강요하기도 했다. 이후에도《필리핀 데일리 인콰이어러》의 비판을 잠재우려고 애썼지만, 신문은 물러서길 거부했다. 에스트라다의 최측근 협력자 중 하나가 그와 사이가 틀어진 뒤 불법도박 수익을 폭로했고, 언론은 기꺼이 혐의를 부각시켰다. 일단 대통령의 부패라는 판도라의 상자가 열리자 모두 600개나 되는 수많은 가짜 회사가 드러났고, 대통령의 특권으로 축적한 것으로 추정되는 에스트라다의 재산이 대중 토론에서 뜨거운 화제가 됐다.

2000년 10월 초, 신 추기경과 코리 아키노 등 제1차 EDSA의 핵심 주자들이 1986년 봉기를 기념하기 위해 교회가 세운 EDSA 성지에 사람들을 결집시키기 시작했다. 2,000명 이상의 활동가가 마르코스를 타도한 연합체를 모델로 'KOMPIL 2'를 출범시켰다.[120] 이에 대응해 에스트라다 지지자들은 훨씬 더 많은 군중을 모았고, 11월 11일에는 그 수가 100만 명에 이르렀다.[121] 그럼에도 11월 중순 하원은 대통령을 탄핵하기로 표결했고, 2000년 12월 7일 상원의 탄핵 심판(미국의 헌법 소송과 거의 유사한 과정)이 시작됐다. 필리핀 사상 최초의 대통령 재판은 전국적으로 돌풍을 일으켰다. 온 국민이 매일 재판이 시작되는 오후 2시부터 끝나기까지 6시간 또는 그 이상 동안 텔레비전으로 지켜봤다. 여론조사에 따르면, 놀랍게도 90퍼센트의 사람들이 24일간 지속된 재판 내내 면밀히 또는 이따금 그 과정을 따라잡았다. 전문가들은 에스트라다가 수천만 달러가 든 은행 계좌를 가명으로 개설했다고 증언했다. 에스트라다와 친구들이 인위적으로 주식가격을 끌어올려 이익을 보고, 정부 은행과 연기금을 이용하여 불법도박 자금을 세탁했다는 사실도 밝혀졌다.

멀리 남부의 민다나오(에스트라다가 반란군에 대한 군대의 전투를 강화해 거의 100만 명을 쫓아냈던)에서 북부 도시 바기오에 이르기까지 에스트라다에 반대하는 대규모 집회들이 조직됐고, 특히 바기오에서는 상당수의 남녀 동성애자 집단이 투쟁에 참여했다.[122] 심지어 필리핀 대학의 남학생 사교 클럽 학생들은 검정색 스키 마스크 외에 아무것도 걸치지 않고 캠퍼스 주위에서 조깅을 함으로써 축제에 동참했다.

2001년 1월 16일 오후 10시, 에스트라다 재판은 결정적 순간을 맞았다. 상원은 11 대 10의 근소한 차이로 주요 증거를 포함한 봉투를 열지 않기로 가결했고, 대통령에게 무죄를 선고했다. 아무도 요청하지 않았는데도 몇 시간 안에 수천 명의 시위대가 EDSA 성전에 집결했다. KOMPIL은 대규모 동원 가능성을 논의하고 검은 옷, 검은 리본, 검은 완장을 착용하기로 합의했지만 EDSA에 모이지는 않기로 한 바 있다.[123] 1986년 수십만 민중의 경험 덕분에 자발적인 폭발이 가능했다. 일단 사람들이 집결하기 시작하자, 문자메시지가 아주 빨리 퍼져서 통신망에 과부하가 걸렸다. 봉기 기간 동안 하루에 7,000만 건의 문자메시지가 오갔다고 추정되며, 글로브 무선통신사는 이를 소화할 특별 장비를 투입했다.[124] KOMPIL에 관여한 NGO 지도자들은 부통령 글로리아 마카파갈 아로요의 집으로 갔다. 그녀는 그들 모두가 EDSA로 가야 한다고 고집했다. 그들은 시위를 조직하기 위해 신속하게 3개 조를 편성하고 컴퓨터, 프린터, 작전 센터에 연결할 케이블을 가져왔다.

자정이 되자 아키노와 추기경이 도착했고, 약 2만 명이 추가로 합류했다.[125] 한밤중에 군중은 상당히 줄었지만, 젊은 로커들의 숫자는 늘어났다. 다음날 오후까지, 많은 사람이 잠을 자고 나서 돌아왔다. 다음날 저녁, 신 추기경은 약 10만 명이 모인 집회에서 "악이 선에 정복될 때까지 여기 머무십시오. 부패가 청렴에 의해 정복될 때까지 여기에 머무십시오"라고 말했다. 사람들은 경청하면서 거리에 머물렀다. 신 추기경이 적극적 역할을 한 반면, 100명의 주교 가운데 겨우 30명만이 시위에 활발하게 참여했다.[126] 달러 대비 페소화의 가치가 기록적인 하한선으로 떨어지자, 거래자들은 에스트라다의 사임을 요구하기 위해서 마닐라 주식시장에서 퇴장했다.

사흘째인 1월 18일, 시위대는 끝이 보이지 않았다. 군중은 최소한 50만 명으로 늘어났고, 어떤 사람은 100만 명으로 추산했다.[127] 이후 여론조사는 마닐라에 모인 참여자의 65퍼센트, 아마 그보다 훨씬 높은 비율의 사람들이 계급 구조의 상위 10퍼센트 출신이라고 밝혔다.[128] 타협을 추구하던 에스트라다 대통령은 이제 악명 높은 봉투를 공개적으로 개봉하겠다고 제안했지만 이미 너무 늦었다. 바로 그 순간에, 육군 참모총장인 앙헬로 레예스 장군은 어느 방향으로 움직일지 결정하기 위해 최고위 장교들의 의견을 조사하고 있었다. 그는 군대 내 반정부 분파들 간의 내전 가능성을 깨닫고 놀라서 1월 19일 아침, 내전을 미연에 방지하기로 결정했다. 레예스는 글로리아 마카파갈 아로요를 부른 다음, 대통령에게 전화해서 야당 편으로 넘어가기로 한 결정을 알렸다. 그는 에스트라다에게 조국을 위해 사임할 것을 간청했다. 그러고 나서 전군 지휘부가 환호 속에 EDSA에 입성했고, 수십만 명이 승리를 맛보았다. 환호와 찬양은 곧 대규모 거리 파티로 바뀌었다. 이 파티는 최루가스와 총탄이 아니라 색종이와 폭죽으로 벌이는 축제였다.

1월 20일 아침, 수많은 가두전투의 베테랑인 좌파 세력이 군중을 EDSA에서 말라카냥 궁으로 이끌었고, 그곳에는 대통령 경호대, 경찰관, 분노한 에스트라다 지지자들이 기다리고 있었다. 군중이 행진하고 있을 때 대법원 판사 다비데가 거의 텅 빈 EDSA 성전에 조용히 도착해 아로요에게 필리핀의 새로운 대통령으로서 선서하도록 시켰다. 그럼으로써 틀림없이 말라카냥에서 벌어졌을 유혈 대치를 피할 수 있었

제2차 EDSA 사흘째, 사람들이 홍수처럼 거리로 몰려나왔다.
출처: EDSA 2: *A Nationin Revolt* (Manila: AsiaPix/Anvil, 2001), 147.

다. 그러나 대통령 해임을 위한 헌법상 절차는 포기한 셈이었다. 에스트라다 역시 유혈 사태를 피하길 원했고, 다가오는 대치를 진정시키기 위해 대통령궁을 떠났다. 1986년과 같은 극적인 드라마 없이, 글로리아 아로요는 새로운 대통령이 됐다. 이행은 아주 부드럽게 진행되어 월요일인 1월 22일 금융시장이 열리자 페소화는 위기 전 수준을 회복했고, 주식시장은 외국인 투자자들이 자금을 쏟아부으면서 폭등세로 돌아섰다.[129]

1986년 봉기의 영향이 지속되고 있다는 경험적 증거인 제2차 피플파워로 필리핀 정치에서 군부의 명성이 더욱 공고해졌다.[130] 호세 아부에바에게 "제2차 피플파워는 탄핵 제도가 실패한 이후 거대한 직접민주주의의 연습이었다. 상원 판사들과 하나의 제도로서 상원은 사람들이 그들에게 기대한 청렴과 공정, 지혜를 가지고 행동하지 못했다".[131] 이런 견해는 봉기의 성격을 규정하기 위해 '직접민주주의'를 언급함으로써 에스트라다의 위헌적 축출을 정당화한다. 사실, 군부 엘리트가 아로요 측으로 넘어온 것이 결정적으로 그녀에게 성과를 가져다주었다. 일부 외국 언론이 믿는 것처럼 '폭도의 지배'도 아니고 '직접민주주의'도 아니었던 제2차 EDSA는 영향력 있는 사회계층이 동원되면서 일어난 군사 쿠데타였다. 그것은 NGO들이 민주적으로 선출된 정부를 타도할 적절한 세력 지형을 얼마나 교묘하게 구축할 수 있는지 입증했다. 사람들이 자신의 문제를 다루고 합리적인 협의를 통해 자신의 운명을 결정하는 '직접민주주의'(1980년 광주에서 우리가 본 것처럼), 즉 지역사회, 작업장, 대학 같은 각각의 제도적 환경에 권력을 맡기는 직접민주주의는 에스트라다 타도와 거의 아무런 상관이 없다.

제2차 피플파워는 1986년 봉기의 유산 위에서 건설됐지만, 표 2.4에 정리된 대로 제1차 피플파워와 아주 다르다.

제2차 피플파워는 부패한 대통령을 몰아내는 데 3일이 걸렸지만, 그것은 "수년간 다져온 조직화의 열매"[132]였다. 1986년 이후 축적된 민중의 경험에는 에스트라다를 대통령직에서 몰아내려고 열심히 일했던 활동가들도 포함된다. 딩키 홀리아노 솔리만이 조직한 NGO 활동가들은 이행대책위원회라는 이름을 채택했다. 아얄라 재단과 메트로뱅크 재단의 자금 지원을 받은 25~30인의 핵심 단체가 2000년 11월 모임을 시작했다.[133] NGO 활동가들 외에도 기업인, 시민사회 인사, 에스트라다 퇴임 이후 행정부의 첫 100일에 대한 구체적 계획을 수립하려고 일한 다른 지도자들도 여기에 포함된다. 소모임들이 경제정책, 사회발전, 정치와 안보(일부 군 인사를 포함하여)에 대해 집중적으로 논의했다. 관심사 중 하나는 제1차 피플파워 이후에 지주들이 얼마나 빨리 입지를 다졌는가였다. 누군가가 임시혁명정부의 구상을 제안했지만, 모임은 결국 헌법상 절차를 따르는 것, 즉 아로요가 대통령이 되는 것에 합의했다.

[표 2.4] 제1차 피플파워와 제2차 피플파워 비교

제1차 피플파워(1986)	제2차 피플파워(2001)
마르코스 사임, 아키노 취임	에스트라다 사임, 아로요 취임
새 헌법	새 헌법 없음
NGO가 제한적 역할	NGO가 주요한 역할
지방정부 관리들 해고됨	지방정부 관리들 거의 해고되지 않음
계급 간 동맹	전문직과 중상류층
오랜 운동의 마지막 4일	부패한 대통령을 몰아낸 3일
12명 사망	사망자 없음
군대 반란이 봉기를 촉발함	대중이 자발적으로 EDSA에 모임

봉기에서 NGO가 한 뚜렷한 역할은 제2차 피플파워의 중요한 새로운 차원이다. 1990년대 초반에 14년간 해외생활을 마치고 돌아온 사회학자 메리 라셀리스는 제1차 피플파워 이후의 엄청난 변화를 목격했다. "모든 계급의 필리핀인들이 경계를 늦추지 않고 필리핀의 발전을 위해 투쟁하고, 방어하고, 발언권을 쟁취할 권리를 키우고 있었다." 라셀리스의 견해대로라면, 수천 개의 NGO와 PO는 "내가 아는 다른 어떤 나라에서도 유례없는 활기찬 시민사회가 형성되고 있다"[134]는 증거였다. 그러나 다음 장에서 논의하겠지만, NGO는 동원의 강력한 도구이기는 해도 그 효과가 전적으로 유익한 것만은 아니다.

제1차 피플파워는 UN이 NGO를 시민 행동의 장으로 정당화한 이후에 곧 발생했고, 아키노가 선택한 48인 위원회가 작성한 1986년 헌법은 구체적으로 NGO와 PO를 민주정치 과정의 일부로 언급했다. 라셀리스의 견해로는 심지어 "원조 NGO들"을 19세기 스페인의 식민 조직과 가톨릭 조직에서도 발견할 수 있다.[135] 여기에 더해 풀뿌리 조직화의 유산에는 도시산업선교회(UIM, 한국, 인도, 인도네시아, 스리랑카, 케냐, 남아프리카에서도 활동 중인 교회 기반 조직)와 같은 1960년대 솔 앨린스키 스타일의 지역사회 단체들도 있다.[136] 이 초기 형태의 풀뿌리 활동을 이후 발전의 토대로 볼 수도 있지만, 정확히는 제1차 피플파워 이후에 NGO의 수와 영향력이 급증했다. 그들의 지속적 성장은 표 2.5에서 요약한 대로 주목할 만하다.

라셀리스는 2000년 기준으로 필리핀에 3만 5,000개 협동조합과 더불어 9만 5,000개 NGO가 있다고 추정했다.[137]

제3차 EDSA, 빈민의 피플파워

에스트라다가 말라카냥 궁에서 퇴거한 지 11일 후, 그는 자신이 여전히 대통령이라고 공개적으로 주장했다. 이에 즉시 그에게 약탈 혐의가 적용되었고, 수천 명의 지지자가 그를 보호하기 위해 그의 집에 모여들었다. 4월 25일, 경찰이 에스트라다를 체포하기 위해 도착했다. 4시간의 대치 끝에 에스트라다는 평화적으로 구금되는 것에 동의했다. 그러자 지지자들은 EDSA로 행진하여 5일간 농성을 벌였는데, 이는 제3차 EDSA 또는 '빈민의 피플파워'로 알려지게 됐다. 성지에 모여든 사람들 수는 제2차 피플파워 때를 능가했다.[138] 에스트라다의 퇴임을 강제했던 것이 중상류층 구성원들이었던 것과 달리, 제3차 피플파워에는 대부분 마닐라의 무단 점유 판자촌 주민들이 참여했다. 5월 1일 새벽 2시, 최소한 5만 명이 결의에 찬 대오를 형성해 아로요가 입주한 대통령궁 방향으로 출발했다. 대규모 경찰력이 물대포, 최루가스, 실탄으로 그들을 저지했다. 대격전이 벌어졌고, 시민 3명이 죽고 100명 이상이 다친 후에야 마침내 전투가 끝났다. 아로요는 국가비상사태를 선포하고 군대 내 장교 3명을 포함하여 야당 인사의 체포를 명령했다. 빈민의 피플파워가 제2차 피플파워보다 더 많은 사람을 동원했지만, 교회 고위층, 기업계, 노동조합, 정당, NGO, 그리고 가장 중요하게 군대의 지지를 얻지 못했다.

이후 몇 년간, 아로요 정권은 수십억 달러의 국고를 약탈하고, 인권

[표 2.5] 필리핀 NGO와 노조, 1984~1997년

연도	NGO 수	노동조합 수
1984	23,800	1,680
1985	26,100	1,868
1986	27,100	2,217
1987	28,700	2,694
1988	31,300	3,242
1989	34,000	3,793
1990	41,100	4,293
1991	44,400	4,843
1992	53,000	5,258
1993	57,200	5,836
1994	61,200	6,725
1995	70,200	7,283
1996	기록 없음	7,610
1997	기록 없음	8,576

출처: Aurel Croissant, *Von der Transition zur Defekten Demokratie* (Wiesbaden: Westdeutscher Verlag, 2002), 125, 160-161.

활동가 수백 명을 살해하고, 미군의 필리핀 주둔에 반대한 민중의 명령을 뒤집었다. 아로요가 배를 불리는 사이, 4,500만 달러(40억 페소)의 공금을 유용한 혐의로 기소된 에스트라다는 불법도박 운영과 주가조작 등 2건의 횡령 혐의로 유죄판결을 받았다(위증죄에 대해서는 무죄를 선고받았다). 법원은 그에게 은행 계좌에 있는 약 1,000만 달러(7억 페소가 조금 넘는 정도)와 부동산을 반환하라고 명령했는데, 그의 후임자가 훔친 것에 비하면 푼돈이었다. 아로요의 부패는 너무 끔찍해서, 에스트라다 타도와 아로요의 대통령 취임을 도왔던 활동가들마저 자신들이 민주주의의 회복에 참여했다기보다 한 탐욕스러운 가문의 부와 권력에 관한 계획을 부추긴 꼴이라고 확신하기에 이르렀다. 아로요가 자신과 가족을 위해 훔친 재산은 에스트라다처럼 수천만 달러가 아니라 수십억 달

러인 것으로 추정된다. 그녀를 권력에 앉힌 교회와 시민단체의 암묵적 승인 아래, 아로요 행정부는 외국인 투자에 대한 거의 모든 정부 규제를 없애고 필리핀을 더 심화된 타락과 자본 수탈, 부채에 노출시켰다.

아로요 대통령 아래서, 미군이 민다나오와 다른 섬에서 무슬림 봉기 진압에 관여한 것과 동시에 암살단들이 다시 한 번 등장했다. 아로요 행정부가 출범한 이후 10명 이상의 판사와 15명의 변호사, 언론인 50명이 살해됐다.[139] 게다가 2001년 이후 주교, 목사, 신부를 포함하여 최소 23명의 교회 지도자가 살해됐다. 살인 외에도, 수천 명에 달하는 사람들이 고문, 공격, 불법 체포, 불법 구금, 추방을 당했다.[140] 2001년에서 2007년 7월 사이에, 사회 활동가들에 대한 최소 886건의 공권력에 의한 불법 살인과 179건의 강제 실종이 보고됐다. 재판이나 유죄판결은 말할 것도 없고 법원의 조사를 받은 사람조차 거의 없었다. 2008년 들어 8개월간, 아시아인권위원회(AHRC)는 필리핀 남부에서 자경단에 의한 살인이 42건 발생했다고 보고했다.[141] UN 특별보고관 필립 앨스턴은 대부분의 사건에 군부, 특히 군대의 지원을 받는 민병대가 연루되어 있다는 사실을 밝혀냈다. 2006년 10월 3일, 필리피나 인데펜디엔테 교회의 알베르토 라멘토 주교가 자신의 교구에서 살해된 채로 발견됐다. 경찰은 강도 살인이라고 주장했고, 주교가 빈민들을 위해 일하다가 최소 3회 이상 협박을 당했다는 보고는 무시했다. 살해되기 한 달 전에 주교는 정부가 일련의 살인을 중단시키지 못한 데 책임을 지고 아로요 대통령이 물러날 것을 공개적으로 요구했다.[142]

아로요 행정부의 탄압 기록은 많은 사람을 공포에 떨게 했다. 암살단이 밤에 순찰을 돌면서 노동자들은 파업 의지를 잃었다. 2002년에는 겨우 36건의 파업만 있었는데, 이는 21년간 최저 수준이었다.

에스트라다의 잔여 임기를 마치자 아로요는 필사적으로 권력에 집착했고, 2004년 선거에서 이미 개표를 한 이후에 '적어도 100만 표 차

[표 2.6] 평균 파업 횟수, 1986~2003년(필리핀)

연도	대통령	평균 파업 횟수
1986~1991	아키노	308
1992~1997	라모스	104
1998~2000	에스트라다	70
2001~2003	아로요	39

출처: http://www.dole.gov.ph/news/details.asp?id=N000000242, accessed June 10, 2009.

이로 이기고 싶다'고 한 선거 관리에게 말했다. 놀랍지도 않게, 그녀는 원했던 표수를 얻었다. 그러나 유권자들의 투표 참여 수준이 어떠하든, 민주주의는 변덕스러운 모험이었다. 글로리아 아로요 대통령은 2003년 군사 반란에서 살아남았지만, 2010년 이후에도 연임을 허용하는 헌법 개정을 관철할 수는 없었다.

2001년에서 2005년 사이에 필리핀 1,000대 기업은 순수입이 325퍼센트 증가한 반면, 농민 10명 중 7명은 토지가 없는 상태였고 값싼 수입품 때문에 생산물 가격은 하락했다.[143] 한 줌의 억만장자들이 경제의 꼭대기에 앉았고, 전형적인 신자유주의 피라미드에서 그러하듯 2006년 IBON 전국 여론조사에서 70퍼센트의 사람들이 자신이 가난하다고 생각하는 것으로 나타났다.[144] 보통 필리핀인들의 삶은 아주 비참해서, 1인당 식량 소비는 표 2.7에 나타난 것처럼 감소하고 있었다.

최근 10년간 동남아 지역에 다시 외국인 투자가 쏟아져 들어왔지만, 필리핀은 엄청난 투자를 타이에 계속 빼앗기고 전자(필리핀 수출의 절반 이상을 차지하는) 분야에서는 중국과 심한 경쟁에 직면해 있다. 정부의 부채 때문에 은행이 기업에 빌려주어 새로운 일자리를 창출할 돈이 거의 남지 않았고, 필리핀은 정체 또는 악화된 경제적 딜레마에 빠졌다. GNP는 증가했지만, 2003년에서 2006년까지 가구 소득은 연간 3,200달러로 약간 감소했다.[145] 2000~2001년 1인당 식량 공급은 전년보다

[표 2.7] 1인당 일평균 식량 소비량(그램)

식품군	1978	1982	1987	1993
곡물	367	356	345	340
어류, 육류, 가금류	133	154	157	147
채소	145	130	111	106
과일	104	102	107	77
기타	104	102	107	77

출처: Bureau of Fisheries and Aquatic Resources, Alice Raymundo, "Trade Liberalization and the Struggle for Food Sovereignty in the Philippines", in *Putting People at the Center: Human Security Issues in Asia*, ed. Anuradha M. Chenoy, (New Delhi: ARENA, 2006), 138.

감소했다.[146] 가장 심한 타격을 받은 것은 어린이들로, 표 2.8에서처럼 저체중과 저신장 아동이 늘어나고 있다.

반신자유주의운동은 뉴라운드저지연합(Stop the New Round Coalition)을 중심으로 결집했고, 2003년 칸쿤 WTO 협상을 저지하려는 국제적 노력에 동참했다. '농민, 어민, 농촌 여성 조직 총연맹'이 28개 지방 연맹들로 결성됐고, 이 단체는 토지를 얻기 위한 수밀라오 농민들의 지속적인 투쟁을 지원했다. 비아 캄페시나와 칸쿤의 반WTO 시위와 연계된 이 단체는 한국의 농민들에게 영감을 받아 2008년 마닐라를 향해 1,700킬로미터 행진을 시작했다.[147] 제도권 야당과 더불어 공산주의자들은 100개 이상의 게릴라 전선에 6,000 내지 1만 명의 무장 병력을 유지하는 것으로 추정되는데, 이는 1980년대 말 2만 5,000명 수준에서 하락한 것이다.[148] 그들은 해방된 지역에서 협동조합을 설립하고 지대를 인하했으며, 여성들을 해방하고 풀뿌리 권력을 위한 토대를 창출했다. NPA의 권력 기반이 약화된 반면, 모로이슬람해방전선과 모로민족해방전선은 일찍이 1995년에 어느 곳에서나 대공방어망까지 갖추고 1만 명 내지 16만 명의 잘 훈련된 부대를 보유한 것으로 추정된다.[149]

2008년 2월, 군부는 이슬람 단체들(또는 공산주의 NPA, 목적에 부합하면

[표 2.8] 저체중·저신장 아동 추정 비율

	1989~1990	1992	1993	1996	1998	2001	수(백만)
0~5세 저체중	34.5	34.0	29.9	30.8	32.0	30.6	3.670
0~5세 저신장	39.9	36.8	34.3	34.5	34.0	31.4	3.766
6~10세 저체중	34.2	32.5	30.5	28.3	30.2	32.9	3.065
6~10세 저신장	44.8	42.8	42.2	39.1	40.8	41.1	3.828

출처: Food and Nutrition Research Institute; Raymundo, "Trade Liberalization," 139.

어떤 단체든지)이 아로요 대통령을 암살할 음모를 꾸민다고 주장하면서 필리핀 전군에 완전경계령을 내렸다. 바로 다음날 대통령의 부패를 비판하며 사임을 요구하는 광범한 연대체의 시위가 예정되어 있었다.[150] 대통령의 남편 호세 미겔 아로요와 다른 측근이 정부와 한 중국 기업 간의 3억 2,900만 달러 고속 데이터 통신망 프로젝트에 대한 뇌물로 1억 3,000만 달러를 받을 것이라는 의혹을 상원이 증언하자, 이에 대응하여 NGO와 다른 시민사회 단체들은 시위를 계획했다. 이후에 계약은 취소됐지만 아로요 가문의 부는 계속 급증했고, 그것을 지키기 위해 탄압이 필요했다. 심지어 탄압 조사관마저 집에서 나오다가 암살됐다.[151] 2009년 6월, 야당은 아로요와 그 동맹자들이 대통령제에서 의원내각제로 개헌하려는 안을 성공적으로 막아냈는데, 이 시도는 명백하게 아로요가 총리로서 필리핀의 지도자로 계속 남게 하려는 것이었다. 많은 사람들은 종신 대통령제를 추진하기 위해 마르코스가 강제했던 1972년의 계엄령을 떠올렸다.

2007년 세계은행이 발표한 수치에 따르면, 전체 노동력의 4분의 1인 약 800만 명의 필리핀인이 외국에서 일한다. 필리핀의 제1수출품인 그들은 연간 170억 달러를 집으로 송금하는데, 이는 국내총생산의 13퍼센트에 해당한다. 국내에서 아로요와 엘리트들이 부를 늘리는 동안, 가난한 사람들은 외국으로 눈을 돌려 점점 가난해지는 조국을 떠나는 것 외에 거의 선택의 여지가 없다. 해외 노동자들의 송금 총액은 1996년 최소 75억 6,000만 달러에 이르는데, 그들이 직접 들고 들어오는 돈은 계산하지 않은 액수이다.[152] 최근 보고에 따르면 임금 체불에서 강간과 살해까지 해외 노동자들이 당한 학대 건수가 연평균 3만 5,000건에 이른다.

부패한 대통령을 몰아내는 두 번의 봉기가 성공했는데도, 필리핀 민중은 사회체제를 제대로 바꾸는 데는 실패했다. 1986년 봉기는 국제적으로 사랑받았지만, 경험적 역사는 봉기가 친미 엘리트의 한 분파에서 다른 분파로의 권력 이전을 성취했음을 보여준다. 군의 무장 부대와 보수적인 가톨릭 고위층(미국과 CIA의 지원을 받는)이 한 중심적 역할을 생각하면, 심지어 오늘날에도 마르코스를 타도한 것이 신의 손인지 CIA의 손인지, 민중의 힘인지 군대의 총인지에 대해 토론할 여지가 남는다. 물론 봉기는 이 모든 요소의 결합이었다. 좌파의 선거 보이콧은 친미 세력이 역사적 기회를 장악하여 봉기를 관리할 수 있도록 했다.

성공한 봉기인 1, 2차 피플파워는 수십만 명의 거대한 민중 투쟁을 군대의 지지와 결합했다. 1986년에 군 내부의 반란자들이 주도권을 쥐었지만, 그들만으로는 마르코스 세력의 전면적인 반격을 막아내기에 충분한 힘을 얻지 못했을 것이다. 거리에서 민중이 제공한 보호는 봉기의 성공에 핵심적이었다.

제2차 피플파워 기간 동안 대중 동원은 수천 명의 자발적인 주도로 이루어졌고, 그들 대부분은 제1차 피플파워를 경험한 사람들이었다. 사람들은 어디에 모이고 무엇을 가져갈지 알고 있었다. 수많은 제1차 피플파워의 베테랑들이 아이들과 함께 도착했다. 그 당시에 NGO 활동가들은 1986년보다 더 잘 조직되어 있었다. 에스트라다 축출에 아주 결정적인 역할을 한 전군 지휘관의 이탈은 마지막 행동이었지 초기 국면에 일어난 일은 아니었다. 제2차 피플파워는 어떻게 사전 계획과 치밀한 준비를 통해 활동가들의 지도력이 주도권을 장악할 수 있는지 보여주었다. 새 행정부의 첫 100일간의 의제를 준비한 NGO 지도자들은 미래의 봉기에 참여할 민중들에게 위대한 모델을 제공한다. 그들은 대통령이 된 그들의 일원인 아로요의 배신에 실망했지만, 그 배신조차 귀중한 교훈을 준다. 개별 지도자들, 특히 즉시 교체할 수 없는 이들에게 의존하는 일의 한계가 바로 그것이다.

빈민의 피플파워가 실패한 것은 아로요 대통령에 충성하는 군대와 경찰 때문이었고, 그것은 총과 곤봉을 이용해 강요한 충성이었다. 군대가 대통령을 보호하지 않았다면, 아마도 아로요는 대통령직에서 쫓겨났을 것이다.

민중봉기는 군부 내의 지지가 없다면 패배할 것처럼 보이지만, 연이은 쿠데타의 실패는 민중운동 없는 군부의 무력함을 보여준다. 명성에 걸맞게, 필리핀 군대는 버마와 타이 군대와는 달리 자신들의 견해를 민중에 강제하기 위해 압도적 무력을 사용하는 것을 자제했다.

마르코스의 '측근들'에서 초국적 자본으로의 전환은 칼라일 그룹 같은 국제 투자자들의 입맛에 맞았다. 제1차 피플파워의 영웅이자 나중에 필리핀의 대통령이 된 피델 라모스는 2004년까지 칼라일 그룹 아시아 이사회의 일원이었다(칼라일은 이사회에 빈라덴 가문 사람뿐 아니라 미국 대통령 부시 부자를 앉혔다). 피플파워 봉기가 국제 자본의 이해에 봉사함을 보여주는 생생한 예이다. 필리핀의 경제·사회 구조는 근본적으로 변화하지 않았다. 2010년 아키노의 아들(베니그노 S. 아키노 3세)이 대통령에 선출됐고, 마르코스의 미망인, 아들, 딸이 모두 국회의원이 됐다. 이는 한 줌의 가문이 계속 필리핀 정치를 지배한다는 증거이다.

피플파워는 비록 필리핀 사회의 근본적 경제구조를 변혁하는 데에는 실패했지만, 전 세계 운동에 영감을 주었다. 이는 당연히 가장 지속적인 기여이다.

3장
버마

부패하는 것은 권력이 아니라 공포이다.
― 아웅산수치

어떤 고위 육군장교라도 육군 보병 부대를 수도로 데려가 봉기에 대한 지지를 선언했다면 즉각 국가적 영웅이 됐을 것이고, 형세는 뒤집혔을 것이다.
― 베르틸 린트네르

연표

1988년 3월 12일	'찻집 사건', 랑군 공대 학생들이 공격받음
1988년 3월 15일	랑군에서 행진 도중 학생 수십 명 살해당함
1988년 3월 18일	랑군 시내 주요 시위대가 정부 청사들에 방화
1988년 3월 21일	랑군에서 격렬한 교전으로 경찰과 시위대 수십 명 사망
1988년 7월 23일	네 윈 대통령 사임, 세인 르윈('도살자')을 후계자로 지명
1988년 8월 3일	평화 시위 도중 사람들이 스스로를 '민중권력'으로 지칭
1988년 8월 8일	오전 8시 8분 항만 노동자 파업, 전국에서 행진
1988년 8월 8일	밤 11시 30분 군대 발포로 수백 명 사망
1988년 8월 19일	세인 르윈 사임
1988년 8월 19일	마웅 마웅 정부 구성, 파업평의회가 대부분의 도시 통제
1988년 8월 26일	아웅 산 수 치 50만 명 앞에서 최초의 공개 연설
1988년 9월 8일	랑군과 만달레이에서 100만 명 이상 행진
1988년 9월 18일	소 마웅이 권력을 장악하고 평의회를 탄압하면서 수백 명 살해
1988년 9월 19일	학살이 계속됨
1988년 9월 24일	민족민주동맹(NLD) 결성
1988년 10월 3일	총파업 붕괴
1989년 7월 20일	아웅 산 수 치 가택 연금, 이후 21년간 대부분의 기간 계속됨
1990년 5월 27일	NLD 58퍼센트 이상 득표로 492석 가운데 392석 차지
1990년 5월 28일	군부가 선거 결과 무시하고 당선자 체포, 철권통치
1990년 12월 19일	탈출한 의원들 중심으로 망명정부 구성
1991년 10월 14일	아웅 산 수 치 노벨평화상 수상
2007년 8월 15일	정부, 연료 가격 100퍼센트 이상 인상
2007년 8월 18일	'88세대' 시위대 수백 명 동원, 대규모 체포 사태

2007년 9월 5일	승려 수백 명이 행진하면서 '사프란혁명' 발발
2007년 9월 18일	승려 수천 명의 매일 시위 시작
2007년 9월 26일	랑군에서 군대가 승려들을 공격해 다수 살해
2007년 9월 27일	사원 습격, 수천 명 체포
2008년 5월 2일	사이클론 나르기스가 버마 강타, 13만 8,000명 이상 사망
2010년 11월 7일	군부가 제정한 헌법 아래서 새 선거, NLD 선거 보이콧
2010년 11월 13일	아웅 산 수 치 구금에서 풀려남

필리핀과 한국에서 불어온 변화의 바람은 10년간 군부독재의 멍에 아래서 고생하던 버마 사람들의 사기를 드높였다. 1988년 3월, 학생들이 랑군의 거리로 나서자 민중운동이 우후죽순처럼 일어났다. 몇 달 안에 시위는 전국으로 퍼졌고, 심지어 무참한 탄압도 시위를 제압하지 못했다. 7월 23일, 네 윈 대통령은 26년간 지켰던 권좌에서 내려와야 했다. 1988년 8월 8일에 시작되어 5일간 학생들이 주도했던 새로운 시위로 수백 명이 거리에서 총에 맞아 사망한 이후 네 윈의 후임자도 사퇴해야 했다. 노동자, 작가, 승려, 학생들을 대표하는 평의회와 '총파업위원회'가 여러 주 동안 대도시와 중소 도시에서 사실상 권력을 행사했다. 풀뿌리 평의회들은 다당제 민주주의를 위한 전국적 운동을 조직했다.[1] 9월 18일에 새 군사정권이 압도적 화력을 사용하여 권력을 장악하고 버마에 대한 통제권을 되찾았다. 수천 명이 더 총에 맞아 숨지면서, 그 해 살해당한 사람은 최소 3,000명에 이른다(어떤 사람들은 1만 명이라고 추산한다). 선거로 뽑힌 100명 이상의 국회의원을 포함하여 수천 명을 더 체포한 버마 군사정부는 권력을 유지하기 위해 계속 철권을 휘둘렀다.

학생들은 버마에서 오랫동안 민중운동의 선두에 섰고, 버마 정부는 오랜 역사에 걸쳐 시위대에 폭력을 행사해왔다. 1920년 영국의 식민 지배에 맞서 학생들이 동맹휴학을 했을 때, 최소 1명의 학생이 영국 기마경찰이 휘두른 곤봉과 방망이에 쓰러졌다. 랑군 대학의 학생 500명 거의 모두가 새로운 교육법에 반대하는 동맹휴학에 들어갔고, 휴학의 물결은 고등학교들과 전국의 다른 지방으로 퍼져나갔다. 도시민들은 음식과 돈으로 학생들을 지원했고, 동맹휴학은 일부 요구를 쟁취했다. 비록 운동은 진압당했지만, 버마어를 사용하는 학교가 세워져서 이후 투쟁의 중심이 됐다.

1936년에 학생들은 다시 동맹휴학에 들어갔고, 2년 뒤인 버마력 1300년 민족주의 봉기가 일어났다. 농민과 노동자들이 거리의 학생들에게 합류하자, 식민 당국은 1939년 2월 15일 17명을 사살했다. 유혈 탄압으로 많은 사람이 더 전략적인 조직의 필요성을 확신하게 됐다. 활동가들은 새로 등장한 버마공산당(CPB)에 가입해 수십 년간 농촌에 기반을 둔 무장투쟁을 벌였다. 1936년 학생운동가였던 아웅 산은 버마를 지배하려는 일본과 영국의 시도에 맞서 조국을 이끌었고, 버마는 1948년 독립을 쟁취했다. 그러나 아웅 산이 1947년 경쟁관계인 한 '동지'에게 암살당하면서, 그는 걸출한 민족적 영웅이 됐다.[2]

독립 이후, 많은 소수민족 집단이 새로운 정부에 맞선 CPB의 지속적인 무장투쟁에 가담했다. 새 정부가 1949년 중국공산당의 승리 이후 중국-버마 국경선을 따라 자리잡은 장제스에 충성하는 국민당 군대와 거래하고 있었기 때문이다. 1953년 11월 닉슨 부통령이 랑군을 방문했을 때 적대적인 군중이 그를 맞이했고, 이는 워싱턴의 정책 입안자들에게 버마 내 중국 반혁명 세력에 대한 지원을 끝내는 것이 미국의 이익에 가장 잘 부합한다고 경고하는 셈이었다. 1961년 1월 26일, 2만 명 이상의 중국군이 국민당의 기습을 끝장내기 위해 마침내 국경을 넘었다. 버마 군부대가 나중에 버려진 국민당 기지에서 미군의 무기와 보급품 더미를 발견하자, 미국 대사관 앞에서 폭동이 일어났다.

국민당의 패배에도 불구하고 반세기 이상 미국은 중국을 미군 기지로 포위하는 정책을 유지했는데, 이는 버마 정권이 베이징의 집권 공산당의 지원을 받은 이유 중 하나였다. 1975년에서 1979년까지 캄보디아를 황폐화한 악명 높은 크메르루주 정권과 비슷하게, 버마의 군사 통치자들은 이 나라에 비참과 빈곤을 가져왔고, 자국민에게 최대로 잔인한 무기를 사용했다. 소수민족인 샨족과 카친족의 반란은 정권의 집중화된 권력에 반대하는 자치의 원천으로 남았다(버마 인구의 3분의 1이 소수민족이며, 정권은 오랫동안 그들을 통제하려고 싸웠다). 소수민족 지도자들과 버마 정치인들이 새로운 연방 구조의 가능성을 논의할 때, 네 윈 장군의 통제 아래 혁명평의회가 1962년 3월 1일 새벽 권력을 장악했다. 네 윈이 '버마식 사회주의'의 길로 나라를 이끌면서, 수많은 저명 정치 지도자가 체포되거나 실종됐다. 군대가 버마를 확고하게 통제하면서 새뮤얼 헌팅턴의 잘못된 개념인 '발전의 원동력'이 되자, 버마는 아시아 지역에서 손꼽히는 부유한 나라 중 하나에서 가장 가난한 나라로 전락했다.

독재의 등장으로, 버마에는 단지 봉기할 구실만이 필요했다. 네 윈이 권력을 장악한 지 몇 주 만에, 랑군 대학의 최종 시험지가 부적절하게 정부 관리들의 자녀들에게 유출됐다. 학생들은 즉각 투쟁에 나서, 정문을 봉쇄하여 경찰의 학내 진입을 막고 랑군 대학을 '자유의 요새'로 선포했다. 캠퍼스 안에서, 회의를 통한 합의는 민주주의의 회복 가능성을 예감케 했다. 학장은 도움을 청하러 온 학생들을 뿌리치고 곧 캠퍼스를 떠났다. 1962년 7월 7일 바로 그날, 100명 이상의 학생이 자동화기로 사살됐다.[3] 다음날, 운동의 중심이자 영국에 대항한 학생 투쟁의 오랜 상징인 학생회관 건물이 다이너마이트로 완전히 파괴됐다.

군사정권에 맞선 민중의 저항이 계속됐지만 강력한 탄압에 버티지는 못했다. 1970년 무장봉기 세력이 네 윈을 타도하기 위해 뭉쳤고 처음에는 성공을 거두었지만 투쟁은 곧 소멸했다. 1974년 5월과 6월에는 비공인 파업이 유전 지역에서 랑군으로 번졌지만, 정권은 수십 명의 파업 노동자를 살해했다. 모든 형태의 자율적 정치활동이 공격당했다. 1974년 11월, 랑군 대학 학생들이 버마인 유엔 사무총장이었던 우 탄트의 공개 장례식을 거행했다. 학생들은 그를 다이너마이트로 폭파된 학생회관 자리에 묻었지만, 군대가 도착해서 잔인하게 수십 명을 살해하고 우 탄트의 시신을 탈취했다. 학생들이 항의를 계속하자, 군대는 다시 발포하여 수백 명의 사상자를 냈다.

26년간 군부가 확고하게 통제를 유지하는 가운데 버마의 약탈 국가는 버마를 빈곤에 빠뜨렸고, 네 윈은 엄청난 개인적 부를 축적했다. 1987년 유엔은 버마를 후발개발도상국으로 지정했다. 경제적 압박, 특히 막대한 외채와 텅 빈 외환 보유고는 네 윈이 25, 35, 75차트kyat 지폐를 없애자 더욱 악화됐는데, 이로써 유통 중인 화폐의 절반 이상이 가치가 사라지고 농산물 가격이 하락했다. 네 윈이 그렇게 한 것은 부분적으로 숫자에 대한 믿음 때문이었는데, 그는 9를 행운의 숫자로 믿었다. 버마의 양대 도시인 랑군과 만달레이에서 즉시 시위가 벌어졌다. 모든 곳에서 학생 활동가들은 영웅으로 환대받았다. 정부는 대학을 폐쇄하고 연이어 체포를 감행했다. 이 일촉즉발의 분위기에서는 어떤 작은 사건이라도 대규모 대치를 불러일으켰을 것이다. 공교롭게도 불꽃은 찻집에서 타올랐다. 그 당시에는 아무도 예상치 못했지만, 1988년 봄 찻집의 폭풍은 전국적 총파업으로 발전하게 된다.

8888 총파업

1988년 3월 12일, 랑군 공과대학(RIT) 학생들이 캠퍼스 근처의 카페에서 차를 마시고 있었다. 학생들은 함께 온 인기 가수 사이 티 셍의 새 노래 테이프를 틀려고 했지만, 다른 손님들이 반대하면서 싸움이 일어났다. 그 와중에 술에 취해 난동을 부리던 몇 사람이 한 학생을 덮쳐 심하게 구타했다. 경찰은 공격한 자들을 체포했지만, 그중 한 명이 지역 인민평의회의 저명인사의 아들임을 알고서 그들을 석방했다. 이 엘리트 특혜 사건에 분노한 학생 수십 명이 인민평의회 사무실에 항의했고, 전투경찰이 출동했다. 한 학생이 총에 맞아 죽었다.[4]

 캠퍼스에서 자발적으로 열린 모임은 자정까지 계속됐고, 평화적 성격의 집회임에도 전투경찰은 3월 15일 랑군 공대 캠퍼스에 침입하여 학생 수백 명을 체포했다. 다음날, 근처에 있는 랑군 대학의 학생들이 공과대학 학생들과 연대를 보여주기 위해 교내에서 집회를 벌였다. 행렬이 늘어나자 누군가가 공과대로 가자고 제안했다. 주먹을 하늘로 내뻗으며 민주주의와 일당독재 종식을 외치던 수천 명이 곧 공과대학으로 출발했다. 고등학생들과 시민들이 행진에 참여했으나, 인야 호수 근처에서 철조망과 수백 명의 무장 전투경찰에게 저지당했다. 군중은 국가와 심지어 군가를 부르기도 했지만, 전투경찰은 곧 공격을 시작해 대부분의 사람이 상상할 수 없는 수준의 폭력을 평화적 시위대에 가했다. 학살이 멈추었을 때 수십 명이 치명상을 입은 채 누워 있었고, 일부에서는 사상자 수를 200명 이상으로 추정했다.

 이런 살육에도 불구하고 노동자들과 빈민촌 주민들과 학생들은 체제에 맞서 일어섰고, 이는 무시할 수 없는 위협이었다. 다음날, 경찰은 랑군 대학 캠퍼스에 난입해서 1,000명 이상을 체포했다. 무더운 날 땡볕 아래 주차된 경찰 호송차에 빽빽하게 실려 있다가 학생 수십 명이 질식사했다. 이런 비인간적 탄압이 저항을 더 키웠다. 젊은 지성들이 새로운 세대 활동가들을 이끌어 1970년대 운동가들에게 도움을 요청하도록 했고, 선배들의 조언으로 새 학생회가 설립됐다. 학생회의 홍보부는 전단지를 만들어 배포하고, 사회복지부는 돈을 모아 집회에 먹을 것과 물을 제공했다. 조직에 침투한 첩자를 잡기 위해 정보부(때때로 보안부라고도 불린)를 구성하기도 했다. 기숙사에 감옥을 마련하고 밀고 죄를 저지른 것으로 밝혀진 학생 3명을 즉결처형했다.[5] 초기의 이러한 폭력적 행동은 불길한 징조였다.

운동이 다음 단계에 대해 논의할 때, 아무도 어떤 일이 일어날지 예상할 수 없었다. 갑작스럽게 3월 18일 약 300명의 학생이 랑군 중심부의 술레 파고다 주위에 집결했다. 1시간 만에 행렬은 1만 명 이상의 군중으로 늘어났다. 빈민촌 주민, 노동자, 학생들이 군부에 대항하기 위해 합류했다. 도시 전역에서 사람들이 소방차를 막고 심지어 소방차에 불을 질렀으며, 다른 이들은 선별적으로 파괴할 정부 목표물을 골라냈다. 신중하게 선택한 랑군 시내의 건물들이 불탔다. 한 서독인 관광객은 이렇게 표현했다. "사람들은 매우 선택적으로 움직였습니다. 그들은 신호등을 부수고, 정부 차량을 불태우고, 다른 국가 시설을 공격 대상으로 삼았죠. 사유재산 파괴나 광범위한 약탈은 보지 못했습니다." 용감하게 돌과 화염병으로 군대의 총에 맞선 시위대 수십 명이 살해됐다. 전국의 캠퍼스가 폐쇄됐다. 군대가 살해한 사람들의 시신을 태우면서 랑군의 화장터에는 검은 연기가 피어올랐지만, 동시에 1세대 운동 지도자들이 태어났고 그들의 조직은 살인적 폭력의 도가니 속에서 단련됐다. 만약 군대가 만행의 기억을 지워 폭풍을 견뎌낼 수 있으리라고 생각했다면, 그들은 안타깝게도 착각한 것이었다.

체포된 학생들을 가득 실은 호송차가 인세인 교도소 밖에서 몇 시간째 대기하다가, 그중 42명이 질식해서 숨졌다. 5월 30일에 캠퍼스가 다시 열리자, 체포당했던 학생들이 나서 자신들이 당한 고문과 집단강간 사실을 폭로했다. 폭로는 전 국민에게 충격을 주었다. 군대는 새로운 시위 계획을 저지했지만, 6월 14일 마스크를 쓴 한 학생이 랑군 대학 레크리에이션 센터 근처에 급히 모인 무리 앞에 나서서 다음날 시위가 있을 것이라고 알렸다. 6월 15일, 용감한 소수의 학생이 마스크를 쓴 채 도서관 근처 가설무대 주위에 모였다. 그들은 아직 감옥에 갇혀 있는 학생들의 석방을 요구했다. 처음엔 겨우 몇 사람만 모였지만, 시위대의 수는 급속하게 늘어났다. 수천 명의 비판적 무리가 형성되자 시위대는 곧 다이너마이트로 폭파된 학생회관이 있던 텅 빈 부지로 행진했고, 근처에 있는 1938년 반영운동 학생 열사의 추모비 앞에 멈추었다.

그 뒤 며칠간 승려들과 섬유 노동자들이 학내 집회에 참여했고, 고등학생들도 대규모로 운동에 합류했다. 랑군의 모든 대학이 동참했고, 페구와 모울메인 등 외곽 지역의 학생들도 뒤따랐다. 기습 시위대가 불쑥 나타나 정권을 비난하고 반정부 투쟁을 선동하는 전단지를 뿌린 뒤에 재빨리 사라졌다. 학생들이 6월 21일에 다시 랑군 시내로 행진하려 하자 군대가 공격했고 그 과정에서 13세 어린이 2명을 치었다. 그때 근처에 있던 사람들이 반격을 가했다. 처음으로 군인들에게 석궁으로 징글리(jinglees, 자전거 바퀴살을 날카롭게 갈아 만든 독화살)를 쏘았다. 시위대는 도시 전역으로 흩어졌고 군중이 합류했다. 노점상, 노동자, 심지어 깡패 들도 도시 곳곳에서 군대와 유혈 전투를 벌였다. 학생들의 '투쟁 공작Fighting Peacock 깃발을 들고 있던 한 여학생이 경찰서로 끌려가자 사람들이 습격해서 그녀를 구했다. 최소 10명의 전투경찰이 사망했고, 아마도 민간인 사망자는 그 10배는 되었을 것이다. 6월 23일 페구에서 약 70명이 살해된 이후에야 질서가 회복됐다.

야간 통행금지가 시행됐지만, 활동가들은 이를 무시하고 1920년과 1936년 파업의 본부였던 슈웨다곤 파고다에 파업 지휘부를 설치한다고 발표했다. 군대에 의해 해산당한 후에 그들은 비밀 조직으로 재결집했다. 독재의 통행금지가 야외 시장에 피해를 주었고, 필수 식품의 가격은 2~3배로 올랐다. 정부는 버마의 문제를 무슬림 소수민족의 문제로 돌리기 시작했고, 종파 간 폭력의 물결이 전국을 휩쓸어 심지어 네 윈의 고향에까지 이르렀다.

민중봉기가 체제 세력을 압도할까봐 두려워한 정부는 양보를 했다. 구속된 학생들을 석방하고, 책임 있는 경찰 간부들이 사임했다. 놀랍게도 네 윈은 자신이 사임하고 버마가 다당제 민주주의를 도입할 것이라고 선언했다. 변화에 대한 희망이 치솟았지만, 곧 네 윈이 세인 르윈이 후계자가 될 것이라고 발표하자 불신과 분노가 터져나왔다. 르윈은 전투경찰의 총책임자이자 1962년과 1988년 학생 시위를 유혈 진압한 군대의 지휘관이었다. 차분하게 낙관하던 사람들은 네 윈을 마르코스와 비교하며 그 또한 망명하고 다당제 민주주의가 수립되길 바랐다. 네 윈은 또한 수십억 달러의 개인 재산을 축적했다는 점 때문에도 마르코스에 비교됐다.

시민들은 자신이 겪었던 만행과 정권의 보여주기식 조건부 항복 때문에, 체제 전체 타도를 전보다 더 단호하게 결의했다. 네 윈은 사임했을지 몰라도 무대 뒤에서 자신이 선택한 후계자를 조종했다. 압도적인 풀뿌리의 지지로, 1988년 8월 8일 반영 투쟁을 상징했던 1300운동의 50주년 기념일에 대규모 시위가 준비됐다. 처음으로 시위를 발표한 곳은 대중 월간지 《체리》였는데, 자유의 여신상이 4개의 8자 모양 사슬을 깨뜨리는 모습을 그린 만화가 실렸다. BBC는 이를 그날의 기사로 뽑았고, 시위 소식을 전국으로 퍼뜨리는 데 도움을 주었다.[6] 8월 1일, 지하의 전버마학생연맹이 학생 소그룹들을 보내 '8888 총파업'을 호소하는 전단을 배포했다. 그들은 갑자기 버스 정류장과 찻집에 나타나서 전단지를 돌리고 시내로 사라졌다. 이 '파업'은 특정 사업장의 중지 또는 산업의 정지보다 훨씬 큰 의미로, 한 지역의 경제와 일상활동의 전면적 폐쇄를 의미했다. 네팔이나 인도의 반드(bandh, 전국적 총파업)

처럼 모든 사람이 거리로 나가도록 하는 투쟁이었다. 8월 2일, 승려들이 슈웨다곤 파고다 밖에서 학생들과 합류하여 정권에 맞선 전국적 투쟁을 호소했다. 다음날 랑군에서 사기가 충천한 시위가 벌어진 이후 군대는 랑군에 계엄령을 선포했지만 사람들은 대개 무시했다.

사기가 드높은 가운데 평화적으로 시위를 계속하던 사람들은 자신들을 묘사하기 위해 '민중권력'이라는 용어를 빌려왔다. 마웅 마웅은 이 상황을 다음과 같이 묘사했다. "랑군의 군중은 대규모였고, 더욱 커지고 더욱 과감해져서 군사정부, 통행금지, 해산명령을 무시했다. 해당 지역을 경계하던 부대 측이 자제하자 군중은 고무되어 군인들에게 시위에 합류하여 '민중권력'을 수립하자고 요청했는데, 이 대중적 용어는 압박을 주는 비유로 차용한 것이다. 젊은 여성들은 군인들에게 꽃을 주고 행운을 빌어주면서 그들을 달랬다. 자주 거대하게 밀려오는 인파가 군대를 삼켜버릴 기세로 위협했다."[7]

1988년 8월 8일 오전 8시 8분, 랑군의 항만 노동자들이 파업에 들어갔고, 이는 나라 전체를 정지시키고 수십 년 만에 처음으로 민주적 선거를 가져올 총파업의 신호였다. 그러나 안타깝게도 전국적 운동은 야만적인 군대와 부딪쳤고 군부는 수천 명의 민중을 죽이고 이후 수십 년간 철권통치를 하게 된다. 1948년 4월 3일 제주봉기처럼 사전에 조직되긴 했지만, 버마의 봉기에는 남조선노동당과 같은 강력한 조직이 없었다. 전날 밤 모임에 참석한 한 사람의 말에 따르면, "실제로 시위를 지도할 중앙 조직이 없었다. 우리는 몇 가지 기본 원칙에만 합의했고, 주요한 원칙은 모든 행진이 시청으로 집결한다는 것이었다".[8] 랑군 전역에서 행진 대열이 도심으로 밀려들었다. 다양한 나라의 모든 집단, 즉 인도인, 중국인, 티베트인, 타이인, 10여 개 이상의 소수민족이 다채로운 깃발을 들고 행진하는 것처럼 보였고, 젊은이와 노인, 노동자, 심지어 공무원까지 참여했다. 축제 같은 분위기에서 버마는 자

1988년 8월 8일에 수백만 버마인이 시위에 참여했다.
사진: Tom Lubin, 출처: *Burma's Revolution of the Spirit* (Aperture Foundation, 1994), 37.

신을 드러냈다. 주먹을 하늘로 쳐들고 이민국, 세관, 철도 경찰이 행진했고, 해군과 공군도 행진했다. 주목할 만한 것은 총파업의 신호로 바리때를 거꾸로 들고 나온 승려들의 일사불란한 대열이었다. 모든 곳에서 전버마학생연맹의 투쟁 공작 깃발이 펄럭였다. 민중의 축제 분위기는 거리에서 대치 중인 군대의 병사들에게 '큰형'이라고 부른 데서도 드러난다. 많은 사람이 그들에게 봉기에 참여하라고 호소했다. 전국의 거의 모든 도시에서 사람들은 가장 대규모로 기억될 시위를 경험했다.

오후 5시 30분 랑군에서 랑군 군사령관이 군중에 접근해 해산하지 않으면 발포하겠다고 말했다. 아무도 떠나지 않았다. 오히려 군중은 더욱 늘어났고, 사람들은 군인들에게 발포하지 말라고 촉구하며 "이것은 평화 시위다"라고 외쳤다. 수천 명이 군인들 앞에서 무릎을 꿇고 간청했다. "우리는 여러분을 사랑합니다. 여러분은 우리 형제입니다. 우리가 원하는 것은 자유뿐입니다. 여러분은 민중의 군대입니다. 우리 편으로 오십시오."[9] 어떤 사람들은 군인들의 발에 입을 맞추고, 그들이 운동 편에 서도록 설득할 수 있기를 바랐다.

몇 시간 동안 교착상태가 계속되자 많은 사람들은 자신들이 이겼다고 믿었다. 그러나 자정 직전에 거리에서 사람들이 국가를 부르고 있을 때, 군대가 총격을 시작했다. 3시간 넘게 군대는 계속 총격을 가했다. 장갑차가 자동화기로 군중을 밀어붙였고, 군인들로 가득한 탱크가 갑자기 멈춰서 거리에 있던 아무에게나 총을 쐈다. 군인들은 응급실에 쳐들어가 침대에 누워 있는 사람들을 닥치는 대로 죽였다. 그날 버마 전역에서 360명이 살해됐다.[10] 그리고 수천 명이 체포됐다.

국가의 폭력에도 불구하고 민중은 집에 머물기를 거부했다. 승려들이 일본 대사관 근처에서 행진을 이끌었지만, 군대가 발포하여 30명 이상을 죽였다. 교외의 노동자 주거지역인 북부 오칼라파에서 군대가 시장, 찻집, 가정집에 무차별 총격을 가했지만, 사람들은 징글리, 칼,

비록 실패했지만 사람들은 군인들이 시위에 참여하도록 하기 위해 그들의 발에 입을 맞췄다.
사진: Ryo Takeda.

곤봉, 돌, 화염병 등 찾을 수 있는 모든 무기를 가지고 반격했다. 기관총이 장착된 차량을 뒤집어 불태웠다. 승려들도 공격에 가담하여 '황색군'이라는 이름을 얻었다. 한 승려가 소요 중에 명상 자세로 서 있을 때 저격수가 그의 머리에 총을 쏘았다. 일부 시위대는 소방차를 몰고 지역 전투경찰 본부로 용감하게 돌진해서 본부를 불태웠다. 다음날에는 다른 경찰서가 불탔고, 경찰관 4명이 체포되어 거리에서 처형됐다(한 젊은이가 녹슨 검으로 그들의 목을 베었다). 경찰이 동네에 들어오는 것을 막기 위해 바리케이드가 모든 곳에 세워졌다. 한 마을에서는 군대가 지역 당사 내부에 바리케이드를 치고 숨었다. 그들은 공중 지원을 요청했지만, 사람들은 그들이 도망치지 못하게 막았다. 마침내 밤이 되어서야 그들은 철수할 수 있었다.

화요일인 8월 9일 오후에 랑군종합병원은 부상자를 치료할 물품이 떨어졌다. 일군의 간호사들이 총격을 중지하라고 군대에 애원하는 팻말과 국기를 들고서 행진했다. 믿을 수 없게도, 간호사들 또한 군의 사살 명령의 희생자가 됐다. 《뉴스위크》는 10일 북부 오칼라파에서 "묘지에 있던 목격자들이 산 채로 화장터Kyandaw에 끌려온 총상 희생자들의 비명을 들었고, 그들이 시신과 함께 화장됐다고 말했다"라고 보도했다. 정확한 수치는 결코 밝혀지지 않겠지만, 군대가 일상적으로 어떤 공공집회든 자동화기로 조준했기 때문에 수천 명이 사망했다.

8월 12일, 3일간의 잔혹한 학살과 민중의 완강한 저항 끝에, 세인르윈이 사임을 발표했다. 사람들은 기쁨에 겨워 거리로 뛰쳐나왔다. 그들은 행복하게 춤추면서 냄비와 팬을 두들겼고, 울고 웃으며 '민주주의의 축제'에서 승리를 축하했다. 그때까지 자생적이었던 운동은 더 체계적으로 조직되기 시작했다. 변호사들은 총격이 위헌이라고 규정하는 선언문에 서명했다. 과거 정부의 지도자들과 새로 귀환한 아웅 산 수 치는 '인민자문위원회'의 구성을 제안하는 공개서한에 서명했다. 8월 19일, 집권당은 옥스퍼드 졸업생인 마웅 마웅을 버마의 다음 지도자로 임명했지만, 일당 국가의 종식을 염원하는 민중의 열망은 너무나 강해서 수많은 사람을 살해한 정부가 인정한 새 통치자를 받아들이지 않았다. 수만 명이 다시 거리로 돌아와 일당 국가의 종식을 요구했다. 비록 많은 도시에서 군대가 총격을 자제했지만, 모울메인에서 수십 명이 죽었다. 이에 맞서 시민들은 군대에 발포 명령을 내린 집권당 간부 2명의 집을 공격했다. 관료들은 도망쳤지만 군중은 그들의 집에서 들고 나온 상당량의 소비재를 거리에서 팔아 사실상 도시의 새 정부인 파업평의회의 기금을 마련했다.

권력에 오른 평의회

버마 전역에서 정부 관리들은 직위를 포기했고 파업평의회가 들어섰다. 복장 도착자에서 장의사와 맹인까지 모든 집단의 시민들이 파업위원회를 조직한 것처럼 보였다.[11] 승리의 행진을 신속하게 조직하고, 신문을 발행하고, 다른 도시나 지역과 접촉하기 위해 대표단을 파견했다. 전국의 314개 도시 중 200곳 이상에서 파업 센터가 등장했다. 최근에야 싸움에 참여한 지역에서 무슬림과 불교도가 서로 단결했다. "공동체 간 알력과 오랜 불만은 잊히고 아마도 사상 처음으로 전국에서 모든 민족적, 정치적 집단이 공동의 대의를 위해 한데 뭉쳤다. …… 불교의 노란 깃발이 이슬람의 초승달이 그려진 녹색 깃발과 나란히 나부꼈다."[12] 목사들은 "예수는 민주주의를 사랑한다"라고 쓴 팻말을 들고 행진했다. 마웅 마웅에 따르면, "은행과 통신부, 철도, 석유 임시 저장 시설이 반정부 세력의 통제 아래 있었다".[13] 1988년 8월 24일, 일단 랑군에서 계엄령이 해제되자 군대가 철수했고, 승려들과 거리의 깡패들이 시민들에게 안전을 제공하는 과제를 넘겨받았다. 만달레이에서는 승려와 변호사들이 참여한 위원회가 매일 집회를 조직했다.

전국파업평의회를 결성할 기회가 있었음에도, 활동가들은 운동을 지도할 소수의 저명인사를 선택했다. 국가적 인물들의 모임이 열려 아웅 산 수 치, 틴 우 장군, 전 총리 우 누와 아웅 기가 참석했다. 그들은 짧게 만났지만, 서로 단결하기 어렵겠다고 판명됐다. 다른 사람들과 달리, 아웅 산 수 치는 야당을 단일 세력으로 묶으려고 열정적으로 노력했다. 8월 26일 오후, 그녀는 최소 50만 명이 모인 집회에서 최초의 대중 연설을 했다. 아픈 어머니를 간호하기 위해 영국에서 버마를 방문한 그녀는 학살로 정치 참여를 확신할 때까지는 정치적으로 주변적 위치에 있었다. 다른 저명한 야당인사들이 그녀에게 합류하자 집권당은 당원 기반을 상실했다. 수천 명의 관료가 사임했다. 정부 이탈은 대대적으로 일어나서 심지어 정부 언론에서 일했던 기자들도 파업에 들어갔고 "더 이상 선전방송이 아니다"라고 선언했다.

모두가 파업에 들어가자 사람들의 삶이 바뀌었다. 지역 주민위원회가 경찰의 일반적인 업무를 대신했다. 시민들이 거리를 순찰했고, 범죄자가 재판정에 서면 흔히 승려들이 판사가 됐다. 승려들은 많은 곳에서 쓰레기 수거를 감독하고 깨끗한 식수를 공급하고 교통을 지도했다. 한동안 불교의 조화가 권위주의적 국가권력에 맞서는 "저항의 기술"이 된 것처럼 보였다.[14] 많은 극빈 지역에서 자발적 공동체 정신이 일제히 나타났다. 록그룹들이 시위대에 바치는 세레나데를 불렀다. 공장과 사무실의 노동자들은 독립 노조를 결성했다. 철도 노동자들은 "일당 체제의 독재자들"에게 더 이상 특별열차를 제공하지 않겠다고 발표했다. 전투가 특히 심했던 북부 오칼라파에서는 죽은 사람들을 기리기 위해 정확히 8피트 8.8인치 높이로 콘크리트 기념비를 세웠다. 랑군종합병원 근처 지역에서 수백 명이 부상자들에게 담요와 베개를 기부했고, 암시장 의료상들은 무료로 물품을 넘겨주었다.

민중권력의 에로스 효과에도 불구하고, 모든 투쟁이 즐거운 것은

승려들은 버마 봉기에서 주요한 역할을 했다.
사진: Alain Evrard, 출처: *Burma's Revolution of the Spirit*, 41.

아니었다. 일부의 경우 범죄율 증가로 시민들은 마을 주변에 대나무 벽을 세워야 했고, 승려들로 이루어진 경비대가 조직됐다.[15] 경찰 첩자들이 병원 상수도에 독약을 넣으려다가 현장에서 잡혔을 때, 2명은 자백을 하고 풀려났지만 자백을 거부한 3명은 공개적으로 참수됐다. 베르틸 린트네르는 "축제 같은 필리핀식 '피플파워 봉기'로 시작된 것이 혐오스럽게 변하기 시작했고, 1986년 '베이비독Baby Doc' 뒤발리에의 몰락 이후에 아이티에서 벌어진 톤톤 마쿠트 사냥과 점점 더 흡사해졌다"[16]고 판단했다. 남부 오칼라파에서는 20명이나 되는 군대 첩자들이 창고를 약탈하고 그들을 막는 승려와 학생을 인질로 잡았다가 나중에 참수됐다. 다른 경우, 시위대에 징글리를 쏘라며 군대가 보냈다고 자백한 소년은 풀려났다. 비록 진실위원회의 청문회를 위한 공간은 적었지만, 수천 명에게 총격을 가해 사살한 군대보다 군중의 심판이 확실히 덜 잔혹하고 더 선별적이었다.

8월 25일, 은행 노동자들의 강력한 항의에도 군대는 외국무역은행에서 엄청난 금액을 갑자기 인출했다. 그 돈으로 모든 군인이 6개월치 급여를 선불로 받았다. 다음날 정치범들이 수용되어 있던 악명 높은 인세인 교도소에서 화재가 발생했다. 죄수들이 큰불을 피해 탈출하려 하자 수백 명, 아마도 1,000명 가까이가 사살됐다. 신기하게도, 전국에서 다른 범법자 수천 명은 감옥에서 '도망'칠 수 있었다. 죄수들이 약탈과 강간을 일삼자 공포가 일었다. 시위대가 애용하는 물병에 독이 들어 있다는 소문이 퍼졌다. 비밀경찰은 창고를 약탈하기 시작했고, 시민평의회 위원들을 당국에 넘기면 보상금을 제공했다. 그런 혼란의 와중에, 정부의 첩자로 의심받는 자들이 거리에서 처형당하는 것이 놀라운 일일까?

랑군의 총파업위원회는 임시정부를 수립하지 않으면 무기한 파업에 직면하게 될 것이라는 최후통첩을 정부에 보냈다. 9월 6일, 제2차 세계대전 당시에 독립운동을 지도했던 국민적 영웅인 '30인 동지'의 생존자 11명 중 9명이 군대에 봉기를 지지하라고 촉구했다. 많은 군인과 경찰관이 시위에 합류했다. 9월 9일, 150명의 공군 병사가 파업에 들어갔고 다른 두 부대도 동참했다. 경찰 제복의 행렬도 행진 악대에 맞춰 시위에 참석했다. 베르틸 린트네르의 견해에 따르면 "어떤 고위 육군장교라도 육군 보병 부대를 수도로 데려가 봉기에 대한 지지를 선언했다면 즉각 국가적 영웅이 됐을 것이고, 형세는 뒤집혔을 것이다". 불행하게도 어떤 영웅도, 버마판 피델 라모스나 그레고리오 호나산도 나서지 않았다. 소문이 어지럽게 나돌았고, 심지어 미국 항공모함이 "랑군을 해방하는" 임무로 버마 해역에 배치됐다는 소문도 있었다.[17] 사람들은 미국이 자신들을 도울 것이라고 생각했고, 미국 대사관은 종종 시위대의 집결 장소가 됐다. 미국의 항공모함이 민주주의를 지원하러 오고 있다는 소문이 퍼졌던 1980년 남한의 광주처럼, 그런 환상은 정치적 편의의 현실 세계라기보다는 민중의 꿈이었음이 드러났다. 어떤 미국 군함도 1988년 버마의 봉기 세력을 돕기 위해 오지 않았다. 광주봉기 때 미국의 항공모함이 한국에 파견됐다고 해도, 그것은 민주화 운동이 아니라 전두환 독재 정권을 지원하기 위한 것이었다.

    9월 8일에 랑군과 만달레이에서 100만 명 이상이 행진했고, 3일 뒤 의회는 일당 지배를 끝내기로 표결했다. 그러나 마웅 마웅은 임시정부를 세우는 대신에 먼저 전당대회를 개최할 것을 주장했다. 9월 10일, 집권당 전당대회에서 "자유롭고 공정한 다당제 선거"를 승인했지만 그들은 먼저 퇴진하기를 거부했으며, 이는 선거를 자신들의 통제 아래 치러야 한다는 의미였다.

    그들의 행동은 비록 대중의 신뢰도가 사상 최저일지라도 여전히 자신들이 결정을 하겠다는 의도를 보여주었다. 시위대는 집권당이 정부에 대한 통제를 포기해야 한다고 주장했다. 시위의 규모는 점점 커져서 9월 16일 3회 연속으로 50만 명에 이르렀다. 17일에 머천트 스트리트에서 군대가 평화적 학생 행진을 향해 발포했다. 분노한 학생, 승려, 노동자들이 칼과 새총과 징글리로 무장하고서, 공격한 병사들이 도주한 무역부 건물을 포위하고 그들 중 24명을 체포했다(그들의 무기와 총탄도 압수했다).[18] 그날 밤 상황이 악화되자, 군부대는 미국 대사관 앞에 있던 단식농성자들에게 총격을 가했다.

테르미도르, 철권의 도래

1988년 9월 18일, 비록 일부는 의심했지만 많은 사람들은 버마가 민주화로 나아가는 길목에 있다고 믿었다. 몇 주간 시위로 피해를 입으면서, 학생들은 '시위 피로감'으로 고통받기 시작했다. 그럼에도 수십만 명이 다시 랑군의 거리로 나섰다. 선거를 실시한다는 약속만으로는 시위대가 집권당의 즉각 퇴진을 요구하는 것을 막지 못했다.

자유화가 진행되는 것을 원치 않았던 군부가 개입했다. 오후 4시경, 소 마웅 장군이 마웅 마웅 정권의 종식을 선언했다. 권력을 장악한 그는 야간 통행금지를 시행하기 위해 군대를 파견했고 공개 집회를 금지했다. 8월처럼 민중의 대응은 신속했다. 지역 주민들은 자체적으로 자위용 바리케이드를 세웠는데, 특히 남북부 오칼라파와 팅간균에서 신속하게 대응했다. 군대의 부당한 폭력에 순순히 피해자가 되고 싶지 않았던 많은 사람들이 석궁, 새총, 화염병, 칼, 징글리로 무장했지만 군대의 크레인, 불도저, 기관총이 훨씬 더 우세했다. 바리케이드는 조직적으로 제거됐고 모든 저항이 말살됐다. 그날 학살된 사람의 수는 수백 명에서 수천 명으로 추정된다. 기적적으로, 학생 수백 명이 랑군 대학에서 포위됐을 때 한 승려가 그들을 뒷문으로 안전하게 대피시켰다.

다음날인 9월 19일 시청 근처에서 시위가 재개되자, 군은 치밀하게 배치해둔 기관총을 발포했고, 대오를 갖춘 부대가 갑자기 나타나서 군중에 총탄 세례를 퍼부었다. 거의 모든 파업 센터가 공격을 받고, 여학생들이 총에 맞아 죽고, 장례식도 습격당했다. 남부 오칼라파에서는 어린 소년 2명이 부모 앞에서 살해됐다. 사람들이 반격했지만, 군대는 어떤 자비도 없이 압도적 힘을 행사했다. 한 소규모 시위대가 랑군의 마이크로파 안테나를 파괴하여 일시적으로 주요 통신망을 차단할 수 있었지만, 군대는 항복을 거부하고 쿠데타를 방어하기 위해 500명 내지 1,000명을 살해했다. 몇 년 뒤에 마웅 마웅은 이렇게 썼다. "정부는 '기능 정지' 상태였고 그 상태로 있길 원해서, 폭도를 해산하는 더러운 일을 타마도(Tatmadaw, 군대)에 맡겼다. …… 폭도들은 미쳐 날뛰면서 가정과 공장을 약탈하기 시작했고, 치명적 무기로 무장한 채 사람들을 죽이고 목을 딸 준비를 했다."[19]

9월과 10월 내내, 가정과 사원이 공격당했다. 경찰은 사진을 보고 활동가들을 색출했고, 운 좋은 사람은 체포됐지만 운 나쁜 사람은 즉결처형을 당했다(어떤 사람은 그 반대라고 말하겠지만). 공무원 수백 명이 구금되고, 수천 명이 해고됐다. 10월 3일 신군사정권이 사람들에게 일터로 돌아오지 않으면 심각한 결과를 보게 될 것이라는 최후통첩을 보내자 파업은 종료됐다. 자주적인 미디어는 폐쇄되고, 북부 오칼라파의 기념비는 완전히 파괴됐으며, 대도시 주민들은 싸움의 흔적을 지우기 위해 집에 페인트칠을 하라는 명령을 받았다. 공식 언론이 폐쇄된 파업 센터의 목록을 방송했을 때 비로소 활동가들은 투쟁의 물결이 얼마나 멀리 퍼졌었는지 깨달았다. 전국의 작은 도시와 마을까지 자주적으로 조직하여 전국적 봉기에 참여했지만, 풀뿌리 동력을 재구성하기에는 너무 늦었다.

수천 명이 타이 국경으로 가는 긴 여정을 시작했고, 거기에서 최소 8,000명의 학생이 전버마학생민주전선을 조직하여 버마 해방을 위한 무장투쟁을 시작했다. 민주주의를 위해 투쟁할 수 있도록 외국이 자신들을 무장시켜주길 기다렸던 학생들은 정글에 대해 준비가 되어 있지 않았다. 미국에서 온 비폭력 전술 강사들이 갑자기 모든 무장 또는 비무장 반정부 세력 사이에서 활동했다.[20] 버마 학생운동가들과 거의 같은 시기에 타이 국경에 도착한 진 샤프는 "무장을 해제하여 버마 운동을 덜 강력하게 만드는"[21] 데 도움을 주었다.

비록 소수민족 무장단체들이 학생들을 환대하고 훈련시켜주었지만, 버마의 무장투쟁은 충분히 발전하지 못했다. 학생들은 수십 년간의 시내 투쟁으로 축적된 경험과 통찰을 습득하고 있었고, 자신들이 과거 세대에게 진 빚을 신속하게 인정했다. "8888 봉기는 우리의 노력만으로 이뤄진 것이 아니었죠"라고 한 활동가는 내게 말했다. "1962, 1967, 1969, 1973, 1975, 1976년 당시 활동가들의 노력으로 이뤄진 것이었어요. 이 작은 봉기들 모두 여전히 작동하고 있습니다."[22] 동시에 도시 활동가들은 정글 생활에 적응하는 데 엄청난 어려움을 겪었다.

9월 24일에 민족민주동맹(NLD)이 결성됐고, 이 당은 선거에서 계속 압도적인 지지를 얻었다. 지휘권을 회복하긴 했지만 군부는 1988년 의회의 결정으로 다당제 선거를 실시할 수밖에 없었다. 1990년에 선거를 실시했다. 선거운동 기간에 아웅 산 수 치가 연설하는 곳이면 어디나 대규모 군중이 운집했고, 그녀는 쉬지 않고 전국을 누비고 다녔다.

1989년 7월, 군대는 1988년 봉기 이래로 아웅 산 수 치의 집에서 야영했던 수백 명(주로 학생들)을 체포했다. NLD는 1990년 5월 선거에서 국회 485석 가운데 392석과 80퍼센트 이상의 표를 얻어 압도적 승리를 거뒀지만, 정부는 국민의 표를 존중하지 않았다. 군부는 아웅 산 수 치를 가택 연금에 처하고, 당선된 의원 100명 이상을 체포했으며, 어떤 공개 집회든 심하게 탄압했다.

아웅 산 수 치가 연설하는 곳이면 어디나 엄청난 군중이 모였다.
사진: Dominic Faulder, 출처: *Burma's Revolution of the Spirit*, 55.

1988년 이후의 민주주의 수난

1988년에 겪은 비극적 패배는 버마의 공적 생활에 상처를 남겼다. 수십 년간 평화적 집회조차 심하게 탄압받았다. 랑군의 중심가 근처 마을에서 주민들이 쫓겨났고, 50만 명에 이르는 사람들이 강제로 이주되었다. 수천 명이 체포되면서 군사법정은 민간법정을 대체했고, 정치범에 대해 흔하게 즉결처형이 선고됐다. 이메일을 보내거나 외국인을 집에 초대하거나 모뎀을 소유하는 것이 범죄가 됐다.[23] 제복을 입은 사람을 촬영하면 20년까지 징역형을 받을 수 있었다. 민주화운동의 힘을 빼기 위해 경찰은 헤로인을 허용하고 배포에 협력하기도 했다. 아웅 산 수 치가 쓴 가장 유명한 에세이 제목과 같은 '공포로부터의 자유'라는 이름의 헤로인과 에이즈 전염병이 버마 청년들을 피폐하게 했다.[24]

수천 명의 학생과 10여 개 이상의 소수민족 무장단체가 농촌에서 무장투쟁을 벌이는 동안, NLD는 도시에서 비밀단체를 조직했다. 1989년 4월 17일, 버마공산당 군대의 핵심인 와족 투사들이 폭동을 일으켜 중국 국경 근처의 본부를 접수했다. 곧이어 인민군 내부의 다른 소수민족 연합이 조직을 떠났고, 정권과 독자적으로 정전 협상을 추진했다. 아버지가 식민 정부에 맞서 하나로 투쟁하기 위해 여러 집단들을 단결시켰던 반면, 아웅 산 수 치는 비폭력의 수호자가 되기 위해 단결의 구심 역할을 포기하면서 그들의 사기를 떨어뜨렸다. 사실상 그녀는 전국적 운동을 무기력과 분열로 이끌었다.

무장 저항의 몰락을 지켜보면서 기쁨에 겨운 나머지, 독재 정권은 다음 몇 년간 무장단체들과 차례로 협상을 벌였다. 국지적 정전의 대가로 일부 민족단체의 지도자들은 금, 마약, 목재, 보석 등의 밀수를 허락받았고, 일반 병사들은 급여와 배급, '국경 부대'의 계급을 보장받으며 '특수 경찰'로 임명되었다. 다른 단체들은 여전히 제한적 자치를 요구하며 버텼다. 결국 이전의 무장단체 둘은 바로 항복한 반면, 소수민족 단체들은 최소 17건의 정전 협상에 합의했다. 모두 NLD와 같은 불법 조직과 접촉이 금지됐다.

1990년 8월 8일, 1988년 봉기 2주년을 맞아 만달레이에서 승려 수천 명이 바리때를 바로 들고 행진했다. 사람들이 나와서 승려들에게 음식과 돈을 주었지만, 어떤 사람이 투쟁 공작 깃발(NLD가 선거운동에서 채택한)을 높이 들자 군대가 군중을 해산시키기 위해 발포했다. 국영 언론매체는 이후에 군대가 화기를 사용한 사실을 부인하고 대신에 승려들과 학생들의 공격을 보도했다. 8월 말에 승려들이 다시 투쟁에 나섰는데, 이번에는 민감한 젊은이들의 영혼을 위태롭게 하는 군인들에게 공양을 받지 않겠다(또는 군인을 위해 예불을 하지 않겠다)고 약속했다. 불교의 저항은 비록 비폭력적이었음에도 젊은 병사들에 대한 정부의 영향력을 위협했고, 그들은 130곳이 넘는 사원을 공격하여 승려 수백 명을 체포하는 등 악의적으로 대응했다.

1990년 12월 19일, 외국으로 탈출할 수 있었던 국회의원 당선자들이 망명정부인 버마 연방 민족연합정부를 구성했다. 모든 소수민족과 NLD를 대표하여, 그들은 연방 체제 내에서 민주주의의 회복을 요구했다. 아웅 산 수 치는 1991년 노벨평화상을 수상했지만, 지난 23년간 15년 넘게 가택 연금 상태에 있었다. 군사정부는 보통 사람들을 대우할 때 절제하지 않았다. 2,000명 이상의 정치범이 비통하고 잔혹한 삶을 견디고 있다.

버마의 무장투쟁은 결코 외부 세력의 지원을 받지 못했다. 이는 1991년 아웅 산 수 치의 노벨평화상 수상은 물론, 비폭력 단체들에게 노르웨이, 스웨덴, 스위스, 미국, 캐나다 정부가 제공하는 대대적 원조와 대조를 이룬다. 필요한 무기 없이, 정글의 봉기 집단들은 전진할 수 없었다. 시간이 지나면서 도시의 투쟁과 격리되는 한편, NLD가 군부와 협력하기를 공개적으로 거부하면서 교착상태가 지속됐다. 1995년에서 1997년까지 아웅 산 수 치가 가택 연금에서 잠시 풀려났지만, 운동은 민중의 대대적 지지에도 대부분 잠잠해졌다. 1996년 5월 NLD가 당대회 소집을 시도했지만 군부는 수백 명을 체포했다. 이중에는 1990년 합법적으로 선출된 238명도 포함되어 있었다. 다음해, 아웅 산 수 치의 집 밖에서 열리는 주간 모임에서 그녀의 연설을 듣는 사람은 누구나 20년 형을 받는다고 선포됐다.

아웅 산 수 치는 다시 한 번 잠시 가택 연금에서 풀려났지만 자유롭게 여행하도록 허가받지 못했다. 2003년 5월 30일, 집에서 나갈 수 있다는 허가를 받은 지 채 한 달도 못 되어, 북부의 데파인 마을 가까이에서 정부 지지자들 무리가 그녀의 호송대를 공격했다. 사전에 준비된 듯 보이는 암살 시도로 그녀의 지지자 수십 명(어쩌면 282명에 이를 수도 있다)이 학살됐다. NLD의 공동 창립자이자 부총재인 틴 우와 더불어, 수 치는 NLD에 대한 전면적 탄압의 일환으로 (또다시) 구금형을 선고받은 많은 사람 중 한 명이었다. 그녀는 2010년까지 구금 상태에 있었다.

군부는 국호를 미얀마로 바꾸었지만, 민주화운동 측에서는 현 정부가 완전히 불법이라고 주장하면서 버마라는 명칭을 계속 사용하고 있다. 모든 시민이 노동으로 나라에 기여해야 한다는 의무를 이용해 군부는 거대한 불교 사원을 건설하는 버마의 오랜 역사를 지속하고 있다. 군부는 어떤 인구 집중 지역과도 멀리 떨어진 네피도에 새로운 수도를 건설하느라 엄청난 금액을 썼다. 2005년에 수도를 옮기면서, 버마식 숫자점으로 경축식 시기를 정했다. 11월 11일 오전 11시, 11명의 정부 장관과 11개 대대가 1,100대의 트럭을 타고 랑군을 떠났다.

20년간 NLD는 출판, 복사, 국제전화, 모임을 허락받지 못했고 언론과 결사의 자유가 없었다. 미국 공영 TV의 2006년 보도에 따르면, 최소한 128명의 활동가가 구금 상태에서 사망했고 1,100명 이상이 아직 갇혀 있다. 아이들 3명 중 1명은 영양실조이고, 10명 중 1명은 5세 전에 죽는다. 군부가 새 헌법을 승인하고 2010년 선거를 개최했지만, NLD는 참여를 거부했다.

군사 통치의 경제학

1988년 봉기 직후, 글로벌 석유 기업들은 버마에서 채굴권 1건당 500만 달러 이상을 지불했다. 채굴권자는 미국의 아모코와 유노컬, 더치 셸, 오스트레일리아의 BHP, 한국의 유공, 일본의 이데미쓰, 페트로 캐나다, 영국의 크로프트와 커클랜드 등이다. 1990년에는 텍사코와 프랑스의 토탈오일이 타이까지 천연가스 파이프라인을 건설하는 3억 달러 계약에 서명했다. 삼림 파괴는 아주 극심해서 1990년대 내내 매년 엘살바도르 크기의 면적이 사라졌다. 타이와 중국은 모두 무역을 개선하기 위해 대표단을 보냈다. 중국으로 수입되는 모든 석유의 4분의 3 이상이 말라카 해협을 통과하면서, 좁은 해로 주변의 지역을 통제하는 일이 전략적으로 매우 중요해졌다. 미국이 중동과 전쟁을 치르면서 석유 공급에 대한 불안이 증가하자 중국은 버마, 캄보디아, 타이 정권과 우호적 관계를 확보하려는 노력을 강화했다.

버마 군부는 석유, 목재, 어로, 채굴권 판매를 이용하여 군대의 규모를 확대하고(2배 이상 늘려 40만 명 이상) 무기를 개선했다. 군사 예산이 정부지출의 60퍼센트에 이르렀다는 추정도 있다.[25] 중국, 이스라엘, 싱가포르, 타이의 무기 거래상과 목재 수입상들은 기꺼이 사업 파트너가 되고자 했다. 독재 정권은 중국에서 10억 달러 이상의 무기를 구매한 뒤에 초토화 작전과 무자비한 기습으로 대부분의 소수민족 집단을 소탕했고, 소수민족 사람들은 버마 군부의 자의적 지배에 종속됐다. 소수민족 살해는 흔한 일이고, 강간(특히 샨족 여성들에 대한) 또한 널리 퍼져 있다. 2002년 보고서는 625건의 여성과 소녀 강간을 다루고 있으며,

그중에는 8세 소녀가 강간당한 경우도 있었다. 그 뒤 3년 동안 188명의 샨족 여성이 더 강간당했고, 그중 절반 이상의 범죄는 군 장교들이 저질렀다. 약 65퍼센트는 집단 강간이었다.[26] 2004년 카렌족 여성들은 군인들에게 126건의 강간을 당했다고 보고했다.[27]

서방 언론은 자주 버마 군부의 주요 지지자로 중국을 지목하지만, 타이 국왕의 역할도 매우 컸다. 2004년에 타이는 버마 수출의 거의 40퍼센트를 차지했다(중국은 겨우 6퍼센트였다). 타이는 또한 버마 난민들이 제공하는 저임금 노동력으로 이익을 본다. 1994년 타이 이민국은 버마 이주 노동자들이 33만 4,123명 이상이라고 집계했다.[28] 노동 전문가들은 버마 국경을 넘은 사람들의 수를 150만 명으로 추산했다. 최소한 15만 명 이상이 타이의 9개 난민촌에서 고생하지만, 그보다 더 많은 사람들이 캠프 밖에서 상당수는 여권도 없이 구속, 추방, 수모에 노출된 채 떠돌아다닌다. 2008년 4월 9일, 54명의 버마인 불법 이주자들이 여행지 푸껫 섬으로 밀입국하려던 컨테이너 트럭 뒤쪽에서 질식해 숨졌다.

경제적 기능이 마비 상태인 버마는 세계에서 가장 가난한 나라 중 하나로 남아 있다. 국내에서 철거민 수십만 명이 빈궁한 생활을 한다. 최고 군사 지도자들은 엄청난 재산을 축적하는 반면, 90퍼센트의 버마인들은 하루 1달러 이하로 살아간다. 예방 가능한 질병으로 죽는 아이들이 날마다 270명에서 400명에 이른다고 추산된다.[29] 2007년에 경제학자들은 5인 평균가구가 사치품을 제외하고 식량, 의약품, 교통비를 포함하여 한 달간 살기 위해 8만 차트(약 110달러) 이상이 필요하다고 추정했다. 교사, 대학교수, 공무원 등 전문직 노동자들의 평균 월 소득은 1만 차트(13달러) 이하다. 인권단체들은 버마에서 아직도 강제노동이 행해진다고 말한다. 남한의 '개발국가(developmental state, 국가 경제의 확대를 지향하는 군부독재의 정책)'와 달리, 버마는 '약탈 국가(predatory state, 군부가 수백만 민중에게 국가 프로젝트에 무상노동을 제공하도록 강요)'이다. 인권단체들은 3,000개 마을이 파괴됐고 100만 명의 소수민족이 선조에게 물려받은 농지에 대한 조직적 수탈 계획으로 난민이 됐다고 추정한다.

2007년 '사프란혁명'

2007년 사프란혁명은 8월 중순에 정부가 엄격한 독점을 유지하는 연료와 다른 상품 가격을 크게 인상하기로 결정하면서 일어났다. 겨우 몇 년 전에 감옥에서 풀려난 '88세대'(1988년 봉기의 생존자들)가 NLD의 대안적 지도부로 결집하여 랑군에서 시위를 조직했다. 곧 유사한 평화행진이 전국에서 일어났다. 수백 명이 거리로 나섰다. 사병 조직이 행진에 폭력을 휘둘렀고 정부가 확인한 13명의 '지도자들', 대부분 감옥에서 최근에야 풀려난 이들이 체포됐다. 8월 21일까지 약 100명이 경찰에 구금되었다. 일단 시위가 시작되자 활동가들은 국외로 운동 소식을 퍼뜨리기 위해 창의적으로 SMS 문자메시지, 이메일, 블로그, 페이스북, 위키피디아, 비디오가 장착된 휴대폰을 활용했다. 몇 시간 안에 BBC 같은 외국 라디오가 소식을 다시 버마로 방송했다. 8월 22일, 경찰은 주요한 성과로 88세대의 핵심 지도자 7명의 위치를 파악해 체포했다. 지속적 탄압에 대한 국제적 반대 여론에도, 군부는 수백 명을 검거했다.

시위가 끝난 것처럼 보였지만, 약 한 달 후 승려들이 수만 명씩 동원됐고 군중이 새로운 물결의 투쟁에 동참했다. 9월 5일, 노란색(saffron, 사프란) 법복을 입은 승려들 수백 명이 만달레이 북부 파코쿠의 거리로 나섰다. 더 이상 평화행진조차 용인하지 않으려는 경찰은 군중을 해산시키려고 경고사격을 가했다. 승려가 30만 명에 이르는, 군인들만큼이나 많은 사회에서 승려 부대는 주요한 도전이었다.[30] 시위 초기에, 승려들은 시민들이 합류하는 것을 막으려고 최선을 다했다. 그들은 정권과 그 지지자들에 맞서 중대한 발걸음을 내딛고 있다는 것을 분명히 하기를, 그리고 그들 자신 외에 아무에게도 피해를 주지 않기를 원했다.[31]

9월 18일, 매일같이 전국에서 시위가 벌어졌다. 모고크에 모인 승려들은 바리때를 뒤집어 거리에서 파업을 할지 결정하기 전에 아주 오랫동안 신중하게 협의했다. 사원이 습격당한 다음날인 9월 27일까지 랑군의 중심인 황금색 돔의 슈웨다곤 파고다가 매일 계속된 시위의 집결지가 됐다.[32] 24세의 아신 코비다가 14인의 동료 승려들에 의해 시위를 이끌 지도자로 뽑혔다. 그들은 슬로보단 밀로셰비치에 맞선 유고슬라비아 민중봉기 비디오에 영감을 받아 전단지를 작성하여 수천 부를 다른 수도원에 배포했다. 9월 19일, 약 2,000명의 승려 시위대가 슐레 파고다에 연좌할 때 코비다는 다른 사람들에게 앞으로 나와서 지도력을 제공해달라고 요청했다. 그렇게 나선 15명이 승려 대표단을 구성했고, 26일까지 시위를 조직하는 데 기여했다.

시위는 규모가 커져서, 9월 23일 랑군에서 2만 명이 모여 행진하며 절정에 올랐다. 다음날 아침에 유명한 연예인 2명이 승려들에게 물품을 기부했고, 수천 명의 시민이 동참하여 민주주의 구호를 외치고 아웅 산 수 치의 자유를 요구했다. 버마변호사협회는 88세대와 승려들에 합류하여, 버마가 처한 정치적 교착상태를 평화롭게 해결할 것을 공개적으로 촉구했다. 24일 저녁, 국영 텔레비전은 시위대에 엄중한 조치를 취할 것이라고 경고했고, 확성기 트럭이 랑군을 돌면서 체포와 최악의 사태에 대해 경고방송을 했다. 그럼에도 다음날 거리의 기운은 적어도 한 서양 기자의 눈에는 "축제 분위기"로 보였다.[33] 주민들은 발코니에서 자신감에 찬 행진 행렬에 환호를 보냈고, 승려들은 바리때를 뒤집었고, 학생들은 금지된 투쟁 공작 깃발을 휘날렸으며, 여승들은 독재에 반대하는 구호를 선창했다. 그날 밤부터 60일간 야간 통행금지가 내려졌다.

다음날 사람들은 즐거운 축하연에 돈을 냈고, 집에 머물기를 거부했다. 시위자들이 모이자 경찰은 연막탄과 최루가스의 엄호 속에 시위대를 공격했다. 경찰이 곤봉으로 공격하고 군인들이 사격을 시작해 많은 사람이 죽었다. 그럼에도 일부 시위대는 저지를 뚫고 시내로 행진했다. 그들이 술레 파고다에 이르자 군인을 가득 실은 트럭들이 뒤를 따라왔다. 위험을 무릅쓰고 군중은 군대를 조롱했고, 그들을 떼어놓기 위해 돌을 던졌다. 승려들은 군인들에게 지금 지은 죄 때문에 다음 생에서 고통받을 것이라고 훈계했다. 일부 군인들은 울었지만, 대다수는 명령을 수행해 또다시 공격했다. 밤이 되자 거리가 비었고 군대는 사원을 공격하기 시작했다. 그날 밤 1988년에 지도적 역할을 했던 궤캬르얀 사원에서는 마루 위로 피가 흐르고 구멍이 숭숭 뚫린 벽을 따라 피 웅덩이가 생겼다.

9월 26일 이른 아침, 중무장한 전투경찰들과 군인들이 슈웨다곤 파고다에서 시위를 시작하려는 시위대를 포위했다. 곧 경찰이 일방적으로 공격해 승려들과 시민들을 무참히 구타했다. 최소 1명의 승려가 맞아 죽었다. 군인들은 군중에게 총을 쏘고 차량으로 그대로 들이받아 많은 사람을 죽였다.[34] 시위가 해체된 다음, '민중'의 친정부 사병 조직의 도움으로 버마 전역에서 승려 수천 명을 검거했다.

목요일인 9월 27일, 군대는 시위를 취재하던 일본인 사진기자 나가이 겐지를 죽였다. 군부의 지원을 받는 전투경찰은 방패와 곤봉으로 무장하고서 거리를 정리했다. 총격 소리가 울리다가 점차 딱딱 끊어지며 잦아들었다. 다음날 정권은 사망자가 겨우 10명이라고 주장했지만, 한 유엔 관리는 40명이 사망하고 3,000명이 체포된 것으로 추정했는데 그중 3분의 1이 승려였다. 심지어 이 추정치도 낮다고 보는 목격자들이 많았다. 10월 4일, 미국의 버마 캠페인은 9월 26일 이후 약 200명의 시위대가 살해됐다고 보고했고, 이 수치에는 9월 29일 한 고등학교에 가해진 유혈 공격은 포함하지 않았다고 밝혔다. 소문에 따르면 군대는 야이웨이 묘지의 화장터에서 많은 시신(아마도 아직 살아 있는 많은 사람들까지)을 화장했다.

체포된 이들은 수천 명에 이르렀다. 군부는 2,100명을 검거했다고 주장했다.《슈피겔》은 체포된 승려 800명이 랑군 공과대학에 수용됐다고 보도했다.[35] 코비다는 타이로 도피했지만, 15명의 다른 승려 중에서 8명이 일제 검속 이후 실종됐다. 잔인한 탄압에 항의하는 뜻으로 시민들은 저녁 뉴스가 방송되는 시간에 전등과 텔레비전을 끄기 시작했다.

2007년 6월 27일, 인권단체들은 선출된 국회의원 16명을 포함하여 정치범이 1,192명에 달하는 것으로 집계했다. 사프란혁명 1년 후, 그 수는 2,123명이 됐다. 군부는 9,000명 이상의 일반 범죄자를 석방했지만, 정치범들은 견디기 힘든 환경에서 고통받고 있다. 2008년 7월 18일, 킨 마웅 틴트는 만달레이 감옥에서 10년을 보낸 뒤에 죽었는데, 이로써 구금 중 사망한 정치범의 수는 137명에 이르렀다. 그럼에도 버마 활동가들은 투쟁을 지속하면서 세대를 넘어 협력하고 있다. 최근 힙합 아티스트 제야 토와 2007년 전버마학생연맹 위원장인 초 코 코가 풀뿌리 저항의 전면에 등장했다. 2008년에 시인 소 와이는 밸런타인데이에 8행시 〈2월 14일〉을 발표해 체포됐다. 각 행의 첫 단어를 이어 읽으면 "권력에 미친 늙은 탄 슈웨 장군"이 된다.

사프란혁명에 CIA가 개입한 사실은 어느 정도 중요한 요소일 수 있다. 윌리엄 엥달은 미국 정보부가 1986년 필리핀 반란에서 배워 사전에 준비한 불안정화 계획을 적용했다고 지적했다. 색깔 티셔츠, 음악인, 비우호적 정부를 겨냥한 공적 공간의 대규모 비폭력 점거 전술 등이 그것이다. "버마의 '사프란혁명'은 우크라이나의 '오렌지 혁명'이나 조지아의 '장미 혁명', 그리고 최근에 러시아를 둘러싼 전략적 국가에서 선동한 다양한 컬러 혁명처럼, 워싱턴이 치밀하게 운영하는 정권 교체 연습의 일환이었고, '벌떼' 같은 노란색 불교도 무리들의 '치고 빠지기' 시위, 인터넷 블로그, 이동전화 SMS를 이용한 시위 그룹 간 의사소통, 흩어졌다 다시 모이는 일사불란한 시위 조직 등 세부 사항까지 지시했다. CNN은 9월 방송 도중에 버마의 시위 배후로 NED(미국 정부가 재정을 지원하는 민주 기금)의 활동을 언급하는 실수를 저질렀다."[36]

버마의 군부가 불러온 빈곤에 더해, 2008년 5월 사이클론 나르기스가 덮쳐 약 13만 8,000명이 죽고 수십만 명 이상이 집을 잃었다. 그해 말에 군부 지도자들은 다시 2010년 총선거를 약속했지만, 아웅 산 수 치의 후보 출마 허용을 거부했다. 버마연방민족회의(NCUB)가 여러 해 동안 광범한 스펙트럼의 민주적 야당(NLD, 버마민주동맹, 민족 민주-해방구 동맹, 소수 인종-민족 협의회, 국회의원연맹)으로 구성된 연대체로 활동했음에도, 아웅 산 수 치는 여전히 운동의 최고 권위자로 남아 있다.[37]

운동이 전술과 소수민족 문제로 분열되어 많은 사람들이 잠재적 동맹 세력에서 고립되어 투쟁하는 것 외에 별다른 대안이 없다. 1947년 이래 지속적으로 무장투쟁을 해온 카렌족에게는 버마의 쇼비니즘이 여전히 문제인 반면, 아웅 산 수 치에게 비폭력은 절대선이다. 전술 문제는 자세히 검토할 만한 가치가 있다. 넬슨 만델라는 더 이상 로빈 섬에 갇혀 있지 않고 남아프리카의 대통령이 된 반면, 왜 아웅 산 수 치는 성인이 된 이후 삶의 대부분을 집 안에 갇혀 보냈는지 어떻게 설명해야 할까? 한 분석가가 언급한 대로, "논란의 여지는 있지만, 봉기는 참여자의 일부가 폭력으로 선회해서 실패한 것이 아니라, 대체로 그것이 충분히 강력하지 못했기 때문에 실패했다".[38]

1988년에 참담한 패배를 당했음에도, 버마의 민중권력 운동은 다른 나라, 특히 이웃 티베트에 영감을 주었다. 텐진 갸초 달라이 라마는 다음과 같이 웅변했다. "인류의 내재적 열망은 자유, 진리, 민주주의이다. 최근에 세계 여러 곳에서 일어난 비폭력 '민중권력' 운동은 논란의 여지 없이 인간이 폭정의 상태를 용인하거나 그 상태에서 적절하게 기능할 수 없다는 것을 보여주었다. 민주주의를 위한 시위에서, 버마 민중 역시 진심으로 말하며 자유를 향한 타고난 열망을 드러내고 있다."

4장
티베트

철로 만든 새가 날고 말이 바퀴 위에 올라탈 때, 티베트인들이 전 세계로 흩어질 것이다.
— 8세기 티베트의 예언

타인을 노예로 삼는 민족은 자신에게 족쇄를 채우는 것과 같다.
— 카를 마르크스

연표

1959년 3월 10일	라싸에서 봉기 시작, 이상이 달라이 라마를 보호함
1959년 3월 10일	대중이 선출한 지도자들이 티베트 독립 선언, 투쟁 단위 조직
1959년 3월 11일	수천 명이 독립에 환호하면서 라싸가 검은 깃발의 바다에 휩싸임
1959년 3월 12일	여성 5,000명 행진, 숄(포탈라 궁 아래)에서 대규모 집회
1959년 3월 17일	달라이 라마 인도로 탈출, 카샤그 공식적으로 독립 선포
1959년 3월 19일	중국군 포격으로 엄청난 사상자 발생, 대규모 전투의 날
1959년 3월 19일	베이징, 21세 판첸 라마를 새로운 티베트 지도자로 선언
1959년 3월 28일	중국 총리 저우언라이가 티베트 정부 해산을 명령함
1987년 9월 27일	경찰, 시위 혐의로 승려 21명과 기타 3명 체포
1987년 10월 1일	승려 40여 명이 원을 돌며 시위, 경찰이 다수 체포
1987년 10월 1일	수천 명이 정치범 석방을 요구, 경찰서에 방화
1987년 10월 1일	최소 6명이 살해됨, 500명 이상의 티베트인 체포됨
1987년 10월 6일	더 많은 시위, 체포, 티베트인 살해
1988년 3월 5일	승려들이 정치범 석방을 요구한 뒤 12명 이상 살해됨
1988년 3월 5일	바리케이드로 바코르 구역 방어, 새총과 돌 사용
1988년 12월 10일	최소 18명 사망, 70명 부상
1989년 1월 28일	판첸 라마 심장마비로 사망
1989년 3월 5일	남녀 승려들이 시위를 이끎
1989년 3월 6일	시민들 시위 참여
1989년 3월 7일	라싸에서 대규모 전투
1989년 3월 8일	티베트에 387일간 계엄령 선포, 250명가량 살해됨
1989년 5월 2일	베이징에 계엄령 선포

1989년 6월 4일　　베이징에서 시위대 수백 명이 살해됨
2008년 3월 10일　　봉기가 시작되어 6월까지 지속, 125건의 시위에서 티베트인 220명 사망, 1,300명 부상, 7,000명 가까이 구속 또는 수감

수세기 동안 티베트인들은 히말라야 산맥을 바람막이로 하는 외진 고원에 독특한 문화를 아로새겼다. 티베트 민족의 등장은 기원전 127년으로 거슬러 올라가며, 냐트리첸포가 40세대에 걸친 왕정의 시조가 됐다.[1] 거의 1,000년 후에 중국과 티베트의 전쟁이 8세기 트르디축텐(36대 왕) 통치 기간에 일어나, 티베트가 중국의 여러 지방을 점령했다. 티베트의 승리를 기념하는 돌기둥이 20세기 말까지 포탈라 궁 앞에 서 있었다.

티베트는 네팔, 인도와 가까운데도 불교가 상대적으로 늦게 전파됐고, 전파된 뒤에는 독특한 산악 신앙이 인도 아대륙의 더 표준적인 불교와 융합됐다. 전사의 나라에서 붓다의 아힘사, 즉 비폭력은 다른 곳만큼 강력하게 뿌리를 내렸고, 거의 모든 사람이 무기를 내려놓았다. 전 세계 수많은 군대의 힘보다 강력한 티베트의 부드러운 종교와 심원한 신앙(직관, 신탁을 통한 점복, 전생과 무아지경)은 마침내 유라시아 대륙 대부분을 통치한 몽골 정복자들을 잠재웠다. 몽골인들은 티베트의 라마교를 종교로 채택했고, 원 왕조(1271~1368)와 만주족의 청 왕조

(1636~1912) 동안 티베트불교는 중국의 공식 종교였다.

20세기에 들어서는 시점에, 모든 티베트인의 10퍼센트가량이 남녀 승려였다. 사회체제는 봉건적이었지만, 수도원은 누구나 들어갈 수 있고 능력에 따라 지위가 올라갈 수 있다는 의미에서 평등주의적이었고 승려들은 자유롭게 떠날 수 있었다. 불교의 수평적 효과는 심오하게 해방적이며, 티베트 사람들은 물질주의적인 다수의 눈에 빈곤한 듯 보여도 정신적 측면에서는 측정할 수 없을 정도로 부유했다.

나라의 종교적 중심지로서 티베트는 자치와 평화를 누렸다. 그러나 1896년 청 군대가 공격을 시작했다. 처음에는 격퇴했지만, 1903년 중국 장군 '도살자' 펑과 그의 군대가 가는 길마다 사람들을 도륙하면서 티베트의 심장부로 밀고 들어왔다. 1911년 신해혁명으로 중국의 만주족 통치자들이 타도되자, 티베트는 중국의 영향력에서 벗어나 일시적인 유예를 누렸다. 라싸에서 중국 사절이 축출됐고, 달라이 라마는 피신해 있던 인도에서 돌아왔다. 달라이 라마는 "1912년부터 1950년 중국의 침략 전까지, 중국뿐 아니라 어떤 다른 국가도 티베트에서 아무 권력도 행사하지 못했다"[2]고 말했다. 20세기 전반기에 베이징의 새 국민당 행정부에 종속되어 있던 동티베트 지방들은 한족을 쫓아내려고 애썼다.

1931년 동티베트(캄) 니아롱 북부의 다르게 수도원 승려들은 지역 지도자 소남 왕두와 동맹을 맺고 도시를 해방하는 반란을 이끌었다.[3] 약 1년 뒤에 중국이 반격해서 도시를 다시 장악했고, 중국의 지속적 침공은 티베트의 주요한 문제가 됐다. 토착 티베트인들은 공산주의자와 민족주의자를 구별하지 않았기 때문에, 대장정 중인 홍군 부대조차 캄 지대를 통과할 때 매복공격을 받았다.[4]

중국의 봉건주의에서 티베트가 '해방'되기 10년 전인 1939년, 전국에 약 6,000개의 수도원이 있었고 소년 4명 중 1명은 승려였다. 공산당의 공식 정책은 "몽골, 티베트, 신장은 민주적 자치주로서 자치를 행사한다"고 명시했다. 일찍이 1922년 제2차 당대회에서 중국공산당(CCP)은 "중국의 영토를 진정한 민주공화국으로 통합"하기로 결의했다. 1949년 장제스와 국민당에 승리를 거둔 직후, 중국공산당의 주요한 우선 과제 중 하나는 영토를 공고화하고 "제국주의의 침략에서 300만 티베트인을 해방하는 것"이었다.

반세기 이상 이어진 중국의 점령 정책 동안에 반란, 투옥, 기아 때문에 죽은 티베트인은, 겨우 500만 명 정도인 전체 인구 가운데 100만 명이 훨씬 넘는 것으로 추정된다.[5] 수십만에 달하는 다른 이들은 외국에 피난지를 구해야만 했다. 한족의 인구 이동은 아주 성공적인 것처럼 보여서, 오늘날 티베트 인구의 절반 이상이 중국계 정착민이며 그들은 국가의 보조금, 보호, 장려를 받고 있다.

티베트는 중국 면적의 4분의 1이며, 중국 광물 자원(금, 아연, 납, 구리, 붕사)의 약 40퍼센트, 상당한 양의 우라늄, 그리고 주요 미사일 기지가 있다. 수백만 에이커의 처녀림과 석유도 보유하고 있다.

같은 반세기 동안, 미국의 세계 전략은 중국을 포위하여 고립시키는 것이었고, 그 과정에서 수백만 한국인과 베트남인이 희생됐다. 티베트도 세계 열강 사이의 역동적 분쟁을 피할 수 없었다. 1950년 4월 중국 제18군의 선발대 3만 명이 티베트를 관통하여 진군해 왔고, 달라이 라마는 유엔에 호소했다. 그러나 유엔은 겨우 최근에야 한국의 침략 세력을 인정했을 뿐이며 행동을 거부했다. 달라이 라마는 이를 티베트가 받은 "극심한 타격"으로 간주했다. 중국 측 자료에 따르면, 공산당 정부군인 인민해방군(PLA)은 1950년 10월 동티베트에서 5,700명 이상의 티베트 투사를 죽였다.[6] 중국과 티베트는 1951년 17개조 합의에 도달했는데, 이후에 달라이 라마는 이 협정이 칼날을 들이대고 강제한 것이며 거기에 찍힌 국새는 베이징에서 조작한 것이라고 주장했다. 수천 명의 중국 군대가 라싸에 도착해 식량을 요구하면서, 수세기 동안 애써 유지해온 인구와 보리 생산량 간의 미묘한 균형이 파괴됐다. 라싸에서 물자 부족으로 물가가 폭등하면서 식량 가격이 10배 인상되었고, 많은 사람이 굶주렸다. 마오쩌둥은 1952년에 티베트의 토지를 마침내 재분배할 것이며 그 과정을 "티베트 인민들의 손에" 맡기겠다고 약속한 바 있다.[7]

유엔은 티베트를 지원하기를 거부했지만, 미국은 기꺼이 개입했다. 1950년대 중반, CIA는 수십 명의 반중국 티베트 투사를 무기와 통신 훈련을 위해 태평양의 사이판 섬으로 보내, 그들이 다시 티베트로 침투하도록 도왔다.[8] 또 다른 사람들은 중국 지배를 타도할 준비를 하기 위해 미국의 콜로라도 주와 코넬 대학으로 보내졌다. 그 뒤 10년간 암도Amdo에서 전투가 지속되어 약 1만 명의 티베트 독립 투사가 죽었다. 신화통신에 따르면, 쓰촨 성에서도 티베트(캄파) 소수민족의 반란이 "비인간적 노예 소유주들과 봉건영주들"에 의해 주도됐다.

1955년 농민들이 농업 집산화에 저항하면서 캄 지방에서 분쟁이 발생했고, 급속하게 전쟁으로 확대됐다. 1956년 5월과 6월 쓰촨 성에서 지역의 다수 티베트 주민들이 당의 정책에 맞선 주요한 반란을 일으켰고, 인민해방군이 투입되어 강제로 질서를 회복했다. 한 보고에 따르면 2,000명의 중국군이 국민당의 지원을 받는 골록 투사들에게 코가 잘렸다고 한다.[9] 공산당 동조자인 앤 루이즈 스트롱은 동티베트의 반란군이 약 1만 명의 무장부대로 발전했다고 보고했다. 1956년 7월 18일,《타임스 오브 인디아》는 동티베트를 통해 라싸로 가는 모든 길을 게릴라들이 폐쇄해 북동부를 지나는 하나의 길만이 열려 있다고 보도했다. 다시 1957년 티베트인들은 당 개혁에 저항했다. 내부 보고서는 군중이 "정부 건물을 포위하고, 정부 상점과 창고를 불태우고, 통신을 방해하고, 평범한 사람들을 약탈하고, 간부들을 죽이고, 인민해방

티베트의 돕돕 승려들.
사진: Joseph F. Rock, Collection of National Geographic Society.

군을 공격했고, …… 따라서 당과 정부는 반란을 진압하기 위해 무장 투쟁을 수행할 수밖에 없었다"[10]고 기록했다. 중국 측에서 보면 "미신, 악마와 신에 대한 투쟁"이 막 시작됐을 뿐이었다.

인민해방군은 티베트 원주민의 저항을 진압하기 위해 폭격을 포함하여 압도적 무력을 사용했다. 1958년 10월 캄파 투사들은 인민해방군 기지에 폭격과 기총소사를 가하고, 수많은 가족을 죽인 중국 항공기를 격추했다.[11] 인민해방군 부대는 지역에 투입되자 가족들을 매복 공격했고, 잔류 세력이 재집결할 때는 원래의 1만 5,000명 중에서 약 4,000명만 살아남았다.[12] 1950년대 동안, 티베트군의 총전력인 가볍게 무장한 1만 명의 투사 가운데 1,000여 명이 죽은 반면, 중국 측에서는 사상자가 훨씬 더 많았던 것으로 보인다. 1956년 9월 29일, 로이터 통신은 2년간 중국인 5만 명과 티베트인 1만 5,000명이 죽었다고 보도했다.[13]

CIA의 정보 교란 작전이 그런 보도를 의심스럽게 만들지만, 티베트 동부의 저항이 가장 강력했고 그 결과 동부 주민들이 끔찍한 고통을 겪었다고 말하는 것은 타당하다. 공산당 지배 아래서 비밀결사인 미망Mimang, 즉 인민당이 광범한 지지를 받았다. 미망은 한족과 우호적으로 지내지 말고 아이들을 중국 학교에 보내지 말도록 민중을 선동했다.[14] 드레풍(승려 7,700명), 세라(승려 5,500명), 간덴(승려 3,300명) 등 대규모 수도원 출신 승려 투사들의 특수부대인 수많은 돕돕Dob-dob이 미망의 당원들이었다. 인도의 한 보도에 따르면 지하 인민당의 주력은 승려 2만 6,000명이었고, "그들 각자는 기도 깃발 어딘가에 장총을 싸가지고 다녔다".[15]

비록 달라이 라마는 무장 저항을 지지하지 않았지만 티베트인들은 압도적으로 달라이 라마에 충성했고, 많은 사람들이 그가 자비로운 관세음보살의 재현이라고 믿는다. 1956년 초, 라싸에서 새 행정부를 구성할 티베트-중국 합동입헌위원회가 선포되자, 이에 맞서 자발적으로 사람들이 나섰다. 달라이 라마는 이렇게 상황을 묘사했다. "중국인에 대한 보통 사람들의 분노는 티베트에 완전히 새로운 무언가를 창출했다. 자연스럽게 정치 지도자들이 민중에 의해 선출됐다. 이 사람들은 정부 관리가 아니었다. 그들은 공식적 지위가 전혀 없었지만 모두 각계각층에서 나왔다. 그리고 그들을 정치 지도자라고 할 때, 서구적인 의미에서 정치적이라는 말이 아니다."[16] 위원회를 비난하는 전단지가 라싸 전역에 나붙자, 달라이 라마와 그의 내각은 중국의 요구에 동의했고 3명의 지도자가 체포되어 그중 1명은 감옥에서 죽었다.

1959년 봉기, 달라이 라마를 보호하라

티베트의 새해(로사)는 3주간의 축제와 기도로 이뤄지며 기도대축제(몬람)로 이어진다. 1959년 초, 라싸 외곽에서 야영하는 수만 명의 난민과 약 1만 7,000명의 승려가 몬람을 위해 도착하자, 라싸의 인구는 2배로 늘어 약 10만 명이 됐다. 도시 외곽에서 중국 침략자에 맞선 전쟁이 터졌다. 중국인 이탈자의 도움으로, 추시 강드룩이 이끄는 돕돕 승려 전사들과 함께 봉기에 나선 이들이 체탕의 중무장 기지(부탄 국경 근처 라싸에서 80킬로미터도 채 안 되는) 아래서 땅굴을 파던 600명의 인민해방군 병사들을 죽였다. 고춧가루 연기로 인민해방군 병사들을 밖으로 몬 티베트 전사들은 항복하려고 총을 내려놓은 많은 중국인을 죽였다.[17]

1959년 3월 9일, 이제 24세가 되어 막 종교 시험을 마친 달라이 라마는 중국 사령관 탄관산의 초대 때문에 고민했다. 쪽지에는 다음날 저녁 중국 기지에서 열리는 연극에 무장 경호원이나 다른 각료들 없이 달라이 라마 혼자 오라고 적혀 있었다. 과거 2년간 수많은 고위 라마승이 비슷하게 중국 당국의 초청을 받아 방문했다가 실종됐기 때문에, '초청'에 대한 소문이 퍼지자 사람들은 곧바로 달라이 라마가 목숨을 잃을까봐 두려워했다.[18] 달라이 라마가 경호원 없이 중국 기지로 갈 것이라는 소문이 퍼지자, 티베트식 풍장 전문가인 라갸바들이 집집마다 방문하여 달라이 라마를 보호하자고 호소했다. 세라 수도원의 원로들은 외부의 승려들, 특히 돕돕에게 라싸로 오라는 전갈을 보냈다. 낡은 장총의 먼지를 떨어냈지만 몇 자루 되지 않았고 탄약도 부족했다. 한 보도는 암도와 골록의 자원자들이 5,000정의 장총을 얻었다고 주장했다.[19] 하지만 운동에 참여한 한 돕돕 승려는 세라에 고작 400여 정의 장총이 있었다고 주장했다.[20]

3월 10일, 달라이 라마의 목숨을 위협하는 예고에 대한 반응으로, 2만 명 이상이 그를 보호하기 위해 인간벽을 쌓자는 호소에 응하여 여름궁전 노르불링카를 둘러쌌다. 사람들이 모여들자 자유위원회 대변인들이 티베트 독립선언을 낭독했고, 1951년 5월 23일 베이징에서 배신자 나보가 서명한 17개조 합의안(이에 따라 중국은 티베트의 외교와 군사 문제에 대한 통제권을 획득했지만, 달라이 라마의 지위는 인정했다) 사본을 불태웠다. 수십 곳의 공개 집회와 정부 관리들도 곧 비슷한 성명을 지지했다.[21] 오후 6시에 달라이 라마의 경호대, 정부 인사, 대중이 선출한 지도자들이 다시 17개조 합의의 종식과 티베트 독립을 선언했다. 전투부대들이 직종과 수도원별로 조직됐다.[22]

이 긴박한 순간에, 중국 특사인 티베트인 칸충 소남 갸초가 차 두 대로 노르불링카에 도착했다. 그가 달라이 라마를 데리러 왔다고 생각한 군중은 갸초를 돌로 쳐 죽였다. 민중의 분노는 너무나 강렬해서 라갸바도 협력자의 시신에 손대기를 거부했다. 시체를 다시 라싸 중심부의 거리로 끌고 갈 때 벨트를 사용해야 했다. 베이징 라디오는 나중에 친중계 티베트군 부사령관도 이 사건으로 부상당했다고 주장했다. 티베트 임시정부인 카샤그를 구성한 6명의 장관인 칼룬 중 2명이 친중국계였다. 이 둘도 부상을 입었다.[23]

달라이 라마는 그날 중국 사령관에게 보낸 편지에 참석하겠다는 의사를 밝혔지만, 궁이 포위되어서 그가 떠나는 것은 명백히 불가능했다. 달라이 라마는 "반동적 악의 세력이 나의 안전을 보호한다는 핑계로 나를 위험하게 하는 활동을 수행하고 있다. 나는 상황을 진정시키기 위한 조치를 취하고 있다. 며칠 내로 상황이 안정되면 틀림없이 당신을 만나겠다"[24]고 주장했다. 몇 년 뒤, 달라이 라마는 회상했다. "군중은 이미 60 내지 70인의 지도자로 일종의 위원회를 선출해서, 만약 중국이 내가 와야 한다고 고집하면 궁에 바리케이드를 쌓아 나를 데려가지 못하도록 하겠다고 맹세했다. 그리고 내각은 군중이 너무 결연해서 내가 나가는 것이 결코 안전하지 않을 것이라고 말했다. …… 나는 사람들이 외치는 소리를 들을 수 있었다. '중국인은 떠나야 한다.' '티베트는 티베트인들에게 맡겨라.'"

언뜻 봐도 무장한 일부를 포함하여 많은 수의 지도자가 여성이었다.[25] 3월 11일 라싸는 독립에 환호하고 달라이 라마를 지지하는 검은 깃발의 바다에 휩싸였다. 수천 명의 여성이 시위를 벌이고 도시의 주민들을 결집시켰다. 그들은 대표단을 파견하여, 그 당시 50킬로미터밖에 떨어져 있지 않던 캄파 투사들에게 라싸에 전쟁을 끌어들이지 말라고 요청했다. 티베트 군인들은 중국식 제복을 벗어버리고, 조국을 지키기 위해 제1차 세계대전 때 썼던 무기를 집어들었다. 자유위원회는 달라이 라마의 안전을 보장하기 위해 여름궁전 내부에 경호대를 배치했다. 그들은 라싸에 남아 있는 티베트군에게 무기고를 열라고 설득했고, 무기는 기쁨 속에 신속하게 분배됐다. 바리케이드를 세우고 촉포리 언덕을 요새화했다. 라싸의 보통 시민들은 중국인을 격퇴하기 위해 삽과 농기구, 곡괭이, 칼, 도끼, 몽둥이로 무장했다. 수백 마리의 염소를 풀어 악마를 쫓아내게 했다. 노래를 부르며 산책하고, 기도하고, 잡담했다.

바리케이드를 철거하라는 중국의 최후통첩을 받고 달라이 라마는 자유위원회의 70인 지도자를 소집하여 그들이 "행동을 취하지 못하도록 설득하기 위해 최선을" 다했다. 3월 12일 5,000명의 여성이 인도 총영사관으로 행진하여 총영사에게 중국 외무부와 계획된 회담에 증인이 되어달라고 요청했다. 그는 거부했다. 라싸의 거의 전 주민이 숄(은 혜로운 포탈라 궁 아래)의 모임에 참석했다.

대중의 정서는 공식 독립 문서를 준비하라는 호소를 압도적으로 지지했다. 라싸에서 3월 17일까지 계속해서 집회가 열렸다.[26] 캄파 투사들이 겨우 40킬로미터 떨어져 있고 중국 항공기가 근처에 착륙했다고 알려졌을 때, 아무도 다음에 무슨 일이 벌어질지 몰랐다. 바르코르 뒷골목에서, 8세기 전 중국에 맞선 티베트 왕 게사르의 승리를 노래

수천 명의 여성이 달라이 라마를 보호하기 위해 주민을 결집시켰다.
사진: Associated Newspapers Ltd., 출처: *Tibet Fights for Freedom*, 53.

하는 소리가 들렸다. 자부심과 행복을 느끼며 사람들은 지역 특산 차 '창'을 마셨다.

노르불링카 내부에서는 달라이 라마가 안전을 위해 티베트를 떠나야 한다는 결정에 도달했다. 그는 대중이 선출한 지도자들과 협의하고 이에 동의했다.[27] 3월 17일, 위장한 달라이 라마는 들키지 않고 노르불링카를 빠져나와 도망칠 수 있었다. 같은 날 카샤그는 17개조 합의를 거부하고 공식적으로 독립을 선포했다.

중국은 티베트군의 힘을 주의 깊게 평가했다. 세라, 드레풍, 간덴 수도원에서 도심으로 이어지는 길을 차단함으로써, 도심을 방어할 준비를 갖춘 티베트 연대의 전사 4,000명을 고립시켰다. 그러고는 노르불링카 주위를 둘러싸고 있는 수천 명을 포위했다. 3월 19일 아침 5시간 동안 중포와 장갑차를 이용하여 인민해방군은 많은 사상자를 내지 않으면서 티베트인들을 엄청나게 살상할 수 있었다. 그러나 중국군이 궁으로 전진하려 시도했을 때, 달라이 라마의 경호원과 도심에 잠입해 있던 저항 투사 수백 명의 예상치 못한 저항에 부딪혔다. 가장 격렬한 전투가 포탈라와 노르불링카 사이의 3킬로미터 거리에서 벌어졌다. 반격을 개시한 캄파 투사들과 라싸 시민들은 극장, 라디오 방송국, 정류장의 요새화된 중국인 진지를 공격했지만 심각한 피해를 입고 밀려났다.[28] 같은 날 베이징 라디오는 21세의 판첸 라마가 티베트의 새로운 지도자라고 선언했다(그달 말인 3월 28일에 중국 총리 저우언라이는 티베트 정부의 해산을 명령했다).

3월 20일, 노르불링카에 발포한 다음날 중국 포병은 포탈라, 촉포리 언덕의 의과대학과 다른 사원들에 화력을 돌렸다. 야만적 전투가 벌어진 3일간 중국군은 여름궁전으로 진격을 두 번 시도했지만, 티베트인들이 바리케이드 뒤에서 탱크에 맞서 화염병을 던지며 중국군을 물리쳤다. 아주 많은 사람이 죽어서 시체가 바리케이드의 일부로 쌓였다. 21일에 캄파 기병대가 중국군을 공격했지만, 중국 장갑차들에 밀려났다. 70명의 캄파인은 중국군을 영화관에서 몰아냈다.[29] 라싸의 무슬림 구역에서 중국군의 진압 시도에도 불구하고 티베트의 수류탄이 계속 터졌다.

궁극적으로 영웅적 투쟁은 2만 5,000명 이상의 중국군의 기술적 우위에 버틸 수 없었다. 22일 새벽, 방어자들은 시체 더미를 뒤로하고 노르불링카를 포기했다. 중국군이 건물 안으로 들어가서 달라이 라마인지 확인하기 위해 수백 구의 시신을 일일이 검사했다. 조캉(라싸의 중심 사찰)도 폭격당했다. 그날 오후, 불길이 사찰의 돔 내부를 태울 때 탱크들이 입구로 밀고 들어왔다. 캄파 기병대가 다시 공격했고 한동안 탱크를 저지하면서 탱크 한 대에 불을 붙였지만, 20세기 무기에 상대가 되지 않았다. 곧 중국 병사들이 문을 부수고 들어왔고, 17개조 합의에 서명한 배신자 나보의 목소리가 안에 있는 사람들에게 항복하라고 요구했다.

3월 23일까지 티베트인 5,000명이 사망하고 4,000명이 포로로 잡히자, 중국은 전 도시를 통제한다고 주장했다. 다른 보고에 따르면 라싸에서 살해된 사람은 1만 명에서 1만 5,000명으로 추정되며, 도시 인구의 4분의 1(약 1만 명)이 감옥에 갇혔다.[30] 중국 측 자료는 소화기小火器 8,000정, 기관총 81정, 수류탄 27개, 산포 6정을 압수했다고 발표했다.[31] 너무나 많은 사람이 죽어서 모든 시체를 화장 또는 매장하는 데 최소 이틀이 걸렸다.[32]

라싸 밖에서는 간체 전투가 보고됐다. 한 급보는 3월 22일 도시가 저항 세력의 손에 있다고 주장했다. 캄파 병사와 기병대가 전국의 4분의 1을 통제하고 그곳에서 반역자들을 색출하여 살해했다는 내용이었다.[33] 3월 24일까지 《힌두스탄 타임스》는 반란이 티베트 전역으로 퍼졌다고 보도했고, 수많은 소식통은 미국이 공급한 장제스의 공군이 무기와 장비를 티베트로 수송하고 있다고 지적했다. 3월에는 중국이 이웃 칭하이 성의 무슬림 중에서 수십 명의 '반혁명 분자들'을 처형하거나 구금했다는 보도가 나왔고, 이어 4월에 무장반란이 일어났다.[34] 4월 4일까지 폭동은 신장에서도 보고됐다. 티베트의 남서부 외곽에서 캄파 반란군은 승려 수만 명에게 지지를 받았다. 기자들은 '전국적 봉기'에 대해 말하기 시작했지만, 동시에 중국 육군과 공군의 압도적 힘을 인정했다. 1960년의 인민해방군 비밀 보고서에 따르면, 1959년 3월에서 1960년 10월 사이에 중부 티베트에서만 약 8만 7,000명의 티베트인이 살해됐다.[35]

망명과 점령

1960년 9월 인도 다람살라의 망명지에서 달라이 라마가 망명정부를 수립했다. 인민대표의회 선거가 열렸고, 1963년 3분의 2 찬성으로 달라이 라마의 하야를 허용하는 논쟁적 조항이 포함된 새로운 티베트 헌법이 승인됐다. 대부분의 대의원은 그 조항에 반대했지만, 달라이 라마가 직접 설득해 통과시켰다.

1960년 5월 1일, 미국 U-2 첩보기가 소련 상공에서 격추됐고, 티베트 투사들에 대한 미국의 직접적 공중 지원은 중단됐다. 그해 후반, 강력한 추적에 밀린 캄파 저항군은 손쉬운 물자 공급을 위해 무스탕(네팔의 티베트인 구역)으로 이동했다.[36] 1962년 10월, 중국과 인도 간의 전쟁이 국경 지역에서 일어났다. 초강대국끼리의 경쟁 주변에서 티베트인들이 고통을 당했다. 기근이 1963년까지 지속되자 이 지역은 봉기의 진압과 대약진 정책(중국에서 1958년에 시작된 경제 건설 운동—옮긴이)의 여파라는 이중고에 휘말렸다. 중소中蘇 분쟁으로 러시아가 중국에 곡물 수출을 중단하자, 티베트의 곡물 수확이 러시아의 곡물을 대신하게 됐다. 그에 따라 식량이 부족해지면서 티베트인들은 살기 위해 고양이와 개를 포함해 눈에 띄는 것이면 무엇이든 먹어야 했다. 참혹하게도 중국 관리들은 티베트인들이 전통 작물인 보리 대신 밀을 심어야 한다고 주장했다. 수확이 이루어지지 않아서 줄잡아도 50만 명의 티베트인이 굶주렸고, 동시에 그들의 종교 중심지들이 급감했다.[37]

1959년 봉기 이전에 6,000곳이던 수도원은 1년 뒤에 겨우 370여 곳만 남았다.[38] 세라 수도원에 기거하던 승려 2,000명 중에서 겨우 50명만 남았다. 마오쩌둥은 20년 내 철군을 약속했지만, 중국군은 티베트에 계속 주둔했다. 문화대혁명 기간에 남아 있던 대부분의 수도원도 파괴되고 겨우 15곳 정도가 손상되지 않은 채로 남았다.[39] "미신적" 승려들은 법복을 벗고 결혼하도록 강요받았다. 1966년 8월 25일 홍위병들이 조캉 사원을 점령한 뒤에 유물을 훼손하고 귀중한 원고를 태웠고, 사찰의 용도를 자신들의 "숙소 제5호"로 바꾸었다.[40] 티베트불교의 중심지 파괴에 대한 설명이 미심쩍다고 해도, 표 4.1이 보여주듯이 중국 측 통계도 마찬가지로 충격적이다.

[표 4.1] 티베트의 수도원과 승려 수에 대한 중국 정부 추정치

연도	수도원	승려
1959 이전	2,700	114,000
1959~1966	550	67,000
1966~1983	8	970
1987	970 '종교 센터'	1,500

출처: Tibet Autonomous Region report dated July 17, 1987 (prepared prior to German Chancellor Helmut Kohl's visit). *Tibetan Review*, September 1990, 7.

케네디 대통령은 처음에 티베트 투쟁을 열광적으로 지원했지만, 인도 대사 존 케네스 갤브레이스가 티베트인들이 야만적이고 "심히 비위생적인 사람들"[41]이라면서 반대하자 시들해졌다. 케네디는 얼버무렸지만, 닉슨과 키신저는 중국의 요구에 굴복했다. 1969년 마오쩌둥과 키신저의 비밀 회담이 열려 양국의 관계 정상화로 이어졌다. 마오쩌둥은 중국이 미국과 외교관계를 회복하기 위해서는 무엇보다 미국이 티베트 원조(그리고 타이완과의 외교관계)를 중단해야 한다고 주장했다.[42] 자신들이 훈련시키고 무장시켰던 티베트군을 해산시키기 위해 CIA는 수백만 달러를 들여 티베트인들을 민간인 생활로 돌려보냈으며, 그러느라 네팔 포카라의 안나푸르나 호텔을 구입하기도 했다.[43] 1974년 무스탕의 왕두 장군 부대의 티베트 투사들은 무장해제를 거부했다. 달라이 라마가 개입하여 그들에게 무기를 내려놓으라고 간청했다. 불복종할 수는 없지만 항복하기 싫었던 많은 투사가 자살했다.[44]

무장 저항이 끝나자 1978년 중국은 티베트 망명정부 대표들에게 귀환하라고 정식으로 요청했다. 다람살라의 첫 대표단이 도착하자 수십만 명이 나와서 그동안 겪은 불행 탓에 통곡하며 그들을 맞이했다. 1979년에 덩샤오핑은 야외 문화 축제와 덜 제한적인 환경을 허용했고, 공개적인 종교의식이 부활했다.

1980년대 후반, 다시 불타오른 봉기

한족의 정착-식민주의는 지역의 인구를 증가시켰기 때문에, 티베트인들은 자연스럽게 반대하여 일어났다. 빈약하게 조직된 티베트인들의 시위는 압도적 힘으로 진압당했다. 1987년 9월과 10월, 라싸와 다른 도시에서 일련의 불만이 팽창했고, 동시에 달라이 라마가 워싱턴 D.C.를 방문하여 베이징에 5개조 평화 계획을 제안했다. 중국 TV는 달라이 라마의 방문을 짧게 보여주었지만, 그것도 그를 비난하는 수단이었다. 지도자의 제안에 대한 소식이 퍼지자 드레풍 수도원의 승려 21명이 9월 27일 아침에 바르코르 찻집에서 모였다.[45] (3일 전에 1만 5,000명 이상의 티베트인이 작업장과 마을위원회의 강요로 라싸 스포츠 경기장에서 군중 재판을 지켜봐야 했는데, 중국 관리들이 티베트인 11명에게 판결을 내렸고 그중 2명에게는 사형을 선고했다.) 27일 오전 9시경 승려들이 손으로 그린 티베트 국기를 들고 조캉 사원 주위를 둥글게 행진하면서 "티베트는 독립국이다"라고 외치기 시작했다. 그들이 세 바퀴를 돌자 수십 명이 가담했다. 조캉 사원 앞 거대한 광장에서 처음 시위를 시작한 모든 승려와 다른 3명이 체포됐다. (이후 중국 측은 충돌이 발생하지 않았다고 설명했다.)[46]

10월 1일, 약 40명의 승려(대부분 세라 수도원 출신)가 비슷한 원형 시위를 벌였다. 그러나 이번에는 경찰이 도착하여 많은 승려를 구타했다. 60명 이상이 근처 경찰서로 연행됐다. 곧 수천 명의 군중이 모여 시위자의 석방을 요구했다. 그들은 경찰을 건물로 물러나도록 밀어붙인 뒤에 불을 질렀다. 참파 텐진이라는 한 승려가 용감하게 안으로 들어가 갇혀 있던 승려들이 나오도록 도왔지만, 최소 3명이 도망치려다가 총에 맞아 죽었다. 중국 당국이 인용한 목격자는 6명이 죽었다고 주장했다.[47] 독립적 소식통은 12명이 사망하고 약 400명이 체포됐다고 보도했다.[48] 불타는 건물의 지붕에서 경찰이 사격을 가해 대부분의 사상자가 발생했다. 바르코르의 전투는 사람들이 진정하기를 거부하면서 밤

참파 텐진의 영웅적 행동은 라싸 거리에서 열광적 환호를 받았다.
사진: John Ackerly, 출처: *Tibet Since 1950: Silence, Prison or Exile*, 72-73.

새 계속됐다. 군중은 영웅적인 행동을 한 참파 텐진을 목말을 태웠고, 이후 그는 사라져 티베트에서 탈출했다.

다음날 밤에 군인들이 세라 수도원을 포위하는 동안, 경찰은 내부에서 난동을 피우면서 시위 계획과 관련이 있다고 생각되는 사람을 아무나 체포했다. 3일 후인 10월 6일, 승려 약 50명이 티베트 지역 행정 사무소 앞에서 평화적으로 시위를 벌이면서, 9월 27일 최초로 원형 시위를 벌였던 드레풍 수도원 출신 승려 21명의 석방을 요구했다.

티베트인들에게 원형 시위는 편리한 시위 방식 이상의 것이었다. 어느 날이든 수천 명의 보통 사람이 사찰과 성지를 둘러싸고 기도바퀴를 돌리면서 염불을 외는 모습을 볼 수 있다. 코라Khorra는 선업을 쌓는 수단이며, 내세에 더 나은 삶으로 다시 태어나는 방법이다. 시위대가 이렇듯 종교적 표현의 일반적 수단을 이용했기 때문에, 아무리 평화적이더라도 경찰은 '유신론'에 대한 투쟁의 일부로 원형 시위를 탄압할 필요를 느꼈다. 10월 6일 승려들은 단지 평화적으로 걷기만 했지만, 전투경찰이 출동해서 그들을 심하게 구타하고 체포했다. 승려들이 저항하지 않고, 돌을 던지거나 심지어 깃발을 들지도 않았는데 그렇게 했다.[49] 그 뒤 몇 주간, 티베트인 500명 이상이 체포됐는데 대부분 한밤중에 도시가 잠든 사이 집에서 끌려갔다. 10월 말에 수십 명이 바르코르에서 체포됐고, 군대가 그 지역을 점령했다.

구타당하고 진압당해도 티베트인들은 가만히 있기를 거부했다. 다음해 봄, 그들은 다시 일어섰다. 1988년 3월 5일, 10일간의 몬람 축제 마지막 순서로 미륵불을 들고 조캉 사원을 돌 때쯤, 간덴 수도원의 승려들이 중국 관리들이 앉아 있던 무대로 달려나갔다. 그들은 몇 달 전 체포되어 혐의 없이 구금되어 있던 친독립파 고승 율로 다와 체링의 자유를 요구했다.

승려들의 증언에 따르면, 한 공산당 관리가 입을 다물라고 소리치며 시위대에 돌을 던졌다. 돌이 되돌아 날아가고, 총성이 울리고, 한 캄파인이 쓰러져 죽었다. 승려 200여 명이 시신을 들고 조캉 사원 주위를 시계 방향으로 돌았다. 종교를 자원으로 이용하여, 시위대는 시신을 메고 조캉 사원을 돌았다. 세 바퀴째에서 2,000명 이상이 동참했고, 군중은 중국 전투경찰을 쫓아냈다. 곧 대규모 폭력이 닥치리라는 걸 잘 아는 승려들은 조캉 사원의 무거운 문 안으로 피했다. 쇠파이프와 못박힌 곤봉을 든 경찰이 최루탄을 난사하면서 공격했다. 일단 절 안으로 들어간 경찰은 많은 사람을 죽였고 수십 명이 부상당했다.[50] 다쳐서 늘어진 몸통들이 조캉 사원 지붕에서 바르코르 광장으로 던져졌다.

가두전투가 밤까지 이어졌고, 바르코르의 시위 지역에 바리케이드가 세워졌다. 승려들은 쉽게 식별되지 않기 위해 옷을 갈아입었다. 라싸 전역의 전투에서 새총과 돌이 사용됐다. 한 승려는 이렇게 증언했

1988년 3월 5일, 승려들이 시위를 시작했다.
출처: *Circle of Protest*, 112-13.

다. "티베트인들은 말한다. '이제 우리는 모든 중국인을 몰아내야 한다.' 그런데 두 가지 의견이 있었다. 하나는 중국인도 인간이기 때문에 모든 중국인과 싸워서는 안 된다는 것이다. 다른 의견은 그들이 중국인인 한 우리는 그들과 투쟁해야 한다는 것이다."[51] 밤늦게 중국 식당과 약국이 1곳 이상 불탔는데, 알려진 바로는 이것이 시위대가 중국인 사업장을 공격 대상으로 삼은 첫 사건이었다.

중국인 경찰 1명이 죽고 28명이 병원에 입원했다. 민간인 희생은 더욱 심했다. 한 목격자는 16명이 죽었다고 주장했다. 다음날 한 거리 벽보에는 조캉 내부의 한 불전에서 12명의 승려가 죽었다는 주장이 적혀 있었다. 이후의 설명에 따르면 중국군이 승려 20명을 구타해서 죽이고 200명을 끌어냈으며, 그들은 수천 명의 티베트인이 갇혀 있는 중

국 감옥의 철창 안으로 사라졌다. 그리고 수천 명이 더 사라졌다.[52]

교도소에서는 구타, 전기충격, '진실' 혈청 주입, 얼음물 목욕, 로프에 매달기 등 수많은 가학적 고문이 자행됐다. 1988년 7월, 구차 교도소에서는 여성 죄수들에게 개를 풀었다고 보도됐다.[53] 여승들의 몸 안에 전기 막대를 밀어넣기도 했다.[54] 1990년 2월,《아시아워치》는 티베트를 "중국 경찰의 고문 기술 실험실"[55]이라고 칭했다. 많은 죄수가 재판조차 받지 못했고, 다른 죄수들도 빈약한 증거로 허술한 재판을 받았다.

1988년 여름, 죄수 학대와 경찰 폭력이 만연한 동안에 드레퐁 승려들(모두 1987년 9월 27일 시위의 베테랑)이 목판을 사용하여 11쪽짜리 선언문〈고귀한 티베트 민주헌법의 의미〉를 인쇄했다. 티베트를 "도왔다"는 중국 측의 주장을 반박하는 이 문서는 독립 티베트의 윤곽을 그렸다. 승려들은 "티베트의 광범한 대중의 협력과 동의에 기초한…… 또는 민중이 권력을 제한하는 대표자들에 의한 정치적, 사회적 조직"을 요구했다. 그들은 과거로 돌아가기를 원치 않았다. "오류로 가득한 낡은 사회의 관행을 완전히 제거했기 때문에, 미래의 티베트는 우리의 과거 상태와 닮지 않을 것이며, 농노제의 회복이나 연이은 봉건 영주 또는 수도원 토지 등에 의한 이른바 '낡은 체제'의 지배 같은 것은 없을 것이다." 그들은 "공포, 위선 또는 은폐 없이 자신이 생각하는 바를 실천할 수 있는 서로 다른 개인적 견해"를 가질 민중의 자유를 옹호했다.[56] 선언문을 썼다는 이유로 이후에 한 승려가 19년 징역형을 선고받았다. 다른 승려들은 공산당이 소집한 공개 집회에서 비난받았고, "자신의 행동으로 불교의 종교적 교리와 계율을 철저하게 배신한 종교계의 쓰레기"[57]라고 지적당했다.

1988년 9월 27일, 중국 경찰이 또다시 사원에 침입하자 이에 대응해 시위가 발생했다. 다음달 라싸에서 16세 청소년이 총에 맞아 죽었다. 그 이후에 스트라스부르의 유럽 의회를 방문한 달라이 라마가 중국에 티베트 외교정책 통제를 제안했다. 1989년에 그는 노벨평화상을 수상했다. 1988년 12월 10일 유엔 인권의 날 40주년 기념일에 시위대와 경찰 수백 명이 라싸에 왔다. 남녀 승려들은 소그룹으로 몰래 만나서 행동을 준비했다. 그날 중국 당국은 티베트 어린이들이 시위에 참여할까 두려워 아이들을 학교에서 돌려보내지 않았고, 공무원으로 일하는 티베트인들은 일이 끝나도 퇴근하지 못했다. 조캉 사원 근처에 너무 많은 중국인이 주둔해서, 승려들은 시위를 시작할 장소를 라모체 사원으로 바꿨다. 30~40명의 남녀 승려로 구성된 무리가 걀포라는 이름의 승려가 든 깃발을 따라 조캉 사원을 향해 걸어갔다.[58] 무리가 둘로 나뉘자 다른 깃발이 등장했다. 경찰은 경고 없이 약 200명으로 늘어난 첫 번째 무리에 달려갔고, 경찰서장이 발포하여 깃발을 든 승려를 죽였다. 최루가스를 사용한 뒤 자동화기로 지역 전체에 총격을 가해 수많은 사람이 죽고 다쳤다. 부상자 중에는 네덜란드 관광객도 있었는데, 그녀는 18명이 죽고 70~80명이 다쳤다고 생각했다.[59] 다른 사상자 추정치는 더 낮았지만, 경찰이 경고 없이 발포했다는 점은 모두 일치했다. 한 미국 관광객에 따르면 "시위대는 완전히 비폭력적으로 구호를 외쳤을 뿐, 어떤 종류의 무기도 소지하지 않았고 돌도 던지지 않았다".[60] 일주일 후인 12월 18일에 60명 이상의 티베트 학생이 베이징의 톈안먼 광장에서 시위를 벌였다.

1989년 1월 28일, 판첸 라마가 공개적으로 베이징의 정책을 비판하고 티베트에 더 많은 자치를 요구한 지 일주일 만에 갑자기 심장마비로 사망했다. 그가 살해됐다는 소문이 퍼지면서, 라싸에 '독립봉기조직'이 서명한 전단지가 등장했다. 이 조직은 왜 티베트인들이 판첸 라마의 시신을 보지 못하도록 하는지 물었고, 공개 검시를 요청하는 대표단을 보내겠다고 선언했다.[61] 라싸에서 대규모 시위를 막기 위해 당국은 국가 장례식을 수천 킬로미터 떨어진 베이징에서 거행했다. 종교 지도자들이 전통적으로 후계자를 결정해온 관례를 깨고, 중국 총리 리펑은 정부가 그의 후임을 찾겠다고 선언했다.

산발적 시위대와 독립봉기조직이 서명한 포스터는 민중들에게 조캉 참사 1주년이 되는 3월의 설날에 축하를 자제하라고 촉구했다. 2월 말에 남녀 승려 1,700명의 행진을 포함한 조직적 시위가 경찰 수백 명에 의해 진압됐다. 여승들이 운동의 지도자로 등장했다.[62] 3월 1일 여승 8명이 행진했고, 다음날에는 37명이 함께 걸었고, 3월 4일에는 몇몇 남자 승려와 일반인 수십 명이 13명의 여승들에게 합류했다. 일요일인 3월 5일 작은 무리가 조캉 사원을 돌며 원형 시위를 시작했고, 시위는 수천 명의 행진으로 커졌다. 30년 만의 최대 시위였다.

폭동이 일어나면 으레 그랬던 것처럼, 경찰은 즉시 폭력으로 대응했다.[63] 정오 무렵에 조캉 사원 근처 바르코르 시장에서 사람들이 평화적으로 행진할 때 중국 경찰이 근처 옥상에서 병을 던졌다. 경찰은 경고 없이 발포하여 최소 2명을 죽였다. 오후 3시경, 사람들이 다시 모여 행진했다. 최루가스에 맞서 돌을 던지면서 그들은 다시 총격을 당했는데, 이번에는 경찰이 자동화기를 사용했다.[64] 죽은 사람 중 한 명은 티베트 국기를 지녔기 때문에 '유죄'였고, 그것은 사살될 만한 '범죄'였다. 총격으로 수십 명이 부상당했다. 군인들이 티베트 식당을 부수자 사람들은 중국 상점을 공격해 불태우고 상품을 거리에 쌓아놓고 태웠다. 가구들로 바리케이드를 세웠다. 이것은 이제 라싸 시민들에게는 익숙한 방어 수단이었다. 다음날 다시 시작된 시위는 경찰 발포로 더 많은 사망자와 부상자를 남겼다. 시위대는 옥상의 경찰 저격수가 계속 사격하는 가운데서도 정부 관청을 공격했다. 중국군 부대는 티베트인들에게 무기가 있다고 주장하면서 시내 중심부에서 철수했다.

새로운 시위의 물결에 대한 정부의 반응은 사찰을 습격하고, 250

명을 학살하고, 마지막으로 1989년 3월 8일부터 387일간 계엄령을 내리는 것이었다.[65] 중국 당국은 모든 외국인에게 티베트를 떠나라고 명령했다. 2,000명의 중무장 부대가 라싸의 티베트인 지구를 점령하고 1,000명이 구금된 것으로 추정됐다.[66] 악명 높은 드랍치 교도소는 새로운 수감자로 넘쳐났다. (정부는 라싸에서 시민 16명과 경찰관 1명이 죽었다고 보고했지만, 목격자들은 3월 5, 6, 7일에 60명 이상, 많게는 200명까지 죽었다고 주장했다. 중국 측 소식통에 따르면, 도심 시위에 대한 대응으로 경찰과 군이 1989년 여름까지 18개월 동안 600명을 살해했다.[67])

중국 지도자 자오쯔양과 리펑(곧 숙적이 된)은 티베트를 직접 방문했다. 1989년 2월, 판첸 라마의 죽음 이후에 티베트에서 긴장이 고조되자, 자오쯔양은 라싸에 단호한 전문을 보내 "가혹한 예방 조치"를 취하라고 명령했다. 겨우 3개월도 지나지 않아 자오쯔양은 톈안먼 광장의 학생 시위대에 동조하다 물러났고, 정부를 위협하는 학생 주도 봉기에 대한 대응으로 베이징에 계엄령이 선포됐다. 정부가 티베트를 탄압할 때 중국 시민들이 지킨 침묵이 민주화운동의 운명을 봉인했다. 1989년에서 1990년까지 가혹한 계엄령이 끝나고 1년 후, 티베트의 공산당 서기 후진타오는 군대의 "불멸의 행동"을 칭찬했다.[68] 티베트에서 계엄령을 착실하게 시행한 이후, 후진타오는 2002년 중국 최고지도자가 됐다.

계속되는 저항, 티베트의 힘

너무나 많은 활동가가 혹독한 상태로 감옥에 갇혀 있었기 때문에, 티베트 감옥 안에서 저항이 확산되는 것은 놀라운 일이 아니었다. 1992년 3월 6일 티베트 설날에 드랍치에서 23명가량의 여성이 전통 복장을 입었다. 죄수복을 입으라는 명령을 받았지만 거부했다. 구타당하고 차이고 전기봉으로 찔려도 여성들은 계속 저항했다. 그들은 독립 노래를 비밀리에 녹음하여 밖으로 내보냈다. 많은 여성이 그로 인해 다시 한 번 구타당하고 독방에 갇혔고, 형량은 5년에서 9년으로 늘어났다.[69]

1993, 1996, 1997, 1998년 단식농성으로 저항은 계속됐다. 1998년 죄수들은 5월 1일 국제 노동절을 지키기 위해 드랍치 내부에 모였지만, 일부는 계속 독립 구호를 외쳤다. 그들에게 충격, 구타, 전기봉이 가해졌다. 3일 후에 비슷한 사건이 일어났고, 치명적 폭력이 다시 한 번 가해졌다. 사망자는 여승 6명, 남자 승려 4명, 기타 1명으로 총 11명에 이른 것으로 보인다. 최초 사건에서 한 달이 더 지난 6월 7일에 여승 6명이 자살했다.[70]

티베트인들은 산발적인 시위로 중국의 통제에 계속 저항했다. 1996년 5월, 간덴 승려 70명이 체포되고 시위 도중에 7명이 사망한 것으로 추정됐다.[71] 1997년에 시가체shigatse의 많은 승려가 허가 없이 들어온 공산당 간부들에 협력하기를 거부했다는 이유로 수도원을 떠나야 했다. 1999년 3월, 독립 구호를 외쳤다는 이유로 바르코르에서 3명의 승려가 체포됐다. 2007년 8월, 리탕(쓰촨 성에서 티베트 주민이 많이 사는 도시)에서는 어떤 사람이 말馬 축제에서 마이크를 잡고 사람들에게 달라이 라마가 티베트로 돌아오길 원하는지 묻고 난 뒤에 수십 명이 체포됐다. 질문했던 남자의 구금에 사람들이 항의하기 시작하자 경찰은 그들을 해산시키려고 공중에 발포한 것으로 보도됐다. 약 200명이 체포됐다. 2007년 10월, 달라이 라마가 미국 의회에서 훈장을 받자 드레풍 수도원에서 이를 축하하려는 승려들이 경찰 수천 명과 대치했다.[72] 티베트 전역에서 경찰이 축하 행사를 주시했지만, 그럼에도 많은 사람들이 참석했다.

대규모의 한족 인구가 티베트로 이주하면서, 약 750만 명으로 600만 명인 티베트인을 넘어섰다. 티베트인들의 토지에 대한 특별 권리 주장은 미국 원주민의 주장과 양상이 비슷해지고 있다. 항공편, 중국

동부와의 직통 철도 연결로 인해 티베트 경제에서 관광이 차지하는 몫이 점점 증가하고 있다. 중국계 상인들은 국영 상점에서 사원의 귀중품을 판매한다. 고대의 성지는 열려 있지만 승려의 수는 국가에 의해 제한되며, 이런 현재의 사정이 종교의 호소력을 방해한다. 1994년 7월에 베이징에서 열린 제3차 전국티베트포럼은 수도원과 비구니 사원에 대한 더 가혹한 감독, 민족주의적 동조가 의심되는 티베트인의 숙청, 티베트 청소년 교육에 대한 통제 강화, 한족의 인구 이전 증대, 달라이 라마에 맞선 캠페인 등을 결정했다.[73] 1995년에 달라이 라마와 공산당 정부는 다음 판첸 라마를 각각 선택했고, 달라이 라마가 선택한 소년은 실종됐다.

오늘날 티베트에서는 두 담론이 헤게모니 경쟁을 벌인다. 티베트인들에게 3월 10일은 티베트 민족봉기의 날, 1959년 라싸 봉기의 기념일인 반면, 베이징은 1959년 달라이 라마의 신권통치와 '노예제'의 폐지를 상징하는 '농노해방일'로 3월 28일을 경축한다. 2008년 중국보안대는 수도원들을 조사하여 남녀 승려들에게 달라이 라마를 비난하는 진술서에 서명할 것을 요구했고, 거부하는 경우 수도원에서 추방하거나 체포하기도 했다. 중국 내에서 티베트의 자유에 대한 대항담론은 검열당하지만, 티베트인들은 자신의 민족 정체성을 고수하며 정열적으로 표현한다. 다만 효과적 조직이 결여되어 있다.

2008년 베이징 하계올림픽 준비 과정에서 그리스부터 올림픽 송화를 봉송해 올 때 전 세계적으로 시위가 벌어졌는데, 이는 중국의 티베트 정책이 중국의 국제적 이미지를 얼마나 훼손하는지 극적으로 보여줬다. 1959년 봉기 기념일에 라싸에 모인 수백 명의 승려는 판첸 라마 등 구속된 동료들의 석방과 달라이 라마의 티베트 귀환을 요구했다. 경찰은 승려들을 구타했고, 승려들이 드레풍 수도원으로 돌아가자 다시 그들을 포위했다. 다음날 세라와 간덴에서 승려 600명 이상이 참여한 시위, 추창에서 여승들이 벌인 시위도 저지당했다.[74] 다음날에 승려들이 다시 공격받자 시민들이 자발적으로 그들을 도우러 왔다. 그날의 전투에서 최소한 1,000곳의 중국인 소유 상점과 수십 대의 차량이 공격받았고, 한족들이 공개적으로 곤욕을 치렀다. 중국 언론에 따르면 라싸에서 최소 19명이 죽고 325명이 다쳤는데, 대부분이 한족이었다. 시위는 쓰촨, 간쑤, 칭하이 지방으로 급속하게 퍼졌다. 소요 사건이 모두 177곳에서 일어났는데, 이로써 2008년 봉기는 1959년 이래 가장 규모가 크고 범위가 넓은 봉기가 되었다.[75] 3월 10일에서 6월 22일 사이에 125건 이상의 폭동이 기록됐다. 중국 당국은 민간인 18명과 경찰관 1명이 죽고, 시민 382명과 경찰 241명이 다치고, 가옥 120채와 차량 84대에 대한 방화, 1,367개 소규모 사업체에 대한 약탈이 발생했다고 주장했다.[76] 티베트 측의 통계 수치는 훨씬 더 많다. 달라이 라마는 80명 이상이 첫 주에 사망했다고 추산했고, 티베트 망명정부는 2008년 6월 중국군에 의해 티베트인 220명이 죽고 1,300명 가까이 부상당했다고 주장했다.[77] 중국 측 추산 4,434명 이상, 티베트인과 티베트 측 소식통 추산 7,000명이 검속당했다. 샤허에서 승려 220명이 체포되어 구타당했고, 시민들은 중국인 소유 상점을 공격하여 대응했다. 경찰은 티베트인 여러 명을 죽였다.[78] 베이징에서는 티베트 학생들이 촛불시위를 벌였다.

달라이 라마는 정의를 위한 투쟁에 폭력을 사용해서는 안 된다고 매우 분명히 밝힌다. 그는 기회가 있을 때마다 자신이 "아주 처음"부터 무기를 쓰는 것에 반대했다고 솔직하게 진술했다. 수많은 티베트인에게 신이자 국왕인 그의 지위를 고려하면, 그의 반대만으로 어떤 저항군 또는 폭력을 수반한 봉기의 파멸을 예상할 수 있다. 버마의 경우에서 본 것처럼, 한 개인의 지도력은 아무리 성스럽더라도 운동의 효용성과 효율성에 제약을 가한다.

다람살라의 티베트 망명정부는 민주적으로 선출됐고, 소수의 승려만이 소속되어 있다. 달라이 라마는 공개적으로 더 폭넓은 민주주의를 옹호하며, 심지어 그의 후계자가 교황처럼 선출될 수도 있음을 암시한다. 그는 또한 중국 정부가 별로 존경을 표하지도 않았던 종교적 권위를 찬탈하지 못하게 하기 위해 죽기 전에 새로운 달라이 라마를 선택할 수 있다고 말했다. 비록 그가 믿을 수 없을 정도로 유연하고, 중국이 군사외교 정책을 통제하는 상태에서 티베트의 완전한 독립이 아니라 더 넓은 민주주의를 요구한다고 해도, 중국 지도자들의 눈에 그는 여전히 추방자일 뿐이다.

티베트인들은 중국과 세계 전역에 흩어져 있기 때문에 비자본주의적 티베트인들이 현대적 궤도로 통합되는 데 대해 지속적인 저항층을 제공한다. 역사는 신비롭고 때로는 보이지 않는 방식으로 작동한다. 1989년 티베트 봉기에 뒤이어 20세기 후반 들어 가장 중요한 중국 민중운동이 발생했다. 결국, 당시 세계에서 군사력이 가장 강력했던 몽골인을 무력화한 티베트인들의 역사는 대량살상무기에서 자유로운 세계, 모든 형태의 생명이 존중받는 세계를 창출하는 데 그들이 맡을 역할을 예시하는 것일지도 모른다.

5장
중국

중국이 잠자게 놔두라. 중국이 깨어나면 전 세계가 흔들릴 것이다.
— 나폴레옹

인공위성은 이미 천국에 도달했지만, 민주주의는 아직 지옥에 잡혀 있다!
— 중국학술원 연구원들의 항의 플래카드

무정부 상태다, 그러나 조직된 무정부 상태다.
— 댄 래더, *CBS 뉴스, 1989년 5월*

연표

1989년 4월 15일	당 지도자 후야오방 사망, 1시간 내로 노동자들이 톈안먼 광장에 집결
1989년 4월 18일	학생 2,000여 명이 톈안먼 광장에서 농성, 노동자들은 조직 결성에 관한 논의 시작
1989년 4월 19일	베이징 대학에서 학생자치회 결성, 톈안먼 광장에 학생 1만 명 모임
1989년 4월 19일	학생 125명, 경찰이 해산할 때까지 이틀간 중난하이의 당 간부 거주지역에서 농성
1989년 4월 20일	베이징 사범대학 학생자치회 조직, 도시 전역의 학생 조직화 호소
1989년 4월 21일	전날 밤 경찰의 중난하이 농성 폭력 진압에 대한 대응으로 수업 거부 시작
1989년 4월 21일	학생 6만 명이 축구장에 모여 밤에 있을 후야오방 장례식에 참석하기 위해 톈안먼으로 행진
1989년 4월 22일	후야오방의 장례식에 10만 명 이상 참석, "우리는 대화를 원한다"고 외침
1989년 4월 22일	시안에서 대규모 시위, 장례식 후에 학생들이 청원서를 들고 무릎을 꿇었으나 아무도 나와서 받지 않음
1989년 4월 24일	베이징대학생자치연합 창립
1989년 4월 26일	《인민일보》 사설, 반국가적 소요와 혼란 비난
1989년 4월 27일	경찰의 봉쇄에도 학생 10만 명 이상이 톈안먼 광장으로 행진
1989년 4월 27일	14시간 행진, 시민 50만 명 이상이 축제 분위기에서 경찰에 저항
1989년 4월 29일	공식적으로 인정된 학생단체가 정부 측과 만남
1989년 5월 4일	1919년 학생운동 70주년 집회에 100만 명 이상 참여

1989년 5월 8일	일부 학생들 수업 복귀, 나머지는 거부 선택
1989년 5월 10일	5,000대 이상의 자전거 시위로 언론인들의 언론 자유 요구 지지
1989년 5월 11일	학생자치회 지도부 위에서 저명한 운동 지도자들이 행동 계획
1989년 5월 13일	단식농성 시작, 곧 2,000여 명 동참
1989년 5월 14일	TV 대담이 생방송이 아니라 사전녹화로 진행되자, 일부 단식농성자들이 촬영 방해
1989년 5월 15일	고르바초프 방문, 그러나 톈안먼 행사는 공항 행사로 대체
1989년 5월 16일	30만 명이 단식농성자들에 동조하여 행진, 톈안먼 광장 점거
1989년 5월 16일	중앙위원회를 대표하여 자오쯔양이 시위를 "애국적"이라고 묘사, 단식농성 계속
1989년 5월 17~18일	3,000명 이상 단식농성, 일부 실신, 이틀간 100만 명 이상이 지지 시위, 언론도 단식농성에 동조적 보도, 노동자들이 광장에 집결, 언론인 "더이상 거짓말 말라" 요구, 고르바초프의 방문으로 외신 기자들이 모이자 〈우리 승리하리라〉 노래함, 가수 추이젠 시위 참여
1989년 5월 18일	리펑이 인민대회당 회의에서 단식농성자들에게 엄중 경고, 외부중등학교자치연합회 결성
1989년 5월 19일	이른 아침 자오쯔양이 톈안먼에 방문해 눈물을 흘리며 타협 호소, 계엄령 선포, 군대 동원, 베이징노동자자치연합 계엄령 반대 총파업 선언
1989년 5월 20일	수십만 베이징 시민이 평화적으로 48시간 동안 군대 저지, 군대에 식량과 물과 꽃을 제공, 80개 이상의 도시와 600개 대학 및 기술대학에서 시위에 280만 명 참여, '나는 호랑이'(오토바

	이를 탄 시민부대)가 군대의 이동을 보고, 자오쯔양 당 총서기 사퇴, 리펑 총리 승리, 군대 철수
1989년 5월 21일	베이징 TV 방송 중지, 증원 병력 도착, 민중의 봉쇄 지속
1989년 5월 23일	모든 자치단체를 아우르는 조직 결성, 노동자, 학생, 지식인, 시민이 매일 정오에 집회, 5월 30일(계엄령 10일차)에 떠나기로 만장일치 결정
1989년 5월 27일	홍콩 경마장 자선 콘서트에서 수백만 달러 모금, 중앙예술원 학생들 '민주주의의 여신상' 세움
1989년 5월 28일	새벽 4시, 다른 활동가들이 차이링과 펑충더('사령관들') 납치 시도
1989년 5월 30일	학생 1만 명만이 광장 점거 유지
1989년 6월 2일	4명이 추가로 단식농성에 돌입해 큰 영향을 줌, 광장이 다시 채워짐
1989년 6월 3일	군대가 다시 톈안먼 광장을 비우려고 시도, 군중이 버스 저지
1989년 6월 4일	새벽 2시에 군부대가 시내로 진입하기 시작, 많은 군인 사망, 밤이 되자 사람들이 창안 가 모든 교차로에 집결, 군대가 실탄을 사용한다는 의심, 새벽 4시 45분 광장이 포위되고 표결 진행, 학생들이 광장을 떠남
1989년 6월 5~6일	베이징에서 총격 계속됨, 사상자 증가
1989년 6월 8일	정부 대변인 300명 사망, 7,000명 부상 주장

1989년 중국의 학생 활동가들은 민주주의를 위한 전국적 봉기를 촉발했고, 이 봉기는 베이징 톈안먼 광장 주변의 노동자계급 거주 교외지역에서 대학살이 벌어지고서야 겨우 끝났다.[1] 봉기를 개혁 성향의 정치 지도자들과 연결하는 설명에도 불구하고, 중국의 반란은 중국공산당 외부에서 비롯되었다. 폭넓게 학생운동으로 묘사되지만 노동자들도 중요하게 참여했고, 특히 5월 20일 이후에는 거의 모든 베이징 주민이 함께했다. 이들은 톈안먼 광장의 시위대 근거지를 청소하려고 군부대를 수송하는 끝없는 트럭 대열을 성공적으로 저지했다. 1980년 광주에서 본 것처럼, 처음에 시위를 주도하던 학생들이 일단 위험이 증가하자 종종 집과 캠퍼스로 피신했던 반면, 노동자계급 활동가들은 운동의 전면에 나서 국가의 폭발한 분노에 정면으로 맞섰다.

군부독재에 맞선 반란이 전 지구적 연쇄로 지속되는 동안, 공산당 간부들의 성전 안에서도 개혁에 대한 중대한 지지가 등장했다. 시위 학생들에 동조한 이유로 후야오방은 1987년 당 총서기에서 물러나야 했고, 2년 뒤 자오쯔양이 비슷하게 권력에서 밀려났다. 1989년 운동이 이전의 반정부운동과 구별되는 것은 자발적으로 결성된 자치 조직들이 행사한 민중권력이었다. 몇몇 지도자들의 주장에도 불구하고, 어떤 '총사령관'이나 중앙위원회도 전체 운동을 통제할 수 없었다. 오히려 전국적으로 대학 캠퍼스와 직장에서 독립적 조직들이 풀뿌리로서 결성되어 행동으로 단결했다. 운동 내에는 다양하고 복합적인 경향이 동시에 공존했다. 학생 지도자 우얼카이시가 서구의 소비주의와 나이키 운동화에 대한 열망을 언급했던 반면, 베이징노동자자치연합北京工人自治聯合會(노자련)은 10여 개의 비슷한 다른 조직과 더불어 사회주의의 틀 내에서 더 많은 민주주의를 옹호했다.

중국의 운동과 체코슬로바키아 및 동유럽에서 동시에 일어난 운동 간의 중요한 차이는 중국의 반정부 세력 사이에서 시장 기반 자본주의에 대한 요구가 거의 없었다는 점이다. 1978년 이래 덩샤오핑은 위에서부터 일련의 총체적 개혁을 주도했고, 1950년대에서 1970년대까지 아주 주의 깊게 양성한 국가통제 경제에서 시장레닌주의 체제의 출현을 고무했다. 1978년 12월, 중앙위원회가 집단농장의 해체를 명령하고 가족농장의 일부 상품을 시장에 판매할 권한을 부여하면서 마오주의 혁명의 위대한 성과물 중 하나가 사라졌고, 지역에 기반을 둔 당 관리들이 재빨리 부를 축적했다. 1980년에 이르러 중국 시민들은 새로운 시장 지향 개혁이 가져온 높은 물가와 생활수준의 하락을 걱정했다. "부자가 되는 것은 영광스러운 일"이라고 덩샤오핑은 주장했지만, 많은 노동자의 처지는 더욱 불안정해지고 경영진과 당 간부들은 눈부시게 부유해졌다. 세계에서 손꼽히던 평등한 사회가 극도로 계층화되면서, 당은 결국 불평등을 측정하는 데이터의 발표를 중단했다.

1989년 저항은 베이징에 한정되지 않았다. 봉기가 유혈 사태로 끝날 때까지, 에로스 효과가 중국을 휩쓸면서 80개 이상의 도시에서 수백만 민중이 참여하는 이런저런 형태의 동원을 경험했다. 몇 년 뒤, 사람들은 1989년에 투쟁했던 사람들을 가리켜 "1억 명의 영웅들"이라고 불렀다. 비록 놀라운 수이지만, 중국 인구의 약 10퍼센트만을 포함하는 수치다. 2006년 마지막 시위 날에 3,000만 네팔 인구 중에서 400만 명(약 12퍼센트)이 동원됐다는 사실을 고려하고, 두 경우의 수를 광주 시민 75만 명 중에서 5월 21일에 동원된 30만 명(약 42퍼센트)과 비교하면 이 투쟁들의 상대적 강도에 대해 감을 잡을 수 있다. 중국의 정치적 변화의 잠재력은 1989년 압도적 힘에 의해 좌절당하고 이후 수십 년에 걸친 경제개혁으로 무뎌졌지만, 중국의 미래를 위한 궤적은—1989년 사건이 고조되며 등장한 행동과 열망에서 드러난 것처럼—중국에서 변화하는 자유의 성격에 대해 중요한 단편을 보여준다.

톈안먼 광장 점거와 이후 중국 민주화운동에 대한 서구 언론의 보도는 비록 양은 많지만 의심스럽다. 많은 서구의 목격자가 중국의 사건을 유교 문화와 아시아의 정치·경제적 발전이라는 맥락보다 1989년 소련의 지배를 타도한 동유럽의 동시적 봉기라는 틀에 짜맞추었다. 공산주의를 '억제'하는 수단으로서 미국이 한국과 베트남에 개입하는 과정에서 아주 파괴적으로 드러났던 서구의 반공주의 이데올로기는 1989년 중국의 역사를 왜곡한다.

수십 년간 미국은 제2차 세계대전 당시 동맹이었던 중국 공산주의에 맞서 전쟁을 수행했다. 일본의 패전 이후, 해리 트루먼 대통령은 미국 해병대 5만 명에게 일본군과 협력해 공산당에 맞서 장제스의 편에서 싸우라고 명령했다. 미군 병사들은 즉각 의심의 눈초리로 장교들을 바라보면서 임무에 관한 설명을 요구했다. 1945년 크리스마스 즈음에 한 미군 중사는 "부하들이 내게 우리가 왜 이곳에 있는지 묻는다……일본군과 같은 철도를 지키는 병사에게 일본군의 무장을 해제하기 위해 이곳에 있는 것이라고 말할 수는 없다"[2]고 보고했다. 1946년 당시 10만 명이 넘는 미 육해군이 중국에 주둔하고 있었다.

이후의 피비린내 나는 내전 동안 미국은 장제스와 국민당을 원조했고 서구 언론은 마오쩌둥과 공산당을 악마화했다. 장제스가 1949년 치욕스러운 패배를 당하자, 미군은 다음해에 이웃 한국의 내전에 대대적으로 개입했다. 공산주의와 전쟁이 격화되자, 매카시즘이 미국을 둘로 나누고 미군 전투기들은 한국과 마주한 중국 접경지역을 반복적으로 공격했다. 마침내 중국공산당이 군대에 미국에 반격할 권한을 부여했다. 미국 지상군은 전투력이 형편없어서 공중전의 우세와 생화학전이 없었다면 아마도 패배했을 것이다. 상당량의 증거에 따르면 1952년 1월부터 3월까지 미국의 대중국 세균전이 한국에서부터 "넘쳐 흘러들었"으며, 포로로 잡힌 미 공군 장교 38명의 증언과 스웨덴, 이탈리아, 브라질, 소련, 프랑스, 영국 과학자들이 공동 작성한 600쪽짜리 보고서도 그 증거에 포함된다.³ 유혈 사태가 멈출 때까지 한국인 수백만 명이 죽었고, 중국 측 사상자도 마오쩌둥의 장남을 포함해 수십만 명에 이르렀다. 한국전과 베트남전이 중국의 국경에서 벌어진 것은 우연이 아니다.

1960년대 내내 미군은 타이완의 중국령 진먼金門 섬과 마쭈馬祖 열도 포격을 지원했다. 나는 어렸을 때 타이완에 살았는데, 밤에 타이베이 외곽의 우리 집 근처에 있던 외진 방공호 주위를 어둠 속에서 산책할 때면 하늘이 빛나는 것을 볼 수 있었다. 아버지는 그것이 미국의 장거리 포격이라고 설명했다. 1959년 5학년 때, 친구 한 명이 학교로 돌아오지 못했던 일을 기억한다. 아버지에게 무슨 일이 있었는지 물었다. 친구의 아버지와 우리 아버지는 둘 다 장제스 군대에 포격을 지원하는 미군 장교였다. 아버지는 친구 아버지가 월 단위로 교대하는 섬 근무를 갔다가 죽었다고 말했다.

'오래된' 역사는 현대에도 되풀이된다. 1999년 베오그라드의 중국 대사관은 미국이 주도한 나토의 세르비아 공습 때 미군 전폭기의 고의적인 폭격을 받았다. 최소한 3명의 중국인이 죽고 건물이 불탔다. 오늘날 미국의 세계 전략이 계속해서 미군 기지로 중국을 포위하는 것임은 비밀이 아니다. 이런 역학은 미국 언론에 거의 보도되지 않는다. 동시에, 새뮤얼 헌팅턴은 후기 저서 중 하나에서 미래에 미중전쟁이 일어날 가능성을 침착하게 논의했다.

문화대혁명이 1989년 운동에 기여한 것

아주 흔하게, 과거를 돌이켜보면 가능할 법하지 않은 불길한 사건들에서 사회운동의 기원을 이해할 수 있다. 오랫동안 집권한 저우언라이가 죽고 3개월 뒤인 1976년 4월에 톈안먼 광장에서 사람들이 흰 조화를 바치는, 겉보기에 그리 중요하지 않은 장면도 이 경우에 해당한다. 저우언라이의 삶을 추모하는 최초의 자발적 움직임이 있은 지 며칠 만에 수천 명이 광장에 도착해 꽃을 바치고 시를 남겼으며, 강경파 '4인방四人幇' 지도자들이 중요성을 깎아내리려고 했던 인물의 죽음을 기렸다. 저우언라이 추모는 그의 후계자 덩샤오핑 같은 보수파의 지속적 주변화에 대한 불만을 표현하는 유일하게 허용된 공적 수단이었다.

4월 4일 일요일에 200만 명으로 추산되는 인파가 광장을 찾았다.⁴ 다음날 경찰은 모든 꽃을 치우고 추모 장소를 청소했지만, 그럼에도 불구하고 사람들이 돌아왔다. 해산 명령을 받고도 군중은 곤봉을 들고 광장 안으로 진입하는 경찰들에게 반격을 가했고, 이어진 실랑이 가운데 경찰 호송차가 전복됐다. 곧 노동자 민병대가 도착해서 추모 집회를 해산했지만, 피해는 이미 일어났다. 4월 5일 사건은 "반혁명적"이라고 규정됐다. 배후에서 시위를 부추겼다는 혐의로 덩샤오핑은 모든 책임 있는 지위에서 물러나야 했고, 마오쩌둥은 두 번째로 덩샤오핑을 "참회하지 않는 주자파"라 비난했다(첫 번째는 1966년 문화대혁명이 정점에 오른 때였는데, 이때 덩샤오핑은 수년간 농촌으로 추방당했다. 곧이어 급진적인 베이징

대학 학생들이 그의 장남을 구금했다. 덩샤오핑의 아들은 도망치려다가 4층 기숙사 창문에서 뛰어내려 하반신마비라는 치명상을 입었고, 이 비극 때문에 덩샤오핑은 학생운동을 결코 용서하지 않았다[5]).

서구의 분석가들은 동유럽과 중국 활동가들이 공산당 지배 이전에만 민주주의를 경험했을 뿐이고, 중국에는 시민사회가 없거나 1989년 격변 속에서 비로소 태어났다고 오랫동안 가정해왔다.[6] 그러면서 유럽과 미국의 특수한 모델이 시민사회를 정의하는 것으로 여기고, 다문화적 현실을 무시한다.[7] 중국 농민들이 주도한 봉기는 수세기에 걸쳐 '왕조의 주기'를 이루었다(한 체제가 정권을 잡고, 그것을 유지하기 위해 군비를 늘리고, 군비를 충당하기 위해 세금을 올리면, 이후에 민중이 반란을 일으켜 왕조를 타도했고, 이러한 주기의 반복으로 이어졌다). 더 최근의 시민활동에는 1796년에서 1801년까지 일어난 백련교도의 난, 명 왕조 후기의 복고파에 도전한 공안파公安派 문학집단, 1860년대 태평천국운동의 금문경학今文經學, 일본에 패한 이후의 양무운동, 5·4봉기 등이 포함된다. 이런 풍부한 전통과 나란히, 시민 문제에 민중이 직접 참여한 사례는 1949년 이후에도 많이 발견할 수 있다. 1957년 참담한 대약진운동에서 10년 뒤의 문화대혁명에 이르기까지 국가적인 정치 변혁을 위한 운동에 폭넓게 참여함으로써 수천만 중국 인민은 과거의 역사를 투쟁의 원천으로 삼아 귀중한 경험을 축적했다.[8] 인적 피해는 엄청났지만, 이런 역사적 사건들을 통해 수천만 민중은 중국의 정치 발전에서 적극적인 역할을 할 수 있도록 준비했다.

미국 반공주의(부시 정권에 네오콘이 뿌리내릴 비옥한 토양을 제공한 트로츠키주의 진영을 포함하여)의 마니교적 세계에서 문화대혁명은 순전히 혐오의 대상이었다. 중국과 미국 모두의 주류 역사학자들은 문화대혁명을 확실한 어조로 비난하지만, 문화대혁명을 "중국 사회의 성격에 대해 점차 깨달아가는 중국 청년들의 역사"[9]로 볼 수도 있다. 민중이 스스로 권력을 쟁취하는 직접민주주의의 한 형태인 문화대혁명이 저항의 문화를 건설하고 풀뿌리에서 목소리를 내도록 고무하는 원천이 됐다는 확실한 증거도 있다.[10] 문화대혁명의 중대한 문서인 마오쩌둥의 유명한 〈5·16 통지〉는 더 큰 민주주의를 약속했다. 마오쩌둥은 관료제를 대체할 선거를 옹호했고, 1871년 파리코뮌(모든 선출된 대표는 즉각 민중 소환에 응해야 했다)처럼 마르크스주의의 민주적 경향을 토대로 자신의 생각을 정립했다. 이 관점에서 보면 문화대혁명은 국가관료주의에 맞선 시민사회의 동원이며, 그 시기 민중의 경험은 1989년 달아오른 순간에 끌어낼 자원이 됐다.

문화대혁명의 정점인 1968년 마오쩌둥이 홍위병을 해산한 이래, 중국의 학생운동은 스스로의 힘으로 서서히 재건됐다. 객관적 요소(학생의 수, 캠퍼스 집중, 정부의 한 자녀 정책)와 주관적 요소(일상적 경험의 질, 과거 투쟁의 유산, 새로운 형태의 자유에 대한 열망) 양자에서, 학생들은 1989년 거대한 대중의 환호 속에서 지도적 역할을 수행하는 위치에 있었다. 비슷한 방식으로, 공식적으로 국가의 주인이라고 칭송되는 중국의 노동자계급은 나라의 장기적 변혁을 수행하는 훈련을 받고 있었다.

매우 구체적인 방식으로 문화대혁명은 가두시위의 윤리와 예절에서 수만 명의 민중을 훈련했다. 1989년 한 결정적 순간에, 총격이 시작되기 바로 하루 전에, 대치 상태에 있던 군인과 시위대는 노래 경쟁을 시작했는데, 이는 문화대혁명 때 흔히 사용된 기술이었다.[11] 또 다른 이월된 경험은 노동자들이 해외 가족여행에서 리무진과 사업에 이르기까지 고위관료들의 특권을 상세하게 폭로한 것이었는데, 이는 문화대혁명 동안의 반엘리트주의 반부패 캠페인에서 직접 물려받은 것이다. 한 전단에서는 이를 이렇게 표현했다. "관료 고양이들은 살찌고, 인민들은 굶주린다."[12] 문화대혁명 경험은 황제가 천명(권력을 부당한 방식으로 휘두르면 철회할 수 있는)으로 통치하며, 인민은 불만의 시정을 위해 청원할 권리가 있으며, 관리는 지혜롭게 대응할 책임이 따르며, 모두가 부당한 명령에 맞서 들고일어날 권리가 있다는 수십 세기에 걸친 중국의 오랜 관념을 풍부하게 했다.

경제개혁, 새로운 흐름의 등장

1976년 9월 9일 마오쩌둥이 사망한 뒤 그달에 당 보수파는 신속한 조치로 4인방 및 그들과 결탁한 수백 명을 권력에서 제거했다. 1978년 11월까지 덩샤오핑은 고위직으로 복권됐고, 1976년 4월 5일 사건은 "혁명적 사건"으로 재분류됐다.[13] 당이 1976년 사건의 정당성을 인정한 이후 곧바로 분위기가 바뀌었다. 베이징에 대자보가 나붙기 시작했다. 자발적인 풀뿌리의 주도력이 분출한 사례로서 서구 미디어에 알려진 '민주주의의 벽 운동民主墻'은 처음에 당 최고 지도자들의 격려를 받았지만, 다른 도시들로 확산되자 많은 사람이 다시 자신이 표적이 될까봐 걱정했고, 특히 12월에 경제개혁이 본격적으로 시작되면서 불안이 더욱 커졌다.

4인방의 숙청으로, 추방되었던 수십만 명의 홍위병이 농촌에서 '잃어버린 10년'을 보낸 후 도시로 돌아왔고, 문화대혁명 기간에 감금된 수천 명의 죄수가 풀려났다. 감옥에서 석방된 사람들 중에는 '리이저'(리정톈, 천이양, 왕시저)라고 알려진 광저우 출신 민주화 활동가 3명도 있었는데, 그들은 오랫동안 개인적 권리의 법적 보장을 옹호했다. 1968년 해산한 문화대혁명 시기의 급진적 분파들은 1970년대 중반에 다시 모여 덩샤오핑과 새로운 당 간부들에 의한 자본주의의 회복에 맞서 세력을 조직하기 시작했다. 문화대혁명의 유산인 이 지속적 저항문화는 1978년 운동 뒤의 핵심 세력 중 하나였던 것으로 보이며, 후베이의 북두성학회北斗星學會와 양쯔강평론揚子江評論, 베이징의 4월 3일 분파(관료가 아니라 노동자가 "사회의 주인"이라고 주장했다), 후난성무산계급혁명파대연합

위원회湖南省無産階級革命派大聯合委員會 등이 그들이다.[14]

이 격동하는 시기에, 홍위병 출신의 젊은 전기기사인 웨이징성이 덩샤오핑(당시 당 지도자)을 공격하는 포스터에 서명하고 민주주의('제5현대화')를 요구했다. 웨이징성은 중국 최초의 독립잡지 《탐색探索》의 창간을 도왔다. 곧 다른 사람들이 《베이징의 봄北京之春》 《계몽光明日報》 《오늘今天》 등에 반정부 시와 논문을 발표했다.[15] 그해 겨울, 농촌 사람들이 저항의 격류 속에 수도로 몰려왔다. 오합지졸 농민들은 강력한 지방 공산당 간부들의 강간, 절도, 심지어 살인에 항의하기 위해 정부청사 밖에서 천막농성을 벌였다. 한 강간 피해자는 최대의 행진을 조직했다. 청년 실업자들은 당 간부 다수가 사는 배타적 주택지구인 중난하이中南海 진입을 전투적으로 시도했다. 3월 25일 웨이징성은 덩샤오핑을 '파쇼 독재자'라고 불렀다. 과거에 두 번이나 숙청당한 바 있던 덩샤오핑은 다시 추방당하는 것을 막기 위해 단호한 조치를 취했다. 며칠 만에 활동가 30명이 체포되고 민주주의의 벽은 폐쇄됐다.

1979년 초, 4·5사건의 공식 기념일이 다가오자 왕시저(원래의 리이저 3인 중 한 명)는 격렬한 연설을 마치면서, 100명이 넘는 지식인과 간부에게 "펜을 들고 대중에 진정한 민주적 권리를 가져다주려 투쟁하는 데 쓰라"[16]고 호소했다. 아무도 말만 하지 못하도록 하려고 왕시저는 헌법의 '4대 요구'(언론 자유, 의견의 충분한 개진, 공개 토론, 대자보) 보호를 폐지하려는 덩샤오핑의 계획에 반대하는 캠페인을 조직했다. 그는 공개적으로 반정부 지도자들에게 다른 반정부 인사들의 구금에 항의하라고 촉구했고, 1980년 6월 베이징에서 지하활동가 비밀회의에 참석하여 중국공산주의동맹('새로 조직된 프롤레타리아트당'으로 기능할)의 필요성을 논의했다.[17] 1980년 중반, 21개 자율적 잡지가 참여한 전국협회가 안락한 삶을 누리는 관료 엘리트들에 대항할 대중적 민주주의운동을 호소했다. 비록 민주주의의 벽은 폐쇄됐지만, 저항의 흐름은 지속됐다.

말할 필요도 없이, 이 협회는 곧 덩샤오핑과 최고 지도자들의 심기를 건드렸다. 1981년 탄압이 시작되어 20명 이상의 활동가가 검거됐다. 왕시저는 이후에 14년 징역형을 선고받았고, 다른 지도적 민주주의 옹호자들도 인민에 봉사한 대가로 비슷한 보상을 받았다. 관료들은 만약 다른 지역의 시위대가 서로 연결되면 그들이 당의 지도적 역할을 대체할까봐 두려워했다. 1981년 1월 당 지도자 후야오방은 반정부 세력을 공격했다. "이 불법 잡지와 불법 조직들은 …… 배후에 후원자를 두고 있다. …… 당내에…… 일부 아주 똑똑한 젊은이들이 나라를 차지할 수 있다고 생각하는 사람들이 있다."[18]

정부가 아무리 작은 잡지 출판사를 탄압하고 과감한 활동가들을 고립시킨다고 해도, 민주적 정서는 계속 옹호를 받았다. 3년 안에 표현의 자유를 요구하는 목소리가 당의 작가협회에서도 들렸고, 일부 작가들은 "창작에는 자유가 필요하다"고 믿었다.[19] 과학기술 인텔리겐치아들은 "토론의 자유가 진리 추구의 전제조건"이란 생각을 밝혔다. 많은 곳에서 학문의 자유의 필요성에 대해 토론했다. 1985년 5월, 정부는 허페이 공과대학에 교육개혁 실험에 관한 일정한 자치권을 부여했다. 그 이후 곧 새로운 물결의 시위가 캠퍼스에 나타나, 교수단이 학과장을 선택하고 학생들이 총장 자문단에 참석하는 등 개혁을 선도했다. 1986년 7월, 푸젠 성 사회과학원 원장인 리훙린은 헌법에서 보장하는 권리를 보호할 구체적 규정을 요구했다. 그해 가을 상하이의 한 잡지는 자유의 두 가지 개념에 대한 해설을 실었다. "만약 사회주의 사회가 개인에게 더 많고 더 큰 자유를 제공할 수 없다면, 어떻게 그 우월성을 보여줄 수 있는가? …… 민주주의와 자유는 아주 쉽게 부르주아지와 연관된 경멸적 단어가 될 수 있다. 마치 우리 프롤레타리아트와 공산주의자들이 민주주의나 자유를 원치 않고 독재와 규율만을 원하기라도 하는 것처럼 말이다."[20]

1986년 12월 5일, 허페이 공대에서 학생들이 전국인민대표대회(이하 전인대)의 폐쇄적 지명 과정에 항의했다. 2주 안에, 허페이의 시위는 10여 개 이상의 도시로 확산되어 10만 명 가까운 학생이 상하이의 거리로 몰려들었다.[21] 5일간의 대중소요 이후에 15개 대학의 학생 대표들이 시 지도부와 자신들의 요구에 대해 협상을 벌였다.[22] 베이징 대학의 벽보에는 이렇게 써 있었다. "우리는 민주주의를 원한다. 우리는 자유를 원한다. 우리는 과학기술대학의 학생운동을 지지한다." 중국 전역에서 토로한 불만 사항 중에는 다음과 같은 것도 있었다.

1. 광저우 중산 대학에서 성 해방에 관한 토론 금지
2. 베이징 대학의 밤 11시 이후 소등 정책
3. 단지 유력한 당 관료와 연줄이 있기 때문에 자리를 지키는 무능한 도서관 사서
4. 학생식당의 빈약한 음식 서비스

상하이 시장 장쩌민과 6시간 동안 협상을 벌이면서 학생 대표들은 네 가지 문제를 제기했다. 민주주의, 학생운동이 중국에 기여하는 바를 인정할 것, 참여자에 대한 보복 금지, 학생들 자신의 신문을 발행할 자유. 3년 뒤, 이 문제들은 톈안먼 광장을 점거한 학생들에게도 핵심 이슈였다.

비록 1986년 시위가 약간의 개혁, 특히 전인대 후보 선출 과정을 공개한 선거의 변화 등을 불러왔지만, 정부는 다시 탄압을 가했다. 작가협회 회장은 당원 자격을 상실했다. 허페이 공대 총장과 부총장은 다른 직책으로 전보되고 당에서 축출당했다. 1980년 봉기에 반대했던 당 총서기 후야오방은 새로운 시위와 연관되어 1987년 초 다른 2명의 "당의 빛나는 지도적 인물"과 함께 퇴진해야 했다.[23] 10여 년 전 학생

들과 민주 활동가들에 반대했다는 사실에도 불구하고 후야오방은 해임으로 그들 사이에서 영웅이 됐다.

풀뿌리에서 더 많은 권리를 분명하게 요구함과 동시에, 정부는 경제의 중앙통제에서 벗어나기 시작했다. 1979년에서 1988년까지 정부 계획의 생산통제로 철강은 77퍼센트에서 47퍼센트로, 목재는 85퍼센트에서 26퍼센트로, 석탄은 59퍼센트에서 43.5퍼센트로 감소했다.[24] 민간산업이 장려되면서, 국영기업의 많은 노동자가 어려움에 직면했다. 1988년 봄과 여름에 걸쳐, 선양瀋陽에서만 700개 공장에서 40만 명이 정리해고되었다. 화이트칼라 노동자들이 직접 경제자유화의 혜택을 본 것은 아니었다. 고학력 엘리트들은 중국이 점차 잘못 운영되고 타락하고 있다고 보았다. 같은 시기에 파업이 범죄율과 함께 증가했다.[25] 6월 초, 같은 학교 학생들이 살해되자 약 2,000명의 베이징 대학 학생이 톈안먼 광장에서 시위를 벌였다. 그들은 정부가 지역의 범죄자들에게서 학생들을 보호해주기를 원했다.

확실히, 1979년에서 1984년 사이에 인민들의 생활수준은 향상됐다. 경제개혁을 개시한 1978년부터 1987년까지 38배 이상의 시민이 텔레비전을 보유하고, 131배의 냉장고가 인민들의 손에 들어가고, 겨우 1,000여 대였던 세탁기가 570만 대로 늘어났다.[26] 도시 노동자들의 총소비는 2배 이상 늘었다. 하지만 1988년까지 곤혹스런 징후가 나타났다. 부는 고루 분배되기보다 새 호텔 건설에 사용됐고, 자본 투자 계획은 물가를 상승시켰다. 과거 수십 년간 거의 알려지지 않았던 인플레이션이 1985년 이전 3퍼센트 이하에서 1988년 18퍼센트로 증가했고, 일부에서는 실제 수치가 1989년 초 27퍼센트에 달했다고 보았다.[27] 실질임금이 정체하자 생활비는 상승했고, 많은 사람이 이를 모든 거래에서 자기 몫을 떼어가는 관리들 때문이라고 믿었다. 1988년 세 도시 가구 중 하나가 구매력의 급격한 감소를 경험했다.[28] 1989년 첫 넉 달간 석탄 가격이 100퍼센트 오르는 사이 식량 가격도 상당히 뛰어, 채소값의 경우 48.7퍼센트 상승했다.[29] 수십 년간 안정된 낮은 물가와 실업 부재에 익숙하던 인민들은 새로운 불안정을 고통스럽게 경험했다.

효율성 증대를 위해 국가는 테일러주의 생산기술을 실행하고 일한 만큼 임금을 지급하는 정책을 도입했다. 그러나 물질적 인센티브가 그들이 추구하는 노동생산성 향상을 제공하지 못하자 이번에는 경영진의 권한을 확대했다. 1987년에 제정된 새로운 법률은 노동자들이 불만을 시정할 어떤 동시적 장치도 제공하지 않은 채 경영진에게 노동자를 통제할 더 많은 권한을 부여했다. 새로운 법규는 또한 1988년 8월 30만 명의 노동자에 대한 정리해고를 허용했다. '불완전고용인'으로 분류된 약 1,500만~2,000만 명의 노동자는 정리해고될까봐 걱정했다. 갑자기, 수십 년간 상승하던 기대가 불안정과 무력함의 냉혹한 현실 앞에서 무너졌다. 사회학자들이 진보적 사회운동을 낳는 것으로 확인한 바로 그 조건이 만들어진 것이다.

동시에 엘리트와 노동자 간의 격차는 확대됐다. 엘리트들에게는 이보다 더 좋은 시절이 없었다. 당 간부들은 국가가 정한 낮은 가격으로 구입한 상품을 재판매해 엄청난 이윤을 챙겼다. 그들은 외국에서 사치품을 사들이고, 가족을 해외여행 보내고, 최고급 주택에서 살 수 있었다. 당원들은 범죄 혐의로 기소되어도 특별한 배려를 받았다.[30] 덩샤오핑과 자오쯔양의 자식들도 부패행위에 연루된 것으로 추정됐다. 게다가 모든 젊은이가 고등교육의 부족한 자리를 얻으려고 경쟁해야 했던 반면, 최고위 당 간부의 자제들은 특별입학 허가를 받았다.

공식적 평등 이데올로기와 노동자들의 종속 간의 모순은 도를 넘어섰다. 산업과 부동산의 국유화는 특히 덩샤오핑의 개혁 시작 이후 경제적 평등을 침해했다. 오랫동안 프롤레타리아트를 가장 선진적인 계급으로 포장해온 정부의 선전에 익숙한 중국의 노동자들은 일상생

[표 5.1] 1983~1991년 실질성장률과 물가상승률

연도	실질성장률	소비자물가 상승률
1983	10.9	2.0
1984	15.2	2.7
1985	13.5	9.3
1986	8.8	6.5
1987	11.6	7.3
1988	11.3	18.8
1989	4.1	18.0
1990	3.8	3.1
1991	9.2	3.4

출처: China Statistical Yearbook, 2002, China Institute for Reform and Development, ed., *Thirty Years of China's Reforms: Through Chinese and International Scholars' Eyes* (Beijing: Foreign Languages Press, 2008), 81에서 인용.

활의 현실이 부유한 지도자들과 극적인 대조를 이룬다는 사실을 깨달았다. 지도자들의 번지르르한 정장과 리무진은 마오복을 입고 자전거를 타는 인민들에 대한 지배를 극명하게 보여주는 상징이었다. 중국의 경제는 지나간 시대, 농민과 프롤레타리아트 권력의 마오주의 시대의 사회적 관계 내에 갇혀 있었다. 노동자들이 운명을 개선하기 위해 행동하면서, 파업은 점차 선택 가능한 무기가 됐고, 공식적으로 1988년 1월에서 10월까지 700건 이상이 집계됐다. 파업이 반드시 평화적인 것은 아니었다. 그해 1월에서 7월 사이에 분노한 노동자들이 일으킨 276건의 구타 사건으로 297명 이상의 경영자가 부상당했다. 랴오닝 성 선양에서는 도시행정 담당관 3명이 부하들에게 살해됐다.[31]

램프에 다시 넣을 수 없는 우화 속의 거인 지니처럼, 중국의 시위문화는 계속 성장했다. 미국과 유럽에서 소비주의가 아방가르드 예술을 또 하나의 상품으로 전환해 그 전복적 호소력을 길들였던 반면, 중국의 예술가들은 반체제 저항을 계속 고조했다.[32] 1980년대 중반에 이르러 '정신적 오염'에 반대하는 캠페인이 시작되자 많은 예술가가 중

국을 등졌지만, 다채로운 흐름이 합류해 신조류운동新浪潮運動으로 응집됐다. 1986년 샤먼廈門과 베이징 대학에서 '다다Dada' 퍼포먼스가 열렸다. 새로운 문화 개방에는 TV 시리즈 〈강의 비가河殤, River Elegy〉도 포함되는데, 이 드라마는 중국에서 전통문화를 제거하고 현대화, 서구화를 이루려는 감독의 열망을 강조했다. 한 저명한 잡지는 1988년 5월 '아방가르드 예술'에 관한 새 연재를 시작했고, 1989년 초에 〈중국·아방가르드〉 전시회의 개막식이 열렸다. 이 '최초의 현대미술 전시회'는 전화박스에 설치된 권총이 발사되면서 일찌감치 막을 내렸다. 관료들은 이 전시에 참여한 예술가들에게 2년간 현대미술 활동을 금지하는 처벌을 내렸지만, 운동은 그 누가 가능하리라 꿈꾸었던 것보다 더 큰 규모로 등장했다.

1989년 위기, 학생들과 노동자들이 일어서다

1989년 4월 15일, 후야오방이 갑자기 심장마비로 사망했다. 1976년 4월 5일 운동 때에 그랬던 것처럼, 1시간 안에 인민들이 톈안먼 광장의 인민영웅기념비 근처에 집결하기 시작했다. 그날 저녁에 여러 그룹이 한데 어울려 열띤 토론을 벌이자, 많은 사람이 보잘것없는 수입마저 집어삼키는 인플레이션을 성토했다. 새벽 4시, 첫 번째 조직된 대오가 행진해왔다. 방직부紡織部 직원 20명이 기념비 제단에 꽃을 바쳤다.[33] 그 뒤로 12시간이 넘게 지나서야(4월 16일 저녁 늦게) 첫 번째 학생 그룹이 도착했다. 약 300명의 베이징 대학 학생이 점점 커지는 후야오방의 제단에 화환 8개를 바쳤다. 이렇게 후야오방을 자발적으로 추모하는 인파가 많아졌는데, 48일 뒤인 6월 4일 유혈 사태에 도달한 사건들의 나선형 확장을 촉발했던 것은 노동자들이었다.

다른 어떤 집단보다도 학생들이 중국 전역에서 도시봉기들을 촉발한 정부와의 대치를 이끌었지만, 1989년 운동을 학생운동으로 규정하는 것은 봉기의 민중성을 제대로 평가하지 못하는 것이다. 중국인들은 이 사태를 묘사할 때 "1억 명의 영웅들"을 이야기하지만, 1988년에 정부가 집계한 학생 수는 200만 명이었다(비농업 노동력의 70퍼센트인 1억 500만 노동자들과 나란히).[34] 4월 17일에 1,000명 이상이 관료들의 부패를 비판하는 청원서를 중난하이로 가져오면서 학생들이 먼저 결정적 행동을 취했다. 다음 이틀 밤낮 동안, 아무도 학생들을 만나 청원서를 받으려고 하지 않자 학생들은 거기에 앉아 농성을 벌였다.

 1989년 4월 19일 저녁, 베이징 대학(베이징다쉐 또는 줄여서 베이다)에서 학생 수백 명이 학생자치회를 결성할 기획위원회 구성을 승인해달라고 외쳤다. 다른 캠퍼스들도 곧 자치회를 결성했고, 각 대학의 활동가들은 5~7인의 상임위원회를 선출하여 다른 상임위원회들과 연계해 시 규모의 협력 조직을 구성했다. 그렇게 해서 학생들은 자신들도 알지 못한 채 돌아올 수 없는 선을 넘었다. 정부기구와 비슷하게 학생자치회를 구성함으로써 학생들은 자신도 모르게 다가오는 대화재의 씨앗을 뿌렸다. 베이다의 일부 학생들이 새 학생회를 조직하던 같은 밤에, 다른 학생 수백 명은 몇 킬로미터 떨어진 중난하이에서 농성을 했다. 도시 전역에서 각기 다른 그룹들이 투쟁에 나서고 있었다. 노동자들은 톈안먼 광장에 모여들었고, 세계경제포럼이나 《뉴 옵저버》 잡지와 관련된 지식인들은 후야오방의 재평가를 논의하고 정치자유화에 반대하는 정부의 경향을 바꾸려고 학술 토론회를 조직했다.[35]

 다음날 아침 베이징 사범대학(베이징스팡다쉐 또는 베이스다)에서 활동가 친구 3명이 자치회를 결성하기로 결의했다. 3명은 선거 없이 스스로를 간부로 임명하고 우얼카이시의 기숙사를 사무실로 삼았다.[36] 그날(4월 20일) 저녁 늦게, 경찰은 이틀간 이어진 중난하이 농성을 곤봉으로 잔인하게 진압했고, 이 최초의 유혈 사태로 베이다 학생들이 수업 거부를 시작했다. 이는 수주 동안 지속되어 다른 캠퍼스로 확산됐다.

텐안먼의 노동자들은 학생들이 중난하이에서 구타당했다는 소식을 듣고 놀랐다. 노동자들은 학생들이 관료들에 대한 불만을 공유한다는 것을 알았고, 그들의 대화는 재빨리 노동자들도 자치 조직을 결성할 필요가 있다는 방향으로 흘러갔다. 학생들의 평화적 농성이 유혈 사태로 끝났다는 소식을 듣고, 텐안먼에 모인 노동자 20여 명 가운데 1명이 일어서서 폭력을 비난하는 격한 연설로 무리를 선동했다. 이틀 전에 이 그룹은 독자적 조직 결성에 관한 생각을 나눴고, 경찰의 행동 이후 조직 결성에 더욱 다가갔다. 비공식 그룹이 지도자들의 재산, 그들 가족의 부패, 경제정책에 대한 근시안적 영향을 폭로하는 두 가지 유인물을 출판했다. 덩샤오핑의 아들이 홍콩의 경마장에서 얼마를 걸었는가? 자오쯔양은 골프 여행비를 자기 주머니에서 냈을까? 어떻게 그는 고급 양복을 사 입을 수 있을까? 당 간부들은 얼마나 많은 별장을 개인적 용도로 유지했는가? 이런 질문들과 함께 덩샤오핑의 경제개혁이 야기한 문제들, 특히 높은 인플레이션에 대한 견해를 제기했다. 이런 온건한 행동으로, 베이징노동자자치연합이 탄생했다. 자율적 형태의 학생과 노동자 조직들의 중요성은 결코 작지 않다. 자치에 대한 민중의 열망이라는 현대적 자유의 중심 특징은 봉기의 모든 곳에서 명백했다.

대격변이 이어진 몇 주 동안, 노자련은 시위의 주변에서 중심으로 이동했다. 4월 20일, 그들은 70~80명 정도였고 그중 아무도 활동 경험이 없었다. 첫 번째 전단을 내자 새로운 얼굴들이 나타나 동참했고, 그중에서 한둥팡은 가장 특출한 대변인이 됐다. 조직을 유지할 수단으로서 그들은 텐안먼 광장의 북서쪽 구석에서 매일 회의를 열기로 결의했다. 봉기의 마지막 국면, 즉 계엄령이 선포되고 학생들이 흩어질 때까지 노자련은 지속적으로 급속하게 성장했다.

학생들의 주도권 장악

후야오방의 장례식이 4월 22일로 정해지자, 정부 지도자들은 톈안먼 광장을 정리하기를 원했고 그것이 간단한 문제라고 생각했다. 그들은 장례식 전에 광장을 폐쇄할 계획이었지만, 자율적으로 조직된 학생들이 그들보다 똑똑했다. 4월 21일 밤에 약 6만 명의 학생이 스다 축구장에 모여 톈안먼으로 행진했다. 행진 도중에 베이다와 법정대학의 대오가 합류했다. 첫 번째로 도착한 그룹은 칭화 대학이었다. 무엇을 할지 계획도 없이 일단 도착한 학생들은 앉아서 쉬었다. 곧 수만 명에 이르는 축구장 집회 대오는 〈인터내셔널 가〉를 부르고 "자유 만세!"와 "독재 타도!"를 외치면서 행진했다.[37] 새벽에 각 학교 대표자들의 모임이 소집되었는데, 19개 대학이 참여해 모두가 놀랐다. 모임은 다음 항목을 포함한 청원서를 승인했다.

- 후야오방의 재평가
- 중난하이 구타 책임자 처벌
- 자주적 신문 발행 허가
- 정부 관리들의 수입 공개
- 국가 교육정책 및 학비 논의
- '반정신오염 캠페인' 재고
- 새로운 학생운동에 대한 언론의 정확한 보도

당 지도자들이 인민대회당에서 후야오방의 장례식을 마치고 떠날 때, 오직 소수만이 학생들을 쳐다봤다. 관료들과 만나려고 학생 수만 명이 광장 주위를 행진하면서 "우리는 대화를 원한다"는 구호를 외쳤지만 무시당했다. 베이다 학생 3인이 대회당 계단에 무릎을 꿇고 약 40분 동안 머리 위로 7개조 청원서를 내밀었다. 여전히 아무런 반응이 없

자, 학생들은 좌절해서 눈물을 흘리기 시작했다.[38]

7개 항목은 그 자체로 혁명적 요구가 아니었다. 정말로 정부에 보내는 탄원이었고 체제의 권력을 인정했다. 하지만 정책을 결정할 당의 고유 권한에 자주적으로 도전함으로써 학생들은 위험한 선을 넘었다. 더욱이 불만을 바로잡기 위해 당국에 청원하는 중국의 오랜 전통을 존중함으로써, 학생들은 중국 시민사회의 중심적인 가치 범위 내에서 행동했다. 그들을 무시한 관리들의 행동은 정부의 적절한 조치를 바란 인민들의 기대를 저버렸다. 이미 당 간부 주거지역의 학생 농성에 분노한 정부 지도자들은 감히 자신들을 비난하는 건방진 젊은이들과 관계를 맺고 싶어하지 않았다. 같은 날, 시안의 시위가 폭력사태로 번져 많은 사람이 다쳤다. 일부 보도는 시위대가 경찰에 공격을 가하면서 11명이 죽고 수백 명이 다쳤다고 주장했다.[39]

기원전 542년 중국이 유교를 채택하기 이전에도 학생 시위는 발생했다.[40] 이후 수세기에 걸쳐 중국 학생들은 민족이 행동하도록 자극하고, 부패한 당국에 저항하고, 인자하고 정의롭다고 생각하는 통치자를 지지하는 데서 중심 역할을 했다. 중국 시민사회와 정부 관료에서 중심적이었던 학자들은 오랫동안 높은 명성을 유지했고, 보통 사람들의 복지에 대한 관심으로 대중의 존경에 화답했다. 유명한 송나라 학자 범중엄은 다음과 같은 통찰로 여전히 회자된다. "선비는 세상 사람이 근심하기 전에 먼저 근심하고, 세상 사람이 모두 안락해진 뒤에야 안락을 누린다(先天下之憂而憂, 後天下之樂而樂)."

좋은 측면에서 보면, 학생들은 이런 정신의 관용과 고고한 공정성의 전통 안에서 행동했다. 그들은 관료들의 부패 종식과 대학 졸업생의 기회 확대를 원했다. 학생들은 자신들이 마땅히 거머쥘 자격이 있는 지위에서 배제됐다고 느꼈다. 4월 중순에 나붙은 한 대자보에는 이렇게 쓰여 있었다. "가장 똑똑하고 능력 있는 사람들은 당원 자격을 거부당하지만, 찌꺼기들은 무더기로 입당이 허용된다. 한 줌의 '가짜들'이 당을 조종하고 있다."[41] 다른 대자보는 당원들이 정규교육을 받지 못했다고 성토한다. "이 '전위'의 4,700만 당원 가운데 75퍼센트가 겨우 초등학교 교육을 받았을 뿐이다."[42]

후야오방의 장례식 이틀 후, 7개조 청원서를 작성하러 나섰던 활동가 다수를 포함한 약 35명의 학생이 베이징대학생자치연합北京高校自治聯合會(북대련)을 결성했다. 15개 대학(이후 곧 41개)에서 민주적으로 선출한 윤번제 대표들로 구성된 북대련은 하의상달식 대의제도를 반영했다. 북대련은 정부가 승인한 학생회보다 훨씬 더 광범한 대중적 지지를 받았을 뿐만 아니라, 주류 조직들이 겁내거나 틀렸다고 생각하는 행동을 취했다. 첫 번째 모임에서 저우융쥔이 9표를 획득해 6표를 얻은 우얼카이시를 제치고 상임위원회 의장으로 선출됐다. 북대련은 곧 "운동 전체의 의제와 전략을 만들어낼 수 있는 의사결정 기관"[43]이 됐다. 슬로건, 시간과 장소 같은 세부 사항까지 시위를 조직하는 일 외에도, 학생 활동가들에게 북대련은 정부에 대한 대표단이었다.[44] 북대련이 베이징에서 공식적으로 출범한 같은 날 밤, 시안과 창사에서 대규모 시위가 폭동으로 변해 상점 유리문이 깨지고 약탈이 일어났다.

수년간 독자 조직을 건설하려는 이전의 시도들은 토대를 다지기 전에 발각되어 깨졌다. 1989년 에로스 효과로 새로 해방된 정치적 공간이 열리면서, 많은 조직이 동시다발적으로 결성되었고 북대련은 주요한 정치적 주자로 떠오를 수 있었다. 다음 6주 동안, 조직으로서 존재할 권리에 대한 정부 승인을 얻는 데 운동의 초점이 맞춰졌다. 4월 25일 밤 조직의 두 번째 모임 때, 중앙인민라디오中央人民廣播電臺는 학생자치회를 "불법 조직"이라 공격하고 "합법 조직의 권리를 침해하는 어떤 시도도 저지"하겠다고 공언하는 사설을 발표했다. 다음날 《인민일보》에 발표된 이 사설은 학생들에게 아픈 구석이 됐다.

4월 25일 덩샤오핑은 방송에 나와 중국 인민들에게 "전국적 투쟁을 준비하고 소동을 분쇄하기로 결의할" 것을 호소했다. 다음날에는 리펑 총리에게 경고했다. "이것은 보통 학생운동이 아니다. …… 이 사람들은 유고슬라비아, 폴란드, 헝가리, 소련의 자유화 분자들에게 영향과 자극을 받은 다음 소동을 일으키려고 일어섰다. 폴란드인들이 더 많은 것을 양보할수록 소동은 더 커질 것이다."⁴⁵ 덩샤오핑이 완전히 틀리진 않았다. 학생들은 폴란드 노동자운동을 기념하여 새로운 조직에 '연대'(폴란드 자유노조 'Solidarność'의 본래 뜻)라는 이름을 붙일지 토론한 바 있다.⁴⁶ 더욱이 필리핀에서 마르코스가 축출되고 남한에서 전두환이 굴복한 일은 인민들에게 영감을 주었고, 계엄령 병영국가에서 초기 민주주의로 넘어간 타이완의 변혁(다음 장을 보라) 역시 인민들에게 중국도 정치제도를 개방할 때가 됐다고 믿을 이유를 제공했다. 한 목격자가 톈안먼 광장의 한 장면을 묘사한 것처럼 "많은 사람이 남한 반정부 세력이 사용한 하얀 머리띠를 모방했고, 필리핀에서 피플파워를 위해 투쟁한 반마르코스 활동가들이 좋아했던 V자 신호를 사용했다".⁴⁷ 중국 인민들은 봉기의 무기고에서 새로운 전술—민중을 결집하는 수단으로서 공적 공간을 대규모로 점거하기— 을 흡수했다. 이 전술은 1968년 전 지구적 운동의 에로스 효과로 처음 나타났지만, 필리핀인들은 1986년에 마르코스를 타도하기 위해 사용했고 1987년 남한의 6월봉기 때는 독재 정권에 민주개혁을 허용하도록 강제했다.

  그러나 중국의 운동을 단순히 다른 나라의 여파 또는 '눈사태'로 치부하는 일은 잘못일 것이다. 중국의 운동과 1989년에 일어난 10여 개가 넘는 다른 운동의 동시성은 에로스 효과의 발현, 자유를 갈구하는 직관적이고 자연적인 각성을 가리킨다. 중국의 시위는 베를린장벽이 무너지기 몇 달 전에, 폴란드 자유노조가 집권하기 전에, 체코의 '벨벳혁명' 이전에 일어났으며, 이 모든 운동은 상호 증폭의 과정에서

발생했다.⁴⁸

중국의 벽보들과 플래카드들은 마틴 루서 킹 2세, 간디, 에이브러햄 링컨에게서 영감을 받았고, 그들은 켄트 주립대와 고르바초프를 언급했다.⁴⁹ 마틴 루서 킹의 연설에 영감을 받은 한 난징 대학 학생은 〈나는 꿈이 있어요〉라는 시를 지었고, 이 시는 대자보가 됐다. 그녀는 자신이 다니는 대학에서 미국 시민권운동을 다룬 TV 다큐멘터리 시리즈 〈목표를 향해 달리다Eyes on the Prize〉를 볼 수 있었다.⁵⁰ 어떤 사람은 필리핀에서 온 책 《피플파워》를 복사하여 잘 보이는 벽에 붙였다. 1968년의 전 세계적 지속이란 맥락 속에서, 시위가 헝가리와 동독 등 많은 나라로 확산되면서 중국 《인민일보》 4월 26일 자 사설은 "반국가적 소동과 혼란"을 비난했고, 학생과 노동자 모두를 불미스러운 용어로 낙인찍었다. 대학과 전문대 방송시설까지 접수한 "한 줌의 불법 분자들의 음모"로 본 것이다.⁵¹ 이 시기의 수많은 다른 반란에서처럼—광주와 타이에 대한 언론보도가 떠오른다—시위대는 자신들의 운동에 대한 언론의 악의적이고 부정확한 보도를 심각하게 우려하며 철회를 요구했다. 차이라면 중국에서는 시위대가 결국 보복하지 않겠다는 약속과 함께 고위 지도자의 공개적 칭찬을 받았다는 점이지만, 시기가 너무 늦어서(5월 16일) 시위의 궤적을 변화시키지 못했다.

공격받는 학생들

학생들은 캠퍼스에 조밀하게 집중되어 있고 공부할 시간과 공간이 있었기에 신속하게 동원할 수 있었다. 라디오, 텔레비전, 신문의 공격을 받자 학생들은 국가가 철권을 쥐고 내지를 준비가 되었음을 알았다. 다음 모임에서 북대련은 어떤 투쟁 경로를 취할지 열띠게 논쟁했다. 상임위원회가 결정할 수 없어서 표결을 위해 총회를 소집했다. 참석한 40개 학교의 거의 모두가 4월 27일에 대규모 시위를 조직하기로 동의했다. 수업거부는 이미 진행 중이어서, 학생들은 하룻밤 사이에 인민의 충성을 놓고 당과 경쟁하는 강력한 세력이 됐다. 자오쯔양이 북한을 방문 중이었기에, 리펑과 덩샤오핑은 강경 입장으로 급속하게 성장하는 운동을 서툴게 다뤘다. 그들은 북대련 지도자 저우융쥔에게 강한 압박을 가했고, 저우융쥔은 이를 견디지 못했다. 4월 26일 밤, 그는 일방적으로 시위를 취소했지만, 한 사람이 상황을 되돌리기엔 너무 늦었다. 다음날 학생 10만 명 이상이 톈안먼 광장에 집결했다. 경찰의 봉쇄를 우회하여 대오별로 행진할 때 학생들은 수십만 베이징 주민의 환호를 받았다. 끝이 없어 보이는 행진이 지나갈 때 50만 명 이상의 시민이 보도에서 지켜봤다. 정부의 시위 금지는 무의미해지고 15만 명 이상이 경찰의 명령을 거부한 채 톈안먼 광장으로 행진했으며, 거기에서 "축제 같은 분위기" 속에 14시간 정도를 머물렀다. 종이상자는 투쟁기금으로 가득 찼고, 많은 노동자가 서로 섞였다. 나중에 한 학생 지도자는 이날을 "역사상 가장 위대한 사건 중 하나"라고 불렀다.[52]

 4월 27일 즐거운 시민불복종을 목격한 정부 지도자들은 마침내 그저 시위대를 무시하거나 압박하기보다 더 창의적인 조치를 취해야 할 필요성을 깨달았다. 4월 29일, 그들은 주로 정부가 승인한 학생 조직 회원들을 동원해 사전에 널리 선전한 집회를 열었고, 이로써 두 가지 목표를 달성했다. 이 대화는 당이 대중들에 귀를 기울이고 이야기하려는 것처럼 보이게 했고, 이는 필리핀의 마르코스, 버마의 네 윈, 한국의 전두환, 네팔 국왕, 타이의 수찐다 같은 독재자들과 비교하면 주목할 만하다고 해야 한다. 그들은 모두 젊은이들에게 말로 대응하기보다 총탄을 사용했기 때문이다.[53] 당 고위층 내부의 중요한 세력, 특히 자오쯔양이 귀를 기울였고 개혁 과정에서 학생들과 협력하고자 했다. '대화'는 또한 북대련을 분열시켰다. 대화에 참여할지 여부를 결정할 수 없었기에, 북대련은 개인들에게 모임에 참여할지 말지를 결정할 자율적 재량을 부여했다.

27일의 성공적 동원 이후에 학생들은 조직을 다시 정비했다. 저우융쥔은 일방적 '취소' 때문에 사퇴해야 했고, 우얼카이시가 새 의장이 됐지만 권한은 더욱 제한됐다. 이틀 뒤, 우얼카이시는 모임에 참석하지 못했고, 펑충더로 대체됐다. 직전의 시민불복종이 일으킨 엄청난 에너지를 탄 북대련은 5월 4일에 다시 시위를 하기로 결정했고, 이는 새로 결성된 조직에 대한 압력을 고려하면 쉬운 과제가 아니었다. 1919년 반일시위 70주년인 5월 4일에 열린 정부의 공식 집회는, 학생 5만 명과 일반인 25만 명 이상이 참여한 학생 집회에 비해 규모가 초라했다. 학생들이 주도한 집회에는 학생보다 더 많은 젊은 노동자가 참석했다. 다시 한 번 자발적 행진자들은 경찰 저지선을 뚫었는데, 이번에는 1919년 운동가를 부르면서 행진했다. 해임된 북대련 전 지도자 2명은 마치 아직도 자신이 지도자인 것처럼 개인 성명을 발표했다. 저우융쥔은 수업거부 종료를 선언했고, 우얼카이시는 언론 이외에 듣는 사람이 거의 없는 긴 선언서를 낭독했다. 의미심장하게도 이 개인들은 운동 전체를 대표하여 발언할 권한이 있다고 생각했고, 그들의 말은 언론에 의해 북대련을 대표하는 것으로 받아들여졌다. 이런 개인주의는 학생운동 조직들이 자칭 지도자들에 의해 망가진 마지막 사례는 아닐 것이다.

두 번의 성공적인 대규모 시위에 이은 고조된 분위기 속에서, 캠퍼스 활동가들은 어떻게 나아갈지 확신하지 못했다. 5월 5일 베이다와 베이스다를 제외한 거의 모든 대학의 학생들이 수업에 복귀했다. 많은 캠퍼스에서, 내부 권력투쟁 때문이든 수업거부에 대한 입장 변화 때문이든 북대련에 대한 부정적 여론이 커지기 시작했다. 5월 5일에 캠퍼스 대표자들이 모였을 때, 낙관보다는 절망이 모임의 성격을 규정했다. 최소 1명의 상임위원이 사퇴했고, 많은 다른 위원도 불참했다. 이

제 학생들의 주요한 요구는 정부와 대화를 나누는 것이었고, 이는 자율적 조직에 대한 암묵적 인정 내에 포함되는 척도였다. 이 목적으로 학생들은 대화 대표단을 파견했고, 정부에게서 긍정적 반응을 확보하길 희망했다.

북대련이 정체하는 사이, 학생들은 수백 명씩 계속 벽보를 붙이고 다른 그룹들을 동원했다. 5월 10일 5,000명 이상의 자전거 부대가 기자들의 언론 자유 요구를 지지했다. 미국의 1960년대 운동과 달리, 활동가 학생들 주변에는 선배 활동가들로 이루어진 핵심 집단이 있었고, 이들은 충고를 해주고 학생들이 바꾸려고 시도하는 사회의 성격에 대한 통찰력을 제공했다. 훨씬 더 중요하게, 젊은 후배 활동가들은 대개 선배들의 말에 귀를 기울였다. 수년간 투쟁에서 축적된 경험과 공부로 얻은 분석으로 아이디어의 백화가 만발했다. 어떤 것은 향기로웠고, 다른 것은 단명하기도 했다. 인민대학의 한 젊은 교사가 1989년의 권력 구조를 과거 중국의 봉건 체제와 비교함으로써 중국 정부의 역사적 연속성을 자세히 설명하는 대자보를 내걸었다. 표 5.2를 보라. 여기서 명백하게 드러나는 정치적 비판은 예리하지만, 경제 상태가 악화되면서 점증하는 대중적 불만은 표현하지 못한다.

단식농성자들의 쿠데타

5월 11일에 우얼카이시와 왕단을 포함한 유명 활동가들이 한 식당에서 작은 모임을 열어 운동의 교착상태에 대해 논의했다. 동력을 유지할 방법을 찾던 그들은 학생자치연합의 동의 없이 학생들에게 단식농성에 참여하라고 호소하기로 결의했다. 모두 어떤 조직의 대변인도 아니었던 그들은 곧 운동 내부에서 많은 희생으로 쟁취한 학생자치회라는 학생 투쟁의 열매가 길옆으로 치워지고 자신들의 주장대로 "죽을 때까지 단식"할 지도자들의 대언론 호소로 대체되는 역학을 낳는 데

[표 5.2] 현재 권력 구조와 봉건 중국의 권력 구조 비교

	봉건체제	현재의 체제
권력 구조 통제	1명의 황제	1명의 개인
이데올로기	유일: 유교	유일: 공산주의
권력 원천에 관한 학설	천명	계급투쟁
권력 기반	군대	군대
관료 체제	임명직	임명직
조직 원리	통치자가 신민을 인도함 아버지가 아들을 인도함 남편이 부인을 인도함	조직(당)이 개인을 지도함 높은 수준이 낮은 수준을 지도함 중앙위원회가 전당을 지도함
정치적 전술	고도로 정교함	고도로 정교함
인간 본성에 대한 가정	내재적 가치설	완벽한 프롤레타리아트론
개인의 지위	없음	지극히 낮음

출처: Han Minzhu, 155.

기여했다.

　5월 13일 단식농성이 시작되기 직전에 학생 수십 명이 맥주와 소시지를 마지막 점심으로 먹었다. 톈안먼 광장에서 동조적 언론 앞에 모인 그들에게 곧 수백 명 이상이 합류했다. 30년간 이어진 중소 적대의 종식을 기념하는 러시아 지도자 미하일 고르바초프의 역사적인 중국 방문 이틀 전의 일이었다. 농성자들은 자신들의 요구를 쟁취할 주요한 전략적 위치를 차지하고 있음을 깨달았고, 이제 두 가지 요구—시위를 금지하는 4월 26일 포고령의 철회와 학생과 정부 간의 TV 토론—를 추가했다. 오후 5시경 차이링이란 이름의 호리호리한 심리학과 대학원생이 군중을 이끌고 맹세했다. "나는 민주주의를 증진하기 위해, 조국의 번영을 위해 기꺼이 단식농성에 들어갈 것이다. 우리의 목표를 실현할 때까지 포기하지 않을 것이다."[54] 근처에서는 왕단이 확성기를 사용하여 기자회견을 열고 있었다. 인민영웅기념비 주변에 있던 단식농성자 800명을 대표하여 결정을 내릴 어떤 조직도 존재하지 않았다.

베이징에 취재진이 대규모로 나타나자 활동가들은 명성을 얻으려고 경쟁했다. (작가 미상)

이제 유명 활동가가 된 지도자들은 자기 이름이 큰 글씨로 새겨진 셔츠를 입고 개인 경호원들에 둘러싸여 광장 주변을 돌아다녔고, 군중을 뚫고 지나가면서 사인을 해주었다.

공산당 지도자들은 단식농성의 진정성을 확신했든 그들이 시민들 사이에서 누리는 광범한 공감과 동정적 언론 때문이었든 학생들의 관심사를 들을 방법을 계속 찾았다. 중국공산당 중앙통전부中央統戰部 부장인 옌밍푸는 5월 14일 자리에 앉아 학생들을 만났다. 그는 "가을 추수 이후의 정산"은 없으리라고 약속했다. 즉 운동이 소멸해도 정부가 학생들에게 보복하지 않으리라는 것이었다. 도중에 환자복을 입고 일부는 몸에 정맥 링거를 꽂은 단식농성자들이 회의장에 난입하여 대화를 방해했다. 그들은 텔레비전 중계가 생방송이 아니라 사전녹화로 진행되는 데 화를 냈다. 대화를 중단시킨 그들은 부모들에게 보내는 '유언'을 낭독해줄 것을 요구했다. 회의장 곳곳에서 울음과 흐느낌이 들리는 가운데, 그들은 유언을 낭독하러 나아갔다.[55] 이 가식적인 행위는 단식 시작 '하루 만에' 벌어졌다!

단식농성은 운동에서 전환점을 상징했고, 정당한 분노에서 거만한 자기과시로 이동하는 것이었다. 단식농성자들은 대중 사이에서 커다란 공감을 끌어냈지만, 학생들의 자치 조직을 약화하고 관심의 중심을 차지함으로써 소수의 언론 스타들이 탄생해 전체 운동을 자신의 유명세로 이끌었고, 결국 운동의 사망을 불러왔다. 그날(5월 14일) 늦게, 중국에서 가장 유명한 작가 12인은 단식농성자들에게 러시아 대통령 미하일 고르바초프의 다음날 방문(1959년 이래 러시아 당 지도자로서는 첫 방문)이 취소되지 않도록 톈안먼 광장을 떠나라고 호소했다. 이 지식인들은 또한 정권에 자주적 학생 조직을 인정하고, 시위를 사회에 대한 애국적이고 민주적인 기여로 간주하며, 사태가 해결된 후에 학생들에게 어떤 행동도 취하지 말라고 요청했다. 그럼에도 불구하고 학생들은 움직이기를 거부했다. 고르바초프는 공항에서 중국 고위자들의 영접을 받았고, 결코 톈안먼 광장을 방문하지 못했다.

단식농성자들은 직전의 운동으로 창출한 조직들을 우회함으로써 위험한 선례를 남겼고, 궁극적으로 운동이 그 가능성에 이르지 못하게 했다. 자치연합들은 단식농성에 동의하지 않았을뿐더러 일부 자료에 따르면 실패하길 희망했다.[56] 북대련이 자신들의 의제에 부합하지 않자, 더 유명한 학생들은 간단히 조직을 무시했다. 머지않아 '총사령관'과 함께 '톈안먼 광장 보위 지휘부'가 등장했는데, 그들은 전체 운동을 좋든 싫든 '고결한 척하는' 급진주의의 길을 거쳐 곧바로 6월 4일 유혈 대치로 이끌었다. 확산 전략은 자오쯔양과 다른 온건파든 운동 동료든 타협을 거부하는 것이었고, 그리하여 그 거만함으로 운동을 비참한 실패에 이르게 했다. 단식농성은 민중의 동조를 얻고 "젊은이와 늙은이,

부자와 빈자, 고등교육 이수자와 반문맹을 막론하고 베이징 시민의 유례없는 동조의 분출"을 끌어내는 데 위대한 전술이었지만, 한편으로 운동을 민주적 조직들과 분리했기 때문에 엄청난 전략적 오류였다.[57]

3주 동안 노동자들은 조용히 조직화했고, 대규모 공장과 사무실에 말을 퍼뜨렸다. 수십만 명의 학생이 톈안먼 광장을 점거한 이후에야 노자련은 자신의 존재를 공개적으로 선언하기에 충분히 안전하다고 느꼈다. 5월 2일 노자련에는 2,000명의 등록 회원이 있었다. 5월 13일까지 거대한 시위가 매일같이 일어나는 동안 한눈에 알아볼 수 있는 노자련 대오가 수많은 국영공장들 사이로 표표히 행진했고, 이 공장들도 자체적으로 자치노조를 결성했다.[58] 당 지도자들은 노동자들이 시위대에 합류하는 것을 막으려고 했지만 소용없었다. 5월 초, 베이징의 최고 당 사무국은 모든 공장장에게 노동자들과 학생들이 합류하는 것을 막기 위해 모든 가능한 조치를 취하라는 지침을 내렸다. 5월 10일, 당 정치국은 6,000명의 광부 가족 중 3분의 1이 운동에 참여했다는 보고를 받았다.[59] 3일 후에 리펑 총리와 자오쯔양은 노동계 지도자들과 특별 모임을 가졌지만, 결과는 그들의 마음에 들지 않았다. 5월 14일, 어떤 노동자가 이 모임에서 외쳤다는 말이 적힌 팻말이 톈안먼에 등장했다. "당은 외채를 갚기 위해 메르세데스 벤츠를 매각해야 한다!"[60] 5월 15일, 베이징 관리들은 "노동자들을 안정시킬" 방법을 논의하는 긴급회의에 참석했다.[61]

비록 당국이 불법 조직으로 간주했어도 노자련은 회원 수와 체계적 비판 모두에서 지속적으로 성장했다. 5월 17일, 계엄령이 다가오자 그들은 선언했다. "인민은 더 이상 지배자들의 거짓말을 믿지 않을 것이다. …… 오직 두 계급만이 있다―지배자와 피지배자." 다른 공개성명에서 그들은 전투 구호를 외쳤다. "아, 중국인들이여! 사랑스럽지만 비참하고 비극적인 민족이여! 우리는 수천 년 동안 기만당해왔고, 오늘도 여전히 기만당하고 있다. 아니다! 그 대신에 우리는 위대한 민족이 되어야 한다. 우리는 스스로 본디 지녔던 위대함을 회복해야 한다! 노동자 형제들이여, 우리 세대가 이 굴욕을 21세기로 가져갈 운명이라면 20세기의 전투에서 죽는 편이 더 낫다!"[62] 5월 17일과 18일에 노동자들은 도시로 몰려나와 시위대에 합류했고, 그 상징적 중심에는 먼저 수백 명의 단식농성 학생이 자리하고 있었다. 국영기업에서 집단경영기업과 사기업까지, 수도철강과 옌산석유화학 같은 대규모 공장에서 작은 작업장까지, 노동자들은 트럭, 자가용, 버스로 대열을 이뤄 노래하고 북 치고 공을 두드리며 엄청나게 큰 붉은 깃발과 마오쩌둥 초상화를 들고 도착했다. 5월 18일 《뉴욕타임스》의 보도에 따르면 "오늘 시위는 정부의 최악의 악몽 중 하나가 실현된 것, 즉 학생 시위로 시작된 것에 조직된 노동자들이 참여한 것이다".

학생들과 달리 노자련은 더 민주적인 형태의 사회주의를 원했다. 그들의 요구는 가격 안정화, 자유롭게 직업을 바꿀 권리, 여성차별적 고용 관행의 중지를 포함했다. 한 노자련 활동가는 이후에 선언했다. "공장에서 감독은 누가 뭐라든 독재자이다. 공장을 통해 국가를 보면, 둘 다 똑같다―일인 지배. …… 공장은 시스템을 갖춰야 한다. 한 노동자가 직업을 바꾸길 원하면, 어떻게 그렇게 할지 결정할 규칙의 체계가 있어야 한다. 또한 이 규칙들은 모든 사람에 의해 결정되어야 한다." 여기서 핵심은 더 발전된 형태의 사회주의에 대한 비전이지, 소비주의에 대한 욕망이 아니다. 많은 학생이 자신들이 엘리트 서클에서 배제되는 것을 비판하고 서구 상품을 판매하는 국영상점의 무제한 출입을 요구했지만, 노동자들은 엘리트를 전적으로 폐지하려 했으며 모든 사람의 삶을 개선할 비전을 발전시켰다. "새 호텔들이 올라가서 도시의 얼굴이 바뀌었지만, 인민들은 여전히 괜찮은 주거 공간이 부족하다"고 그들은 썼다. 또한 "최상층에는 연회에 대한 광란이 있다"고 성토했다. 조직된 노동자들은, 노동자가 아니라 당이 통제하는 공식적 중화전국총공회中華全國總工會보다 자주적 조직이 노동자들을 더 잘 대표한다는 믿음을 표현했다. 비록 많은 총공회 조합원(일부 간부를 포함하여)이 톈안먼의 노자련 집결지에 모여들었지만, 총공회는 노자련을 지지하기를 거부했다. 노자련의 과감함과 독립성이 총공회의 순종順從을 위협했기 때문이다.

1989년 봉기 동안 학생들은 조언자이자 옹호자로 자오쯔양을 발견했고, 자오쯔양처럼 많은 사람이 충성스런 야당의 역할을 하려고 노력했다. 그러나 많은 노동자는 자오쯔양의 고급 양복과 그에 걸맞은 정책에 염증을 느끼고 자주 "자오쯔양 타도!"를 외쳤다.[63] 운동이 발전하고 노동자들의 존재감이 커지자, 그들은 보통 시민들에게 관료들을 감독하라고 요청하며 공산당 간부들이 누리는 특권에 도전했다. 노동자들은 공장에서 경영진의 자의적 권한을 축소하고, 작업장 내의 관계를 규정하는 구체적 합의를 이끌고 국가정책을 수립하는 데 기여할 자주적 노동조합을 활성화하려고 노력했다. 공산주의혁명을 거부하기는커녕 마르크스주의와 마오주의에 기초하여 혁명에 새로운 에너지를 불어넣으려고 노력했다. 노동자들이 붙인 한 벽보는 이를 아주 분명하게 보여준다. "우리는 마르크스의 《자본론》에 기초하여 주의깊게 노동자 착취율을 계산했다. 우리는 '인민의 종들'이 인민의 피와 땀으로 생산한 모든 잉여가치를 삼키고 있음을 발견했다. …… 그러나 역사의 최종 정산은 아직 끝나지 않았다."[64]

운동이 중국 전역으로 확산되면서, 운동의 규모에 대한 예비 평가에 따르면 434개 대도시 중 107곳에서 학생 시위가 보고됐고, 그중 32곳에서는 노동자 자치단체들이 함께 참여했다.[65] 몇 년 후, 더 완전한 편찬본에서는 341개 도시에서 시위가 일어났다고 집계했다.[66] 시안에서는 1,000명이 신청新城 광장에서 단식농성을 벌였다.[67] 지지를 얻기 위해 대표단이 이웃 공장들을 순회했다. 5월 18일과 19일에는 2,000명가량의 학생이 기차를 타고 베이징으로 향했다. 충칭에서는 학생 82명이 5월 18일 시청 앞에서 베이징의 전술과 관리에게 대화를 요구하는 것을 모방하여 단식을 시작했다.[68] 난징에서는 수만 명의 노동자와 학생이 시위했고, 일부는 단식농성에 동참했다.[69] 상하이에서는 예술대학 학생들이 베이징에서 세운 것보다 먼저 '민주주의의 여신상'이 들어섰다.

모든 사람이 시위의 '자력'에 끌려오는 것처럼 보였다. 심지어 경찰관, 외무부 공무원, 은행가, 《인민일보》 기자 들까지 참여했다.[70] 한 추정치에 따르면 고르바초프의 방중 기간 사흘 동안 매일 베이징 시민의 10퍼센트, 약 100만 명의 시위대가 거리로 나왔다.[71] 베이징 시내가 사람들로 너무나 혼잡해서 고르바초프는 인민대회당, 자금성, 심지어 경극장까지도 방문할 수 없었다. 이 '도시 우드스톡'에는 모든 사람을 위한 공간이 있었고, 중국 전역에서 수십만 명이 베이징으로 밀려들었다. 베이징군사령부北京軍事指揮部는 이불을 1,000장 넘게 보내주었고, 국영 제약회사들은 광장에 의료 천막을 기부했다. 25명 이상의 단식농성자는 중앙미술학원 출신이었다. 일부 기성 예술가들은 기금을 모으려고 작품을 팔았다.[72] 심지어 중국공산주의청년단도 음료수 20상자를 보냈다. 베이징을 모델로 전국 30개 이상의 다른 도시에서 단식농성단이 조직됐다.[73] 베이징의 축제 같은 시위 '카니발'은 계속 평화적이었지만 하향세로 돌아섰다. 5월 19일 새벽 2시 톈안먼을 가로질러 걸었던 제레미 바르메는 이렇게 기록했다. "광장에는 악취가 풍겼고, 어디에나 오물, 썩어가는 음식, 플라스틱과 유리 용기, 모든 유형의 쓰레기 더미가 쌓여 있었으며, 학생들은 기념비 주위에 빙 둘러 웅크리고 잠들어 있었다. 아이들을 데리고 광장에 온 부모들은 아이들이 아무 데서나 오줌을 싸게 했고, 이렇게 며칠이 지나자 광장의 대부분에서 지독한 냄새가 풍겼다."[74]

몇몇 사람들에 따르면 단식농성장에도 이상한 향기가 났다. 많은 단식농성자가 몰래 식사하는 모습을 외국인 기자들이 목격했는데, 그들은 농성자들에게 동조적이었음에도 이후에 이 사실을 보도했다. 한 학생은 달콤한 요구르트를 먹고 있다고 인정했는데, "간식은 괜찮다. 진짜 음식은 아니니까"라고 주장했다.[75] 더욱이 많은 학생이 릴레이 단식농성을 한 것처럼 보이는데, 한 번에 하루 동안 단식을 하면 다른 사람이 대신했다. 어떤 알려지지 않은 이유로 중국인들은 물만 먹으면서 7일간 단식하면 죽는다고 믿었다. 사실 딕 그레고리(미국의 코미디언이자 평화운동가로 베트남전쟁에 반대하는 단식농성을 한 바 있다—옮긴이)는 그보다 몇 배나 오래 단식을 했던 많은 사람 중 한 명일 뿐이다.[76] 김영삼은 남한의 대통령이 되기 전에 민주화 운동가로서 전두환의 독재에 맞선 광주 시민들의 지속적 투쟁에 지지를 표하기 위해 1983년 5월 18일부터 물만 마시면서 23일간 단식했다.

모든 사람이 민족의 위대함을 회복하기 위해 끊임없이 일했던 중국에서 학생들이 맡은 위엄 있는 역할은 그들이 대부분의 시간을 존중받으며 살았음을 의미했고, 그것은 학생들이 정부에 요구했던 지위이기도 했다. 한 자녀 국가의 알짜인 베이징 대학 학생들은 단식농성을 주도하면서 자신들이 민족의 미래 지도자라고 생각했고, 그들을 지지한 대중들도 그랬다. 단식 첫날, 중국의 미래 엘리트 41명이 쓰러졌다. 이런 연출은 유쾌하지 않았고, 커다란 기만을 위장했다. 티베트인들의 원형 시위는 단식자들의 '제단' 주위에서 재창조됐다. 티베트의 뿌리에 대한 이해 없이 바르메는 다음과 같이 묘사했다. "공간이 원형이어서, 즉시 일종의 순환 행렬이 형성됐다. 관찰자와 대표단 군중은 둘레를 돌아서 다녔다. 사람들은 웅크리고 있는 젊은 단식농성자들을 지나치면서 눈물을 흘렸고, 버스 좌석에서 자주 손을 올리거나 V자 사인을 보냈다."[77]

"톈안먼 광장 보위 지휘부 총사령관"

5월 14일, 차이링은 '피로'를 이유로 정부 관리와 함께한 모임을 떠났지만, 다음날 아침 8시에 자신을 의장으로 하는 단식농성사령부의 출범을 발표했다. 새로운 지위를 등에 업은 그녀는 홍콩의 기부금으로 조성한 톈안먼 광장의 방송 센터를 통제했다. 그녀의 남편이자 동료 활동가인 펑충더는 개인적으로 북대련 대표들의 센터 이용을 거부했다. 그리하여 하룻저녁에 차이링과 그녀의 남편은 사실상 훗날 "톈안먼 광장 보위 지휘부 총사령관"으로 자칭하는 지위에 오르는 쿠데타를 연출했다. 그녀가 생각하기에 톈안먼 광장의 점거에는 새로운 조직, 즉 '광장 보위 지휘부'가 필요했으며, 이 본부는 곧 재정, 대외협력, 정보, 사무, 자원 관리를 위한 위원회를 구성하고 물과 식량 분배, 의료 지원, 피케팅, 보안을 담당할 행동대를 조직했다.

원래의 단식농성 기획자였던 우얼카이시와 왕단은 차이링이 그런 높은 지위를 독차지한 데에 가장 화가 났다. 특히 그들이 그 모임에 참석하지 않았기 때문이다. 다음날 그들은 지도부를 재구성해야 한다고 주장했다. 새로운 상임위원회가 차이링을 의장으로 다시 선출한 뒤에 착수한 첫 번째 임무는 보안 경계를 세우는 일이었다. 활동가들은 핵심 지휘부 주변에 비상경계선을 설치했는데, 이번에는 믿을 만한 학생들이 투명 낚싯줄을 잡도록 했고, 심지어 가장 열렬한 시민 지지자들조차 더욱 고립되고 거만해진 지도부에 다가갈 수 없었다.

이런 주변화에 대응하기 위해 북대련 대표들은 칭화 대학 학생들과 함께 두 번째 방송 센터(자체 보안대와 함께) '학생운동의 목소리'를 세웠다. 새 방송국의 앰프는 훨씬 더 강력해서 보위 지휘부와 경쟁했다. 말할 필요도 없이 둘의 관계는 좋지 않았다. 학생운동을 지원하기 위해 10만 달러가 넘는 기부금이 모였지만, 차이링이 기부금 대부분을 통제했다. 이미 북대련과 독자적으로 행동하게 된 베이다의 자치회도 마찬가지였다.

5월 16일, 자오쯔양은 당 중앙위원회를 대표해 연설하면서 타협을 추구하고 공개적으로 학생 시위가 "긍정적"이고 "애국적"이라고 했다. 학생들이 그저 떠나기만 하면 어떤 기소도 하지 않을 것이라고 약속했다. 정부의 관대한 제안에도 불구하고, 아무도 이를 받아들이지 않았다. 단식농성 4일째, 참가자 3,100명 가운데 약 200명이 기절했다.[78] 시위는 계속되어 30만 명 이상이 동조 행진을 벌였다. 5월 17일과 18일에 각각 100만 명 이상이 시위에 참여했다. 정맥주사로 급식을 받았음에도 단식농성자들은 극적으로 기절했다. 당의 지시에 따른 제한을 받지 않자, 언론은 기자들이 공개적으로 "더 이상 거짓말 말라"고 주장하는 것과 동시에 동조적 보도를 내보냈다. 점점 더 많은 노동자가 광장에 집결했다. 사람들은 모여든 1,000여 명의 외신 기자를 위해 〈우리 승리하리라〉를 불렀다. 외신 기자들은 고르바초프의 방중을 취재하기 위해 베이징에 왔지만, 톈안먼 광장에서 "그들의 삶 이야기"를 취재하는 데 대부분의 시간을 보냈다. 단식농성으로 정신이 혼미해서인지 아니면 진짜 동기를 말하고자 그랬는지, 바로 이 시점에 지도자인 우얼카이시가 자신이 한 말 중 훗날 가장 유명해진 말을 했다. "우리는 나이키 운동화, 여자친구를 술집에 데려갈 수 있는 많은 자유 시간, 누군가와 어떤 주제든 토론할 자유, 사회의 존경을 원한다."[79]

의문의 여지 없이 대부분의 단식농성자가 진지했지만, 우얼카이시는 겉보기에 그렇지 않았다. 나중에 한 텔레비전 보도는 그가 베이징 호텔北京飯店에서 식사하는 장면을 폭로했고, AP 기자 존 폼프릿은 단식농성 기간에 그와 함께 식사를 했다고 주장했다. 영국 〈인디펜던트〉의 앤드루 히긴스는 그가 자동차 뒷자리에서 국수를 삼키는 모습을 보았고, 우얼카이시는 한 친구에게 "나는 지도자이고 심장에 문제가 있기 때문에 힘을 유지하기 위해 먹을 필요가 있다"고 말했다.[80] 진지했든 아니든, 학생들이 나중에 농성을 중단한 결정에 비추어 베이다 선언을 읽으면, 그들의 의도는 그렇지 않을지라도 그들에게 책임감이 있었는지 회의적이다. "우리는 죽고 싶지 않다. 우리는 살고 싶다. 우리는 인생의 한창때에 있기 때문이다. 우리는 죽고 싶지 않다. 우리는 공부하고 싶다. 열심히 공부하고 싶다. 우리 모국은 아주 빈곤하다. 마치 우리가 모국이 죽도록 내버리는 것 같은 느낌이 든다. 하지만 죽음은 우리가 추구하는 것이 아니다. 그러나 만약 한 명 또는 소수의 죽음으로 다수가 더 잘살 수 있고 우리의 모국이 번영할 수 있다면, 우리는 삶에 집착할 권리가 없다. 우리가 배고픔으로 고통받는다고, 아빠 엄마, 슬퍼하지 마세요. 우리가 생을 마감할 때, 이모 고모 삼촌, 슬퍼하지 마세요."[81] 다른 맹세는 피로 쓰였어도, 이 애원은 피로 쓰인 것이 아니다.

이미 엘리트로서 나이가 들면 더욱 강력해질 베이징의 대학생들은 톈안먼의 대열에서 자기 대학들의 학생이 아니면 누구나 배제했다. 특히 노동자들이 권력의 핵심부에 들어오려고 하자마자 그들을 쫓아냈다. 베이징에서 학생들은 보통 시민들이 자신들의 '순수한' 시위에 합류하는 것을 막기 위해 서로 손을 잡고 행진했다. 일단 학생들이 톈안먼을 점령하자, 보안대가 핵심 지도부를 빙 둘러 노동자를 비롯해 학생이 아닌 다른 사람들이 다가오는 것을 막았다. 건설노동조합建築工人工會과 노자련은 모두 토론을 위해 대표단을 보내려고 했지만, 학생 보안대가 그들을 내쫓았다. 한 노동자 활동가에 따르면 학생들은 "시골에서 온 건설 노동자들을 죄수 노동자들이라고 말하면서"[82] 무시했다. 비학생들과 거리를 두기 위해 학생들은 운동화를 신거나 검은 띠를 매거나 옷에 흰색 꽃과 학교 배지를 달라고 서로 몰래 말했다.[83] 그들은 어떤 전투적 저항과도 거리를 두었고, 그 대신에 비폭력과 합법성을 강조했다. 일부 목격자들은 노동자들의 분리가 그들 자신의 선택이라고 하지만, 사실 노동자들은 학생 지도자들에게 접근하려 노력했고 적어도 5월 말까지 계속해서 퇴짜를 맞았다.[84] 엘리트 담론에 길든 학생들은 그 안에서 자신의 지위를 확보하려 투쟁했고, 운동 내에서 같은 담론을 재생산했다.

노동자들의 관점에서 비밀, 배제, 분파주의, 권력투쟁, 특권처럼 엘리트들의 부패한 관행과 똑같은 많은 것을 학생운동 내에서도 찾아볼 수 있었고, 소문에 따르면 학생운동 지도자들은 텐트 안에 외국 기부자들이 보낸 매트리스와 현금 뭉치를 두었다. 학생 지도자들은 '총사령관' 같은 터무니없는 칭호를 내세웠지만, 노동자들은 위계제에 반대하며 학생을 포함해 누구라도 모임에 참여할 수 있게 했다. 노동자들은 스스로를 "가장 선진적인 계급"이라고 생각했지만 학생들이 보여준 건방진 태도는 거의 없었고, 학생 서클에서 몇 배로 늘어난 것처럼 보이는 '사령관들' 대신 집단적인 지도력으로 일했다.

중국의 노동자 대부분은 학생들이 처음에 내세운 7대 요구를 지지했다. 철도 노동자들은 학생 수천 명이 운동에 합류하기 위해 베이징으로 갈 때 기차를 공짜로 태워줬다고 한다. 단식농성 기간에 20만 명의 학생이 현장을 보기 위해 수도로 밀려왔다.[85] 베이징 주민들은 에로스 효과에서 비롯된 이 사건 동안 매우 굳게 단결해서, 학생들이 잘 곳과 먹을 것을 쉽게 찾을 수 있었다. 심지어 베이징의 도둑들도 학생들의 단식농성을 지지하며 이틀간 파업에 합의했다는 소문도 돌았다.[86] 모든 유형의 범죄율이 4월 중순부터 5월 중순까지 유례없이 급감했다.[87] 채소 노점상은 값을 더 비싸게 매길 기회가 있음에도 가격을 인하했다. "그런 때에는 모두가 양심적으로 행동해야 하기"[88] 때문이었다. 한 목격자는 이렇게 썼다. "베이징 시민들의 자기조직화, 즉 들어온 물품을 정리하고, 도시 밖에서 온 학생과 일반인 수만 명에게 숙박을 제공하고, 쓰레기를 치우고, 출판물을 인쇄하고 배포하는 위원회들의 수립은, 중국의 생활수준이 향상되면서 인민이 탈정치화했다는 서구에서 유행하는 신화를 날려버렸을 뿐만 아니라, 모든 곳의 우리 주인들이 영원히 당황하도록, 지구상의 최대 도시 중 하나인 베이징 주민들이 정부, 국가 및 그 어떤 기관의 간섭 없이도 일의 체계를 세울 수 있다는 것을 증명했다."[89]

학생들은 시위를 시작하고 그들의 용기로 다른 사람들이 일어설 수 있도록 영감을 주었지만, 궁극적으로는 개혁 성향이었다. 학생들은 일반적으로 덩샤오핑의 시장자유화를 지지하고 민영화가 진행되는 것을 보기를 원한 반면, 노동자들은 과도한 시장화에 반대하고 직업과 과거 계획경제에서 얻은 성과를 잃을까봐 두려워했다. 거리의 인민들은 관료주의 타도를 호소했을지 몰라도, 어떤 주요 학생 조직도 그렇게 하지 않았다. 오히려 그들은 정부와 대화하고 정부에 인정받기를 원했고, 바로 그것이 학생 '반란'이란 명칭이 적합한 이유이다. 반란자들은 권력에서 배제됐다고 느끼며 그 안으로 들어가길 원하는 반면, 혁명가들은 권력 구조 자체를 파괴하길 원한다. 학생들은 덩샤오핑이 이끄는 개혁 과정의 일부가 되길 원했지만, 노동자들은 마오쩌둥의 거대한 사진을 들고 행진했고 덩샤오핑을 세 번째로 축출하길 원했다. 학생들은 기껏해야 개혁을 원했고, 노동자들은 혁명을 원했다.

농민들은 결코 의미 있는 수로 운동의 일부가 되지 못했고, 바로 그 이유 때문에 도시 기반의 운동이 중국 시민 압도적 다수의 충성을 획득했다고 말할 수는 없다. 대약진운동 동안에 농민들은 집산화 시도에 저항했고, 그 결과 수백만 명이 식량 부족과 기근으로 사망했다. 1989년 농민들이 보인 정치적 무관심의 물적 토대는 마오주의 정책 시절에 농촌이 받았던 혜택에서 찾을 수 있다. 덩샤오핑의 개혁이 궁극적으로 심각한 경제적 도농격차를 다시 불러왔지만, 1989년 경제자유화는 아직 농촌에 심각한 영향을 주지 않았기에 농민들은 노동자들처럼 덩샤오핑에 맞서 일어서지 않았다.

5월 17일 자오쯔양의 타협 노력이 실패했다고 믿은 덩샤오핑은 계엄령을 승인했다. 리펑은 이 이상 체제의 취약성을 노출하면 나라를 학생들에게 넘겨주게 되리라고 믿었지만, 일단 학생들과 5월 18일에 만나기로 했다.[90] 그날 아침에야 정부 관리들이 오전 11시에 자신들을 만날 것이라고 전해들은 학생들은 급히 유명 지도자 다수를 포함한 대표단을 모았다. TV로 생중계된 인민대회당 모임은 정부 최고 관리인 리펑이 학생 지도자들과 직접 대면함으로써 사실상 학생자치조직을 인정한 것이나 다름없었다. 그럼에도 만남은 비참하게 실패했다. 리펑은 단식농성자들에게 엄한 설교를 늘어놓으며 당이 "한가하게 가만히 서 있지 않을 것"이라고 주장했다. 학생들은 그동안 요구해온 전국에 방송되는 모임이라는 성과를 얻었지만, 우얼카이시(그 순간에 그는 자신 이외에는 아무도 대표하지 않았다)는 회의를 주재하면서 리펑이 늦었다고 책망했고 극도의 경멸로 리펑을 대했다. "우리는 당신의 말을 들을 시간이 별로 없습니다. 수천 명의 단식농성자가 기다리고 있어요. 핵심으로 들어갑시다. 우리가 당신을 대화에 초대한 것이지, 당신이 우리를 초대한 것이 아닙니다. 그리고 당신은 늦었죠."[91] 몇 초 후 카메라에 분명히 잡히도록, 산소주머니를 쥐고 기절한 듯 보이는 우얼카이시를 구하러 의료진이 달려왔다(우얼카이시는 일견 공개적인 자리에서 '전략적으로 기절'하는 요령이 있었고, 여러 차례 그 재능을 이용했다[92]).

5월 19일 새벽 5시, 당 총서기 자오쯔양이 학생들을 방문했다. 그는 눈물을 흘리면서 학생들에게 톈안먼에서 철수하라고 호소했지만 소용없었다. 바로 그때가 타협을 이룰 수 있었던 마지막 순간이었다. 방문을 마치고 자오쯔양이 대중의 눈에서 사라지기 전에 그의 사인을 받으려는 사냥꾼들이 몰려들었다. 그는 2009년 사후 자서전이 출판될 때까지 이 사건에 대해 언급하지 않았다. 분명히 당내에 분열이 일어났지만, 당시에는 아무도 정확한 이유를 몰랐다. 되돌아보면 자오쯔양은 사임을 강요당했고, 리펑의 강경 노선이 우세했다. 1년이 채 지나지 않아 장쩌민(상하이 시장으로서 1986년 시위를 능숙하게 진정시키고 이후에《월드이코노믹 헤럴드》신문을 폐간했다)이 정치국 상임위원회와 중앙서기국 총서기로서 자오쯔양을 대체했다. 1990년 3월에는 전인대 중앙군사위원회와 중앙위원회 의장이 되었다.[93] 1989년 티베트 운동의 탄압을 이끈 사람인 후진타오는 2002년 총서기가 됐다.

계엄령에서 6월 4일 유혈 사태로

5월 19일 오후 베이징에서 고르바초프와 동행한 외국 언론이 사라지자, 대규모 정부 탄압이 임박했다는 소문이 퍼졌다. 차이링은 사령부 버스에서 지휘부 비상회의를 소집했다. 보안대가 우얼카이시가 참석하지 못하도록 막는 동안, 지휘부는 단식농성을 끝내기로 표결한 뒤 수백 명의 단식농성자가 이 문제를 토론하기를 기다리는 수고를 마다한 채 이 메시지를 방송했다. 단식농성 중이던 학생들이 마침내 발표를 듣고 재고를 요구했다. 8개 학교 대표가 모였는데, 차이링의 보안대가 그들의 신원을 확인하는 데만 한 시간 이상이 걸렸다. 마침내 회의가 시작되자, 약 80퍼센트가 농성을 계속하기로 표결했다. 그 시점에는 대표자들의 표결이 별 의미가 없었다. 차이링의 지휘부는 이미 농성 종료를 선언한 터였다. 대표자들의 민주적 모임은 학생들이 농성을 계속해야 한다고 주장했다. 북대련은 단결을 호소한 반면, 학생 지도자들은 여러 분파로 심각하게 분열되어 있었다. 베이징 밖의 캠퍼스들에서 온 학생들은 톈안먼의 의사결정에서 배제된 데에 크게 좌절해서, 5월에 마침내 역사박물관 앞에서 모임을 갖고 자체 조직인 베이징외대학생자치연합北京外高校學生自治聯合會(경외대자련)을 결성했다.

계엄령이 임박하자 학생들은 떨어져나가기 시작했지만, 노자련은 다음날 시작하는 일일 총파업에 참여해달라고 호소했다. 5월 19일 오전 9시 30분에 처음 등장해 광범하게 배포된 전단에서 노자련은 노동자들에게 "모든 작업장의 차량을 이용하여 주요 교통망과 지하철 출구를 봉쇄하고, 중국중앙텔레비전과 중국중앙방송국의 정상적 작동을 확보할 것"[94]을 촉구했다. 놀랍게도, 그들은 중화전국총공회가 5월 20일 총파업에 참여하도록 설득하는 데 성공했다. 총공회는 약 2만 5,000달러에 이르는 10만 위안을 시위대에 기부했다.[95]

5월 19일 저녁, TV에 단독으로 출연한 리펑은 수도의 "혼란"을 규탄하면서 "단호하고 결정적인 조치"를 공언했다. 바로 그 다음날 아침에 자오쯔양이 그를 막지 못하자, 리펑은 계엄령 명령에 서명하고 수만 군대를 시내로 보냈다. 계엄령을 선포하는 것과 집행하는 것은 별개였다. 당 지도자들은 군대에 베이징으로 가라고 명령했지만, 군대는 가능한 모든 수단을 동원해 평화적으로 자신들을 저지하는 시민들에게 발포하기를 거부했다. 군대는 중앙텔레비전과 중앙라디오, 신화통신사, 《인민일보》 등 주요 언론사를 접수했고, 그럼으로써 인민들에게 계엄령에 저항하라는 대중매체의 선동을 중단시키고 무력을 사용하지 않겠다고 약속한 군인들에 관한 보도를 진압했다. 군인과 시민들이 대화하는 사진은 주요 언론매체에 더 이상 실리지 않았다. 그러나 군인들이 텐안먼 광장에 접근하려 할 때, 수천 명의 시민이 시내버스와 크레인, 덤프트럭과 건설 장비 등으로 광장 주변에 세운 바리케이드를 발견했다. 노자련의 호소에 응하여, 베이징의 인민들이 젊은이들을 구하러 달려왔다. 캐나다 기자 잔 웡은 이 장면을 다음과 같이 묘사했다. "할머니들이 탱크 앞에 누웠다. 어린 학생들은 수송대 주위에 떼 지어 몰려와 진로를 막았다. 긴박한 첫날 밤 이후 군인들은 철수하기 시작했고, 군중은 환호하며 박수 쳤다. 일부 구경꾼들은 V자 사인을 보냈고, 일부 군인들도 따라했다. 한 지휘관은 '우리는 인민의 병사들이다. 우리는 결코 인민을 진압하지 않을 것이다'라고 외쳤다."[96] 그 이후의 보도에 따르면 38군을 지휘하는 장군이 수도로 이동하라는 명령에 복종을 거부하면서 덩샤오핑은 허베이 지방에서 27군을 소환해야 했다.[97] 청두, 선양, 지난의 군대가 베이징에 도착했다.

5월 20일 민중적 형태의 이중권력이 등장하여 정부의 권위와 경쟁했다. 자주적으로 조직된 시위자 그룹들이 공장과 정부 작업장, 경찰서, 호텔, 법원, 중국공산당 기관, 청년단체, 정부 부처(최소 8개 중앙정부 기관을 포함하여), 공식 언론사와 대학 학과에서 결성됐다.[98] '나는 호랑이飛虎隊' 오토바이 부대가 군대의 이동을 보고했다. 단 2명뿐인 중국의 생존 육군 원수들이 공개적으로 학생들의 애국심을 칭찬했다. 전 국방장관과 대장정의 베테랑을 포함한 7명의 다른 장군은 100명 이상의 고급장교가 서명한 성명서를 회람하여 인민들에게 발포하지 말라고 군대에 호소했다.[99] 전인대 상무위원회는 계엄령을 철회할 임시회의에 대한 청원을 회람했다.[100] 노자련은 단식농성자 및 북대련과 함께 파리코뮌의 기억을 불러일으키는 공동성명을 발표했다. "우리 노동계급은 이 학생들에게 감사하며 중국 민족이 그들을 자랑스러워해야 한다고 생각한다. 역사는 그들을 기억할 것이다. 톈안먼 광장은 전투장이 될 것이다. 우리는 몸으로 학생들, 단식자들, 농성시위대를 보호할 것이다. 우리는 우리 생명의 피로 또 다른 코뮈나르의 벽을 세울 것이다."[101]

48시간 동안 수십만 명의 베이징 시민이 평화적으로 군대를 저지했다. 시민들은 군인들에게 음식을 먹이고, 음료수 상자를 건네주고, 노래를 불러주고, 아이스바와 꽃을 주면서 인민의 편에 서라고 설득했다. 중국사회과학원의 한 깃발은 정부가 사퇴하고 전인대 임시회의를 소집하라고 촉구했다. 80개가 넘는 도시의 600개가 넘는 대학과 전문대학에서 280만 명이 넘는 학생이 대자보를 붙였다. 상하이에서는 50만 명 이상이 학생들을 지지하며 행진했고, 시안에서는 약 30만 명이 동원됐다.

6월 3일 베이징 시민들은 군인들이 톈안먼 광장에 진입하지 못하도록 막은 뒤 그들에게 음식을 제공했다. (사진 Reuters/Bettman Newsphotos)

승리가 시민들에게 영감과 새로운 자신감을 주면서 수십만 베이징 시민이 21일과 22일에도 바리케이드에 남아, 톈안먼 광장에 진입하려는 군대의 다음 시도를 저지했다. 베이징이 버티자 중국 전역에서 인민들이 들고일어났는데, 5월 21일 홍콩에서 행진한 40만 명도 여기에 포함된다. 표 5.3은 시위의 전국적 규모를 보여준다.

인민들이 군대가 도시 중심부에 들어오는 것을 계속 막아내자, 노자련은 5월 21일 무기한 총파업을 호소하는 공개서한을 배포해 노동자들이 "가장 선진적인 계급"으로서 저항의 "중추"를 형성해야 한다고 주장했다. 그들의 성장하는 지도력은 아주 인기가 높아서 5월 20일에서 6월 3일까지 2주 동안 2만여 명의 베이징 노동자들이 연합의 조합원으로 가입했다.[102] 신규 조합원이 늘어나자, 연합은 새롭게 구조를 개편해 조직, 실행, 정보(매일 내보내는 뉴스 방송과 엄청난 인기를 누린 저녁 자

[표 5.3] 1989년 5~6월 시위 수

날짜	시위에 참여한 도시 수
1989년 5월 18일	17
1989년 5월 19일	116
1989년 5월 20일	132
1989년 5월 21~22일	131
1989년 5월 28일	36
1989년 6월 1일	57
1989년 6월 4일	63
1989년 6월 5~10일	181

출처: Zhang, *Tiananmen Papers*, 214, 227, 243, 274, 316, 345, 392, and 398.

유발언 토론회도 포함하여)를 위한 독자적 단위를 설치했다. 또한 공장, 캠퍼스, 풀뿌리 조직과 연결하는 사무소도 마련했다. 5월 말에는 인쇄소, 광장 내 방송국, 팻말 부대, 경찰의 습격에 맞서 싸울 준비가 된 네 무리의 '결사대', 총회와 상임위원회와 집행위원회를 명시한 규약을 갖추었다.

5월 20일부터 연합은 자주적인 일일 시위를 조직하고 계엄령에 항의하는 여러 그룹들과 연계하여 협력했다. 모든 작업장에서 당국이 힘으로 개입할 핑계를 만들지 못하도록 독자적 자기조직을 유지하라고 호소했다. 베이징에서 수도철강 노동자들과 건설 노동자들이 베이징시민결사대北京市民敢死隊와 나는 호랑이 오토바이 부대(약 300명)를 결성했다. 중국 북동부에서는 만주호랑이결사대滿洲虎敢死隊와 산악결사대高山敢死隊가 비슷하게 자주적 노선에 따라 조직됐다. 작가들 사이에서 베이징지식인연합北京知識分子工會이 설립됐고, 한 서양인 목격자는 이 조직을 "1940년대 이래 최초의 시민사회의 자주적 징표"[103]라고 불렀다.

5월 23일 노자련은 노동자, 지식인, 시민, 여러 학생단체를 포괄하는 모든 자치조직의 새로운 총연맹을 결성하는 데 도움을 주었다. 학생운동이 물러나자 노동자들이 주도권을 쥐고 상하이, 우한, 광둥, 시안, 난징, 항저우, 선양, 쿤밍, 란저우, 구이양, 창사, 시닝 등 중국 전역에서 자치연맹을 결성했다.[104] 이 시기에 수많은 새 조직이 태어났지만, 5월 23일에 결성된 이 조직만큼 잠재적으로 더 중요한 조직은 없었다. 왜냐하면 모든 반정부 정서를 포괄적으로 통합하려고 했기 때문이다. 이 조직은 '베이징전단체전회원합동협의회'라 불렸고, 노동자, 지식인, 학생 대표 40여 명으로 구성됐다. 5월 20일에 시작된 일련의 회의에 북대련 활동가, 베이징외대학생자치연합, 왕단 등 개별 활동가, 노자련, 1976년과 1978년 운동의 선배 지식인 활동가뿐만 아니라 지식인연합의 대표들까지 참여했다. 이 조직의 규모는 급속하게 커졌다. 5월 22일에는 홍콩대학생연합香港專上學生聯會의 대표들까지 참석했지만, 차이링은 참석을 거부했다. 모든 자치조직의 대표자들이 한데 모임으로써 잠재적 코뮌이 탄생했다. 5월 23일, 이 조직은 매일 정오에 모임을 갖기로 결의했다.[105] 이들은 모두가 합동협의회의 결정에 따라야 한다고 주장했지만, 많은 학생은 그들을 지도자라기보다 고문으로 생각했다.[106] 그들은 중앙 정보 센터이자 의사 결정 기구를 창출하려고 시도했지만, 다른 사람들은 권력을 분산하고 병렬적인 '지휘' 구조를 갖춘 다수의 중심에 대해 말했다. 독자적으로 행동하던 차이링은 각 캠퍼스의 대표자들을 모아 '학생의회'를 설립하고 스스로 의장이 됐다.

운동 지도자들이 끝이 없어 보이는 회의에 몰두하는 동안, 3명의 시민이 마오쩌둥의 고향인 후난에서 도착했다. 기회를 잡자마자 그들은 잉크 세 봉지를 마오 주석의 거대한 초상화에 뿌렸다. 결사대가 즉각 삼인조(교사, 공장 노동자, 중소도시 신문 편집자)를 붙잡아 경찰에 넘겼다 (그들은 나중에 노동자는 16년형, 교사는 종신형에 이르는 선고를 받았다. 2006년까지 10년에서 16년을 복역한 다음 모두 석방됐다). 이는 운동의 믿을 수 없는 공동체 정신을 배신한 한 사례일 뿐이다. 어제 "심지어 도둑들조차 공동선을 위해 파업했지만", 오늘 학생 보안대는 막 새로 도착한 활동가들을 경찰에 넘겼다. '배신'과 '사보타주'가 동료 활동가를 묘사하는 단어로 등장했다. 일부 학생들은 기차역으로 가서 새로 도착한 학생들을 자칭 사령관들의 명령 아래 병사로 모집했다. 확성기 방송국에서 하루에 서너 번씩 '쿠데타'가 일어났고, 다른 활동가들이 최소한 한 차례 차이링과 펑충더를 납치하려 시도했으며, 한 학생과 그의 측근들은 대여섯 번이나 권력을 잡으려고 했다. 차이링은 경쟁자들을 언급하면서 선언했다. "내가 총사령관이다. 나는 타협에 저항하고 이 반역자들에 저항해야 한다." 그녀는 정부의 전복을 호소했다. 1992년 타이에서 보게 되는 것처럼, 짬롱이란 한 개인이 더 민주적인 조직 대표자들의 위원회에서 운동의 지도력을 빼앗을 수 있었다. 차이링처럼 짬롱도 단식농성을 이용해 자신을 중심으로 부각시켰다. 이 데마고그 정치인들은 민주적 경향을 우회하고 주변화했고, 개인의 카리스마로 언론의 관심을 끌고 스타덤으로 권력을 쥐었다.

여전히 베이징 시민들은 거리를 봉쇄했다. 거리를 정리하기 위해 군대를 배치할 수 없게 되자 정부는 망설였다. 한동안 무엇이든 가능한 것처럼 보였다. 5월 25일 외무부 장관은 자오쯔양이 엄밀히 말해 여전히 당 중앙위원회 총서기라고 주장했다. 톈안먼 광장에서 약 10만 명의 노동자와 학생이 "리펑 퇴진!"을 외치기 시작했다. 같은 날, 북대련은 조직을 재정비하는 오랜 과정을 완료했다. 북대련의 대규모 학생 기반은 상당히 위축됐고, 재정비된 그룹은 단식농성자들과 주요한 결정을 내리는 언론 스타들의 그늘에서 일했다. 리펑은 공개적으로 "군대가 성공적으로 계엄령을 집행할 것"[107]이라고 예견했다.

5월 26일 노자련은 해외의 모든 중국 동포에게 메시지를 보냈다. "우리 국가는 우리 노동자들과 다른 모든 정신 및 육체 노동자들의 투쟁과 노동으로 창조됐다. 우리는 이 국가의 정당한 주인이다. 우리의 목소리는 국가적 사안에 반영되어야 하며, 진정으로 반영되어야 마땅하다. 우리는 국가와 노동계급의 타락한 한 줌의 인간 쓰레기들이 우리의 이름을 더럽히고 학생들을 탄압하고 민주주의를 살해하고 인권을 짓밟도록 놔둬서는 절대로 안 된다." 그들의 또 다른 공개성명에서는 중국 인민들에게 "이 20세기의 바스티유, 스탈린주의의 마지막 보루를 습격하라!"[108]고 촉구했다. 즉시 국제적 네트워크들이 움직였다. 홍콩의 조직자들은 5월 27일에 경마장 자선 콘서트를 열어 수백만 달러 이상을 모금했다. 바로 그날 밤 텐트와 물품이 현금 주머니와 함께 베이징에 도착했다. 거의 곧바로 누가 자금을 관리할 것인가를 두고 학생 지도자들 사이에서 분쟁이 일어났다. 마침내 나누어 쓰기로 합의했지만, 차이링은 공공연하게 자신이 가장 큰 몫을 써야 한다고 주장했다.

차이링은 마침내 합동협의회의 일일회의에 참석했다. 5월 27일 오전 11시부터 오후 5시까지 특별히 길게 이어진 토론 끝에 계엄령 10일 차인 5월 30일에 텐안먼을 떠나기로 만장일치로 결정을 내렸다. 대표단은 합동 기자회견을 열어 광장을 떠나기로 한 결정을 발표했다. 그들은 나중에 각 대학 대표 200~300명이 모인 차이링의 의회 야간회의에서 80퍼센트 이상 득표로 광장에 머물기로 한 사실을 알지 못했다. 합동협의회가 아무리 공들여 합의를 이루었더라도, 차이링의 '학생의 회'는 그 결정을 간단히 번복했다. 다시 한 번, 운동 지도자들은 자기모순적 성명을 발표했다. 우얼카이시와 왕단은 사람들이 떠나기로 했다고 발표한 반면, 차이링은 마음을 바꿔 단식농성자들이 머물 것이라고 주장했다. 많은 사람이 생각은 했겠지만, 아무도 자신이 속한 그룹에 불법으로 광장을 점거하고 있는 동지들을 버리자고 제안하지는 않았다. 그러나 많은 개인은 자신의 발로 표결을 하고 떠났다. 5월 29일 학생 3만 명이 열차 편으로 베이징을 떠난 반면, 겨우 180명이 들어왔

다. 5월 말에는 많은 캠퍼스가 평상시로 되돌아갔다.[109]

텐안먼에 남아 있는 사람들의 수가 급격히 줄어들자, 학생들은 새로운 대원을 모집하려고 지원팀을 보냈다. 그중 1명이 다싱 지구에 갔다가 지역 경찰의 공격을 받아 감옥에 갇혔다. 구속자를 석방시킬 수 없게 되자 학생들은 5월 28일 노자련에 도움을 청했고, 최소 6대의 트럭으로 구성된 노동자 부대와 오토바이 부대가 다싱에 파견됐다. 그들은 지역 경찰과 대치했지만, 학생들을 석방시킬 수 없어서 텐안먼으로 돌아갔다. 이틀 뒤, 베이징 경찰은 다싱 습격 사건에 대응하여 선잉한을 포함한 노자련 지도자 3명과 나는 호랑이 오토바이 대원 11명을 체포했다. 우울한 소식을 듣고 한둥팡과 노동자 약 30명이 공안부로 달려가 구속자 석방을 요구했다. 요구를 거부한 당국은 노자련이 불법 조직이라고 주장하면서 학생 이외에는 그 누구와도 협상하지 않겠다고 했다. 수천 명이 모였지만, 관리들은 수그러들지 않았다. 그러나 다음날 노자련이 외신 기자회견, 공안부 농성, 텐안먼 시위를 조직하자, 경찰은 갑자기 구속자 전원을 석방했다. 노동자들에 대한 이런 대우를 4월 15일부터 6월 4일까지 한 학생도 체포되지 않았다는 사실과 비교해보면, 두 집단 간의 엄청난 격차에 대해 이해할 수 있다.[110]

당국이 학생과 노동자를 다르게 보았을 뿐만 아니라, 운동 내에도 그들을 분리하는 선이 보이지 않는 잉크로 그려져 있었던 것이 분명하다. 노동자들이 다싱 일을 도와달라는 부탁을 받은 같은 날에 노자련은 파업을 호소할 의사를 표했지만, 학생들은 그들에게 "이것은 우리의 운동이며, 당신들은 우리에게 복종해야 한다"고 말했다. 행동에 필요한 합의 없이, 일부 노동자들은 "결국 5월 28일 이후에 우리는 더 이상 학생들에 동조하는 것을 옹호하지 않았다. …… 우리는 정부와 함께하는 대화에 참여하겠다고 요구했지만, 학생들은 우리를 끼워주지 않았다. 그들은 우리 노동자들이 상스럽고 멍청하고 무모하고 협상할 능력이 없다고 생각했다"¹¹¹고 말했다. 사실 많은 개별 캠퍼스 활동가들은 공장 노동자들에게 다가왔다. 베이스다는 5개 팀을 수도철강에 파견하여 노동자 자치조직을 선동했고, 북대련은 노자련에 약간의 기금을 주었다.¹¹² 다른 한편, 학생 지도자들은 일반 시민들과는 말할 것도 없고 서로 스포트라이트를 나눠 받기를 꺼렸다. 다싱 사건 이후 노자련과 소원해지고 학생들의 수가 줄어들자, 마침내 학생 지도자들은 노동자들이 광장의 주요 지역에 들어오는 것을 막는 금지조항(처음에 학생들의 민주화운동을 "순수하게" 유지하려고 제정한)을 완화했다.¹¹³

학생과 노동자 조직을 비교한 많은 목격자는 학생 조직이 훨씬 더 발달되어 있다는 결론을 내렸다. "학생들에 비해 노동자들은 대개 자기 공장 내에서 효과적인 자치조직을 건설할 수 없었다. 새로 결성된 지역연맹들은 기껏해야 작은 규모의 뼈대 수준이며 소수의 노동자들만 참여했다."¹¹⁴ 학생들은 공짜 열차 편(철도 노동자들의 대우)으로 용이해진 기동성을 누렸고, 운동을 확산하는 데 도움이 된 동정적 언론보도의 축복도 받았다. 베이징 학생들은 하얼빈, 상하이, 난징, 우한, 시안, 창사 등의 대학과 전문대학에서 목격됐다. 학생들은 또한 정권의 억압 기구들이 통제하는 것보다 더 빨리 팩스와 같은 신기술에 적응했다.¹¹⁵ 1978년에서 1987년까지 도시 전화선은 2배 이상 늘어났고, 적어도 대학 주변의 식자층들은 복사기를 광범하게 사용할 수 있게 됐다.

기금이 쏟아지자 북대련 회원들은 베이징의 중앙미술학원 학생들과 접촉하여 그들에게 5월 30일로 예정된 시위에 쓸 조각상 제작을 의뢰했다. 미술 전공 재학생 약 15명이 원칙적으로 동의했지만, 그들은 며칠 전 상하이에 등장한 것처럼 뉴욕 자유의 여신상의 더 커다란 버전을 원하는 북대련의 제안을 수정할 것을 고집했다. 이런 모방품은 너무 '친미적'으로 보였다. 게다가 기존 작품의 단순한 모방은 예술가의 창의적 관념을 제대로 담지 못한다는 반론이 제기되어서, 그들은 훨씬 더 어려운 작품, 즉 두 손으로 횃불을 높이 든 조각상을 제안했다. 한 학생이 우연히 러시아의 여성 미술가 베라 무히나의 작품에 기초하여 그런 본을 만드는 중이었다. 무히나의 기념비적 조각인 〈노동자와 집단농장 여성〉은 1937년 파리 세계박람회 때 소련관 꼭대기를 장식했다.[116]

북대련이 사람들을 다시 톈안먼으로 끌어들일 수단으로 조각상 작업을 하고 있을 때, 차이링은 필립 커닝엄 기자와 비밀 인터뷰 일정을 잡았고, 인터뷰에서 "우리가 실제로 희망하는 것은 유혈 사태이다. 광장이 피로 씻길 때에야 비로소 인민들은 눈을 뜰 것이다"라고 말했다. 차이링은 "사람들이 내가 이기적이라고 말해도 신경쓰지 않는다"고 주장하면서 인민들에게 "리펑의 불법 정부를 타도하라"고 호소했다.[117] 5월 28일, 세계은행은 중국과 진행하던 추가 대출 협상을 중단했다.[118] 5월 29일 해 질 무렵, 1만 명 이하의 학생이 광장에 남아 있었다. 아무도 중국이 어느 방향으로 향하고 있는지 알 수 없었다. 일부는 혼돈을 두려워했고, 다른 사람들은 권위주의를 두려워했다.

5월 30일, 9미터 높이의 민주주의의 여신상이 도착해 광장에 새로운 관심거리를 가져오면서, 30만여 명의 관람객이 다음 48시간 동안 이 설치물을 감상했다. 관음보살상 또는 자유의 여신상이라고 생각되든, 두 개의 종합이라고 생각되든, 이 조각상은 우울한 분위기에 활력을 불어넣고 사람들에게 새로운 희망을 가져왔다. 금요일인 6월 2일 광장이 막 버려질 것 같았던 그 순간에, 록스타 허우더젠을 포함한 4명의 새로운 단식농성이 엄청난 반향을 일으켜 톈안먼이 다시 가득 찼다. 새로운 단식농성자들은 학생 조직들의 "내부 혼란"을 신랄하게 비판하는 성명을 발표했다. "그들은 이론적으로 민주주의를 호소하지만, 구체적 문제를 다룰 때는 민주적이지 않다."[119] 끝이 가까웠고, 새로운 유명인사가 주입한 에너지도 별로 오래가지 못했다.

6월 2일 밤사이 군대가 베이징에 침투하기 시작했다. 새벽이 되기 전부터 인민들은 군대를 저지하고 트럭들을 전복시켰다. 군인 수백 명이 포위당했고, 일부는 사람들에게 구타당하고 잡히기도 했다. 6월 3일 정오가 좀 지난 시각, 군대는 중난하이 남서부 모퉁이 근처에서 탄약 트럭을 탈취한 시위자들에게 최루가스를 살포했지만 군중은 해산하기를 거부했다. 군대는 다시 한 번 인민대회당 쪽에서 톈안먼 광장으로 진입하려고 시도했다. 일부는 대회당 아래 터널에서 나왔고, 시위대가 〈공산당이 없다면 새로운 중국도 없으리〉라는 당가로 노래자랑을 하는 데 참여했다. 그날 밤, 군대는 인민대회당 쪽으로 물러났다. 많은 사람들이 여전히 인민해방군이 인민들에게 발포하지 않을 것이라고 믿으면서 승리를 축하하는 동안, 전면적인 군사적 공격이 준비되고 있었다.

오후 5시경, 노자련은 무기(강철 사슬, 곤봉, 식칼, 죽창)를 분배하기 시작했다. 그들은 사람들을 조직하여 시단西單의 건설현장에서 벽을 무너뜨려 방어용으로 사용할 철근과 벽돌을 가져왔다.[120] 그날 저녁 톈안먼 서쪽의 노동계급 지구인 무시디木樨地에서 거대한 군중이 전진을 시도하던 경무장 군대를 저지했다. 돌이 날아와 앞쪽에 있던 군인들의 유리섬유 헬멧이 일부 부서지자, 뒤에 있던 중무장한 38군 군인들이 AK-47 소총을 발포했다. 이어진 혼란스러운 전투에서 많은 사람이 죽었는데, 여기에는 27군의 장갑부대에 깔려서 죽은 38군 군인들도 포함되어 있었다.

저항은 대규모였고 전투적이었다. 6월 3일 밤 7개 부대가 별도로 공격을 감행한 것으로 보도됐다. 군부대들이 전투를 벌이면서 도시 중심부로 밀고 들어오자, 사람들은 창안제長安街 교차로에 모였다. 군대가 실탄을 사용하고 있다는 의심이 도는 가운데, 바리케이드, 돌, 화염병과 무장한 군대 사이의 육박전이 창안제 전역에서 벌어졌다. 새벽 1시

30분경, 군대가 연발사격을 하면서 전투는 격화됐다. 구급차들이 전속력으로 병원으로 달려갔고, 삼륜자전거 기사들도 많은 부상자를 실어 날랐다. 2시 30분경 누군가가 군인들의 대열로 버스를 몰고 가려고 시도했지만, 일련의 사격으로 멈췄다. 헌혈 요청이 오자마자 시민들은 병원에 몰려가 헌혈했다.

최소 1개 보도에 따르면 군대가 톈안먼 광장에 도착한 뒤 최초의 공격은 노자련이 중앙회의장으로 사용하던 서부 사열대를 목표로 했다.[121] 약 5,000명의 학생 대부분은 미친 듯이 울거나 노래하면서 인민영웅기념비 둘레에 웅크린 채 남아 있었다. 학생들이 탈취한 총과 칼을 군대와 싸우는 데 쓰지 않고 부수자 노동자들은 더욱 분노했다. 차이링은 어디에서도 보이지 않았는데, 이미 3시쯤에 떠난 뒤였다.[122] 새벽 4시 45분경, 학생들은 표결로 광장을 떠나기로 결정했다. 20분 뒤에 그들은 남쪽 측면을 따라 평화적으로 퇴장했다.

6월 4일 동이 틀 무렵, 톈안먼은 군대의 수중에 들어갔다. 도시가 깨어나자 분노한 시민들이 거리로 나섰다. 오전 7시경, 베이징 시장에 따르면 "폭도들이 류부커우六部口에 정차해 있던 군용차량을 습격하여 기관총과 실탄을 탈취했다. 젠궈먼建國門에서 둥단東單까지, 그리고 톈차오天橋 지역에서 계엄군이 고립되어 포위당한 채로 구타당했다. 젠궈먼 입체교차로에서 일부 군인들이 옷을 빼앗겼고, 다른 군인들은 심하게 맞았다".[123] 시장은 계속해서 후팡차오虎坊橋 근처에서 군인들이 아주 심하게 맞고 일부는 실명했다고 주장했다. "폭도들"은 공산당 중앙위원회의 선전부, 인민대회당, 라디오·영화·텔레비전부, 중난하이의 두 정문 등을 공격했고, "노동자자치연합"은 인민들에게 "무기를 들고 정부를 타도하라"고 선동했다. 시장의 보고는 5개 지역에서 군인과 경찰을 상대로 일어난 "야수적" 공격을 자세히 다룬다. 그는 후궈쓰護國寺에서 경기관총을 탈취당했다고 주장한다. 또한 군중이 경찰 구급차를

불타는 군용차량이 베이징에서 일어난 전투의 격렬함을 보여준다. (작가 미상)

제지한 다음 안에 있던 부상 군인 8명을 구타해 그중 1명이 사망했다. 격렬한 전투로 1,280대의 경찰차, 군용차량(병력수송 장갑차 60대 포함), 버스의 방화 및 피해가 발생했다. 쌍징雙井 교차로에서 군중이 세운 장갑차에서 봉기대가 기관총 23정을 탈취했다.[124]

군인의 시신을 훼손하는 경우가 많이 보고됐다. 시단 교차로 동쪽에서 한 군인이 살해된 후 불태워졌다. 푸청먼阜成門에서는 한 군인의 시체가 살해된 장소와 가까운 공중에 매달렸다. 충원먼崇文門에서는 한 군인이 산 채로 불태워져 시체가 고가도로 밖으로 내걸렸는데, 사람들은 환호하면서 이를 "하늘의 불로 번개를 맞은 것"이라고 묘사했다. 시창안제의 수도극장首都電影院 근처에서 류궈겅이란 소대장이 시위대 4명을 총으로 죽이자, 군중은 그를 패 죽인 다음 불태우고 시체에서 내장을 꺼내 불타는 버스에 매달았다.

많은 도시에서 사람들은 도시를 접수하려는 군대에 맞서 싸웠다.

군인 류궈겅의 훼손된 시신. (작가 미상)

언론의 보도 통제에도 불구하고 베이징에서 보도들이 흘러나왔다. 학살을 묘사하는 홍콩발 팩스가 선양과 상하이 등 여러 도시에 나붙었다.[125] 청두에서는 격렬한 저항이 분쇄됐다. 항저우에서는 6월 4일 오후 2시에 군중이 기차역을 공격해서 교통을 마비시켰다. 그곳의 전투는 열차 운행을 막기 위해 사람들이 나무, 돌, 강철을 철로에 두면서 6월 7일까지 계속됐다. 주요 교차로의 농성은 교통을 봉쇄했고, 미술과 학생 대오는 지방정부 청사에서 국기를 내렸다.[126] 숱한 영웅적 행동 가운데 가장 유명한 것은 베이징의 익명의 '탱크맨'이다. 그는 6월 5일에 탱크 대열을 정면으로 맞서 저지했다. 난징에서 1만 명이 베이징 학살을 추모하기 위해 행진했다. 상하이에서는 열차가 철로를 점거한 시위대를 쳐서 6명이 죽고 다수가 부상당하자, 열차에 불을 질러 열차 운행을 여러 시간 동안 마비시켰다.

비록 알려지지 않은 수의 군인들이 명령에 불복종했음에도, 전체적으로 군대는 정부의 통제 아래 확고하게 남아 있었다.[127] 38군 사령관인 쉬친셴 장군은 나중에 계엄령 수행에 실패한 혐의로 군사법정에 회부됐고, 6월 4일 베이징의 부사령관은 직위해제를 당했다. 6월 6일과 7일에는 군부대끼리 서로 교전한 것으로 알려졌지만, 정부군은 모든 반대 세력을 압도하여 분쇄했다.[128] 100명 이상의 인민해방군 장교가 나중에 "중대하게 규율을 위반한" 혐의로 기소됐고, 1,400명의 사병이 최후의 순간에 무기를 버리고 도주한 것으로 알려졌다.[129]

봉기의 여파

대규모 탄압에 관한 최초의 정부 보고는 총 300명의 군인과 민간인이 사망하고 7,000명이 부상당했다고 주장했지만, 세월이 흐른 뒤 사망자 추정치는 1,000명 이상으로 늘어났다.[130] 정부를 대표해서 베이징 시장 천시퉁陳希同은 군인과 경찰 수십 명이 죽고 6,000명이 다쳤다고 추산했다. 민간인들 중에는 대학생 36명을 포함해 200명이 죽고 3,000명이 다쳤다는 통계를 발표했다.[131] 폭력으로 아들을 잃은 어머니 중 한 명인 딩쯔린 교수는 사망자의 가까운 친척들을 찾아내는 데 여러 해를 보냈다. 1995년 중순까지 그녀의 목록에는 130명 이상의 이름이 올라 있었다. 2006년 6월 말, 딩쯔린과 유가족회는 살해당한 186명의 이름을 밝혔다. 정부는 아직 사망자에 대해 보상하지 않고 있지만, 딩쯔린은 해외에서 받은 재정 지원을 유가족들에게 전해줬다.

탄압이 차례로 진행되면서 이름이 알려진 활동가 수백 명이 주요 도시에서 체포됐다. 6월 11일까지 1,000명 이상이 구금됐다. 이틀 후에 학생 지도자들의 수배 명단이 발표됐지만, 학생 활동가들이 겪은 모든 어려움에도 불구하고 정부의 억압적 권력의 예봉은 노동자들에게 향했다. 6월 15일 상하이에서는 기계에 피해를 입혔다고 유죄판결을 받은 노동자 3명에게 사형선고가 내려졌고, 21일에는 기차에 불을 지른 3명이 처형당했다.[132] 7월 5일까지 체포된 수는 2,500명에 이르렀다. 청두에서 2명의 '폭도'가 사형선고를 받았다. 구금된 사람들의 수는 1만 명이 넘을 것으로 추정된다.

홍콩에서 이루어진 한 비디오 증언에서 차이링은 텐안먼 광장의 텐트에서 학생들이 자고 있을 때 탱크가 학생들을 깔아 죽인 다음 가솔린을 뿌려 불태웠다고 말했다. 이 이야기는 허구였다.[133] 계속되는 서구 언론의 보도와 달리, 비디오 및 목격자 증언을 자세히 검토한 결과 텐안먼 광장에서는 단 한 명의 학생도 죽지 않았다.[134] 대부분의 학살은 베이징 외곽의 노동계급 거주지역에서 발생했다. 많은 사람이 리펑을 비난한 반면, 사후 회고록에서 자오쯔양은 덩샤오핑이 지도부의 표결을 거치지도 않은 채 시위대 진압을 명령했다고 주장했다.[135]

1989년 가을에 모든 베이징 대학 학생이 입학 전에 1년간 군사훈련을 받아야 한다는 새로운 법이 제정됐고, 신입생 정원은 2,000명에서 800명으로 줄었다. 전국적으로 1990년 말까지 인문대와 사회과학대 재학생 3만여 명이 잘렸다.

시위 정서를 공개적으로 표현하는 수단 가운데 살아남은 소수 중 하나가 현대미술인데, 1989년 이후 현대미술계는 계속해서 성장했다. 덩샤오핑의 시장 지향 개혁이 성공하면서 상업화가 미술계를 길들였다. 1992년 말 홍콩 시장의 기회가 열리자 제3의 물결이 등장했다.[136] 역설적으로 사회주의적 리얼리즘의 이미지와 슬로건을 활용한 화가들이 진지한 국가예술을 전복할 수 있었다.[137] 문화대혁명의 이미지와 서구의 소비자 문구를 혼합한 왕광이는 코카콜라로 '정치적 팝Political Pop'

아트를 창조했고, 이는 1989년 봉기의 성과에 대한 불편한 헌사였다.

억압 속 중국의 번영

20년 이상의 회고 기간과 함께 우리는 오늘날 1989년 중국이 얼마나 혁명적 상황에 가까웠는지 제대로 평가할 수 있다. 아무도 국가가 시민에 폭력을 사용하는 데 갈채를 보내지 않지만, 정부는 압도적 무력 사용에 대해 아직 사과하지 않았다. 탄압은 최초의 방어선이었지만, 봉기가 제기한 도전에 대해 20년간 정부가 일관해온 대응의 핵심은 유례없는 번영과 경제성장의 기회를 제공하는 것이었다. 1989년 이래 중국공산당에 가입한 국영기업 노동자와 대학생 수가 증가했다는 증거는 많다.[138] 톈안먼 사태 이후 10년간 그 이전 10년에 비해 10배나 많은 대학생이 당에 가입했고, 2001년에는 전체 학생의 3분의 1이 입당 신청을 했으며 그보다 약간 적은 28퍼센트의 대학원생이 이미 당원이었다. 2007년에는 전체 학생의 8퍼센트 이상이 당원이었는데, 1989년 1퍼센트 이하와 비교된다.

다당제 민주주의와 시민 자유의 확대는 아직 지평에 오르지 않았지만, 중국의 체제는 중요한 개혁 과정을 겪어왔다. 학계 내에서 인기 없는 견해를 발표하고 논쟁하는 공간이 더 많이 열렸다.[139] 탄압은 확실히 계속됐다. 2008년, 이제 하버드 졸업생이 된 왕단은 재교육수용소에 30만 명의 정치범이 있다고 추산했다.[140] 200만 명 이상의 미국인이 감옥에 있는 현실과 비교해보면, 미국 시민들의 눈에 비친 중국의 열악한 인권 실태는 대중매체에 강력한 영향을 받았음을 보여주는 것이다.

체제를 유연하게 하기 위한 수많은 개혁이 이뤄졌다. 2002년 제16차 전당대회까지, 중앙위원회 위원이 절반 넘게 은퇴하면서 중요한 이행이 일어났다. 부패를 줄이려는 시도로 이제 관리들은 윤번제로 순회하며, 정부 당국에서 연령에 따른 의무적 은퇴를 시행하고, 기업가들이 당에 가입할 수 있도록 허가하고(그 결과 중국의 가장 부유한 시민 3분의 1이 당원이다), 전문가와 지식인이 권력을 누리는 지위로 통합되어 최고위 관리들에게 전문적 조언을 제공한다. 부패를 줄이려는 노력에도 불구하고, 1989년 이후 부패는 증가했다.[141] 소비재와 여행 선택의 폭은 넓어지고, 정치적 간섭과 일상생활에 대한 자의적 침해의 범위는 감소했다. 1980년대에는 결혼하려면 작업 단위 지도자의 공식 허가가 필요했고, 여행의 특권은 당국의 승인이 필요했으며, 심지어 극장표도 중앙에서 배당했다.

1989년 이래 모든 변화 중에서 가장 중요한 것은 당연히 중국의 놀랍도록 꾸준한 경제성장률이다. 1980년에서 1996년까지 9.6퍼센트였고, 심지어 1997년 IMF 위기 동안에도 9.3퍼센트를 유지했다.[142] 표 5.4에 나타난 것처럼, 2003년에서 2006년까지 중국의 두 자릿수 팽창은 중국이 계속 전진할 수 있는 추동력이 되었다. 이제 세계 제2의 경제 열강으로 2035년이면 미국과 같은 생산 수준에 도달할 것으로 예상된다.

중국은 이제 아시아의 연쇄 경제 기적 가운데서도 또 다른 '기적'으로 여겨진다. 2001년 WTO 가입과 더불어 생활수준의 눈부신 향상은 상당 부분 미국 시장에 대한 수출지향적 생산 때문이다. 2002년부터 2006년 상반기까지, 중국의 외환 보유고는 6,547억 달러나 증가했다.[143] 1987년 170억 달러 이하에서 2010년 6월에는 2조 5,000억 달러에 접근했다.[144] 너무나 많은 돈이 중국으로 흘러들어와서 상하이의 부동산 투자는 1990년 연간 1억 달러에서 1996년 75억 달러로 증가했는데, 이는 6년간 7,500퍼센트가 증가한 수치였다. 2002년에는 이 수치가 110억 달러로 늘어났다.[145] 2007년 12월에서 2008년 4월까지 중국의 70대 도시에서 주택 가격이 매월 10퍼센트 이상 상승했다가, 2008년 8월 5.3퍼센트로 약간 감소했다.[146]

[표 5.4] 1997~2006년 실질 경제성장률과 인플레이션

연도	실질성장률	소비자물가 인상률
1997	9.3	2.8
1998	7.8	-0.8
1999	7.6	-1.4
2000	8.4	0.4
2001	8.3	0.7
2002	9.1	-0.8
2003	10.0	1.2
2004	10.1	3.9
2005	10.4	1.8
2006	11.1	1.5

출처: China Statistical Yearbook, 2007, *Thirty Years of China's Reforms,* 91에서 인용

이런 경이로운 성장 과정에서 7명의 억만장자와 30만 명이 넘는 백만장자가 생겨났고, 이들 대부분은 당원 또는 정부 관리거나 그들과 가까운 줄을 잡고 있다. 2005년까지 불평등이 아주 급속하게 증가해서 정부는 지니계수(불평등 척도) 발표를 중지했지만, 모든 선진국과 거의 모든 개발도상국보다 더 높다고 인정했다.[147] 개혁 이전 지니계수는 도시에서 0.20이었고, 농촌 지역은 좀 더 높은 0.21~0.24였다. 2002년 전국 수치는 0.454에 이르러 세계 최고 수준이었다.[148] 2002년 인구의 상위 20퍼센트가 국부의 59.3퍼센트를 보유한 반면, 하위 20퍼센트는 겨우 2.8퍼센트를 보유했다.[149] 아직은 의미 있는 중산층이 형성되지 않았다. 하위 50퍼센트의 경제 계층은 겨우 14.4퍼센트의 부를 보유하며, 하위 70퍼센트는 29퍼센트 이하를 보유하고 있다.

'세계의 공장'이란 중국의 명성은 수천만 산업예비군의 등 위에 세워진 것이며, 이들은 노동자들이 '중국 가격'을 지불하는 노동집약적 작업이 필요한 초국적 기업들의 투자로 수백억 달러를 가져온 1억 명 이상의 유동인구이다.[150] 노동조건은 여전히 다른 저개발국가 수준이

며, 중국 노동자 1만 4,675명이 2003년 현장에서 산업재해로 사망했다.[151] 이와 대조적으로 2008년에는 9월까지 1,456명의 노동자만 현장에서 사망한 것으로 추산됐다. 중국의 미숙련 산업 노동자들은 박봉을 받는다. 심지어 인도도 1998년 중국보다 50퍼센트나 더 많이 임금을 지불했고, 미국은 47.8배, 남한은 12.9배나 더 많이 지불했다.[152] 대도시의 화이트칼라 노동자들은 상당한 소득수준을 기록했지만, 미숙련 노동자들은 경제가 성장해도 고통을 겪었다. 중국의 기적 뒤에 있는 모든 비밀 중에서, 반숙련 농촌 이민자들의 방대한 인력에 대한 착취가 그 목록 제일 위에 있다. 신장과 티베트의 막대한 광물 및 석유 매장량과 그곳 민족들의 노동에 대한 제국주의적 착취, 국제 투기꾼들의 영향력을 제한하는 국가의 외환거래 개입, 모든 초점을 생산에 맞춘 제조업 우선 이데올로기 등도 그 목록에 포함된다. 투자를 유도함으로써, 중국은 동아시아의 '개발국가들', 광주봉기 이후 남한에서 미국에 의해 해체된 바로 그런 종류의 국가와는 또 다른 모범을 제공한다. 마지막으로, 1985년에서 2007년까지 중국에서 일어난 인구학적 변화의 독특한 특징은 청년 인구의 감소로, 1985년 노동자 100명당 어린이(15세 이하) 45명이던 비율이 2005년 15명까지 내려갔다.[153] 그 결과 자유롭게 쓸 수 있는 금융자원이 늘어나면서 저축의 증가와 자본의 유출을 불러왔다. 2009년 적은 구직자 수에도 불구하고, 전체 대학 졸업자의 절반만이 5월까지 고용계약서에 서명할 수 있었고, 이는 최소한 300만 명이 대학을 졸업하고도 구직 중이라는 것을 의미한다.

계속되는 저항과 국가통합

경제성장과 나란히 NGO들이 우후죽순처럼 생겨났다. 아니, 국가에서 받는 자금과 국가와의 연계 때문에 GONGO(정부가 조직한 NGO)라고 불러야 한다.[154] 1994년 당은 사적 시민단체들에 법적 지위를 부여했고, 환경단체는 처음에 조직된 단체들의 핵심이었다. 중앙정부는 공식적으로 지역단체에 환경문제를 보고하라고 요청하기는 하지만, 지역 당국들은 높은 경제성장률을 성취하도록 독촉받으며, 이는 환경보호에 대한 높은 기준을 유지하지 못하게 가로막는 요소이다.[155] 1992년에서 2007년까지 30만 개 이상의 NGO가 등록했다. 비공식적으로는 200만 개에 이르는 단체가 존재하는 것으로 추정된다.[156]

중국 인민들의 직접행동과 불의한 권위에 대한 저항의 문화는 여전히 정치 지형의 중요한 특징이다. 표 5.5는 증가하는 소요의 범위를 보여준다.

시위 수에 대한 다른 추정치는 훨씬 더 높다.[157] 토지는 골프장이든 발전소든 개발을 위해 일상적으로 수용되며, 이는 아주 확연한 문제여서 정부도 풀뿌리에서 일어나는 절대다수의 분쟁이 토지 구획과 관련이 있다고 인정한다.[158] 2006년 둥저우東洲(산웨이汕尾 외곽의 해안 마을)에서 경찰이 발포하여 30명이나 죽었는데, 이는 1989년 이래 최대의 유혈 대치였다. 이 사건은 둥저우의 두 번째 토지수용에서 비롯되었는데, 첫 번째는 석탄발전소 건설, 두 번째는 풍력발전소 건설을 위한 것이었다.[159]

중국의 금융자본에 대한 중앙 계획 및 통제는 서구 자본주의가 우리에게 강요하는 호황과 불경기의 주기에서 경제를 보호할 수 있는가? 이것은 당연히 현대 중국의 생존을 결정할 핵심 문제이다. 1989년부터 경제 번영이 많은 목소리를 잠재웠지만, 주요한 경기 하강은 변화를 위한 또 다른 운동을 촉발할 수 있을 것이다. 서구 일부에서는 중국의 붕괴가 가까이 왔다고 현혹하는데, 이는 그들이 북한에 대해 비슷하게 투사하는 운명이다. 2002년 영국《아마존》편집자는 "인민공화국이 붕괴하기까지 5년, 아마도 10년 남았다"[160]고 예언했다. 2008년 붕괴 직전에 이른 건 다름 아닌 서구 자본주의였다.

[표 5.5] 1993~2008년 사회적 소요 사건

연도	시위 횟수
1993	8,700
1994	10,000
1995	11,500
1996	12,500
1997	15,000
1998	24,500
1999	32,500
2000	40,000
2002	50,400
2003	58,000
2004	74,000
2005	87,000
2006	90,000
2008	100,000

출처: China Ministry of Public Security as reported in Andrew Mertha, *China's Water Warriors: Citizen Action and Policy Change* (Ithaca: Cornell University Press, 2011), 153. *Outlook Weekly* (Xinhua state news agency, January 2009), "Chinese Question Police Absence in Ethnic Riots," *New York Times*, http://www.nytimes.com/2009/07/18/world/asia/18xinjiang.html?_r=1&ref=global-home; Yang Jianli, "Anti-Government Protests Every Day," http://roomfordebate.blogs.nytimes.com/2009/06/02/chinas-new-rebels/?hp에서 인용

중국의 티베트와 위구르 소수민족 또한 불안의 원천이다. 비록 절대다수의 한족 사이에서 이들 영토의 소유권을 주장하는 정부의 입장이 압도적 지지를 받음에도 그렇다. 1989년 티베트 탄압으로 중국 전체에 대한 탄압의 행진이 시작되어 민주주의를 향한 길에서 여러 걸음 후퇴했지만, 강경 노선은 티베트 주지사 후진타오와 상하이 시장 장쩌민을 1990년대 초 국가 최고의 지위에 오르게 했다(장쩌민은 1989년 6월 총서기가 됐고, 후진타오는 2002년 그 자리를 대신했다).

홍콩, 타이완과 본토의 상이한 정치적 관계의 역학은 진보적 변화를 향한 미래의 자극제로 드러날 것이다. 타이완과 홍콩의 활동가들은

본토의 1989년 운동에서 작은 역할만 했다. 국립 타이완 대학 전 교수인 천구잉과 입법원 후보 황순신과 장춘난은 모두 중국이 고향이지만, 톈안먼 광장 사태 이후 중국을 떠났다. 베이징의 전인대에서 황순신은 홍콩 대표 외에 학생들에 대한 무력 사용을 반대한 유일한 대표였다.

1989년의 탄압은 중국 내 봉기의 결과였지만, 이웃 타이완, 방글라데시, 네팔에서 지역 민주화운동이라는 극의 다음 장이 민중의 저항으로 촉발됐다.

6장
타이완

3년마다 봉기, 5년마다 반란.

— 타이완에 관한 청나라 속담

1947년, 섬은 낮은 메아리로 나의 탄생을 맞이했지.
돌이켜보며 아버지가 말씀하셨지.
그건 봄 폭풍의 천둥이 아니라,
장례식 행렬의 비가悲歌였어.
봄 농사는 아직 시작하지 않았으니까.
그리고 섬의 묘지에서 잡초들이 웃자랐지.
떨리는 목소리로 아버지가 말씀하셨지.
때 이른 죽음의 수확이 1947년에 왔단다.

— 천팡밍

연표

1895년	청일전쟁으로 일본이 타이완에 대한 통제권 획득
1945년	연합국, 타이완에 대한 통제권 중국에 이양
1947년 2월 27일	경찰이 타이베이에서 노점상을 공격하여 시민 1명 죽임
1947년 2월 28일	2·28사건 '광장의 비극'으로 최소 2명 사망
1947년 3월 1일	타이완 전역에서 집회, 격렬한 전투로 최소 123명 사망
1947년 3월 1일	수습위원회 구성
1947년 3월 2일	타이난 시민 남부동맹협회 구성, 자체 무장
1947년 3월 2일	타이베이 수습위원회가 일주일간 정부로 기능
1947년 3월 3일	봉기가 가오슝으로 확산
1947년 3월 4일	많은 지역에서 무장 충돌
1947년 3월 5일	청년자치동맹 결성, 수습위원회가 32대 요구 공표
1947년 3월 6일	펑 장군 부대가 가오슝에서 학살 자행
1947년 3월 8일	국민당 군대 수천 명이 도착해 타이완인 학살
1947년 3월 9일	계엄령, 국민당 2만 명 이상의 타이완인 학살
1949년 5월 20일	국민당이 국공내전에서 패배하고 타이완으로 탈출하면서 계엄령 재선포
1949~1987년	'백색테러'로 수천 명 살해, 수만 명 체포
1979년 12월 10일	가오슝 사건, 시위대가 경찰과 싸워 경찰 183명 부상
1981년 12월	국립 타이완 대학 학생들이 학생회 직선 추진
1986년 5월 19일	야당 12시간 집회 주최, 전투경찰 1,500명이 저지하지 못함
1986년 9월 28일	불법이지만 야당 활동가들이 민주진보당 건설
1987년 7월 15일	38년 2개월 만에 계엄령 해제(세계 최장 기록)
1988년 5월 20일	농민들이 미국 농산물 수입에 항의하여 전투적 시위

1989년 4월 7일	잡지 편집자 덩, 체포 불응 후 분신
1990년 3월 14일	학생 시위대가 국민당 중앙당사 경찰 저지선 돌파
1990년 3월 16일	학생들 장제스 기념당 점거 시작
1990년 3월 20일	점거 대오 5,000명 이상으로 증가, 다른 세력도 참여
1990년 3월 21일	새 총통 리덩후이, 학생들과 만나 개혁 약속
1990년 4월 22일	헌법 개정, 선거 일정 잡힘
1991년 12월 21일	1947년 이래 최초의 입법원 완전선거
2000년 3월 18일	천수이볜이 최초로 비국민당 총통 당선
2008년 11월 12일	천수이볜 부패 혐의로 체포됨
2009년 9월 11일	천수이볜 종신형 선고받음

20세기의 국제적 역학은 아시아의 다른 나라만큼 타이완에도 영향을 주었지만, 타이완 섬은 더 강력한 이웃 나라들에 압도되고 종속되어 상대적으로 보이지 않는 상태로 남아 있었다. 1895년 일본은 중국에 군사적 굴욕을 안겨주며 청 왕조에게서 타이완(포르모자Formosa라고도 불림)에 대한 통제권을 획득했다. 주로 일본의 조선 정복이라는 결과를 낳은 것으로 이해되는 청일전쟁은 또한 타이완의 주변화를 의미한다. 그 당시 전쟁배상금으로 일본이 중국에게서 받아낸 돈 5억 1,000만 엔(일본 정부 연간수입의 6배 이상)은 타이완의 가치보다 더 중요한 것으로 여겨졌다. 하지만 식량, 목재, '위안부' 등 풍부한 물자는 말할 것도 없이 전략적 위치에 있던 타이완의 해군기지들은 제2차 세계대전으로 이어진 일본의 남아시아 정복에 중요한 토대가 됐다.

제2차 세계대전 말, 승리한 연합국은 타이완에 대한 통제권을 당시 장제스의 국민당이 통치하던 중국에 넘겨줬다. 일본의 항복 이후 민중봉기가 일어나 토착민 정권을 수립하려 했지만, 장제스는 타이완인 수천 명의 학살을 명령하고 섬을 장악했으며, 이후에 세계에서 가장 오래 계엄령을 유지했다. 1949년 장제스와 국민당은 본토에서 공산당과 벌인 내전에서 패배했다. 미국의 지원으로 그들은 타이완으로 도피했고, 그곳으로 중화민국을 이전했다.

피를 보며 타이완을 강제로 지배하려는 국민당에 맞선 타이완인들의 저항은 단지 국민당이 민간인 수천 명을 학살한 사건 때문에 자주 역사가들의 설명에서 언급되지만, 특별히 어려운 상황 속에서 섬사람들의 자기조직화 역량을 보여주기도 했다. 맥아더, 마오쩌둥, 장제스, 처칠 같은 '위인들'의 결정이 세계의 사건을 이해하는 일반적 수단이지만, 자신의 요구를 분명하게 표현하는 보통 사람들의 능력은 어떤 개인의 지성보다 더 우월한 집단지성을 보여줬다. 한국의 제주도만이 아니라 타이완에서도, 자치를 향한 민중의 호소는 미국의 후원을 받는 독재 정권이 자행하는 학살로 응답받았다. 한국의 신혼여행지인 제주도와 중국의 '아름다운 섬' 타이완에서 미국의 군함과 무기가 대규모 죽음의 도구가 됐다. 만약 미국인들이 이 두 지역의 병참학적 중요성을 부정했다면, 적어도 목숨을 잃은 수만 명의 사람들에게 역사는 아주 다르게 전개됐을 것이다.[1] 미국의 지원은 학살에 필수적이었다. 그 당시 미 해군 무관 조지 커가 기록한 것처럼 "모든 포르모자인을 포함하여 모두에게 국민당이 미국에 전적으로 의존한다는 사실은 명백했다. 그들은 미국 수송선을 타고 섬에 도착했고, 미국의 무기와 지원금으로 섬에 머물 수 있었다".[2]

점점 더 많은 수가 도착하기 시작한 누더기 차림의 본토 군인들은 지역의 관습에 무지하고 섬사람들의 번영을 시기하는 것처럼 보였던 한편, 50년간의 일본 지배로 많은 타이완인이 중국어로 의사소통할 수 없었다. 제2차 세계대전 직후, 국민당 정부는 표면적으로 군대를 위해 신선한 농산물, 쌀, 설탕, 기계, 석탄 등을 요구했지만, 결국에는 많은 물건이 엄청나게 오른 가격으로 타이완의 암시장에서 팔렸다. 부패한 본토 관리들이 부를 축적함과 동시에 타이완의 물자 부족은 심해졌다. 1946년에 콜레라로 수천 명이 죽었지만 의약품은 대개 구할 수 없었다. 1947년 1월 국민당 천이 총독은 국가가 독점을 선포한 식량과 다른 상품의 불법 판매를 탄압하기 위해 세무경찰을 설립했다. 물자 부족이 심해지자, 지역 시장에서 심지어 쌀도 구할 수 없게 됐다. 쌀을 구할 수 있어도 인플레이션 때문에 때때로 매일매일 가격이 엄청나게 폭등했다. 타이완은 해마다 두 번(또는 세 번) 쌀을 수확했지만, 광범한 기근이 갑자기 임박한 것처럼 보였고 기아로 사람들이 죽기 시작했다. 동시에, 국민당 정치 엘리트들이 이용할 사치스러운 향락 시설이 유례없이 많이 들어섰다.

1947년 봉기와 학살

한국과 타이완에서 평화로운 섬사람들의 잔혹한 도살을 촉발한 사건들은 서로 하루 차이로 시작됐다. 간단히 '2·28'이라 불리는 타이완인 2만 명 이상이 학살당한 사건은 1947년 2월 28일에 시작됐다. 바로 다음날 약 1,000킬로미터 북쪽에서, 1919년 대한독립운동 기념일을 평화적으로 경축하는 5만 명 이상의 제주 군중에 최초의 충격이 가해졌다. 미군이 제주 경찰에 발포 명령을 내린 후 6명이 사살되고 수십 명이 부상당했고, 이는 1년 뒤 섬 전체의 봉기를 촉발한 일련의 나선 반응을 만들어냈다. 미군정과 대한민국이 제주에 대한 군사작전을 끝냈을 때, 제주의 15만 주민 중에서 최소한 3만 명이 사망하고 수만 명이 부상당하거나 피난민이 됐다.

타이완에서 긴장은 처음에는 천천히 증가했지만, 2월 27일 저녁 타이베이의 타이핑제太平街(현재 옌핑베이루延平北路)에서 일어난 사건이 "돌발적 화재처럼 분출하는" 분노로 이어졌다.[3] 전매청公賣局의 정부 세무경찰이 40세 과부이자 노점상인 린장마이에게서 밀수한 담배 5상자를 몰수하려 했다. 린장마이는 항의하며 대신 그녀가 가진 적은 돈을 받으라고 애원했다. 그녀를 경멸한 한 요원이 권총자루로 그녀를 가격해 머리에 깊은 상처를 냈다. 근처에 있던 사람들이 경찰을 향해 고함을 지르자, 다른 요원이 권총을 발사해 구경하던 사람 1명이 사망했다. 목숨을 잃을까 두려워한 요원들은 도망쳤다. 군중은 그들이 버린 차를 불태운 다음 시 경찰에 살인을 신고했다. 곧 500명 이상이 경찰서에 모여서 세무요원들의 신속한 처벌을 요구했다. 다른 주민들은 《대만신생보》 사무실로 가서 사건을 보도해달라고 요구했다. 시내 전역으로 북을 치면서 흩어진 시위대는 밤새 거리를 지켰고, 투쟁할 때가 왔다는 말을 퍼뜨렸다.

다음날 아침, 노동자들과 학생들이 총파업을 선언하고 수백 명이 룽산사龍山寺에 모였다. 거리의 모퉁이에서 사람들은 타이완의 600만 민중에게 국민당의 부패에 맞서 궐기하자고 호소했다. 군중은 약 2,000명으로 늘어났다.[4] 그들은 사건이 일어난 현장을 통과해 그 전날 요원들을 파견한 전매청 지부로 이동했다. 경찰은 공중에 발포하고도 그들을 저지할 수 없었다. 군중은 사무소를 공격하면서 안에서 발견한 모든 술병과 담배를 파괴했다. 일부는 가구와 사무용품을 거리로 들고 나와 태웠다. 아직 분을 풀지 못한 그들은 전매청 경찰 2명이 거리에서 노점상을 괴롭히는 것을 발견하고 그들을 때려 죽였다.

오후 1시경, 수백 명의 행렬이 징과 북을 치는 선두를 따라 도시 우회로에서 행진했다. 길을 따라가면서 수천 명이 더 합류해, 행진대가 도시 중심가 대부분을 점거했다. 작은 무리가 타이완 라디오 방송국을 접수하여 국가독점의 종식을 요구하는 방송을 했다. 행진자들이 타이완지방행정청(지금의 행정원)으로 가는 길로 들어서자, 경찰은 경고 없이 건물 지붕 위에서 기관총을 발포했다. 무차별적으로 조준한 총탄이 군중을 휩쓸었고, '광장의 비극' 또는 2·28사건에서 최소 2명이 사망하고 더 많은 사람이 부상당했다.[5] 그 사격으로 군중은 흩어졌지만, 그들은 본토 중국인을 닥치는 대로 공격하기 시작했다. 기차역에서는 도착하던 국민당 군인들이 구타당하고, 본토인을 대접하는 것으로 알려진 호텔과 그들이 소유한 사업체도 공격 대상이 됐으며, 그들의 가구와 레코드가 거리에서 불태워졌다. 수천 섬사람들의 격렬한 대응에도 불구하고 약탈은 없었다.[6]

"타이완이 스스로 통치하게 하라!" 사람들이 외쳤다. 점거한 방송국의 전파로 한 열정적인 타이완인의 목소리가 울려퍼졌다. "그들은 우리의 쌀을 외국으로 보낸다. 그래서 인민은 충분한 곡물이 없고 굶주림으로 죽어가고 있다. 우리가 굶주림으로 죽어가고 있는데, 생존을 위해 왜 들고일어나지 않겠는가."[7] 인근 지룽基隆과 반차오板橋에서 사람들이 방송을 듣고 거리로 나섰고, 본토인들을 구타하고 그들의 재산을 파괴하고 경찰 숙소를 불태웠다. 지룽에서 하역 노동자들이 경찰서와 본토인들을 공격하여 수일간 소요를 이끌었다. 타오위안桃園에서는 700명 이상의 학생이 모여서 시민들에게 본토인들을 공격하라고 촉구했다. 타이위안太原과 타이핑에서 대치는 밤까지 이어졌다. 정부는 계엄령을 선포했다, 무장순찰대는 타이베이 거리에서 마음대로 발포했다. 지역 정치 지도자들의 대표단이 천이 총독에게 명령을 철회하라고 요구하러 갔지만, 총독은 그들을 만나기를 거부했다.

토요일인 3월 1일 아침, 타이베이 전역에서 집회들이 자발적으로 소집됐다. 타이완성참의회臺灣省參議會 대변인인 황자오친이 그날 저녁에 총독과 만나 계엄령을 끝내라고 설득했다. 정치 지도자들(전국과 지방, 시 관리들을 포함하여)은 중산당中山堂에서 만나 사태를 가능한 평화적으로 해결하기 위해 수습위원회處理委員會를 구성하기로 결정했다. 사태를 진정시키기 위해 그들은 모든 구속자의 석방과 피해자 보상을 공개적으로 요청했다. 또한 농민, 노동자, 학생 단체들의 대표에게 새 수습위원회에 참여해달라고 요청했으며, 또한 타이완경비총사령부臺灣警備總司令部(인민에 대한 폭력에 상당한 책임이 있는) 폐지와 언론 검열 중지를 요구했다. 총독은 수습위원회 구성을 승인하고 정부 측 대표로 참석할 5명의 공무원 명단을 발표했다. 또한 모든 사람이 침착을 유지해달라고 요청했다. 그날 오후 천이 총독과 수습위원들은 시민 수백 명과 만나 사태를 평화적으로 해결하기로 약속했다. 라디오 연설에서 천이는 계엄령을 해제하고 희생자와 가족에게 보상하겠다고 약속했다.

그러나 비상회의에서 타이완 국민당 간부들과 만난 뒤에도 '광장의 비극' 이후 굶주리는 타이완인들 사이에서 폭발을 제어하는 것은 불가능했다. 분노와 정당한 반란의 들불이 관리들이 제어할 수 있는 것보다 더 빨리 퍼져나갔다. 정치인들이 모여서 앉아 있는 동안, 군중은 인민들에게 "총에 맞서 총을 사용하라!"고 촉구하는 대자보를 들고 거리를 행진했다. 그들이 철도경찰서를 공격해 123명이나 죽고 양측에서 훨씬 더 많은 사람이 다쳤다.[8] 국민당 군인들은 덤덤탄을 사용하여 시위대에 끔찍한 부상을 입혔다.[9] 입에서 입으로, 타이베이의 중대한 사건들에 대한 소식이 섬 전체로 퍼졌다. 타오위안에서 약 30명의 타이베이 출신 투사가 사람들을 조직하여 철도경찰을 무장해제한 다음 그들의 무기를 이용해 수도로 들어오는 모든 열차를 통제했다. 경찰서에서 도망가지 못한 공무원들은 잡혀서 타오위안 최대의 사찰에 갇혀 있었다. 스스로 조직화한 무장 시민들은 지구 관공서들을 공격했고, 다른 사람들은 근처의 공군 창고를 공격했다. 전투는 밤새도록 계속됐다.

일요일 아침 일찍 타이베이의 수습위가 중산당에 소집되어 광범한 자치 개념을 승인했다. 적어도 2명의 열정적 연설가가 본토에서 예상되는 침입에 대비할 자위대 10만 명을 구성해야 한다고 호소했다. 그들은 협상, 구호와 보호, 정보를 위한 소위원회를 구성하기로 결정했다. 이 정치인들은 그날 모임을 가진 유일한 사람들은 아니었다. 여러 대학에서 온 학생들의 무리는 강당에 모였다. 모임이 시작될 무렵에는 수천 명에 달했다. 학생들은 화해를 옹호하는 대신 자치와 무장 혁명을 호소했다. 섬 전역에서 인민들은 정치적, 경제적 개혁 요구로 활력을 얻었고 스스로 통치하기 위해 운동을 조직했다.[10]

운동의 성격에 경악한 천이 총독과 수습위원들은 그날 오후 시민 수백 명과 만나 평화적 해결책을 찾기로 약속했다. 두 번째 라디오 연설에서, 천이는 계엄령을 해제하고 희생자와 가족에게 보상하기로 약속했다. 그러나 다시 한 번, 총독이 타이베이에서 행동하는 동안 외곽 도시의 주민들은 문제를 스스로 해결하려고 했다. 타이중에서 시위원회 의장으로 선출된 급진적 공산주의자 셰쉐홍이 권력을 장악하고 민주적 자치를 공고히 할 당의 결성을 촉구했다.[11] 봉기자들은 도시 관리들을 포로로 잡았고, 그녀는 서열 순서대로 그들을 줄 세워 군중 앞에 무릎 꿇리고 파행적 통치에 대해 사과하게 했다. 그런 다음 군중이 관리들을 구타하도록 허락했다. 자이嘉義와 타오위안에서 봉기는 아주 과격하게 발전했다. 타오위안 활동가들은 준군사 부대 본부를 구성하고 지방군을 물리치기 위해 준비했다. 3월 2일 타이베이 시민 60명이 타이난에 도착했을 때, 그곳 시민들은 이미 남부동맹협회를 설립하여 타이완 경찰이 버린 무기로 무장하고 있었다. 다음날 밤, 라디오 방송국과 관공서를 통제 아래 두고 열린 대규모 집회에서는 자치를 위해 투쟁하기로 결정하고, 지역 지도자를 선출할 선거를 실시하기로 했다. 신주新竹에서 인민들은 군대의 이동을 막기 위해 철로 일부를 뜯어냈다. 국민당이 군인들을 트럭으로 이동시키려고 시도하자, 바리케이드를 세워 10대의 트럭이 철도 피해를 피하지 못하게 했다.[12]

월요일인 3월 3일에 타이베이는 차분한 분위기로 돌아와 상점들이 다시 문을 열었지만, 쌀 가격이 치솟았다. 우려한 학생들이 천이 총독을 만나기 위해 타이베이 수습위원회에 접근했다. 비록 총독이 학생들을 만나지는 않았지만, 국민당 간부들은 무장 순찰을 중지하고 군대가 자의적으로 발포하는 것을 금지하라는 학생들의 요구에 동의했다. 하지만 증오의 대상인 경비총사령부를 폐지하는 것은 거부했다. 학생 및 청년 자치 조직들에 공공질서를 유지할 권한을 부여하는 것은 합의했다. 교통을 회복하고 군 비축미를 일반에 방출하기로 약속이 이루어졌다. 동시에 수습위는 타이완인 경찰을 핵심으로 '충성대'를 결성했다. 곧 전타이완산업총공회全臺灣産業總工會가 결성되어 수습위와 협력하기로 표결했다.[13] 그 다음주에 수습위원회는 일반 업무, 대외협력, 조사, 조직화, 공공질서, 구호, 재정, 정보, 식량 등을 조정할 부서를 갖추고 타이완의 "실질적 정부를 구성했다".[14]

본토에서 국민당 부대를 파견할 예정이라는 비밀 전보를 받은 천이는 정부 관리들에게 수습위 회의를 거부하라고 명령했다. 오전 10시, 수습위는 다시 모여 구속자의 즉각적 석방을 추진했다. 국민당의 공작을 알지 못한 채, 그들은 쉬더후이에게 전국에서 수십만 명의 인민이 참여할 질서유지 담당 자위대인 의용대를 조직하라고 요청했다. 또한 질서유지 임시위원회를 구성했는데, 이 위원회는 정부 기관에 대한 인민의 신뢰를 회복하기 위한 행사를 조직하는 것이 목표였다.

타이중에서 셰쉐홍의 수습위는 전혀 다른 접근법을 택했다. 그들은 모든 가맹 조직을 단결시켜 국민당을 공격했다. 셰쉐홍은 군대의 지휘권을 틀어쥐고 장교 30명과 사병 300명을 비롯해 알려지지 않은 수의 관리들과 함께 타이중 공안위원회 본부를 장악했다. 시민들은 이어서 무기고를 공격했다. 몇 시간 동안 이어진 전투 끝에 활동가들은 타이중 시와 주변 교외, 도시의 라디오 방송국에 대한 완전한 통제권을 얻었다. 그날 밤, 셰쉐홍은 세 가지 행동 원칙을 발효했다.

1. 본토인들을 죽이거나 다치게 하지 말 것
2. 공공재산을 태우거나 파괴하지 말 것
3. 모든 무기를 인민의 손에 둘 것

다음날, 대부분 자임한 대표자 500명이 타이중 시 대강당에 모였다. 민중 조직들을 대표하는 그들은 지구대책위원회를 설립하고 셰쉐훙이 아니라 좡추이성을 의장으로 선출했으며, 일반 업무, 공안, 정보, 조정 부서를 만들었다. 많은 사람이 셰쉐훙의 공산당 당적은 물론이고 그녀의 과격한 전술에 반대했다. 새로운 지구 수준의 수습위 내에서, 그들은 어떤 외부 세력보다 훨씬 더 효과적으로 급진파를 진압할 수 있었다.

3월 3일, 봉기는 훨씬 더 멀리 남쪽으로 퍼져 가오슝에 이르렀고, 거기에서 시민들은 먼저 시청을 접수한 다음 서우산壽山 군기지를 제외한 도시 전체를 접수했다. 펑밍치 장군은 포대에 도시를 포격하라고 명령했지만, 새로 구성된 수습위는 인근 요새에 발포하지 않기로 결정하고 대표 3명을 협상을 위해 파견했다. 펑밍치 장군은 재빨리 사절을 처형하라 명령했고, 도시를 재탈환하려 반격을 개시했다. 양측에서 많은 사상자가 발생한 가운데 전투는 3월 7일까지 계속됐고, 마침내 정부군이 승리했다. 동북부 도시인 이란宜蘭에서 학생들과 청년들은 3월 3일 무장대를 결성하여 공군 창고, 군사기지, 무기고를 공격했다.[15] 북서부 신주에서 군중은 시청, 전매청 지부, 법원, 정보부, 본토인 숙소들에 불을 질렀다.

화요일인 3월 4일에 타이베이 수습위는 더욱 적극적으로 활동한 반면, 학생들은 "공공질서를 유지할 대규모 여단을 조직"하기로 결의했다. 수습위가 지역 깡패들과 경비총사령부를 포함시킨 데 분개한 약 40명의 학생 대표가 위기의 원인에 관한 견해를 나누기 위해 천이 총독과 직접 만났다. 천이는 일부 부하들이 자신의 정책을 이해하지 못했을 수도 있다는 학생들의 의견에 동의했지만, 행정업무에 관해 민간인의 책임은 결코 그의 지침을 대신할 수 없다고 주장했다.

섬의 많은 지역에서 무장 분쟁이 계속 고조되고 있었다. 원주민 무리들이 국민당과 싸우기 위해 산에서 내려왔다. 푸리埔里에서 학생 수십 명이 격렬하게 싸워 700명이 넘는 국민당 군대를 격퇴했다.[16] 타이중 학생들도 학생부대를 구성했다. 타이완인들은 야전野戰에 4,000명의 전사를 투입할 수 있는 전투부대인 27민병대를 조직했는데, 그들 대부분은 과거에 일본군에서 복무했다.[17] 공산주의 지도자인 셰쉐홍은 이 부대의 지휘관으로 비난(또는 신뢰)을 받았는데, 나중에 그녀를 지휘관으로 지목했던 사람의 증언에 따르면 그녀가 아니라 그 자신이 부대의 실질적 지휘관이었음이 밝혀졌다. 그는 비난을 공산주의자들에게 돌림으로써 자신의 목숨을 구하려고 국민당 당국에 거짓말을 했던 것이다(당시 미국 첩보통은 "인구가 600만이 넘는 포르모자에서 자칭 공산주의자는 겨우 50명 이하"[18]였다고 추정했다). 타오위안에서는 질서가 회복된 반면, 화롄花蓮의 시민들은 혁명적 요구를 제기했다. 동시에 타이베이의 확성기 트럭은 〈성조기The Star-Spangled Banner〉(미국 국가)를 요란하게 틀어대면서 시민들에게 저항을 촉구했다.[19]

명백히 타이베이 학생들은 보통 사람들의 삶을 개선하겠다는 천이 총독을 여전히 믿지 못했다. 수요일인 3월 5일 아침에 타이완청년자치동맹臺灣青年自治同盟이 중산당에서 건설됐기 때문이다. 새 단체는 선거, 자치, 새 산업 창출, 경제 안정화를 제안했다. 거의 모든 마을마다 자체 수습위원회, 새로운 학생동맹, 국민당 간부들 모두가 권위를 주장하면서, 타이완에는 세 가지 다른 형태의 집권 세력이 현존하게 되었고 각각은 점점 더 혼란스러워지는 타이완의 정치에 영향력을 행사하려고 노력했다. 많은 곳에서 국민당 정부 세력은 화롄처럼 평화적으로 지위를 포기했다. 지역 주민을 통제할 수 있다고 생각되는 토착 타이완인들이 경찰서장을 대신했다. 3월 5일 저녁까지 타이완인들이 섬의 대부분을 통제하게 되었다. 수도에서 초등학교들이 다시 문을 열었고, 상점들도 잘 돌아갔다.

타이베이의 수습위는 정치개혁, 경비총사령부 해체, 타이완인 군인의 타이완 배치 등을 포함한 32대 최소 요구에 대해 총독과 합의하고자 했다. 천이 총독은 요구를 거부했다. 사건들의 소용돌이 속에서 모든 종류의 소문이 검증되기도 전에 빨리 퍼졌다. 타이완이 자치를 얻었다는 둥, 본토 군대가 국민당의 지배를 회복하러 오고 있다는 둥, 공산당 세력이 국민당을 누르고 섬을 해방할 것이라는 둥. 아무도 다음에 무슨 일이 일어날지 확신할 수 없었다. 오직 총독 가까이에 있던 한 무리의 국민당 간부만이 대규모 군부대가 곧 도착하리라는 걸 알고 있었다.

타이완인들에게는 불행하게도, 봉기는 본토에서 국민당-공산당 대화가 결렬된 시기와 일치했다. 내전이 본격적으로 시작되자, 장제스는 3월 5일 제21사단을 보내 타이완에 본때를 보여주기로 결정했다. 같은 날 그는 타이완의 정보부장에게서 원주민 600명이 국민당군 대대를 포위하여 공격했다는 전보를 받았다. 수요일 밤, 3척의 국민당 구축함이 지룽항에 도착했고, 본토에서 장제스는 제21사단의 타이완 배치를 준비했다. 정치인들이 지속적으로 모여 봉기가 어디까지 진행됐는지 본토 상관들에게 상냥하게 알리는 동안, 가오슝과 지룽에서 새로운 폭력에 관한 보고가 들어왔다. 3월 6일, 펑멍치 장군의 군대가 가오슝에서 학살극을 시작했고, 학살은 며칠 동안 수그러들지 않고 계속됐다. 이 사건으로 펑멍치 장군은 '가오슝의 도살자'란 별명을 얻었다.

국민당은 타이완의 나머지 지역을 공격할 의도를 숨겼다. 3월 8일에 한 국민당 장군은 타이베이의 수습위에 섬 주민을 상대로 어떤 군사적 행동도 취하지 않을 것이라고 확언했지만, 밤부터 새벽까지 몰래 1만 명 이상의 국민당 군대가 대거 지롱항에 도착했다. 또 다른 3,000명이 동시에 가오슝 해안에 상륙했다. 심지어 상륙하기도 전에 해안선에 포격을 퍼부었다고 알려졌다. 지롱에 상륙하자 그들은 "성인 남자들과 소년들을 총칼로 유린하고 여성을 강간하고 집과 가게를 약탈했다. 일부 포르모자인들은 붙잡혀서 산 채로 삼베자루에 담겨 설탕 창고에 쌓여 있다가 항구의 바닷속으로 던져졌다. 다른 사람들은 부두에서 던져지기 전에 줄이나 사슬에 묶여 있었다".[20] 자루가 없으면 철사로 사람들의 손바닥을 뚫어 묶은 뒤에 한꺼번에 던졌다. 한 외국인은 수많은 거세와 다른 잔학 행위들을 보고했다.[21] 군대는 도시로 밀고 들어갔고, 대부분의 주민이 죽을까봐 두려워 집에서 웅크리고 있을 때 도시를 재빨리 점령했다. 활동가 수백 명이 지롱 경비총사령부 본부를 공격했지만, 많은 사상자를 내고 퇴각했다. 폭발물을 채운 차량 20대가 국민당 증원군이 상륙할 부두를 파괴하기 전에 군대에 잡혔다. 이 결정적 순간에, 타이베이 수습위는 중도적 입장을 취했다. 수습위는 학생과 노동자들에게 일상으로 돌아가라고 호소했고, 시민들에게 "법과 질서를 유지"하는 데 협조하라고 요청했다. 그날 밤, 타이베이의 더 전투적인 시민들이 경비총사령부 사무실, 은행, 관공서, 경찰서를 공격했지만, 중무장한 부대가 그들을 격퇴했다.

다음날 추가로 국민당군 2개 사단이 섬에 도착했다. 3월 9일 오전 6시에 다시 계엄령이 선포됐고, 이번에 국민당은 인민들이 명령에 복종하도록 강제할 충분한 힘을 갖추고 있었다. 많은 곳에서 무차별 살상이 시작됐다. 국민당 지휘관 커위안펀은 라디오로 모든 공개 집회가 금지되며 수습위도 해체됐다고 발표했다. 오후 8시부터 오전 6시까지 통행금지가 실시됐다. 본토에서 장제스는 봉기를 일본인과 공산당 탓으로 비난했다. 그는 타이베이 수습위의 32대 요구가 "비합리적"이라고 했다. 타이완인 경찰 인력을 늘려달라는 요구를 일축한 그는 거의 모두에 대해 직무정지를 명령했다. 모든 학생 보안순찰대원은 무기를 반납하라는 명령을 받았다. 3월 9일 밤, 타이베이 공항 근처에서 학생 50명이 살해된 것으로 알려졌고, 베이터우北投에서도 30명이 살해됐다.[22] 3월 11일 타이난이 진압되고 지도자들은 처형당했다. 그날 밤 타이베이에서 군인들은 중학생들을 상대로 조직적 수색을 실시했다. 타이중 근처에서 셰쉐홍과 대략 500명의 투사가 11일까지 저항했다. 다른 보고는 타이중의 저항이 17일까지 계속됐다고 하며, 그날 국민당 국방장관이 장제스의 아들 장징궈와 함께 도착했다. 3월 13일까지 타이베이에서 최소 700명의 학생이 체포되고 지룽에서는 200명 이상이 체포됐다. 13일에 군대가 이란을 접수했다. 타이완 중부의 산악에서는 전투가 21일까지 계속됐다.

3월 13일경 수습위 의장이었던 왕톈덩이 처형당했다. 3월 15일 천이 총독은 교체됐고, 테러는 가속화됐다. 2,000명의 폭도와 공산주의자가 흩어져서 계속 싸우고 있다고 주장하면서, 국민당 사령관들은 전면전을 개시했다. 자이 시에서는 교외에서 죽은 학생들의 시신을 트럭에 실어와서 사람들이 보도록 분수대에 던졌다. 가오슝에서 "밤낮으로 사격이 계속됐다. 거리와 뒷골목에 죽은 시체들이 있었다. 많은 시체가 이미 썩고 있었고, 어딘가에서 피가 여전히 흘러나왔다. 아무도 밖으로 나가 시신을 확인하려 하지 않았다. 이런 식으로 시체들은 가오슝 산까지 흩어져 있었고, 피는 근처 시쯔완西子灣호수로 흘러갔다".[23] 가오슝 강과 단수이 강도 시체로 가득 찼다고 알려졌다.

국민당의 학살극이 진정될 때까지 수만 명이 살해됐다. 아무도 정확히 몇 명이 죽었는지 알지 못했다. 최소로 잡은 수도 2만 내지 3만 명에 달했고, 10만 명 이상의 타이완인이 죽었을 것이라는 다른 추정치도 있다(일부에서는 실종자가 10만 명을 넘기 때문에 사망자 또한 훨씬 더 많다고

1947년에 수만 명의 타이완 원주민이 학살됐다. (작가 미상)

주장했다).²⁴ 토착 엘리트들이 특히 표적이 됐다는 데는 모두가 동의한다. 의사, 변호사, 기업인, 교수, 언론인, 시민 지도자 같은 전문가들을 무자비하게 추적하여 살해했다. 봉기 이후에 국민당 방첩부는 1,000명 이상의 '반역자' 명단을 작성하여 제거 표시를 했다.²⁵ 수년간 암살대가 처벌받지 않고 활보했고, 오히려 열정과 효율성으로 국민당 고위층에게 포상을 받았다. 증오의 대상인 전매청이 다시 구성되고 성냥 공장 같은 일부 국영기업은 광산과 공업처럼 민영화됐다.

장제스와 국민당은 타이완에 밀고들어왔지만, 너무나 부패하고 잔인해서 본토의 전쟁에서는 이길 수 없었다. 국민당의 약탈 행위가 얼마나 진행됐는지 대략 파악한 미국의 웨더마이어 장군은 1948년 장제스 총통과 그의 측근들이 6~15억 달러 사이의 재산을 보유한 것으로 추정했다.²⁶ 1949년 국민당이 공산당 원수들에 참패를 당하자, 약 200

만 명의 국민당 피란민이 한 무더기의 금과 빼돌린 국보를 가지고 타이완으로 몰려왔다. 1949년 5월 20일에 계엄령이 다시 한 번 선포됐고, 처음 5년간 5,000명에서 8,000명이 처형됐다.[27] 정부의 잔인한 탄압인 '백색테러'로 공산당의 승리 이후(즉 1949년에서 1987년까지) 희생된 사람은 2만 9,407명에 이르며, 이들은 죽거나 투옥되거나 다른 식으로 탄압받았다고 추정된다.[28] 약 3만 6,000명의 타이완인 공무원이 직장을 잃으면서 타이완의 행정조직이 숙청됐고, 국민당 간부들이 타이완 경찰을 대체해 타이완 공산주의자들을 추적하여 본토에서 당한 손실을 되갚았다. 셰쉐훙은 교묘하게 도망쳤다. 1947년 말, 그녀는 홍콩에서 타이완민주자치동맹臺灣民主自治同盟을 결성하는 데 기여했고, 나중에 중화인민공화국 정부의 명예직을 차지했다. 천이 총독은 공산당과 협력한 혐의로 1950년 6월 18일 총살대에 올랐다.

장제스의 아들이자 후계자인 장징궈가 죽은 뒤에야 공개적으로 2·28사건에 대해 말하는 것이 가능해졌다. 1992년 2월에야 《2·28 사건 보고서》가 출판됐고, 1997년(비극적 학살 50년 후)에 희생자 위령비가 건설됐다. 흔히 단지 학살(정확히 3월 6일에 가오슝, 3월 8일에 지룽에서 시작됐다)로 묘사되지만, 봉기는 타이완 자치를 옹호하는 무장 민병대의 지지를 받는 자치평의회를 낳았다.

'침묵의 세대'에서 가오슝 사건으로

1987년 7월 15일까지 38년 동안 타이완은 세계 최장의 계엄령 통치를 겪었다. 장제스 총통은 피노체트가 칠레를 통치한 것보다 2배나 오래, 그리고 에스파냐 독재자 프랑코의 재임 기간보다 더 오래 타이완을 지배했다. 수많은 국민당 형법은 나치 독일에서 나온 것이며, 21세기에도 효력을 유지하고 있다.[29] 심지어 오늘날에도, 1947년 수만 명을 학살하며 강제 집권하여 수십 년간 이어진 권위주의적 국민당 지배의 유산은 타이완인들의 삶에 오점으로 남아 있다.

세계의 대부분이 1960년대 청년 저항에 휩쓸렸을 때, 타이완의 트라우마와 백색테러는 사람들을 완전히 침묵시켰다. 그래서 1960년대 타이완 청년들을 흔히 '침묵의 세대'라고 불렀다. 남한처럼 타이완 경찰은 일상적으로 장발의 젊은이들을 세우고 머리를 잘랐다. 심지어 '이상한 복장'도 금지됐다. 학교에서 타이완어를 말하는 어린이들은 매를 맞았고, 댄스파티도 불법이었다. 국민당은 TV와 국내 언론을 엄격하게 통제했고, 검열관들은 외국 신문과 잡지를 철저하게 감시했다. 타이완어로 번역된 성경도 금지됐다. 반세기 대부분 동안 민간 라디오 방송국은 허용되지 않았으며 라디오는 정부에 등록해야 했다. 본토의 '해적 라디오 방송'을 듣다가 발각되면 누구나 즉시 체포됐다. 반정부 인사들은 살아남았더라도 감옥에 갇히거나 망명해야 했다. 1960년에 총통제를 4년 중임으로 제한하는 개헌이 있었지만, 국회는 장제스가 종신 총통이 될 수 있는 길을 마련했다. 1949년부터 발간된 격주간지 《자유중국自由中國》의 편집자들이 새로운 중국민주당을 건설할 의사를 발표하자, 그들은 즉시 폭동교사 혐의로 기소되고 잡지는 폐간됐다.

국민당의 권력 유지는 단지 경찰의 힘에만 기초한 것이 아니었다. 정부는 노조, 농민조직, 학생단체 등 민간단체들에 대해 특별한 하향식 통제를 행사하면서 마을 수준에서 선거를 허용했다. 본토에서 경험한 실패로 교훈을 얻은 미국이 강력히 촉구해서 관대한 토지개혁 정책이 시행됐다. 1949년 4월에 정부는 소작농들이 지주에게 지불하던 지대를 최대 수확물의 37.5퍼센트로 제한했다. 소작농들이 유리한 조건으로 공유지를 살 수 있게 허용한 이후의 조치는 훨씬 더 인기가 있었다. 1953년에는 '경자유전耕者有田' 정책으로 한 개인이 약 7에이커(약 2만 8,000제곱미터) 미만의 토지만 소유할 수 있도록 제한했다. 초과 보유분은 경작자에게 유리한 조건으로 매각했다. 대지주들은 토지 손실에 대해 타이완 최대 기업들의 주식과 채권으로 보상받았다. 농민들이 비료를 정부에 의존했기 때문에, 국가는 토지 매각과 비료 판매로 엄청난 수입을 얻었다. 전 지주계급의 항의는 새로 축적한 재산으로 무마됐다.

1962년 타이완의 1인당 GNP는 겨우 162달러였지만, 30년 후 1만 달러를 돌파했다.[30] 1952년에서 1991년까지 40년 동안, 평균 경제성장률은 경이적인 8.7퍼센트였고, 수출은 GDP의 8.6퍼센트에서 타이완의 경제 총생산의 절반 이상으로 증가했다. 일본의 경우와 마찬가지로, 타이완의 성장의 한 가지 열쇠는 1950년 한국이 당한 비극이었다. 전쟁이 시작되자마자, 트루먼 미국 대통령은 제7함대로 타이완을 보호하겠다고 약속했다. 미국의 원조가 증가했고, 장기 개발 프로젝트가 시작되었다. 이 프로젝트는 특히 이후 산업화의 기초를 마련하는 데 필요한 인프라를 개선하는 것을 목표로 했다. 미국의 원조는 1949년에 끊어졌다가, 한국전쟁이 시작되자 대규모 재정 지원이 회복됐다. 잉중룽 경제부 장관의 말처럼 "때맞춰 도착한 미국의 원조는 죽어가는 환자에게 강장제 주사를 놓는 것과 다름없었다".[31] 1950년에서 1964년까지 해마다 정부는 적자를 기록했고, 심지어 적자 폭도 1951 회계연도에 4억 6,600만 NT달러에서 1964 회계연도에 31억 9,500만 NT달러로 점차 증가했음에도, 미국의 원조가 이 적자분을 모두 상쇄했다.[32] 이후 미국이 인도차이나에서 벌인 전쟁으로, 다시 한 번 타이완과 일본(이번에는 타이와 남한도 함께)은 모두 뜻밖의 경제적 횡재를 거뒀다. 미국 군인들은 농산물과 공산품, 휴식과 오락을 필요로 했고, 타이완 하청업자들은 인근 베트남에서 일자리를 발견했다.[33]

엄청난 양의 미국 원조 물자가 1965년까지 타이완으로 흘러들어왔다. 남한처럼 수입을 제한하던 경제정책(그리하여 귀중한 외환을 절약하는)은 미국의 압력으로 수출 지향 산업화 전략으로 대체됐다. 미국 시장에 대한 관대한 접근과 연계하여 타이완은 "미국이 초대한 발전"(이매뉴얼 월러스틴)에 착수했다. 1950년대에 수출은 연간 평균 1억~1억 2,500만 달러였지만, 수입은 거의 2배였다. 다시 미국의 원조가 약 90퍼센트의 무역 적자를 메웠다. 베트남전쟁이 절정에 달한 시기에 80만 명 이상의 미군이 지역에 주둔했고, 타이완의 무역 적자는 흑자로 전환했다.

1960~1970년에 보조금과 차관이 타이완의 1965년 GNP의 46.8퍼센트였다. 같은 시기 남한의 경우 차관은 놀랍게도 1965년 GNP의 139.1퍼센트였다. 1970년대 초 원조의 비율은 타이완 GNP의 18.3퍼센트로 내려갔고(한국은 30.1퍼센트), 1980년에 이르자 타이완은 해외 원조와 보조금이 아예 없었고, 한국도 GNP의 1.4퍼센트에 불과했다.[34] 1965년부터 1970년까지, 수입 대체에서 수출 지향 발전으로 경제구조가 이행하면서 100만 명 이상의 젊은이가 도시로 이주했다.

정부 지원으로 거대한 대기업이 형성된 남한이나 일본과 달리, 타이완 경제는 소규모 기업체들이 지배한다. 모든 기업의 2퍼센트 이하만 대기업이고, 타이완인 8명 중 1명은 이런저런 종류의 사장이다.[35] 1990년대에 85퍼센트 이상의 기업이 소수의 종업원을 고용하면서도 타이완 노동력의 80퍼센트를 사용했다.[36] 모든 제조업체의 거의 절반이 100명 이하의 종업원을 고용했고, 24퍼센트 이하가 500명 이하를 고용했다.[37] 이런 상황에서 타이완의 자동차산업이 한국처럼 결코 도약하지 못한 것이 놀라운 일인가? 1970년대에 두 나라는 모두 1만 5,000대 미만의 자동차를 생산했다. 1988년에 한국은 100만 대 이상의 차를 판매한 반면, 타이완은 그 4분의 1 정도만 판매했다.[38] 한국과 타이완에서 모두, 미국이 원조를 철회하겠다는 위협은 수출 주도 발전에 정권이 순응하는 결과를 가져왔다.[39] 타이완에서는 국민당 정책에 순응하는 시민단체들이 질서 유지를 도왔던 반면, 한국에서는 질서를 유지하기 위해 힘을 사용했고 거대 재벌(거대한 가족 소유 기업들)이 자리잡아 경제를 운영했다.

미국의 강력한 지원으로 1970년대까지 제조업이 우후죽순처럼 자라나고 생산은 치솟았다. 높은 실질임금, 강력한 저축 계좌, 대체로 평등한 부의 분배는 정권의 안정성을 보장했다. 타이완 전역에서 작은 공장들이 생겨났고, 수많은 주부가 거실을 도급제 작업장으로 바꾸었다. 국제적 역학이 개입하면서 사람들이 움직이기 시작했다. 소수의 반체제 투쟁은 극히 은밀하게 일어났다. 1970년 4월 뉴욕에서 피터 황은 장징궈 총통을 암살하려고 시도했지만, 그의 총알은 빗나갔다. 도지사 셰둥민은 편지폭탄이 터져 손을 잃었고, 다른 사보타주 행동이 독립 옹호자들의 소행으로 의심받았다. 대부분의 사람이 미래의 번영을 위한 노력에 집중할 때, 타이완은 다시 한 번 국제적 사건들로 뒤흔들렸다. 1971년 미국이 일본에 댜오위타이 군도(센카쿠 제도)에 대한 통제권을 이양했고, 일본은 즉각적으로 수세기 된 어장에서 타이완인들을 추방했다. 1971년 10월 본토 '도적' 정권에 중국의 유엔 의석이 주어지자, 국민당 지배는 다시 한 번 위기를 겪었다. 고립되고 분노한 국민당 정부는 항의 시위를 선동했지만, 일단 사람들이 거리로 나서자 타이완 내부 개혁에 대한 요구들이 제기되었고 운동은 신속하게 진압됐다.

국민당 경찰은 젊은이들에 대해 엄격한 감독을 계속했다. 1972년 2월 5일 장발 남성 450명 이상, 나팔바지를 입은 남성 67명, 미니스커트를 입은 여성 13명이 검거됐다. 대학생이 아닌 청년들도 심한 감시를 당했고, 대학생들은 심지어 자신들의 학생회마저 선택할 수 없었다. 정부의 검열 영역 외부에서 활력에 찬 문학운동이 꽃피었고, 타이완 최초의 현대무용단(윈문무집雲門舞集)이 1973년에 출범했다. 1970년대는 1960년대의 '문화적 사막'에서 등장한 젊은이들에게 희망과 꿈의 시대로 바뀌었다. 미국 음악이 인기를 얻었고, 〈우리 승리하리라〉 등 유명한 노래가 공개적으로 불렸다. 한 노래 경연대회에서 어떤 참가자가 사람들에게 레코드의 노래가 아니라 자신의 노래를 작곡해서 부르자고 제안했다. 그가 자작곡을 노래하자 많은 사람이 고개를 끄덕였고, 포크송 작곡 열풍이 곧 캠퍼스를 휩쓸었다.

1970년대 내내 수많은 잡지가 반정부 정서를 응집했고, 수십 명의 활동가가 공개적으로 글을 쓰거나 연설을 했다는 사소한 혐의로 장기 징역형을 선고받았다. 《지식인知識分子》을 편집한 한 집단은 학생들과 젊은이들에게 공공연하게 발언하라고 선동했다. 1971년 이 잡지는 "인구의 3분의 2를 이루는 43세 이하의 사람들은 결코 중앙 수준에서 자신의 대표를 선출할 기회를 갖지 못했다"는 사실을 규탄하는 선언문을 실었다. 의회 선거에 관한 논쟁이 촉발됐는데, 국립 타이완 대학 대강당을 꽉 채운 모임도 그중 하나였다.⁴⁰ 정부는 타이완 대학 철학과를 표적으로 삼아 14명의 교수를 해고했다. 정부의 '포위 작전圍剿'은 곧 잡지를 무력화했다. 곧이어 지식인 집단은 해체됐고, 100여 명이 넘는 협력자들이 다양한 경향으로 분열해 하위 담론이 확산됐다.

1970년대에 10대 인프라 프로젝트가 완성됐다. 타이완이 산업화되면서 여성들의 노동 참여는 1969년부터 20년 동안 33.1퍼센트에서 43.5퍼센트로 급증했다.⁴¹ 수출 주도 발전의 첫 번째 국면에서 낮은 임금 때문에 주로 경공업에서 중요한 역할을 담당했던 여성들은 남성 임금의 62퍼센트를 벌었고, 수천 명의 젊은 여성이 일하는 가오슝 수출공단 같은 곳은 임금이 더욱 낮았다. 여성 노동자들이 동일 임금을 요구하는 목소리를 내기 시작한 사이, 미국에서 대학교육을 받은 여성들은 페미니즘의 초기 단체를 형성했다. 미국 페미니즘의 영향을 받았던 아넷 루(뤼슈렌呂秀蓮)를 포함한 여성들의 단체가 여성 센터·찻집을 열고 수십 권의 책을 출판하고 공개 행사를 주최했지만, 1973년 국민당은 센터를 강제 폐쇄했다.⁴² 명백하게, 작은 마을까지 조직망을 갖춘 국민당 여성부가 강조한 꽃꽂이반과 전통적 모성 역할의 추구는 적절한 것으로 여겨졌던 반면, 자율적 담론은 그렇지 않았다. 심지어 주류 여성들 사이에서도 아넷 루의 거침없는 페미니즘이 항상 인기가 있었던 것은 아니다. 비밀경찰의 감시 아래서, 페미니스트들은 1976년 국제 여성의 날에 TV 요리 경연을 조직하는 것 같은 전술에 의존했다. '사랑, 섹스 그리고 결혼'에 관한 공개 행사는 많은 도시에서 수만 명 이상을 끌어모았다.[43] 여성들은 시위에서 눈에 띄는 역할을 했고, 때때로 꽃을 들고 선두 대오에 섰다. 거리의 경찰들이 그들을 공격하는 것을 자제한 반면, 국민당 당국은 아넷 루에게 압박을 가했고 그녀가 1979년 12월 가오슝의 야당 집회에서 연설한 이후 12년형을 선고했다.

1975년 8월, 《대만정치학간臺灣政治學刊》이 창간되어 지속적으로 유사 레닌주의적 국민당의 "관료주의 체제를 비판"했다. 1975년 11월 제5호에서는 "타이완의 인민들이 '자기 집의 주인'이 되고자 한다면 두 가지 가능한 길이 있을 뿐이다. 인민의 무장봉기로 국민당 독재를 타도하거나 단결하여 모국과 조기 통일을 이루기 위해 투쟁하는 것밖에 없다"고 주장했다. 정부는 재빨리 잡지를 폐간했지만, 다른 잡지들이 계속 민주적 추동력을 다시 생산했다. 《중국의 조류夏潮》지는 미국의 제국적 역할, 즉 남한과 칠레에서 독재를 지원하고 전쟁을 일으킨 일뿐만 아니라, 미국 다국적기업들의 역할을 비판적으로 검토함으로써 기반을 다질 수 있었다. 정부가 이 출판물을 탄압하고 폐간하자, 잡지 편집자들이 사회운동가로 변신했다. 1977년 타이완의 경제·문화적 식민화를 다룬 사실주의 소설이 출판된 이후에 '본토문학本土文學' 논쟁이 벌어졌다.[44] 리위안전 같은 페미니스트들이 참여하여 원주민 기층 집단과 노동계급 사람들의 경험을 입증하는 데 기여했다. 리위안전은 또한 10대 성노동자들을 교육했는데, 그들 대부분은 가난한 부모가 팔아넘긴 원주민 소녀였다.

수년간 야당 후보는 지방선거에서 무소속으로 출마했다. 1977년 11월 19일 사람들은 국민당이 중리中壢의 지방선거 결과를 조작했다고 의심했고, 이미 1975년 특별선거로 악명 높은 부정선거는 수천 명의 격렬한 반응을 불러일으켰다. 사람들은 경찰서를 공격하고 폭동 진압 차량을 전복시켜 불태웠다.[45] 경찰은 총을 쏴 대학생 1명을 죽였다. 전국에서 투표가 집계되자, 무소속 후보로 출마한 비국민당 후보들이 5곳에서 시장직을 차지하고 30퍼센트 이상의 득표로 타이완지방의회臺灣省議會의 77석 가운데 21석을 차지했다. 더욱이, 중리 사건 이후 대중 시위가 확산되고 야당 후보들이 계속 선거에서 승리했다.

1978년 국민당은 표면상 미국과 공산주의 본토 간의 관계 정상화가 가져온 위기를 이유로 선거를 취소했다. 선거 취소에 대응하여 '탕웨이'(黨外, 문자 그대로 당 외부)라고 불리는 활동가들이 1978년 12월 25일 앰배서더 호텔國賓大飯店에서 전국협의회를 조직했다. 국민당은 호텔 주인에게 압력을 가해 계약을 취소하도록 강요했지만, 대부분 비국민당 후보였던 탕웨이 활동가들은 개인 사무실에서 회의를 열고 예정대로 선거를 개최하라고 주장했다. 다시 한 번, 국제 문제가 개입했다. 1979년 1월 1일, 미국은 타이완과 외교관계를 단절하고 그해 말까지 상호방위조약을 무효화하겠다고 발표했다. 분노한 시위가 거리에서 터졌다. 같은 오후 수천 명이 미국 대사관 앞에 모여서, 일부는 땅콩(지미 카터 대통령 농장의 주 작물)을 짓밟으며 미국의 배신에 대한 분노로 절규했다.

야당 활동가들은 계속 선거를 요구했고, 이에 대응해 1979년 1월 21일 정부는 78세인 위덩파를 구속함으로써 수십 년 만에 매우 드문 조직적 시위를 촉발했다. 1월 27일 미 국무장관 워런 크리스토퍼가 이끄는 미국 대표단을 태운 차량이 공항 근처에서 포위됐다. 돌과 달걀이 날아들어 차창을 부수고 크리스토퍼와 미국 대사가 부상당했다고 보도됐다. 이런 분위기에서 시위가 증가하는 듯 보였고, 대중의 참여는 여러 가지 형태를 취했다. 이 시기에는 애국적 감정이 아주 고조되어, 정부가 국민들에게 돈을 기부하라고 요청하자 10일 만에 F-5 전투기 18대를 사기에 충분한 돈이 모였다. '타이베이의 봄'으로 알려지게 되는 다음 몇 달간은 침묵과 공포의 오랜 겨울에서 벗어난 흥분된 단절이었다. 5월에 탕웨이 본부가 들어서고 공개적인 반정부운동이 여름에 정점에 도달했다. 8월 《포르모자福爾摩沙》가 창간되어 누구든 처음으로 전체 반정부 진영을 대변하려고 시도했다.

저류의 동요를 결정화한《포르모자》는 10만 부로 추정되는 발행 부수와 11개 도시의 지부와 타이베이의 찻집을 갖추면서 절정에 올랐다.[46] 잡지는 수많은 집회, 세미나와 공개 행사를 조직하여 새로운 정당 창출을 지향했다. 1979년 12월 10일, 활동가들은 인권의 날을 기념하기 위해 타이완 제2의 도시 가오슝을 선택했다. 경찰이 집회를 막으려고 했지만, 주최자들은 밀어붙였다. 집회 전날 밤, 경찰은 전단을 나눠주던 주최자 2명을 심하게 구타했다. 집회 당일 전투경찰이 배치된 가운데, 수백 명이 오후 6시《포르모자》지부 사무실 밖에 모였다. 정부군이 둘러싸자, 그들은 여러 노래들 중에서 〈우리 승리하리라〉를 불렀다(푸젠 방언으로).[47] 경찰은 잡지사 사무실로 들어가 불법 집회를 중단하라고 요구했다. 주최자들은 전날 밤 전단지를 나눠주던 사람들을 구타한 경찰이 사과하고 지휘관이 사임하면 동의하겠다고 대답했다.《포르모자》지도자들이 경찰과 협상하는 동안, 군중은 두 블록 떨어진 원형 교차로로 이동했다. 그들은 집회에 참여하길 원하는 사람들이 방해받지 않고 경찰 저지선을 통과하도록 허락해달라고 요구했다. 그들이 대화를 하는 동안, 누군가가 원형 교차로에서 최루가스 사용을 명령했다. 시위대는 가스를 피해 달렸지만, 경찰은 출구를 봉쇄했다. 군중은 남쪽을 통해 떠나려고 움직였고《포르모자》사무실에 다시 모였다. 경찰이 다시 공격했고, 이번에는 최루가스와 무력을 사용하여 그날 저녘 발생한 대부분의 부상을 야기했다. 사람들은 근처 공사장의 자재로 무장한 뒤 반격하여 많은 경찰이 다쳤다. 성급하게 만든 몇 개의 화염병은 별 효과가 없었다. 정부는 183명의 비무장 경찰관이 부상당했다고 주장하며 시위대는 1명도 다치지 않았다고 우겼다. 이후의 보고에서는 50명의 시민이 경찰에게 부상을 당했다고 했다. 군중의 규모 역시 논란거리다. 미국 대사관 내부 인사는 수를 15만 명으로 보지만, 우자오셰嗚釗燮는 가오슝 사건 당시 겨우 100명만 참석했다고 주장한다.[48] 목격자인 마이클 린은 규모가 "아마도 2,000에서 3,000명쯤이지만, 확실히 1만 명은 넘지 않았다"[49]고 추산했다.

군중의 규모가 얼마이든 12월 10일의 폭력 사태는 분수령이었고, 정권이 그냥 넘어갈 수 없는 사건이었다. 다음날 밤, 정부는 《포르모자》 직원 대부분과 함께 야당 인사 14명을 체포했고, 며칠 안에 최소 152명을 검거했다. 폭동교사 혐의로 군사법정에 세울 피고 8명을 가리고, 재판에서 그들을 공산화 전복 및 정부 관리들에 대한 테러공격 혐의로 엮었다. 이 와중인 2월 28일(악명 높은 1947년 학살 기념일), 피고 린이슝의 어머니와 일곱 살짜리 쌍둥이 딸이 집에서 칼을 휘두르는 괴한에게 살해됐다. 그 집을 24시간 감시했으면서도 경찰은 살인자에 대해 아무것도 모른다고 주장했다. 4월 18일, 모든 피고에게 유죄가 선고됐고 장기형에 처해졌다. 민법하에서 기소된 32명의 피고 역시 징역형을 받았다.

풀뿌리 시위와 계엄령 종료

가오슝 사건으로 운동은 분명하게 중요한 이정표를 통과했다. 이후에 조직가들은 훨씬 자신감을 가졌고, 항의 시위는 농성, 집회, 기자회견 등과 같이 고도로 조직된 행사가 됐다. 한 목격자의 다소 과장된 평가이긴 하지만 "심지어 타이완 활동가들조차 그 당시 반제국주의적 이해 없이도(절대다수가) 정치적 문제를 이란과 니카라과처럼 무장 혁명의 문제로 봤다".[50] 비록 반정부 세력이 온건파와 급진파로 나뉘었어도, 타이완 운동은 그 성격상 아주 온순한 상태였고 결코 다른 많은 나라처럼 전투적으로 변하지 않았다. 문학, 음악, 춤은 가두투쟁보다 더 중요한 저항 영역이었고, 어떤 잘 조직된 무장투쟁도 전개되지 않았다. 작가들은 새로운 표현 형식을 고안하고 푸젠어, 일본어, 영어를 이야기 속에 수용함으로써 타이완의 정체성을 계속 발전시켰다.

정권의 탄압이 야당 대열을 급격히 위축시키자, 광범한 항의와 국제적 비난이 일었다. 1981년 7월 카네기멜런 대학의 교수인 천원청이 가족과 함께 타이완을 방문해 머물고 있었다. 국민당 간부들은 그의 출국비자를 거부했고, 경비총사령부 장교들은 그를 심문하기 위해 데려갔다. 다음날 그의 시신이 발견됐다. 그를 해치지 않고 석방했다는 군대의 주장을 믿는 사람은 거의 없었다. 이후의 격렬한 항의 속에서 미국 하원 의원 스티브 솔라즈는 천원청의 죽음에 대한 청문회를 요구했다. 수사 결과 미국 캠퍼스 내에서 타이완 학생 첩자들의 광범한 네트워크가 드러났다. 그럼에도 정권은 그저 천원청의 죽음에 대해 어떤 연관도 부정했고, 미국 대학에 첩자가 없다고 주장했다.

백색테러는 계속 희생자를 냈다. 1984년 10월 15일, 장제스에 대해 비판적인 전기(타이완에서 금지된)를 쓴 헨리 류라는 미국 시민이 캘리포니아의 집에서 총에 맞아 사망했다. 이후에 미국 FBI는 타이완 첩보부 요원과 폭력조직 죽련방의 두목 천치리가 헨리 류의 살인에 연루된 증거를 찾아냈다.[51] 다시 한 번 정권을 비난하는 국제 여론이 들끓었고, 이번에는 진지한 반응이 있었다. 장징궈 총통은 비밀경찰 개혁에 착수했고, 그의 가족 중 아무도 미래의 선거에 참여하지 않겠다고 약속했다. 총통의 개혁 약속에도 불구하고, 관료주의는 다루기 힘든 것으로 드러났다. 1985년 11월, 미래의 총통이자 당시 야당 정치 지도자였던 천수이볜의 부인이 자동차에 세 번이나 치였는데, 국민당이 고용한 깡패들이 자행한 이 공격으로 그녀는 평생 휠체어를 타야 했다.

모든 상황, 특히 학생회에 대한 정부의 통제에 진절머리가 난 학생들은 캠퍼스 그룹을 결성해 국립 타이완 대학에서 학생회 대표의 직접 선출을 요구했다. 당국이 이 요구를 묵살하자, 많은 학생이 캠퍼스 밖으로 나가 지하 신문과 잡지 출판을 도왔다. 1982년 한 집단이 《각성Awakening, 婦女新知》을 발행하기 시작했다. 《각성》은 그 당시 타이완에서 유일한 페미니즘 잡지가 되었을 뿐 아니라, 매년 3월 8일에 행사를 조직하고 낙태를 비범죄화하는 여성단체들의 연합을 결성하는 데 기여했다. 1984년 정부가 캠퍼스 신문을 검열한 이후, 편집자들은 백지 신문, '하얀 종이白皮書'를 배포했다. 분산된 시위는 진압됐지만 운동은 많은 대학으로 확산되어 활동가들이 일련의 잡지를 냈는데, 그중에서 가장 유명한 것이 《자유에 대한 사랑The Love of Freedom》이었다. 캠퍼스 밖에서 다른 활동가들이 1984년에 타이완인권회를 결성했고, 이는 당국에 대한 분명한 도전이었다. 왜냐하면 관제 우익 '인권'단체들은 전적으로 본토 문제에 집중했기 때문이다.

자기 아버지처럼, 장징궈의 지배도 전제적이었고 반대 의견을 용인하지 않았다. 1975년 장제스 총통이 사망하자, 장징궈는 1988년 사망할 때까지 13년 동안 타이완을 통치했다. 아버지와는 달리 그는 당직에 타이완 출신을 등용했고, 1984년 부총통에 출마한 국민당의 타이완인 당원 리덩후이와 함께 재선출됐다. 헌법에 따라 보통선거가 아니라 국회의 투표로 총통을 선출했다.

30년 동안 타이완은 농업사회에서 현대적 산업사회로 전환됐다. 제2차 세계대전 말에는 타이완인의 다수가 농촌에 사는 농민들이었지만, 1986년에는 17퍼센트만이 농업에 종사했고 농업 부문의 비중은 아래에서 보는 것처럼 훨씬 낮아졌다. 같은 시기에 수출은 1952년

[표 6.1] 국내총생산의 분포(퍼센트)

연도	농업	공업	서비스
1951	32.5	23.6	43.7
1987	5.3	52.0	42.7
1993	3.5	40.6	55.9

출처: Taiwan government statistics in Wu, *Taiwan's Democratization*, 48.

GNP의 10퍼센트에서 1987년 GNP의 절반 이상으로 증가했다.

30년간의 급속한 경제팽창 이후에, 한 추산에 따르면 타이완의 중산층 인구는 57퍼센트였다(소득 측면에서 40퍼센트였고, 주관적 자기확인으로 70퍼센트에 달했다).[52] 1980년대에 정권은 꾸준히 시장자유화 정책을 채택했다. 비록 타이완의 처음 30년간 평등의 부분적 침해가 있긴 했지만, 지니계수는 낮았고 타이완은 세계에서 손꼽히는 평등한 나라였다.[53]

같은 시기에 국제조직인 언론인보호위원회는 1985년에서 1986년까지 타이완에서 구속된 언론인이 어떤 다른 비공산권 나라보다 더 많았다고 추산했다.[54] 국민당이 TV와 라디오를 통제했기 때문에, 자주적 정기간행물이 반정부 인사들이 메시지를 전하는 유일한 수단이었다. 인구의 약 85퍼센트인 기층 타이완인들이 대항 공론을 창출하려고 애써서, 모든 계층의 사람이 영향을 받았다. 아래에서 활동가들은 백색테러에 더욱 과감하게 도전했다. 원주민 단체들의 연합은 중국이 타이완을 점령할 때 중국인들에게 힘을 주었다는 한족의 신 무봉(霧峰)의 동상을 파괴했다. 새로운 대항 담론에서, 원주민들은 자신들을 가리키는 말로 전통적인 중국어 산바오(山胞, 산사람) 대신에 위안주민(原住民, 원주민)이란 용어를 사용하자고 주장했다.[55] 심지어 하카인(客家人, 국민당이 도착하기 오래전에 타이완으로 이주한 중국인들) 사이에서도 변화의 시대정신에 따라 활동이 고조되었다.

1980년대 초 탕웨이 정치 활동가들에게 영감을 받은 노동자들은

[표 6.2] 1965~1986년 타이완의 노사분규

연도	1965	1975	1980	1984	1985	1986
건수	15	485	700	1,154	1,622	1,458

출처: Hsu Cheng-Kuang, "Political Change and the Labor Movement in Taiwan, 1989 American Sociological Association paper, Walden Bello and Stephanie Rosenfeld, *Dragons in Distress: Asia's Miracle Economies in Crisis* (San Francisco: Food First Books, 1990), 224에서 인용.

주로 '자주노조운동'으로 알려진 투쟁에서 국민당에게서 노동조합에 대한 통제권을 찾아오는 데 전력을 기울였다.[56] 1982년에서 1986년까지 대다수, 즉 90퍼센트의 노동쟁의는 회사 측이 기존 노동법을 준수하기를 거부해서 촉발됐다.[57] 1980년대 대다수의 노동자투쟁은 노동자들 자신이 직접, 즉 황색조합의 '도움' 없이 조직했다. 208건의 투쟁 가운데 노조가 지도한 것은 겨우 13건인 반면, 블루·화이트 칼라 노동자들이 167건을 주도했다.[58] 표 6.2는 시민사회가 점차 요동치고 있음을 보여준다.

"시민사회의 전반적인 반란의 시대정신"속에 소비자운동이 형성되고, 생태주의 단체가 결성되고, 1982년 여성들이 투쟁에 나서고, 1983년부터 원주민 인권운동이 일어났다.[59] 풀뿌리 봉기의 핵심적 차원은 타이완의 아름다움이 퇴화하는 데 따른 반응이었다. 1986년 3월부터 환경운동가들은 미국 듀폰사에 반대하여 루강에서 수개월에 걸친 시위를 시작했다. 루강항쟁으로 알려진 이 투쟁에서 지역 엘리트들은 풀뿌리와 단결하여 새 공장 건설을 취소하도록 압력을 행사했다.[60] 투쟁은 또한 산황농약사와 리창용화공사에도 집중됐다. 1986년 10월, 최초의 반핵 투쟁이 타이완전력 본사에서 벌어졌다. 1979년에서 1984년까지 6년간 겨우 57편의 반핵 기사가 주류 타이완 잡지에 실렸지만, 1985년에만 61편, 1986년에는 79편이 실렸다.[61]

1987년 계엄령이 해제되기 오래전에 민주화를 향한 압력은 아래에서부터 증가했다. 주원한이 말하듯이 "1979년 이래 재야는 법적 금지를 시행하겠다고 결의한 정부의 엄중한 경고에도 불구하고 유사 정당을 결성하는 방향으로 조심스럽게 움직였다. …… 1984년에 시작된 탕웨이는 전에는 결코 용인되지 않았던 방식으로 민주적 변화를 점차 추진해나갔다. 그들은 대중 집회를 조직하고, 가두시위를 벌이고, 국민당 정권에 대한 정치적 지지를 잠식하기 위해 다른 종류의 대결 전략을 이용했다".[62] 1983년 겨우 175건이던 시위 횟수는 1986년에 1,172건으로 대폭 늘어났다.[63]

생태주의 시위가 승리를 거두자, 다른 활동가들은 계엄령을 직접 겨냥했다. 1986년 5월 19일 녹색행동에 고무되어, 6개월 이상 이어진 가두투쟁은 계엄령 종식을 요구했다. 사회의 많은 부분이 급진화할까 두려워한 장징궈는 다음해 계엄령을 해제하겠다고 선언했다. 만약 방출 밸브가 열리지 않았다면 얼마나 큰 폭발이 일어났을지 아무도 모른다.

마르코스의 타도 이후, 장징궈는 벽에 손으로 쓴 낙서를 보았다. 미국협회美國在臺協會 회장 제임스 릴리의 압력으로 그는 야당의 요구에 동의하는 것이 타이완을 지키는 최상의 방법이라고 확신하게 됐다. 그는 즉각 시위에 대한 제한을 완화하려고 애썼다. 야당의 탕웨이공공정책연구협회(TRAPP)는 내무부 관리들에게 해체하라는 경고를 받았지만, 장징궈는 경찰에 그 단체와 협상하라고 지시했다. 그러나 일종의 합의를 추구한 두 차례 모임 끝에, 5명의 야당 정치인이 구금되어 지방선거에 참여하지 못했다. 타이완 전역에서 수천 명이 거리로 나섰고, 연사들은 반복해서 '민중권력'과 필리핀에서 축출된 마르코스를 거론했다.[64] 1986년 5월 19일, 1,500명 이상의 전투경찰이 야당의 12시간 집회를 막는 데 실패했다.

분명히 '민중권력'은 중요한 힘이었다. 우지에민이라는 활동가는 내게 "우리는 필리핀의 피플파워에서 영감을 받았습니다"[65]라고 말했

1986년 타이완의 계엄령에 반대한 시위로 정부는 수십 년간의 국가비상사태를 해제하겠다고 약속했다. (사진 Sung Lung-Chyuan)
출처: *Witness: Taiwanese People's Power 1986.5.19-1989.5.19* (Taipei, 2004), 14.

다. 또 다른 목격자는 "1986년 민주주의의 등장으로 인근의 전제 정권들이 전복되자 타이완에서도 파급효과가 느껴졌을 것이다"[66]라고 언급했다. 국경을 넘어 운동을 서로 자극하는 이런 연계는 지속적으로 활동가 단체들의 가장 생산적 결과물 중 하나로 입증된다. 타이완인 목사 C. S. 송은 타이완의 운동을 자극하는 데 도움을 준 것 외에도, 한국에서 민중신학을 전파하는 데 중요한 역할을 했다.[67] 일화에 따르면 타이완인들은 거리에서 한국의 민주화운동 노래를 불렀다.[68] 상호적이고 동시적인 시위들은 운동을 더욱더 커다란 강도로 추동했고, 활동가들은 몇 달 전만 해도 불가능하다고 생각되던 조치들을 취했다. 반정부 활동가들은 정부가 새로운 당을 인가하기를 기다리지 않고 1986년 9월 28일에 민주진보당民主進步黨(민진당)을 건설했다. 약 130명의 탕웨

6장 타이완

이들은 비록 불법일지라도 회의 바로 마지막에 공식적으로 민진당을 조직하는 제안에 동의했다.⁶⁹ 일당국가에서 불법적으로 새 정당을 결성함으로써, 반정부 세력은 마침내 정권의 정치적 독점에 균열을 내고 정권을 방어적으로 만들어 완전히 새로운 역학이 시작됐다.

1986년 11월 30일 베니그노 아키노와 김대중의 망명 후 귀국과 비슷하게, 가오슝 사건 이후 미국에서 살던 야당 지도자 쉬신량의 지지자 1만여 명이 그의 귀환할 권리를 지지하여 타이베이 국제공항 주위의 거리로 밀려왔다. 경찰과 9시간 동안 대치한 정점에, 경찰 차량 26대가 전복되고 양측의 많은 사람이 부상당했다.⁷⁰ 비행기 좌석을 거부당한 쉬신량은 12월 2일에 다시 한 번 귀국을 시도했다. 또다시 공항에서 대치 사태가 발생했지만, 그의 귀국 허가를 얻어내진 못했다. 4일 후에 열린 선거에서 야당은 33퍼센트를 득표했다.

1987년 1월《각성》과 장로교회의 무지개프로젝트인 NGO들의 광범위한 연합 臺灣彩虹原住民關懷協會이 수많은 10대 성판매 여성들이 매매되는 국민당 소유의 악명 높은 타이베이 지구인 화시제 야시장華西街夜市을 통과해 행진했다. 10대 성판매에 대한 이 최초의 시위는 어린 소녀들을 도우려는 전국적 운동의 핵심이 됐다. 학생들은 궐기에서 중심 역할을 했다. 대학개혁 청원 서명의 형태로 지지자를 동원하여 약 2,000명이 서명했고, 더 작은 무리의 학생들이 1987년 3월 입법원으로 행진했다. 그들의 후보가 학생회 의장으로 선출됐고, 그는 후임의 직접선거를 제도화할 수 있었다.⁷¹ 1987년 5월 19일 수천 명이 이틀 동안 룽산사를 점거했다. 경찰이 그들을 포위하자, 지지자들이 경찰 저지선 외부에 모여서 계엄령 해지를 요구하던 활동가들에게 빵과 만두를 던졌다.⁷² 비록 국민당이 계엄령을 종식한 당사자라고 주장하지만, 명백히 아래에서부터 행사된 압력이 핵심적이었다.

민주화의 고양

1987년 7월 7일 입법원은 표결로 38년 계엄령을 종식하기로 결정했고, 1987년 7월 15일 백색테러는 공식적으로 끝났다. 시민사회와 사회적 봉기의 공생관계 속에서, 세계 최장 독재의 종식을 자극한 야당 그룹들의 승리감은 그동안 타이완이 경험했던 것과 다른 풀뿌리운동의 거대한 물결에 수문을 열었다. 계엄령이 해제된 지 몇 달도 안 되어 노동자, 농민, 제대군인, 정치적 희생자들의 시위 수백 건이 터져나왔다. 정부 자료에 따르면 1987년 7월 15일 계엄령이 해제되고 1988년 3월 31일까지 1일 평균 5건, 총 1,408건의 시위가 발생했다.[73] 1981년에서 1988년까지 노동쟁의의 숫자가 1,305건이었던 반면, 민주적 권리의 회복을 따르는 '고조'로서 1989년 상반기에만 1,009건이 발생했다.[74] 그 당시에는 아무도 몰랐지만, 시민사회가 타이완을 변혁하는 데 기여한 귀중한 자원임이 입증됐다. 1970년대에 변화의 시대정신은 문화적 에너지로서 표출됐고, 1980년대에는 사회운동으로서, 그리고 1990년대에는 입헌적, 정치적 변혁으로서 표출됐으며, 이는 모두 2000년 야당의 대통령직 획득으로 귀결됐다.[75] 판윈은 시민사회의 중요성을 이렇게 표현했다. "적극적이고 강력한 시민사회가 없었다면, 타이완에서 민주주의가 등장해 뿌리내리지 못했을 것이다."[76]

백색테러는 끝났을지 몰라도, 타이완은 아직 민주주의 국가가 아니었다. 심지어 대통령 및 의원의 보통선거라는 최저 기준에서도 그랬다. 타이완은 1947년 이래 선거를 치르지 않은 국회가 여전히 지배했고, 대통령 직선제는 허용되지 않은 채 노쇠한 입법원에 넘겨졌다. 집권 국민당은 무자비하게 권력에 매달렸고, 수많은 번영하는 사업체와 함께 타이완의 풍부한 천연자원을 통제했다. 1987년에 계엄령이 무효화되자, 장징궈는 새로운 국가안전법을 제정했다. 인민들은 "계엄령의

100퍼센트 폐지"를 요구하는 캠페인으로 새로운 법률에 맞서 즉각 일어섰다. 오랜 기간에 걸친 정치적 변화가 필요했지만, 아무도 누가 그것을 이끌지 알지 못하는 것 같았다. 다시 한 번, 거리의 반란이 정치 변화를 한 걸음씩 성취할 추동력을 제공했다.

1986년에서 1992년 중반까지, 타이완은 진정한 정치적 르네상스를 경험했다. 정당의 숫자는 3개에서 69개로 우후죽순처럼 늘어났다. 잡지가 3,354개에서 4,356개로 늘어나는 동안 신문의 수는 31개에서 246개로 거의 800퍼센트 증가했다.[77] 한국, 네팔, 필리핀, 방글라데시처럼, 반란이 심한 탄압 없이 투쟁할 공간을 쟁취하자 노동자들이 동원됐다. 타이완에서 17가지 유형의 사회운동이 민주화와 함께 등장했고, 여기에는 장애인, 반핵, 교사의 권리, 원주민 권리 등의 운동도 포함된다.[78] 1987년 10월 26일 타이완 원주민운동(원래 1984년 12월 29일에 설립된)이 제2차 협의회에서 발표한 타이완 원주민 선언은 토지를 원주민 집단에 반환해 자율적으로 관리하게 해야 한다고 주장했다.

1981년에 겨우 10건의 환경 관련 시위가 타이완 신문에 보도됐지만, 1991년에는 최소한 278건이 기록됐으며 이는 지난 12년간의 수치를 합한 것보다 많았다.[79] 딱 3년(1988~1990년) 동안, 기업들은 환경 소송의 결과로 5억 달러(120억 NT달러)를 지불했다.[80] 독일녹색당(1980년대 초반 광범하게 논의된)의 예처럼, 현대적 생태운동과 타이완 지역 관습의 혼합은 1987년 8월에 매우 흥미로운 지점에 도달했다. 허우진後勁 주민들은 예불 도중에 어떤 징조를 통해 근처 국영 중화석유中華石油의 나프타 추출 공장에 반대하는 위원회를 구성하라는 명령을 받았다. 그들은 신을 시위 대열로 모시고 갔고, 공장을 폐쇄할 수는 없었지만 상당한 보상을 받았다. 1988년 린위안林園의 중화석유공사 정유소가 수천 갤런의 하수를 방출하여 주변 농지를 심하게 오염시키자, 사람들은 공장을 포위해서 폐쇄시켰다. 결국 정부는 보상금으로 12억 7,000만 NT달러를 지불했다. 1988년 3월, 어민들은 지역에 기반을 둔 옌랴오반핵자구연맹鹽寮反核自救聯盟을 설립했다. 13년 동안, 이 단체는 근처의 핵발전소와 싸웠다. 1988년 9월 6일 수질오염으로 인한 조개 폐사 때문에 가오슝 어민들이 타이베이로 와서 항의했다.

타이완의 역동적 경제는 더 이상 국민당 독재의 낡아빠진 권위주의적 구조 내에 가둬둘 수 없었다. 기업인들은 전 지구적 역학에 기초하여 결정을 내리고, 학생들은 사상의 공개적 표현에 기초하여 다양화된 관심과 집단 기술을 요하는 새로운 산업에 참여하고, 노동자들은 지적인 의사 결정에 기초하여 생산에 참여할 필요가 있었기 때문에 낡은 국가 주도 체제는 개혁이 필요해졌고, 그러지 않는다면 혁명적 변혁의 위험을 무릅써야 했다. 한국의 '개발국가'의 사망과 필리핀의 '측근 자본주의'의 종말처럼, 타이완의 체제도 전 지구적 자본에 막 흡수될 참이었고, 자본은 새롭고 더 유연한 구조를 정착시킬 것을 요구했다.

자유화가 이뤄진 다른 나라들에 그랬던 것처럼 미국은 타이완에 과일, 닭과 칠면조 고기에 대해 관세를 철폐하라고 요구했는데, 미국의 무역 적자 문제를 완화할 의도였다. 미국 노총(AFL-CIO)의 압력 아래 노동조건이 향상됐다(그리하여 국제시장에서 타이완 제품이 더 비싸졌다). 타이완이 신자유주의 시대로 돌진하면서 주식시장은 호황을 맞았다. 시가총액은 GDP의 2배에 도달했고, 일일 거래량은 도쿄와 뉴욕을 제외하고 세계의 모든 증권거래소를 능가했다. 타이완의 경제 발전은 섬유와 신발 제조 같은 노동집약적 부문이 쇠퇴해 외국으로 이전하는 단계에 도달했다. 신자유주의의 시작은 노동자와 농민의 더 많은 항의 시위를 촉발했다.

1987년 11월, 가족들의 본토 방문이 40년간의 분단 이후에 처음으로 허용됐다. 신문들이 과거에 제한되던 기사를 인쇄할 수 있었기 때문에 의회 선거에 대한 공개적 요구들이 대폭 늘었다. 1988년 1월 13

일 장징궈 총통이 사망한 뒤로 정당, 집회, 언론 자유에 대한 금지가 급속하게 허용됐다. 1987년 12월, 민주진보당은 의회 선거에 대한 요구를 극적으로 부각하기 위해 타이베이의 중화루中華路에서 교통을 봉쇄했다. 다음해 봄인 1988년 3월 29일 다후춘大湖村에서 민진당은 오랫동안 국회의원을 지내온 사람들의 집 근처에서 새로 시위를 조직했다. 1988년 2월, 타오위안에서 5일간 벌어진 버스 파업은 새로운 노동 전투성의 신호였다. 1988년 5월 1일에 전국자주총공회全國自主總工會가 10개 자주적 노동조합을 한데 모았고, 같은 날 1,400명의 철도 노동자가 파업에 들어갔다. 불만에 대해 정부에서 몇 달간 아무런 반응이 없자, 철도 노동자들은 일일 파업에 들어갔다. 정부는 즉각 노동조건 개선과 임금 인상으로 반응했다. 7월 석유 노동자들이 파업에 들어갔고, 8월에는 먀오리苗栗에서 철도 노동자들이 파업에 들어갔다. 신광新光의 섬유공장이 폐쇄되자 직업을 구하기 위한 대대적 운동이 등장했고, 사람들은 공장 폐쇄의 원인인 신자유주의를 비난했다.

아마도 신자유주의에 대한 모든 반란 세력 중에서 가장 전투적인 세력은 농민일 것이다. 1987년 12월 8일, 최소한 3,000명의 농민이 수입 과일로 야기된 가격 하락에 항의하기 위해 입법원 앞에 모였다.[81] '12·8사건'으로 알려진 이 최초의 시위는 급속히 수많은 작은 시위로 이어졌고, 12월 18일 땅콩 농민들은 수입 땅콩과 기름의 불공정한 경쟁에 항의하며 크리스마스 시위에도 1만 명 이상이 참여했다. 농민들은 이후 3월 16일, 4월 26일, 5월 20일, 10월 25일에 대규모 시위를 벌였다. 1988년 4월 26일 수백 명의 농민이 130대 이상의 트랙터를 몰고 타이베이 경찰서로 갔으며, 가두투쟁으로 국민당 당사 근처 지역이 마비됐다. 타이완-미국 무역 협상이 진행되는 가운데 미국이 금융 규제 완화와 무역자유화를 압박하면서 시위들은 격화됐다.

1988년 5월 20일에 일어난 농민들의 투쟁은 수십 년 만에 최대 대치로 5,000명이나 참여했다. 시위대는 농민을 해치는 것이 아니라 도와줄 경제정책을 요구했을 뿐만 아니라(지역시장의 미국 수입품에 대한 개방 중단, 의료보험, 협회 선거 개선, 농업부 설치 등), 새로운 의회 선거와 헌법 개정도 요구했다. 농민들이 항복하기를 거부하면서 가두투쟁은 밤새 지속됐다. 약 200명이 부상당하고, 122명이 체포되어 그중 68명이 나중에 유죄판결을 받았다.[82] 많은 정부 관리도 제대군인행동동맹이나 타이완 인권촉진협회처럼 농민들을 지지했다.[83] 학생들도 농민의 편에서 가두에 개입했다. 5월 29일 75명의 국민당 의원이 비상사태 선언을 요청하면서 보수파의 대응이 시작됐고, 이는 계엄령의 재도입이 가능하다는 신호였다. 백색테러의 부활 가능성을 느낀 농민협회는 다음 집회를 취소하고 6월 16일 사과했다. 100명 이상의 교수와 학자가 체포된 사람들에 대한 공정한 재판과 폭력에 대한 정부 책임을 요구했다. 정부가 요구를 제대로 받아들이지 않자, 5·20사건을 조사하기 위해 독립 조사단을 결성했다.

야당인 민진당이 보기에는 리덩후이 행정부의 탄압이 "과거와 단절하는 희망을 죽였지만", 거리 폭력은 명백히 당국이 대화에 나서도록 이끌었다.[84] 1988년 7월 4일, 정부는 농민을 위한 새로운 의료보험 제도를 발표했다. 1988년 8월 5일 바나나 농민들이 일본 무역회사들의 독점에 항의해 행정원의 사과를 받았고, 이는 신자유주의가 야기한 어려움을 인정한 것이었다.[85] 남한의 농민연합이 타이완 농민연합臺灣農民公會을 초청했고, 한국 측 의장이 타이완을 방문하여 교수, 목사, 여성단체, 학생, 민진당 등이 참여한 집회에서 타이완 농민들을 지지했다.

1987년 7월, 포르노그래피 반대 시위가 라이온스클럽 총회에서 조직되어 전 세계에서 1만 명의 남성이 참가했다. 페미니스트들은 1987년 8월 18일 다시 쑨원 기념관(국립국부기념관國立國父紀念館)에서 여성 노동자들에 대한 불평등 대우에 항의하여 시위를 벌였다. 교육기관들에서 여성노동조합이 결성됐다. 10월에는 미스유니버스 대회에 항의하여 미스터타이베이 경연대회를 후원했다. 1988년 1월 9일 여성들이 다시 한 번 10대 성판매에 항의하여 투쟁했고, 55개 단체 대표들이 타이베이에서 행진하면서 문제의 지속성을 극적으로 부각했다. 타이완 여성들은 미국 여성들에게 크게 영향을 받았다. 한 작가는 "자신의 출세를 위해 권력과 명성에 굶주린 개인들"을 이용하는 미국 여성운동 인사들에 대한 조 프리먼의 비판을 인용했다.[86] 여성단체들은 성공적으로 주요 8대 법안을 도입시킬 수 있었다. 타이완 동성애자들은 점차 정체성을 공개하고 서로를 부를 때 동지同志라는 단어를 사용했다. 이 용어는 1988년 홍콩에서 사용되기 시작해 타이완으로 넘어왔고, 타이완에서는 이 단어를 사용하는 일이 과거 표준적 공산당원들이 사용한 단어를 연상시킨다는 이유로 방해받지 않았다.[87] 1993년 동성애자 동아리가 국립 타이완 대학에 생겨났고, 비슷한 모임들이 여러 대학들에도 퍼졌다.

사람들은 정부의 승인에 몇 달 앞서 자유를 행사했다. 마치 민진당이 타 정당 금지가 해제되기 전에 세워진 것처럼, 오랫동안 체포와 투옥을 부른 주제인 타이완 독립의 옹호자들이 1989년 문제를 제기하기 시작했다. 그들의 희생은 타이완의 담론을 개방했고, 이는 힘겹게 쟁취한 승리였다. 활동가 덩난룽은 비록 중국계이지만, 타이완 독립을 호소하는 운동을 이끌었다. 대중 집회와 그가 출판하는 일련의 잡지를 이용하여(군사 검열관이 폐간시켜 자주 이름을 바꿨다), "100퍼센트 표현의 자유"를 추구했다. 1988년 그가 쉬스카이가 작성한 타이완공화국 헌법 초안을 출판하자, 정부는 그에게 폭동교사 혐의를 적용했다. 체포를 거부한 그는 잡지사 사무실 안에서 석유 3통과 자신의 몸으로 바리케이드를 쳐 71일간 버텼다. 마침내 1989년 4월 7일 그는 체포되기보다 분신하는 길을 택했다. 덩난룽의 희생이 죽음을 거부하자, 춘이화가 1989년 5월 19일 그의 발길을 따라 시위 중에 분신하여 사망했다.

타이완 독립을 논의할 형식적 법제화는 1992년까지 이뤄지지 않았지만 덩난룽의 희생은 그렇게 할 수 있는 실질적 권리를 확보했고, 이 권리를 쟁취했기에 운동의 다음 단계는 친독립 정당이 경쟁할 수 있는 민주적 선거였다. 1988년 말까지 국회개혁이 운동의 주요 목표였다. 이런 맥락에서 거의 모든 주요 대학이 참여하여 새로 결성된 민주학생연맹이 떨쳐 일어나 국회의 권력 유지에 최후의 일격을 가했다. 1989년 9월 28일, 학생들은 교육부를 향해 2,000명의 행진을 조직했다. 캠퍼스 활동가들은 단순히 캠퍼스만이 아니라, 궁극적으로 사회에 필요한 정치개혁에 초점을 맞췄다.

야생백합학생운동

1990년 3월 21일로 예정된 새 총통 지명 한 달 전에, 타이완은 놀라움과 혐오 속에 국민당 내부의 보수파가 스스로 거부권을 부여하려고 시도하는 것(또 '과외 업무'를 보상하기 위한 엄청난 세비 인상을 스스로 표결했다)을 지켜봤다. 그때 총통 직선제는 허용되지 않았고, 국회는 '늙은 도둑들', 즉 실제로 타이완인이 전혀 없는 중국 본토 선거구에서 1947년 선출된 국민당 국회의원들로 가득 차 있었다. 새 총통이 될 유력한 후보는 부총통(타이완인) 리덩후이였다. 전국민 대부분이 늙은 도둑들의 지속적 '봉사'에 반대했지만, 그중에서도 학생들이 그들에 대한 반격을 이끌 최상의 위치에 있었다.[88]

개헌 과정의 지속적인 비민주성에 대한 반응으로, 학생들은 야생백합학생운동野百合學生運動(삼월학생운동이라고도 부른다)을 시작했다. 1년 전 톈안먼 광장의 학생들에게 영감을 받아(타이완 언론이 아낌없이 보도한 사건), 학생들은 헌법 개정을 가속화하기 위해 개입했다. 3월 14일, 약 100명의 학생이 국민당 중앙당사의 경찰 저지선을 뚫었다. 놀라운 인

내심과 통제력으로 그들은 경찰과 충돌을 피하면서도 다른 200여 명의 학생과 수많은 시민단체가 멈춘 곳에 지지를 표하고 미래의 투쟁에 대비한 힘을 비축할 에너지 센터를 세웠다. 이틀 뒤, 학생들은 국민당의 심장인 장제스 기념당 밖의 거대한 광장에서 농성을 시작했다. 큰 글씨로 쓴 플래카드들은 국회 해산, 새로운 선거, 헌법 개정 요구에 초점을 맞췄다. 경찰이 폭력적 개입을 포기하자, 학생들은 무사히 밤을 보냈다. 자정이 지난 시각, 학생들은 참가한 35개 학교의 대표로 구성된 캠퍼스연합평의회를 조직했다. 텔레비전이 광장 점거를 보도하자, 전국에서 많은 조직과 더 많은 수천 명의 학생이 도착하여 3월 17일 농성에 합류했다. 학생들은 마이크로 토론하며 의견 차이를 드러내기도 했고, 〈우리 승리하리라〉를 부르기도 했다.[89] 약 1,000명의 시민이 학생들의 정치적 행동을 위한 새로운 공간을 보호하고 기금을 걷기 위해 도착했다. 민진당이 멀지 않은 곳에서 집회를 열자, 학생들은 엄청난 지지와 기금을 추가로 받았다. 톈안먼 광장에서처럼, 3월 19일 작은 무리가 단식농성을 시작했다. 3월 20일 리덩후이가 다음 총통으로 국회에서 공식 선출되기 전날에 학생들의 수는 약 5,000명으로 정점에 이르렀다.[90] 팝스타들이 노래하고 인형극을 즐기는 가운데, 야생백합 학생운동은 본토 동지들의 공적 공간 점령과 단식농성을 모방했다. 그들은 21일 타이완 전역의 동맹휴학을 호소하면서, 노후한 국회가 여전히 투표할 권력을 보유하고 있기 때문에 이날을 '민주주의 수치의 날'로 선포했다.

6일째 마지막 무렵에 약 84개 시민단체가 동참했지만, 운동의 핵은 학생들이었다. 그들의 내부 조직은 규율과 질서가 있었다. 언론에서 자신들의 이미지를 훼손할 도발 행위를 막기 위해 점령한 주요 지역을 식별 가능한 학생들로 한정해 유지했다. 학생 대오 내에서 지도자는 순번제로 맡았고, 대표자들의 모임 공간 주변에는 보안경계선을 쳤다.

학생 수천 명이 장제스 기념당 광장을 점거했다. (사진 Tsai Wen Shiang)
출처: *The Age of Defiance 1988-1992* (Taipei: GA Design Corp., 2008), 169.

정책 그룹에는 다양한 주요 인사들이 포함됐고, 이들은 다시 매일 8시간마다 권한을 윤번제로 담당하는 3명을 '지휘 센터'로 선택했다. 6개 부서가 만들어져 임무를 수행했다(재정, 정보, 보안, 동원, 일반 업무, 회의). 모든 사람들에게 정보를 알리고 운동의 권위 구조와 행동 수칙을 공표하기 위해 《광장 소식지》를 발행했다. 그들의 자기조직화와 집단적 규율은 본토 학생들의 개인주의나 권력투쟁과 뚜렷하게 대조된다. 자치를 엄격하게 보호한 타이완 학생들은 교수, 대학원생과 협력하며 그들의 참여를 용이하게 하기 위해 자문 그룹을 두기도 했다. 또한 오해가 발생하는 것을 막기 위해 경찰 간부와 접촉을 유지했다.[91]

노골적인 친국민당 계열인 수많은 학생회장을 포함해 대열 내의 엄청난 분열에도 불구하고, 그룹은 위엄 있는 과정을 견지했고 점거 기간 내내 집단적 결정을 할 수 있었다. 작은 무리가 독자적 주도력으로 단식농성에 착수하자, 더 큰 무리들은 이 단식농성자들이 언론의 초점이 되고 캠퍼스연합평의회의 동등한 독립적 파트너가 됐다는 사실을 알았고 그들을 지지했다. 어떤 한 개인도 톈안먼과 같이 권력의 지위에 매달리지 않았다. 총회에서 많은 사람이 정책 그룹이 비민주적 방식으로 결정하고 있다고 불평하자, 새로운 위원들이 순번제로 가담했다.

정책 그룹 내에서 일부 위원들은 총통 관저 진격을 주장했지만, 다수는 그들의 의견을 부결하고 대신 협상을 다시 시도하기로 했고, 협상을 통해 리덩후이와 만나는 일에 대해 합의할 수 있었다. 캠퍼스연합평의회가 다시 소집되자, 사람들은 총통을 만나기로 한 정책 그룹의 결정에 불만을 표현했다. 점거의 민주적 역량은 이 결정적 순간에 주목할 만했다. 모두가 즉각 캠퍼스별로 표결하여 대표자들이 총회에 다시 보고하는 데 동의했다. 과정이 진행되자, 정책 그룹은 먼저 일방적 결정에 대해 사과하고 전원 사임을 제안했다. 캠퍼스별로 의견을 확인했을 때, 22개교는 찬성, 7개교는 반대, 6개교는 기권했다. 그런 다음 총회는 35개 학교 각각이 리덩후이를 만날 대표를 보내고 과거에 선출된 정책 그룹 위원들과 단식농성자 대표들, 교수들도 대표단에 참여시키기로 결정했다.

총통이 된 다음날, 리덩후이가 처음으로 한 일은 대표단을 만나는 일이었다. 일단 커다란 그룹이 집무실에 모이자, 리덩후이는 학생들의 민주주의에 대한 관심을 치하했다. '물질주의'의 광범한 지배에 대해 언급한 리덩후이는 학생들의 이상을 경하했다. 그는 학생들에게 국회를 폐지할 헌법적 권한이 없다고 말했지만, 한 달 내에 헌법 개정에 관한 토론회를 추진하고 더 민주적인 대의제도와 선거를 위해 노력하겠다고 약속했다. 10개월 전, 중국 리펑 총리도 학생들과 만났지만 결과는 재난이었다. 명백히 타이완 학생들과 정치 지도자들은 중국의 실패에서 배웠고, 그 방에는 의사 진행을 방해할 우얼카이시가 없었다.

학생 대표들은 광장으로 돌아와서 농성자 총회에 총통과 함께한 모임 비디오를 보여주었고, 그런 다음 캠퍼스별로 모임을 가졌다. 한밤중에 캠퍼스연합평의회는 광장을 떠나기로 표결했고, 새벽까지 다수의 학생이 짐을 싸서 떠났다. 단식농성자들은 같은 날 시위를 끝내기로 표결했다. 정책 그룹은 떠나기 전에, 총통이 변화를 위해 노력하겠다는 약속에 충실한지 확인하기 위한 전국적 학생조직의 결성을 발표했다. 학생들은 광장을 청소했다. 3월 22일 오후 5시 마지막 시위대가 떠났다.

민주화 이행을 향하여

수많은 구성원 사이의 중재자로서 리덩후이의 역량은 균형 잡기 어려운 행동임이 입증됐다. 1990년 4월 22일 약속대로 헌법이 개정되고 선거가 예정됐지만, 5월 1일 리덩후이가 현역 장군 하오보춘을 새로운 총리로 임명하자 분노한 시위대가 뛰어나왔다. 사람들은 군대가 정치에 개입해서는 안 된다고 생각했고, 이 감정은 아주 폭넓게 퍼져서 하오보춘 자신이 군에서 영원히 은퇴하기로 동의했다. 시위대를 달래기 위해, 1990년 5월 20일 리덩후이 총통은 가오슝 피고들을 포함한 모든 탕웨이 활동가를 사면했다. 1991년 타이완 역사를 연구한다는 이유로 타이완 정보부에 의해 구금된 소모임을 구하기 위해 5만 명 이상이 모였다. 민진당의 신조류파新浪潮는 개혁 집회를 조직하여 1991년 4월과 5월 거리에 수십만 명을 끌어모았다.

1991년 12월과 1992년 초에 1947년 이래 처음으로 국회가 선출됐다. 비록 민진당의 24퍼센트에 비해 국민당이 71퍼센트 득표의 압도적 다수로 승리했지만, 그것은 중요한 시작이었다. 1994년 첫 번째 성장省長 직접선거가 이뤄졌고, 1996년 3월 처음으로 시민들이 총통 투표를 해서 리덩후이가 선출됐다. 국민당의 타이완인 당원들은 1970년대에 미미한 6.1퍼센트에서 1980년대 초 19.3퍼센트, 1990년대 초 34.4퍼센트, 그리고 1990년대 후반 53.3퍼센트로 늘었다.[92] 리덩후이 아래서 구태의연한 권위주의 체제의 정치적 개혁이 차례로 진행됐다. 1995년 리덩후이 총통은 공식적으로 2·28사건에 대해 국민들에게 사과했다. 곧 희생자와 가족에게 보상금을 지불했다. 2001년 이래 2월 28일은 국경일이 됐고, 정부는 백색테러의 희생자들에게 보상했는데, 이는 아시아에서 남한 다음으로 이루어진 것이었다. 2000년 천수이볜이 최초의 비국민당 총통으로 선출됐다.

관측통들은 타이완의 과정을 엘리트가 스스로 변화해서 광범한 개혁을 시행한 변혁 과정으로 간주한다.[93] 비교해보면, 한국의 6월봉기는 엘리트와 야당의 행동을 결합한 민주적 이행을 강제했고, 옛 엘리트와 야당이 힘을 합쳐 새로운 지배 체제를 창출하는 이행이었다. 이런 대조는 타이완의 풀뿌리에서 비롯된 압력, 불법 정당으로서 민진당의 결성, 2000년의 선거 승리를 무시한다. 풀뿌리 반란의 한 가지 잔류 효과는 민중의 정체성 변혁, 민중들이 점차 자신을 타이완인으로 정의하는 대항 담론의 강화이다. 1990년대에 '당신은 타이완인인가, 중국인인가?'라는 질문을 받았을 때 인민의 약 20퍼센트만이 타이완인이라고 대답했다. 그 수는 2000년 36퍼센트, 그리고 2006년 60퍼센트로 늘었다.[94]

[표 6.3] 1980~2001년 타이완 시민사회단체들의 성장

단체 유형	1980년	비율	2001년	비율
교육 및 문화	541	13.7	2,801	15.2
의료 및 공중보건	48	1.2	526	2.8
종교	64	1.6	725	3.9
스포츠	50	1.3	2,098	11.4
사회복지 및 자선	2,471	62.4	5,794	31.4
국제	51	1.3	2,055	11.1
비즈니스	-	-	1,943	10.5
기타	735	18.6	2,523	13.7
합계	3,960	100	18,465	100

출처: Ministry of Internal Affairs, *Civil Society and Political Change in Asia*, ed. Alagappa, 177 에서 Yun Fan이 인용

중산층의 역할은 타이완의 민주화에서 특히 중요하다. 텐훙마오에 따르면 "기업가들은 전문직, 경영자, 지식인과 더불어 민주화운동과 사회운동의 전면에 섰던 새로운 커다란 비즈니스 계급이다".[95] 구해근은 한국과 달리 타이완의 "지식인과 새로운 중산층은 권위주의 국가권력과 직접 대치하기를 피했고, 그 대신에 하향식 이행 과정을 쟁취하기 위해 국가 통치자에게 간접적 압력을 행사하는 방법을 선택했다"[96]고 지적했다. 홍콩에서 전문직에서 비롯된 압력은 또한 1997년 이행 이후 더 많은 자유를 가져왔다. 계속되는 타이완의 변혁은 점증하는 참여를 의미하며, 2001년 최소 1만 5,000개 이상의 NGO가 존재함을 보여주는 표 6.3의 데이터가 그 증거이다. 계엄령 해제 이래 NGO의 수는 400퍼센트 증가했고 1991년부터 10년간 50퍼센트 이상 증가했다.

타이완 최대의 NGO는 대부분 여성인 불교 자선재단이었고, 재단의 복지 예산은 타이베이 시 예산보다 많았다.[97] NGO들에 관한 데이터를 조사한 다음, 마이클 샤오는 '핵심 지도자들'의 31퍼센트가 정부

[표 6.4] 타이완의 NGO들

설립 연도	협회	재단	합계
1949년 이전	13	0	13
1950년대	7	1	8
1960년대	14	2	16
1970년대	18	6	24
1980년대	39	23	62
1990년대	103	24	127

출처: Hsiao, "NGOs," 47.

관리임을 발견했다.[98] 그는 이후에 '진짜' NGO들에 대한 데이터를 개발했다. 비록 수는 적지만 이들 역시 1980년대에 비슷한 증가를 경험했다.

1991년에 거의 3,000개의 재단이 존재했고, 이중 4분의 3 이상이 1980년대 이래 설립된 재단이다.[99] 2004년까지 회원제 협회는 2만 개로 산정됐다.[100] 2000년 모든 독립적 단체의 75퍼센트 이상이 1980년 이후에 시작됐고, 이는 다시 한 번 반란운동이 사회적 다원화와 수평적 정치권력을 조성하는 데 기여했음을 보여준다. 활동가들의 동원력 역시 몇 배로 증가했다. 2004년 2월 28일, 타이완을 조준한 중국 미사일에 항의하여 200만 명의 인민이 손을 잡아 섬의 한쪽에서 다른 쪽까지 연결하는 인간사슬을 만들었는데, 이는 타이완 역사상 최대 시위였다.

연속적인 헌법 개정으로 처음으로 제한 없는 국민투표가 시행됐고, 이는 가오슝에서 나프타 추출 공장에 반대한 허우진 주민들에게 도움이 됐다. 1990년 5월 6일 투표자의 3분의 2가 반대하자, 정부는 가동을 시작하기 전에 공해를 최소화하겠다고 약속했다. 인민의 의지가 아주 중요한 곳에서, 지방정부는 13개의 상이한 프로젝트가 지지를 받지 못한다는 것을 중앙정부에 입증하는 방법으로 주민투표를 이용했다.[101] 주민투표의 정당성은 아주 높아서, 그 이후 구속력을 갖게 됐다.

엄청난 진보에도 불구하고, 풀리지 않는 문제는 타이완의 민주주의를 괴롭힌다. 야당운동 내에서 여성해방은 운동 내부, 특히 여성운동과 사회 일반에서 광범한 논쟁을 불러오는 이슈가 됐다. 결과는 성해방 페미니스트의 주변화였고, 그들은 결국 주류 조직들에서 배제됐다. 1988년 5월, 성노동자 및 지지자 집단日日春은 13개국의 성노동자 대표가 참여한 국제회의를 조직하여 "성의 권리는 인권이다!"라고 선언했다. 회의 이후, '각성 재단'은 성판매 여성들의 조직화 노력을 지원했던 활동가 몇 명을 해고했다.[102] 운동의 분열이 확대되자 두 가지 경향이 등장했다. 소수자의 생활 스타일에 대한 자유에 가치를 두고 서로 다른 견해를 견지하는 '시민사회' 대 '민중의 민주주의'. 주류 페미니스트들이 민진당 정부의 위계로 통합되면서 평등에 관한 그들의 열망은 점차 국가를 거치게 된 반면, 더 급진적인 페미니스트들은 주류가 "성정체성 측면에서 모호하며, 자녀에게 해로운 것이면 무엇이나 법의 긴 팔을 휘둘러 제거하려는 신경발작적 엄마들의 운동"[103]으로 바뀌었다고 비판했다. 양극화된 의견들이 뒤섞인 가운데, 처음에 초기 페미니스트 지도자이자 부총통인 아넷 루는 에이즈가 신의 형벌이라고 주장했다. 학자이자 활동가인 조지핀 허는 "전통적 가치를 타락시키고 어린이와 청소년에게 나쁜 영향을 주는 외설을 선전"한다며 그녀를 비판했던 13개 보수적 NGO에 고소를 당했다. 다행히 조지핀 허는 2004년 무죄판결을 받았다. 그녀의 견해로는 "아시아의 신생 민주주의는 정치적 영역을 점진적으로 자유화하고 있을지는 모르지만, 사회적 공간의 다른 영역, 특히 성 문제에 대해서는 감시와 규제의 정도가 증가해왔다".[104] 타이완에서 2008년에 열린 게이프라이드 행진은 2만 명의 참여자를 끌어들였고, 이는 아시아 최대의 게이 행사였다.

2000년 소수당 총통으로 선출된 천수이볜은 민진당이 입법원에서 3분의 1 이하의 의석밖에 확보하지 못했음에도 타이완화를 개시했다.

그의 첫 번째 임기에, 국가지출은 거의 GDP의 4분의 1이었던 반면 수입은 한 번도 13퍼센트를 넘지 못해 GDP의 46퍼센트에 이르는 누적 부채를 남겼다.[105] 그럼에도 불구하고 천수이벤은 2004년 거의 절대다수의 지지를 받았고, 48.8퍼센트를 득표해 작은 차이로 과반수에 모자랐다. 천수이벤은 2000년 9월 국제적 동성애 NGO들과 타이완 '동지' 활동가들을 환영했다. 민진당 행정부는 다문화주의를 타이완의 공식 정책으로 확인했고, 총통은 모든 정부 공무원에 대해 성교육을 의무화했다. 그의 감독 아래 거의 모든 노동조합이 조합원들에게 돌아갔다. 활동가들은 낡고 억압적인 노동법(1929년 제정) 개정과 주류인 중화민국전국총공회中華民國全國總工會에 대한 대항에 집중했다. 2000년 5월 1일 새로 결성된 타이완 전국산업총공회全國產業總工會가 대통령 당선자 천수이벤이 참석한 가운데 출범했고, 이는 민진당의 '자주적' 노동운동에 대한 침해를 상징했다. 총공회는 재빨리 또 다른 주류 노조가 됐고, 노동법 개정은 아주 달성하기 힘든 목표로 드러났다. 노무현이 당선된 남한처럼, 2000년 초 민진당이 집권하면서 대규모 항의행동은 대개 중단됐다.[106]

한국과 타이완의 진보적 행정부는 유권자들에게 약속했던 중심 공약들을 철회했다. 노무현은 그가 약속한 대로 국가보안법을 개정할 수 없었고, 유권자의 절반이 반대할 정도로 아주 인기가 없는 미국과의 자유무역협정의 최고 옹호자가 됐다. 천수이벤과 민진당은 곧 제4호 원자력발전소를 폐쇄하겠다는 공약을 철회했는데, 리덩후이 총통마저 이 발전소의 승인을 거부했었다. 리덩후이는 "백성의 뜻이 곧 하늘의 뜻"이라는 기원전 11세기의 고대 가르침을 따라야 한다고 주장했다.[107] 그럼에도 하오 총리는 제4호 원자력발전소를 지지함으로써 정부의 권위를 재확립하겠다고 나섰다. 1991년 10월 13일, 옌랴오 활동가들이 건설 현장에 바리케이드를 친 이후 경찰과 충돌하면서 1명이 죽고 많은 사람이 다쳤다. 법정 심리에서 17명에게 유죄가 선고되고 그중 1명은 종신형을 받았다. 시위가 계속되자 하오 총리는 결국 1993년 초 사임했고, 발전소는 문을 열지 못했다.

많은 상황에서 그렇듯이 저항적 사회운동은 개혁 성향의 후보를 포용하지만, 일단 후보들이 정부의 기성 체제에 통합되면 그들은 자신을 무명에서 중요한 지위로 오르게 한 바로 그 운동에서 점차 이탈한다. 그들은 점차 그들이 반대했던 과거 집권당의 입장을 채택한다. 그래서 '개혁' 후보들은 사회운동을 이용하여 개인의 의제와 경력을 끌어올린다. 1996년 10월 18일 민진당과 국민당 사이에 비밀합의가 이뤄져, 민진당은 핵발전소에 대한 지지를 정치적 양보와 교환했다. 제4호 핵발전소를 건설한 웨스팅하우스사의 압력 아래, 타이완의 미국협회 역시 발전소 건설 재개를 옹호하는 비밀 회동을 촉구했다.[108] 2001년 2월 민진당은 논란에도 불구하고 핵발전소 건설을 계속하기로 결정했다.[109] 2001년 2월, 2만 명 이상의 반핵 시위대가 집회를 열어 핵발전 정책을 변경한 민진당을 비판했다. 많은 사람들이 보기에 민진당은 권력을 얻기 위해 핵발전을 둘러싼 생태 시위를 이용했다.[110]

민진당의 배신으로 많은 사람이 '민주주의'의 가능성에 대해 실망했다. 신도철(캘리포니아 대학)은 1993년 이후 민주주의에 대한 지지가 감소했다(남한의 경우와 비슷하게)고 보고했다.[111] 1998년에서 2003년까지 '민주주의가 어떤 다른 종류의 정부에 비해 항상 더 낫다'고 믿는 사람들의 비율이 타이완에서는 55.5퍼센트에서 42.2퍼센트로 내려갔다. 한국에서도 절반 이하인 약 49퍼센트가 같은 선호도를 표현했다.[112] 비록 '민주적'이라도 한국과 타이완에는 모두 공무에 대해 공무원이 '중립적'이고 '비정파적'일 것을 요구하는 법률이 있으며, 이는 그들에게 표현의 자유를 부당하게 제한한다.

물론 진보적 정부들에 대한 주된 불만은 부패였다. 타이완의 천수이볜과 한국의 노무현은 모두 공개적으로 불법 자금을 받았다고 인정했다. 비슷한 점은 많다. 마르코스와 수하르토가 횡령한 수십억 달러나 전두환이 챙긴 것으로 알려진 수억 달러에 비하면 상대적으로 적은 금액이며, 각자 부인들이 중심적으로 관여했고, 사법적 행동이 취해지기 오래전에 둘 다 언론에서는 이미 유죄였다. 천수이볜이 감옥에 갇혀 있는 동안, 노무현은 이명박 정부가 조정한 부당한 기소에 항의하여 자살했다. 야당의 상징으로서 두 전직 대통령의 부패는 야당운동 전체를 불신하게 하는 데 이용됐다. 천수이볜과 노무현은 모두 보수적 기득권층에게 반발의 표적이 되어 그들이 통제하지 못하는 정치적 방향으로 떠밀렸는데, 그 방향은 타이완의 경우 독립이었고 한국의 경우 통일이었다. 놀랍게도 천수이볜의 과거 지지자들, 특히 스밍더는 2006년 천수이볜의 이른바 '부패'에 반대하는 풀뿌리운동을 이끌었다. 2006년 9월 9일, 스밍더는 일련의 자칭 '민중권력' 집회와 농성을 이끌었고, 이 투쟁은 9월 15일 30만 명 이상의 군중이 모여 절정에 이르렀다.[113]

보수파의 반격을 보여주는 불길한 징조로, 국민당은 2008년 선거에서 의석의 71퍼센트(2004년 35퍼센트)를 획득한 반면, 민진당의 몫은 거의 40퍼센트에서 24퍼센트로 하락했다. 곧이어 새로 선출된 마잉주 총통의 친통일 정책은 자치를 향한 민진당의 진보적 조치들을 무효화하기 시작했다. 국민당이 천수이볜을 기소한 일의 부당성은 많은 관찰자에게 분명하다. 마잉주 총통을 포함해 국민당 지도자들의 부패 혐의가 유죄임이 밝혀졌어도, 아무도 지금까지 감옥에서 단 하루도 보내지 않았다. 과거 타이완인의 재산을 몰수한 국민당은 7억 5,700만 달러에 이르는 순자산을 보유하고 있다. 다른 모든 정당을 다 합해도 순자산은 국민당의 1퍼센트 이하이다.[114]

타이완과 한국은 미국의 가장 중요한 제조업인 군수산업의 중요한 소비국이 됐다. 세 번째 경제적 국면(미국 원조 수입 대체와 수출 주도 발전 이후)의 양국 관계는 지속적이고 필수적이다. 연간 미국 상품의 180~240억 달러 시장으로서, 타이완은 엄청난 외환을 보유하고 있고, 미국과 세계 8위의 경제 관계를 맺고 있다.[115] 선불 거래로 1993년에서 2003년까지 미국 무기 체계의 구매자로서 타이완은 사우디아라비아 다음가는 세계 2위가 됐다. 2001년 미국의 조심스러운 암시와 중국의 태연한 협박으로 타이완인들의 공포가 조성된 이후 조지 부시는 대부분이 하이테크 무기인 200억 달러 거래를 성사시켰다. 2009년 워싱턴 D. C.에서 타이완-중국 관계에 관해 랜드 연구소의 새로운 발표가 이뤄진 회의에서 미국은 유사한 경고를 보냈다. 타이베이에서 폭넓은 주목을 받은 것은 다음 대통령 선거에서 민진당이 승리하면 중국이 군사공격을 가할 것이라는 한 토론자의 주장이었다.[116]

만약 군사주의가 타이완의 자원을 계속 다른 곳으로 돌린다면, 세계에서 손꼽히던 억압적 국가를 변혁하는 데 시민사회와 합의가 아주 중요한 역할을 한 이곳에서 '민주주의'의 정당성을 더욱 훼손하는 비극적 결과를 가져올 것이다. 1990년 점거 동안 타이완 학생들의 놀라운 자기규율과 정부의 공손함은 톈안먼 광장과 뚜렷한 대조를 보인다. 중국에서 시위대와 당국은 모두 훨씬 덜 통제되고 덜 침착한 태도로 행동했다. 풀뿌리 시위들이 버마, 티베트, 중국에서 비극을 견디면서 고통을 받았지만, 타이완의 성공적인 민주화 이행은 더 커다란 자유가 가능한 미래에 대한 낙관적 전망을 제시한다. 1990년 타이완의 모범은 네팔과 방글라데시에서 봉기의 승리를 위한 길을 닦는 데 기여했다.

7장
네팔

우리는 왕국을
버려진 무덤으로 바꿀 수 있지
잔인한 체제를 무너뜨려
연기 속에서 모든 암흑의 법을 끝낼 수 있지

― 라메시, 〈혁명의 화산〉

연표

1947년 8월 15일	인도 독립 선포
1951년 2월 18일	네팔에서 라나 가문의 104년 통치 공식 종료—'민주주의의 날'
1960년 12월 15일	마헨드라 국왕이 직접왕정 강요
1979년 4월	학생 시위, 왕이 왕립 판차야트(의회) 체제에 대한 국민투표 발표
1980년 5월 2일	국민투표에서 판차야트 체제 승인
1989년 3월 23일	인도가 2곳을 제외한 국경 폐쇄
1989년 8월	급진적 마오주의자들(CPN-M)이 의회민주주의를 위한 작업에 동의
1990년 1월 15일	통합좌파전선(ULF) 구성
1990년 1월 18일	네팔의회당 총회 개최
1990년 2월 18일	민중봉기(자나 안돌란Jana Andolan) 시작, 50일간 시위
1990년 3월 30일	파탄 해방
1990년 4월 6일	50만 명이 카트만두 행진
1990년 4월 6일	카트만두 왕궁 근처에서 시위대 수십 명 살해, 통행금지 선포
1990년 4월 8일	정당활동 금지 해제
1990년 4월 9일	네팔의회당과 ULF가 이후의 시위 취소, 국왕과 협상
1990년 4월 16일	판차야트 체제 해체
1990년 4월 19일	과도정부 취임
1990년 4월 23일	경찰, 만달레스(청부 폭력배 집단) 린치
1990년 5월 7일	과도정부 구성
1990년 6월 30일	불교도들이 세속국가를 위한 시위를 이끔
1990년 11월 9일	새 헌법, 네팔을 '힌두·군주제 국가'로 선포
1991년 5월 12일	선거 개최

1991년 5월 29일	의회당 정부 취임
1992년 4월 5일	경찰이 카트만두에서 시위대에 발포, 7명 사망
1996년 2월 13일	마오주의 무장투쟁 시작
2001년 6월 1일	궁정 대학살, 비렌드라 국왕과 일가 살해
2002년 5월 22일	갸넨드라가 의회 해산
2002년 10월 4일	갸넨드라 국왕이 총리를 해임하고 권력 장악
2005년 2월 1일	국왕이 계엄령 선포
2005년 5월	7대정당동맹(SPA) 결성
2005년 11월 22일	마오주의자들과 야당, 민주주의 회복 위한 12개조 합의 도달
2006년 4월 6일	봉기 시작(록탄트라 안돌란 Loktantra Andolan 또는 제2차 자나 안돌란), 19일간 시위
2006년 4월 20일	칼랑키에서 3명 사망, 100명 이상 부상
2006년 4월 21일	국왕이 야당 지도자에게 총리직 제안, SPA 거부
2006년 4월 22~23일	수백만 명 시위 참가
2006년 4월 24일	12명 사망, 수백 명 부상, 국왕이 의회 복권
2006년 5월 1일	네팔전문직총연맹이 '전면적 민주주의' 요구
2006년 5월 18일	과도정부에 의해 군주제 폐지, '민주주의의 날' 선포
2006년 11월 21일	마오주의자들과 SPA, 포괄적 평화협정에 서명
2008년 4월 10일	마오주의자들, 새로운 제헌의회에서 601석 중 217석 획득하여 승리
2008~2011년	지속적인 토론과 논쟁, 새 헌법 제정하지 못함

현대사의 전개에서 민중이 정부에 맞서 일어나거나 또는 정부가 자신들을 짓밟도록 놔두거나, 더 큰 자유를 위해 돌파하거나 또는 다가올 수십 년간 혐오스러운 형태의 지배를 견디거나 둘 중 한 가지를 선택해야만 하는 상황은 흔치 않다. 민중이 들고일어날 때, 그들의 용감한 행동은 노래, 춤, 시, 산문, 연극으로 신화화됐다. 그러나 오만한 권력 앞에서 침묵한다면, 승리한 폭군의 내실 외에 어디에서도 그들을 찬양하지 않는다.

역사가 동일한 민중에 그런 진심 어린 선택을 할 기회를 두 번 주는 경우는 드물다. 민중봉기들이 야만적 권력에 맞서 연속으로 승리를 기록한 적은 거의 없다. 버마와 티베트에서 국가의 강철군화는 지속적으로 민중의 자유를 향한 희망을 분쇄하고 수천 명의 목숨을 말살했다. 하지만 네팔에서 1990년 50일간 일어난 봉기는 다당제 의회를 쟁취하고 국왕을 입헌군주로 격하했다. 왕가의 교묘한 술책과 정치적 파워게임이 개입하여 국왕의 권력을 회복했고, 군주제는 피를 부르면서 절대적 지배를 추구했다. 2006년 민중은 다시 한 번 거리로 몰려나와 인권침해를 허용하기를 거부했다. 두 번째 영웅적 봉기는 다시 한 번 경찰의 곤봉과 총탄을 두려워하지 않고 몸으로 밀고 나와 거리에서 새로운 저항 형태를 창조한 수십만 민중의 몫이었다. 19일간 이어진 투쟁에서 그들은 마침내 '비슈누의 환생'인 국왕을 역사의 쓰레기통에 버리고 세속적 민주공화국을 선포했다.

모든 궁정혁명(라나 과두정의 1세기가 넘는 통치를 전복한 1950년 혁명처럼)과 대조적으로, 수십만 명의 보통 사람이 1990년과 2006년 민중봉기의 추동력이 됐다. 다른 어떤 힘보다, 민중의 단결과 용기가 민주주의의 발전을 가능하게 했다. 50개 이상의 상이한 민족과 92개 알려진 언어의 독특한 융합체인 네팔은 카스트로 나뉘어 있지만, 군주제에 맞선 투쟁을 통해 새로운 단결과 주체성을 구축했다. 한국처럼 민중의 믿을 수 없는 단결은 운동이 성공할 수 있었던 주된 이유이다.

1990년 봉기는 네팔의 과거에 깊이 뿌리박은 역동적 시민사회에서 흘러나왔고, 이는 역으로 자유로운 시민들에게 아주 중요한 새로운 풀뿌리의 주도력을 키우는 데 기여했다. 봉기 이후에 노동 전투성이 부각됐고, 여성들은 가부장제에 맞서 투쟁했고, 소수민족들은 자치를 위해 적극적으로 싸웠으며, 자율적 언론이 우후죽순처럼 생겨났다. 이와 같이 봉기와 시민사회의 상호 강화 관계는 이미 남한, 타이완, 필리핀의 시민봉기에서 확인된 양상이다.

네팔의 시민사회

수세기 전에 기원을 둔 다양하고 복잡한 시민의 관계망은 여전히 네팔인들의 일상생활의 기초이다. 고대 베다 사회에서 다르마dharma는 민중의 안녕을 보살피는 정의로운 통치자와 수립된 법을 준수하는 시민을 동시에 보살폈다. 왕이 인자하게 통치하는 한, 민중은 그의 권위를 환영했고 성직자 리시rishi는 통치자들이 적절하게 행동하도록 도왔다. 네팔의 서쪽 끝에서는(수천 년간 카트만두 계곡이나 고르카 고지대에 자리잡은 왕국 영역 밖) 바드가르(badghar, 큰 집) 체제가 마을 수호자들의 선출을 용이하게 했다. 선택된 사람들은 압력을 받을 때까지 관습에 따라 정중하게 거절했고, 심지어 가족 내 분쟁에서도 직접민주주의와 유사한 규범이 존재했다. 위기 때는 모든 주민이 모여 공동체 차원의 해결 방안을 모색했다. 농촌 공동체 구성원들 간의 자발적 노동교환인 파르마parma 체제를 통해 사회관계가 강화됐고, 신용조합 체계인 두쿠티dhukuti는 개인들이 작은 금액을 정기적으로 예금하고 때로 약간의 이자와 함께 많은 금액을 인출하도록 허락하는 집단이었다.[1]

지금부터 600년도 더 전에, 중세 길드인 구이티guithi는 "그 범위에서 (유럽의) 길드보다 더 포괄적이었고, 직업뿐만 아니라 구성원의 사회적, 종교적 생활도 규제했다. …… 각기 자체 구이티를 갖춘 치트라카라(화가), 탁사카라(목수), 실포카라(공예가) 등 64개 직업 카스트 체계는…… 다수의 직업 카스트가 전문화된 기능을 수행하는 다양성을 갖춘 경제적, 사회적 활동의 상당히 선진적인 수준을 보여준다".[2] 어떤 구이티 내에서는 참여적 의사 결정 형태가 존재했고, 작은 댐 건설이나 다른 공동의 이익을 위한 사업 등 다양한 프로젝트에 가족들이 협력했다.

아직도 손상되지 않은 이런 문화적 형태(혐오스런 카스트 신분을 포함하여)는 현대 네팔에서 매우 실질적인 힘으로 남아 있다. 수많은 상이한 종교적 관례와 문화적으로 특수한 믿음이 일상생활의 패턴을 이룬다. 아직도 국왕이 비슈누의 환생이라 믿는 사람들도 있고, 다른 사람들은 젊은 '살아 있는 여신들'의 무리를 숭배하고, 소수는 불교나 기독교 의식을 지킨다. 사람들의 기억 속에 과거의 사건들이 아주 생생해서, 한 분석가는 두 세기 전에 고르카가 카트만두 계곡을 점령한 사건이 군주제에 대항한 1990년 봉기를 설명하는 데 도움이 되리라고 생각했다.[3]

인도와 중국 사이에 끼여 있는 작은 네팔은 조심스럽게 발을 내디뎌야 하며, 그러지 않으면 자주 반복되어왔듯이 "돌 틈에 낀 감자"처럼 뭉개질 것이다. 세계에서 가장 인구가 많은 두 나라와 국경을 맞댄 조그만 네팔(약 3,000만 명)은 이웃들에 크게 영향을 받는다. 지리적 고립 때문에 인도로 이어지는 도로는 엄청나게 중요하다. 심지어 인도와 관계가 좋은 시절에도 네팔의 경제는 결코 인민에게 번영을 가져오지 못했고, 지금도 세계에서 손꼽히는 가난한 나라로 남아 있다. 모든 어린이 가운데 절반이 영양실조로 고통받고, 900만 명(인구의 약 35퍼센트)이 하루 1달러 이하로 생활한다. 상위 3분의 1이 부와 소득의 75퍼센트를 통제하고, 네팔의 지니계수는 2008년에 0.47로 증가했다(남한은 0.31이었다). 고르카 정복에 이은 2세기 동안, 상위 카스트 사람들이 통치한 왕정은 시골에 사는 나라의 절대다수에 영향을 미치는 불결과 빈곤을 완화하려고 이따금 성의 없는 시도를 했을 뿐이다. 1950년 군주제 권력을 회복한 이후에, 전능한 국왕들은 "자유, 평등, 박애"라는 입에 발린 소리를 하면서 국가의 세습 유산을 낭비했다.

국왕을 추종하는 무리의 충성은 아주 대단하고 군대의 힘도 아주 막강해서 1951년과 1990년 네팔 혁명은 둘 다 인도 정부와 연관이 있었다. 더 최근의 마오주의 농촌 반란도 인도의 낙살파Naxalites와 중국의 혁명적 과거에 크게 빚지고 있다. 1949년 중국 국공내전에서 승리한 직후 공산당은 티베트를 침략했고, 이는 그 당시 세계의 다른 지역에서는 거의 알아차리지도 못했지만 히말라야 지역에서는 중대한 사건이었다. 중국의 티베트 정복은 네팔에 대한 인도의 가혹한 처우를 촉발했다. 1950년 11월 10일, 40~50명 정도의 소규모 네팔의회당 무장대가 인도에서 국경을 넘도록 허가를 받아 비르간지를 공격하면서, 전국적으로 전투가 일어나고 라나 과두정에 반대하는 대규모 시위가 카트만두에서 벌어졌다. 군대는 주로 정권에 충성했지만, 인도가 반란군을 지지하면서 1951년 1월 라나 가문은 네팔에서 제헌의회 선거를 실시한다(트리부반은 왕좌를 유지하면서)는 '제안'을 수용해야만 했다. 1951년 2월 18일, 반세기 후에 네팔이 민주주의의 날로 기념하게 되는 날짜에, 연립정부가 수립됐다.

1951년 궁정혁명과 네팔이 민주주의로 이행하는 과정을 감독한 인도는 트리부반의 아들 마헨드라 국왕이 왕립 판차야트 제도를 도입하고, 당시 같은 이름의 인도 집권당에 비해 힘이 없던 의회당(네팔의회당 Nepal Congress, NC)을 포함해 모든 정당을 금지했다.[4] 같은 해 인도와 중국 사이에 국경전쟁이 일어나자, 인도와 네팔 왕가의 관계가 갑자기 개선됐다. 1972년 비렌드라가 아버지를 대신해 국왕이 됐고, NC는 다시 한 번 무장반란에 나섰다가 인도의 지원이 없어 재빨리 포기했다. 1989년까지 인도-네팔 관계는 안정적이었고, 네팔 왕가를 타도할 새로운 기회의 창이 열렸다.

봉기가 정치적 역사의 경로를 바꾼 수많은 나라처럼, 학생과 지식인이 운동을 촉발하고 조용한 시대에 운동에 지속성을 부여하는 데 중요한 역할을 했다. 네팔 국민의 절반 정도가 문맹이어서, 지식인들은 엄청나게 중요했고 그들 또한 책임을 진지하게 받아들였다. 1979년 카트만두의 작가들이 거리 모퉁이에 모여서 시를 낭송하며 판차야트 체제의 종식을 요구했다. 나중에 '거리의 시 혁명'으로 알려진 이 투쟁은 그 정점에 200명의 시인이 참여했다.[5] 많은 작가가 농촌의 동료들을 만나기 위해 여행하면서 운동은 50여 개 다른 도시로 퍼졌다.

작가들이 선동한 다음 학생들이 투쟁에 나서기 시작해 대학에서 개혁을 압박했다. 카트만두에서 경찰에 무자비하게 탄압당하자, 학생운동은 전국의 다른 지역으로 퍼졌다. 독립적인 학생회에 대한 요구는 운동의 많은 상이한 분파를 단결시켰다. 1979년 5월 23일, 도시민들이 학생 시위에 합류했고, 군중은 왕궁에 결집하여 국왕이 보는 가운데 신문사를 포함하여 선택적으로 겨냥한 정부 건물들을 불태웠다.

권력에 대한 위협을 직접 감지한 비렌드라 국왕은 다음날 아침 라디오네팔을 통해 국민들이 판차야트 체제와 다당제 민주주의 사이에서 선택하도록 국민투표를 하겠다는 결정을 발표하여 전 국민을 놀라게 했다. 그는 정당 금지령을 해제하고, 검열을 중지하고, 죄수들(일부는 20년간이나 감옥에 있었다)을 석방하고, 정치 문제에 관한 공개 논쟁을 허용했다. 운동의 분출과 국왕의 너그러운 대응으로 1년간 정치적 자유를 누릴 수 있었지만, 국민투표 결과가 집계되자 약간의 다수(54.7퍼센트)가 왕립 판차야트 체제 유지를 찬성한 것으로 나타났다.

승리로 관대해진 듯한 비렌드라 국왕은 1980년 12월 15일 비정당 의회를 선출하도록 명령했다. 민주개혁의 외양에도 불구하고, 정당은 다시 금지되고 선출된 관리들도 권한이 없었다. 국왕이 임명한 사람들이 새 의회와 가장 중요한 국가스포츠평의회(경찰, 군대와 준군사 부대인 만달레스mandales를 훈련하는)를 운영했다. 만약 국왕의 절대적 정치권력에 의문을 품는다면, 궁정 측근들이 첫 의회에서 선출된 총리를 즉석에서 해임하고 아무도 남지 않았을 것이다. 부패 스캔들과 독립 성향의 정치인들에 대한 위협이 정무직 임명자들을 계속 괴롭히면서, 최소한의 민주주의적 외관에 대한 희망마저 빠르게 사라졌다. 1980년대 중반 NC는 정부에 맞서 비폭력 캠페인(사티아그라하 운동)을 시작했고, 공산주의자들도 독자적인 '감옥 채우기' 운동을 동원했다. 1985년 6월 20일 왕궁 주변 5곳에서 의문의 폭발이 연달아 일어난 다음, 모든 시위가 취소됐다. 거리의 소문으로 폭탄이 갸넨드라 왕자(2002년 권력을 장악한)의 작품이란 비난이 퍼져도 이는 별로 중요하지 않았다. 왕실은 한 야당 정치인을 비난했고, 재빨리 그에게 사형이 선고됐으며, 야당은 서둘러 후퇴했다.

1986년 공산당을 포함한 여러 진보 인사가 비정당 투표에서 선출됐지만, 판차 당국에 반대하는 이상 그들은 감옥과 의회 사이의 회전문에 선 것이나 다름없었다. 그럼에도, 정당하게 통치하지 못하는 국왕의 무능력을 극적으로 부각함으로써 선거활동은 운동을 건설하는 데 기여했다. NC가 국왕의 정당 금지 명령을 어기고 공개적으로 활동하자, 국왕은 수백 명의 지도자를 검거했다. 동시에 연료와 식량 부족은 왕실에 대한 국민들의 선의를 서서히 약화했다. 인플레이션이 심화되자 심지어 국왕의 신성, 즉 비슈누의 현세 환생으로서 국왕의 지위에 대한 힌두교 신자들의 생각도 더욱 쇠퇴했다.

왕실의 정치적 지배에도 불구하고, 학생들의 전투성은 강력한 힘을 내는 데 도움이 됐다. 1980년대 초 새로운 언론 자유로 네팔 최초의 자주적 신문들이 생겼다. 정보에 대한 사람들의 갈망은 아주 커서, 네팔의 신문 수는 1960년의 27개와 1980년의 84개 사이 어느 시점에서 1980년부터 1990년까지 5배가 늘었다.[6] 도로와 전화 서비스가 크게 향상되어 전국의 오지들에서(그리고 활동가들 사이에서) 통신이 용이해졌다. 문자해독률은 1952년 5퍼센트에서 1989년 40퍼센트에 이르렀다. 표 7.1에서 볼 수 있는 것처럼, 고등교육은 엄청나게 팽창했다. 1984년부터 10년간 고등교육 기관에 등록한 학생 수는 2배로 늘었고, 이는 야당에 변화를 위한 강력한 유권자 기반을 제공했다.

교육 기회의 팽창과 함께, 카스트제도에 반대하는 문화혁명의 씨앗이 뿌려졌다. 여전히 네팔 사회에서 주요한 힘이긴 하지만, 카스트는 일상생활의 관계를 규정하는 면에서 과거 수세기 동안 담당해온 엄격하고 가장 중요한 역할을 더 이상 하지 못한다. 소수인종과 카스트 집단들은 자신의 인권을 주장하기 시작했다. 또한 새로운 전문직 중산층이 성장하고 여성들이 가족 외부에서 일할 기회가 증가한 것도 중요했다. 급속한 교육개혁은 시민사회에 새로운 역학을 창출하는 데 도움을 줬지만, 원하는 결과에는 미치지 못했다. 오늘날에도 네팔은 여전

[표 7.1] 중등 및 고등 교육 기관 입학자

	1950	1961	1970	1984~85	1989~90	1991~92
중등학교	1,680	21,115	102,704	216,473	364,525	421,709
고등교육 기관	250	5,143	17,200	55,560	95,240	110,329

출처: Martin Hoftun, William Raeper, and John Whelpton, *People, Politics and Ideology: Democracy and Social Change in Nepal* (Kathmandu: Mandala Book Point, 1999), 95.

히 문맹률을 낮추고 젊은이들을 교육하려 애쓰고 있다. 너무 많은 어린이가 강제노동과 굴종의 삶을 견딘다. 유니세프는 네팔 어린이의 절반 이상이 영양실조라고 추산한다.

1980년대 초 네팔이 현대화하면서, 영화관이 문을 열고 텔레비전은 소개되자마자 폭넓은 인기를 누렸다. 1980년대 말에 민주주의를 쟁취하기 위한 아시아와 유럽의 봉기 소식이 방송되자, 사람들은 저마다 찾을 수 있는 TV 앞에 몰려들었다.[7] 수많은 봉기가 일어나면서, 세계의 먼 곳에서 벌어진 사건들이 자유를 열망하는 사람들에게 깊은 영향을 미쳤다. 1986년 필리핀의 피플파워 혁명이 마르코스를 타도하자 사람들은 기뻐했다. 많은 사람이 국왕도 권력에서 쫓겨나야 하며, 무엇보다 중요하게 쫓겨날 수 있다고 공공연하게 말했다. 1989년 동유럽 혁명 기간에, 특히 루마니아(그 얼마 전에 차우세스쿠 대통령이 네팔을 방문했다)에서 전투가 벌어질 때, 사람들은 봉기를 유심히 지켜보며 그것을 모방할 수 있기를 바랐다. 1990년 네팔 민주화운동의 '최고 지도자'로 통하는 가네시 만 싱은 "고르바초프의 페레스트로이카와 글라스노스트 발표로 이와 같은 일이 심지어 네팔에서도 가능해졌다"[8]고 말했다. 대조적으로 중국의 톈안먼 시위는 북쪽 이웃인 러시아와의 예민한 관계 때문에 거의 보도되지 않았다.

자나 안돌란의 준비

1990년에 접어들면서 국왕이나 야당도 다가올 해에 무슨 일이 일어날지 몰랐다. 새해 축하가 끝나자 곧 비렌드라 국왕과 왕실 가문은 연례 농촌 방문을 위해 카트만두를 떠났다. 일주일 후인 1월 10일 7개 공산주의 정당이 통합좌파전선(ULF)을 결성하고 의회당과 협력하기로 합의했다. 그들은 다 함께 민주주의회복운동(MRD)을 결성했다. 더 급진적인 7개 공산주의 정당은 통합민족민중운동(UNPM)을 결성했다. 다당제 민주주의와 입헌군주정이라는 단기 목표에 대해서는 MRD와 합의했지만, 그들은 독자 행동을 계획하기 위해 독립성을 유지했다.

지구를 휩쓴 반란의 물결에 고무된 네팔의 주요 야당들은 1990년 2월 18일에 시작하기로 예정된 대중 시위를 공동 주최하기로 합의했다. 버마처럼 시위를 시작할 날짜는 주의깊게 선택되었다. 2월 18일은 공식적인 '민주주의의 날'로, 1951년에 트리부반 왕이 다당제를 시행하기로 한 기념일이었다. 비밀리에 만난 그들은 목표에 대해 합의했다. 1인 1표 다당제 입헌군주제가 목표였고, 이는 판차야트 체제의 해체와 국왕의 절대권력을 국회에 이전하는 것이 포함된 변화였다.⁹ 많은 투사들은 당장이라도 시위를 시작할 준비가 되어 있었지만, 운동 지도자들은 시위를 연기했다.

1월 18일 약 4,000명이 NC 전국협의회를 위해 타멜 거리에 있는 가네시 만 싱의 호화 저택에 모였을 때 운동이 시작될 것으로 많은 사람이 예상했지만, 야당은 국왕에게 요구에 응할 시간을 주길 원했다. 의회당은 또한 활동가들이 투쟁을 준비할 시간을 벌고 싶어했다. 지도자들은 시위를 한 달간 연기했고, 1월 30일 ULF와 비밀 조정위원회를 구성했으며, 민중 반란의 승리를 위해 정교한 계획을 짰다. 2월 18일 행동 개시일 다음날에 총파업을 벌일 예정이었고, ULF는 2월 25일 '암흑의 날'을 조직하려 했으며, 또 다른 총파업을 3월 2일에 전개하기로

했다. 심지어 운동이 거리로 나서기도 전에, NC 총재 크리슈나 프라사드 바타라이는 "이번에 우리는 승리할 것이다. 우리는 국왕에게 입헌제를 강제할 것이다. 모든 일이 순조롭다면, 단 몇 주 안에 우리가 권력을 잡을 것이다. 만약 일이 잘못되면 나와 동료들은 감옥에 갇히겠지만, 그것은 위협이 안 된다. 혹시 그런 일이 일어난대도 몇 달만 지속될 뿐이며 그다음에 우리는 승리할 것이다"[10]라고 예견했다.

인도 의회당의 의원들이 1월 18~20일 NC 전당대회에 파견되어 네팔의 민주화운동 출범을 도왔다. 인도 자나타당Janata Party의 지도자이자 나중에 인도 총리가 된 찬드라 셰카르는 놀란 네팔인들에게 인도의 모든 정치 지도자가 네팔의 민주주의를 지지하며, "차우셰스쿠, 마르코스, 이란의 샤 같은 폭군의 타도에서 용기를 얻어야 한다"[11]고 말했다. 수많은 세력이 봉기의 성공을 위한 조건을 창출하려 집결하는 가운데, 하나의 핵심 요소는 양국 간 무역 및 교통 협약이 만료된 이후 인도가 시행한 통상 금지령이었다. 1989년 말에 14개 국경 검문소가 폐쇄됐고, 1990년 2월 15일 올인도라디오All India Radio는 네팔로 가는 남은 두 길도 2월 18일 폐쇄될 것이라고 발표했다. 이날은 민주화운동 투쟁을 시작하기로 한 날이었다. 인도의 교통 봉쇄는 육지로 둘러싸인 네팔을 견디기 힘든 위치로 내몰았지만, 인도는 "네팔에서 민주주의에 관한 이해"에 도달할 때까지 어떤 새로운 협약에도 동의하지 않을 것이라고 약속했다.[12]

네팔인들은 즉각 필수품 공급 감소로 고통받기 시작했고, 이 물품 부족은 이미 불안정한 네팔의 경제 상태를 고려하면 버티기 힘든 수준이었다. 1990년 세계은행의 신중한 추정에 따르면 네팔의 1,900만 인구 중에서 최소한 700만 명이 절대빈곤 상태에서 살았다.[13] 1970년에서 1990년 사이에 곡물 생산은 거의 50퍼센트나 하락했고, 가축의 수는 절반으로 감소했으며, 들판에서 하루 종일 힘들게 일해도 집과 옷은 말할 것도 없이 가족을 먹이기에 충분한 양을 생산할 수 없었다.[14] 국민의 90퍼센트가 빈곤한 농촌 지역에 사는 반면, 궁정에 만연한 부패는 폭넓게 비웃음을 당하면서도 계속 악화됐다. 1970년대에 물가가 2배로 오르고 1980년에서 1987년 사이에 다시 2배로 오르자 IMF는 네팔에 구조조정 패키지를 강제했고, 이 악명 높은 '해법'은 빈민들의 곤경을 악화시킨 것으로 전 세계에서 유명했다.

비록 제한적이지만, 1979년 투쟁을 통해 획득한 네팔의 새로운 자유와 교육 기회는 점증하는 출세 지향적 도시민들에게 가장 중요했다. 텔레비전 광고를 통해 전 지구적 소비문화에 익숙해지면서 가속화된 기대의 상승은 1990년 운동의 핵심적 추동력이었다. 1990년 초반 발표된 여론조사에서 73퍼센트의 중산층 응답자가 민주화운동을 지지했고, 25퍼센트는 참여하겠다고 말했다.[15]

민주주의를 위한 7주간의 투쟁은 2월 18일에 분출하여 4월 9일 승리할 때까지 지속됐고, 이는 야만적 공격에 맞선 용감한 저항의 50일이었다. 수십 명이 죽고 수백 명이 다치고 수천 명이 체포됐다. 그럼에도 수만 명의 사람이 계속 거리로 나서 민주주의를 요구했다. 다른 누구보다 먼저 학생들이 최초의 가두투쟁에서 선두에 섰고, 그들은 경찰의 폭력으로 가장 큰 고통을 겪었다. 감옥에 갇히고 구타당하고 고문당하고 심지어 살해돼도 학생들은 굴복하길 거부했다. 국왕은 모든 대학을 폐쇄하고 심지어 수도의 초등학교와 중등학교까지 폐쇄했지만, 시위는 퍼져갔다. 카트만두 계곡의 네와르족과 전문직(교사, 의사, 변호사) 사이에서 가장 격렬하긴 했지만, 자나 안돌란 민중봉기에는 네팔의 모든 민족집단과 카스트, 노동자와 학생, 농민, 청년 실업자가 참여했다.

1990년 봉기에 대한 경험적 분석은 수십만 민중의 행동 속 의식을 해명하는 데 도움이 되며, 이는 그 당시 네팔 사회를 규정하는 가장 중요한 특징이었다. 구체적으로 민중 투쟁의 형태와 내용을 살펴봄으로써, 우리는 그들의 열망, 자주성과 통일성, 그들이 영감을 끌어온 국제적 네트워크에 대한 통찰을 얻을 수 있다. 봉기의 구체적 성격을 세밀하게 검토하면 보통 사람들의 지성과 혁신이 드러난다.

정당들과 민중운동

처음에는 정당들이 시위를 호소했겠지만, 민중의 행동은 정치인들의 가장 격렬한 꿈을 훨씬 뛰어넘었다. 카트만두 계곡에서 시작된 봉기는 전국을 끌어들였고, 저항할 수 없는 힘으로 결국 왕가가 요구에 동의하도록 강제하는 구심력을 창출했다.

학생들이 MRD가 정한 날짜 이전에 행동에 나서자, 국왕은 그들의 시위를 무자비하게 진압했다. 2월 12일 국왕 부부가 근처에 머물던 포카라에서 500명 이상의 젊은 학생이 난폭하게 체포됐는데, 이들은 넬슨 만델라의 석방을 축하하는 평화 행진을 하던 중이었다. 많은 여학생의 옷이 찢겼고, 그중 한 명인 락스미 카르키는 끔찍한 학대를 당했다. 포카라의 비극에 대한 소식이 퍼지자, 대중의 분노와 함께 봉기의 추동력도 상승했다.[16]

모든 사람이 다가오는 봉기 계획에 대해 알고 있었기 때문에, 정부는 거의 모든 유명 활동가 지도자를 체포했다. 2월 10일까지 약 500명이 체포되고, 13일까지 1,300명이 검거되고, 18일까지 5,000명이나 되는 정치 지도자가 무기한 구금되었다.[17] 운좋게 경찰을 피할 수 있었던 사람들은 지하로 들어가야 했다. 2월 15일부터 당국은 민간 신문사들을 몰수하고 언론인을 수십 명씩 체포했다. 이런 조치들 가운데 아무것도, 심지어 2월 18일 야당 지도자 대부분의 구금조차 민중운동의 분출을 저지할 수 없었다. "투쟁하라, 아니면 민주주의를 위해 죽어라!"가 수천 명의 보통 시민의 집회 구호가 됐다.

2월 18일에 시위가 일제히 시작되자, 작가들은 새로운 시집 《봄을 찾아서〉를 발표했다. 특히 비나이 라발의 시 〈일단 주먹을 쥐면〉이 민중들에게 투쟁할 것을 호소했다.

> 일단 주먹을 쥐면,
> 베를린장벽도 무너진다.
> 일단 주먹을 쥐면,
> 톈안먼 사태도 일어난다,
> 일단 주먹을 쥐면,
> 만델라도 석방된다.
> ……
> 어째서 우리가 주먹을 쥐지 않아
> 역사의 죄인의 되고자 하는
> 유일한 사람이란 말인가?
> 우리 안의 인간은 죽었는가?[18]

2월 18일, 수천 명의 전투경찰이 모든 주요 간선도로에 대열을 이루어 사람들이 거리에 모이거나 인근의 연병장으로 들어가지 못하게 막았다. 깃발을 펄럭이던 최초의 용감한 소수는 끌려갔지만, 사람들이 계속 도착해 마침내 최소 1만 명이 카트만두 중심가에서 행진 대오를 형성할 수 있었다. 동시에 정부가 계획한 민주주의의 날 기념행사도 저명한 판차들을 선두로 모이고 있었다. 경찰은 진압봉과 최루가스로 시위대를 해산시키려고 했지만, 군중은 매를 맞을지언정 항복하기를 거부했다. 일부는 행진하기 시작한 한편, 다른 이들, 특히 트리찬드라 대학의 학생들은 판차야트 체제의 창시자인 마헨드라 국왕의 조각상을 훼손했다. 군중은 경찰의 공격을 피해 공식 민주주의의 날 기념행렬과 충돌했다. 시위대는 돌을 던지면서 공식 행진단의 선두에 있던 정부 장관들을 쫓아냈다. 이후 하루 종일 경찰과 시위대는 수도의 곳곳에서 충돌했다.

그날 저녁 라디오네팔은 전국적 소요 사태를 보도했다. 40곳 이상의 구청이 시위 현장이 됐다.[19] 한 보도에 따르면 치트완에서 5,000명이 두 운동 지도자의 체포를 막으려고 하자 경찰이 발포해 4명을 죽였다.[20] 헤타우다에서 한 경찰관이 돌에 맞아 사망하고 많은 차량이 불탔다. 봉기가 시작되고 사흘간, 국왕 직속 경찰이 전국에서 폭력적 수단을 사용하면서 바라트푸르, 박타푸르, 자낙푸르에서 10여 명이 살해되고, 네팔 전역에서 총 24명이 사망했다.[21]

2월 19일, MRD가 호소한 네팔 최초의 총파업은 도시 지역에서 커다란 성공을 거두었다. 도시의 상점들은 문을 닫았고 교통은 최소한만 운행했지만, 경찰은 또다시 치명적 폭력을 사용했다. 카트만두 인근 박타푸르의 네와르족 마을에서 경찰은 여성과 어린이를 포함한 군중에 덤덤탄을 사용하여 6명을 죽이고 25명을 다치게 했다.[22] 키르티푸르에서는 사람들이 경찰서에 불을 질렀다. 자두쿠하, 나라얀가트, 헤타우다에서 모두 시위대의 사망을 알리는 급보가 전해졌다. 남부 테라이에서도 경찰 폭력은 참을 수 없는 수준에 이르렀다.

국가 폭력에 대응해 변호사협회가 2월 20일 총파업을 호소했다. 2월 23일에는 전국의 의사들이 2시간 경고파업에 들어갔다. 마하라간지 의대 병원의 전 직원이 경찰이 시체를 훔치는 것을 막기 위해 동원됐다. 한 목격자는 "약 200~300명의 경찰이 영안실에서 시체를 훔치려고 왔다. 간호사들이 먼저 도착해 시체를 옮기는 차량 앞 땅바닥에 누웠다. 뒤이어 의사들과 심지어 환자들 및 친척들까지 경찰 차량을 포위했다. 경찰은 협상을 해야만 했다"[23]라고 말했다. 경찰이 시체를 훔치려고 한 것은 유가족에게서 죽은 사람을 애도할 기회를 빼앗는 가학적 쾌락 때문이 아니라, 자신의 백성을 살해하게 했다는 군주의 당

혹감과 수치심 때문이었다. 아마도 자기 백성을 보호하기는커녕 살해했다는 것보다 힌두 군주에게 더 저주스러운 비난은 없을 것이다. 광주나 버마처럼, 네팔에서도 정부는 엘리트의 폭력에 대한 민중의 복수를 미연에 방지하기 위해 헛되이 희생자들의 시체를 숨기려고 했다.

첫 번째 주말까지, 운동 측 소식통은 수천 명의 체포와 최소한 40명의 사망을 보고했다. 매일 시위와 경찰의 공격이 계속되면서, NC는 3월 3일 체포자 수를 총 7,045명으로 집계했다. 3월 중순, 인권보호포럼은 2월 18일 이래 구속 중인 5,000명 외에 추가로 2만 명이 일시적으로 구금 중이라고 발표했다. 정부와는 달리 민중의 행동은 인간이 아니라 재산을 대상으로 했다. 정부는 2월 18일에서 3월 4일까지 사상자를 집계할 때, "파괴 분자들"이 손상시킨 버스의 수를 33대로 계산했다.

봉기의 첫 달에 검열은 엄격하게 적용됐다. 텔레비전 방송은 시위에 대해 언급하지 않고, 그 대신 왕실 가문의 서부 네팔 방문 장면으로 때웠다. 네팔의 가장 중요한 독립적 신문 2개가 폐간됐다. BBC, 인도 라디오, 미국의 소리 방송은 아직 들을 수 있었지만, 운동은 현재 상황을 알리고 미래의 투쟁을 발표하기 위해 자체 지하 네트워크, 간이 미디어, 사람들의 입에 의존해야 했다. 2월 21일부터 NC는 지하신문《민중운동 소식Jana Andolan Samachar》을 인쇄해 몰래 1루피에 팔았지만, 그달 말이 지나기 전에 경찰이 사무실을 습격하여 신문을 폐간했다. 2월 26일부터 봉기 마지막 날까지 네팔공산당(마르크스레닌주의파)은 A4 용지에 일간《투쟁 소식Sangharsha Bulletin》을 인쇄했지만, 1일 인쇄량은 겨우 500부였다.[24]

검은색은 민중의 분노와 희망의 상징이 됐다. 2월 25일 조직된 무리들이 검은 완장을 두르고 항의의 검은 깃발을 들었던 '암흑의 날' 이전에도, 사람들은 자발적으로 검은색을 자신의 필요에 이용했다. 2월 22일 비라트나가르에서 입 위로 검은색 천을 두른 여성들이 침묵시위를 벌였다. 밝은 대낮에도 그들은 고대 그리스에서 디오게네스가 그랬던 것처럼, 진리 추구를 극적으로 표현하기 위해 등불을 들었다. 2월 26일 수천 명의 교사와 교수가 파업에 들어갔는데, 많은 이가 검은색 옷을 입었다. 3월 2일 두 번째 '네팔 반드Nepal Bandh'는 다시 투쟁에 활력을 불어넣었다. 다음날 예술가들이 입 주위에 검은색 스카프를 두르고 수도의 트리찬드라 대학 근처 거리에 앉아 농성을 벌였다. 곧 오랫동안 네팔 독립의 상징이었던 검은 스카프를 모든 곳에서 볼 수 있었다. 비라트나가르에서는 당나귀와 개와 고양이도 검은색 스카프와 민주주의 구호로 장식한 채 거리를 뛰어다녔다.

경찰에 붙잡힌 운 없는 사람들은 더러운 감방에 함께 몰아넣어졌고, 많은 사람이 화장실이나 물에 접근할 수 없었다. 많은 이가 구타와 똥칠과 전기봉 고문을 당했다.[25] 암흑의 날 하루에만 1,000명 이상이 잡혀갔다. 비라트나가르에서는 대규모 여성 시위가 경찰의 공격을 받아 수십 명이 잡혀갔다. 3월 초 시위가 추동력을 잃은 것처럼 보였을 때, 공무원들이 새롭게 투쟁을 주도했다. 3월 8일 국제 여성의 날, 검은 깃발을 들고 검은 완장을 찬 수백 명의 여성이 카트만두 파드마카냐 캠퍼스에 모였고, 여성 지도자들은 변화하는 사회에서 여성의 역할에 대해 토론했다.[26] 3월 20일에는 네팔의 지도적 지식인들이 한 대학에서 네팔의 상황에 대해 토론하기 위해 공개 회의를 요청했다. 키르티푸르에서 열린 모임 중간에, 경찰이 들이닥쳐 700명을 체포했다. 같은 날 포카라의 삼림학 캠퍼스에서 학생 320명이 체포됐다. 대량 체포는 국왕의 독단적 행동에 대한 나라의 분노를 더욱 부채질했을 뿐이다.

3월 23일은 '민중 단결의 날'이었고, 정당들은 2주일 이상 열광적으로 행사를 준비했다. NC와 ULF는 별도의 행진을 계획했고, 정당들은 카트만두에서만 2만 명 이상이 모일 것이라고 믿었다. 그렇지만 지정된 시간이 되자 집회 장소에는 경찰과 다른 사람이 더 많았다. 정당들의 최선의 노력은 우울한 실패였다.[27] 다시 한 번 보통 사람들의 자발적 동원력이 중앙에서 조직된 정당들의 그것보다 훨씬 더 강력한 무기임이 입증됐다.

다양한 그룹들이 자율적으로 상상력 넘치는 투쟁 형태를 취하면서 다양한 전술적 혁신을 이루고, 자연스럽게 서로 소통하는 반란의 도구를 창조하고, 지속적으로 군주제의 종식을 요구했다. 네팔대학교원협회(NUTA)의 후원 아래, 수백 명의 강사가 '펜을 내려놓는' 파업을 전개했다. 대학 관리들은 때때로 정의를 요구하는 성난 직원들에 둘러싸였다. 운동은 고등학교와 심지어 12, 13세 학생들에게도 퍼졌다. 3월 27일, NUTA는 운동에 참여한 교사들의 체포와 해고에 항의하여 수업거부와 농성을 전개했다.

3월 28일 야당은 시민들에게 정부를 파산시킬 수단으로서 세금, 물, 전기, 전화 요금 납부를 유예할 것을 촉구했다. 필리핀을 연상시키는 전술이었다. 네팔의사협회는 첫 번째 임시회의를 열어 국가의 폭력을 비난하는 성명서를 발표했다. 이틀 뒤, 네팔기술인협회도 반대 성명을 발표했다. 3월 31일에는 주부들도 파드마카냐 대학 밖에서 케틀드럼 행진단을 구성해 정치적 표현의 수단으로서 냄비와 팬을 사용했다. 그 이후에 곧 시위에서 냄비와 팬을 두드리는 소리가 전국적으로 들리기 시작했다.

일제소등blackout은 운동의 가장 중요한 매일 행사가 됐고, 불을 끄는 것 이상의 무언가를 하길 두려워하는 많은 사람이 행동에 참여하도록 이끌었다. 누가 명령하지 않았는데도 일제소등은 처음에 테라이의 나라얀가트에서 시작되어 빠르게 카트만두와 다른 도시로 확산됐다. 3월 19일에 시작된 일제소등은 더욱 체계적으로 발전했다. 카트만두 전역에서 매일 저녁 7시에 10분간 모든 마을을 암흑 속에 빠뜨렸다. 비록 일제소등을 따르지 않는 집들의 창문이 이따금 깨지긴 했지만, 일제소등은 연대와 결의의 고무적인 표현이었다. 한 운동 지도자는 나중에 이렇게 언급했다. "우리가 마침내 승리가 임박했다는 것을 알게 된 때가 바로 이 저녁 시간이었다."[28]

인민대중은 정당들과 그들의 비밀스러운 '합동조정위원회'보다 훨씬 더 앞서 있었다. 2월 18일 민중봉기가 시작된 바로 그날부터 "대중이 혁명을 지지하는 정도는 판차야트 정부만큼이나 야당 지도자들에게 놀라운 일로 다가왔다".[29] 많은 역사가 뛰어난 지도자와 정당을 봉기의 주요한 세력으로 취급하지만, 되풀이해서 운동의 지도자들은 민중 동원의 정도에 놀라움을 표현했다. 거리에서 조정위원회가 민중에 미친 영향은 측정하기 어렵지만, 한 외국인 참관인은 이렇게 말한다. "MRD는 NC-ULF 동맹이 요구한 대로 성격상 명백히 비폭력적이었다."[30] 하지만 그는 어떻게 "일부 활동가들이 돌과 보도석으로 경찰과 전투를 벌였는지" 묘사했다. "공간을 점거하기 위한 공개적 경쟁은 카트만두 거리 곳곳에 소요가 있었음을 말해주는 징표의 모자이크—관공서와 상점의 깨진 창문, 불타서 골격만 남은 정부 버스, 경찰과 전투를 벌일 때 사용됐다가 거리와 보도에 뿌려져 있는 부서진 보도석 등—를 새겼다. 친민주주의와 정당 슬로건이 도시와 사찰의 벽에 나타나기 시작했다. …… 일단 거리에 나서면 사람들은 좁은 거리를 가로막는 임시 바리케이드로 쓰려고 차량 타이어에 불을 붙였고, 무장한 전투경찰과 돌을 던지는 시위대 간에 육박전이 벌어졌으며, 시위대의 방화가 어두워진 도시를 밝혔다."[31]

파탄 해방구

3월 말 파탄(카트만두의 강 건너편)의 네와르족 마을에서 민중이 도시를 접수해 일주일간 버텼을 때 봉기의 표출은 최고 수준에 도달했다. 어떤 다른 개별 전투보다 파탄의 전면적 민중봉기가 비렌드라의 절대군

파탄의 민중들은 지구 법원 앞에 있는 표지판을 없애고 며칠 동안 자신들의 해방구를 유지했다.
(사진 Thomas Bonk)

주적 통치를 끝내는 데 결정적이었다.

끔찍한 국가 폭력이 수주일 동안 파탄의 주민들에게 적대감을 불러일으키자, 청년들이 망갈 바자에 있는 판차야트 지역 사무소를 공격했다. 경찰이 몰려와 저지할 때까지 청년들은 건물에서 책상, 의자, 파일을 끄집어내 불태웠다. 전투경찰이 도착했지만, 그들의 최루가스는 시위대를 파탄의 좁고 구불구불한 미로 같은 거리에서 몰아내는 데 실패했다. 사람들은 계속 다시 모였고, 판차야트 사무소에 대한 또 다른 공격을 전개했다. 전투가 오후까지 이어지자, 경찰은 총기를 사용하여 도시 중심부 시장에서 최소한 2명을 사살했다.

다음날인 3월 31일 토요일에 대규모 경찰 부대가 도착해서 용의자를 조직적으로 수색하기 시작했다. 그들은 가정집 문을 박차고 들어가 찾아낸 사람을 아무나 구타했다. 그날 저녁, 불이 나가고 자발적인 일제소등이 새벽까지 계속되자, 활동가들은 마을tols의 집집마다 돌아다니며 거리를 장악함으로써 유혈 사태를 끝내기 위해 사람들을 동원했다. 두 젊은 참여자에 따르면 "밤낮으로 마을마다 구역마다 돌아다니면서 사람들에게, 일부는 이미 경찰에게 살해되고 부상당했지만, 남은 형제자매, 아들딸을 보호해야 한다고 설득했다. 남녀노소 할 것 없이 칼과 창, 막대기, 집 안에서 찾을 수 있는 것은 무엇이든지 들고 나왔다. 활동가들은 모두가 같은 카스트에 속하고 근친결혼으로 파탄에서 가장 단결된 구역인 치아살 톨Chyasal Tol에서 시작했지만, 이내 다른 모든 마을과 지역으로 퍼졌다."[32] 무기를 들고 도시를 가로질러 행진하면서 사람들의 사기가 올라갔다. 활동가들은 그들에게 도시를 해방구로 만들자고 호소했다. 곧 수백 명의 사람이 추가 공격에서 파탄을 보호하기 위해 참호를 파고 바리케이드를 세우는 것을 도왔다.[33]

민중이 '민주주의 지대'와 '자유국가'로 선포한 파탄 해방구는 온전히 일주일을 버텼다. 4월 1일 경찰이 도시에 들어갈 수 없게 되자, 약 5만 명이 모여 판차야트 체제만이 아니라 왕정에 반대하는 구호를 외쳤다. 그들은 카트만두 사람들에게 자신들의 모범을 따르라고 촉구하기 위해 카트만두로 가는 강을 건너 행진하려고 했지만, 밀집한 경찰 부대가 그들을 막았다. 행진은 다시 파탄으로 퇴각했고, 민중은 파탄으로 이어지는 7개 대로의 바리케이드를 다시 보강하고 방어선의 참호를 더 깊이 팠다.

파탄 해방구 내에서 거의 모든 마을은 자율적으로 조직된 자위부대를 보유했다. "위원회들은 쿠크리(구부러진 칼)와 연장과 막대로 무장한 50 내지 100명의 사람으로 이뤄졌고, 그들은 24시간 내내 바리케이드를 지켰다. 도시로 들어가는 모든 사람은 검문을 받았다."[34] 여성들도 정원 도구, 빗자루 손잡이, 부엌칼을 사용하여 가족과 도시를 보호하기로 비장하게 각오한 채 서 있었다. 사찰의 종들이 정부의 침입

파탄 해방구에서 시민들은 전략과 전술에 대해 자유롭게 발언했다. (사진 Min Bhajracharya)
출처: *Dawn of Democracy*, 49.

에 대해 경고할 때마다 주민들은 자신의 마을을 지키기 위해 바리케이드로 결집했다. 한번은 바리케이드를 청소하려고 정부가 불도저 한 대를 보내자, 운전자를 쫓아내고 불도저를 불태웠다. 파탄의 좁은 거리는 경찰 대오의 밀집을 불가능하게 했고, 동시에 뒷골목은 활동가들에게 마을 사이의 안전한 길을 제공했으며 이 길은 심지어 카트만두까지 이어졌다.

사람들은 경찰관 128명이 갇힌 망갈 바자의 파탄 경찰서를 포위했다. 주위에 바리케이드를 세우는 한편, 차량이 들어오지 못하도록 깊은 참호도 팠다. 도망치려고 시도하던 경찰들은 주변의 옥상에서 날아온 돌에 맞았다. 그들이 다시 경찰서로 퇴각한 다음, 안전과 충분한 식량과 물을 보장받은 상태에서 건물 안에 머물 것인지, 아니면 안전에 대한 어떤 약속도 없이 떠날 것인지 선택을 하도록 했다. 경찰은 머물기로 했다.[35]

해방된 광주에서 활동가들이 그랬던 것처럼 파탄 사람들이 전 도시적 참여집회를 끌어낼 수 있었는지는 불명확하지만, 일일 집회는 계속됐다. 전부는 아니더라도 이런 집회의 대부분은 일방적인 성격을 띠었다. 수평적인 의사소통을 용이하게 하기보다는 지도자들이 대중에게 연설했다. 4월 2일, 불법 정당들의 지하 지도자들이 처음으로 공개 석상에 나타났다. 순다라 광장은 사람들로 가득 찼다. 집회가 끝날 무렵, 흰색 헬리콥터가 선회하며 내는 소음이 연사를 압도했다.[36]

긍정적 측면에서, 사상 처음으로 파탄 해방구는 운동 지도자들에게 수천 명의 대중 앞에서 연설할 수 있는 유일한 공적 공간을 제공했다. 정치인들이 확성기를 가지고 나오면, 수많은 군중이 그들의 연설에 주의를 집중했다. 하지만 확성기와 저명한 지도자들이 없을 때면, 지속적인 공개 연설이 작은 무리별로 이뤄졌다. 사람들은 봉기 동안 서로의 경험을 교환하고 어떻게 가장 나은 방향으로 전진할지 조언했다. 당시에 참여한 어떤 사람은 나중에 내게 이렇게 설명했다. "마을 지구는 자발적으로 운동을 조직했어요. 중앙광장에서 확성기 없는 모임들이 끊임없이 계속됐습니다. 정당들은 도착해서 스피커를 설치했어요. 일부가 반대를 표했지만, 그들은 '우리가 예의바르게 행동해야 하고 돌을 던져서는 안 된다'는 등의 소리를 했죠".[37]

4월 2일, 8만 명이 해방된 도시에서 시위했다. 계속해서 급진적 활동가들은 파탄코뮌을 다른 도시들로 확장해야 할 필요성을 강조했지만, 경찰은 군중이 파탄을 드나드는 것을 막으라는 엄격한 명령을 받고 있었다. "지배자들은 수도로의 행진, 왕궁으로의 행진을 두려워했다. 활동가들은 더 이상의 유혈 사태를 피하기 위해 군중을 진정시켜야 했다."38

카트만두 중심에서 몇 킬로미터도 떨어지지 않은 키르티푸르에서, 사람들은 곧 파탄에 합류해 도시 중심부에 대한 통제권을 장악했다. 여성들이 체포된 아들들을 구하려고 경찰서를 공격하면서 투쟁이 발전했다. 그들은 엄청난 양의 최루가스를 맞았는데, 전에 파탄의 집회를 방해했던 똑같은 흰색 헬리콥터에서도 최루가스가 뿌려졌다. 최루가스로 군중을 해산하지 못하자, 경찰은 총을 사용해 4명을 죽였다. 그날 밤, 주민들은 참호를 파고 도시로 들어가는 주요 도로에 바리케이드를 세웠다. 희생자들 중 1명의 장례 행진 이후에, 사람들은 집회를 위해 바그 바이랍 사원에 모였다. 8명의 판차야트 관리가 "교만한 체제"에서 사임한다고 발표하자 모두가 환호했다.39 병원에 입원해 있던 가네시 만 싱은 파탄의 영웅적 행동을 최근 무장한 자유투사들이 차우세스쿠의 군대를 무찌른 루마니아 티미쇼아라와 비교했다.40

파탄의 코뮌은 전국적으로 민중들에게 영감을 줬다. 파탄의 예를 따라, 판차야트 청사가 수많은 도시와 마을에서 불탔다. 도시의 전문직 종사자, 특히 로열네팔항공의 조종사들이 파업에 들어갔다. 다른 지역에서 경찰의 총격으로 사람들이 죽었던 반면, 해방된 파탄에서는 아무도 죽지 않았다. 신선한 식품, 등유, 식용유가 떨어지면서 도시 내부에서 긴장이 증가했다. 일주일 후 마침내 정부는 파탄을 재탈환하기 위해 군대를 보냈다. 자살투쟁을 하기보다, 사람들은 군대를 받아들였다. 그들은 군대가 낮 동안 거리를 통제할 수 있겠지만, 밤에는 민중이 우위를 다시 되찾을 수 있으리라는 걸 알고 있었다.

정부가 평화적 시위자들을 구타하기 위해 만달레스(청부 폭력배 집단)를 풀자, 새로운 계층의 주민들이 운동에 참여했다. 4월 1일, 시위대의 용기로 과감해지고 국가 폭력에 분노한 텔레비전 방송인들은 키르티푸르의 소요 소식을 보도하며 정부에 대화를 촉구했다. 4월 2일에 이어진 정부에 맞선 총파업에는 5~6만 명의 교사와 3~4만 명의 노동자가 참여한 것으로 추산됐다.[41] 이후에 4월 3일 파탄에서 3만 명이 집회를 열었고, 다음날 봉기의 열사들을 추모하는 '애도의 날'에 수많은 애도식이 열리는 사이 탱크들이 수도로 진입했다. 로열네팔항공의 조종사 55명 전원이 12시간 파업에 들어가 모든 국내선 항공편이 취소됐다. 4월 5일 많은 정부 부처에서 '펜을 내려놓는 파업'이 벌어졌고, 전기와 전화 노동자들이 파업운동에 합류했다. 시위 행렬이 계속 늘어나자, 심지어 외무부 장관도 탄압 조치에 항의했다.

운동은 예상했던 것보다 덜 전통적인 수단에 의해 확산됐다. 입으로 전하는 말 외에도, 봉기를 일으킨 이들의 행동과 꿈을 담아 유명한 민요들을 바꿔 불렀다. 시는 운동의 열망을 담았고, 《마하바라타》 같은 힌두 서사시의 도덕률을 요약해서 실은 전단지들은 국왕의 불의한 통치와 대비됐고, 공공 광장의 사진 전시는 고문과 탄압을 극적으로 부각했다. 파탄에서 전해진 운동의 기밀정보는 누군가가 정부의 FM 채널을 엿듣고 사람들에게 경찰의 행동에 대해 미리 알려줬다는 것을 의미했다. 복사기와 팩스가 익명으로 나온 일일 보고를 네팔 국내와 국외로 배포하는 데 사용됐다. 광범한 배달 네트워크가 구두 메시지를 전했다.

전 사회가 정치화되자, 보통 사람들의 분출된 에너지와 상상력이 네팔 전체에서 가장 커다란 힘이 됐다. 한 시인이 꿈의 구획화가 새롭게 직면한 종말을 표현했듯이.

이제 시는 고립 속에서 발견되지 않고,
여러분은 시위 중에 시를 만난다.

이제 시는 종이 위에 쓰이지 않고,

여러분은 시가 거리로 달려가는 모습을 본다.

— 줄루스마 카비타, 〈행진하는 시〉

1990년 친민주주의운동의 '중추'는 타이완, 한국, 필리핀에서도 운동을 활성화한 집단인 새로운 전문직 중산층이었다.[42] 마이클 허트는 "새로운 것은 운동이 눈덩이처럼 불어나 학생만이 아니라 새로운 전문직 계층, 그리고 궁극적으로 보통 사람들이 참여하게 된 방식이었다"[43]고 말했다. 새로운 중산층이 운동의 '중추'였을지는 몰라도 그들은 노동계급, 농민, 도시 빈민을 끌어들였다. 짧은 몇 주 안에 봉기는 도시 인구의 여러 부류—의사,[44] 변호사, 언론인, 주부, 노동조합원, 예술가, 도시 빈민, 트럭 기사 등—사이에서 지지를 얻었다. 여성들은 특히 카트만두 외부의 계곡 도시들에서 활동적이었고, 그곳들에서는 여성 공장 노동자들이 잘 조직되어 투쟁에서 중요한 역할을 했다.[45]

한 분석가는 교육받지 못한 빈민의 참여를 개탄했는데, 그녀의 견해로는 그들의 격정적이고 산만한 시위는 "캠페인의 목표가 혼란스러워지는 것"[46]을 의미했기 때문이다. 역사 기술자들은 주로 새로운 중산층에서 나오기 때문에, 그들은 이 집단의 상대적 중요성을 과장하는 경향이 있다. 한국처럼 네팔에서도 중산층이 운동을 촉발하는 데 무척 중요한 역할을 했지만, 정부 탄압이 광범해진 후 운동을 유지하는 데에는 도시 빈민과 노동계급이 더 중요한 역할을 했다고 말하는 편이 공정한 듯하다. 일부 노동조합원들은 새로 결성된 네팔노동조합총연맹(GFNTU)의 보호 아래 운동에 참여했지만, 많은 노동자는 개인으로서 참여했다. 노동자들의 파업은 교사, 언론인, 의사, 전문 의료인, 변호사, 공무원 등 새로운 노동계급 사이에서 성격상 흔히 정치적이었다. 4월 15일 아침, 비르 병원 의료진은 국왕이 새로 임명한 내무부 장관

농기구로 무장한 여성들이 거리로 나섰다. (사진 Angelika Appel-Schumacher)
출처: *Dawn of Democracy*, 51.

의 해임을 요구하며 릴레이 단식농성(각 참가자가 12시간씩 단식)을 시작했다. 그들은 내무장관이 4월 6일 피의 금요일에 자신들을 대한 "부적절한 방식에 환멸을 느껴" 투쟁에 나섰다.

    물론 다른 관점에서 보자면, 노동계급을 직종이나 경제적 지위로 나누는 것은 부당하다. 1990년 봉기의 경험적 역사는 프롤레타리아트화한 전문직과 화이트칼라 노동자가 공장과 들판의 동료들만큼 새로운 자존 계급, 즉 오직 '객관적' 데이터(직종 또는 임금 수준)에 기초하여 계급을 분류하는 학문적 시도를 넘어 투쟁 속에서 단결을 지속한 봉기자들의 결합된 집단이었음을 드러낸다. 정말로, 프롤레타리아트화한 전문직의 더 적극적인 집단적 참여는 현대의 사회변혁 과정에서 그들의 중요성, 즉 19세기의 경제적 범주에 갇혀 있는 좌파들은 이해할 수 없는 새로운 역학을 보여준다.

    10명 중 8명이 농촌에서 사는 나라에서, 도시 전문직 종사자의 지도력은 주목할 만하다. 물론 '중산층'의 동요하는 성격 때문에 그들의 진정성이 문제시되지만, 그것은 블루칼라 또는 오합지졸(룸펜) 동료들도 다르지 않았다. 1951년 궁정혁명에서 라나 지배를 타도하는 데 기여한 활동가들의 참여 역시 운동의 양날의 칼이었다. 왜냐하면 그들이 운동의 수많은 공적 대변인을 제공하고 커다란 책임을 부여했기 때문이다. 그러나 나중에 그들은 운동을 진정시키고 국왕과 협상해서 결코 만족스럽지 않은 결과를 이끌어냈다.

1990년 자나 안돌란의 모든 주목할 만한 특징 가운데, 그토록 많은 부류의 사람과 정당이 단결한 것이 가장 핵심이었다. 농촌 지주들과 판차들을 제외하면, 운동은 성공적으로 새로운 민족 정체성을 창출했고 미래의 커다란 자원이 됐다.

봉기의 절정

가장 급진적인 7개 공산주의 정당은 연대체 통합민족민중운동(UNPM) 아래 4월 6일 금요일 새로운 전국적 총파업을 호소했다. 걷잡을 수 없는 민중 동원의 힘에 직면한 비렌드라 국왕은 그날 일찍 일어났다. 오전 6시 45분 라디오네팔에서 그는 정부의 해산과 전 총리 로켄드라 찬드가 이끄는 새 내각 구성을 발표했다. 일정한 변화를 주는 듯한 인상으로 국왕은 민중의 기대를 높였지만, 증오를 받는 판차야트 행정관들 사이에서 직위 교체를 통해 완고하게 권력을 유지하려고 시도함으로써 민중에 더욱 불을 질렀다.

그날 오전 늦게 민중은 자발적으로 일터로 가지 않기로 결정했고, 그 대신 도시 중심부로 결집하기 시작했다. 충분히 짐작할 수 있듯이, 1만 명의 여성 공장 노동자가 모이면서 파탄에서부터 중심가 행진이 시작되었다. 모든 방향에서 시위대들이 도시 중심가로 몰려들어 왕궁에서 겨우 몇 백 미터 떨어진 툰디켈 연병장에서 합류했다. 경찰은 개입하지 않았는데, 아마 그들은 엄청난 군중이 왕궁 근처에 집결하는 것을 저지할 수 없었을 것이다. 10만에서 50만 명까지로 추정되는 다양한 사람들이 참여한 거대한 집회(네팔 역사상 최대)는 곧 반군주제 구호를 외치기 시작했다. 모든 곳에서 불법 정당들이 깃발을 자랑스럽게 들고 다녔다. 인기 있는 후렴구는 "비렌드라 도둑놈, 네팔을 떠나라!"였다. 어떤 사람들은 왕비를 모욕한 반면, 더 많은 사람은 단지 "우리는 민주주의를 원한다!"라고 외쳤다. 멀리서 한 목격자가 이를 지켜보았다. "사람의 바다가 …… 끝없이, 무장하지 않은 채 평화적으로 행진했다. …… 그들은 머리 위로 박수를 치면서 구호를 외쳤는데, 멀리서 보면 리듬에 팔을 흔드는 일종의 발레 공연자들 같았다. 바그 바자 주택가의 사람들은 1층과 2층 창문에서 물을 뿌려주고 있었다. 아주 더웠던 그날 오후 여성들이 행진자들의 열기를 식혀준 방식이었다."47

수십 년 만에 처음 열린 민주적인 대중 집회에서 확성기는 소수였고, 따라서 정치인들이 말하는 것을 들을 수 있는 사람은 많지 않았다. 연사들이 연이어 다당제 민주주의 회복을 호소하자, 풀뿌리에서부터 군주제 폐지를 호소하는 목소리가 더욱 커졌고, 왕궁으로 행진하자고 제안하는 목소리도 커졌다. 근처의 정부 청사를 공격하는 대신에, 군중은 왕궁 방면으로 늘어났다. 사람들이 왕궁 300미터 안에 도달하면서 최소한 2곳의 경찰 저지선이 깨졌다. 오후 4시에 갑자기 경찰이 호루라기를 불었다. 군중에 대한 대대적인 공격 신호였다. 사방에서 경찰 곤봉이 사람들의 머리 위로 비처럼 쏟아졌다. 응답으로 돌과 벽돌이 날아갔다.

다음에 정확히 무슨 일이 일어났는지에 대해서는 설명이 다양하다. 경찰이 엄청난 양의 최루가스를 퍼붓자, 군중 가운데 더 전투적인 대오가 국왕 처남이 소유한 상점의 유리창을 깼다. 사람들은 2월 18일에 학생들이 공격했던 마헨드라 국왕 동상을 다시 훼손하기 시작했다.

한 젊은이가 동상 위로 올라가 동상의 팔에서 홀笏을 쥐었다. 그는 곧 총에 맞아 죽었다. 그런 다음 군대는 근처 옥상에서 발포했고, 피하려고 움직이는 군중의 등에 사격을 가했다. 유혈이 낭자한 사격이 시작되고 몇 분이 흘렀을 때, 정부는 이전 7주간의 시위 때보다 더 많은 사람을 살해했다(아마도 100명 가까이).[48] 수백 명이 더 부상당했다. 카트만두 전역에서 사람들은 경찰과 군용차량을 저지하기 위해 타이어, 벽돌, 큰 돌, 쓰레기통, 눈에 보이는 모든 것으로 바리케이드를 세웠다. 야만적 전투가 새벽까지 계속되면서 사람들은 모닥불을 피웠다. 새벽 4시에 군대가 파탄 해방구로 진입하면서 총성이 멀리서 들렸다.

4월 6일 학살 이후 이틀간 통행금지가 시행됐다. 도시 전역에서 전화는 불통이었고, 식량과 연료 공급이 줄어들었다. 그사이 48시간 동안 야당 지도자들이 감옥에서 풀려나기 시작했지만 군대는 어디든지 있는 것 같았다. 봉기는 두 단계를 통해 발전했다. 2월 18일부터 그 이후 최소 한 달간 이어진 형성 단계, 그리고 주도권이 정당에서 더 혁명적인 행위자 즉 이제 사태의 경로를 결정하는 '군중'에게 넘어간 절정기가 그것이다. "혁명의 두 번째 단계는 '절정'이라고 부를 수 있다. 이는 군중이 거리로 분출하며 시작됐다. 군중의 규모 자체만으로 야당 지도자들은 일시적으로 무력해졌다. 그들은 주도권을 잡기 위해 재빨리 행동해야 했다. 이 시기 동안 상황을 지배한 것은 군중의 분위기였지, 야당 지도자들의 시간표가 아니었다."[49]

동원의 규모가 커졌을 뿐만 아니라, 민중의 열망도 MRD 정당들을 넘어섰다. 전국의 분위기가 변했고, 이제 사람들은 피로 물든 군주제의 종식을 요구했다. 이 시기에 "그 당시 전진하던 운동은 과거에 결코 오르지 못했던 혁명적 성격을 획득했다. …… 운동은 진정한 민중의 운동이라는 새로운 형태를 취했다. …… 운동이 민중의 참여와 선동 방식 면에서 혁명적 해결 쪽으로 나아갔기 때문에, 비렌드라 국왕

은 자신에게 선택의 여지가 별로 없음을 깨달을 수밖에 없었다".[50]

아마도 군주제와 온건한 야당 지도자들을 거리의 힘에 휩쓸려가지 않도록 구하려는 움직임에서 4명의 중심적 MRD 인물(NC 지도자 K. P. 바타라이와 G. P. 코이랄라, ULF 지도자 사하나 프라단과 R. K. 마이날리)이 국왕과 직접 대화하기 위해 왕궁으로 가기로 합의했다. 4월 6일 경찰이 발포하여 수십 명을 살해하자, 군중이 왕궁을 습격할 것이라는 생각에 당혹한 것은 국왕만이 아니었다. 합법화되어 권력의 한 조각을 얻기를 간절히 원했던 정당들도 더욱 불안해졌다.

4명의 정치인이 왕궁을 떠날 즈음, 국왕은 통행금지와 29년간 이어 온 정당 금지를 해제하는 데 동의했다. 비록 판차야트 정부에 활동을 중지하라고 명령하지는 않았지만, 국왕은 새로운 총리를 지명하고 NC 및 ULF와 협의를 시작했다. 이는 4명의 야당 지도자가 시위를 "단호하게 취소한다"고 공개적으로 발표하기에 충분한 것이었다.

협상과 타협

더 이상의 시위를 취소함으로써 새로 결성된 왕국과 NC-ULF 간의 동맹은 혁명적 과정을 단축했고, 봉기는 새로운 질서의 공고화라는 세 번째 국면으로 들어섰다. 폭발적 상황에 대한 통제권을 다시 얻기 위해서 야당 지도자들은 군중을 통제할 필요가 있었다. 비록 거리의 군중과 더 급진적인 좌파 단체들이 군주제 종식 또는 최소한 국왕의 무조건 항복을 계속 요구했지만, 온건한 세력들은 혁명적 상황 이전에 합의한 다당제 입헌군주제라는 최소 목표에 여전히 충실했다. 그들은 새로운 임시정부와 벌이는 협상과 판차야트 체제의 영구 종식에 집중했다. 국왕의 부하들에게 살해된 수십 명, 부상한 수백 명, 감옥에 갇힌 수천 명과 헤아릴 수 없는 야만적 사건들은 말할 것도 없이 군주제 종식을 요구하는 민중의 외침마저 억제당했다.[51]

국왕 및 군대와 '건설적인' 대화를 나누면서, NC는 스스로의 지위를 보강함으로써 국왕의 지위를 지켰다.[52] 온건 야당과 견고한 판차 간의 협상으로 엘리트 주도의 형식적 민주 정부로의 이행이 성취됐고, 이는 헌팅턴이 "전위transplacement"[53]라고 지적한 과정이었다. 한 보도는 미국이 어떻게 NC에 "네팔에서 좌파의 성장을 막기 위해 왕실과 타협하고 입헌군주제에 합의"[54]하라고 부추겼는지 밝혔다.

그 당시에 운동이 때 이르게 종결됐음을 깨달은 사람은 거의 없었다. 유혈 사태의 중지로 모두가 기뻐했고, 4월 9일 국왕과 MRD 간의 합의 발표 이후에 기쁨에 찬 군중이 카트만두 거리에 등장했다. 수십만 명이 다시 거리로 쏟아져나와 툰디켈 연병장에서 민주주의의 축제에 합류했다. 운동으로 체포된 거의 모든 사람이 석방됐다. 모든 곳에서 붉은 깃발이 나부끼고 붉은색 화약 연기가 공기 중에 퍼졌다. 많은 사람이 황홀해하는 순간에 "모두가 인간에게 자유에 대한 열망이 얼마나 강하고 뿌리 깊은지 느꼈다. 사람들은 그 순간 네팔이 세계에서 가장 가난한 나라 중 하나라는 사실을 잊었다".[55]

수십만 명의 사람 가운데 일부는 자신들의 지도자들이 이미 국왕을 구하기로 결정했다고 추측했다. 연단에서 연설하면서 운동을 끝내지 않을 것이며 단지 "형태를 바꿀" 뿐이라고 약속한 정당 대표들을 믿지 않았다. 지도자들이 주려고 하는 것보다 더 많은 것을 바라는 민중의 열망은 명백했다. NC 총서기인 G. P. 코이랄라가 "국민과 국왕 모두"의 승리라고 칭송하자 많은 사람이 그에게 야유했다. 아우성과 휘파람의 시끄러운 화음이 가라앉자, 연단의 사람들은 군중이 가할 물리적 공격을 모면하기 위해 잽싸게 행동해야 했다.[56]

비록 급진적 UNPM이 판차야트 체제를 끝장내지 않은 채 포기했다고 MRD를 공개적으로 비판했을지라도, 그들은 운동을 분열시키거나 유혈 사태가 계속되는 것을 원하지 않았다. 그들의 공개적 성명은

MRD의 행동을 "네팔 인민에 대한 배신 행위"라고 규정했지만, 그들도 무엇을 해야 될지 몰라 당황했다. 민중의 자주적 동원이 여전히 이뤄졌지만, 봉기의 조정위원회가 국왕과 협상하자 독자적 행동의 가능성은 제한됐다. 수십 개 도시와 소도시에서 좌파는 '해방'을 축하하는 대중 집회를 열고 열사들을 추모하는 애도 집회를 조직했다.

칭찬할 만하게, MRD 지도자들은 국왕이 임명한 새로운 판차야트에 동참하기를 거부하며 새로운 정부를 주장했다. 왕실이 계속 다당제 민주주의에 반대하자, 사람들은 가만있지 않았다. 4월 15일 밤, 야당 정치인들과 국왕 정부 각료들이 왕립학술원에서 협상을 벌일 때 수천 명이 건물을 포위했다. 그들은 국왕이 임명한 모든 관리의 해임과 즉각적인 과도정부 수립을 요구했다. 새벽 3시에 총리가 떠나려고 하자 군중이 그의 차를 부쉈다. 그는 겨우 떠나긴 했지만, 왕궁으로 바로 가서 사임했다. 다음날 국왕은 판차야트 체제의 종식을 선포했다.

4월 19일 과도정부에 대한 공식 합의에 도달했고, NC 지도자 K. P. 바타라이가 총리로 취임했다(거의 30년 전에 그의 형이 같은 직위에 올랐던 이래 최초의 '민주적' 총리). 새 정부의 다른 각료 10명에는 국왕이 지명한 사람들 외에 ULF 대표들도 포함됐다. 정치인과 정당에게 이날은 위대한 날이었지만, 많은 다른 사람들에게는 별로 변한 것이 없었다.

미완으로 끝난 제1차 자나 안돌란

대부분의 사람이 무기 사용을 피하려는 정당들의 소망을 지지했기에, 자나 안돌란 동안 유혈 사태는 19세기와 20세기 초반 유럽의 봉기 때보다 훨씬 적었다. 그럼에도 인권단체들은 전국적으로 봉기 중에 최소한 500명이 죽었다고 추산했고, 이는 새 총리 크리슈나 프라사드 바타라이가 인용한 수치다. 다른 사람들은 그 수를 2배로 추정하지만, 1년 뒤에 공식조사위원회의 보고에서는 겨우 62명이 사망한 것으로 정리됐다.[57] 살해된 사람의 다수는 네와르족(카트만두 계곡의 전통적 거주민)이었지만, 정부의 탄압 조치로 모든 사람이 고통을 받았다. 살해된 사람의 4분의 3은 25세 이하였다. 부상을 당한 1,307명의 이름과 주소가 책으로 출판되기도 했다.[58] 사망 외에도, 8,000명에서 2만 5,000명이 체포되었다.[59]

어떤 사람들에겐 혁명이 4월 초에 끝났던 반면, 많은 다른 사람에게 그때 얻은 성과는 앞으로 기대하는 승리의 첫 맛보기일 뿐이었다. 일단 정당들이 합법화되자, 정치인들은 자발적 동원을 중지시키려고 애썼다. 합당한 임금을 위해 파업한 노동자들은 지지를 받지 못했고, 국왕 직속 경찰에게 아이들이 살해되거나 부상당한 부모들은 정당한 항의를 들어줄 사람을 아무도 찾지 못했으며, 가난은 여전히 문제였다. 사람들은 정의를 원했으나 국왕이나 새 정부는 그들에게 정의를 주려고 하지 않았다.

범죄의 뚜렷한 증가로 많은 마을이 자체적으로 자율적인 보안네트워크를 강화했다(운동의 초기 고양 이후에 때로 경찰까지 관여한 범죄활동의 증가로 많은 사람이 불안을 느꼈던 버마의 경우와 아주 비슷하게). 긴 파이프나 나무장대로 무장한 젊은이들로 구성된 자경단이 딜리 바자, 아손톨레, 나야 바자, 라인차우르, 쟈타, 타멜 등 수도 전역의 마을들을 순찰했다.[60] 경찰과 만달레스는 가정집과 사업체에 대한 절도와 강도, 그리고 개인에 대한 공격에 계속 가담했다. 다른 곳에서, 권력의 공백은 낮은 정치적 경쟁과 해묵은 원한이 자리잡는 결과를 낳았다. 네팔은 그 누구의 제어에서도 벗어나 있었다. 공산주의자들이 시위자들을 살해한 자들의 이름을 적은 살생부를 공공장소에 붙인 반면, 정부는 수십 건의 사망을 조사하는 위원회와 협력하길 거부했고 심지어 100명 이상의 실종자를 찾는 일을 돕는 것도 거부했다.

경찰이 계속 활동가들을 괴롭히고 체포하자, 민중은 마침내 문제를 자신의 손으로 해결했다. 파탄에서 4월 17일 약 60채의 가옥에 대한 방화의 배후에 경찰이 있는 것으로 의심되자 상황은 특히 긴박해졌다.[61] 4월 23일 테쿠에서 경찰차를 몰던 10여 명의 만달이 사람들에게 잡혀 카트만두 중심부로 끌려갔다. 야외 집회에서 비난받은 다음 최소한 6명이 처형됐다. 한 설명에 따르면 맞아 죽었다고 한다.[62] 다른 사람들은 그들이 린치를 당했다고 한다.[63] 경찰 총감과 내무부 장관이 도착해서 나머지 인질의 석방을 간청했지만, 성난 사람들은 재빨리 그들을 포위했다. 그날 늦게 장관은 군중으로 가득한 극장에서 경찰서장을 해임하겠다고 약속하지 않을 수 없었다.

수도의 다른 곳에서 사람들은 부상당한 경찰관과 함께 경찰의 시체를 끌고 행진하며 군주제 반대 구호를 외쳤다. 만달레스로 밝혀진 이 "인민의 죄수들"은 재판을 받았고 일부는 처형당했다.[64] 새 정부는 경찰에 개입하라고 명령했다. 행진대가 카트만두의 주요 사찰 중 하나인 하누만 도카에 접근할 때, 경찰이 지붕 위에서 발포하여 시위대 2명을 살해하고 여러 명을 다치게 했다.[65] 수도의 많은 곳에서, 상황은 그 누구의 통제도 벗어난 것처럼 보였다. 군중은 구청 사무소 밖에 모였다.[66] 차들이 불타자 경찰이 발포했다. 딜리 바자 근처에서 한 군중은 만달 지도자의 집에 불을 질렀다. 만달레스와 경찰에 대한 선택적 린치에 관한 보고들이 더 있었다.[67] 국왕이 수표에 서명을 거부하자 왕비가 국왕을 총으로 쐈다. 아마도 죽였다는 소문이 널리 퍼졌다. 한편, 같은 날 인근의 계곡 마을에서 경찰 6명이 맞아 죽었고 경찰 발포로 10여 명이 죽었다.[68]

4월 25일 수백 명의 경찰이 살해된 동료의 시체를 들고 반혁명을 조장할 목적으로 공개 행진을 했다. "피에는 피"라고 외치고 판차야트 체제의 복원을 약속하면서, 그들은 정부 청사에 불을 질렀다. 쿠데타가 다가온다는 둥, 인도 군대가 국경에 집결했다는 둥, 수도水道에 독을

탔다는 둥 소문들이 돌아다녔다. 새 정부는 침착을 호소했다. K. P. 바타라이 총리는 국왕이 자신을 공개적으로 지지하지 않으면 사임하겠다고 위협했다. 일단 왕실의 긍정적 반응을 얻자, 총리는 카트만두에 야간 통행금지를 내린 뒤 파탄과 키르티푸르로 확대했고, 군대에 통행금지를 집행하라고 요청했다. 전에 야당 지도자였던 총리는 폭력을 사용하여 질서를 유지하는 데 양심의 가책을 별로 느끼지 않았다. 군대는 5월 9일까지 카트만두의 거리에 남아 있었고, 파탄에는 5월 14일까지 주둔했다. 군중의 보편적 공포에도 불구하고, 견고한 왕실 권력과 야당 모두 분명히 민중의 추동력에 압도당하고 있었다.

궁정쿠데타의 위협에 구애받지 않고(아니면 위협 때문에?) 동원이 강화됐다. 임시정부의 구성과 11월 9일 새 헌법 선포 사이의 6개월간, 네팔은 어마어마한 사회적 투쟁의 장이었다. 4월 30일 포카라에서 경찰이 5명의 시위대를 사살하고서야 겨우 한 고위 관리를 집에서 구출했는데, 그는 경찰의 잔혹 행위와 연관된 문서를 파괴하려고 지역 판차야트 사무소에 불을 질렀다는 의심을 받고 수백 명에게 포위된 상태였다.

일부에서는 '혼돈'이라고 부르지만, 민중의 창조성은 더욱 폭력적인 행동과 나란히 계속됐다. 9월 말 라메찹에서는 대규모 군중이 모여 구청의 모든 서류와 문서를 쌓아서 더 적절하다고 생각하는 위치로 옮겼다(덴마크에서 반아파르트헤이트 활동가들이 이런 종류의 행동을 활용했고, 남아프리카 기업체들에 대한 '강제 재배치'라고 불렀다[69]). 이번 네팔의 경우 싸움은 경쟁 그룹 사이에서 벌어졌고, 경찰 지원부대가 왔다. 이 "무정부 상태와 혼돈" 때문에 일부 사람들은 판차야트 체제를 우호적으로 기억했다. 한 전직 장관은 "민주주의의 이름으로 폭도 지배mob-ocracy가 수립됐다!"[70]고 언급했다. 그는 불평했다. "보석이나 다른 귀금속을 찰 수 없다. 거리를 걸어가길 두려워하며, 사람들은 더 이상 차를 곱게 보내주지 않는다."

어떤 사람들에게 민주주의prajatantra는 범죄의 다른 이름에 지나지 않았지만, 특권이 없는 사람들에게 새로운 개방은 변화에 대한 희망을 줬다.[71] 1991년 2월 4일 땅이 없는 슈쿰바시Shukumbasis들은 도로를 봉쇄하고 구청 건물을 포위했다. 기대했던 총리의 방문은 실현되지 않고 경찰 200명이 공격해왔다. 사람들이 반격해 경찰을 기차 역사로 몰아 넣었다. 군중은 해산을 거부했고, 경찰은 발포하여 최소한 3명을 죽였다(활동가들에 따르면 3명이 더 죽었지만, 경찰이 시체를 숨겼다).

봉기의 시민사회 혁신

1987년 6월봉기에서 민주 세력의 승리가 파업의 해일로 이어졌던 남한처럼, 네팔에서도 민주적 발전 이후 즉시 노동자들이 동원됐다. 4월 20일, 노동자들은 임금 인상과 노동조건 개선을 요구했고, 파업은 카트만두 계곡의 모든 공장을 강타했다.[72] 사무직 노동자 그룹이 정부 청사를 점거했다. 동시에 조직적인 릴레이 단식농성과 게라우스gheraus(한 사람을 둘러싸고 공개적으로 창피를 주는 행동)가 일어났다. 전 판차는 이렇게 말했다. "아무도 일하지 않고 있다. 어떤 사무실에 가보면, 사람들은 일주일에 한 번 나와서 출근부에 도장을 찍은 다음 월급을 받는다. 부하 직원은 상사에 복종하지 않는다. 간부 직원은 상황을 다룰 수 없고 명령을 내리는 것이 불가능하다. 모든 곳에서 직원들이 상사에 맞서 책상을 친다. 노동자들은 항상 파업 중이다."[73]

5월에 판차야트 시대 관리직들의 해임에 대한 교수들의 요구가 수용됐고, 6월에 네팔교사협회의 단식농성이 그들의 모든 요구가 충족된 이후에 끝났으며, 8월에는 언론인들의 단식파업이 동조적 정부 개입을 가져왔다. 9월에 급진적 작가와 화가들이 남성, 친의회당 회원들의 지배 때문에 새로 재구성된 왕립네팔학술원에 항의했다.

1951년과 1979년 사이에 겨우 74건의 파업이 기록됐지만(거의 30년간 1년에 3건 이하), 1991~1992년에 128건의 파업이 보고됐다. 다음해에 25건의 파업이 일어났는데, 과거 평균의 8배 이상이었다.[74] (파업의 주된 이유는 임금에 대한 불만이었지만, 소수는 노동시간 단축과 노동조건 개선을 위한 파업이었다.)

현장 투쟁과 더불어 종교, 문화, 사회적 갈등이 눈에 띄게 심화됐다. 사실 "마치 모든 카스트, 언어집단 또는 민족 공동체가 혁명의 끝과 새 헌법 선포 사이의 6개월간 이런저런 식으로 자신의 목소리를 내는 것처럼 보였다".[75] 처음으로 불교도들이 가시적 정치 세력이 됐다. 1990년 6월 30일 네팔불교협회는 세속국가에 대한 지지를 표현하기 위해 카트만두에서 약 2만 명의 대열을 이끌었다. 비록 소수이지만, 기독교인들도 세속국가를 옹호했다. 30개의 상이한 민족과 거의 100개의 언어가 공존하는 네팔 사회는 결코 단일하지 않다. 만약 국왕의 전제적 지배로 나라가 통일된 것처럼 보였다면, 민주주의는 깊은 사회적 분열을 폭로했다. 18세기 이래, 고위 카스트의 힌두 지배는 종교적, 언어적 토대에 의존해왔다. 갑자기 단단한 것처럼 보였던 모든 것이 사라졌다. 1990년 혁명에서 중심적인 파타리, 박타푸르, 키르티푸르의 봉기를 이끈 티베트-버마계 네와르족은 몽골, 타망, 마자르족과 함께 자치의 확대를 요구했다. 한 분석가는 "1990년 운동은 여성, 달리트(카스트제도에서 불가촉천민을 말한다―옮긴이), 기타 하급 카스트 집단―민족집단, 지역언어적 집단, 종교집단, 수많은 다른 집단―에게 종속, 억압, 차별의 낡은 정당성에 도전하는 데 필요한 법적, 정치적 목소리를 주었다"[76]고 결론 내렸다. 민족 및 카스트 정체성이 이 역동적 시기에 너무 급속히 발전해서, 정부의 중앙통계국이 1991년 59개 집단으로 추산했던 수가 2001년 100개로 거의 2배나 늘었다.[77]

여성들은 전례 없이 동원에 참여했다. 일부는 즉시 여성의 평등한 재산권을 부르짖기 시작했다. 1992년 부트왈의 테라이 시에서 대규모 시위가 전개됐다. 1995년 전네팔여성협회가 가족 재산에 대한 여성의 동등한 권리를 공식적으로 인정한 '여성의 권리 헌장'을 통과시켰다.[78] 봉기에서 성장한 그룹 중 하나인 페미니스트 달리트 조직(FDO)은 네팔 사회가 1990년 이후 변혁된 정도를 보여준다. 1994년 결성된 FDO의 활동가 여성들은 자신들이 겪은 억압의 두 가지 차원에 대항하려고 노력했다. 즉 여성을 차별하는 가부장제 가치와, 여기에 더해 달리트들을 특별히 곤란한 상태에 두는 카스트 체제였다. 네팔 국민의 최소 14퍼센트가 달리트이며, 그중 80퍼센트가 공식 빈곤선 이하로 살고 있다.[79] 그들은 많은 사원에 들어가는 것이 허락되지 않으며 일상적으로 직업과 임금에서 차별을 받고 있다. 농촌에서 달리트는 토지 없는 소작농이며, 도시에서 성노동자의 80퍼센트를 차지하고 있다.

여성이 운동에 참여하면서 수많은 가족이 일상적 관계의 변화를 경험했다. 하지만 여전히 여성의 지위는 크게 억압받는 상태로 남아 있다. 여성의 기대수명은 더 짧고, 문자해독률은 남성보다 훨씬 낮다 (2001년 65.1퍼센트의 남성이 글을 읽는 데에 비해 여성은 겨우 42.5퍼센트이다). 추정에 따르면 7,000명에서 1만 명의 여성과 어린이가 매년 인도의 성매매에 팔렸다. 다른 추정에 따르면 그보다 10배나 많은, 약 10만 명의 네팔 소녀가 인도의 성매매 업소에 팔려가며, 그 2배나 되는 수가 어느 시점에든 그곳에서 일한다.[80] 농촌 가족들이 자주 현금을 필요로 하기 때문에 강제 아동노동은 흔하다. 계약 노예로 팔리지 않을 정도로 운좋은 어린이들도 어린 나이부터 집과 농장 일을 도와야 하기 때문에 흔히 가정에서 일한다. 교육을 받지 못한 수많은 어린이가 평생 문맹이며, 이중 대다수는 여성이다. 1992년 강제노동해방을 위한 단체가 결성됐고, 8년 후 그런 형태의 노예제를 불법으로 규정하는 법안이 통과됐다.[81]

봉기는 반란을 일으킨 노동자, 농민, 강제노동자, 소수민족에게 새로운 동기를 부여했을 뿐만 아니라 다양한 효과로 활동가들에게 활력을 불어넣었다. 1974년 네팔 전체에서 겨우 15개의 NGO만이 등록되어 있었다.[82] 1977년에는 왕비를 의장으로 37개 사회서비스 단체가 전국협의회를 결성했는데, 1990년까지 219개 단체를 포괄할 정도로 성장했다. 1990년 봉기의 7년 후 국립 사회복지협의회에 등록된 NGO의 숫자는 5,128개로 늘어났다. 같은 해에 다른 추정치는 2만 개 이상으로 집계했다.[83] 또 다른 분석가는 최소한 6,000개의 자발적 NGO가 있는데 "정당, 그들의 전선 직업 또는 계급조직, 노동조합, 학생조직, 준정부적 지역 및 자치 단체 네트워크"[84]는 포함하지 않았다고 주장했다. 공식적으로 조직된 협동조합의 수도 봉기 이후 급증했다. 1992년 이전 총 850개에서 1997년 거의 4배(3,200개)로 늘어났다.[85] 가장 중요하게, 자나 안돌란으로 새로 발견한 자유와 에너지는 자율적 언론의 엄청난 팽창을 추동했다. 1990년 신문은 400개에 훨씬 못 미치는 수에서 1996년 2배 이상 증가해 874개에 이르렀다.[86]

네팔의 활기찬 시민사회는 1990년 시민봉기를 낳은 데 기여했다. 차례로 자나 안돌란은 시민사회의 많은 자원을 강화했다. 독립적 언론, 협동조합, 진보적 NGO, 소수민족운동, 페미니즘, 노동운동. 1990년 봉기의 승리에 중심적이었던 새로운 형태의 행동을 창출한 민중의 역량은 오늘날 네팔이 계속 새로운 헌법을 추구하는 데 여전히 위대한 자원이다. 시민사회와 민중봉기의 상호 강화 관계를 이해하는 것은 운동이 건설되는 비결을 이해하는 열쇠이다. 장기적 조직화 노력과 산발적 반란은 추가적이자 보완적일 수 있다. 자주 이것이냐 저것이냐 식으로 묘사되는 이런 이분법은 전투적인 대치 정치를 넘어 끈기 있고 조용한 행동에 특권을 부여한다. 네팔의 1990년 봉기는 족쇄를 푼 민중봉기가 시민사회의 힘을 충족하는 데 어떻게 도움이 되는지 생생하고 교훈적인 사례를 제공한다.

과도정부

1990년 1월, 그해가 가기 전에(우연히 베를린장벽이 붕괴한 지 꼭 1년이 되는 11월 9일) 비렌드라 국왕이 새 민주헌법을 선포할 것이라고 예측할 수 있었던 사람은 거의 없다. 하지만 민중봉기는 국왕을 완전히 폐위하진 못했어도 그에게 다른 선택을 남기지 않았다. 민중봉기 때처럼 민중이 특별한 방식으로 동원되는 시기에 시간은 아주 압축돼서, 보통 몇 년은 걸리는 일이 며칠 안에 완수된다.

거리의 민중이 군주제의 종식을 호소하고 더 급진적인 공산주의자들이 호응하여 외쳤지만, 주류 정치인들은 아무것도 듣지 않으려 했다. 처음부터 정치인들은 MRD의 목표는 입헌민주주의임을 분명히 했다. 1990년 1월 18일 NC 협의회에 모인 엘리트들 사이에서 군주제를 지지하는 분위기는 아주 강력해서, 당의 '최고 지도자' 가네시 만 싱은 "군주제의 폐지는 네팔에서 민주주의의 종식과 다름없다"[87]고 분명하게 진술했다.

입헌군주로서 왕좌를 유지할 것이라는 NC의 확답을 받은 왕은 마침내 4월 27일 판차야트 체제의 종식을 명령했다. 촌락과 도시 판차야트의 해산은 30년 만에 처음으로 정당들이 합법화되고, 표현과 결사의 자유가 보장되고, 사람들이 의회를 투표로 선출하리라는 걸 의미했다. 물론 정치개혁에도 불구하고, 일상생활은 크게 영향을 받지 않았다. 농촌의 전통적인 봉건적 관계는 그대로였고, 낡은 판차들은 권력을 유지했으며, 카스트는 나라의 대부분에 비천한 삶의 가능성을 계속 남겨두었다. 정의 대신에 사람들은 부패, 차별, 책임 부재, 경찰과 지방관리의 강탈에 부딪혔다. 인플레이션이 급속하게 증가하자, 새로운 정권이 절대다수에게 영향을 미치는 경제적 곤경을 개선하는 데 실패했음이 분명해졌다.

판차야트 체제가 대의제 민주주의를 위해 폐지되자, 몇 달이 지나도록 아무도 새 체제의 후원 아래 안정적이라고 느끼지 못했다. 비록 절대군주라기보다 입헌군주이지만, 국왕은 왕궁에 남아 있었다. 실제로 관료제의 어떤 행정직도 변하지 않았다. 많은 과거의 판차가 간단히 NC에 가입했고, 일부는 당의 후보로 공직에 출마하기도 했다. 1990년대 초반 NC의 민주주의 공고화 전략은 전통적 엘리트를 자신의 대열로 통합하는 것이었다. 판차들이 NC로 계속 유입되면서 곧 새 헌법이 제정될 즈음 구체제의 구성원들이 의회당 기존 당원의 수를 능가했다.[88] 그 밖에 NC 체제에서도 족벌주의는 여전히 노골적이었다. 카트만두에서 당의 후보 명단이 발표되자, 사람들은 고참 활동가들이 민주주의운동의 '사령관'인 가네시 만 싱의 부인과 아들에게 자리를 빼앗겼다는 사실을 알고 충격을 받았다.

급진적 야당 세력은 운동의 분열을 두려워해, 수많은 보통 네팔인이 희망했던 왕실의 완전한 항복이 아니라 단지 최소 강령을 주장했을 뿐이다. NC가 지배한 과도정부에서, 낡은 판차들은 권력의 지위를 유지했고 과거의 권력남용에 대한 어떤 처벌도 받지 않았다. 봉기 기간에 비록 수백 명은 아니라도 수십 명에 달하는 국가 살인이 자행됐음에도 아무도 책임지지 않았다. 이후에 위원회는 결국 책임 있는 경찰과 고위 관리를 지명하고 나아가 형사고발을 권고했지만, 아무도 기소되지 않았다.[89] 1991년 2월, 5명의 고위 관리가 해임됐지만 추가 처벌은 이뤄지지 않았다. 남아프리카처럼 '진실과 화해 위원회' 같은 것이 세워지거나 남한과 같은 재판은 결코 진행되지 않았다.

즉각적인 변화를 요구하는 동원된 시민들과 새로운 헌법에 동의하는 데 머뭇거리는 국왕 사이에 꽉 끼여 있던 과도정부는 헌법 개정 과정을 추진했다. NC는 국왕이 '신의 현신'이라는 왕실의 고집을 무시할 의지를 발휘할 수도 없었다.[90] 세속국가를 지지하는 광범한 분위기에도 불구하고, 국가의 주요 기관들을 통제하던 고위 브라만들은 꿈쩍하지 않았다. 많은 사람에게 다행스럽게도 헌법을 둘러싼 몇 달간의 논쟁은 11월에 끝났고, 선거는 1991년 5월 12일로 예정됐다. 새 헌법은 네팔을 "힌두·군주제 국가"로 명명했다. 비록 카스트에 따른 차별이 공식적으로 불법이 됐지만, 상이한 민족집단의 38개 모국어의 일부를 학교 교육에 수용하라는 요구는 거부됐다. 의회당과 ULF는 모두 "여성의 동등한 권리"를 지지했고, 새 헌법은 어떤 정당이든 모든 후보의 5퍼센트를 여성으로 할 것을 요구했다.[91] 그렇지만 군주제, 심지어 입헌군주제의 유지에 대한 그들의 견해 차이는 아주 컸다. 일단 1990년 4월에 승리를 얻자, 급진적 공산주의자들은 새 헌법에 인민들이 국민투표를 통해 군주제를 폐지할 권리를 명시하도록 강력한 로비를 했다.[92] 그들은 또한 수많은 반드(도시 지역의 경제와 교통 총파업)의 선두에 섰고 소수민족의 권리를 옹호했다. 정치 엘리트들이 왕의 신성을 맹세하는 헌법에 서투르게 타협할 때, 많은 활동가는 전통적 형태의 정치에서 전화하여 사회 변화의 근본으로서 일상생활을 바꾸는 데 집중했다. 소수민족 집단의 자치, 여성해방, 카스트 차별 모두가 주제가 됐고, 풀뿌리 정치의 주도력을 개발하는 데 기여했다.

1991년 5월 선거 몇 달 전에 세계은행, 미국, 일본, 인도 모두가 탄압에 관한 우려를 표했다. 상황을 안정시켰을지는 모르지만 시위대 살해에 책임이 있는 관리들을 처벌하거나 심지어 지위에서 해임하지 못한 정보의 실패는 이미 불안한 상황에 더욱 불을 질렀다. 아마도 가장 중요한 문제로 IMF 구조조정 체제는 확고하게 자리잡고 있었고, 가난한 사람들 중에서도 가장 가난한 사람들의 빈곤과 곤경은 더욱 증가했다. 동유럽 계획경제의 사망으로 국제자본은 네팔 경제에 대한 침투를 더욱 가속화했다. 곧 신자유주의 찬송에 맞춰 할렐루야를 노래하는 전 지구적 합창에 동참한 해방된 남아프리카와 민주적 남한을 포함한 다른 세계와 함께, 조그만 네팔은 자주적 경제 발전의 방향으로 급진적으로 이탈할 수 없었다.

선거가 다가오자 정당들 간의 차이는 더욱 확연해졌다. 주로 NC 내부의 국왕파 증가에 대한 ULF의 반대 때문에 1991년 1월 ULF와 NC가 결국 갈라섰다. 이후에 공산주의 세력도 재편됐다. ULF가 분열하여 그중 두 그룹인 온건한 네팔공산당 마르크스주의파와 네팔공산당 마르크스레닌주의파가 합쳐 네팔공산당 통합마르크스레닌주의파를 결성했다. 가장 급진적인 공산주의자들은 새로운 통합인민전선(UPF)을 결성했다. 많은 외딴 지역에서 주먹싸움이 수시로 벌어진 열띤 선거운동에서 학생들이 중심 역할을 했다. 그들은 고향으로 돌아가 선거운동에 참여할 수 있도록 한 달간 휴가를 요구했고, 과도정부는 즉각 동의했다.

6명이 사망한 폭력적 대치에도 불구하고 투표 자체는 질서정연했고, 겨우 40퍼센트의 문자해독률을 기록한 나라에서 약 65퍼센트의 유권자가 투표했다. 선거는 폭넓게 공정하게 치러진 것으로 간주되어 모든 정당이 선거 결과를 받아들였고, 심지어 극좌파와 판차의 잔당들도 수용했다. 비록 영미식 승자 독식 체제가 대규모 정당에 유리했지만, 공산주의자들은 36.6퍼센트의 득표(의회당보다 약간 적은)로 새 의회에서 약 82석을 얻어 놀라운 승리를 거두었다.[93] 그들은 카트만두를 휩쓸었고, 과도정부 총리와 가네시 만 싱의 부인과 아들을 이겼다. NC는 전국의 거의 모든 지역구에 후보 명단을 제출한 유일한 정당으로 다수 의석을 얻었다. 가장 급진적 정당인 UPF도 놀랍게 9석을 얻었던 반면 낡은 판차야트 체제와 관련된 정당들은 표 7.2에서 보이는 것처럼 겨우 4석(12퍼센트 득표)을 얻었다.

비록 선거가 왕당파들에게 치명타를 가했어도, 새 정부에서 브라만의 지배는 불길한 징조였다. 네팔이 새로운 격렬한 투쟁에 돌입하는 것은 단지 시간문제였다. 파업, 작업 거부, 항의, 시위 등이 취임하기도

[표 7.2] 1991년 5월 전국선거 결과

정당	의석 수	의석 비율	득표율
네팔의회당(NC)	110	53.60	37.75
네팔공산당 통합마르크스레닌주의파(CPN-UML)	69	33.66	27.98
네팔민주당(찬드)(NDP-Chand)	3	1.46	6.56
네팔민주당(타파)(NDP-Thapa)	1	0.49	5.38
통합인민전선(UPF)	9	4.39	4.83
네팔사드바바나당(NSP)	6	2.93	4.10
네팔공산당 민주파(CPN-D)	2	0.98	2.43
네팔노동자농민당(NWPP)	2	0.98	1.25
무소속·기타 정당	3	1.46	9.72
합계	205	100	100

출처: Hutt, Nepal, 78; Hoftun et al., People, Politics and Ideology, 183.

전에 NC 정부를 맞이했다. 선거 직후 공무원들이 민주적 발전 이후 세 번째 파업에 들어가 "새 정부의 업무 첫 두 달간을 마비시켰다".[94] 인플레이션이 계속되자, 경제 붕괴가 항상적인 공포가 됐다. 정부는 무력하게 보였고, 부패는 계속 정부를 괴롭혔다. 왕정은 '조국을 구하고' 네팔 사회 붕괴를 막는 해결책이 될 수 있을 때를 교활하게 기다렸다.

정치인들이 권력의 지위를 두고 경쟁하는 동안, 급진적 공산주의자들은 직접행동을 취했다. 선거 이후 채 1년이 지나지 않은 1992년 4월 5일 인민선동합동위원회가 카트만두에서 30분 소등을 호소했다. 활동가들이 차량을 공격하여 일제소등을 강제하려고 하자 비르 병원 밖에서 폭력 사태가 발생했다. 다음날 정부는 카트만두 중심가에서 야외 집회를 막기 위해 폭력을 사용했다. 경찰이 공격하자 군중의 일부가 네팔통신 건물을 불태우려고 시도했다. 경찰이 발포하여 최소한 7명이 죽고(일부는 14명이 죽었다고 추산했다) 수십 명 이상이 다쳤다.[95] 《가디언》은 "대중적 불만의 물결이 네팔의 신생 민주주의를 탈선시키려 위협하고 있다"⁹⁶는 의견을 전했다.

1994년 NC가 CPN-UML보다 가까스로 더 많은 표를 얻자(33.4퍼센트 대 30.9퍼센트) 자칭 마르크스레닌주의자들이 이끄는 소수파 연합정부가 구성되어, 네팔은 공산주의 군주제라는 희귀한 사례가 됐다. 1995년에서 1999년까지 5~6개 연합정부가 권력을 교대했고, 마침내 1999년 선거에서 의회당이 절대다수가 됐다. 2002년까지 12년간의 다당제 의회민주주의는 10개의 정부를 냈지만, 어느 정부도 네팔을 앞으로 전진시킬 능력을 입증하지 못했다. 하층 카스트 민중, 소수민족과 여성은 의회에서 제대로 대표되지 않았다(여성은 선출된 의원 중에서 5.6퍼센트 이상을 결코 넘지 못했다).⁹⁷ 네팔의 경제가 주춤거리자, 젊은이 200만 명이 외국의 직업을 찾아 나라를 떠났다. 의회당 정부의 더욱 억압적인 지배로, 많은 좌파 활동가가 무기를 들고 싸울 준비를 하게 됐다.

마오주의 지도자 바르부람 바타라이의 추정으로, 1990년 의회개혁을 지지했던 상층계급은 점차 왕당파 진영으로 되돌아간 반면, 하층계급과 일부 중산층은 인민전쟁 쪽으로 넘어왔다.⁹⁸ 권력의 두 가지 핵심 요소인 군대와 국민 주권이 왕의 손에 남아 있었기 때문에 1990년 헌법은 치명적 결점이 있었다.⁹⁹ 나아가 정치 엘리트 사이에 부패가 아주 만연해서, 심지어 미국 패트릭 레이히 상원 의원도 네팔의 1990년대 정부에 대해 실망감을 나타냈다. "이 나라 정당의 지도자들은 개인 재산을 축적하고 국민들을 위해 거의 아무것도 안 함으로써 유명해졌다."¹⁰⁰

마오주의의 추동력

1972년에 이미 좌파와 민주적 경향으로 나뉜 네팔의 야당 정치는 소수의 다른 나라들처럼 파편화됐다. 심지어 네팔의 공산주의자들은 혁명 이론의 해석과 그것을 실천하는 방식에서 상당히 다른 14개 정당으로 조직돼 있었다. 모두 군주제와 투쟁할 필요가 있다는 데 동의했고, 그들의 단결은 더 광범한 운동을 동원하는 데 중요한 추동력이었다. 1990년 이전에 공산주의자들은 네팔에서 실질적 권력이 없었지만, 민중이 각성하면서 그들은 군주제, 카스트 지배, 계급 지배와 가부장제에 반대하는 명확한 입장으로 많은 새로운 지지자를 확보했다. 연방주의 개념을 옹호했던 조직들은 즉각 소수민족에서 많은 당원을 끌어들였다. 네팔 공산주의의 일관된 초점은 경제적 불평등이었고, 이는 어떤 다른 정당도 영향력을 미치기는커녕 우선순위에 두지 않았던 사회의 상처였다. 1990년 봉기에서 맡은 중요한 역할로 인해 공산주의자들은 새로운 자주적 주도력을 발휘하도록 자극받았고 선거에서 예상치 못한 승리를 거두었다.

네팔의 상황에서 공산주의의 독특한 호소력은 문화적 전통의 프리즘을 통해 이해할 필요가 있다. 고참 활동가이자 파탄의 공산주의 지도자인 툴사 랄 아마티아는 이렇게 설명했다. "옛날에 힌두 성인이 다음과 같은 격언을 암송하곤 했다. '함께 살자, 함께 먹자, 함께 일하자, 우리의 지성이 자라도록, 또한 서로 시기하지 말자. 친구처럼, 가족처럼 함께 살자.' 이것이 바로 공산주의가 의미하는 바다. …… 그들 모두 인간이기 때문에 누구도 체제 아래서 고통받지 말게 하라. …… 붓다는 통치자의 원칙이란 이 왕국에서 눈에 눈물이 맺힌 사람이 아무도 없어야 한다는 것이라고 말씀하셨다. 붓다가 의미하는 것은 역시 우리 공산주의자들이 의미하는 것이기도 하다."[101]

아마티아는 계속 말했다. "공산주의의 평등 개념은 연민과 의로운 네와르 왕이란 불교적 개념과 나란히 간다." (1990년 혁명의 성공에 결정적이었던 파탄의 대중 봉기도 도시의 네와르족 연대에서 성장했다.)

1990년 혁명 이후에 공산주의자들은 여전히 농촌 투쟁의 선두에 섰다. 주류 정당들이 카트만두의 새 정부에 들어갔을 때(그리고 대부분 민주적 형태의 대중 참여를 건설하는 데 실패했다), 좌파는 농촌으로 이동하여 판차야트 기구의 종말로 남겨진 공백을 채웠다. 인구의 대부분을 차지하는 농촌 빈민들의 가혹한 상태는 새 정부로 거의 바뀌지 않았다.

가장 급진적인 공산주의 정당인 네팔공산당 마오주의파는 1994년 총선에서 단 1석도 얻지 못했고, 이후 UML 정부에서 배제됐다. 1996년 2월 인민전쟁을 전개한 간부와 지도자 85명의 소규모 정당은 몇 년 안에 5,000명에서 1만 9,000명의 무장 전투원으로 이뤄진 인민군으로 성장했다. 1990년 봉기처럼 농촌의 무장 반란은 지도부를 포함해서 그 누가 예상했던 것보다 빨리 지지자들을 얻었다.[102] 최소한 21개 지구에서, 그들은 '봉건분자들'과 '매판 및 관료 자본가들'을 제외한 모든 사람이 참여하는 직접선거를 통해 인민의 정부를 구성했다.

마오주의적 사법 체제는 농촌 빈민들 사이에서 광범한 지지를 얻었다.[103] 마을 수준에서 부의 재분배는 수세대의 노예나 다름없는 생활에서 해방된 많은 사람이 마오주의를 지지하도록 이끌었다. 그들은 농민들의 은행 부채 기록을 태우고 마을 사람들에게 연간 60퍼센트까지 이자를 부과하는 대부업자들과 세금 관리들을 공격했다. 많은 경우에 그랬던 것처럼 이 대부업자들이 빚을 갚으라며 빚진 가족들에게 아이들을 성노예로 팔라고 강요하면, 공산당 재판에서 사형을 선고했다. 마오주의자들은 토지를 재분배하고, 여성을 지도부로 승진시키고, 여성만의 전투부대를 결성하고, 어려운 처지의 개인들에게 보통 이자율로 돈을 빌려줬다. 주사위 놀이, 카드, 술, 부인에 대한 남성의 폭력을 엄격히 금지했다. 또한 왕실이 소수민족에게 강요했던 불가사의한 산스크리트 교과서를 가르치는 일을 중단시키고, 부자의 자식들만 다니지 못하도록 사립학교의 수업료도 인하했다.

보통 네팔인을 대표해 발언하긴 했지만, 마오주의자들은 인민들 위에 군림하는 세력으로 남았다. 마오주의 잡지의 뒤표지에는 당 지도자들을 샤 군주의 후계자로 묘사한 사진이 실렸다.[104] 1990년의 민중운동은 카트만두에서 외부로 퍼져나갔지만, 마오주의자들의 전략은 이 방향을 역전시켜 농촌에 기반을 세우고 수도를 포위하는 것이었다. 2002년 5월, 공식적 추산에 따르면 마오주의자들이 전국의 25퍼센트를 통제했다.[105] 2003년까지 그들은 대지주들의 거의 모든 토지를 장악했지만, 왕립네팔군(RNA)은 사람들이 그 땅을 경작하는 것을 막았다. 2006년까지 마오주의자들이 중국에서 권력을 장악한 경로(확보한 기반 지역에서 장기적 인민전쟁)를 채택한 것은 아주 성공적이어서, 그들은 농촌의 절반 이상을 통제하고 자신들의 무장투쟁을 수도로 확산시킬 위치에 도달한 것처럼 보였고, 수도의 이미 많은 사업체에 자신만의 세금 제도를 갖춘 것으로 알려졌다.[106] 2005년까지 통합혁명인민평의회(URPC)가 새 정부의 맹아라는 믿음이 굳어졌고, 많은 사람이 마오주의자들이 권력을 장악할 것이라고 예상했다. 미국은 우려했고, 조지 W. 부시 대통령은 2002년 5월 2일 데우바 총리에게 "가서 그들을 잡고, 그들과 싸워서, 그들을 끝내시오."[107]라고 지시했다. 미국은 군사지원으로 2,000만 달러 이상, 그리고 전쟁 수행을 지원한 개발원조로 4,000만 달러를 추가로 제공했다.

네팔의 다른 많은 정치적 경향처럼 마오주의 반란을 선도한 구체적인 사례는 인도에서 추적할 수 있고, 이 경우는 1967년 지주들에 맞선 낙살바리 무장투쟁의 폭발이었다. 네팔에서 낙살파에 영감을 받은 최초의 투쟁은 1971년 네팔 남동부의 자파 주변 지역에서 벌어졌는데, 반란이 진압되기까지 '계급의 적' 7명이 제거됐다.[108] 1990년대 중반에 시작된 마오주의 운동 과정에서 사망자 수는 1만 3,000명 이상으로 추정되며, 8,000명은 RNA와 경찰의 손에, 5,000명은 마오주의자들에게 살해됐다.[109] 실종자도 5,000명이 더 있었다. 미국에게 훈련받은 RNA는 수천 명의 '마오주의 혐의자'를 살해하면서 주민에 대한 인권침해를 되풀이했다. 인권단체들은 정부의 초사법적 살해에 희생된 약 2,000명이 2001년에서 2004년에 일어난 "사건들의 극히 적은 일부"일 뿐이라고 추산했다.[110] 세계은행은 전쟁으로 인한 재산 파괴가 1996년 2월부터 2002년 5월까지 3억 달러에 이르는 것으로 추정했고, 네팔의 GDP는 2001년에서 2002년까지 감소했다.

2002년 10월 4일 궁정쿠데타

2001년 6월 1일 궁정에서 일어난 학살로 비렌드라 국왕과 그의 가까운 모든 가족이 살해되고, 갸넨드라가 새로운 군주로 선포됐다(왕자 중 한 명이 살인자로 비난받았지만, 많은 사람은 새로운 왕이 책임자이며 선왕이 마오주의자들과 비밀회담을 갖고 군대가 게릴라들에 대해 결정적 행동을 취하도록 허가하지 않았던 것이 살해 동기라고 믿었다). 1990년 헌법의 아킬레스건은 제115조로, 이는 국왕에게 비상사태를 선언할 권한을 부여했다. 2002년 5월 22일 갸넨드라 국왕은 국회를 해산했고, 몇 달 후인 10월 4일에 절대 권력을 장악했다. 엄격한 언론 검열을 강행하는 외에도, 그의 정부는 수도와 주변, 다른 지구에서 모든 종류의 회합, 행진, 농성, 집회를 금지했다. 일단 국왕이 카트만두에서 집회의 자유를 폐지하자, 전제적 통치에 반대하는 운동이 다른 도시로 퍼졌다. 사람들이 다른 곳에서 시위를 하러 이동하는 것을 막기 위해, 새로운 여행 제한이 실시됐다. 임의체포와 플라스틱 총탄의 사용이 일상적 사건이 되자, 전문직, 특히 보건의료 노동자들이 압도적으로 운동에 참여했다. 많은 시위는 전네팔자유학생연맹(ANFSU)이 주도했고, 연맹의 적청황 삼색기가 거리로 나섰다. 경찰의 야만적 탄압과 체포의 위험을 무릅쓸 만큼 충분히 용감한 사람들도 거리에 모여들었다.

2005년 2월 1일, 국왕은 농촌 마오주의 반도들이 위협하고 있다는 핑계를 대며 계엄령을 선포했다. 전화선이 끊기고, 총리와 다른 정치 지도자들은 구금됐다. 위성이 차단되고, 언론은 검열을 받고, 공항은 폐쇄됐다. 사흘 뒤, 군 헬리콥터가 포카라에서 시위하는 학생들에게 발포해 15명이 부상당했다. 10개월 동안 6,000명 이상이 보복적으로 체포됐고, 많은 사람이 비밀 강제수용소에 갇혔다. 그들은 치료도 제대로 받지 못했다. 운좋은 활동가들은 인도로 도망가서 조직을 재건했다. 네팔은 국왕의 강철군화와 마오주의자들의 철권 사이에 갇혀 파국으로 치닫는 것처럼 보였다.

다가오는 재난의 손아귀에서 나라를 구하기 위해, 7대정당동맹(SPA)이 결성됐다.[111] 네팔에서 정당에 속하는 일이 다시 불법이 됐기 때문에, 갸넨드라는 SPA 회원들을 색출하기 위해 수많은 가정집과 사업체를 습격하라고 명령했다. 혐의자들은 운동 계획과 조직원에 관한 정보를 실토하도록 구타당하고 고문당했다. 2005년 11월 22일, 인도 정부의 지원으로 SPA와 마오주의자들이 군주제에 반대하여 단결하는 합의에 서명했다. 정당들은 헌법을 개정할 권한이 있는 제헌의회 선거를 개최하기로 약속했고, 마오주의자들은 다당제 민주주의와 언론의 자유를 존중하기로 약속했다.

야당이 호소한 반드가 2006년 1월 24일 카트만두를 정지시켰다.[112] 2006년 1월 일방적 휴전을 철회한 마오주의자들은 2월 말 일주일간의 또 다른 총파업을 주장했고, 군사적 힘을 사용하여 카트만두를 봉쇄하고 3월 14일부터 교통을 마비시켰다. 19일에 그들은 봉쇄를 해제하라는 SPA의 요청에 동의했고, 또한 SPA가 호소한 4월 16일에 시작할 4일 총파업에 참여했다.[113] 2월에 그들은 예정된 지방자치선거를 보이콧하고 새로운 민중봉기를 준비했다. 2006년 1월 19일 국왕의 지방선거에 반대하는 계획된 시위 하루 전에 경찰은 100명 이상의 활동가를 검거했다.[114] 일련의 대치는 2월 중순까지 이어졌고, 수백 명 이상이 체포되고 경찰은 과감하게 공개 시위를 한 과감한 사람들에게 일상적으로 발포했다. 아시아인권위원회는 2005년 3월에서 2006년 4월 사이에 최소한 800건의 고문 사례를 기록했다.[115]

제2차 자나 안돌란과 2006년 록탄트라 안돌란

4월 6일, 네팔력에 따르면 최초의 자나 안돌란 후 꼭 16년 만에, 민주주의운동의 지도부가 대거 움직였다. 그들은 처음에 또 다른 지속적 민중봉기를 호소하지 않았지만, 자율적 풀뿌리 주도력은 계획된 전국적 4일 총파업을 마침내 군주제를 몰아낸 19일간의 봉기인 제2차 자나 안돌란으로 바꿔놓았다. 1990년처럼 민중은 커다란 위험에도 불구하고 용감하게 거리로 나섰고, 많은 사람이 구타당하고 체포당했으며 21명이 사망했다. 다시 한 번, 요구에 대한 보통 사람들의 비전은 지도적 정당들보다 더 급진적이고 정확했다. 이번에는 마오주의자들의 무장투쟁이 비무장 반란을 보완했다. 다른 어떤 요소보다 더 결정적이었던 것은 민중이 압도적 국가권력에 굴복하길 완강히 거부해서 승리했다는 점이다. 전국적 총파업은 교통을 정지시키고 나라 전체를 변혁했다. 그 정점에서 500만 명이 참여하고 수백만 이상이 열정적 희망을 품고 지켜봤다.[116] 왕실에서 국왕의 통치를 유지하기 위해 폭력을 사용할 의지는 충분했다. 제2차 자나 안돌란의 21인 열사와 더불어, 모두 18명이 실종되고, 3,723명이 다치고, 2,979명이 체포됐다.[117]

시위의 처음 며칠 동안에는 겨우 몇 천 명이 거리에 나섰지만, 봉기가 전개되면서 그들의 숫자는 급속하게 증가했다. 4월 5일 공안 세력은 거의 모든 정당 지도자인 약 50여 명을 검거했고, 정부군은 삽타리에서 평화롭게 시위하던 다르산 랄 야다브를 살해했다. 다음날인 계획된 총파업 첫날, 최소한 17명의 언론인을 포함해 450명 이상이 카트만두에서 체포됐다. 대량 체포로 시위를 막는 데 실패하자, 경찰은 무장하지 않은 사람들을 곤봉으로 무자비하게 구타했다. 구타로 거리를 진정시키는 것도 실패하자 총탄을 사용했지만, 아무도 자유에 대한 민중의 열망을 제지할 수 없었다.

비무장 민중운동이 군대와 직면했던 1990년 봉기와는 달리, 2006년 자나 안돌란에는 마오주의자들이 이끄는 농촌의 무장투쟁이 역동적 민중 동원과 긴밀하게 연결되어 있었다. 이 두 가지 이질적인 반정부 경향의 통일은 네팔 운동에 알 수 없는 힘과 탄력성을 주었다. 일반적으로 각 지역들은 사회운동이 심하게 분열(때로는 적대적으로 대립)되어 있었다. 4월 3일 마오주의자들은 카트만두 계곡에 일방적 휴전을 선포했다. 수도로 통하는 길을 봉쇄함으로써 그들은 다른 곳에서 군사적 공격을 개시했다. 4월 6일 밤, 그들은 말랑가와 마을을 급습하여 197명의 포로를 석방했다. 야간투시경을 갖춘 정부 헬리콥터가 추락했고, RNA는 기술적 문제가 있었다고 주장한 반면 마오주의자들은 자신이 격추했다고 주장했다. 4월 8일 수천 명의 게릴라가 부트왈과 카필바스투를 공격했고, 더 많은 죄수를 석방하고 군기지와 경찰서를 파괴했다. 마오주의 지도자 샬리크 람 잠카텔은 카트만두에서 내게 말했다. "무장투쟁이 없었다면, 2006년의 승리도 없었을 겁니다."[118]

운동의 잘 계획된 군사 공격과 총파업은 군주제에 질적으로 높은 수위의 위협을 가했고, 국왕은 거리 집회에 대해 더 가혹한 폭력으로 대응했다. 4월 7일, 의료계 인사들이 은행 및 통신 노동자들과 함께 시위에 가담했다. 총파업을 위반한 택시들이 파손되기도 했다. 4월 8일 국왕은 오전 7시부터 오후 8시까지 통행금지를 명했고, 시위대가 보이면 사살하겠다고 주장했다. 경찰의 대대적 배치에도 불구하고, 시위대는 많은 곳에서 통행금지를 무시했고 이로 인해 수십 명이 부상당했다. 포카라에서 최소한 1명이 사살되고 2명 이상이 부상당했다. 바라트푸르에서 베란다에 앉아 있던 여성들이 경찰 총격으로 부상당했다. 치트완에서 5만 명 이상의 시위대가 정부 청사를 접수해서 몇 시간 동안 점거했다.

다음날 SPA는 시위를 무기한 계속하겠다고 약속했고 민중들에게 세금 지불을 거부하라고 호소했다. 바네파에서 경찰이 발포해 1명이 죽고 3명이 부상당했다 자낙푸르에서는 거의 1,000명의 담배 공장 노동자들이 총파업을 지지하며 파업에 들어갔다. 파라시에서 통신, 은행, 전기 노동자들과 기타 공무원이 모두 시위에 참여했다. 치안부대는 포카라와 시낙자를 포함한 전국의 많은 지역에서 발포해 3명을 죽이고 최소한 26명 이상에게 부상을 입혔다.[119] 부상자들이 병원으로 몰려들자, 의료 노동자들은 많은 지구의 병원에서 시위를 조직했다.

정부의 통행금지가 연장돼도 사람들이 계속 거리에 머물자, 경찰은 가정집을 침입하기 시작했다. 풀초우크에서 경찰은 기술자협회의 평화적 집회에 발포했다. 포카라에서는 대학과 학교 교사들이 수많은 부상에 항의하며 통행금지를 무시했고, 수십 명이 체포됐다. 전국의 언론인들도 언론 자유의 부재와 동료 수십 명의 투옥에 항의했다. 그들의 노력에 대한 대가로 많은 사람이 심하게 구타당했다. 카트만두에서 의사 500명이 집회를 가졌고, 최소한 9개 지구에서 내과의사들도 집회를 열었다.

4월 11일 시위 6일째에 SPA는 무기한 총파업을 호소한 반면, 국왕은 통행금지를 연장했다. 20여 명 이상이 공가부에서 충격으로 부상당했다.[120] 랄리트푸르에서 주민들은 치안 부대가 발포하자 그들을 쫓아냈다. 포카라에서 경찰은 다시 수천 명이 모여 있는 집회 장소에 발포했다. 타멜에서 민주주의 회복을 요구한 9명의 관광객이 체포됐다. 경찰은 카트만두 바네슈와르 구에서 열린 시 낭송회에 발포했다.[121]

4월 12일 전문직들이 계속 동참하자 경찰은 수십 명의 교수, 언론인, 교사, 변호사를 체포했다. 포카라에서 '평화와 민주주의를 위한 전문직협회'의 집회는 239명의 체포로 끝났다. 13일 평화적으로 모인 변호사들에게 고무 총탄이 발포되어 3명이 부상당했다. 경찰이 곤봉으로 공격하면서 더 많은 사람들이 부상당했고, 네팔변호사협회가 조직한 변호사 1,000명의 집회에서 70명이 체포됐다.

4월 9일에서 21일까지 시위가 추동력을 확보하자, 거리에 나온 사람의 수는 30만 명으로 증가했다(일부는 50만 명이라고 주장했다). 4월 10일 비르캄 삼바트의 날(네팔의 새해)에 대규모 군중이 수도의 거리로 홍수처럼 몰려나왔고, 전국적으로 수백 개 도시에서 시위가 벌어졌다. 다음날 밤, 더 많은 사람이 살해당하고 부상당하는 와중에 군인들이 의과대 기숙사에서 학생들을 무자비하게 구타했다. 군대는 포카라에서 한 시위자를 사살했고 군대의 총탄은 다른 많은 사람들을 타격했다. 구급차와 의료 노동자들이 부상자를 싣는 것을 허가받지 못했지만, 그들은 부상자를 보살피기 위해 군대의 보복에 두려움 없이 맞섰다. 바리케이드와 불타는 타이어는 수도의 어느 곳에서나 보이는 듯했다. 교외에서 민중들은 정부 세무 관서에 불을 질렀다. 언론인들이 다시 한 번 검거되었고, 많은 사람이 구금 중에 발로 차이고 주먹에 맞았다고 보고했다.

1990년보다 훨씬 더 많이, 모든 계층의 사람이 동원됐다. 농민과 노동자, 도시 빈민, 여성단체, 문화계 노동자, 학생, 교수, 기술자, 변사, 회계사, 은행원, 운수 노동자, 정부 관청 노동자 등이었다. 그들의 봉기 참여는 봉기에 새로운 성격을 부여했다. 그들은 단지 네팔의 도시 엘리트들의 다양한 부문에 기반을 둔 정당의 도구가 아니라, 봉기를 민중의 운동으로 이끄는 중요한 세력이었다. 농민들은 도시와 대도시로 이동해 시위했다. 배우들은 반정부 연극을 공연했고, 음악가들은 새로운 운동을 자극하는 가사로 친숙한 멜로디를 노래했고, 코미디언들은 웃음과 아이러니를 무기로 사용했으며, 시인들은 말을 통해 영감을 줬다. 사람들은 야외에서 시위가 허용되지 않으면 관공서를 점거했다.

[표 7.3] 1차와 2차 자나 안돌란 비교

제1차 자나 안돌란(1990년)	제2차 자나 안돌란(2006년)
주로 도시	주요 도시에 한정되지 않고 농촌 지역에서도 대규모 민중 참여
중하·중산층	전례 없는 수
절대군주제에서 입헌군주제로	입헌군주제에서 공화국으로
단일 체제	연방 체제
힌두 국가	세속국가
49일	19일
판차야트 체제 전복	군주제 종식

행진과 집회 외에 파업, 농성, 촛불시위 등이 펼쳐졌다. 모든 곳에서 차량 이동이 중지됐고, 온 나라가 정지했으며, 이로 인해 모든 것이 변하거나 또는 그런 것처럼 보였다.

　1990년 봉기에서 경험을 축적한 민중은 승리할 때까지 계속 투쟁해야 한다는 걸 잘 이해했다. 프라카시 만 싱은 2006년 봉기를 "끈기 있게 지속되었다"고 묘사했다. "우리가 모두 동의한 것은 '이번이 국왕에 대한 마지막 봉기여야 한다!'였다."[122] 시위 금지가 총탄과 곤봉으로 강제되더라도 군대와 경찰에 우위를 점할 수 있음을 알게 된 야당은 모든 체포자와 사상자를 집계하기로 결정했다.

　2006년 4월 13일, 약 1,500명의 변호사가 카트만두 근처에서 평화적 촛불 집회를 열었다. 경찰은 집회에 발포하여 2명에게 치명상을 입히고 다른 50명에게도 부상을 가했다. 그런 다음 법률 노동자 72명을 체포하고 나머지 시위대를 몰아내려고 최루가스를 발사했다. 이에 대응하여 네팔변호사협회는 구속자들이 석방되고 발포에 관여한 경찰이 처벌될 때까지 모든 법원 사건을 보이콧하기로 결의했다. 그날 늦게 NGO 활동가들이 모인 경기장에서 100명이 체포됐다. 200명의 언론인이 검열에 항의하자, 경찰은 그들의 평화적 집회를 공격해 20명을 체포하고 많은 사람을 다치게 했다. 6일간의 시위 동안 국경없는기자회는 네팔 언론인 97명이 체포되고 23명이 부상당했다고 집계했다.

대량 체포는 4월 14일과 15일에도 계속됐고, 특히 바글룽 지역과 비라트나가르에서 심했다. 정당들이 랄리트푸르에서 평화적 시위를 개최하자, 경찰이 발포해서 100명 이상이 부상당했다.[123] 4월 16일에도 시위가 계속 수그러들지 않자 경찰은 평화적 집회에 발포를 재개했고, SPA는 네팔인들에게 세금 납부를 거부하고 왕실에 속한 모든 사업체를 보이콧하라고 호소했다. 수천 명의 여성이 가이가트에서 악기를 연주하면서 행진했고, 행진 끝에 최소한 5,000명이 집회를 가졌다. 탄세에서도 수천 명의 여성이 행진했다. 타멜에서 수천 명의 관광산업 노동자와 기업가가 정부의 탄압에 항의했다. 치트완에서 2만 명 이상이 SPA 집회에 참석했다.

다음날 치안 부대가 전국에서 100명 이상을 다치게 했다. 바라의 니가드에서 사람들이 국왕의 허수아비를 불태우자 100발 이상의 총탄이 쏟아졌다. 많은 사람이 부상당하고 1명이 죽었다. 카트만두에서는 경찰이 늦은 오후에 발포하여 수십 명이 부상했다. 추체파티(카트만두)에서 30여 명의 여성이 꽃과 음식을 치안대원들에게 가져가서 폭력 사용을 중지해달라고 부탁했다.

한편 치트완에서 경찰이 발포하여 수십 명이 부상당했다. 카브레에서 여성들이 집회를 했고, 다른 수십 곳에서 사람들이 거리로 나서서 격렬한 탄압에 맞섰다. 타나훈의 총격과 다마울리의 곤봉으로 5명이 부상당했다. 카트만두에서 대법원 직원들이 1시간 동안 농성을 하며 검은 완장을 찼다. 은행 노동자들도 항의했다. BBC는 부트왈, 네팔간지, 바이라와에서 10만 명 이상의 군중이 모였다고 보도했다.[124]

4월 18일, 한 명이 사망하고 100명 이상이 부상당했다. 약 36명의 시위대가 사바그리하 초우크에서 경찰 총격으로 부상당했다. 시위가 3

여성들이 치안부대원들에게 꽃을 건네주며 폭력을 사용하지 말라고 설득했다. (사진 Shruti Shrestha)
출처: Kunda Dixit, *A People War: Images of the Nepali Conflict 1996-2001* (Lalitpur, Kathmandu: Jagadamba Press, 2006), 186.

주째로 넘어가면서 모랑 교도소에서 고문이 보고됐다. 실탄과 함께 고무총탄이 계속 사용됐고, 부상자 수는 극적으로 증가했다.[125] 비록 언론은 점차 제한됐지만, 전국적으로 수십 건의 집회가 열렸다.

1990년처럼 봉기는 정당들을 합법화할 도구로서 시작되어 민중의 운동으로 성장했다. 달리트와 더불어, 노동자, 교사, 의사, 기술자, 장애인단체, 공무원, 대법원 직원과 변호사 등 모두가 시위에 참여했다. 운동 참여가 훨씬 더 넓은 범위의 시위대로 확장되자, 민중의 꿈과 열망도 커져갔다. "달리트, 여성, 소수민족을 해방하는 미래의 의제가 거리의 민중에 의해 제기됐다. 정당들이 이 노력을 선도했던 것은 아니다."[126]

1990년과 달리, 경찰과 군대는 사람들이 거리로 가는 것을 막기 위해 결연하게 싸웠다. 많은 경우에 체제 세력들은 사람들을 집 안까지 쫓아가 감히 공개적으로 시위했다는 이유로 구타했다. 4월 19일 경찰은 의대 기숙사에 난입하여 그날 일찍부터 시위를 구경했던 학생들을 격렬하게 구타하는 지경까지 나아갔다. 자파에서는 RNA가 진압하면서 2명이 총에 맞아 죽고 수백 명 이상이 다쳤다. 반케에서 1명이 죽었다. 라디오네팔 직원들도 시위에 참여했다. 네팔간지에서 경찰이 10만 명 이상의 집회를 공격해 한 여성이 얼굴에 최루탄을 맞아 죽었다.

다음날 연장된 통행금지를 무시하고 10만 명에서 30만 명으로 추정되는 시위대가 도시 둘레의 4차로 순환도로를 채워서 카트만두를 포위하라는 SPA의 호소에 응하며 평화적으로 모였다.[127] 국왕이 집회를 금지했던 지역 밖에서도, 도발이 없어도 경찰과 군인이 칼랑키에서 발포하여 3명을 죽이고 최소한 100명을 다치게 했으며 그중 10여 명은 치명상을 입었다. 다음날 희생자 가족들은 치안부대가 희생당한 자신들의 사랑하는 가족이 마오주의자라고 인정하도록 강요하는 헛수고를 했다고 보고했다. 이에 대응한 대규모 시위대는 경찰에 시신을 인도할 것을 요구했다.

칼랑키 대학살 이후로, 시위의 규모는 훨씬 더 극적으로 팽창했다. 4월 21일 "사람들의 바다가 수도로 밀려들었다".[128] 《뉴욕타임스》에 따르면 "국왕을 교수형에 처하라!"가 많은 시위자들에게 인기 있는 주문이었다. 소식통들은 100만 명이 통행금지에도 불구하고 시위에 참여했다고 주장한다. 포카라에서만 거의 10만 명이 항의 행진에 참여했다.[129] 그날 저녁 인도 특사와 만난 다음, 갸넨드라 국왕은 수그러든 것처럼 보였다. 텔레비전 연설에서 그는 의회의 재소집을 허락하겠다고 발표했다. 또한 SPA의 크리슈나 프라사드 코이랄라에게 새 총리가 되어달라고 요청했다(4년 전에 그가 해임했던 사람을 대체하기 위해). 궁정은 왕실 가문의 1990년 헌법에 따라 지위를 유지하기를 원했다(헌법은 국왕과

마다브 쿠마르 네팔이 칼랑키에서 군중에게 연설하고 있다. (사진 Bimal Chandra Sharma)

가족을 법률 위에 두었다). 국왕의 교묘한 수법을 충분히 알고 있던 SPA는 앞으로의 시위를 취소하는 데 동의하기 이전에 의회의 완전한 복귀, 과도정부, 새 헌법의 틀을 작성할 회의를 주장했다. 특히 마오주의자들은 군주제를 폐지할 권한이 있는 제헌의회를 주장했다. 거리의 구호는 "완전한 민주주의"를 요구했고, 지도자들에게 타협하지 말라고 경고했다.

많은 사람은 왕정과 맺은 합의에서 벗어나 자주적으로 행동할 때가 왔다고 생각했다. UML의 지도자인 마다브 쿠마르 네팔은 국왕이 "민중의 힘이 드러났다"는 걸 깨닫지 못하는 이상 단순히 과거 의회를 복권하는 문제에 대해 SPA가 재고할 것을 요청했다. 1990년 봉기와 대조적으로, 이번에 농촌의 무장투쟁은 수도의 봉쇄와 연료 및 식량의 부족을 의미했다. 《뉴욕타임스》는 다음과 같이 보도했다. "학교들은 폐쇄됐다. 사무실들도 닫혔다. 상점들은 예측할 수 없는 시간에 열렸다 닫혔다. 등유는 아주 귀해져서 중심가의 한 어머니는 월요일에 저녁식사로 감자튀김과 같은 네팔 요리를 내놓을 계획이라고 말했다. 농산물 시장은 왕궁의 통행금지 변덕에 따라 어떤 날은 새벽 2시에, 다른 날은 오전 11시에 열렸다. …… 연료 트럭은 차량 이동을 금지한 총파업 때문에 수도에 들어갈 수 없었다. 문을 연 몇몇 주유소에서는 이른 아침부터 뱀처럼 긴 줄이 거리로 이어졌다. 파업으로 농촌에서 상품을 실어오는 것이 불가능했기 때문에 토마토 가격은 3주 만에 4배로 뛰었다. 도시의 야채 도매시장의 한 일당 노동자는 더 이상 하루에 두 끼를 먹을 여유가 없다고 말했다."[130]

곤경을 견뎌야 함에도, 시민들은 왕궁과 정당들이 때 이르게 봉기를 끝내도록 내버려둘 분위기가 아니었다. 4월 22일과 23일에 수백만 네팔인이 거리로 나서 시위했다. 마다브 쿠마르 네팔은 4월 22일에만 500만 명(3,000만 명 이하의 인구 가운데)의 네팔인이 시위했다고 추정했다. 2009년 4월 12일 카트만두에서 나눈 한 인터뷰에서 그는 인민들의 압도적 지지를 묘사했다. "2,500만 인구 중에서 500만 명이 거리에 있었고, 또 다른 500만 명이 옥상에서 환호했고, 1,000만 명 이상이 운동이 성공하길 희망하고 있었다." 그는 또한 그 결정적 순간에 인도, 미국, 중국, 유럽에서 국왕과 타협하라는 압력이 왔지만, "우리는 왕이 우리 앞에 머리를 숙일 때까지 멈추길 거부했다"[131]고 기억했다. 나라 전체가 거리에 있는 것 같은 와중에 치트완의 여성 10만 명은 주목할 만한 부대였고, 네팔 역사상 오직 여성으로만 이뤄진 최대의 행진이었다.[132] 일요일인 4월 23일, 갸넨드라가 "혼돈과 무정부 상태"를 미연에 방지할 대규모 군사작전에 대한 승인을 요청하기 위해 육군참모총장과 외무부 장관을 인도 대사에게 보냈다는 사실이 밝혀졌다. 인도인들은 갸넨드라의 요청을 거부했을 뿐만 아니라, 그에게 심지어 그 선택에 대해 고려해보기라도 하라고 질책했다.[133]

2006년 6월 2일 카트만두에서 열린 마오주의자들의 승리 집회. (사진 Narendra Shrestha)
출처: *A People War*, 204.

　보통 사람들은 왕이 스스로를 구하기 위해 모든 수단을 강구하리라 예상했고 그 때문에 그들은 행진을 멈추지 않았다. 4월 22일 이번 봉기의 정점에, 200명 이상의 시위대가 총격으로 부상당했다. 영웅적 투쟁은 민주주의에 유리하게 힘의 균형을 바꿨다. 4월 23일, 관련된 위험을 충분히 잘 아는 민중은 왕궁으로 행진했다. 경찰이 총탄과 최루가스로 공격했을 때, 최소한 23명이 치명상을 입고 수백 명 이상이 병원으로 후송됐다. 입으로 퍼진 소문으로는 사람들이 재결집해서 200만 명이 이틀 뒤에 왕국을 습격할 것이라고 했다.[134] 24일 저녁, 100만 명 이상의 사람이 거리로 모여들었다. 다시 군주제를 겨냥해서 수천 명의 목소리가 "국왕을 교수형에 처하라!"와 "왕관을 불태워라!"라는 구호를 외쳤다. 그날 밤 마오주의자들은 카트만두에서 북쪽으로 겨우 120킬로미터 떨어진 차우타라에서 통신탑을 포함한 정부 시설을 공격했다.

마침내 24일 늦게 더 많은 시위자가 죽고 수백 명이 다친 후에야 갸넨드라 국왕은 수그러들어 국회(2002년에 그가 해산했던)를 복권하고 헌법에 관한 국민투표를 허용하는 데 동의했다. 국왕의 25일 선언 이후 사람들은 거리로 달려나와 힘들게 쟁취한 승리에 격렬하게 환호했다. 민중이 지도자들에게 국왕과 타협하지 말라고 계속 외치는 가운데, SPA는 총파업을 철회했다. 승리 집회가 몇 주일 동안 이어졌다.

국왕이 공개적으로 패배를 시인하기 전에, SPA 소속 7개 정당 가운데 3개 대표들이 한 서구 외교관이 "매우 긍정적"이라고 묘사한 모임에서 미국 대사 제임스 모리아티와 만났다. 미국은 마오주의자들을 '테러리스트'로 분류했고, 갸넨드라의 야만적 비타협성이 마오주의자들에게 더 많은 지지자들을 가져올 뿐이라고 우려했다. 4월 25일 선언 이후 미 국무부는 국왕에게 즉각 권력을 의회에 이양하고 국가의 통치에서 예식적 역할만을 담당하라고 요구했다. SPA는 K. P. 코이랄라의 막내아들이자 노약한 80대의 기리자 프라사드 코이랄라를 새 정부의 지도자로 선택했지만, 마오주의자들은 이의를 제기하며 새 의회가 받아들일 수 없는 예전 상태를 회복할 뿐이라고 말했다. 마오주의자들은 "이른바 국왕 포고를 받아들임으로써 이 7대 정당의 지도자들은 다시 한 번 오류를 범했다"고 주장하는 성명을 발표했다. 그들은 카트만두를 봉쇄해 계속 투쟁하면서 제헌의회를 압박하겠다고 맹세했다.

네팔이 새로운 균형을 찾으려고 애쓰는 동안, 외국의 영향은 철저하게 검토해야 할 요소였다. 중국은 군주제를 지지했지만, 갸넨드라는 별로 지지하지 않았다. 그가 곧 왕좌를 잃을 것이라고 느낀 중국인들은 국왕에 대한 지지를 보류함으로써 어떤 정당이 통제력을 장악하든 그들과 동맹을 맺기가 매우 쉬워질 거라는 걸 알고 있었다. 미국은 처음에 국왕을 지지했고 SPA에게 조심스럽게 행동하도록 경고했다. 미국은 네팔의 시장에 대한 접근을 유지하고 네팔에 계속 강력한 군사적 영향력이 미치길 원했다. 민중운동을 멈출 수 없다는 것이 분명해지자, 미국은 입장을 바꿔 국왕에게 국회가 책임지도록 하라고 경고했다. 인도는 지속적으로 네팔을 어린 동생으로 본다. 2003년까지 인도는 네팔에 2,580만 달러어치의 무기를 공급했고, 무기 거래로 1,290만 달러를 추가로 쓸 계획이었다. 수많은 네팔 난민이 인도에서 저임금 공장 노동자로 일하기 때문에 인도는 이득을 보고 있었다.

그 누구도 민중이 국왕의 약속을 대규모 시위를 중단할 충분한 근거로 받아들일지 확신하지 못했다. 《워싱턴 포스트》의 한 기사는 주로 젊은 시위자들이 군주제 종식과 공화국 창출을 요구함으로써 정당들보다 더 나아갔다고 지적했다.[135] 4월 25일 자 온라인 보도는 이렇게 전했다. "공식적으로 총파업은 SPA에 의해 해제됐다. …… 그러나 거리에서 모든 것은 여전히 '정상'이 아니다. 과거를 충분히 알고 있는 수천 명이 여전히 SPA 지도부에게 자신들이 지금 원하는 것은 그냥 프라자탄트라(민주주의)가 아니라 록탄트라(진정한 민주주의)라고 경고하는 구호를 외치고 있다."[136] 군중은 계속해서 "왕관을 불태워라!" "국왕을 교수형에 처하라!"라고 외쳤다. 한 시위자는 경고했다. "우리는 단지 왕의 패배를 축하하기 위해서가 아니라, 지도자들에게 만약 인민을 배신하면 바로 이 군중이 그들을 살려두지 않으리라는 것을 경고하기 위해 여기에 있다."[137] 거리의 분위기는 큰 기쁨에 젖어 있었다. NC 중앙위원인 람 찬드라 포우델은 "이것은 거리에 있는 민중의 승리"라고 이해했다. 같은 날 SPA는 제헌의회 선거를 약속했고, 마오주의자들은 3개월 휴전을 선언하고 수도에 대한 봉쇄를 해제했다.

4월 27일 수십만 명이 SPA가 주최한 엄청난 축하 집회에 참여해 카트만두의 거리를 메웠다. 19일간의 마라톤 불법 집회 끝에, 민중은 위대한 승리를 쟁취했다. 동시에 그들은 정당들이 또 봉기의 성과를 허비하지 않도록 경계했다. 거대한 승리 집회에서, 일부는 한 의회당

연사가 새 총리 G. P. 코이랄라 대신 등장하자 연단에 돌을 던졌다. 84세의 새 총리는 너무 아파서 참석하지 못했고, 4년 만에 처음으로 의회가 소집된 지 며칠 후에 취임선서를 했다. 5월 1일 네팔전문직총연맹은 제헌의회와 "전면적 민주주의"를 요구했다. 다음날 학생들은 정치 지도자들이 개인적 권력을 위해 경쟁하는 "낡은 관행의 재등장"에 반대하는 집회를 열었다. 민중은 그들이 겪었던 체포와 수년간의 굴욕은 차치하더라도 시위대 사살의 책임자 처벌을 원했다. 새 정부는 재빨리 행동하지 않으면 상황에 대한 통제력을 잃을 수밖에 없었다. 5월 12일에 4명의 왕당파 장관이 체포됐고, 봉기 동안 일어난 인권침해에 대해 수사 명령이 떨어졌다. 4명의 체포로는 민중을 달래기에 충분하지 않았다. 그들은 수많은 시민을 사살하라고 명령한 왕정 자체의 종식을 원했다. 의회가 결정적인 행동을 취하는 데 실패하자, 시위대는 차량을 태우고 정치인들에 반대하는 시위를 벌였다.[138]

마침내 임시의회가 만장일치로 통과시킨 기념비적 법안으로 국왕은 모든 권력을 박탈당했다. '네팔의 마그나카르타'라고 불린 법안은 네팔을 세속공화국으로 선포하면서 세계의 마지막 힌두왕국을 끝장냈다. 국왕의 모든 권력은 의회가 접수하고, 군대의 명령권은 총리에게 할당되고, '왕립'이란 단어가 군대와 항공사 이름에서 지워지고, 사상 처음으로 정부는 군주에게 과세하겠다고 발표했다. 5월 18일 임시정부가 퇴위법을 제정한 날은 이제 민주주의의 날(록탄트라 데이)로 불린다. 동시에 조용히 통과된 것은 카트만두 정부 청사와 왕궁 근처에서 시위를 금지하는 법안이었고, 이는 본질적으로 국왕의 과거 금지 명령의 복사본이었다.

어려운 수확, 눈부신 승리

이 역동적 시기에 민중은 자신들이 눈부신 승리를 거두었다고 느꼈다.

네팔의 힌두왕국은 238년간 지속됐고, 마침내 전국의 모든 곳을 휩쓴 민중의 힘으로 전복됐다. 11월 21일 승리의 기쁨이 여전히 생생한 가운데, 마오주의자들과 SPA는 농촌의 무장투쟁을 끝내는 평화조약에 서명했다. 1년 전 12개조 합의(군주제에 맞선 통일된 저항의 기초를 제공했던) 이래, 약 1,380명이 무장투쟁으로 죽었는데 70퍼센트는 마오주의자들에게 살해됐다. 임시 헌법으로 새로운 연립정부가 구성됐고 여기에 마오주의자들도 포함됐다. 도달한 합의 중에는 60일 이내에 제헌의회의 직접선거와 진실과화해위원회 수립이 포함돼 있었다. 위원회의 과제는 실종자의 생사를 밝혀내고 반인륜 범죄를 수사하고 가족들에게 구호를 제공하는 것이었다.

 1990년 자나 안돌란 이후에 일어난 것처럼(다른 많은 나라의 봉기 후 고양에서도), 거리의 운동에 자극받아 NGO들이 우후죽순처럼 생겨났다. 2001년 결성된 44개 평화 및 인권 NGO의 상상력 넘치는 네트워크인 '평화를 위한 집단캠페인'(COCAP)이 크게 강화됐다. 봉기 기간에 이 단체의 전임 자원자 50명이 사무실에서 살았다. 그들은 정부 검열관을 피하기 위해 5,000개 이메일 신분을 사용하여 인터넷 연결, 휴대전화, 전화선이 모두 차단된 마지막 주만 제외하고 활동가들과 네트워크에 정보를 업데이트해줄 수 있었다.[139] 군주제에 승리를 거둔 후에도 그들의 추동력은 계속되어 COCAP는 지속적으로 성장했다. 2009년에 그들은 내전 중에 실종된 이들을 위한 전국적 자전거 행진을 후원했고, 성차별 방지 교육을 실시했으며, 폭력 없는 선거를 위해 300개 이상의 단체를 동원했다. 또 다른 NGO 센터인 비공식부문서비스센터(INSEC)는 라디오 인권 프로그램을 후원하여 2009년까지 5,000명이 넘는 청취자 클럽의 풀뿌리 형성에 기여했다.[140] 어린 소녀들이 학교에 다닐 권리를 위해 공개적으로 시위한 다음, INSEC는 그들이 어린이 행진을 조직할 수 있도록 도왔다. 또한 어린이들이 '평화지대'라고 선포했고,

어린이의회를 열어 거기서 나온 새로운 법안을 제헌의회에 제안할 수 있도록 했다.

봉기는 많은 사람의 '정상적' 일상생활을 변화시켰다. 노예 노동자들이 동참해 스스로 노예 상태에서 해방되는 법안을 쟁취했다. 마오주의자들은 그들이 통제하는 지역에서 노예제를 끝내는 데 엄청난 역할을 했다. 비록 불법이지만 그럼에도 노예노동은 여전히 지배적이다.[141] 봉기 이후 민중의 정체성이 바뀌자 테라이의 민족집단 사이에서 작은 운동들이 일어났고, 그들은 연방구조 내에서 참여의 증대를 요구했다. 200만 명 이상의 네팔인이 공동체 소유 산림에서 직접민주주의 형태를 제도화했다.

봉기 이후의 고조는 아주 엄청나서 많은 사람이 민중 동원에 압도됐다고 느꼈다. 2009년에도 자치와 연방제를 요구하는 소수집단이 테라이에서 지속적으로 벌인 총파업으로 카트만두에서 연료 공급을 기다리는 자동차와 오토바이가 긴 행렬을 이뤘다. 록 라지 바랄 교수가 상황을 묘사한 것처럼 "때때로 우리는 국가가 없는 것처럼 느낀다. 총파업이 모든 곳에서 일어난다. 공장은 폐쇄되어 있다. 수출은 중단됐다. 수십억 루피가 세수로 걷혔지만 아무도 쓸 수 없다. 모든 정당이 제 몫을 원한다. 교육제도는 사립학교를 제외하곤 붕괴했다".[142] 도로들은 심하게 구멍이 나 있고 안전하지 않았다. 수도에서 전기는 하루 중 일부만, 때로는 몇 시간 동안만 사용할 수 있었다. 민중이 자신만의 법을 시행하면서 마을 주민들은 안전한 주차에 요금을 부과하고 광범한 토론 없이 다른 규정을 시행했다.

지속되는 정치적 동기의 살인과 공격은 군주제 이후 네팔의 주요한 문제다. 민주적 발전 이후 처음 12개월 동안, 인권단체들은 정부군이 34명을 살해했다고 주장한 반면, 마오주의자들은 같은 시기 46명의 살해에 책임이 있다.[143] 경찰은 2006년 시위 탄압에 깊이 개입했는데도 그대로 근무 중이다. 실제로 칼랑키의 총격에 연루된 특정한 사람들은 승진까지 했다.[144] 많은 사람들이 보기에 군대는 별로 나아지지 않았다. 2009년 30명의 육군 사령관 중에서 26명이 결혼으로 묶인 라나족과 샤족 출신이며, 이들은 수세기 동안 나라를 지배해왔다.

처음에 과도정부는 완전히 우유부단한 것으로 입증됐다. 인권침해를 조사한 위원회의 보고는 200명(갸넨드라를 포함해)이 학살에 책임이 있음을 밝혀냈다고 하지만, 되풀이되는 요청에도 불구하고 보고서는 아직 공개되지 않았다. 국왕의 의회 복권 1주년에 시위대는 보고서 공개와 갸넨드라의 구속을 요구했다. 국왕이 감옥에 갇힌 모습을 묘사하는 플래카드를 들고 시위대는 "민중의 운동은 여전히 진행 중이다"와 "왕정 체제 타도!"를 외쳤다. NC 원로 람 찬드라 포우델이 민중 승리 1주년에 일어나서 연설하자 야유를 받고 날아온 빈 병에 맞았다.[145]

2007년 4월 1일, 8개 정당(마오주의자들을 포함한)이 임시정부를 구성했지만, 몇 주 동안 정족수를 채울 대표들이 한 번에 모이는 수고조차 하지 않았다. 몇 달을 제헌의회 선거 일정을 잡는 데 허비한 후에도, 결과를 어떻게 측정할 것인가에 대한 정당들 간의 "화해할 수 없는 차이" 때문에 표결이 두 번이나 연기됐다. 공평하게 말해서, 마오주의자들은 선거 참여의 전제조건으로서 합리적인 것을, 특히 세속공화국 선언과 비례대표제를 요구했다. 그러나 한 참관인이 지적한 대로, 아주 눈에 띄는 다툼 때문에 정당들에 대한 대중적 환멸은 광범했다. "네팔 국민들은 오늘날 1990년 다당제 민주주의의 회복을 위한 운동의 성공으로 사실상 전국을 휩쓸었던 다당제의 결과에 환멸을 느끼게 됐다. 가장 인기 있고 부러워하던 지배 형태를 겨우 17개월여 만에 혐오하게 된 것은 주로 민주적 규범과 가치가 새 지도부에 의해 바람 속으로 던져졌기 때문이다."[146]

국왕이 폐위되자 아무도 나라 전체를 대표해 말할 수 없었다. 한 전문가는 70퍼센트 이상의 네팔인이 군주제를 유지하길 원한다고 주장했지만, 갸넨드라는 인물은 아니었다(그는 카트만두에 남아 지지자들을 동원하고 있었다). 2006년 7월 초, 10만 명이 거리에서 국왕에 존경을 표했다. 그러나 2007년 2월 국왕이 카트만두의 순례지를 방문하려 하자, 군중이 국왕의 자동차 행렬을 돌로 공격했다. 무언가 분명하다면, 그것은 반란이 광범하게 확산됐고 쉽사리 진정되지 않을 것이라는 점이었다. 새로 발견한 보통 사람들의 권력 이양은 여전히 지배적이었다. 《이말Himal》지 편집자 카낙 딕시트는 이렇게 표현했다. "우리의 민중권력은 독특하다. 그것은 풀뿌리와 농촌 인민에게서 나온다. 그들은 타이처럼 중산층만이 아니다. 그들은 여기에서 민주주의의 전위이다."[147]

그토록 기다리던 선거가 2008년 4월 10일에 치러졌다. 마지막 표가 집계되자, 마오주의자들이 경이적 승리를 거뒀다. 그들은 310만 표 이상을 얻어 229석을 획득한 반면, 의회당은 230만 표로 겨우 115석을 얻었고, CPN-UML이 108석으로 그 뒤를 따랐다. 모두 24개 정당이 제헌의회에 참여했으며, 3분의 1이 여성이었고, 최초로 동성애자임을 공개적으로 밝힌 국회의원도 포함됐다(과거 입법부에서는 5퍼센트 이하의 의원이 여성이었다).

5월 28일 첫 회기 동안 제헌의회는 네팔을 연방민주공화국으로 선언하기로 표결했고, 찬성 560 대 반대 4의 표결로 군주제를 폐지했다. 8월 15일 마오주의 지도자 푸슈파 카말 다할(프라찬다)이 CPN-UML 및 20개 기타 정당의 지지로 총리로 선출됐다.

새로운 세속공화국의 모호한 성격은 불안정한 평화를 정착시켰다. 제헌의회는 헌법을 작성하면서, 입법자를 위해 열심히 모은 수천 건의 서면 제안을 포함해 다양한 토론회에서 민중의 의견을 요청했다. 네팔 전역에서 다양한 민족집단과 지역이 자신의 문제를 스스로 처리할 수 있도록 연방구조를 요구했다. 권력을 지방으로 이전하는 문제는 여전

[표 7.4] 2008년 제헌의회 선거 결과(55개 정당 중 상위 12개 정당)

정당	득표	득표율	의석 수	의석 비율
네팔공산당 마오주의파(CPN-M)	3,145,519	30.52	229	38.10
네팔의회당(NC)	2,348,890	22.79	115	19.13
네팔공산당 통합마르크스레닌주의파 (CPN-UML)	2,229,064	21.63	108	17.97
마데시 자나 아디카르 포럼, 네팔	634,154	6.15	54	8.98
타라이마데시 록탄트라	345,587	3.35	21	3.49
라스트리야 프라자탄트라	310,214	3.01	8	1.33
네팔공산당 마르크스레닌주의파 (CPN-ML)	168,196	1.63	9	1.50
사드바바나당	174,086	1.69	9	1.50
자나모르차 네팔	136,846	1.33	8	1.33
네팔공산당 통합파(CPN-U)	39,100	0.38	5	0.83
라스트리야 프라자탄트라 네팔	76,684	0.74	4	0.50
라스트리야 자나모르차	93,578	0.91	4	0.66

출처: Nepal Election Commission, http://www.election.gov.np/reports/CAResults/reportBody.php?selectedMenu=Party%20Wise%20Results%20Status(English)&rand=1260333150

히 해결되지 않은 채 커다란 갈등의 원인으로 남아 있다. 하지만 다른 사람들에게는 네팔의 권력 이양과 심지어 인도에 의한 합병(1974년 시킴에서 일어난 것처럼)에 대한 두려움이 지배적 관심사였다. 네팔 정부가 지옥과 천당 사이에 머물렀기 때문에, 많은 집단이 즉각적인 정의를 위해 경쟁했다.

중요한 문제로 분열된 정당들은 끝없이 의회 회기를 보이콧하여, 정부가 당면한 국민의 필요에 대처할 수 없는 상태를 방치했다. 소수민족이 자치와 정부에서 자신들을 적절하게 대표해달라는 요구를 극적으로 부각하기 위해 파업, 교통 방해, 시위를 이용함에 따라 남부 지방에서 수십 명이 시위 도중 사망했다. 제2차 자나 안돌란의 승리 후 3

년이 지나 페미니스트 달리트 조직의 의장인 두르가 숩은 달리트 여성들이 상층 카스트들에게 "끊임없이 마녀행위를 한다는 비난"을 받았다고 주장했다. "달리트 여성은 평등한 대의권을 요구한다"[148]고 그녀는 말했다. 2009년 국경없는기자회 투쟁위원회는 언론인에 대한 공격과 언론 자유의 부정 측면에서 네팔을 수단 아래 등급으로 매겼다. 2009년 8월 "식량안보의 급속하고 지속적인 쇠퇴"를 언급하면서 UN 세계식량계획은 300만 명 이상의 네팔인이 위험에 처해 있다고 보고했다. 이 기관은 5세 이하 어린이의 48퍼센트가 만성적 영양실조이며, 산악지대에서는 60퍼센트에 이른다고 추정했다. 젊은이들이 일자리를 찾아 네팔을 떠나면서, 최소한 GNP의 17퍼센트가 외국에서 오는 송금이었다(일부는 이 수치가 25퍼센트에 더 가깝다고 말한다).

긍정적 지표는 하나의 계급으로서 자신의 중요성을 인식하는 노동자들이 점점 늘어난다는 것이다. 2009년 5월, 합동노동조합조정센터(JTUCC)가 설립되어 6개 정당(통합 CPN-M, NC, UML, 라스트리야 프라자탄트라당을 포함한)에 가입한 노동조합을 포괄했다. 네팔전문직총연맹과 함께, 활기찬 네팔노동조합총연맹(GFNTU)도 등장했다.

누가 권력을 장악하고 있는가?

두 번의 봉기를 되돌아보면, 보통 사람들의 믿을 수 없는 영웅적 행동에 충격을 받지 않을 수 없다. 동시에 신속하게, 또 결연하게 행동하지 못한 정당들의 실패는 명백하다. 비록 거의 모든 시민이 갸넨드라 왕에게 작별인사를 했지만, 일부는 군주제의 복원을 선호한다. 전 총리이자 NC 창건자인 K. P. 바타라이는 군주제 폐지를 "순전한 바보짓"이자 "실수"라고 불렀다.[149] 라스트리야 프라자탄트라당 총재 카말 타파는 네팔의 영토적 완결성을 유지하고 민족통일성을 보존하기 위해 군주제의 복원을 오랫동안 옹호했다. 최소한 하나의 신문,《민중평론―주간 정치·경제》가 공개적으로 군주제 복원에 관한 국민투표를 요구했다.

압도적으로 마오주의자들의 편에서 도시와 농촌의 빈민 또는 룸펜은 군대의 반대에도 불구하고 면책 없는 정의를 위해 계속 투쟁한다. 2007년 중반에서 2008년 중반까지 1년 동안 정치적 갈등으로 600명 이상이 죽었고 더 많은 수가 구타당하거나 위협당했다.[150] 수천 명의 인민해방군(PLA) 투사가 UN 감시단과 함께 주둔지에 반감금되어 있는 가운데, 마오주의자들은 상당한 힘의 세력을 유지했다. 게다가 그들은 PLA와 어깨를 견줄 준군사조직인 청년공산주의동맹(YCL)을 천천히 건설했다. 그들이 경쟁 정치단체를 공격하거나 강탈금을 요구한 수백 건의 사건 중에서, 1건만이 전국적으로 유명해졌다. PLA 지휘관 비비드는 한 기업인을 살해한 혐의로 수배 중이던 2009년에 체포됐지만, 마오주의자인 내무장관의 명령으로 석방됐다. 이후 언론의 폭로로 비비드가 PLA 기지에서 경찰을 피했고 통합 CPN(마오주의)의 강력한 중앙서기국 수준으로 진급했음이 밝혀졌다.

2009년 중반, 국군에 대한 통제는 네팔의 핵심 정치 문제가 됐다. 과거의 합의에 따르면 PLA는 네팔 군대로 통합될 예정이었지만, 최고 군사령관들은 심지어 군대의 소수 마오주의자들이 아마도 95퍼센트가 하층 카스트인 10만 명 규모의 전체 군 병력을 전복할 것이라고 거론하면서 합의 준수를 거부했다. 군대를 통합하라는 정치적 지침을 거부했다는 이유로, 마오주의자들은 4월 룩만구드 카타왈 장군의 사임을 요구했는데, 장군은 8월 의무퇴역을 겨우 몇 달 앞두고 있었다. 그러나 임시헌법에 따르면, 총리가 아니라 대통령이 군을 통제한다. 야다브 대통령이 카타왈의 해임을 거부하자, 마오주의자 프라찬다 총리는 항의하여 사임하고 마오주의자들이 주도한 정부는 붕괴했다. 확실히 카타왈은 성자가 아니며, 그의 후임으로 마오주의자들이 지명한 그의 부사령관도 마찬가지다. CPN-UML(통합마르크스레닌주의파)은 3명의 최고위 장성을 모두 해임하고 완전히 새로운 군 지도부를 구성하자고 제안했지만, 마오주의자들은 그 제안을 거부한 뒤 대신 프라찬다가 사임하고 정부가 붕괴하는 위기를 낳았다. 일단 프라찬다가 물러나고 그들이 이끈 정부가 붕괴하자, 마오주의자들은 농촌 지역에 '대항 정부'를 부활시켰고, 수도에서 항의 시위에 박차를 가했다.

마오주의자들은 가난에 찌든 수십만 민중을 봉건적 속박의 고통과 지독한 자본주의적 착취에서 해방할 뿐만 아니라 군주제를 끝내는 데 커다란 기여를 했다. 그들은 여성해방과 민족 독립을 위한 투쟁에서 선봉에 섰다. 촌락평의회를 조직했고, 민족단결정부에 참을성 있게 참여했다. 하지만 그들의 종파주의는 사회 전체를 이끌 수 있는 통일된 헤게모니 창출을 실현하는 데 장애물로 남아 있다. 프라찬다를 대신한 총리인 CPN-UML의 마다브 쿠마르 네팔은 과거 마오주의 동맹자이자 철저한 반제국주의자였다. 하지만 마오주의자들은 그와 적절하게 일할 수 없었고, 그 이유는 그가 반동분자나 외국인이라서가 아니라, 그들과 그들의 외국인 '동지들'이 네팔에서 갈등을 낳는 수단으로서 종파 간 투쟁에 불을 붙이고 그 투쟁으로 국가권력을 배타적으로 소유하기를 희망했기 때문이다.[151]

네팔 텔레비전이 2008년 1월 치트완에서 열린 PLA 투사 모임에서 프라찬다가 한 연설 비디오를 내보내자 논쟁은 더욱 가열됐다. 프라찬다는 당이 의도적으로 유엔을 기만하여 PLA의 세력이 3만 5,000명이라고 믿게 했다고 말했다. 실제 수는 7,000~8,000명이었다(수를 부풀리면 마오주의자들에게 통합된 군대 내에서 더 많은 영향력을 줄 것이라고 생각됐다). 같은 비디오에서 프라찬다는 열사들에 대한 미래 정부의 배상금이 "궁극적 반란"을 위한 "좋은 전투계획"을 실현하는 자금원이 될 것이라고 약속했다.[152] 평화 과정과 다당제 민주주의에 대한 네팔 마오주의자들의 헌신은 중요했지만, 폴 포트의 비극적인 유산이 그들 주위를 맴돈다. 그들 내부의 강경파는 1917년 두 차례 러시아혁명의 성공을 모방하여 정부의 타도를 요구한다(볼셰비키는 차르를 타도할 광범한 연합과 먼저 동맹한 이후 '민주적' 정부로부터 권력을 장악했다).

군주제를 무너뜨린 95퍼센트 네팔 민중의 놀라운 단결은 그들의 위대한 자원 중 하나이다. 네팔(그리고 버마)의 봉기가 사전에 계획하여 위에서부터 조직됐다면, 광주봉기는 군부의 폭력에 대한 자발적 대응으로 아래에서부터 구조화됐다. 네팔과 버마에서 벌어진 민중 사이의 폭력은 한국의 상황과 극적인 대조를 이룬다. 네팔에서 정치적 차이는 자주 논쟁의 원인이며, 물리적 대치, 심지어 살인도 흔하다. 이런 폭력의 뿌리는 민중봉기의 낙관적 순간에도 발견할 수 있다. 여러 설명에 따르면 1990년 '자발적' 일제소등 동안 불을 끄지 않은 집들의 창문이 깨졌고, 그 집 사람들은 만약 계속 소등에 협조하지 않으면 집이 불탈 것이라는 얘기를 들었다.[153] 광주에서 항쟁 세력은 심지어 포로로 잡은 적의 군인도 인간적으로 치료해줬고, 일부는 다시 부대로 돌려보냈으며, 총을 잃었다고 장교에게 처벌받지 않도록 M-16 소총을 돌려주기도 했다. 광주의 경찰서장은 부하들에게 시위대에 발포하라고 명령하기를 거부하다가 잡혀가서 지휘권을 빼앗겼다. 보도는 많은 한국 경찰이 옷을 갈아입고 반란군에 동참했다고 지적한다. 네팔의 융통성 없는 분열은 사회의 진보에 장애로 남아 있다.

2006년의 위대한 승리에도 불구하고, 정당들은 거리의 민중의 희생으로 쟁취한 성과를 자신들이 강화할 수 없음을 다시 보여줬다. 군주제는 폐지됐고, 새로 발견한 자유는 민중의 일상생활을 크게 향상시켰고, 정당들의 권력은 증가했다. 카트만두에 있는 왕실의 중심 거주지는 박물관으로 바뀌어, 수만 명의 보통 네팔인이 변화를 이해하기 위해 긴 줄을 서 기다렸다. 하지만 5년간의 의회 논쟁에서 새로운 헌법을 제도화하는 길은 별로 진전이 없고 헌법은 여전히 개정되어야 한다. 마오주의 무장 세력은 네팔 군대로 통합되지 않았다(무엇보다 그들이 쉽사리 군대 전체를 전복할 것이라는 두려움 때문에). 경쟁과 외국의 음모가 제기되면 아무도 네팔의 미래를 예측할 수 없다.

이웃의 방글라데시도 시민 투쟁과 군대 사이에서 비틀거리지만, 1990년 방글라데시 민중은 네팔의 동료들처럼 독재를 타도하기 위해 단결했다.

8장
방글라데시

세계 어떤 나라에서도 1950년대와 1960년대 방글라데시보다 더 커다란 강렬함과 지속성, 관심을 갖춘 학생운동은 없었다. …… 학생들을 당 간부로 쓰는 것 역시 무슬림이 다수인 다른 지방보다 벵골에서 더욱 필요했다. 주된 이유는 정치적으로 유효한 주요 부분, 즉 변호사, 의사, 실업가, 지주들이 거의 대부분 힌두교 신자 차지였기 때문이다.

— 탈루크데르 마니루자만

의회민주주의에 대한 불만은 그것이 대중들에게 자유, 소유 또는 행복 추구의 권리를 보장하는 데 실패했다는 인식 때문이다. …… 의회민주주의는 경제적 불평등에 주목하지 않았고…… 지속적으로 빈민들, 짓밟히고 상속권이 없는 계급의 경제적 문제를 악화시켰다.

— 바바사헤브 암베드카르

연표

1971년 3월 1일	파키스탄 계엄령 당국, 국회 소집 거부
1971년 3월 25일	'암흑의 밤', 파키스탄 탱크가 다카에 등장
1971년 3월 26일	방글라데시, 파키스탄에서 독립 선포
1971년 12월 16일	100만 명 이상 사망 후에 독립전쟁 승리
1975년 8월 15일	무지부르 대통령과 가족이 군부 쿠데타로 살해됨
1975년 11월 3일	무지부르 지지자들의 역쿠데타
1975년 11월 7일	군인들의 쿠데타로 정부 전복
1977년 4월 21일	지아우르 라만 장군이 대통령 취임
1981년 5월 30일	지아 대통령 암살당함
1982년 3월 24일	H. M. 에르샤드 장군 권력 장악
1982년 11월 8일	경찰이 다카 대학 공격, 학생들이 3개월간 캠퍼스를 해방함
1982년 11월 21일	학생투쟁조직(OSS) 결성
1984년 12월 22~23일	노동자단결평의회(WEUC) 2일 총파업 조직
1988년 1월	치타공과 다카에서 시위 도중 수십 명 사망
1989년 11월 10일	시위대가 누르 후사인 광장 근처의 내무부에 방화
1990년 8월	정부가 강화된 IMF 구조조정 프로그램에 동의
1990년 10월 10일	초당파학생연합(APSU) 결성
1990년 11월 19일	3대 동맹, 에르샤드 반대 연합전선 선언
1990년 11월 22일	정부군이 다카 대학 공격
1990년 11월 25일	다카 대학에서 격렬한 전투 이후 정부 폭력배 몰아냄
1990년 11월 27일	통행금지령, 자발적 저항, 다카 대학이 해방구 역할
1990년 12월 4일	에르샤드, 사임 동의
1990년 12월 6일	에르샤드가 권력을 과도정부에 넘기면서 의회 해산

1990년 12월 27일	섬유공장 화재로 어린이와 여성 노동자 25명 사망
1991년 1월 2일	섬유 노동자 2만 명 행진, 노동조합 결성
1991년 2월 27일	과도정부 선거 실시, 방글라데시민족주의당(BNP) 다수 획득
1991년 10월	성노동자 조직화
1992년 3월 26일	인민재판소, 파키스탄과 협력한 혐의로 무슬림 근본주의자들에게 유죄판결
1993년 2월	페미니스트 작가 타슬리마 나스린 강제 망명
1994년 4월 26일	섬유 노동자들 시위 폭발, 다카 마비
1998년 12월 7일	여성 NGO들, 브라만바리아에서 종교 근본주의자들의 공격을 받음
2006년 5월 20일	비공인 파업으로 공장 4,000여 곳 마비
2006년 6월 12일	노사정 삼자 양해각서 서명
2007년 1월 11일	'비밀 쿠데타'로 군부가 정권 장악
2008년 12월 29일	아와미동맹 선거 압승
2010년 2월 25일	H&M 의류 제조업체인 가지푸르 공장 화재로 노동자 22명 사망
2010년 12월 14일	다카 외곽에서 공장 화재로 섬유 노동자 26명 사망

네팔에서 절대군주제를 타도한 지 8개월 후 방글라데시의 민주 세력은 모하마드 에르샤드 장군의 군부독재를 무너뜨릴 수 있었다. 다시 학생들이 민주주의를 위한 운동의 선두에 섰다. 방글라데시에서 학생들은 여러 가지 이유로 훨씬 더 전위 노릇을 했는데, 주된 이유는 방글라데시의 주요 정당들이 지도자들의 개인적 언쟁으로 무능력해졌기 때문이다. 지속적인 반대로 정권의 공격을 받자 학생들은 전 사회를 앞으로 전진시킴으로써 대응했다.

유혈 사태로 탄생한 방글라데시

영국 식민주의가 제2차 세계대전 이후 남아시아에서 후퇴하자, 지리상 두 지역으로 분리된 무슬림 국가 파키스탄이 탄생했다. 두 지역은 1,500킬로미터나 떨어진데다 엄청난 문화적 차이가 있었다. 수십 년간의 빈약한 공존 후에, 1970년 벵골어를 사용하는 동파키스탄의 아와미동맹이 전국 선거에서 다수 의석을 얻자 양측 사이에 균열이 발생했다. 국민의 투표에도 불구하고, 서파키스탄의 견고한 지도자들은 권력을 포기하기를 거부했다. 1971년 3월 2일, 파키스탄 계엄 당국이 새로운 국회의 소집을 거부한 다음날, 학생들이 대규모 집회에서 방글라데시의 새로운 깃발을 들고 독립을 향한 발걸음을 떼었다. 몇 주 뒤 파키스탄 탱크들이 '암흑의 밤'에 다카에 나타났다. 다음날인 1971년 3월 26일, 방글라데시는 파키스탄에서 독립을 선포했다. 이어 발생한 유혈 사태에서 파키스탄군은 통제력을 유지하려는 헛된 시도로 100만 명 이상의 민중을 도살했다. 방글라데시를 낳은 9개월간의 전쟁 동안 전부 300만 명이나 되는 사람이 살해되고 수만 명의 여성이 강간당했다.

일단 독립을 이루고 파키스탄 지배계급을 권력에서 쫓아내자, 아와미동맹(AL)이라는 도구를 이용하여 중산층이 새로운 나라에서 가장 강력한 세력이 되는 독특한 상황이 발생했다. 어떤 중요한 농촌 지주계급이나 견고한 정치 엘리트도 없는 상태에서, 사회적 자본(교육 자격증, 학위, 국제금융기구와 네트워크를 형성할 역량)이 성공의 열쇠가 됐다. 예상대로 변호사들이 AL을 지배했고, 도시 전문직 종사자, 특히 교사와 의사도 매우 중요했다.

새 국가에서는 단명한 정부들이 군사통치 시대와 번갈아 나타났다. 심지어 독립 이후에도 폭력은 계속됐다. 1974년 약 4,600만 국민(7,400만 전체 인구 중에서)이 빈곤선 이하로 살고 있었다. 이 시기에 쌀값이 10배씩 오르자, 인구의 78퍼센트가 국제노동기구(ILO)가 정한 절대빈곤 수준인 1일 1,935칼로리 이하로 생존했다.[1] 홍수로 전국의 5분의 2 이상이 물에 잠기고 기근이 시작됐다.[2] 무지부르 라만 대통령('조국의 아버지')은 9월에 워싱턴을 방문했지만, 미국은 원조를 거부했다. 10월 말까지 최소 5만 명이 굶어죽었다. 무지부르는 국제금융시장에서 차용의 대가로 세계은행이 이끄는 컨소시엄의 가혹한 조건을 수용해야 했다. 새 국가의 통화를 50퍼센트 평가절하하고, 국가 소유 산업을 민영화하고, 수입 제한을 완화하고, 외국인 투자를 지원하는 새로운 규칙을 채택하고, 재무장관을 해임하도록 강요당했다.[3] 11월에 미 국무장관 헨리 키신저가 짧은 방문으로 다카에 도착해서 무지부르와 2시간 동안 만났다. 방글라데시는 정치적 동기의 살인으로 비틀거렸다. 1974년에 약 4,000명의 AL 당원(최소한 5명의 의원을 포함해)이 살해됐다.[4]

그 당시에도 오늘날처럼 미국의 안보 이해는 파키스탄이 우선이었고, 신생국 방글라데시의 지위는 인정되지 않았다(키신저는 방글라데시를 공공연히 "경제마비 국가"라고 불렀다). 키신저가 방문한 지 1년이 채 지나지 않은 1975년 8월 15일, 무지부르 대통령과 가족 40명이 군사쿠데타로 살해됐다. 방글라데시의 정보기관을 장악한 사람들은 워싱턴에서 훈련받은 40명 이상의 벵골인 장교 중 일부였고, 이후 미국이 사전에 주동자들과 쿠데타를 논의했다는 증거가 나타났다.[5]

1975년 11월 3일, 무지부르의 지지자들이 새로운 군부 통치자들을 타도했고, 나흘 후 일반 사병들이 정부에 대한 통제권을 성공적으로 장악했다. 급진적 사회주의 조직인 자티요 사마지탄트리크 달(JSD)이 이 시기에 국가의 지도부로 등장했다. JSD는 10만 명이 참여한 집회를 열고 두 번의 총파업을 이끌었다. 군대는 그중 내무장관 관저로 향하던 행진대에 발포해서 최소한 8명을 죽였다(의사들의 보고에 따르면 30명). 당사가 습격당하고 지도자들은 체포되고 신문은 폐간되었다. 11월 7일 JSD가 성공적으로 전국적 봉기를 전개했을 때, 약 1만 명의 당원이 감옥에 갇혀 있었다. 비록 권력을 장악했지만, 강령의 급진적 잠재력은 실현되지 못했다. 그 주된 이유는 전쟁영웅 아부 타헤르 대령을 포함한 지도부가 지아우르 라만 장군을 감옥에서 풀어주고 다음 대통령이 될 위치에 배치했기 때문이다. 지아는 아부 타헤르에게 등을 돌리고 변칙적인 비밀 재판을 연 후에 그를 처형했다.

지아의 1977년 이후 체제 아래서, 정부의 광범한 이슬람화가 진행됐다. 그들의 이데올로기가 무엇이든 새 공화국의 모든 정부는 민중의 권리를 제한했는데, 아마도 지아 정부가 가장 심했을 것이다. 무지부르도 예외는 아니었다. 그는 특별권한법을 제정하고 일당지배를 도입하는 헌법 개정을 했으며, 군부 실세의 권한을 제한할 의도였지만 그의 엘리트 준군사 부대는 고문을 포함한 대대적인 인권침해를 자행했다.[6] 방글라데시 의회는 AL(독립 직후 정권을 장악한)과 방글라데시민족주의당(BNP), 두 주요 정당의 끝없는 분쟁으로 활력을 잃었다. BNP는 1979년 의회 선거에서 300석 가운데 207석을 얻었다. 일단 BNP가 권력을 잡자 영향력 상실에 좌절한 AL은 1980년 10대 정당 동맹을 결성하고, 하르탈(hartal, 총파업), 시위, 선출된 BNP 정부에 반대하는 지속적 선동 등 장외투쟁에 착수했다.

적어도 20번의 쿠데타 시도에서 살아남았지만, 1981년 5월 30일 결국 지아 대통령이 암살됐다. 최고 정치 지도자들이 계속 암살되는 상황에서 정당들은 1982년 3월 24일 군부가 다시 정권을 장악하는 것을 막을 수 없었고, 이 쿠데타로 모하마드 에르샤드 장군이 독재를 선포했다. 방글라데시의 정치적 통일체와 마찬가지로 에르샤드에 맞선 반대 세력도 AL과 BNP의 경쟁으로 약화됐고, 두 정당의 불화는 툭하면 각자의 정당을 이끄는 여성들의 개인사와 엮였다. AL의 지도자 하시나 와제드는 1975년 자신의 아버지이자 '건국의 아버지'인 셰이크 무지부르의 암살을 이유로 BNP를 비난했다. 한편 BNP 지도자인 지아 대통령이 1981년에 암살되자, 부인인 칼레다 지아는 남편의 당내 역할과 함께 AL에 대한 끝없는 적대도 물려받았고 남편의 암살에 대해 AL을 비난했다.[7]

전면에 나선 학생들

분파 갈등으로 정당들이 무력해지자, 민주화에 성공하기 위해서는 자율적인 비의회 세력이 활성화돼야 했다. 방글라데시의 학생들은 국가를 앞으로 이끈 오랜 역사가 있다. 탈루크데르 마니루자만의 추정으로 "세계 어떤 나라에서도 1950년대와 1960년대 방글라데시보다 더 커다란 강렬함과 지속성, 관심을 갖춘 학생운동은 없었다".[8] 국제적으로 유례없는 학생운동의 전성기였던 수십 년간, 방글라데시의 학생운동은 수많은 주목할 만한 사례 중에서도 단연 돋보인다. 역사적으로 낮은 대학 진학률과 높은 빈곤율로 인해 대학생들은 유난한 특권을 누렸고 미래에 정치 엘리트의 일원이 될 운명이었다. 그들 스스로도 방글라데시의 보편적 이해에 기초한 영웅적 지도력을 내보이며 이에 화답했다.[9] 이 지역이 아직 동파키스탄으로 알려져 있을 때, 학생들은 아유브 칸의 통치에 맞선 반독재 투쟁에서 지도적 역할을 했다. 1969년 말 그들은 11개조 강령을 작성하여 대규모 노동자 투쟁을 포함해 광범한 지지를 받은 반정부운동을 시작했다. 1971년 3월, 독립을 위해 벵골인들을 동원하면서 학생들은 "간디마저 놀랐을"[10] 거대한 비협력운동을 조직했다.

방글라데시의 민주화 과정에서 일어난 사건들의 양상은 익숙하다. 독립 이후 10년간 수십 번의 쿠데타가 일어난 뒤 후사인 모하마드 에르샤드 장군이 군대의 규모와 힘을 키움으로써 1982년부터 권력을 굳혔다. 현역 또는 퇴임 군 장성들이 22개 대기업 중에서 14개의 사장이었고, 모든 해외 대사 중 3분의 1이 군 출신이었다.[11] 에르샤드의 쿠데타가 일어난 바로 그날, 그의 전제적 지배에 맞선 학생들의 항의가 시작됐다.[12] 에르샤드가 권력을 장악한 지 한 달도 안 돼, 학생들의 항의는 폭력으로 되돌아왔다. 탄압과 저항의 주기가 시작되면서 학생운동에 대한 동조 여론이 확산됐다.

학생들은 시위를 벌이다가 일부 죽기도 했다. 변호사들과 노조원들도 정권에 맞서 투쟁했고, 정권은 위협 전술을 강화했다. 대학 내 반대 세력의 기반을 약화시키기 위해, 정권은 고등교육을 제한하는 계획을 세웠다. 그 계획이 캠퍼스의 반대를 격화시키자, 경찰과 준군사 부대는 1982년 11월 다카 대학에 침입하여 학생과 교직원을 무자비하게 공격했다. 수십 명이 야만적으로 구타당한 후 학생회는 24개 단체를 모아 학생투쟁조직(OSS)을 결성했다. 각 단체별 2명의 대표와 1명의 순번제 의장을 둔 이 조직의 유동적 지도부(극소수의 여성을 포함한) 48인은 운동의 목표를 규정했다. 그들은 다음과 같은 세 가지를 주요 요구 사항으로 내세웠다.

1. 계엄령 즉각 중단, 완전한 민주주의 시행과 인권 존중
2. 새로 입안된 교육정책 취소
3. 모든 정치범 석방과 탄압 중단

1983년 2월 14일 학생 수천 명이 교육부로 행진했고, 거기서 경찰과 준군사 부대가 발포하여 최소한 4명이 죽었다. 이 사건으로 일반 학생들은 이중으로 좌절했다. 왜냐하면 한 달 전(1월 11일)에 다카 대학에서 교육부 청사로 행진을 시도했다가 마지막 순간에 정당들(공산당, 사회당, 노동당, 아와미동맹을 포함한)의 거부로 좌절됐기 때문이다. 2월 13일 밤, 정당들이 다시 한 번 투쟁을 막으려고 하자 수백 명의 학생 활동가는 자신들의 지도자들에게 행진 계획을 바꾸지 않겠다고 서면으로 서약하도록 강제했다. 다음날 학생들은 교육부를 목표로 앞장섰지만, 치명적 총격을 당했다.[13]

AL과 BNP의 최고 지도자들이 같은 방에서 만나지도, 같은 연단에서 연설하지도 않던 때에, 자주적 학생 지도부는 민주주의를 위한 운동에 응집력과 단결을 가져올 필요가 있었다. 권력에 진실을 말하는 것을 두려워하지 않는 젊은 학생들은 행동을 통해 분열된 정당들을 부끄럽게 했다. 학생들의 영웅적 희생의 결과로, 19개 정당이 그들을 지

지하는 합동 성명을 발표했고, 방글라데시에 통일된 반체제 투쟁이 탄생하게 되었다. 1980년대 중반 반정부 세력은 "천 가지 저항의 의미를 내세웠지만 다양하고 분산적이었고",[14] 학생들은 두 가지 이유로 지도적 역할을 유지했다. 끝없는 AL-BNP의 경쟁과 당국이 시위를 다루는 매우 비합리적인 방식이 그것이었다. 학생들이 거리에서 평화 행진을 할 때에도 경찰은 발포하여 많은 학생을 죽였다. 학생 지도자들이 공개적으로 연설하면 체포했다. 민족주의적 요구만을 발표하는 데 만족하지 못한 학생들은 공개적으로 네팔, 버마, 한국, 팔레스타인의 민주화운동과 연대하겠다고 선언했다.[15]

학생들과 나란히 변호사들도 정권의 탄압에 대응하며 적극 참여했다. 1982년 6월 에르샤드 정권이 고등법원의 소재지를 변경하자, 변호사들은 대법원의 전국적 거부운동을 전개하며 에르샤드 퇴진을 요구했다. 의사, 엔지니어, 교사협회와 노동조합도 에르샤드에 이의를 제기하고 나섰다. 1980년대 풀뿌리 활동에 자극받아 에르샤드에 반대하는 15개 정당 동맹이 결성됐고, 다른 7개 정당 연합도 이 단결된 행동에 참여했다. 다시 한 번 에르샤드 정권은 시위에 총격으로 답했다. 1983년 11월 28일, 야당 연대체가 수천 명을 행정청(정부 소재지)으로 이끌자 경찰은 수많은 시위대를 죽였다.[16] 다음해 3월 반정부 진영이 지방선거를 아주 성공적으로 거부해서 정부가 선거를 취소했다. 1984년 노동자단결평의회(SKOP란 약어로 알려진, 15개 이상의 전국적 노조연맹을 대표하는 연대체)가 호소한 2일 하르탈은 정부가 노동조합을 합법화하기로 한 기존의 합의를 이행하라고 요구했다. 이 요구는 사용자협회가 사업에 치명적인 피해를 끼칠 것이라고 주장함으로써 봉쇄했던 개혁안이었다. 하르탈 중에 2명이 죽었고, 다카에서 이틀 동안 772명이 체포됐다. 분노한 시위대는 하르탈에 참여하지 않는 인력거와 버스를 부수고 문을 연 최소 1곳 이상의 상점을 공격했다. 라샤히 대학의 학생행동위원회(SAC)의 연대행동 때에 지도자인 샤 자한 실라스가 경찰 총격으로 사망했다.

정권의 폭력에도 불구하고 정부가 주관하는 선거는 지속적으로 에르샤드에게 통치권을 부여했고, 그와 동시에 에르샤드 정권이 광범하게 인기가 없다는 것은 사람들의 상식이 되었다. 많은 사람이 부정선거라고 주장했지만, 에르샤드의 정치적 책략의 또 다른 바탕은 방글라데시 국민의 고립이었다. 1986년 주류 매체는 인구의 고작 4퍼센트(약 400만 명)만 접할 수 있었다. 즉 이들은 40만 대의 TV에 접근할 수 있는 사람들로, TV 가격은 은행 지점장 급여의 6개월분에 해당했다. 라디오는 매일 약 3,000만~4,000만 명의 청취자(인구의 40퍼센트)에 도달했지만, 신문 발행 부수는 겨우 58만 부였다. 민주화운동은 반정부 세력을 활성화하기 위해 이야기꾼, 유랑극단, 축제 현장의 입소문, 시장 모임, 버스 등 전통적 의사소통 방법을 사용했지만, 전자 대중매체의 동시성과 광범한 청중은 확보하지 못했다. 이런 단점에도 불구하고 전통적 매체들은 집중화된 매체보다 더 다중심적이고 참여적이었으며, 봉기에 활용함으로써 활기찬 시민사회가 형성되는 데 도움이 되었고 이후 운동의 성공에 기여했다.

반정부 연대체는 1985년까지는 그럭저럭 함께 협력했지만, 곧 새로운 선거 참여 여부를 둘러싸고 의견 차이가 발생했다. AL이 선거에 반대하기로 한 약속을 깬 반면, BNP를 포함한 거의 모든 다른 정당은 선거를 거부했다. 1982년 에르샤드가 권력을 장악하면서 사실상 BNP는 정부에 대한 통제력을 잃은 반면, AL은 에르샤드와 연합할 기회를 얻었다. 영국인 참관단이 "민주주의의 비극"으로 묘사한 선거에서 에르샤드의 당이 다수를 얻었지만, 대중 시위로 새 의회는 해산했다.[17]

정당들이 여전히 분열되어 있는 상황에서, 기층 세력은 다시 모여 에르샤드의 '계엄령 민주주의'에 맞선 투쟁을 이끌 수밖에 없었다.

1986년까지 약 17개의 소농 및 농업 노동자 조합, 언론인, 변호사, 교사, 의사, 문화 노동자 단체가 도시 노동자와 학생에 합류하여 민주주의를 위한 요구를 제기했다. 다카에 집중된 운동은 다른 도시로 확산됐지만, 활동가들이 진지한 노력을 하지 않아서 농촌 지역에서는 별로 행동이 없었던 것 같다. 학생, 도시 전문직 종사자, 공무원이 운동의 전면에 나섰고, 이는 한 관찰자가 "도시 부르주아지의 반란"[18]이라고 부를 정도로 명백한 사실이었다. 기성 정당들로부터 자유로운 이 부문들의 자발적 자기조직화 역량은 반에르샤드 운동이 승리하는 중요한 자원이었다.

1987년과 1988년 3개 연대체들이 단결하여 에르샤드의 사임과 공정선거를 요구하는 하르탈을 요구했다. 방글라데시의 양대 도시인 다카와 치타공에서 반정부 집회 도중 38명이 죽었다.[19] 1987년 봉기는 특히 격렬했다. 비록 에르샤드를 퇴진시키는 데 성공하진 못했지만, 봉기는 1990년 그를 몰아낸 반정부 세력의 역량을 형성하는 데 아주 중요했다. 에르샤드는 군대를 증강하고 퇴직한 최고사령관들을 부와 권력이 있는 지위에 앉히고 장교들의 급여를 2배로 인상하고 사병들의 수를 늘리는 동시에, 미국과 더욱 친밀한 관계를 쌓아갔다. 그는 미국의 첫 번째 걸프 전쟁을 돕기 위해 병사 2,300명을 사우디아라비아에 파견하는 데 동의했다. 이 '연대' 행동으로 방글라데시는 3억 5,000만 달러를 받았는데, 이는 외환 수입의 40퍼센트 이상이었다. 1990년 8월, IMF는 강화된 구조조정 프로그램을 성사시켰다. 말할 필요도 없이, 이 두 가지 조치는 대중의 큰 반발을 샀다.

방글라데시는 차관과 보조금에서 국제금융기구들에 심하게 의존한다. 독립과 민주화 사이에(즉 1971년에서 1991년까지) 외국 원조 총액은 330억 달러 정도였는데, 보조금과 차관의 비율은 거의 같다. 새로운 매판 지배계급은 원조를 착복했고, 실제로 국내 투자보다 수익률이 높은 중동으로 자본을 수출했다.[20] 방글라데시 헌법이 평등을 약속하고 번영에 대한 국민의 기대치가 올랐지만, 탄압과 빈곤이라는 현실은 정권에 대항해 행동할 의지를 키웠다.

자신의 통치에 반대하는 목소리가 높아지자, 에르샤드는 대통령으로 두 번째 임기를 수행할 수 있도록 헌법 개정을 추진했다. 정당들은 1990년 10월 10일 정부 청사 농성으로 대응했지만, 다시 한 번 AL과 BNP 간의 적대가 운동을 심하게 분열시켰다.[21]

방글라데시 학생의 힘

다른 어떤 세력보다 강력하게, 학생들은 조국의 진보를 위해 단결했다. 정당들은 서로 협력할 방법을 찾지 못했기 때문에 운동에 별로 소용이 없었다. 단지 서로 회피하면서 끝없이 전술의 차이에 대해 논쟁했을 뿐이다. AL과 8대 정당 동맹은 하르탈을 호소했지만, BNP와 7개 다른 정당은 대규모 집회를 옹호했고, 좌파 5개 정당 연합은 그라오(ghrao, 포위) 전술을 주장했다. 이 전술은 에르샤드에 편향된 국내 언론의 관점을 알리기 위해 TV 방송국을 포위하는 것이었다.

대학가에서 다양한 성격의 단체들이 1990년까지 공존했고, 민족주의학생당(NSP, BNP와 느슨하게 연결된)은 전국 350개 대학 중 270개 학생회 선거에서 승리했다. 정당들의 다툼은 단결하려는 학생들의 노력을 오랫동안 방해했지만, BNP의 대다수와 함께 학생들은 자신들의 차이를 극복할 수 있었다.[22] 1990년 10월 1일, 2,700명 이상의 학생 지도자가 다카 대학 중앙학생회의 호소에 응답했다. 모인 학생들은 에르샤드 정부의 사임을 강제할 단결된 행동을 취해야 한다는 데 동의했고, 그의 사임 이후 중립 과도정부가 선거를 주관할 것을 요구했다. 그들은 10월 10일에 "정권만이 아니라 야당 지도부에도 반대하는"[23] 전투적 시위를 조직했다. 자율적으로 조직된 이 시위 동안 경찰이 집회를 공

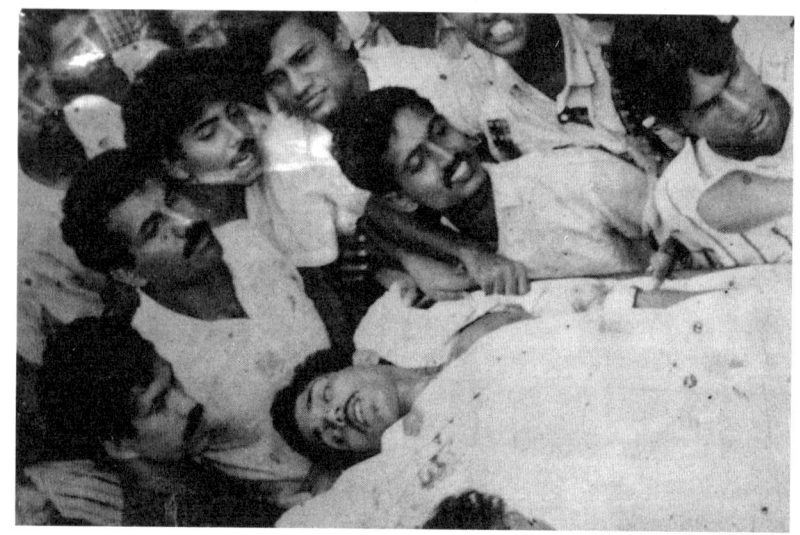

학생 자하드의 시신이 다카 대학으로 다시 옮겨졌다. (작가 미상)

격해서 최소한 5명이 죽고 수백 명이 다쳤다. 정권의 지속적인 폭력에 격노한 학생들은 BNP 학생 지도자 자하드의 시신을 다카 대학으로 다시 가져갔다. 그의 시체가 놓인 강단 주위에 집결한 수만 명의 학생은 오른손을 들고 에르샤드가 퇴진할 때까지 집에 돌아가지 않겠다고 맹세했다.[24]

이틀 뒤 운동은 심하게 공격받았고, 많은 지도자가 부상당했다. 저명한 개인들이 공격 대상이 되면서 약 22개 학생조직이 초당파학생연합(APSU)을 결성했다. 매일의 참여회의와 시위를 책임지는 연대체였다. 10월 15일까지 이 연대체는 정당들의 3대 연합과 연결하는 연락위원회로도 활약했다.

정치인들이 민중운동을 지도하는 데 실패했기 때문에 자율적으로 조직된 활동가들이 시위, 공개 장례식, 집회의 주요한 조정자가 됐다. 한 달 안에, 학생들은 모든 주요 정당의 지구위원회가 함께 일하도록

학생들은 1990년 방글라데시 운동을 단결시키고 지도하는 데 주요한 역할을 했다. (작가 미상)

촉구했다. 마침내 11월 19일, 풀뿌리 그룹들의 단결에 부끄러움을 느낀 3대 연합이 공동선언에 서명하고 상호 협력하기로 합의했다. 그들은 에르샤드에 맞선 통일전선을 선포하고, 학생들이 제시한 민주적 이행 과정을 승인했다. 정당들이 단결하겠다고 발표했음에도, 셰이크 하시나는 BNP 지도자 칼레다 지아와 같은 연단에서 발언하기를 계속 거부했다.

그해 말까지, 동원된 학생들은 텔레비전과 라디오 방송국에 대한 그라오 전술을 이용하여 다카의 중앙정부와 나머지 지역 간의 통신을 여러 차례 끊을 수 있었다. 학생들은 방송국을 포위하거나 점거하고 요구가 받아들여질 때까지 관리자들이 들어오거나 나가는 것을 막았다. 이 시기에 운동은 여러 차례 하르탈을 시행했고, 대규모 학생 시위는 경찰 및 준군사 폭력배들과 부딪치는 가두전투로 이어졌다. 권력을 유지하려는 냉담한 시도로서, 에르샤드 세력은 인종 갈등의 불을 지피려고 힌두인 사업체에 대한 공격을 조직했다. 풀뿌리 활동가들이 에르샤드를 계속 압박하자, 정권은 버마에서 사용한 것과 비슷한 새로운 전술을 사용했다. 한 무리의 단련된 범죄자들을 감옥에서 석방해 거리의 시위대를 공격하도록 보낸 것이다. 11월 20일, 마스탄스(mastans, 정부가 권한을 부여한 불법 무장단체)가 학생 지도자 나즈물 하크를 거의 죽일 뻔했고, 다음날에는 수십 명의 학생에게 부상을 입혔다. 정권이 허용한 자유재량으로 더욱 과감해진 경찰은 11월 22일에는 다카 대학 캠퍼스에 무장 공격을 감행했다. 이에 대응해 APSU는 11월 25일 대규모 시위를 조직했다. 마스탄스의 공격을 예상한 학생들은 그에 맞설 준비를 했고, 소수는 마스탄스의 무기에 대항하기 위해 무기를 소지했다. 몇 시간 동안 이어진 캠퍼스 전투에서 마스탄스가 완패해 정부 차량으로 도주했다.

불법 무장 세력이 지리멸렬하자, 에르샤드는 비상 법안을 발효해 11월 27일 통행금지를 선포했지만, 민중은 계속 저항했다. 특히 모하마드푸르의 주민들은 고통을 감수하며 야외에 머물렀다. 시위 동안 밀란 박사(1982년 APSU의 주요 지도자)가 거리를 건너다 총에 맞아 죽었다. 언론인연합은 정권이 비상사태를 선포하면 신문을 발행하지 않을 것이라고 약속했으며, 약속을 충실히 지켰다.[25] 학생들은 불법 시위를 조직했고 다카 대학의 전 직원이 사임했다. 파업이 확산되자 텔레비전과 라디오 방송국의 예술가와 노동자는 12월 1일부터 시작하는 편성에 참여하지 않기로 했다. 사흘 뒤, 공무원들은 에르샤드가 사퇴할 때까지 파업하겠다고 선언했고, 실제로 방글라데시의 행정 업무를 마비시켰다.

수백 건의 시위, 자발적 집회, 다양한 종류의 항의가 수도 전역에서 발생했다. 학생 연락위원회는 투쟁을 조정하기 위해 지구별로 매일 활동했다. 비밀리에 모인 APSU 조정위원회는 지속적인 전국적 시위를 연결했다. 파즐룰 하케 밀란은 내게 이렇게 말했다. "우리의 주요한 무기는 정신적 우위였습니다. 우리는 죽음을 신경쓰지 않았고, 엄청난 수의 학생이 거리에 있었죠. 대부분의 방글라데시 사람들이 우리를 지지했습니다. 그것이 우리의 주된 힘이었죠." 심지어 군대의 일부도 학생들의 편을 들었던 것으로 보인다.[26] 군대 주둔지에서도 반에르샤드 감정이 폭넓게 나타났다.[27] 11월 27일 이후 군대 내에서 정권에 대한 불만이 아주 커져서, 불법 무장 세력이 바리케이드를 친 곳에서 사람들은 폭력 없이 돌파할 수 있었다.

온 나라가 분명히 자신에게 반대하자, 에르샤드는 위기에서 벗어날 방법을 제안했다. 3대 야당 연합의 승인을 받아 부통령을 선출하고 새로 선거를 실시하는 것이었다. 그러나 사람들은 에르샤드가 후계자를 선택하도록 내버려두고 싶지 않아서 시위를 끝내지 않았다. 이 결정적 순간에, 활력을 얻은 민중은 정권의 엘리트뿐만 아니라 야당을 뛰어넘는 지성과 단결력을 발휘했다. 알람의 표현대로 "대중들은 정권이 허물어지고 있음을 느꼈고, 야당 지도자들이 정권과 밀실 타협을 하지 못하도록 경계했다".[28]

수만 시민이 지속적으로 모여들며 반대하자 에르샤드는 12월 4일 사퇴하는 데 동의했다. 이 순간에도 배후에서 새로운 계엄령 체제를 구축하려고 시도했지만, 최고위 장성들이 그를 지지하기를 거부했다. 거리의 운동이 거둔 굉장한 승리에도 불구하고, 야당은 과도정부의 지도자에 합의할 수 없었다. APSU가 이끈 자율적인 정치 활동가들은 정당들이 합의에 도달할 시한을 12월 5일 오후 6시로 정했다. 12월 6일 의회가 해산됐고, 에르샤드는 권력을 과도정부에 넘겨줬다. 에르샤드의 사임 소식이 퍼지자, 밤새도록 축하행사가 다카를 달구었다. 자정이 지난 후 모하마드푸르의 주민들은 꽃을 들고 행진했고, 다음날 수

에르샤드가 타도된 후 여성 TV 스타들이 축하행진을 이끌고 있다. (작가 미상)

천 명이 푸라나팔탄의 승리 집회에 참석했다. 내셔널프레스클럽 앞에서 군중이 광장을 메웠다. 꽃이 모든 곳을 뒤덮었다.

값비싼 승리, 민주적 발전

그것은 값비싼 승리였다. 1982년부터 1990년까지 에르샤드에 맞선 투쟁으로 100명 이상이 죽고 수천 명이 다쳤다.[29] 10명의 장관과 함께 에르샤드는 나중에 부패 혐의로 처벌을 받았지만, 그의 명령으로 자행된 살인에 대해서는 처벌받지 않았다. 전 독재자는 5년 이상을 감옥에서 보냈지만, 그가 횡령한 것으로 추정되는 1억 달러는 한 푼도 반환하지 않았다. 독재의 종식과 더불어, 시민의 자유도 주요한 성과를 거뒀다. 노동조합은 합법화됐고, 소수민족은 더 많은 권리를 얻었으며, 표현의 자유와 언론의 자유가 확대됐고, 상대적으로 깨끗한 선거가 열렸다. 다른 곳에서 본 것처럼, 자유의 확대와 함께 GNP는 유례없는 비율로 증가했다.

거의 모든 나라에서 세계적 사건들은 민중의 동원을 이해할 중요한 맥락을 제공하며, 방글라데시도 예외는 아니다. 그 당시 민중적 격변을 경험한 나라들에 속한다는 사실은 국가적 자부심이기도 하다. S. M. 샴술 알람이 표현했듯이 "권위주의에 반대하는 사회적 시위에 대중이 참여한 정도에서, 방글라데시는 당당하게 필리핀, 아이티 등 수많은 사회주의 및 비사회주의 나라들과 나란히 섰다".[30] 필리핀, 버마, 티베트의 운동은 사람들에게 에르샤드 정권을 끝장낸 민중권력 봉기를 이끌 영감을 주었고, 방글라데시에서도 보통 시민들이 사회의 방향을 결정할 수 있다는 확신을 심어주었다.[31]

봉기, 특히 승리한 봉기는 사람들에게 에너지를 주며, 단지 정권의 성격 또는 권력의 최고위에 있는 남녀의 이름을 바꾸는 데서 나아가 삶의 차원을 변화시키도록 추동한다. 우리는 비슷한 사례로 한국과 네팔에서 억눌린 열망의 보편적인 발산을 목격할 수 있는데, 1987년과 1990년의 민주적 발전 이후 몇 주 만에 노동자들은 임금 인상과 노동조건 개선을 요구하며 투쟁했고, 여성들은 더 나은 삶의 가능성과 일상생활의 더 큰 자유를 요구했다. 한국과 네팔처럼 방글라데시에서도, 정치적 민주화의 여운 속에서 투쟁의 가장 중요한 성과는 노동자의 권리를 옹호할 노동조합의 결성과 여성해방을 위한 투쟁이었다.

네팔과 한국처럼, 민주적 발전은 오래 지속된 차별적 양식을 뒤집으려는 기층 집단의 자주적 동원으로 이어지기도 한다. 봉기는 오래된 편견을 깨뜨리고 민중에게 가장 깊이 뿌리박힌 행동양식을 새롭게 하도록 이끈다. 노동자, 여성, 다른 억압받는 그룹들이 민주주의운동에 참여한 결과 그들의 문제가 사회적으로 가시화됐다. 동시에 NGO의 수는 몇 배로 늘어났고, 전문 활동가들이 새로운 풀뿌리운동 내에서 명성을 얻었다.

1991년 2월 말에 치러진 전국선거는 결론에 이르지 못했다. 비록 AL과 BNP가 3,400만 표 중에서 각각 1,000만 표 이상을 얻었지만, 어

[표 8.1] 1990~2006년 방글라데시에서 공식 기록된 NGO 수

연도	국내	외국계	합계
1990~1991	395	99	494
1995~1996	887	134	1,021
2000~2001	1,500	171	1,671
2005~2006(1월)	1,807	190	1,997

출처: Farida Chowdhury Khan, Ahrar Ahmad and Munir Quddus, eds., *Recreating the Commons? NGOs in Bangladesh* (Dhaka: The University Press limited, 2009), 10.

느 정당도 3분의 1 이상을 얻지 못했다. 300석 가운데 BNP가 141석, AL이 44석, 민족주의당(물러난 독재자 에르샤드가 이끄는)이 35석을 얻는 데 그쳤다. 이 3대 정당의 차이가 무엇이든 모두 변호사, 사업가, 자본가가 선출된 공직자의 70퍼센트 이상을 이뤘다. 새 정부에서 선출된 대표들의 나머지 주요 구성원은 도시 전문직(에르샤드에 반대했던 의사, 교수, 교사, 언론인, 학생 활동가)으로, 그들은 새 입법부에서 겨우 17퍼센트를 차지했다. 9월 칼레다 지아를 총리로 하는 의회 체제가 구성되었을 때, 장관의 4분의 3 이상이 변호사와 기업가였다. 여성들은 극소수의 의석을 차지했다.[32] 야당은 심하게 분열돼서 심지어 언론인과 여성단체도 당의 노선에 따라 별도로 결성됐다.

민주적으로 선출된 의회는 많은 사람의 눈에 정당성이 거의 없어 보였다. 48명의 전 학생운동가가 선출되긴 했지만, 새 의회의 의원 311명 중 일부는 인간 밀수업자로 알려졌고, 30여 명은 의류 공장(노동자들에 대한 비인간적 처우로 악명 높은)의 소유주였으며, 또 다른 60명은 그런 소유주와 연결되어 있었다. 한 인권운동가가 표현했듯이 "투표로 선출된 정부가 반드시 민주적인 것은 아니다".

공식적으로 '민주적'이었지만 이어진 정부들은 교착상태에 빠져 비효율적이었던 반면, 활성화된 시민사회는 해방된 방글라데시의 상상력과 의지의 더 광범한 영향권에서 성장했다. 1971년 살인적 침략을

자행한 파키스탄 군대를 적극적으로 도운 지도자들을 기소하라는 분위기가 팽배하자, 1992년 3월 26일 민중의 공개 재판이 열렸다. '1971년 협력자와 암살자 제거를 위한 조정위원회'가 자주적 공개 법정을 후원했고, 무슬림 근본주의 지도자 골룸 아잠이 파키스탄 학살에 협력한 혐의로 유죄판결을 받았다. '공개 법정'은 그에게 사형을 선고했지만, 정부는 그의 혐의를 조사하는 데 동의했을 뿐이다.

20년 동안 어떤 방글라데시 정부도 파키스탄 협력자들에게 참혹한 학살의 책임을 묻는 의지나 비전을 보여주지 못했지만, 1990년 투쟁으로 성장해 자율적으로 조직된 시민 활동가들은 정부가 이러한 조치를 취하도록 압박했다. 이 특별한 문제는 선출된 정부의 무능력을 극적으로 부각한다. 2011년까지도 정부는 1971년 잔혹 행위에 가담한 개인들을 기소할지 계속 고려 중이다.

방글라데시의 사례는 어떻게 전문직 협회들(특히 의사, 언론인, 교사, 변호사)이 정당 제도 외부에서 중요한 권력을 행사하는 대등한 정치 세력이 될 수 있는지를 보여준다. 하지만 동시에 이 세력들이 부분적으로 자신의 열등감 때문에 투쟁을 지속하지 못하는 무능력을 보여주기도 한다. 전 활동가 중 한 명은 이렇게 회고했다. "우리, 1982년부터 투쟁했던 학생들이 과도정부를 접수했어야 했습니다. 그러지 않고 선거가 시작되자 부패가 개입됐죠. 기업인과 부자가 돈을 이용해서 후보와 장관이 됐습니다."[33] 비나 식다르 박사는 그 감정에 동감한다. "반란을 일으킨 것은 학생들, 그다음에 변호사들, 그다음에 노동자들이었지만, 정당들이 우리 노동의 열매를 훔쳐갔습니다."

에르샤드에 맞선 투쟁에서 활동가 단체의 양적 성장과 약간의 민주적 권리를 쟁취했지만, 방글라데시에서는 여전히 탄압과 불의한 권위에 대한 저항이 되풀이되고 있다. 많은 성과에도 불구하고, 에르샤드의 부패가 낳은 지속적 효과는 더 이상 보편적인 관심사에 의해 움직이는 것 같지 않은—학생운동을 포함해—다른 수준으로 조금씩 새어나간다. 새로운 민주 정권은 하향식 성격을 지녔는데, 이는 빈곤과 문맹이 여전히 만연한 가운데 AL과 BNP의 주요 결정이 지도자에 의해 내려지고, 군대의 권한이 증가하고, 관료주의의 부패가 확대되는 데서 드러났다.

이슬람 가부장제와 싸우는 여성운동

민주적 발전 직후에 무슬림이 지배적인 사회에서 여성의 역할은 커다란 긴장의 초점이 됐다. 1991년 10월, 이슬람 근본주의자들은 다카의 사창가를 반대하는 캠페인에 착수했다. 성판매 여성들은 대항 시위를 조직하면서 때로 자율적 여성단체인 '여성의 편Women's Side'의 도움을 받았고, 자신의 공간을 유지할 수 있었다. 1993년 2월, 페미니스트 소설가 타슬리마 나스린이 남성 이슬람교도들에게 분노의 대상이 됐다. 신성모독으로 그녀를 비난하는 파트와(fatwa, 이슬람 율법에 따른 명령)가 발효됐고, 1993년 9월 2일 무명의 종교집단이 그녀의 머리에 1인당 국내총생산의 10배 이상에 해당하는 값을 매겼다. 다른 집단들도 그녀의 암살을 선동하자 그녀는 인도로 달아났고, 거기에서도 무슬림 지도자들이 그녀의 암살을 호소하자 스웨덴에 도피처를 구했다.[34] 나스린의 경우는 방글라데시 여성들의 불안정한 지위를 보여준다.

양대 정당의 지도자가 여성이기 때문에, 때로 여성 일반이 가부장제 통제의 멍에에서 어느 정도 해방됐다고 사람들은 말한다. 그러나 지아와 와제드는 암살당한 전 대통령들의 부인과 딸이다. 그들은 혈연이나 결혼으로 연결된 남성에게서 권력을 받았지, 개별 여성으로서 자신들의 지위로 권력을 얻은 것은 아니었다. 더욱이 이 두 여성 지도자의 실천은 전형적인 남성적 정치 행동과 다르지 않았다. 그들은 서로 단결하기보다 계속 싸웠고, 별로 중요하지 않은 문제에 대해서도 마찬가지였다. 1990년대 중반 함께 일하지 못하는 그들의 무능력 때문에 정부는 수년간 교착상태에 빠졌고, 이로 인해 지지자들 사이에서 폭력 대치가 폭발하기도 했다. 여성의 지위를 더 자세히 볼 수 있는 지표는 2003년 여성의 문자해독률이 겨우 29.3퍼센트(남성 52퍼센트)라는 사실이다. 여성의 노동 참여는 1996년 겨우 14퍼센트였다.[35]

민주주의로의 이행에도 불구하고 이슬람 가부장제는 견고했고, 많은 사람이 에르샤드 독재에서 해방되었어도 삶이 별로 개선되지 않았다고 느꼈다. 실제로 여성에 대한 범죄가 급격히 증가했으며, 특히 전통적 정의를 극단적으로 강요하는 농촌 지역에서 심했다. 1993년 간통으로 고발된 여러 여성이 돌에 맞아 죽고, 다른 여성은 불에 타 죽었다.[36] 이슬람 성직자들은 수십 건의 결혼을 강제로 끝냈고, 약 5,000명에 이르는 여성 NGO 활동가의 가족을 배척했다.

무정파 여성단체들은 오랫동안 남성의 폭력에 반대하고 농촌 여성들의 삶을 향상시키기 위한 자율적 시위에 적극적이었다. 성판매 여성들을 위한 자활 캠페인과 공장 노동자들의 공정한 임금과 안전한 노동조건을 위한 투쟁은 계속되고 있었다. 1990년대의 여성운동은 가정 폭력의 종식, 성노동자들의 권리, 가사노동의 인정을 요구했다.[37] 1998년 12월 7일 NGO들이 브라만바리아에서 8,000명 이상의 남녀 빈민을 모았을 때, 지역 이슬람학교(마드라사madrassah)의 성직자들이 칼과 도끼로 폭력적 공격을 가했다. 사흘 동안 NGO 사무실과 학교를 대상으로 광범한 약탈이 벌어졌고, NGO 회원들의 집 26채가 불탔다. NGO와 관련된 지역 여성들이 공개적으로 옷이 벗겨지는 모욕을 당한 반면, 많은 NGO 지도자는 수입 SUV를 타고 도망가 다카에서 피난처를 찾았다. 다카에서 그들은 외국 기부자들에게서 새로운 기금을 모으기 위해 이 사건을 이용했다.[38] 1999년 여성에 대한 폭력이 상당히 증가한 것으로 보고됐고, 신고된 공격 건수는 5년간 1,705건에서 8,710건으로 증가했다.[39] 여성들은 더 많은 권리를 위해 투쟁해서 2001년 중요한 승리를 거뒀다. 대법원은 모든 종교적 심판(파트와)이 불법이라고 판결했다.

의류 노동자들의 계급투쟁

에르샤드의 사임 이후 방글라데시의 경제 생산이 증가하자, 상층계급은 부를 축적하며 불만의 표현에 폭력으로 대응했다. 동시에 엄청난 수의 사람이 농촌의 전통적 거주지에서 뿌리 뽑혀 도시로 강제이주를 해야 했고, 도시에서는 기껏해야 일시적인 일자리만 찾을 수 있었다. 의류 노동자들은 1969년 28만 5,000명에서 2006년 약 2,500개 공장의 180만 명으로 늘어난 것으로 추정되며, 그 가운데 90퍼센트가 여성이다.[40] '떠도는 도시 노동자들'은 사회의 주변에서 궁핍한 삶을 견디며, 그들의 사정 때문에 저임금의 어떤 일자리라도 받아들여야만 한다. 생존할 만큼 충분한 임금을 받지 못하는 노동자들(최저임금은 월 14달러)은 휴가나 병가 없이 주 7일, 하루 12시간씩 일하도록 강요받는다.

방글라데시의 여성 노동자들은 이중(심지어 삼중)의 억압을 받는다. 가족이 가사와 소득 양 측면에서 그들에게 의존하기 때문에, 그들은 저임금 일자리를 받아들일 수밖에 없다. 수년간 작업장 안전 문제가 그들을 괴롭혔지만, 그들의 복지를 위해 제공된 것은 거의 없었다. 공장 소유주들은 조합 결성을 막았고, 무장한 폭력배들(마스탄스)은 여성 노동자들을 순응시키려고 폭력을 사용했다. 에르샤드에 맞서 승리한 지 몇 주 되지 않은 1990년 12월 27일, 수도 외곽의 사라카 공장에서 끔찍한 화재로 25명의 여성과 어린이가 죽었다. 민주적 발전을 위한 대중 동원은 좀처럼 끝나지 않았고, 민중은 경제적 정의를 위해 투쟁하는 데 민주화운동으로 열린 공간을 이용할 수 있었다. 1991년 1월 2일, 약 2만 명의 여성 의류 노동자가 사상자에 대한 보상, 적절한 정부 조사, 작업 중 안전 조치 개선을 요구하기 위해 다카에서 행진했다.[41]

아마도 이 여성 시위의 가장 중요한 성과는 포괄적 노조인 의류노동자 및 사무직 연합협회(UCWOPG)일 것이다.

1990년대 초, 노동자들을 힌두교도와 무슬림으로 분열시키려는 고용주의 시도는 노동자들이 시위와 파업에서 단결하는 바람에 실패했다. 1993년 노동자들은 조합이 이끄는 총파업 동안 고속도로를 봉쇄하고 최소한 4곳의 대학도 폐쇄됐다. 운동이 심화되면서, 1994년 4월 26일 다카를 마비시키는 데 성공했으며 파업은 6월까지 계속됐다.[42] 노동자들의 곤경이 해결되지 않자, 농민들은 10월에 황마 작물을 대부분 불태웠다. 12월까지도 비공인 파업과 폭력이 계속됐고, 심지어 하급 경찰과 민병대도 합류했다. 불만을 품은 일반 사병들이 다카의 본부를 점령하고 22명의 장교를 인질로 잡자, 정예특수부대(ESF)가 투입됐다. 정부가 통제권을 회복할 때까지 최소한 4명이 죽고 50명이 다쳤다. 그럼에도 의류 노동자들은 1995년 1월까지 계속 파업했다. 시위는 항구도시인 치타공에서 특히 격렬했다. 1995년 말까지 기차, 버스, 선박, 비행기 모두가 파업으로 정지됐다.

1990년대 초반의 강렬한 시위 물결 이후, 광범한 계급 대치가 비등점에 도달하기까지 10년이 걸렸다. 그사이에 방글라데시는 계속 잔혹한 탄압에 맞서야 했다. 2002년 군대, 경찰, 국경수비대가 연속 86일간 동원됐고, 그 기간에 1만 1,000명 이상이 체포되어 최소한 58명이 감옥에서 죽었다. 당국의 의료 전문가들에 따르면 그들은 모두 '심장마비'로 죽었다.[43] 2004년에 긴급행동대대(RAB)가 창설됐고, 곧 새로운 사법 외 살인, 고문, 기타 범죄가 새로운 전염병처럼 발생했다.[44]

2006년 5월 한 노동자의 사살에 대응하여, 노동자들이 다카 안팎에서 7개 공장을 불태우고 고속도로를 봉쇄한 채 며칠 동안 경찰과 충돌했다.[45] 동반 상승하는 파업과 폭력을 제어할 수 없게 되자 과도정부가 수립됐지만, 5월 20일에서 24일까지 비공인 파업의 물결이 4,000개 공장을 휩쓸었다. 인근 지구의 노동자들은 고속도로를 봉쇄했고, 정부는 총격과 곤봉으로 대응했다. 첫 주에 최소한 3명의 노동자가 사망하고 3,000명이 부상당하고 수천 명이 체포됐다. 5월 20일 구속된 동료의 석방을 요구하며 농성하는 노동자들을 사측이 찜통더위에 마실 물도 들이지 않은 채 고립시키면서 시위가 격화됐다. 그런 다음 경찰과 폭력배들이 밀집한 노동자들을 공격해, 12명에게 총격을 가하고 더 많은 노동자를 구타했다. 그날 밤까지 노동자들은 교통을 봉쇄하며 계속 저항했고, 80명 이상이 총상 치료를 받아야 했다. FS 스웨터 공장 앞에서 최소한 1명의 노동자가 죽었다. 이틀 뒤 사바르 EPZ에서 체불임금 지급을 요구하던 노동자들이 사설 경비대의 공격을 받았지만, 시위대는 이웃 공장을 다니며 연대를 호소했고 다른 노동자들도 참여해 2만 명이 행진했다. 다시 한 번 무차별 총격이 가해졌고, 이번에는 수백 명이 부상당했다. 폭력이 수도로 확산됐고, 대규모 시위로 중심가 공단이 폐쇄됐다. 일부 노동자들이 시위에 참여하지 않는다고 공격받았다는 보도도 있다.[46]

다음날인 5월 23일 다카의 교외 공단 지역이 총파업으로 폐쇄됐다. 노동자 위원회들은 휴가, 탄압 중단, 구속된 시위자 석방, 임금 인상, 잔업수당 지급 등을 요구했다. 다시, 고속도로가 봉쇄됐다. 7개 공장이 불탔다. 그날 저녁, 국경수비를 담당하는 부대인 방글라데시 소총부대(BR)가 질서 회복을 위해 투입됐다. 그럼에도 노동자들은 24일 공장지구들을 계속 폐쇄했다. 마침내 노동부 장관이 많은 노동자의 요구를 반영한 합의안을 제시했지만, 공장 소유주들은 장관이 약속한 개혁을 존중하지 않았다. 5월 29일, 저항과 탄압의 새로운 판이 벌어졌다. 수백 명 이상의 노동자가 총격으로 부상당하고 최소한 1명이 죽었다.

준군사 부대인 긴급행동대대의 잔인한 탄압으로 3주간의 투쟁 이후 6월 8일에 공장들이 다시 문을 열었다. 공장 소유주들은 총액 7,000

만 달러의 피해액을 정부에 청구했다. 타협에 도달하자 노동자, 사용자, 정부는 2006년 6월 12일 삼자 간 양해각서에 서명했고, 이 각서는 최저임금 보장, 노동조합을 조직할 권리, 작업장에 복귀하는 대가로 모든 구속 노동자의 석방을 의무화했다. 그럼에도 대다수의 공장 소유주는 합의안을 존중하지 않았다.[47] 그 결과 2006년 10월 다시 광범한 작업 중지, 고속도로 봉쇄, 국가 폭력이 의류 노동자들을 괴롭혔다. 구사대가 우타라 신텍스 스웨터 공장에서 노동자들을 폭행하자, 많은 사람이 즉각 항의했다. 경찰이 곤봉으로 공격하자, 노동자들은 그들을 다시 경찰서로 몰아넣고 모든 유리창을 깨고 밖에 주차된 경찰 차량 7대를 파괴했다. 일주일 후 다카에서 충돌이 일어나 순식간에 우타라, 압둘라푸르, 통기, 미르푸르, 팔라비, 사바르 등으로 퍼졌다. 수십 개의 공장에서 사보타주가 보고됐고, 쇼핑몰 3곳이 공격당했다.

64명이 사망하고 경제가 거의 붕괴된 3개월간의 격변 이후에 2006년 10월 임시 과도정부가 교체됐다. 헌법에 따르면 선거를 90일 이내에 치러야 했고, AL이 주도한 모하조테(Mohajote, 대연정)가 승리할 것으로 많은 사람이 예상했다.[48] 경쟁 정당들이 서로 격렬하게 싸우면서 몇 달이 지나갔다. 이 시기에 이런저런 전국적 총파업 없이 한 주가 지나는 일은 흔치 않았다.[49] 1991년, 1996년, 2001년의 선거는 민주적 이행을 공식화했지만, 두 주요 정당은 실제적으로 정치 논쟁을 독점했다. 각 당은 다수표를 획득할 수 있을 때는 자신의 의지를 관철하기 위해 하르탈과 봉쇄에 의존했다. 한 목격자는 이런 악화 과정을 "민주주의와 민주적 지도력의 장례식"[50]이라고 불렀다.

폭력과 종파주의가 만연하자, 2007년 1월 11일 군부는 비상사태를 선언하고 '비밀 쿠데타'로 권력을 접수했다. 기본권이 정지됐다. 경찰은 20만 명 이상을 구금하면서 집과 사무실을 '임시 감옥'으로 바꿨다. 비상법령 7개월 동안 60명이 구금 중 사망한 것으로 보고됐고, 이는 대량 체포 이후 최소한 58명이 구금 중 사망한 2002년의 '깨끗한 마음 작전Operation Clean Heart'을 상기시켰다.[51] 중국, 인도, 미국과 유엔이 군사 정부를 지지하자, 군부는 자신의 규칙을 만들어 피로써 강제할 수 있었다.[52] 심지어 최고 정치 지도자들이 이 청소에 포함됐다. 셰이크 하시나는 2007년 7월 16일에 체포됐고 칼레다 지아도 9월 3일에 체포됐다. 부패와의 전쟁이란 이름으로 지배하면서, 군인들은 정부 부처를 장악하고 공적 비용으로 치부致富했다. 군 장교들은 일상적으로 법원을 감시했고 투표자 명부를 준비할 공식적 책임을 맡았다. 최소한 160개 신문과 1개의 텔레비전 방송이 폐쇄됐다. 2007년 1월 11일에서 2008년 말까지, 50만 명이 체포되거나 구금되었다.[53]

비록 선거가 예정돼 있었고 비상통치는 헌법에 의해 최대 120일로 제한돼 있었지만, 군부는 2년 이상 선거 없이 권력을 유지했다. 이 시기 동안 시민들의 권리는 위축됐다. 2007년 7월 31일, 4개의 황마 공장이 6,000명의 노동자에게 밀린 임금을 지불하지 않은 채 군부에 의해 폐쇄됐다. 18개 공장의 다른 1만 4,000 노동자도 비슷한 처지였다. 다음달 거의 100명에 달하는 학생과 교사가 군대의 다카 대학 점령에 반대하는 시위에서 다쳤다. 며칠 후인 2007년 8월 23일, 학생과 군대의 충돌을 취재하던 12명이 넘는 기자가 체포됐다.[54] 2008년 300개에 가까운 공장, 그중에서도 사바르 수출가공공단의 21개 공장이 새로운 폭력 사태로 심각한 피해를 입었고, 그 과정에서 노동자 수십 명이 심하게 다치고 수백 명이 체포됐다.

부패가 방글라데시의 발전에 주된 장애라고 세계은행은 간주했다. 국제투명성기구는 방글라데시를 2001년부터 2005년까지 세계의 부패 명단에서 최하위로 분류했고, 그 이후 2006년은 끝에서 3위, 2007년은 끝에서 7위였다.[55] 세계은행은 1974년 관개 사업에 400만 달러 상당의 뇌물을 지급했고, 동시에 기아에 허덕이는 신생국가에 악명 높은 구조조정 프로그램을 강제했기 때문에, 세계은행의 결론에 대해서는 의문을 가져야 한다.[56] 매일 부패가 보도되는 와중에, 정치인과 재계 지도자가 군부의 비호 아래 치부하는 동안 수백만 명의 보통 시민은 반기아 상태로 내몰렸다. 언론에 재갈이 물린 상태에서 군부는 2008년 반부패 캠페인으로 거의 1만 2,000명을 체포했다.[57]

2008년 선거가 허용되자, AL이 권력에 복귀했다. BNP는 의회에서 10퍼센트의 의석도 얻지 못했고, 그 지도자들은 다시 정치적 기소를 당할 처지였다. 칼레다 지아는 가족 저택에서 퇴거당했다. 회복된 민주주의 아래서 경찰은 일상적으로 BNP 당원들을 괴롭혔다. 많은 사람이 AL을 학대의 유일한 가해자로 보지만, 다른 사람들은 정부에 복귀한 전 독재자 모하마드 에르샤드의 역할을 지목한다. 군부 통치 동안 저지른 범죄로 5년 가까이 복역한 다음, 에르샤드는 국회의원으로 5회나 선출됐고, 그의 당은 2009년 이후 AL 연립정부의 일원이 됐다. 탈루크데르 마니루자만은 그를 "마키아벨리의 환생"[58]이라고 부른다. 비록 경제는 연간 6퍼센트로 성장하고 있지만, 빈곤은 뿌리깊고 불평등은 증가한다. 활동가 아누 무하마드는 방글라데시의 딜레마를 이렇게 요약했다. "비록 주요 정당들이 1982~1983년 이래 전제적 정부와 그 정책에 반대했고, 1990년 대중 봉기를 통해 그 정부를 타도했지만, 이 정당들은 선출되자마자 차례로 군사정권 아래서 정식화된 동일한 정책을 시행하기 바빴다. 따라서 투표로 선출됐든 아니든 군사정부와 비군사정부는 정책 면에서 아무런 차이가 없고, 그 이유는 궁극적으로 이 모든 정부가 동일한 계급적, 제국주의적 이해를 대표했기 때문이다."[59]

기성 정당들이 방글라데시를 괴롭히는 체제 문제의 일부일 뿐만 아니라, NGO들도 자신이 비판했던 바로 그 착취 체제로 편입됐다. 한 활동가는 이렇게 설명했다. "빈곤 완화 프로그램 또는 소규모 대출 등의 수혜자는 빈민들이 아니라 일부 중산층과 부자들이다. 사실 소수를 제외하고 NGO를 설립하는 것은 빈민, 환경, 성평등 및 인권의 이름으로 돈을 버는 좋은 수단이 됐다. 이런 NGO들의 성장은 또한 신자유주의적 현상으로, 시민에 대한 국가의 책임이 현저하게 줄어들고 삶의 모든 영역에 대한 완전한 권위가 시장에 주어진다. 이 모델에서 NGO는 시장경제의 보완물이자 도구이다."[60]

독재의 소용돌이에서 벗어나려는 민중의 최선의 노력에도 불구하고, 진정한 민주주의는 아직 실현되지 않았다. 바바사헤브 암베드카르의 예언적 말이 인도만큼 방글라데시에서도 진실처럼 울린다. "의회민주주의에 대한 불만은 그것이 대중들에게 자유, 소유 또는 행복 추구의 권리를 보장하는 데 실패했다는 인식 때문이다. …… 의회민주주의는 경제적 불평등에 주목하지 않았고…… 지속적으로 빈민들, 짓밟히고 상속권이 없는 계급의 경제적 문제를 악화시켰다."[61]

2010년 노동자들의 불만과 사용자의 비타협성은 다시 정의를 위한 광범한 투쟁을 불러일으켰다. 의류 산업은 방글라데시 외환 수입의 4분의 3 이상과 산업 노동력의 40퍼센트를 차지할 정도로 성장했다. 비록 16개의 공인된 노동조합이 존재하지만, 낮은 조직율과 노동운동의 파편화는 노동자들의 힘을 약화했다. 의회에서 대표성을 거부당한 노동자들은 마침내 분노를 표출했지만, 그들의 외침은 공감과 개혁보다는 폭력으로 응답받았다. 2월 H&M 의류를 제조하는 가지푸르의 공장에서 화재로 최소한 22명의 노동자가 목숨을 잃었다. 6월에서 8월까지 이어진 항의로 정부는 2010년 11월 겨우 월 40달러의 최저임금을 법으로 제정했다. 이 새로운 임금 규정은 거의 시행되지 않고 평균 급여는 월 29달러였다. 노동자들은 73달러를 목표로 삼았지만, 심한 법적 장애에 부딪혔다. 법적 임금구조의 시행을 위한 캠페인에 맞선 대응으로, 수십 명의 노동계 지도자가 구속되고 거의 2만 1,000명의 노동자가 거꾸로 소송을 당한 상태였다.

시위는 12월 7~12일에 정점에 이르렀고, 이때 다카, 치타공, 나라양간지, 가지푸르 4개 도시에서 파업이 일어났다. 핵심은 치타공 수출가공공단에 있는 한국 영원무역의 공장이었는데, 이 회사는 의류 산업의 총수출 소득의 거의 5퍼센트를 차지했다.[62] 최소한 4명이 사망하고, 20개 공장이 피해를 보았으며, 100대의 차량이 파손됐다. 불가피하게 EPZ 전체가 폐쇄됐다. 12월 14일에 갭, JC페니, 반호이젠 의류를 제조하던 공장의 9층에서 불이 났다. 최소한 26명의 노동자가 목숨을 잃었고, 그들 대부분은 잠긴 문 때문에 탈출할 수 없었다. '깨끗한 옷 운동 Clean Clothes Campaign'(CCC)은 지난 5년간 의류 산업에서 공장 화재로 200명의 노동자가 사망했다고 추정했다.[63] 방글라데시 소방 및 민방위 당국은 2006년에서 2009년 사이에 213건의 공장 화재로 414명의 의류 노동자가 사망했다고 발표했다.

'민주주의'라는 지위에도 불구하고, 방글라데시는 계속 폭력으로 요동치고 있다. 2010년 10월, 정치 폭력으로 모두 24명이 사망하고 770명이 부상당했다. 2010년 위키리크스는 긴급행동대대(RAB)가 영국 정부에게서 '심문 기술' 훈련을 받았음을 증명하는 전문을 공개했다. RAB는 2004년 이래 1,000건 이상의 사법 외 살인에 책임이 있다.[64] 2010년까지 10년간, 4일마다 1명의 시민이 정치 폭력으로 죽었고, 인권감시단체인 오디카르 Odhikar는 총 853명으로 집계했다.[65] 비록 폭력과 빈곤의 문제가 계속 방글라데시를 짓누르고 있지만, 방글라데시 민중은 20년 전 중요한 전진을 했다. 그들의 지속적인 투쟁은 미래의 자양분을 끌어낼 수 있는 자부심과 영감의 원천을 1990년의 승리에서 발견할 수 있다.

1990년 방글라데시의 성공적인 에르샤드 타도는 독재에 맞선 국제적 봉기의 물결에 기여했다. 그 후 머지않아 타이의 민중들은 군부독재에 점점 더 반항했고, 1992년 민주주의를 쟁취했다.

9장
타이

타이에서 대개 정치적 희생자의 시신은 전 지구적 자본주의의 가치와 보조를 맞춘 자유주의적 자유시장 정치로의 변혁을 실현하는 데에, 사람들을 일깨우는 힘을 빌려줬다.

— 앨런 클리머

연표

1973년 10월 5일	정치 활동가 11명이 12월 10일까지 민주 헌법 요구
1973년 10월 9일	수백 명이 탐마삿 대학의 보리수 주위에서 집회
1973년 10월 10일	수천 명 집결, 집회 장소를 탐마삿 축구장으로 옮김
1973년 10월 11일	학생 동맹휴업으로 방콕의 대학 70퍼센트 이상 폐쇄
1973년 10월 12일	10만 명 이상이 탐마삿에 모임
1973년 10월 13일	약 50만 명이 모인 타이 역사상 최대 시위대가 탐마삿을 떠남
1973년 10월 14일	군대가 학생 시위대에 발포해 73명 사망, 건물 방화, 타놈 사임
1973년 10월 15일	전투 지속, '노란 호랑이' 공과대학 학생들이 선봉에 섬
1973년 10월 15일	타놈과 최고위 장성들 망명
1973년 11월	봉기 후 고조가 시작되면서 노동자, 농민, 예술가, 여성, 학생 동원
1974년	새 헌법
1975년	투자 파업으로 자본이 국외로 이동
1975년 4월 30일	사이공 함락으로 베트남 해방, 라오스와 캄보디아 왕실 폐위
1975년 5월 1일	방콕에서 25만 노동자의 노동절 집회
1975년	우익 자경단이 농민 활동가 수십 명 살해
1976년 9월 19일	망명했던 타놈 귀환, 국왕 부부 맞이
1976년 10월 4일	탐마삿 대학에 7,000명 모임, 타놈 축출 '기지' 탄생
1976년 10월 6일	경찰과 자경단이 탐마삿 대학에서 학생 학살, 41명 사망
1976년 10월 6일	군부가 정권을 장악하고 가혹한 독재 단행
1976년	학생 활동가 3,000명이 농촌의 무장투쟁에 합류
1979년	학생 활동가 사면, 선거 실시, 신자유주의 시행
1991년 2월 23일	군부 쿠데타

1991년 4월 19일	대중민주주의운동(CPD) 민주 헌법 요구
1992년 4월 7일	수찐다 크라쁘라윤 장군 총리 취임
1992년 4월 8일	차랏 워라찻, 수찐다 퇴진을 요구하며 단식농성
1992년 4월 20일	차랏을 지지하는 10만 명 집회, 수찐다 퇴진 요구
1992년 5월 4일	방콕 시장이자 전직 장성 짬롱 단식농성 시작
1992년 5월 6일	거대한 군중이 의회에 집결, 짬롱이 그들을 사남루앙 광장으로 이동시킴
1992년 5월 8일	집회 행렬이 랏차담는 대로로 이동
1992년 5월 9일	지도자들이 집회를 5월 17일까지 연기하기로 결정
1992년 5월 14일	민주총연맹 재조직, 새 지도자 7명 선출
1992년 5월 17일	30만 명 이상이 사남루앙에서 집회
1992년 5월 17일	군대, 시위대가 판파 다리 너머로 행진하지 못하도록 저지
1992년 5월 18일	군대가 자정 이후 발포, 수십 명 사망
1992년 5월 18일	정부 청사 화재, 군대의 학살 지속, 민중의 반격
1992년 5월 19일	군대가 로열 호텔의 가설병원 습격
1992년 5월 20일	시위가 전국으로 확산
1992년 5월 20일	국왕이 수찐다와 짬롱에게 합의하라고 명령, 군대 철수
1992년 5월 22일	민주총연맹, 수찐다 퇴진 요구
1992년 5월 22일	사망자 52명으로 집계, 300명 실종, 시위대가 책임자 처벌을 요구
1992년 5월 24일	국왕이 시위 참여자 모두 사면, 수찐다 퇴진
1992년 9월 13일	친민주주의 정당이 새 정부 구성에 충분한 의석 획득
1997년	타이 역사상 가장 진보적인 민중 헌법 발효, IMF 위기

2001년	탁신의 타이락타이당이 2001년 첫 선거에서 승리, '마약과의 전쟁' 수행
2006년	국민민주주의연대(옐로셔츠), 탁신 반대 시위
2006년 9월 19일	탁신에 반대하는 군부 쿠데타
2008년 11월	옐로셔츠, 법원이 친탁신 정부를 해산시키자 공항 점거 중지
2009년 4월 13일	방콕에서 레드셔츠와 군대의 격렬한 대치
2010년 4~5월	군대가 방콕 중심가에서 레드셔츠를 몰아내면서 최소 90명 사망, 1,800명 부상

네팔 민중처럼 타이인들도 민주주의를 위한 성공적 봉기에서 두 차례 대규모 시위를 벌이고 수십 명이 목숨을 잃었지만, 그들의 영웅적 희생이 정치 지도자들에 의해 허비되고 독재자들에 휩쓸려 사라지고 글로벌 기업의 이윤이 되는 경험을 했다. 네팔인들과 달리 타이인들은 군주제를 폐지하지 않고 오히려 극단에 가까운 광신으로 왕실을 존경한다. 20세기 후반 풍부한 봉기의 역사는 보통 시민들에게 공적 공간을 통제하는 민중의 힘에 대한 지속적인 깨달음을 확고하게 심어주었다. 레드셔츠와 옐로셔츠 간의 지속적 전투는 이런 의식의 가장 가시적인 지표일 뿐이다.

1973년 10월 학생들이 이끄는 수십만 명의 전투적 시위대가 군부독재를 타도했지만, 군대에 의해 71명이 살해되고 수많은 사람이 실종되거나 부상당하거나 정신적 외상을 입은 후에야 거둔 승리였다. 1973년 미소 짓는 젊은이들에게 굴욕을 당한 군대는 3년 뒤 엄청난 반격을 가했다. 1976년 10월 6일 준군사 부대와 경찰 부대가 방콕의 탐마삿 대학을 공격해 최소한 41명을 살해했는데, 많은 경우 기괴하게 시신을 훼손하거나 산 채로 태우거나 나무에 목매달았다. 미소의 나라는 섬뜩한 내면을 드러냈다. 1976년 학살 이후 군부는 노동운동을 포악하게 탄압했고, 신자유주의가 피 속에서 태어나자 시민의 자유를 제한했다. 민주주의를 위한 새로운 시위가 1992년 5월 대중적 토대를 활성화했고, 다시 한 번 군대와 경찰은 유럽과 미국에서 당연시되는 권리를 요구하는 평화적 시위대에 폭력으로 대응했다. 최소한 44명이 살해되고 38명이 실종됐는데, 이는 사흘간 고삐 풀린 군대가 시민들에게 무차별적으로 가한 엄청난 폭력을 은폐하는 최소 수치이다. 1992년 봉기에서 분출된 반란의 에너지는 광범한 민주주의 공세를 추동했고, 그 찬란한 정점은 1997년 참여헌법과 권리장전 제정이었다.

새로운 선거제도는 억만장자 CEO이자 재계의 거물인 탁신 친나왓에게 대통령에 오를 기회의 문을 열어주었다. 필리핀의 전 대통령 피델 라모스처럼, 탁신도 칼라일 그룹 아시아 이사회의 자문위원이었고, 이 직책은 초국적 자본이 '족벌'('일국'이라고 읽을 것)의 경제적 통제를 피하면서 전 지구를 지배하는 사슬의 한 고리였다. 명성에 걸맞게, 탁신은 오랫동안 궁핍했던 농촌 지역에 학교와 병원을 세웠다. 또한 도로를 건설하고 오랫동안 주변화된 농민들을 지원했다. 그러나 탁신의 인기가 국왕에 필적할 정도로 높아지자, 왕실은 그를 망명으로 몰아낼 기술자들의 시위를 지원했다. 새로운 군부독재는 아시아의 오랜 역사에서 최상의 헌법 중 하나인 1997년 헌법을 내팽개쳤다. 2008년 이래 경쟁관계인 레드셔츠와 옐로셔츠로 분열된 타이인들은 민주적 봉기가 남긴 귀중한 정치적 열매를 두고 계속 투쟁하고 있다.

국가, 종교, 국왕

외부에서 보면, 타이는 행복하고 조용한 나라, 유럽 식민화의 저주를 피한 동남아시아의 소수 나라 중 하나이다. 그런 운명을 피한 것에 대해 대부분의 타이인은 16세기 버마의 점령에서 민족을 구했을 때처럼 왕가에게 그 영광을 돌린다. 그 결과, 미소의 나라라는 표면 아래 깊지 않은 곳에서 왕실에 대한 의심 없는 숭배를 훼손하는 사람이면 외국인과 타이인을 막론하고 야만적 권위주의와 가혹한 처벌을 내린다.[1] 그리고 그 문제에 관한 한, 이 책에서 논의한 나라들뿐 아니라 전 세계의 어떤 곳보다 더 타이에서 국왕은 반신반인의 지위를 유지하며, 왕실에 대한 국민의 충성은 타이를 가장 잘 정의하는 문화적 특징 중 하나다. 국왕의 축복으로, 군대는 경제와 정치에서 과도한 역할을 한다.

1946년 이래 타이는 18회의 군부 쿠데타와 15회의 헌법 개정을 경험했지만, 국왕은 단 1명이었다. 수십년 동안 군부 독재자들이 키를 쥐고 있어서 민간 정부들은 주변적 존재에 불과했다. 푸미폰 국왕이 세계에서 가장 부유한 군주인 것은 우연이 아니다. 2008년 그의 추정 재산은 350억 달러로 아랍에미리트의 셰이크 할리파(230억 달러)와 사우디 국왕 압둘라(210억 달러)보다 더 많다.[2] 입헌군주로서 국왕은 법률적 권력이 아니라 단지 도덕적 권위를 누리지만, 그는 법적 도전을 받지 않고 계속해서 나라를 통치했다. 위계적 후견 관계는 타이 사회의 전통적 조직의 특징이었다. 아래에서부터 이루어지는 중국이나 한국의 상호부조와는 달리, 타이의 네트워크는 위에서 아래로 전해진다.[3] 17세기 왕궁법은 고위 관리들이 비밀리에 만나거나 국왕을 제외한 누구하고든 긴밀한 관계를 맺는 것을 금지했다.[4] 분명한 수직선 안에서 모든 부와 지위가 국왕을 통해 흘렀다.

수세기 동안 전통적으로 왕실은 정의를 위한 청원을 존중해야 했다. 13세기에 타이 민중은 불만 해결을 요청하기 위해 왕궁 밖의 종을 울릴 수 있었다. 수코타이의 한 석판에는 이렇게 써 있다. "만약 이 나라의 어떤 평민이 불만을 가지면…… 왕국의 통치자인 람캄행 국왕은 호소를 듣는다. 국왕은 그들에게 가서 질문하고 사건을 검토하고 정의

[도표 9.1] 1932~2006년 타이의 쿠데타

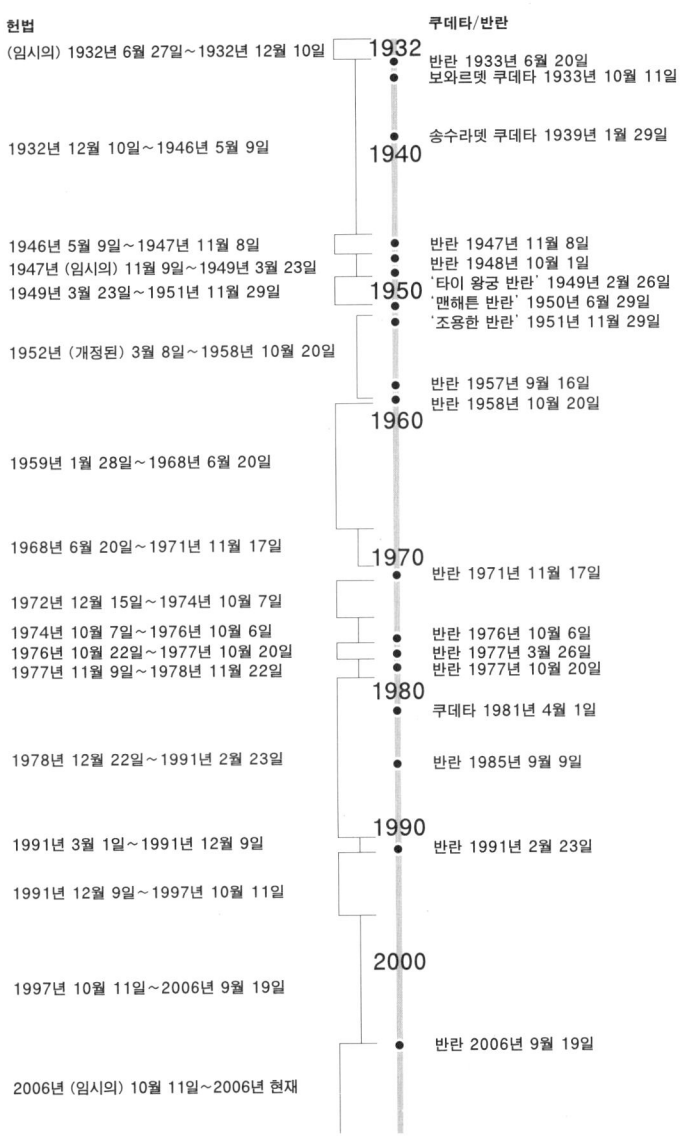

출처: *Article 2 of the International Covenant on Civil and Political Rights* 6, No. 3, June 2007 (Hong Kong: Asian Human Rights Commission), 12.

롭게 결정한다." 푸미폰 국왕은 이 석판을 타이의 전통적인 민주주의의 상징으로 인용한다.[5] 영화 〈왕과 나〉로 유명해진 푸미폰의 증조부 쭐랄롱꼰은 타이가 유럽의 식민지로 전락하는 것을 막았고 동시에 소녀들에게 교육 기회를 제공하고 노예제를 폐지했다(그렇게 함으로써 권력을 놓고 경쟁하던 귀족을 약화시켰다). 그의 행정개혁은 국가적 통일성을 강화하는 데 기여했다.

타이에서 대학교육의 기원은 국왕이며, 1916년 왕명으로 공무원학교가 쭐랄롱꼰 대학으로 이름을 바꿨다. 무혈 쿠데타가 절대군주정을 끝장낸 지 1년 후인 1933년, 나중에 탐마삿 대학('윤리학 대학')으로 이름을 바꾼 학교가 새 정부의 자유주의 이상을 대표하기 위해 설립됐다. 강력한 도덕적 잣대로 인해 타이 민중은 1950년 한국전쟁에 반대하는 평화운동을 조직했고, 타이의 경제가 한국전쟁으로 이익을 보고 있음에도 10만 명 이상이 전쟁에 반대하는 청원에 서명했다.[6]

베트남전쟁 기간에 타이의 군부가 미국의 자금으로 상당한 이익을 거두었기 때문에, 타이는 인근 베트남, 캄보디아, 라오스에서 미국의 전쟁을 수행하기 위한 거대한 대기 구역이 됐다. 24시간 내내 타이 기지에서 비롯된 공중폭격이 10년 이상 계속됐다. 추정에 따르면 1966년에서 1968년 사이 타이 GNP 증가의 절반이 워싱턴과 맺은 계약에서 나왔으며, 최고 군사령관들은 미국 납세자들의 돈으로 치부를 했다.[7] 1968년까지 4만 8,000명의 미군이 타이 내에 주둔했다. 대부분 비밀인 북동부의 미 공군기지들은 고급장교들을 위한 최고급 호텔, 주둔군 병사들이나 '휴양 휴가Rest and Recreation'를 즐기기 위해 베트남에서 몰려든 미군 병사들을 위한 부대 서비스 시설을 건설하는 데 엄청난 비용이 필요했다. 해마다 추가로 5,300만 달러의 원조가 타이에 흘러들어와서 26만 명 이상의 타이군을 강화하는 데 도움을 줬다. 타이군에는 고위 장성이 아주 많았는데, 서구 군대에서 3,000명당 1명인 비율에 비해 300명당 1명이었다.

한국의 경우처럼, 미국의 인도차이나 전쟁은 타이 경제에 엄청난 호황을 가져왔다. 미군 기지 건설만으로 타이에 20억 달러 이상이 투입됐다고 한다. 타이가 미국의 전쟁에 복무하는 데 반대하는 저류는 불교 활동가 술락 시와락의 진술에서 나타나는데, 그는 사람들에게 물질적 부를 추구하는 일이 타이 문화의 기초를 파괴한다고 상기시켰다. 미국 달러 외에도, 타이 문화와 제도, 특히 교육 및 경제의 미국화는 심각한 혼란을 야기했다. 타이인의 절반 이상이 빈곤 속에 살았고, 수백만 명의 어린이가 만성적 영양실조였으며, 수만 명의 어린 소녀와 소년이 가족을 먹여 살리기 위해 성노동자로 일해야 했고, 10대 수만 명이 마약에 중독돼 있었다. 1992년 한 추정에 따르면 1,100만 명의 어린이가 이런저런 형태의 노동을 강요당했다.[8]

대개 군부와 관련된 부유한 매판계급은 최고위 장성들의 재산이 그들의 정치적 야망만큼 더욱 커졌음을 의미했다. 장군들이 왕가 다음으로 가장 강력한 집단이 되면서, 기업 이사직과 정부 관직을 놓고 벌이는 그들의 권력투쟁은 국가에 값비싼 희생을 요구했다. 1971년 11월 17일 군부 내의 한 분파가 권력을 장악했다. 최고 군사령관 타놈 끼띠카쫀과 경찰 총수 쁘라팟 짜루사티안은 타놈의 아들이자 쁘라팟의 사위인 나롱 끼띠카쫀 대령까지 계속될 정치적 왕조를 건설할 희망으로 쿠데타를 감행했다. 1년 뒤인 1972년 12월 타놈은 군부와 경찰 출신을 다수로 해 의원을 임명하는 새로운 임시 헌법을 발표했다. 두 가문이 나라를 운영하는 것에 반대하는 민중 동원이 이뤄지는 데는 오랜 시간이 걸리지 않았다.

1973년 학생혁명

1961년에서 1976년까지 국가발전계획은 모든 정부 기금의 30퍼센트 이상을 교육에 투자했고, 대학생 수는 1961년 1만 8,000명에서 1972년 10만 명으로 늘어났다. 앞으로 나라를 이끌 위치에 있는 이 '새로운 세대의 젊은 남녀들'은 군부의 권력 장악을 뒤흔들 이상주의를 수용했다.

1968년 청년 시위의 전 지구적 물결은 타이인들에게 커다란 영향을 줬다. 음악, 미술, 철학, 뉴스 보도, 책 등은 모두 타이의 젊은 세대들에게 새로운 사상을 불어넣었다. 이미 남한의 학생들은 1960년 이승만 독재를 타도하는 데 성공했다. 외국 유학에서 돌아온 학생들이 시위에서 특히 중요해졌다. 미국에서 체류한 일부는 그곳 학생운동의 영향을 받았다. 《램파츠Ramparts》잡지, 헤르베르트 마르쿠제의 글, 블랙팬더당(BPP)에 관한 글이 번역되었고, 이는 새로운 세대의 감수성을 키우는 데 도움을 줬다.[9] 장 폴 사르트르의 글과 프랑스의 1968년 5월 혁명에 대한 이해도 민중의 의식에 활동의 힘을 불어넣었다. 학생 저항의 또 다른 지적 선구자는 초기 세대의 타이 좌파 지식인들로, 학생들은 그들의 책을 복사해서 공부했다. 군주-민주-민족주의의 혼합은 군부독재에 맞서는 데 정당성과 비판적 힘의 수단이 됐다.[10]

1968년까지 학생들이 이끈 방콕의 불법 시위는 수도에서 계엄령이 해제되도록 하는 데 성공했다.[11] 1969년 학생들은 버스 요금 인상에 반대하는 짧은 투쟁에서 이겼고, 탐마삿, 쭐랄롱꼰, 치앙마이 대학의 대표들이 전국학생평의회(NSC)를 결성했다. 다음해 학생 수천 명이 전국선거에서 투표를 감시하기 위해 동원됐고, 일련의 캠퍼스 간 모임을 통해 11개 대학에서 각각 2명의 대표가 참여하는 타이전국학생센터(NSCT)가 탄생했다.

1972년 여름 치앙마이 대학의 학생 수백 명이 캠퍼스 문제를 토론하기 위해 하이드파크식의 자유발언 집회에 모였다.[12] 타이의 경제는 인플레이션과 생활수준 하락 상태였고, 파업의 물결이 전국을 휩쓸었다. 많은 사람은 군산복합체의 탐욕이 타이의 문제라고 비난했다. 파렴치한 부패와 나란히 미국과 일본의 경제 지배가 가시적으로 드러났다. 11월, 점증하는 대對일본 무역적자에 놀란 NSCT는 '일제 상품 불매 주간'을 조직했고, 정부에 경제 부활을 위한 10개 항 계획을 제출했다. 아주 소박한 시작에서부터 민주 헌법을 위한 운동이 전국을 휩쓸었다.

의회 선거와 새 헌법을 요구하며 학생운동은 노동자들의 경제 투쟁을 정치화했다. 1973년 5월부터 학생과 노동자는 민주 헌법과 의회 선거를 위해 거리에서 집회를 가졌다. 운동의 초기 단계에서 람캄행 대학 총장은 잘못 계산했다. 타이군 최고위 간부를 비난하는 풍자 잡지를 발행했다는 이유로 학생 9명을 제적한 것이다(장교들은 헬리콥터를 이용해 영화배우 여자 친구들과 퉁야이 자연보호지역에서 사냥 여행을 즐겼다[13]). 6월 20일 학기가 시작되자마자, 교내 집회는 '람캄행 9인'의 복학을 요구했다. 바로 다음날 대학 경비들이 학생을 공격하여 많은 학생이 부상당했다. 5개 대학의 교수 82명이 학생들을 지지하는 공개서한에 서명했다. 6월 21일 저녁, 방콕 모든 대학의 학생 1만 명이 1932년 절대군주제의 평화적 타도를 기념하는 도심의 거대한 구조물인 민주주의기념탑에 모였다. 학생 5,000명이 경찰 500명에 포위된 채로 밤새 남아 있었다. 정부는 방콕의 모든 주요 대학을 폐쇄하라고 명령했지만, 다음날 아침 학생 수천 명이 시위대에 합류했다.

기념비 노숙농성에서 제작된 한 유인물은 새로운 분위기를 반영했다. "지금 이 사건들은 우리가 폭군에게 통치받고 있음을 가리킨다." 학생들의 요구는 더 나아가 6개월 이내에 민주 헌법을 제정할 것을 포함했고, 그들을 지지하는 이들은 6월 22일 낮 5만 명으로 불어났다. 시민들은 음식과 음료수, 돈을 기부했다. 국왕에 대한 학생들의 충성심은 주기적으로 그들이 왕궁을 향해 국왕의 노래를 부른 데서 분명하게 드러났다.[14] 위기가 통제를 벗어나자, 타놈 총리는 비상회의에서 내각과 협의했다. 학생 대표자들을 만나 9명의 학생을 복학시키고, 그들을 제적한 총장을 조사하고, 학생들을 공격한 자들을 재판에 회부하고, 모든 대학을 다시 여는 데 합의했다. 헌법 문제는 당분간 다루지 않았다.

미국 대사관은 이 사건들을 긴밀하게 추적했고, 우려를 표하면서 다음과 같이 지적했다. 미국의 군사 주둔이 "짤막한 풍자극에 등장했다. …… 이것은 다른 사람들의 말에 따르면 이 왕국에서 지금까지 열린 최대의 시위였다. 목격자들은 또한 학생들이 전국적 규모로 단결한 첫 번째 사례라고 지적했다. 지금까지 학생 문제는 대부분 캠퍼스별로 터졌다. …… 상당한 비율의 시위자가 여학생이었다. …… 학생들이 오지의 캠퍼스를 포함해 동료들을 불러낸 속도와 조직화 기술이 정부를 놀라게 했던 것은 분명하다".[15] 대사관은 학생들이 "다시 돌아올 것"이며 그들의 복귀가 나라를 얼마나 바꿔놓을지 모른다고 결론 내렸다.

6월의 승리에 탄력을 받은 NSCT는 헌법 개정 운동에 착수했다. 그들의 지도자들은 승리에 도취돼 있었다. 티라윳 분미의 논문 〈학생들이 공격 대상을 찾기 시작했다〉는 "학생운동은 인도네시아, 터키, 프랑스, 일본, 미국 등 다른 나라에서 목격한 것처럼 사회를 바꿀 수 있다. 우리는 다른 나라에서 일어난 일을 연구하고 이해해야 한다"[16]고 지적했다. 동시에 일련의 비공인 파업이 일어났다. 1973년 들어 9월까지 타이 철강의 승리한 파업을 포함해 최소한 40건의 파업이 일어났다.[17]

1973년 10월 5일, 정치 활동가 11명이 타이 헌법의 날인 12월 10일까지 민주 헌법을 요구하는 기자회견을 열었다. 그 다음날 그들은 비판에 국왕의 말을 인용했음에도 민주 헌법을 요구하는 반독재 유인물을 나눠주다가 모두 체포됐다. 경찰이 그들의 집과 사무실을 수색했을 때, 활동가들의 포스터는 모든 곳에 붙여진 것 같았다. 또 다른 학생이 체포되면서 구속자 수는 12명이 됐다. 10월 7일 일요일에 NSCT는 공개성명을 발표하여 "파시즘과 공산주의 독재를 제외한 세계의 어느 정부도 시민의 권리와 자유를 요구한다고 시민을 탄압하지 않는다"고 주장했다.

군부는 공개적으로 시위대를 공산주의자들이라고 부르는 한편, 내부 회의에서 일부 학생들이 "조국의 생존을 위해 희생돼야 한다"는 데 동의했다. 10월 5일 탐마삿 대학의 학생회는 비상회의를 소집했고, 뒷마당의 보리수 둘레에 누구나 발언할 수 있는 마이크를 설치하고 대중토론을 시작했다. 사람들이 서로 반응할 수 있었던 참여적 모임은 수많은 아이디어와 행동을 쏟아냈고, 교직원 대표 60명이 12명의 구속학생을 면회하자는 계획도 나왔다. 교수들이 감옥에 도착했을 때 당국은 외면했지만, 그들은 방명록에 이름을 쓰고 "우리 승리하리라!"라고 덧붙일 때까지 떠나지 않았다.

며칠 동안 사람들은 보리수 주위에서 평화롭게 대화를 계속했다. 이곳은 광주도청 앞 분수대 둘레의 모임처럼 숙의민주주의가 민중 투쟁을 자극한 장소가 됐다. 10월 9일까지 학생 2,000명이 군부독재를 어떻게 타도할지를 놓고 토론에 참여했다. 그들이 대화하고 의견 차이를 드러내고 논쟁하여 결론에 합의했기 때문에, 그들의 참여는 서로 다른 많은 사고의 흐름을 통일된 운동으로 융합하는 데 기여했다. 처음에는 겨우 몇 십 명이 참여했지만, 버클리 자유발언운동처럼 모임은 규모가 급속하게 커졌다.[18] 사람들이 차례로 발언할 때, 모든 관점은 존중받았다. 신좌파, 왕당파, 자유주의, 민족주의, 이렇게 최소한 네 가지 흐름이 한데 합쳐져 학생운동을 고조했다. 그들의 단결된 개혁 요구는 교수, 변호사협회, 농촌에서 올라온 고등학생에게도 영향을 주었고, 그들 모두 보리수 모임에 참석하기 위해 모였다. 인근 교육대학 8곳이 동맹휴업을 선언했고, 고등학생과 직업학교 학생도 수업거부를 발표했다. 연이어 대학별로 지지 성명이 도착했고, 방콕의 많은 지역

주민이 수백 명씩 몰려왔다. 그날 오후 탐마삿 총회는 4대 투쟁 원칙을 승인했다. 비폭력 시위, 구속자 석방을 협상할 대표자 10명 임명, 모든 대학에 지지를 요청하는 서한 보내기, 그리고 "만약 정부가 이 모든 비폭력 항의 이후에도 12인의 석방을 거부한다면, 학생들은 시위와 유혈 사태의 형태로 폭력에 호소할지 여부를 표결"[19]하는 것이었다.

10월 10일까지 모임은 너무나 커져서 근처의 축구장으로 장소를 옮겼다. 비록 명목상 보수적이고 왕당파라고 간주됐지만, 불교 승려들이 학생들을 지지하길 원하는 수천 명의 지속적 대열과 함께 도착했다. 모든 곳에서 음식과 지지가 답지했다. 까셋삿 대학에서 차량 70대의 행렬이 학생 4,000명을 실어왔다. 잔타케삼 교육대학 학생들이 33대 차량 행렬을 조직했다. 오스트레일리아, 독일, 미국의 타이 유학생들이 지지 서한을 보내왔다. 쁘라팟 부총리를 '대부'로 패러디하는 풍자극이 웃음과 비웃음을 자아냈다. 모임의 중요성을 고려해, NSCT가 탐마삿 학생회에게서 조정 권한을 넘겨받았다.

10월 11일, 학생 활동가들은 방콕 모든 대학의 70퍼센트 이상을 폐쇄했다. 탐마삿에서 승려들에게 음식을 제공하면서도, 연사들은 구속자들의 단식농성을 발표했다. 쁘라팟은 학생 대표들을 만났지만, 구속된 활동가들의 석방을 거부했다. 학생들을 회유하여 해산시킬 수 있다고 생각한 쁘라팟은 12개월 이내에 새 헌법을 제정하겠다고 약속했다. 좌절한 대표들이 탐마삿으로 돌아왔을 때, 집회는 5만 명 이상의 규모로 불어나 있었다. 다음날 모든 주요 대학의 시험 연기와 방콕 모든 학교의 무기한 폐쇄로 고무된 집회는 규모가 2배로 늘어 10만 명 이상이 모였다. 탐마삿 축구장 위로 포스터와 현수막의 바다가 펼쳐졌다. 도시 전역에서 학생 대오가 노래하며 행진했고, 10만 개의 점심 도시락 가방을 포함해 운동을 위한 기부금을 모았다.[20] NSCT는 다음날 정오까지 24시간 기한의 최후통첩을 전달해 정부가 구속자를 풀어주지 않

탐마삿 대학의 모임은 모두의 예상을 뛰어넘을 만큼 규모가 커져 10만 명 이상이 모였다. (작가 미상)

으면 "결정적 조치"에 직면할 것이라고 경고했다.

너무나 많은 학생이 동원되자, NSCT는 도표 9.2처럼 조직을 재편했다. 다양한 하위 집단이 중요한 자원 조달 역할을 맡았지만 최종적 의사 결정 기구는 총회였고, 이는 1980년 해방된 광주에서도 나타났던 직접민주주의의 한 형태였다. 며칠간 이어진 열띤 모임 이후에, 학생들은 새로운 단결을 이뤘다. 자율적으로 운동을 조직함으로써, 학생들은 권력을 찬탈한 장군들보다 사회를 더 잘 운영할 역량을 드러냈다. 이것이 바로 사회의 수많은 다른 부분들이 학생들에 동참한 이유 중 하나이다.

인쇄매체는 헌법에 대한 학생들의 요구 소식을 전했고, 치앙마이 대학, 송클라 나카린 대학, 콘깬 대학 등 지방대학들의 시위도 많은 곳에서 자율적으로 조직됐다.

구속된 활동가들은 보석 제안을 받았지만 거부하고 무조건 석방을

[도표 9.2] 타이전국학생센터의 조직

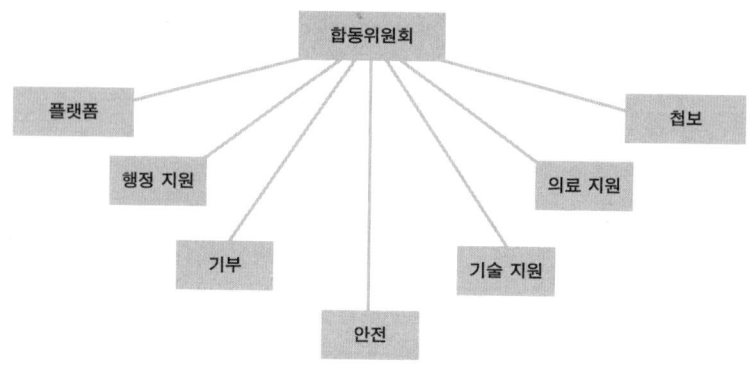

출처: Prizzia and Sinsawasdi, 37.

주장했다. 방켄 구치소에서 쫓겨난 학생들은 건물 밖 잔디밭에 남아 있었다. 몇 시간 동안 탐마삿 대학에서 수천 명이 논쟁을 벌여 수감자들이 취할 적절한 경로를 정했다. 마침내 참석자의 다수가 보석 제의를 거부하기로 표결했다. 총회의 결정은 풀려난 구속자들에게 전해졌고, 그들은 가석방을 인정하는 문서에 서명하길 거부했다. 캠퍼스 대표단이 국왕을 알현하러 왕궁으로 갔다. 밤새도록 사람들이 집회를 열고, 발언하고, 사기를 유지하기 위해 노래를 부르고, 시를 낭송하는 동안, NSCT는 다음날의 계획을 점검하고 또 점검했다. 수천 명이 이튿날 행진을 준비하는 철야 모임에 참석했을 때, 그들의 첩보 부서가 경찰 병력의 증강을 보고했다.

정부에 주어진 시한인 10월 12일 정오가 다가오자 군중이 속속 도착했다. 마침내, 정확히 정오에 NSCT 대표단은 사람들을 이끌고 기도하고 국가를 부르고 국가, 종교, 국왕, 헌법에 대한 충성을 맹세했다.[21] 대학에서 평화롭게 행진을 시작한 거대한 군중은 질서정연하게 조직됐다. 정찰대가 행진로를 정리하기 위해 앞서 나갔다. 제일 앞에는 쇠

국왕 부부의 초상화를 들고 미소 짓는 젊은이들이 '기쁨의 날'을 이끌었다. (작가 미상)

갈고리를 든 '특공대'가 섰고, 그 뒤를 꽃과 타이 국기, 다르마차크라 깃발을 든 여성 대오가 따랐으며, 모두 오열종대로 맞추었다. 행진은 학교별로 모인 그룹만이 아니라 긴급구조, 음식, 조정, 특공대 등 기능별로 조직된 그룹도 포함했다. 수천 명의 미소 짓는 젊은 학생, 푸미폰 국왕의 초상화를 든 많은 사람들이 이 놀라운 단결의 표현을—행진을 조직한 사람들이 스스로 부른 것처럼—'기쁨의 날'로 만들었다.

사람들은 경찰견에 뿌릴 고춧가루 주머니와 바리케이드를 제거할 밧줄을 포함해 다양한 무기로 무장했다. 복지위원회 대오는 트럭에 음식, 과일, 최루가스에서 보호할 물과 수건을 실었다. 민주주의기념탑으로 향하던 타이 역사상 최대 시위에는 전동 트럭을 포함한 13대의 작은 픽업트럭으로 보호받는 '지휘본부'가 있었다. 공과대학 학생들은 나무막대기와 쇠파이프를 들었고, 다른 학생들은 철조망이나 경찰견에 던질 모래주머니를 가져갔다. 직업학교 학생들은 곰, 코끼리, 노란 호랑이, 비슈누 등의 이름을 내건 10개의 사수대를 구성했다. 학생들 옆 또는 뒤에는 타이 국기, 꽃, 국왕 부처의 초상화를 든, 미소짓고 있지만 단호한 시민들의 대오가 있었다. 군중은 모두 50만 명으로 추산됐다. 그들의 미소와 결의는 권력을 잡은 장군들을 제외하고 온 나라의 공감과 지지를 끌어냈다. 한 보도에 따르면 다수의 버스 기사가 정류장을 지나치거나 시위에 가는 사람들만 태웠다고 한다. 한 기사는 이렇게 설명했다. "우리는 모두 헌법을 위해 투쟁하고 있습니다."[22]

민중이 행진하자, 정부는 그들을 달래려고 재빨리 움직였다. 오후 4시 20분 NSCT 지도자들은 쁘라팟에게서 체포된 학생들이 석방될 것이며 새 헌법이 1년 이내에 제정될 것이라는 확언을 받았다. 9명의 NSCT 대표단은 국왕과 만났고, 그도 1년 이내에 새 헌법을 제정하겠다고 약속했다. 푸미폰과 만난 이후에 시위 지도자들은 군중에게 연설로 시위의 종결을 호소했고 승리를 축하하기 위해 탐마삿 대학으로 돌아갔다. 그러나 거리의 많은 사람은 시위를 끝내기로 한 지도자들의 결정을 듣지 못했거나 또는 들으려고 하지 않았다. 탐마삿 총회가 이어진 며칠 내내 사람들은 민주적으로 협의했다. 이제 국왕과의 만남과 쁘라팟의 약속에 기초해 내린 중심 그룹의 일방적 결정은 수십만 명의 사람을 해산하라고 설득하기에 불충분한 것으로 입증됐다. 확성기로 되풀이된 발표도 소용이 없었다. 오후 5시 30분 시위행동대의 지도자가 사람들에게 민주주의기념탑에서 라마 5세 국왕 조각상 옆 연병장으로 이동하라고 지시했다. 밤 8시, 정부 라디오는 시위대의 요구를 수용한다고 발표했다. 그럼에도 불구하고 밤 10시에 많은 사람이 거리에 남아 있었다. 아무것도 변하지 않았고 지도자들이 살해됐다거나 우롱당했다는 소문이 퍼졌다. 자정 무렵 군중은 경찰이 움직이면 국왕이 보호해주리라는 희망으로 찟라다 궁전 근처로 이동했다.

거리의 평화로운 밤이 지나고 오전 5시 30분경 국왕의 대변인이

많은 사람이 거리에서 사살됐다. (작가 미상)

다시 시위대에 해산하라고 호소했다. 많은 사람이 국가를 불렀고 집에 갈 준비를 했다. 오전 6시 사수대의 직업학교 학생들은 무기를 내려놓고 화염병을 부쉈다. 그들은 다른 사람들에게 자기들을 따르라고 호소했지만, 그들이 떠나려고 할 때 경찰 특공대가 출구를 봉쇄했다. 이어진 몸싸움에서 사람들이 경찰에 음식물을 던지자 경찰은 최루탄과 총탄을 발포했다. 사람들은 화염병으로 대응했다. 공격과 반격이 이뤄지면서 어떤 사람들은 운하 쪽으로 밀렸고, 다른 사람들은 근처 담을 넘어 동물원으로 들어갔다. 기관총의 화력이 군중을 해산했다. 시위대는 총격에서 벗어나려 허둥거렸고, 많은 사람은 왕궁 둘레의 해자垓字에 뛰어들어 국왕의 개입을 간청했다. 왕실 급사들이 문을 열어 학생들을 왕궁 마당으로 대피시켰다.

다른 사람들은 거리에 머물면서 반격했다. 오전 8시 탐마삿 대학 근처에서 소방차 1대가 징발됐고, 랏차담느의 수도 경찰 본부가 공격

군대는 명령을 받고 탱크로 방콕의 군중을 공격했다. (작가 미상)

받았다. 시민들이 학생들에 합류하자, 정부는 경찰을 지원하기 위해 탱크 부대를 불러들였다.

36시간 동안 거리에서 전투가 벌어졌다. 어떤 사람들은 이미 가지고 있던 권총을 사용했다. 사람들은 버스를 접수해서 경찰 진지를 공격하는 데 사용했다. 작은 무리의 시위대들은 공보부 건물(시위에 관해 허위 보도를 날조한 것으로 의심되는) 같은 상징적으로 중요한 구조물을 공격 대상으로 선택했다. 사람들은 건물로 몰려가서 소화기를 탈취하고 불을 질렀다. 오전 11시 45분 국세청이 불태워졌고, 몇 시간 후 국립복권청도 불탔다(복권 당첨은 두 가문이 조작하는 것이라는 믿음이 널리 퍼져 있었다). 나롱의 반부패센터도 불탔다.

군대는 다시 탱크와 헬리콥터로 공격했다. 오후 3시 30분 군대는 탐마삿 대학을 점령했다. 달아나던 학생 수백 명은 프란녹으로 몰려가 강 반대편에 닿았다. 타놈루앙 근처에서 싸우다가 도망치던 사람들이

군대의 공격이 계속되자, 작은 무리들이 상징적으로 중요한 건물을 불태웠다. (작가 미상)

캠퍼스에 도착하자, 옥상의 저격수와 헬리콥터의 군인들이 그들을 사살했다.[23] 시민들은 학생들을 지원하기 위해 거리로 계속 몰려들어 약 40만 명이 모였다. 5시 30분경, 사람들이 항복하길 거부하자 정부는 군인들을 랏차담느 대로로 철수시켰지만, 이미 수십 명이 죽은 다음이었다.

국가의 수호자로 보이게 된 것에 매우 기뻐한 푸미폰 국왕은 타놈을 왕궁으로 소환한 다음, 방송을 통해 타놈의 사임을 발표하고 새 헌법을 약속했다. 국왕이 100명이 사망했다고 발표하자 타이인들의 기쁨은 슬픔으로 변했다. 국왕은 폭력의 종식을 요청했고, 탐마삿 대학 총장이자 타이 불교협회 회장인 산야 탐마삭디를 새 총리로 임명했다. 10월 14일 오후 6시 10분, 타놈 끼띠카쫀은 공식적으로 사임했다. 하지만 거리의 사람들은 집으로 가길 거부했다.

밤 11시, 국왕의 모친이 방송에 나와 진정을 호소했고, 산야는 6개월 내에 새 헌법을 제정하겠다고 약속했다. 공식적으로 사임했음에도 타놈 역시 방송에 나왔는데, 그의 메시지는 불길한 기조를 띠었다. 그는 모든 "책임 있는 장교들은 의무를 다하라"고 요청했다. 타놈과 군부 강경파는 국왕의 권위를 무시하려고 시도했지만, 군 내부, 특히 방콕에 추가 파병을 거부했던 육군 사령관(미국이 선호한) 끄릿 시와라 장군의 반대로 좌절했다.[24] 왕립타이해군도 일부 육군과 공군 장교들처럼 공개적으로 학생들을 지지했다.[25] 다시 한 번 NSCT 지도자들은 시위대에 집으로 돌아가라고 간청했지만, 사람들은 화를 내며 타놈(육군 최고사령관으로 남아 있는)과 쁘라팟(여전히 경찰총장인)을 비난했다. 경찰본부를 습격할 공격조가 꾸려졌다. 새로 전투가 벌어져 14일 밤부터 15일 오후까지 계속됐다. 화염병을 들고 노란 머리띠를 맨 공대 학생 그룹인 '노란 호랑이'가 나서 반복적으로 경찰 본부를 공격했다. 이제 NSCT 지도자들은 주변화됐고, 정확한 정보조차 얻을 수 없었다. 10월 14일 밤 활동가들은 투쟁을 조정할 새로운 '타이민중센터'(TPC)를 세웠다. 밤새도록 경찰서에 대한 공격이 계속됐다. 오전 1시에 약 400명의 공대 학생이 판파 다리를 돌파하려고 싸웠지만, 기관총 사격에 밀려났다. 가장 피를 많이 본 전투는 찰레름 타이 극장 앞에서 벌어졌다. 그사이 약 3만 명이 민주주의기념탑 주위에 모여 있었다.

다음날 아침, 왕부라파 지구에 있는 최소 5곳의 총포상이 학생들에게 습격당했는데, 학생들은 철봉으로 막힌 문을 버스로 들이받았다. 지휘용 버스와 트럭을 이용하여, 다른 사람들은 바리케이드를 쌓고 저항을 준비했다. "두 가문을 지탱하는 두 폭군"에 맞서 총파업을 벌이고 "야만인들"에게서 조국을 해방하자고 호소하는 '학생 및 민중 합동단'의 게시문이 등장했다. 돈므앙 공항에서 공군 인사들이 경찰, 군인, 공무원들에게 평화적 항의로 파업하라고 요청하는 유인물을 붙였다. 오전 8시 15분 산야 총리가 정부 공무원의 사흘간 임시휴업을 발표했다. 은행과 관공서가 문을 닫았다. 외곽의 학생들이 동원되면서, 지역 봉기들도 발생했다.

방콕에서 경찰서들이 계속 공격받는 동안 군인들은 눈에 띄는 사람을 닥치는 대로 검거하고 폭행했다. 수도의 다른 지역에서 학생들과 보이스카우트가 교통정리를 했다. 정오에 민주주의기념탑 주변에 있던 시위대 1만 명은 두 갈래로 나뉘어, 한쪽은 비폭력을 호소하고 다른 쪽은 투쟁을 계속하기로 맹세했다. 곧 경찰이 다시 그들에게 무차별 총격을 가하자, 노란 호랑이들은 탈취한 소방차를 이용하여 판파 다리의 경찰서를 불태웠다.[26] 군중은 공대 학생들이 휘발유를 부어 건물을 불태우자 환호했다. 경찰은 위층에서 계속 총격을 가했고, 군중은 또 다른 소방차를 탈취하여 더 많은 휘발유를 건물에 퍼부었다.

전투가 격화되자 푸미폰은 타놈, 쁘라팟, 나롱에게 타이를 떠나라고 요구했다. 시와라가 타놈에 반대하면서 이용 가능한 실탄과 보강 병력이 부족해지자, 세 장군은 떠나기로 결정했다. 쁘라팟과 나롱은 오후 8시 45분 타이완으로 떠났고, 다음날 타놈은 스미스라는 가명을 써 TWA 항공편으로 보스턴을 향해 떠났다. 오후 9시, 증오의 대상인 독재자들이 나라를 떠났다는 발표가 나왔고, NSCT 지도자들은 TV에 출연해 폭력을 중단하라고 호소했다. 시와라는 공개적으로 새 정부를 지지했다. 더 중요하게, 정부군이 철수했다. 방콕 거리에서 제복을 입은 경찰관이나 군인은 단 한 명도 볼 수 없었다. 뚜렷한 승리감이 모든 곳에서 느껴졌다. 학생들은 교통정리를 했고, 사람들은 무리 지어 나와서 거리를 청소하고 전투로 남겨진 혼란을 깨끗이 정리했다. 총격이 멈추었을 때, 최소한 77명의 시민이 사망하고 857명이 부상당한 상태였다.[27] 수십 명 이상이 실종 상태였는데 결코 발견되지 않았다. 많은 사람은 10월 14일 타놈이 내린 발포 명령을 사전에 계획한 살인 행위라고 불렀다.[28] 사람들은 계속 처벌을 요구했지만, 결코 아무것도 이뤄지지 않았다. 타놈에게 책임을 묻지 못한 실패는 3년 뒤 처참한 결과를 낳게 된다.

봉기 후의 고조

타이의 정치 발전에서 전환점이 된 1973년의 민주적 진전은 타이 역사상 가장 자유로운 시기를 불러왔다. 시위하고, 평화롭게 모이고, 공개적으로 거스르는 말을 할 수 있는 권리를 쟁취했다. 정당들은 캠페인을 전개하고 자유롭게 모임을 가질 수 있었고, 재계 지도자들은 정치 구조에서 더 많은 권력을 얻었다.²⁹ 로스 프리지아와 나롱 신사왓디는 "50년 이상 수천 명의 타이인을 군사적 권위에 굴복하게 했던 심리적 장벽이 완전히 부서지진 않았더라도 심각하게 훼손됐다"³⁰고 지적했다. 베네딕트 앤더슨의 견해로는, 다음 3년간 "타이는 전후로 경험했던 정치체제 중에서 가장 개방적이고 민주적인 체제였다".³¹

타이 학생들은 전 세계 봉기운동을 흥분시켰다. 봉기 일주일 후 그리스 학생들이 아테네 공과대학에서 파파도풀로스 독재에 맞서 일어났다. 타이처럼, 군대는 학생들에 맞서 탱크를 동원했고 11월 15일 34명이 사망했다. 타이 활동가들은 그리스 학생들이 타이의 군부독재 타도 성공을 환호하는 구호를 외쳤다는 소식을 들었다.³² 미국의 반전운동에도 영감을 주었지만, 미국 정부는 버마 학생들이 활력을 얻지 않을까 우려했다. 1973년 11월 7일, 랑군의 미국 대사관은 워싱턴의 국무장관에게 전문을 보냈다. 1급 기밀 전문은 이렇게 결론 내렸다. "그러나 타이 학생들의 성공은 버마 학생들이 1962년 GUB(버마연합정부) 군에 진압당했을 때 배운 교훈을 잊도록 할 수도 있다."

찌 웅빠꼰은 다음과 같이 이해했다. 1973년 "군부독재에 맞선 대중봉기가 타이 지배계급을 그 토대부터 뒤흔들었다. 푸노이(작은 사람들)가 실제로 아래에서 혁명을 시작한 것은 처음이었다. 혁명은 계획된 것이 아니었다. …… 혁명은 단지 민주 헌법을 요구하는 학생 혁명만은 아니었다. 혁명에는 수천 명의 노동계급 보통 사람이 참여했고, 고양되는 노동자 파업 물결의 정점에서 일어났다. 군부독재 타도에 성공하자 자신감이 증가했다. 노동자, 농민, 학생들은 의회민주주의 이상을 위해 투쟁하기 시작했다. 그들은 사회정의와 오래 유지되어온 특권의 폐지를 원했다. 일부는 착취와 자본주의 자체의 종식을 원했다".[33]

학생들이 주요 세력이었지만, 노동자들도 전례 없이 동원됐다. 비농업 노동력은 1970년까지 10년간 200만 명에서 300만 명으로 증가했다. 1958년에서 1972년까지 노동조합은 불법이었기에, 겨우 20여 건의 파업만 일어났다. 일단 봉기 이후 노동자들의 집단행동을 막는 제한이 없어지자, 두 달 만에 300건 이상의 파업이 일어났고 대부분 비공인 파업이었다. 파업 횟수가 1972년 34건에서 1973년 501건으로 늘어났다(그중 약 73퍼센트는 10월 봉기 이후에 일어났다).[34] 1973년 석유 가격 인상으로 야기된 경제적 곤란 와중에 17만 7,807명의 노동자가 파업에 참여했다.[35]

봉기에 관한 이 연구에서 되풀이해 봤듯이, 새로운 풀뿌리 조직들이 민중봉기 후에 결성된다. 교사단체와 함께 봉기 이후 노동자 결사들이 우후죽순처럼 생겨났다.[36] 등록된 노동자협회의 수는 1974년 초 60개에서 1976년 185개로 3배나 늘었다. 1974년 10월 약 154개의 새로운 노동조합이 조직됐고, 1975년 말까지 그들은 타이노동조합연맹(FLUT)으로 단결했다.[37] 중앙 노조연맹을 결성한 노동자들은 국영기업의 부패한 관료들에 맞서 파업을 했다.[38]

1974년 6월 거대한 파업에 600개 공장 약 2만 명의 섬유 노동자가 참여했다. 학생들의 지원으로 파업은 1일 최저임금을 1.25달러로 2배 이상 인상하는 데 성공했다. 한 시점에 수천 명의 농민이 섬유 노동자를 지지하기 위해 방콕에 집결했다.[39] 1975년 방콕의 스탠더드 의류 공장에서 2,000명의 여성 섬유 노동자가 임금 인상을 요구하는 장기파업을 이끌었다. 하라 진스의 여성들은 작업장을 점거하고 노동자 협동조합 형태로 운영했다. 동시에 '민주주의를 위한 민중'(PD)과 '시민자유연합'(UCL) 등의 새로운 단체들은 집회의 자유 같은 공적 권리의 확대를 옹호했다. 1975년 5월 1일 방콕에서 약 25만 명의 노동자가 집회를 열었고, 다음해 50만 명이 인플레이션에 항의하는 총파업에 참여했다.[40]

자율적인 농민단체들이 등장해 토지개혁과 세금 경감을 요구했다. 농촌의 빈곤은 타이의 취약한 안정성을 괴롭혔다. 1974년 치앙마이의 1,400가구 이상을 대상으로 한 통계조사에서 37퍼센트가 토지를 소유하지 않은 것으로 밝혀졌다.[41] 1974년 5월, 집회의 자유가 헌법으로 보호되자 곧 농민 수백 명이 거리로 나서 대부업자들이 자신들의 토지를 빼앗는 근거로 이용한 고리대 이자에 대해 공개 항의 시위를 했다. 처음으로, 수천 명이 방콕의 타놈루앙 공원에 집결해 토지개혁, 세금 경감, 지대 인하를 요구했다. 다음달에 농민의 불만을 조사하기 위해 구성된 새 정부 위원회에는 1만 999건의 청원이 쇄도했고, 석 달 뒤 5만 3,650건으로 늘어났다. 이런 동원으로 탄력을 받아 1974년 11월 19일 타이농민총연맹(FCT)이 결성됐다. 총연맹은 성공적으로 정부를 압박하여 지대 상한선을 강제하고 기금을 농촌 지역에 할당하도록 했다. 노동자들과 함께 학생 활동가들이 농민들과 동맹을 결성했다.

봉기 후 고조 시기에, 수십만 명의 노동자와 농민이 힘을 합치자 많은 학생 활동가가 집중적으로 민주주의 투쟁에 참여했다. 10월 승리 직후에 NSCT는 학생이 아닌 수천 명을 자신들이 주관하는 행사에 끌어들여 지도적 단체가 됐지만, 구성원이 여러 캠퍼스의 학생단체 회장들이었기 때문에 한계가 있었다. 이 고도로 중앙집권화된 단체에는 정치적으로 날카로운 학생들보다는 운동을 잘하거나 인기 있는 학생들이 많았다. 봉기 후 한 달 안에, NSCT 내 활동가들은 사임하고 타이독립학생연맹(FIST)을 결성했다. 이 시기에 학생운동은 아주 강력해서, FIST는 농민들의 관심사를 듣고 지원하기 위해 주의 깊게 선택한 학생 5,000명을 농촌 지역에 파견했다. 대변인 티라윳 분미는 베트남 공산당을 연구한 뒤 "베트남인들의 용감한 투쟁, 베트남 사회의 변혁과 혁명에 대한 연구는 가치가 있고, 우리는 그들의 방법을 타이 사회에 적용할 수 있다"[42]고 결론지었다. FIST의 지침에는 "민주주의와 나라의 종교, 국왕의 보존"[43]이 포함돼 있었다. FIST는 "불교사회주의"를 옹호하며 다급하게 행동을 요구했고, 그래서 더 넓은 사회를 반영한 "뉴스 가로채기"와 "개인의 지배"라는 비판을 불러왔다.

10월 21일, 민주적 진전을 이룬 지 며칠 만에 방콕에서 학생 수천 명이 람푼 지방의 부패한 주지사의 사임을 요구해 관철시켰고, 이는 수도에서 거둔 승리에 이어 농촌에서 널리 고조된 운동의 일부였다. 학생들은 다양한 이슈에 참여했다. 부당한 학교 관리자 반대, 편향적 신문 반대, 미국 대사와 군 인사에 대한 반대 등. 반미 동원은 다음해까지 지속됐다. 엄청나게 중요한 사건으로, CIA가 조직한 군 정보기관인 국내안보작전사령부(ISOC)가 수십 명의 농촌 주민을 학살했다.[44] 원래 공산주의자들이 비난을 받았지만, 학생 활동가들은 생존자들을 방콕으로 데려와 ISOC 가해자들에 대해 증언하게 했고, 이후 내무부의 조사로 수많은 학살에 대한 정부의 책임이 확인됐다.

1973년 11월, 주목할 만한 두 사건이 일어났다. 쭐랄롱꼰 대학의 학생들이 새로운 미국 대사로 임명된 윌리엄 킨터에 반대하는 시위를 시작했다. 그들의 유인물은 "미국의 인도차이나 개입이 타이에 악영향을 미쳤다. 이전 군사정부에 대한 지원은 타이에서 민주주의의 부패로 이어졌고, 미군 기지들은 독립국가로서 타이의 좋은 이미지를 퇴색시켰다"[45]는 견해를 분명히 밝혔다. 학생들의 반미 캠페인은 CIA의 어설픈 실수가 폭로되면서 예상치 못한 강력한 지지를 받았다. CIA는 공산주의 게릴라 지도자가 타이 총리에게 보냈다며 가짜 편지를 전달했다. 미국 대사 킨터가 2년 동안 CIA를 위해 일했고, 증오의 대상인 독재자 타놈 끼띠카쫀이 CIA 멘토들과 예외적으로 가까운 관계를 맺고 있었다는 것은 이미 비밀이 아니었다. 1월 초에 활동가들은 미국 대사관 앞에 "추악한 미국인들, 집으로 가라"고 쓴 쪽지와 함께 화환을 놓았다. 정부는 마침내 타이의 CIA에 현장 사무소 폐쇄를 명령했고, 그렇게 함으로써 CIA의 최대 작전기지 중 하나를 위협했다. 마히돌 대학 학생들은 미국의 정치적, 군사적, 경제적 침략이 이미 일어났다는 것을 구체적으로 밝히는 책을 출판했다. 미국은 11개 기지와 국경 작전지역의 많은 부대에, 심지어 대대 수준에까지 미 육군성에서 파견한 군사고문을 두고 있었다.

봉기 한 달 후에 행정대학 학장은 도쿄에서 학생들이 느끼기에 1973년 운동을 잘못 전달한 연설을 한 뒤, 사임할 수밖에 없었다. 이런 논란 뒤에 대학의 학장과 학과장의 선출 과정이 민주화돼서, 교직원은 학과장을 투표로 선출하고 학과장들이 학장을 선출하게 됐다. 이 같은 시기에 일본 총리 다나카가 머물던 방콕 호텔이 성난 학생들에게 버스로 포위됐는데, 그들은 타이 상품에 대한 일본의 수입쿼터 해제와 차관 만기일의 수정을 요구했다. 마침내 다나카가 나가도록 길을 열어줄 때 학생들은 그의 차를 둘러싸고 차를 두드리면서 "일본인은 집에 가라"고 외쳤다.

학생 혁명의 성공으로, 예술가들은 과거 수십 년간보다 더 많은 표현의 자유를 즐겼다. 타이 예술가연합은 1975년 10월 랏차담는 대로에서 민중미술 거리 전시회를 열었다. 풀뿌리에서부터 '민중을 위한 연극' '삶을 위한 예술 연극' '민중을 위한 노래'(보통 서구 포크송에 타이어 가사를 붙인) '민중을 위한 문학' 등과 같은 운동이 시작됐다. '불타는 문학'이란 제목의 한 전시회는 엘리트 교육에 반대하는 운동의 일부로

'봉건적' 관심사를 비난했다. 다른 활동가들처럼 많은 예술인은 마오주의적 사회주의 리얼리즘에 큰 영향을 받았다. 다른 사람들은 개념주의, 초현실주의, 다른 형태의 실험으로 반응했고, 여기에는 부활한 전통적 양식의 변형도 포함됐다.[46]

학생회 선거에서 자율적 정당, 예를 들어 탐마삿 대학의 '도덕의 힘'당, 람캄행 대학의 '도덕적 진리'당, 치앙마이 대학의 '인민의 도덕'당 등의 지지를 받는 좌파 후보들이 압도적으로 승리했다. 출판업도 번성했다. 수백 종의 마르크스주의 서적과 소책자가 번역되어 공개적으로 팔렸다. 미국 제국주의와 일본 신식민주의는 흔한 토론 주제가 됐고, 토착 타이 이론과 역사가 갑자기 재출판되어 새로운 독자들을 얻었다. 인문주의적 가치로의 새로운 전환은 1973년 미스타이 미인대회의 중단으로 이어졌다.[47] 교육개혁은 농촌 지역에 새로운 기회를 열었다. 교육 불평등이 마침내 수면 위로 떠올라 커리큘럼이 개설됐다. 문화적 가치를 변혁하고자 학생들은 랑끄루langkru 캠페인, 즉 낡은 스타일로 권위주의적 관행을 반영하는 교사들을 말 그대로 '청소'하는 운동을 시작했다.

새 헌법 초안이 여성단체를 포함한 광범한 시민단체들에 의해 작성됐는데, 이들은 마오주의의 영향력과 민주화의 추동력으로 등장한 단체들이었다.[48] 1974년 승인된 새 헌법은 성 문제를 다뤘고 타이 역사상 처음으로 평등권 보호 조항을 넣었다. 여성들이 판사와 검사가 될 기회를 열어 급속한 변화를 약속했고, 동일노동 동일임금도 약속했다. 새 헌법은 1973년 봉기의 성공으로 자극받은 신생 사회운동을 통합할 필요가 있었다.

1974년 1월에 NSCT는 운동의 지도 세력으로서 독재반대전국연합(NCAD)으로 대체됐고, 이 산하 조직으로 노동자, 농민, 학생을 삼각동맹으로 단결시킨 20개 이상의 단체가 가입했다. 타이공산당(CPT)의 영향력은 도시에서도 증가했다. 이미 그들의 게릴라 부대에는 7,000명의 전사와 10만 명의 지지자가 있었다.[49] 이웃 인도차이나에서 1975년 4월 30일 사이공이 점령됐고, 캄보디아와 라오스의 왕가가 타도됐다.

경제 문제가 나타나기 시작했다. 인플레이션은 1972년 5퍼센트 이하에서 1973년 15퍼센트 이상으로 뛰어올랐고, 1974년 24.3퍼센트에 이르렀다. 실질임금은 1973년 3.8퍼센트 하락했고, 1974년 8.8퍼센트 하락했다.[50] 타이 시민사회의 고조와 인근 인도차이나의 몰락 도미노로, 외국인 투자자들이 심하게 겁먹은 결과 투자 파업이 벌어졌다. 외국인 투자 중에서 오랫동안 가장 높은 비율을 차지했던 일본의 몫은 1974년 7억 4,960만 달러에서 다음해 4억 2,360만 달러로 떨어졌다. 1975년 1월 선거에서 좌파 후보들이 의회에서 37석을 얻었고, 다음 8개월간 순 자본유출은 5,990만 달러에 이르렀다. 이는 그 전해 첫 8개월간 해외로 빠져나간 2,770만 달러의 2배였다. 새 총리 큭릿은 "투자자들이 특히 비타협적으로 외국인 투자에 반대하는 일부 단체들에 겁을 먹었다"[51]고 설명했다. 1975년 12월 3일 《방콕 포스트》는 미국 대사 찰스 화이트하우스의 말을 인용했다. "미국에서 볼 때, 타이의 투자 분위기는 지난 2년간 악화됐다."

권력의 최상층에서 훨씬 더 곤란한 것은 군부의 주요 소득원 상실이었다. 장군들의 권력은 그들이 서로 지불하는 엄청난 금액에 의존했고 주로 미국의 원조, 마약 거래, 산업이라는 세 가지 자원에서 나왔다. 후자는 기업 이사회의 이사가 됨으로써 얻는 수입이었다.[52] 1973년 이후 이 영역에서 장군들이 얻는 수입은 급격하게 감소했고, 군대의 지위 상실은 학생들에 대한 대중적 지지의 동시적 폭발과 더불어 이중의 굴욕이었다. 1975년 큭릿 정부는 타이에서 모든 미군 부대가 철수하도록 감독하겠다고 약속했고, 이 전망은 많은 이유로 주요 군 지도자들을 격노케 했다. 그것은 모든 고수익 관계의 종말을 의미했기 때문이다. 사회운동 이론가들은 우익운동이 지위 하락이라는 조건 아래서 발생한다고 오랫동안 지적했고, 타이도 예외는 아니었다. 군부의 쇠퇴와 함께, 필사적 대응이 준비되고 있었다.

1976년 학생 대학살

타이의 갑작스런 개방과 급속한 변화를 고려하면 폭력적 반혁명과 부딪치는 것이 충격적인 일은 아니지만, 10월 6일 최소 46명이 살해된 탐마삿 대학 공격의 터무니없는 성격은 지속적으로 격노와 혐오를 불러일으킨다. 만약 그 학살이 운동에 대한 첫 번째 공격이었다면 놀라운 일이겠지만, 타이의 시민 평화는 조금씩 악화되고 있었다. 1974년 7월 3일 민중이 미국의 간섭에 항의하기 위해 쁠랍쁠라차이 경찰서에 집결하자, 경찰이 발포해서 평화적 시위자들을 죽였다. 1975년 3월에서 8월 사이에, 농민총연맹(FCT)의 지도자 21명 이상이 살해됐다.[53] 1976년 9월 24일 탐마삿 대학 학살 2주 전에는 방콕에서 포스터를 붙이다 붙잡힌 두 학생이 목졸려 죽었고, 그들의 시신은 놀란 동료들에 의해 다음날 발견됐다.

여러 가지 우익 자경단 네트워크가 활동하고 있었고, 미국 첩보부와 밀접한 관계가 있다고 소문난 단체도 있었다. FCT 지도자 살해와 북서부에서 반베트남 학살의 배후 단체로 지목된 나와폰Nawaphon이었다. 나와폰은 산스크리트어로 '아홉 번째 권력'을 뜻하며, 짜끄리 왕조의 아홉 번째 통치자인 푸미폰 국왕을 가리켰다. 나와폰에 가입한 지도적 불교 승려 끼띠우토는 공산주의자를 살해하는 미덕을 설파했다. 1975년 말까지 이 조직은 15만 명 이상의 회원을 자랑하며 대지주, 지방 주지사, 마을 촌장 등이 세포 구조로 조직되어 있었다. '레드 가우르Red Gaurs'는 평화적 시위대를 공격한 또 다른 그룹이다. 베네딕트 앤더슨이 "높은 급여, 풍부한 공짜 술과 매춘 등 특권의 약속"에 응한

"고등학교 중퇴자, 실업 상태의 거리 소년들, 빈민가 무법자 등"으로 묘사하는 이들은 10월 6일 탐마삿 대학에서 가장 복수심에 불타는 공격자들이었다.[54] 많은 사람이 1973년 봉기의 기동타격대였던 직업학교 학생들의 대열에서 나왔고, 다른 사람들은 미국의 라오스 전쟁에서 남겨진 실직 용병들이었다. 1975년 12월 국왕은 왕실 근위대에 나라가 "적"의 공격 대상이 됐다고 경고했고, "육체적, 정신적 힘으로 무장하고 비상사태에 대처할 준비를 하라"[55]고 말했다. 1976년 초에 일어난 아주 상징적인 사건에서, 그는 개인적으로 레드 가우르 캠프에서 화력 무기를 시험했다. 1976년 3월 21일 미군의 타이 철수를 옹호하는 3만 명의 시위대에 수류탄을 던지는 레드 가우르가 포착됐다.

가두시위와 파업이 일상화되자, 의회는 정치적 의지를 발휘할 수 없었다. 정부가 쌀과 설탕 가격을 인상하자, 노조연맹(FLUT)은 1976년 1월 총파업을 선언했다. 큭릿은 가격 인상을 취소했지만, 심지어 지지자들 사이에서도 그의 정당성이 아주 심하게 침해됐다. 지도적 장교 100명이 그의 사임을 요구한 다음날인 1월 12일 그는 의회를 해산했다. 4월 새 선거가 다가오자 학생 지도자들과 저명한 사회당 정치인들이 암살됐고, 약 20명 이상의 FCT 지도자도 살해됐다. 타이군 총사령관은 방콕에서 베트남 공병에 대해 경고했다. 투표율은 방콕에서 최저 수준인 29퍼센트였고 전국적으로 46퍼센트였다. 4월 23일에는 1973년 타놈을 제압하여 권력에서 물러나게 강제한 민주주의 옹호자 끄릿시와라 장군이 갑자기 심장마비로 사망했다. 국민이 미래의 징표를 찾고 있을 때 미국은 1977 회계연도의 군사원조가 1975년 대비 900퍼센트 이상 인상될 것이라고 발표했고, 이것은 워싱턴이 타이가 어디로 가길 원하는지 보여주는 분명한 신호였다.

명백히 1973년 아주 열정적으로 민주주의를 수호했던 타이의 군주는 라오스와 캄보디아 왕실의 몰락을 목격하고 마음을 바꿨다. 군대의

라이벌이 아니라 공산주의가 자신의 무제한적 권력을 위협하는 주요 세력이라고 확신한 푸미폰은 마을 스카우트를 포함한 극우 무장단체들을 후원했다. 국왕의 후원 아래, 마을 스카우트 모집은 급상승했다. 방콕에서만 1만 9,828명이 가입했고, 이들은 1976년 4월 새 선거에서 우익 후보들을 위해 적극적으로 선거운동을 했다(이 기간에 30명 이상이 죽었다).

우익 동원이 진행되자, 1973년 망명을 떠났던 장군들인 타놈과 쁘라팟은 공개적으로 고향으로 돌아가겠다는 희망을 표현했다. 곧 쁘라팟은 타이완 망명지에서 타이로 돌아왔다. 1973년 봉기 당시 사망자와 실종자의 가족들은 분노했고 책임자 처벌 요구를 다시 제기했다. 그들의 시위로 정부는 쁘라팟을 귀환시킬 특별 전세기를 타이베이로 되돌려 보냈지만, 며칠 후 타놈 역시 돌아오고 싶다고 밝혔다. 내무부 장관 사막 순타라웻이 국왕의 요청으로 동행한 가운데 타놈은 9월 19일 입국이 다시 허가됐다.[56] 국왕 부처는 그가 피해 있던 수도원으로 찾아갔다. 10월 1일에는 왕세자가 공부하던 오스트레일리아의 던트룬 군사학교에서 돌아와 역시 타놈을 방문했다.

1973년 사망자의 유가족들은 타놈의 기소를 요구했다. 10월 3일에는 총리 집무실 밖에 모여 단식농성을 시작했다. 경찰이 그들을 괴롭히자, 그들은 탐마삿 대학 불교협회의 환대를 받아들여 캠퍼스 안의 성지로 옮겼다. 10월 4일 학생 7,000명이 탐마삿 대학에 모여, 대학을 타놈을 축출할 기지로 사용할 것이라고 선언했다.[57] 10월 5일 수천 명(인력거 운전수와 노동자를 포함해)[58]이 집회와 연극 공연을 보러 탐마삿 내부에 모였다. 연극 중 하나는 최근 일어난 두 활동가의 교수형을 재연했지만, 언론은 이를 왜곡하여 왕세자가 구타당하는 장면으로 묘사하면서 레드 가우르들을 격분시켰다. 탐마삿 대학 근처의 타놈루앙 공원에서 이미 험악해진 분위기는 이른바 왕세자 살해 연극의 사진이 돌면서 살인적으로 변했다. 군대가 통제하는 라디오는 사람들에게 캠퍼스를 공격하라고 요구했고, 동시에 경찰이 대학을 봉쇄해 아무도 떠날 수 없게 막았다. 같은 날, 마을 스카우트들은 세 진보적 각료의 사임을 요구하기 위해 가장 열렬한 회원 수백 명을 정부 청사 앞에 모았다. 정부 관리들을 쫓아내는 데 성공한 그들은 다음날 탐마삿 대학에서 폭력적 난동으로 타이 역사를 바꾸게 된다.

1976년 10월 6일 오전 4시경 확성기에서 국가가 울려퍼질 때 경찰은 국립박물관과 캠퍼스를 나누는 벽 뒤에서 탐마삿 대학 내부로 발포했다. 첫 총성이 울렸을 때 대학 내부에서는 연극부가 가난한 도시 주민들의 삶에 관한 연극을 하던 중이었다. 기관총과 M79 로켓탄 발사기에 압도된 경무장 학생 사수대는 약 6,000명의 경찰, 우익 깡패, 병사로 이루어진 첫 부대가 벽을 넘어 총격을 가하자 물러설 수밖에 없었다. 최소한 4시간 동안 총격이 계속됐다. 오전 7시경 휴대용 확성기를 든 한 학생이 캠퍼스 앞에 나타나 경건하게 항복했다. 그는 자동화기 총격으로 쓰러졌다. 오전 8시 15분에 대대적 공격이 다시 시작됐고, 또다시 바주카포가 사용됐다. 정문으로 도망치려던 운 없는 사람들은 끌려가서 근처 나무에서 폭행당했다. 다른 사람들은 법무부 앞에서 산 채로 불태워졌다. 이미 사살된 한 여성은 막대기로 성적 학대를 당했다. 다른 남자는 나무 꼬챙이로 몸을 관통당했다. 한 남자가 일부 시신에 오줌을 누자, 다른 사람들이 주위에서 춤을 췄고 더 많은 사람은 지켜보며 환호했다.

폭도들은 축구장 근처 건물에 숨은 공포에 질린 학생들을 다시 축구장으로 끌고 와 상의를 벗긴 다음 진흙에 얼굴을 처박았다. 제복을 입은 경찰은 그들 머리 위로 기관총 사격을 가했다. 대학 뒷문을 통해 도망간 일부 학생들을 상인들이 숨겨줬다. 수십 명은 안전하게 강 건너편으로 헤엄쳐 가려고 했다. 많은 학생이 익사한 반면, 해안경비대

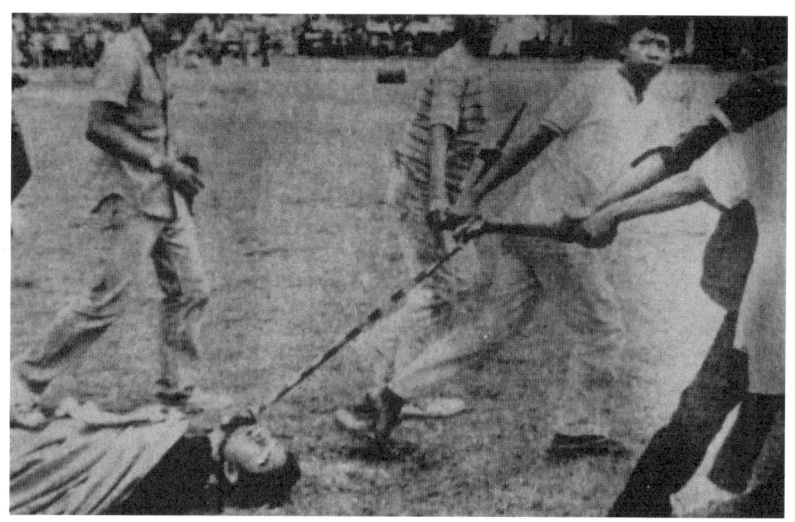

경찰, 군인, 민간인 폭도들이 1976년 탐마삿 대학생들을 공격했다. (작가 미상)

보트가 운좋은 사람들을 구조했다. 강으로 가는 길 역시 처참한 살인과 치명적 사격의 장이었다. 폭력배들은 구경꾼 수백 명이 지켜보는 가운데 학살을 자행했다. 섬뜩한 사건에 대한 많은 사진이 출판됐지만, 경찰은 결코 아무도 기소하지 않았다. 학생 지도자들은 구급차를 타고 총리 관저에 도착했지만, 총리는 만나길 거부했다. 오후 6시에 왕세자가 도착해서 폭도들에게 해산하라고 요구했다. 살육이 끝났을 때 최소한 41명이 살해되고, 수백 명이 부상당하고, 3,037명이 체포됐다. 시신을 화장한 중국자선협회는 100명 이상이 사망했다고 주장했다.[59] 같은 날 밤 군부는 국가행정개혁협의회(NARC)란 이름으로 권력을 장악했다. 'NARC'(마약)라는 이름에 충분히 어울렸다.

국왕은 1976년 10월 6일 학살의 배후 세력이었는가?[60] 왜 푸미폰은 10월 초에 왕세자를 국내로 다시 불렀는가? 왜 학살 이후 채 한 달도 안 되어 마을 스카우트의 신입 회원 모집을 중지하는 포고를 내렸는가? 탐마삿 학살에 가담한 국경경찰대는 국왕의 총애를 받는 부대로 알려졌다. 1977년 1월 1일 신년 메시지에서 푸미폰은 10월 6일 쿠데타를 "국민이 분명히 원하는 것의 표명"이라고 언급했다.

1974년 민주 헌법을 폐지한 군부는 폭력 난동이 발생한 같은 날 국회도 폐지했다. 그들은 피노체트에게 어울리는 탄압을 제도화했다. (피노체트는 1973년 9월 11일 미국이 지원한 유혈 쿠데타로 최소 2,000명을 살해했다.) 수백 명의 학생 활동가와 노동계 지도자가 검거됐고, 지도자로 확인된 학생 18명은 감옥에서 2년 이상을 보냈다. 총 6,000명 이상이 체포되고, 20개 이상의 신문이 폐간되고, 200종 이상의 책이 금지되고, 모든 정당이 해산됐으며, 4인 이상의 집회가 금지되고, 파업은 불법화되고, 헌법은 폐기됐다. 권력을 장악한 군사정부는 "타이 역사상 가장 억압적인 정부"[61]라고 불렸다. 술락 시와락의 불교 서점이 수색당하고 10만 권 이상의 책이 불태워졌다.[62] 나치의 분서를 상기시키는 유사한 책 소각은 많은 대학 도서관을 숙청한 다음에 일어났다. NARC가 권력을 휘두르자 외국인 투자자들은 하룻밤 사이에 파업을 끝냈고, 노동자 투쟁은 과거 속으로 희미하게 사라졌다. 1976년에 133건의 파업이 기록됐다. 학살과 쿠데타 이후 1977년에는 겨우 7건의 파업이 있었고, 표 9.1이 보여주는 것처럼 노동자들은 수년간 침묵했다.

1977년 2월 방콕의 한 작은 공장 노동자들이 임금 인상을 요구하자, 소유주는 그들을 모두 해고했다. 전국적으로 노동계 지도자들이 암살된 반면 투자자 신뢰도는 올라갔다.

약 3,000~4,000명의 학생 활동가가 도망쳐 농촌 지역에서 피난처를 구했는데, 그곳에서 대부분이 타이공산당(CPT)의 마오주의 게릴라에 합류했다. 1975년에 감행한 공격은 겨우 75건이었으나, 10월 6일 학살 이후 1년 동안 717건의 전투에서 1,475명의 적군을 살해했다고 그들은 주장했다. 1979년까지 그들은 전국의 많은 곳에서 대대 규모의 전투부대를 구축하고 무장 전투원 1만 명을 확보했다.[63] 많은 사람

[표 9.1] 1975~1980년 타이의 파업

연도	파업 횟수	참가 노동자 수
1975	241	9,474
1976	133	65,342
1977	7	4,868
1978	21	6,842
1979	62	15,638
1980	18	3,230

출처: Thai Ministry of Interior, Andrew Brown, "Locating Working-Class Power," in *Political Change in Thailand: Democracy and Participation*, ed. Kevin Hewison (London: Routledge, 1997), 171에서 인용.

은 무장 혁명이 독재에 맞서는 유일한 성공 가능한 수단이라고 확신했지만, 마오주의자들은 신병들을 통합할 능력이 없었다. 그들은 학생들을 '프티부르주아'라고 생각해 비참하게 대우했다. 고참 활동가 중 한 명인 '숭' 동지의 말에 따르면 "정치에 관해 질문이 있어도 거의 대답을 듣지 못했다".[64] 희생에 대해선 칭찬을 받았지만 학생들은 자기가 쓴 글의 대부분을 출판하도록 허락받지 못했고, "오직 지역 문제만을 다루고 주요한 문제에 대해서는 생각하지 말라"[65]는 말을 들었다. 공산주의자들의 권위주의적 행동은, 1973년 봉기에 큰 원동력이 된 학생들의 평등주의적 규범 및 자율적 조직화 역량과 극명한 대조를 이룬다. 일부 지역에서 CPT 지도자들은 적을 죽이는 폴 포트와 크메르루주의 할당제를 채택했다. 1980년 후반, 숭은 당시를 이렇게 회고했다. "고참 동지들은 우리 10월 6일 학생들을 마치 적처럼 바라봤다. 만약 우리가 당에 복종하지 않거나 조직화 동지 '지도자'에게 우리를 어떻게 다룰지 물어보겠다고 주장하면 그들은 수차례 무기의 안전장치를 풀거나 칼을 우리 얼굴에 휘둘렀다."[66] 한 활동가는 "그들이 우리가 서로 그렇게 죽이길, 그래서 할당을 채우길 바란다는 것이 아주 위협적임을 깨달았다".[67] 비록 CPT 지도자들이 이후에 잘못을 인정하긴 했지만, 게릴라운동은 이미 비참한 패배였다. 10년 이내에 CPT는 몰락했다.

신자유주의의 타이식 얼굴

1970년대 후반까지 무장봉기가 정점에 다다르자 타이 군부 내 많은 장교가 게릴라들을 약화하는 새로운 접근법을 옹호하기 시작했다. 자수한 활동가들에게 사면을 제공하면서, 새 정권이 등장해 헌법을 개정하고 1979년, 1983년, 1986년, 1988년에 선거를 허용했다. 많은 학생 활동가가 도시의 집으로 돌아가 삶을 재건할 기회를 가졌다. 타이는 정상으로 돌아갔지만, 정치체제 내에는 어떤 좌파 조직도 없었다. 10월 6일 학살 이전에 사회주의 정당들은 약 15퍼센트의 표를 얻었지만, 1976년이 남긴 상처는 신자유주의 정책을 지지하는 수많은 친미 정치인들 외에 반정부 세력이 거의 없다는 것을 의미했다. 1976년의 야만적 탄압은 1980년대의 커다란 번영에 자리를 내주었고, 연간 파업 횟수는 1985년에서 1991년까지 결코 7건을 넘지 못했다.

1982년 IMF 구조조정 협정이 체결되어 초국적 자본이 타이 경제의 대부분을 장악하는 길을 연 경제자유화를 가져왔다. 은행 규제의 자유화로 외국인 투자자들이 타이의 시장에 침투할 수 있게 됐고, 소수의 부유한 중국계 가문이 오랫동안 통제했던 타이의 금융 엘리트들을 주변화했다.[68] 외국인 투자는 특히 일본과 남한에서 동남아시아로 흘러왔다. 일본만 해도 1987년에서 1991년까지 5년간 240억 달러를 투자했다.[69] 1988년에서 1993년까지 일본은 아시아, 태평양 지역에 400억 달러를 더 투자했고, 이는 역사상 손꼽히는 자금 흐름 중 하나였다. 타이는 1988년에서 1993년까지 일본의 투자 53억 달러를 유치했는데, 이는 과거 37년간 투자받은 액수의 거의 500퍼센트였다.[70]

자본의 유입으로 경제가 팽창하자, '아시아의 기적'이란 용어가 점차 퍼졌다. 오랫동안 배후에서 타이 은행 체제를 통제했던 소수의 화

[표 9.2] **외국인 직접투자**(미화 100만 달러)

	1980	1985	1990	1995	1997
인도네시아	180	310	1,092	4,346	4,677
타이	189	164	2,562	2,068	3,626
필리핀	-106	12	550	1,459	1,249

출처: UNCTAD, as quoted in Dae-oup Chang, "Neoliberal Restructuring of Capital Relations in East and South-East Asia," in *Neoliberalism: A Critical Reader*, eds., Alfredo Saad-Filho and Deborah Johnston (London: Pluto Press, 2005), 254.

교 가문은 글로벌 체제로 편입됐다. 1980년대의 신자유주의적 경제개혁은 타이에 근소한 번영을 가져왔다. 제조업 노동자 수는 1988년까지 240만 명으로 늘어났고, 이는 1961년 수치의 거의 5배였다.[71] 타이 경제가 수입 대체와 식량 수출에서 섬유와 전자 중심의 수출 지향적 산업으로 전환하면서 새로운 중산층이 등장했다. 1980년에 수출의 5분의 3이 농업 부문에서 나왔으나, 1995년 5분의 4 이상이 제조업 부문에서 비롯됐다.[72] 비슷한 과정이 남한과 타이완의 '기적'으로 이어졌지만, 이들 나라에서는 개발국가 모델이 산업 이행의 재원을 조달했다. 타이에서는 자본의 사적 원천, 특히 왕실의 시암상업은행의 거액이 경제를 지배했다.

1980년대 타이의 경제 성과는 아주 성공적이어서, 1991년 세계은행과 IMF는 타이를 "아시아의 다섯 번째 호랑이"라고 언급했다. 타이의 경제는 1985년에서 1995년까지 평균 10퍼센트로 세계에서 가장 빨리 성장하는 축에 속했다. 그 10년간 1인당 GDP는 2배로 늘어 약 1,000달러에 이르렀지만(1960년 겨우 200달러에서), 부의 분배는 훨씬 더 왜곡됐다. 1975년 사회의 상위 20퍼센트는 49.3퍼센트의 부를 소유했고 이 수치는 1987년 54.9퍼센트로 증가한 반면, 하위 20퍼센트의 몫은 1975년 6.1퍼센트에서 1987년 4.5퍼센트로 하락했다. 1975년에서 1992년 사이에, 인구의 하위 80퍼센트의 소득 비율은 하락한 반면 상위 20퍼센트는 늘었고, 이는 신자유주의의 명백한 "혜택"이었다.[73] 칠레, 남한, 터키처럼, 타이에서도 군부독재는 전 지구적 자본에 유리한 신자유주의 정책을 시행하기 위해 얼마나 피를 뿌리든 개의치 않고 시민들을 짓밟았다.

부와 빈곤의 양극화와 더불어, 공해가 증가했다. 방콕 거리의 자동차 수는 6년 만에 거의 2배로 늘어나 100만 대 이상이 됐다. 오늘날 방콕은 세계 최악 수준의 교통 혼잡 문제로 유명하다. 급속한 변화에 압도된 생태학자들은 1988년 남초안의 거대한 댐 건설에 맞서 성공적으로 투쟁했다. 타이가 지역의 쌀 수출 선두주자인 "아시아의 쌀 밥그릇"에서 벗어나자, 지역의 수입 분배가 점차 왜곡됐다. 1인당 국민소득에서 방콕 주민들의 불균형 비율은 1960년에 북동부 주민의 5배에서 1987년에는 9배로 증가했다.[74] 압도적 다수의 경제활동인구(64퍼센트)가 1990년 1차 부문인 농업과 어업에 종사했다.[75] 1991년에 농업은 GDP의 11.8퍼센트를 차지했고, 공업은 40.4퍼센트(제조업은 26.6퍼센트), 무역과 서비스가 47.8퍼센트를 차지했다.[76]

아시아의 다른 나라들 대부분이 현대화하는 동안, 타이는 신봉건적이라 부르는 구조에 얽혀 있었다. 타이의 경제는 세계화됐지만, 낡은 정치구조는 1976년 학살로 냉각된 독의 시대에 머물러 있었다. 1987년에서 1990년까지, 타이의 실질 경제성장률은 36퍼센트로 세계 최고였다.[77] 1960년대와 1970년대에 경제는 지속적으로 5~6퍼센트 성장했고, 이 시기 타이는 "세계의 개발도상국 중에서도 가장 안정적인 통화와 최소 인플레이션"[78]을 기록했다. 경제의 수출 지향적 다변화로 놀라운 팽창이 이뤄지면서, 새로운 번영은 특히 증가하는 전문직과 고학력 노동자 사이에서 기대를 부추겼다. 고등교육은 1987년에서 1994년 사이에 급속하게 확대됐고, 대학 기관의 총 입학생은 36만 4,000명에서 65만 9,000명으로 늘어났다.[79] 1인당 소득은 1992년까지 거의 1,500달러로 증가했다. 유아사망률과 어린이 영양실조의 급격한 감소 같은 기본 지표들은 한 단면에 불과했다. 더 많은 집에 전기가 들어왔고, 기대수명이 증가했고, 실질임금이 상승했다. 비록 1982년에서 1989년까지는 겨우 연간 1.4퍼센트 증가했지만, 1990년부터 임금은 연간 8.2퍼센트 비율로 치솟았다.[80] 국영기업 노동자 수는 1973년 13만 7,437명에서 1983년 43만 3,649명으로 꾸준히 증가했고, 노동조합 가입률은 민간 부문 노동자들보다 훨씬 더 높았다. 1983년 민간 부문의 약 323개 노동조합에 겨우 8만 1,465명의 조합원이 있었던 반면, 91개 국영기업 노조의 조합원은 13만 6,335명이었다.

1986년 피플파워 혁명의 마르코스 타도와 1987년 한국 전두환의 퇴진은 특히 전문직 종사자 사이에 깊은 충격을 주었다. 많은 논평가가 의대생과 의사들의 동원 효과를 논의했다.[81] 분명한 변화의 조짐에도 불구하고, 1989년 미국의 민주주의 전문가인 래리 다이아몬드는 타이의 민주 세력이 "장기적 전략을 취해야" 한다고 충고했다. 그의 견해로는 "당분간 안보 문제에서 군대의 지배력과 정치 참여를 실용적으로 용인함으로써, 철저한 민주주의자들이 미래 민주화의 토대를 건설할 공간을 찾을 수도"[82] 있었다. 헌팅턴처럼 다이아몬드도 민중봉기의 엄청난 힘과 그런 운동이 가능하게 하는 급속한 변혁을 예상할 수 없었다.

1991년 군부 보수파가 다시 권력을 장악했다. 재계는 1991년 2월 23일 쿠데타 이후, 특히 타이산업연맹(FTI)의 회장이자 존경받는 테크노크라트인 아난 빤야라춘이 총리로 임명되자 군부의 역할을 수용했다. 쿠데타에 대한 반응으로 미국상공회의소 소장인 토머스 A. 실은 쿠데타를 "타이를 투자하기에 유리한 지역으로 바꿀 더 나은 타이식 민주주의로 향하는 거대한 도약"[83]이라고 불렀다. 아난 정부는 과거 정부가 3년간 했던 것보다 더 많은 법제화를 1년 만에 추진했다. 1990년

4월, 임금 인상을 요구하는 파업을 탄압한 새 정부는 국영기업에서 노동조합을 금지했고, 이에 따라 국영 부문 노동조합의 수는 단번에 130개에서 36개로 줄었고 조합원 수는 33만 6,061명에서 16만 2,424명으로 절반이나 줄었다.[84] 타이노동조합회의(TTUC)는 집행위 위원 39명 중에서 위원장과 4명의 부위원장을 포함해 18명을 잃었다. 1991년 새 군사정부가 제도화한 후속 법률은 국영기업에서 파업과 노동조합을 모두 금지했고, 이는 민간 부문의 450만 노동자 가운데 겨우 5.6퍼센트만이 조직된 상황에서 노조 조직화의 핵심적인 문제였다.[85] 1991년 6월 19일 타이노동자회의(LCT) 의장인 타농 포안이 의문스럽게 실종됐다. 그는 암살된 것으로 추정됐다.[86]

군부의 지배적 역할에 도전할 어떤 정당도 출현하지 않았다. 오히려 원외 세력이 뭉쳐 반정부 세력을 구성했다. 쿠데타 약 한 달 후, 민주 활동가들이 대중민주주의운동(CPD)으로 알려진 네트워크를 다시 활성화했는데, 이들은 민주 헌법을 제정하려는 과거의 시도를 선도한 바 있다.[87] 1991년 4월 19일, 19개 단체 연합(노동자, 농민, 학생, 여성단체, 빈민가 공동체 조직가, 학자, 교사, NGO, 인권단체)은 그 당시 작성되고 있던 새 정부의 헌법을 비판하는 공개 행사를 조직하기 시작했다. 정권은 새 헌법을 작성하면서 하원을 우회하려고 했지만, CPD는 풀뿌리에서 헌법을 작성할 지역, 광역 지역 회의에서 선출된 광범한 대표자들의 모임을 소집했다. 1991년 하반기에 타이학생연맹(SFT)도 부활했다. 1991년 활동가 20명과 1973년 출신 활동가 20명이 두 차례에 걸쳐 세대 간 모임을 가졌다(선배 활동가들은 1973년이 기억처럼 그렇게 비폭력적이지 않았다고 했다. 또한 시위의 모든 세부 사항에 주의를 기울이는 것이 중요하다고 강조했다). 이 준비 모임 이후에 25개 주 가운데 24개 주 학생회가 한데 모였다.[88] SFT는 CPD에 합류하여, 농촌 토론회 대표자들과 도시 중산층 활동가들로 이뤄진 헌법민중회의(PCC)를 조직했다. 많은 논쟁과 협의 끝에

이 단체는 새 헌법의 핵심 조항을 추려냈고, 타이 제헌기념일에 이를 공개했다. 그들은 총리가 선거로 뽑힌 의원이어야 하고, 의회 회기는 생중계로 방송해야 하며, 임명된 상원의 역할은 축소해야 한다고 주장했다. 이 모임은 자신들의 제안을 지지하는 100만 서명을 모으는 캠페인을 발족했다.[89]

무역자유화 조치, 시장 기반 개혁, 공공 부문 노동조합 취소 등은 인기가 없었지만, 아난 정부는 1992년 3월 선거에서 가까스로 승리했다. 정부 내에서 거의 반대가 없었기 때문에, 시위가 등장하기 시작했다. 1991년 11월 19일 7만 명 이상이 SFT와 CPD의 공동 호소에 응했고, 이후 5개 정당이 헌법 개정을 위해 압력을 가하겠다고 약속했다. 조직을 건설하는 과정에서 단체들은 농민과 노동자부터 학자와 청년까지 타이 사회의 광범한 부문들을 동원했고, 독재에 맞서기 위해 등장한 광범한 다계급 동맹에 대해 설명하려 노력했다.

민중의 저항에 대응하여, 육군 사령관 수찐다 크라쁘라윤 장군이 총리가 되지 않을 것이라고 약속했다. 1992년 3월 선거 이후에 수찐다는 270명의 상원 의원 명단을 국왕에게 제출했는데, 147명이 육군, 공군, 해군 출신으로 총 인원의 50퍼센트를 넘어 헌법 94조를 위반하는 것이었다. 그럼에도 국왕은 모든 이들을 그대로 임명했다.[90] 아난은 처음에 총리로 남았지만, 1992년 4월 7일 수찐다가 자신의 약속을 깨고 "조국을 위해" 총리직을 넘겨받았다. 그는 즉각 쭐라쫌끌라오 군사학교 제5반의 친구들을 돈 되는 권력의 지위에 임명했다. 다음날, 퇴역 해군 장교이자 전 의원인 차랏 워라찻은 수찐다가 퇴진하지 않으면 죽을 때까지 단식하겠다고 발표했다. 또 한 번 권력을 둘러싼 유혈 투쟁의 무대가 마련됐다.

1992년 '검은 5월'

1992년 4월 8일, 단식농성자 차랏 워라찻이 의사당 옆에 앉아서 민간인 총리가 타이 정치를 축복할 때까지 먹지 않을 것이라고 맹세했다. 한 군소 정치인의 이 외로운 행동은 많은 사람의 공감을 샀다. 곧 사무직 노동자와 기업인들이 퇴근 후 도착하기 시작했고, 민주주의에 대한 지지를 보여주기 위해 차를 세우고 야외에 모였다. 군중이 늘어나자 사남루앙으로 자리를 옮겼고, 음식 노점상과 행상이 연이은 연사 및 연예인과 함께 즐거운 모임 분위기를 만들었다. 모든 텔레비전 방송국을 포함한 정부가 통제하는 매체들은 차랏의 단식을 보도하지 않았지만, 독립적 인쇄 매체는 단식을 폭넓게 다뤘다. 신문의 정확한 보도 때문에 《네이션》의 발행인 수티차이 윤의 자가용 창문이 깨졌고, 민주당 지도자 추안 릭파이는 되풀이해서 살해 위협을 받았다. 4월 16일 의회의 공개 회의에서 야당 의원들은 "타이 민주주의의 죽음을 애도하기 위해"[91] 검은 완장을 찼다.

단식농성 13일째, 차랏이 의회 밖에서 간디 초상화 옆에 앉아 있을 때 약 5만 명이 왕궁 광장에 모였다. 4월 25일 단식 17일째 SFT와 CPD, 이제 '천사'의 당이라 불리는 4개 야당이 또다시 집회를 조직했고, 이번에는 새희망당(NAP)의 차왈릿 장군의 재정 지원을 받았다.[92] 대부분 사무직 노동자와 중산층 전문직인 10만 명의 사람들이 타이 국가를 불렀다. 시위자들은 "악의 무리"의 권력을 이용해 "국가를 집어삼킨 정치적 암흑을 쫓아내기 위해" 촛불 행진을 했다. 5월 1일에 2개의 노동자의 날 축하행사가 별도로 열렸다. 사남루앙의 공식 집회와 국회 앞에서 열린 자주적 노조들의 행사였다. 국회에서 노동자들은 차랏에 동참한 단식농성자들에게 장미 수천 송이를 선물했다. 플래카드에는 이렇게 써 있었다. "탱크가 들어와도 노동자들은 버틸 것이다." "노동은 자유가 있어야 하고, 민중은 민주주의가 있어야 한다."[93]

단식 24일째에 차랏이 쓰러져 병원으로 실려갔지만 그의 딸이 단식을 이어갔고, 이 영웅적 모범은 10만 명 이상이 모인 5월 4일의 거대한 집회에 불꽃을 지폈다.[94] 2명의 노동계 지도자가 수많은 연사에 포함됐다. 주식시장이 급락하고 관광객들이 떠나는 사이, 운동은 추동력을 얻었다. 단식농성에 여러 명이 더 참여했는데, 그중 가장 유명한 사람은 짬롱 시므앙으로 두 번 임기를 역임한 인기 있는 전 방콕 시장이자 경건한 불교 신자이자(매우 금욕주의적인 산티아속 종파의 일원) 1976년 마을 스카우트 지도자였다(1976년 학생 학살에 참여했다는 소문이 있었다).[95] '미스터 클린'으로 알려진 짬롱과 그의 '진리의 힘'당Palang Dharma Party(PDP)은 의회에서 방콕의 35석 가운데 32석을 막 얻은 참이었다. 5월 4일 그는 과거의 군부 동료인 수찐다가 자임한 총리직을 사임하지 않으면 "죽을 때까지 단식하겠다"고 선언했다. 단식에 동참한 다른 사람 중에는 빈민 활동가 쁘라팁 웅손탐, 학생 지도자 빠린야 테와나르밋쿤, NGO 인사 산뜨 하티랏 등이 있었다.[96]

언론은 다른 누구보다도 짬롱에게 초점을 맞췄고 그를 운동의 지도부로 추어올렸다. 아직도 군대에 있는 것처럼 명령을 내린 짬롱은 5,000명의 행진대를 의회로 이끈 다음 단식농성을 시작했다. 물만 마시고 포도당, 식염수 주사, 치료를 거부하겠다고 주장한 짬롱은 수찐다가 사임하지 않으면 7일 안에 죽을 것이라고 극적으로 예언했다. 놀랍게도 짬롱은 1989년 톈안먼 광장에서 단식농성을 벌인 중국 학생들이 통제권을 장악하려고 사용한 것과 아주 똑같은 전술을 사용했다. 광범한 대중적 지지를 끌어내기 위해 단식농성으로 인한 죽음의 위협을 이용한 짬롱은 새로운 민주 정부의 핵심인 풀뿌리 단체들의 권위를 자신의 카리스마와 의사 결정으로 대체했다. 두 경우 모두 개인 지도자가 운동이 낳은 민주적 구조 외부에서 결정을 내렸고, 개인의 영웅적 행동으로 수천 명을 동원했다.

5월 6일, 적어도 15만 명이 국회를 포위했다. 군중은 수찐다가 도착하자 퇴장한 야당 국회의원들에게 환호했다. 그때까지 군중은 거의 20만 명으로 불어나 1973년 10월 14일 이래 최대 규모의 시위가 됐다. 국회 주변 공간에 넘칠 정도로 사람이 많았기 때문에 집회 장소를 옮겨야 했다. 이 결정적 순간에, 짬롱과 그의 추종자 무리는 투쟁을 주관하는 시위 조직들의 연합(CPD와 SFT를 포함한)의 반대에도 불구하고, 거대한 군중을 사남루앙으로 이동시켰다. 다음날 군대가 시위대에 해산을 명령하자, 짬롱은 사람들을 다시 왕궁 광장으로 이동시켰다. 그날 밤, 국회 주위의 시위대는 수백 명의 경찰에 포위됐고, 철조망 바리케이드가 다른 사람들이 합류하는 것을 막았다. 오전 9시경, 노동자들은 바리케이드 하나를 자동차로 뚫었다. 군인들이 밀려나고, 군중은 사남루앙으로 몰려들었다.

5월 8일의 강렬한 열기 속에서 수천 명이 사남루앙에서 위치를 계속 고수했다. 단식농성 4일째에 짬롱이 쓰러졌다. 《뉴욕타임스》는 4대 주요 야당이 국왕에게 개입을 요청하는 서한을 보냈다고 보도했다. 그날 저녁에 군중이 20만 명으로 불어나자, 처음으로 학생 지도자 빠린야 테와나르밋쿤은 시위가 승리할지도 모른다는 생각이 들었다.[97] 정부 비행기가 머리 위로 날면서 사람들에게 광장을 떠나라고 촉구하는 전단을 뿌렸다. 거센 비가 내리기 시작했지만, 사람들은 그 자리에 머물렀다. 군 라디오는 군중이 연례 만불절(마카뿌차Makha Bucha) 행사를 방해할 의도라고 주장했다. 시위 주최자들은 어떻게 할지 결정하려고 논의했지만 의견이 분분했다. 많은 사람이 광장에 남아 있길 원했지만, 짬롱은 일방적으로 시위대 전체를 랏차담느 대로로 이동시키기로 결정했다. 그날 밤, 모든 사람이 그의 대오에 합류했다. TV와 라디오는 짬롱이 "민족의 평화와 단결을 보전했다"고 칭찬했다. 짬롱의 개인적 대언론 호소력과 집회에서 보이는 카리스마는 시위 주최자들을 상대적으로 힘없는 위치로 밀어넣었다.

5월 9일 이른 아침, 민주주의기념탑에서 짬롱은 밤새 남아 있던 수천 명에게 자신이 계속 시위대를 이끌기 위해 단식을 끝낼 '허가'를 요청했다. 군중은 환호했고, "민주주의를 쟁취하는 데는 그의 순교보다 지도력이 필요하기" 때문에 짬롱의 결정을 칭찬했다. 집회는 랏차담는 대로에서 하루 종일 계속됐다. 철도 노동자와 가족의 대오가 들어오자 엄청난 환호를 받았다. 노동계급 기반의 람캄행 대학 학생들과 함께 노조원들이 집회의 사수대를 구성했다. 노동계 지도자 솜삭 꼬사이숙은 당시를 이렇게 회상했다. "나는 랏차담는 대로의 밤들을 죽는 바로 그날까지 기억할 것이다. 거기 모인 사람들은 민주주의를 사랑했고, 강력한 윤리적 입장을 견지했고, 놀라운 자기규율을 보여줬다. 그들은 서로 보살피고 지지했다. 음악의 리듬에 맞춰 함께 노래 부르면서 손뼉을 쳤고, 이는 투쟁을 계속하겠다는 결의를 다지는 분위기를 조성하는 데 도움이 됐다. 이 모든 것은 민주주의 이념에 대한 훨씬 더 큰 신념, 사람들이 형제자매처럼 살아가며 평등, 자유, 박애로 규정되는 사회에 대한 나의 믿음을 자극했다. 시위자들은 사회의 각계각층 출신이었지만 차이가 없었고, 따스함과 함께한다는 느낌만 있었다. 비록 그 시기는 짧았지만, 랏차담는 대로의 분위기는 내 인생에서 가장 행복한 순간이었다. 그 경험은 내게 아마도 어느 날 타이 사회와 세계 사회가 진정으로 민주적이 될 것이라는 꿈을 남겼다. 인류가 서로 끝없는 경쟁을 멈추고, 증오와 폭력을 멈출 것이라는 꿈을. …… 그 사건들은 민주주의를 사랑하는 사람들이 평화적 윤리를 견지하고, 타인을 착취하는 일을 경멸하고, 자신보다 다수를 생각하고, 폭력 대신 이성을 사용하고, 옳고 그름을 구별할 수 있다는 것을 보여줬다. 이것이 우리가 꿈꾸는 민주주의 사회이다."[98]

연사들은 공손하고 비폭력적이었으며, 풍자를 농담이나 진지한 논평과 섞고 음악을 중국 경극과 섞었다. 학생들은 논리정연한 성명을 낭독했고, 코미디언들은 정치적 일상을 소재로 삼았다. 4명의 노동계 지도자가 집회에서 연설했다. 하지만 오픈 마이크도 없었고, 전략과 전술에 대한 공개 토론도 없었다. 앨런 클리머가 보기에 "시위는 시장이고 시위 무대는 대중매체였다. 학생, 정치인, 유명인사, 대중 가운데 논리정연한 사람들이 연설을 했고, 민주주의에 관한 금지곡을 연주한 록스타 앳 카라바오를 포함한 음악가들이 교대로 연주했다".99

미국 학계에 어울리는 냉소주의를 보여주는 클리머의 글은 한편으로 야간 집회의 에로틱한 에너지로 물들어 있다. 군중은 세 무리로 나뉘어 거리에서 플라스틱 물병을 요란하게 두드렸고, 주최 측이 '민중권력'이라고 부른 폭포 같은 포효가 울려퍼졌다. 클리머는 군중에게서 솟아나는 감정을 이렇게 묘사했다. "그때는 좋은 시절이었다. 그 시기를 장밋빛 언어로 묘사할 수밖에 없는 게 유감이다. 때로는 이처럼 민중들의 가장 훌륭한 면이 나오는 것 같다. 일시적인 시위 공동체 내에서 사람들은 믿을 수 없을 정도로 서로에게 친절했다. 그들은 정의, 도덕, 진실이 지배하길 원했다. …… 몇 시간씩 평화롭게 앉아서 옳고 그름, 정의와 불의에 대한 얘기를 들었고, 몇 시간씩 비폭력 투쟁을 통해 더 나은 사회를 성취할 고귀한 방법과 사회적 가치에 대한 교육을 받았다. 그것은 마치 사찰에서 설법을 듣는 일과 아주 비슷했다. 무대는 제단 같고 청중은 신도 같았으며, 그들은 바닥에 점잖게 앉아서 저린 손발의 고통과 졸음을 참으면서 긴 설법을 들었다. 단지 이곳은 지금까지 존재해온 그 어떤 사찰보다 더, 훨씬 더 컸다."100

여기에서 두 가지가 두드러진다. 첫째는 에로스 효과, 즉 타인들 사이에서 싹트는 감정적 유대와 사랑이고, 둘째로는 의사소통의 일방성을 지적해야 한다. 랏차담는 대로에 자리한 청중의 공간적 관계는 일방적 대중매체를 반영했고, 이는 1973년 탐마삿 대학의 보리수 모임이

나 1980년 광주도청 앞 분수대 주위와 달랐다. 거기서는 연사들이 일방적으로 연설하기보다 수만 명의 사람과 의사소통했다.

민중의 초월적 에너지는 아주 강력해서 5월 9일 방콕에 군대가 배치됐을 때에도 적백청 타이 국기의 평화로운 물결이 모든 사람을 진정시켰다. 거대한 축하 집회들이 계속됐고, 포크 가수와 로큰롤 밴드가 거리에서 노래했다. 마침내 정부는 투표로 선출되지 않은 사람이 총리가 될 수 없도록 헌법을 개정하겠다고 약속했고, 이 변화로 수찐다의 임기는 끝나게 된다.

하원의장이 민주적 헌법 개정을 약속하자마자, 시위를 조정해온 소그룹이 모였다. 많은 사람은 그대로 머물길 원했다. 다시 한 번 짬롱의 개인적 의사결정과 대언론 호소력이 힘을 발휘했다. 5월 10일 오전 9시, 주최자들이 집회를 끝내려고 시도했지만 군중이 아우성으로 그들을 저지했다. 짬롱이 5월 17일까지 시위를 중지하고 그때까지 정부가 개헌 약속을 지키지 않으면 다시 모이자고 호소하자 많은 노동자와 학생이 울었다. 아무도 시위대 사이에서 연대가 붕괴되는 것을 원치 않았고, 짬롱이 일시적인 중지라고 주장하자 모두가 다시 그를 따랐다.

수찐다는 시위대가 공산주의자들이며, 더욱 심각하게 그들이 왕실에 불충하다고 비난했다. 언론 조작에 힘입어 그는 거리의 사람들이 절대다수의 타이인이 아주 소중히 여기는 국가, 종교, 국왕의 성스런 삼위일체를 거슬렀다고 주장했다. 봉기를 일으킨 이들 가운데 국왕과 왕가에 존경을 보이지 않는 사람은 거의 없었다. 실제로 그들은 항상 국왕의 초상화를 들고 다니는 수고를 아끼지 않았다. 마하 공주가 사남루앙에서 불교 주간 공개 행사를 주관하기로 예정됐던 5월 10일 일요일에 벌어진 사건보다 시위대의 왕실에 대한 충성을 분명하게 증명할 수는 없다. 직전 금요일부터 랏차담느 대로에 시위대가 밀물처럼 밀려들었고, 국영 언론은 그들이 행사를 방해할 의도라고 주장했다.

규율과 지혜(하지만 반드시 전통적 가치와 결정적으로 단절할 필요는 없는)를 보여준 수천 명의 사람은 왕실 행진을 위해 길을 열어줬고, 타이 국기를 들고 랏차담는 대로에 줄지어 섰다. 자동차 행렬이 우회했는데, 이는 군대의 판파 다리 봉쇄 때문이었지, 거리를 봉쇄한 사람들 때문은 아니었다. 5월 14일 목요일, 왕실의 만불절 행사가 열리는 동안 거리의 사람들은 왕실 가족이 타놈루앙에서 행사를 구경할 수 있도록 경건하게 침묵을 지켰다. 이틀 후 국왕과 가신들이 왕궁의 에메랄드 사원에 들어가자, 시위대는 완전히 사라진 것처럼 보였다.

시위를 유예하는 기간에 활동가들은 조직 구조를 강화했다. 5월 14일 26개 단체(SFT, CPD, 노동조합, 선거 감시 자원봉사단, NGO, 야당들을 포함한) 약 125명이 로열 호텔에서 모였다. 4시간에 걸친 회의 끝에 지도부 7명을 갖춘 광범한 다계급 동맹체인 민주총연맹(CFD)을 결성했다. 지도부의 다수는 짬롱 충성파였다. 짬롱 외에 빈민 활동가 쁘라팁, 노동계 지도자 솜삭, 학생 지도자 빠린야 테와나르밋쿤, 찟라와디 워라찻(아버지 차랏의 대리인으로서), 학자 산뜨 하티랏과 웽 또찌라깐(1973 세대의 대표) 등이 공개적으로 인정받는 운동의 지도부가 됐다.[101] 별도로 노동운동계는 5월 15일 민간 부문과 국영기업의 노조 지도자들을 모았다. 5월 16일, 노조원들은 차랏이 단식농성을 계속했던 벤차 사원에서 기자회견을 열었다. 그들은 수찐다의 퇴진을 강제하기 위해 다음날 오후 5시에 모이자고 사람들에게 호소했다.[102]

봉기 동안 또는 엄청난 규모의 유사한 위기 동안 풀뿌리에서 에로틱한 유대가 등장하는 순간, 평소에 사회적 계층의 중요한 형태를 덮고 있는 베일이 사라지고 주요 기관의 심장부에서 폭력과 부패의 추악한 현실이 드러난다. 타이의 군대는 곧 다시 한 번 악명 높은 학살극에 착수하여, 방콕에 탱크를 투입해 보통 시민들을 상대로 전투를 벌인다. 명목상 중립적이고 진실된 것으로 간주되는 기관들조차, 예를 들어 언론도 1992년에 지저분한 면을 드러냈다. 방송 매체는 압도적으로 군대의 편을 들며 시위를 거의 언급하지 않았지만(또는 보도할 때 사건을 아주 심하게 왜곡했지만), 일부 인쇄 매체는 용감하게 민주주의를 지지하며 반정부 시위 역사상 처음으로 사건들에 대한 진실한 설명을 추구했다. 속이 빤히 보이는 노골적인 거짓말들을 경험하면서 민중들 사이에 '누가 언론을 통제하는가?'라는 의문이 확산됐다. 사실이 알려지자, 정부가 전국 및 지역 텔레비전 100퍼센트와 484개 라디오 방송국의 82퍼센트를 통제하고 있음이 드러났다.[103]

5월 17일 최후의 결전

5월 17일 일요일, 30만 명 이상의 시위대가 사남루앙에 모였다. 일부는 50만 명 이상의 군중이라 추정했고, 이는 타이 역사상 최대 시위와 같은 규모였다. 연단에서 차례로 연사들이 수찐다와 정부가 헌법 개정 약속을 지키지 않았다고 비난했다. 집회 도중에 지도부는 사남루앙에 남는 것이 최선인지 아니면 떠날 것인지 군중에게 의견을 물었다.[104] 그들은 수찐다가 다음날 아침 출근할 때 수십만 명의 사람을 볼 수 있도록 총리 집무실 외부로 이동하기로 결정했다(그들은 수찐다가 방콕에 있지 않다는 사실조차 몰랐다). 밤 9시경 짬롱은 연설에서 수찐다가 퇴진할 때까지 사람들이 시위를 중단하지 않겠다고 맹세하도록 이끌었다. 약 500명의 노동자가 총리 집무실 근처에 모여 주요 집회 행렬을 맞이할 준비를 하며 자리를 잡았다. CFD 지도자들은 집회에 총리 집무실로 이동하기로 한 결정을 알렸고, 사람들은 승인하며 환호했다. 수만 명이 정부 청사로 향했다. 그들은 대오를 셋으로 나눴고, 100대의 오토바이가 선두에 섰다. 비폭력 활동가에는 짬롱도 포함됐다. 지도부의 일원이자 학생 지도자인 빠린야 테와나르밋쿤은 짬롱이 "군대의 병사들처럼"[105] 시위대를 이동시켰다고 기억했다. 사람들의 목숨이 위험하다고 우려한 SFT는 야간 집회를 승인하지 않기로 결정했지만, CFD 지도자들이 짬롱을 따르기로 표결하자 상황은 이제 그들의 통제를 벗어났다. 북부 지역을 순회하던 수찐다는 바로 그날 밤 폭동을 진압하여 위기를 해결하겠다고 장담했다.

평화적 군중은 "가난한 노동자, 중산층 공무원과 상점주, 부유한 여피까지, 방콕의 단면도였다".[106] 판파 다리에서 '베를린장벽'이라고 이름 붙인 철조망 바리케이드에 부딪히자, 사람들은 거리에 남았다. 선두의 무리가 철조망을 돌파하려 하자 짬롱은 그들에게 돌아오라고 했다. 하지만 그들은 계속 앞으로 밀고 나갔다. 짬롱은 전투경찰에게 그들을 체포하라고 했다.[107] 곧 경찰이 군중을 해산시키려고 물대포를 사용했다. 사람들이 물을 쏘는 트럭 위로 올라가자, 경찰이 곤봉으로 그들을 맞이했다. 투사들은 철조망 담장을 부수고 1대 이상의 소방차를 고장냈다. 다리 근처의 다른 사람들은 연설에 귀를 기울였다. 곧 폭발 소리가 들렸고, 소방차 한 대가 나레웅 경찰서와 청소년복지센터와 함께 불타올랐다. 행진대의 마지막 차량에 자리를 잡았던 SFT 지도자 빠린야는 경찰서가 불타는 것을 보고 문제가 생기리라는 것을 직감했다. 군중이 돌과 화염병을 던졌다. 경찰서와 복지센터 외에도, 10여 대의 차량과 푸카오통 소방서가 불탔다.[108] 자정까지 비상사태가 선포되고 군대가 동원됐다. 군인들은 랏차담눈의 판파 다리에서 떨어진 곳에 자리를 잡았는데 그곳은 1973년에 격렬한 전투가 벌어졌던 장소였다. 많은 사람이 다리 옆 길거리에 남아 있었다. 그날 밤 시위를 보도한 CNN은 '오토바이 부대'가 군부대에 맞섰다고 묘사했다.

1992년 5월 18일은 현대 타이 역사상 가장 많은 피를 흘뿌린 날이었다. 오전 1시경 탱크들이 도착했다. 많은 사람이 민주주의기념탑 근처에 모여서 일부는 노래하고 일부는 자고 있었다. 오전 2시경, 쁘라팁은 거기에 모인 4만 명 이상의 사람에게 연설했다.[109] 1시간 뒤 '반불교 공산주의자들'에 대한 사격 명령을 받은 수천 명의 군대가 실탄을 장전한 채 도착했다. 시위 지도자들은 자신들을 둘러싼 군대에 연설을 했고, 일부 사람들은 군인들에게 꽃을 주었다. 오전 3시 30분 학생 지도자들이 승합차 위에서 군중에게 연설하자, 군인들이 발포했다. 몇 시간 동안, 간헐적 총격이 계속됐다. 오전 4시경 군대는 평화적 집회를 뒤에서 습격하여 사격했고 사망자와 부상자를 남기고 떠났다. 심지어 사람들이 오전 5시 30분경 민주주의기념탑에서 국가를 부르려고 할 때조차, 군인들은 발포했다. 군대가 시민들에게 동조하지 않도록 캄보디아 국경에서 새로운 부대를 불러들여 3시간마다 교대시켰다. 한 목격자는 "군인들이 사격을 중지할 때마다 사람들은 그들에게 먹을 것과 물을 갖다줬고, 총에 꽃을 꽂았다"[110]고 회상했다. 사살된 사람들의 다수는 도망치다가 등에 총을 맞았다. 다른 사람들은 근거리에서 처형되었다고 알려졌다. 부상자를 치료하던 의사들도 폭행당했다.

이에 대응하여, 군중은 주의 깊게 선택한 건물들을 공격했다. 시소 같은 전투에서 사람들은 경찰을 밀어붙였고, 경찰이 공격하면 퇴각했다. 많은 시민은 운하로 내몰렸고, 일부는 판파 다리 아래로 뛰어내렸다. 여러 트럭에 나눠 탄 시위자들이 도착해 반격하는 사람들을 지원하자, 가두투쟁에 더욱더 많은 노동자가 가담했다.[111] 일단 사격이 시작되자 시위 지도자들은 무력해졌고, 중산층 사람들은 사라졌다. 중앙 지도력이 없는 다중심적 투쟁의 장은 행동의 폭발을 허용했다. 휴대전화 시대에 시위대는 서로 연락을 주고받았고, 공격을 수평적으로 조율했고, 공간이 허용되면 조직을 재편했다. 곧 방콕 외곽에 있는 노동계급 기반의 람캄행 대학에서 수천 명이 모였다.

새벽이 밝아올 때 약 1만 명의 군대가 랏차담는 대로를 통제했다. 아직도 사람들은 거리에 남아 있었다. 오후 2시 30분경, 군대는 짬롱을 끌고 나왔다. 군대는 마제스틱 호텔로 쳐들어가 다른 지도자들을 찾았

'오토바이 부대'가 거리를 휩쓸었다. (작가 미상)

지만, 솜삭과 쁘라팁은 군중의 도움으로 도망쳤다. 수백 명이 체포되어 그중 많은 사람이 셔츠가 벗겨지고 포승에 사지가 묶였다. 그럼에도 수천 명은 항복하기를 거부했다. 윌리엄 캘러핸이 발견했듯이 "실제로 짬롱(다른 수천 명과 함께)이 체포되고 군대가 랏차담느 대로를 청소한 다음 대규모 시위가 꽃피었다."[112] 오후 6시경, 5만 명이 악명 높은 공보부 건물 앞에 모였다. 의사와 간호사들이 근처 로열 호텔 로비를 야전병원으로 바꾼 다음, 경찰은 랏차담느 대로에 바리케이드를 세웠다. 오후 9시 30분경, 여전히 1만 명 규모였던 군대는 총검을 장착했다. 1시간 후 시위대는 철조망 바리케이드를 2대의 버스로 밀어붙였고, 경찰은 발포했다. 다음 30분 동안 총격이 계속됐고, 20분 만에 "가차 없는 천둥소리"[113]에 이르렀다. 또다시 많은 사람이 도망가다가 등에 총을 맞았고, 군대의 명사수들은 선택적으로 겨냥한 개인들을 저격했다. 대부분의 살상은 10시 20분에서 10시 40분 사이에 일어났다.

광주에서 그랬던 것처럼, 민주화 시위대를 '폭도'라고 부르고 사상자를 무시하는 방송 매체의 거짓 보도는 친구들이 구타당하고 살해되는 장면을 직접 목격한 사람들을 분노케 했다. 사람들은 국영 라디오 타이가 위치한 공보부를 '거짓말부'라 부르며 건물에 불을 질렀다.[114] 이 불은 국세청으로 번졌다. 광주에서 똑같은 두 건물이 불탔던 것은 우연이 아니다. 그러는 동안 수백 명의 노동계급 오토바이 부대가 자신들을 체포하거나 살해하는 군 첩자들 '머리사냥꾼들headhunters'에게 쫓기면서 도시를 질주했다. 솜삭 꼬사이숙은 약 2,000대의 오토바이가 있었다고 추산했다.[115] 모두 신중하게 선별한 7개 건물이 불탔다.

몇 시간 안에, 사망자와 부상자의 사진이 실린 잡지들이 나왔다. 다음날 아침에는 CNN과 BBC 방송 테이프를 노점상들이 팔았다. 타이 텔레비전 방송은 시위를 다루지 않았지만, 기업이나 국가가 아닌 시민사회의 자율적 생산물이 편집되지 않은 채로 유통되어 진실의 아우라와 생생한 현장감을 더했다. 유인물들은 수천 명이 사망했다고 주장했다. 사람들이 총에 맞아 죽은 장소는 민주주의의 성전이 됐다. 한 시점에, 모두 검은 옷을 입고 검은 플래카드와 검은 화환을 든 행진대가 나타나 민주주의기념탑을 지나 로열 호텔로 향했다. 의사와 간호사 수백 명이 경건한 행진대에서 눈에 띄는 대오를 이뤘고, 마지막 행진 대오는 "거리의 열기와 먼지, 소란한 노점상들과 뒤섞인 수백 개 토론 모임"[116]에 몰렸던 수천 명이었다. 사람들이 민주주의기념탑과 로열 호텔에 꽃을 바치면서 곧 연꽃과 향이 기념탑을 에워쌌다. 다음날 승려 수십 명이 망자를 위한 공식 장례식을 준비했다.

그동안 군대는 계속 사람들을 잔인하게 구타했다. 사흘 동안 살육은 계속됐다. 한 목격자의 증언에 따르면, 짜오프라야 강 근처에서 군인들이 포로의 머리를 발로 차면서 누구의 포로가 먼저 기절하는지 내기를 걸었다.[117] 정부는 10인 이상의 집회를 금지하고, 모든 학교를 폐쇄하고, 인쇄 매체를 규제하는 법규를 제정했다. 화장터에서는 신원

군인들이 수천 명의 옷을 벗기고 묶었다. (작가 미상)

미확인 시체들을 불태웠고, 대규모 무덤과 시신을 실어나르는 헬리콥터에 대한 소문이 퍼졌다. 5월 19일에 군대는 임시 응급실과 시체 안치소였던 로열 호텔로 들어가 부상자를 치료하던 의사와 간호사들을 무자비하게 구타했다. 외국에 보도된 텔레비전 뉴스는 군대가 비무장 시민들에게 발포하고 개머리판으로 그들을 구타하고 욕하고 환자들을 짓밟는 장면을 보여줬다. 군인들은 총으로 위협하면서 약 3,000명이 상의를 벗고 밖으로 기어나가게 했고, 다른 곳으로 실어보내기 전에 손을 묶고 무릎을 꿇린 채 몇 시간씩 기다리게 했다.

학교, 사무실, 병원, 상점이 폐쇄됐고, 심지어 도시의 버스들도 운행을 중단했다. 방콕 동부의 람캄행 대학에서 수만 명의 시위대가 해방구를 수립하고 군대의 공격에 맞서 캠퍼스에 바리케이드를 세웠다.

시위는 전국으로 확산되어 북으로 치앙마이, 콘깬, 나콘랏차시마, 남으로 나콘시탐마랏, 송클라, 끄라비, 뜨랑, 빠따니 주까지 이르렀다. 남부에서는 국영기업 총연맹과 학생, 교사, NGO 등이 핫야이에서 3만

[표 9.3] 1992년 5월 20일 농촌의 시위

지역	주	참가자
북동부	나콘랏차시마	2만
	콘깬	3만
	우본랏차타니	2만
중부	나콘빠톰	3만
	깐짜나부리	1,000
남부	송클라	3만
	파탈룽	5,000
	뜨랑	1만
	나콘시탐마랏	1만
	수랏타니	1만
	얄라	1만
북부	치앙마이	1만
합계		18만 6,000

출처: *Bangkok Post*, May 21, 1992.

명이 모인 집회를 조직했고, 나콘시탐마랏에서 약 6만 명이 집결했고, 수랏타니에서도 3만 명이 모였다. 수만 명이 송클라, 끄라비, 뜨랑, 빠따니, 나콘랏차시마, 콘깬 등의 주도에서 시위를 벌였다. 치앙마이에서는 약 1만 명이 모였다.[118] 전체적으로 표 9.3에서 볼 수 있듯이 12개 주에서 유례없는 농촌 동원에 최소한 18만 6,000명이 참여했다. 농촌 주민의 각성은 아마도 1992년 봉기의 가장 중요한 지속적 영향일 것이다.

5월 20일 오전 10시, 철도 노동자들이 파업을 표결했다. 4만 명의 군대가 동원됐지만 산발적 전투가 4일 동안 지속됐다.[119] 수찐다는 방콕에 오후 9시부터 오전 4시까지 통행금지를 선포했다. 전국이 내전 상태로 근접하자, 부자들은 직책을 포기했다. 왕세자 와찌랄롱꼰은 남한으로 떠났고, 이를 일본 대사 오카자키가 배웅했다.[120] 파리에 있던 마하 짜끄리 시린톤 공주는 프랑스 방송에서 우연히 군대가 국민을 총으로 쏴 죽이는 끔찍한 장면을 보게 됐다. 조국에 닥친 재앙에 미친 듯이 놀란 공주는 아버지와 연락하려고 시도했다. 연락이 닿지 않자, 공주는 폭력을 중지하라고 호소하는 성명을 발표했다. 그날 오후, 시린톤 공주는 마침내 국왕과 통화했고, 국왕은 이미 위기를 직접 처리하기로 결심한 상태였다. 수찐다와 짬롱이 왕궁으로 소환됐다. 국왕 앞에 무릎을 꿇고 수찐다는 개혁을 서두르겠다고 약속했고, 짬롱은 국민들에게 시위를 중단하라고 촉구했다. 이 모임은 5월 20일 밤 10시경에 방송됐다.

수찐다와 짬롱은 서로 잘 알고 있었다. 쭐라쫌끌라오 군사학교의 '형제들'인 둘은 미국에서 훈련을 받았고, 수년간 함께 근무했다. 그들은 사회적 위기를 개인적 불화로 바꾸려고 최선을 다했다. 5월 18일 수찐다는 총체적 위기를 "나와 짬롱 소장의 갈등"이라 언급했고, 짬롱은 독재자를 "형"이라고 부르면서 수찐다에게 보내는 공개 호소문을 썼다. 국왕은 투쟁을 더욱더 개인화하여 짬롱과 수찐다에게 공개적으로 "짐은 당신들 둘이 서로 대적하지 말고 얼굴을 맞대고 대화하길 바란다"라고 말했다.

살육이 계속되는 동안, 타이의 최대 해외 원조국이자 경제 열강인 일본 정부는 타이에 강경 탄압을 중지하라고 압박하지 않겠다고 공식 발표했다. 공식적으로 타이 군대에 관여하지 않았지만, 미군은 오지의 군 기지로 배치되기 전 마지막 순간까지 방콕의 거리에서 총격을 가한 군인들을 비밀리에 훈련시켰다.[121] 타이 재계는 수찐다가 물러나야 한다고 주장했다. 5월 18일 학살 이후, 수찐다의 퇴진을 요구하는 성명을 민주주의를 위한 경제인협회, 타이산업연맹, 타이상공회의소, 은행가협회 등이 승인했다. 수많은 병원에 걸린 플래카드들도 수찐다 사임을 촉구했고, 자가용 소유자들은 수찐다 퇴진의 신호로 대낮에도 라이트를 켜고 운전하기 시작했다.[122]

5월 21일에도 위기는 계속됐다. 수천 명이 민주주의기념탑에 모였고, 거기서 짬롱은 약속된 헌법 개정이 다시 실현되지 않으면 새로운 시위를 하겠다고 위협했다. 대부분의 사람은 국왕과 짬롱, 수찐다 사이에서 이뤄진 거래에 불만을 표출했다. 그들은 분노하면서 수찐다와 발포 명령 책임자 처벌을 요구했다. 사람들이 살해된 장소는 민주주의의 제단이 됐고, 그들은 5월 열사들을 기리는 기념비를 만들었다. 수천 송이 꽃이 민주주의기념탑에 바쳐졌다.

5월 22일, CFD는 총격을 명령한 장교들의 처벌과 총리 및 최고 군사령관직에서 수찐다가 즉시 물러날 것을 요구했다. 사람들은 고의적 폭력을 파악하려고 애썼기 때문에, 발표된 통계를 믿을 수 없었다. 52명이 죽고, 293명이 실종되고, 505명 이상이 다쳤다고 했다. 사건 직후 외교관들과 의료 종사자들은 다시 미확인 시신들이 군대에 의해 화장터로 보내졌다고 보고했고, 사람들은 1,000건이 넘는 실종신고를 했다. 1992년 5월의 영웅 유가족위원회는 이후에 실종자 수를 약 300명으로 추산했다.[123] 수찐다 퇴진이라는 과격한 요구보다 책임자 처벌 요구가 훨씬 더 광범한 공감을 불렀다. 타이 외무부의 공무원 수백 명도 탄압에 항의하여 검은색 옷을 입었고, 외무부 장관 자신도 수찐다의 사임을 요구했다.

5월 24일 수찐다가 계속 협상하자, 국왕은 시위를 진압하면서 잘못을 저지른 것으로 알려진 모든 사람에게 사면을 허락했다. 많은 사람이 시위에 참여했다고 처벌받지 않게 되어 안도의 한숨을 쉬었지만, 국왕의 사면령이 보통 타이 사람이 아니라 주로 수찐다를 위한 것임을 깨닫자 그들의 감정은 분노로 변했다. 국왕의 용서를 받자, 수찐다는 마침내 물러났다. 수찐다의 48일 독재가 끝난 뒤, 수만 명의 타이인이 거리로 뛰쳐나와 민주주의기념탑에 모여 다시 한 번 수찐다와 측근들의 처벌을 요구했다. 일부 야당들은 국왕의 사면령을 번복시키겠다고 선언했다. 국왕은 누구에게든 사면을 허락할 헌법적 권한이 없었지만,

헌법을 수호하겠다고 선서한 정치 지도자들 중 아무도 국왕에게 맞서려고 하지 않았고 맞설 수도 없었다.

다음날 새벽, 대부분 가난하게 살던 수천 명이 5월 열사들을 기려 불교 승려들에게 공양을 드리러 일어났다. 너무 많은 구호품이 쏟아져서 당황한 승려들은 택시와 픽업트럭을 불러야 했다. 같은 날 의회가 소집됐고, 수천 명이 외치는 구호를 국회 안에서도 들을 수 있었다. 의회 앞의 한 커다란 플래카드에는 이렇게 쓰여 있었다. "대량 학살자들에게 평화는 없다!" 수찐다의 행방은 미스터리였다. 하원은 군대가 임명한 상원이 아니라 하원에서 투표로 국무총리를 선출해야 함을 명시한 헌법 개정안을 승인했다.

정당들이 국왕 사면령의 합헌성(또는 위헌성)에 대해 논란을 벌이는 한, 새 정부는 구성될 수 없었다. 안전한 비밀 장소에서 새 육군 사령관은 어떤 유혈 사태 책임자라도 처벌은커녕 조사조차 좌시하지 않겠다고 발표했다.[124] 5월 31일 《방콕 포스트》는 979명의 실종자 명단을 발표한 반면, 내무부와 경찰은 약 500명이라고 주장했다. 독재 타도 이후 반정부운동 진영이 새 국무총리를 결정했던 네팔과 달리, 타이의 CFD나 가두시위는 그런 시도를 하지 않았다. 6월 10일 자신들의 무기력을 공식화하는 조치로, 타이 의회는 새로운 총리로 아난 빤야라춘을 재임명하라는 국왕의 권고안을 받아들였고, 이로써 의회는 더욱 무력화됐다. 6월 17일, 육군과 공군 사령관들은 살상이 봉기에 대한 적합한 대응이라고 말함으로써 학살을 정당화했다. 지금까지 아무도 학살로 처벌받지 않았다.

1992년 검은 5월의 성과

20년 만에 두 번째로 타이의 용감한 시민들은 군부 통치자들을 타도하기 위해 자신의 목숨과 안전을 희생했다. 일단 수찐다가 물러나자 민중운동은 새 헌법을 작성하는 풀뿌리운동을 완료하여, 1997년 승인된 타이 역사상 최상의 헌법을 이끌어냈다. 수찐다 정부의 몰락과 더불어, 수찐다의 사돈인 이사라뽕 육군 장군을 포함해 최고 군사령관들이 해임됐다. 그는 국영 통신업체인 TOT 사장에서 물러나야 했다. 수세에 몰린 군부는 기업 이익과 도시 중산층을 대변하는 정당들에게 정치적 헤게모니를 잃었다. 많은 국유기업이 탈군사화됐고, 국영 항공, 통신사, 철도를 장악했던 군인들이 제거됐다. 민간 내각은 군사 예산의 증액을 일상적으로 거부하기 시작했다. 금융자유화는 타이은행의 권한을 축소했고, 국제투자자들의 역할을 확대했다.[125]

언론개혁도 정열적으로 추진됐다. 처음으로 민간방송 허가가 나 UHF 채널이 개국했다. 진실된 보도로 정당성을 얻은 인쇄 매체들은 타이 정치에 새롭게 역동적으로 참여했다.[126] 언론개혁과 더불어, 권력의 탈집중화가 지방자치 선거를 통해 구현되고 주, 마을, 지구 수준의 권한이 향상됐다. 부패는 일시적으로 줄었고, 민중의 정부 참여는 증가했다.

전 대법원 판사 소폰 라따나꼰에게 '검은 5월' 수사를 지휘할 권한이 주어졌고, 새 선거가 열리기 전인 1992년 9월 25일 조사위원회의 보고를 발표했다. 그는 군사정부가 5월 7일부터 일찍이 시위대에 무력을 사용하기로 결정했고 위기의 평화적 해결을 배제했다고 판단했다. 보고서는 52명이 사망하고 3,500명 이상이 체포됐다고 집계했는데, 체포된 사람 중 다수가 고문을 당했다. 피살자(외국인 1명 포함) 외에도, 36명이 '불구'가 되고 120명이 심한 부상을 입고 115명이 실종된 것으로 확인됐다. 최소 다른 207명이 내무부의 실종 명단에 있었다. 경찰 88명이 외래 진료를 받았고, 군인 4명이 심한 부상을 당했으며, 192명은 경상자였다. 인적 피해 외에도, 건물 7채가 방화로 파괴되고 총 재산 손실액은 15억 800만 바트(그 당시 25:1의 환율로 6,000만 달러)였다.[127] 소폰 보고서는 국방부에 비상시에도 무력을 사용하기 전에 내각과 협의하도록 권고했고, 미래에 군부 쿠데타를 일으킬 누구에게라도 가혹한 처벌을 요구했다. 노동사회복지부는 44명 사망, 42명 실종, 292명 부상이라는 수치를 발표했다.[128]

명백히 민주주의는 성장에 도움이 되었고, 타이의 경제는 지속적으로 팽창했다. 1992년 7.6퍼센트, 1993년 8.1퍼센트, 1994년 8.5퍼센트의 플러스 성장률을 기록했다.[129] 봉기 3개월 후에 열린 선거에서 천사와 악마의 당들이 권력을 놓고 경쟁했고, 친민주주의 정당들이 62퍼센트가 넘는 사상 최고의 전국 투표율로 새 정부를 구성하기에 충분한 의석을 얻었다.[130] 새 총리로 '민주주의의 수호자' 추안 릭파이가 선출됐다. 10월 7일 새 의회는 만장일치로 수찐다의 사면을 거부했지만, 그는 자신의 범죄에 대해 결코 책임지지 않았다.[131] 한편 국왕은 최근에 임명된 256명의 장군과 대령을 초대했다. 그들의 상처 입은 자존심을 달랜 국왕은 타이 군대에 간부가 너무 많다는 외국 비평가의 지적을 반박했다. 많은 외국인 논평가들이 검은 5월 동안 폭력을 중지시키려 개입한 국왕을 칭찬했지만, 국왕은 1993년 2월 노벨평화상 수상자 8인과 만나는 자리에서 자신의 더 정확한 모습을 보여줬다. 놀랍게도, 푸미폰은 공공연하게 이웃 버마의 아웅 산 수 치가 외국인과 결혼했다고 비난했다. 그의 견해로 그녀는 버마 문화의 대표자가 아니었고, 국왕은 그녀가 투쟁을 포기하고 영국으로 돌아가야 한다고 주장했다.

운동은 지속적으로 온건하게 주장을 펼쳤다. 한 예로 11월 말 임페리얼 퀸스 파크 호텔에서 '랏차담는의 기억'이란 제목의 정치적 미술 전시회를 열어, 다양한 매체의 120점이 넘는 작품으로 그날의 운동과 학살을 재조명했다.[132] 1995년에 유가족위원회는 1992년 군대에 사격 명령을 내린 군 지도자 5명에 대해 소송을 제기했지만, 피고들은 국왕의 사면으로 처벌을 면제받았다고 주장했다. 내각이 국왕의 사면을 승인하지 않았고 국왕에게 민형사상 기소에서 누군가를 면책할 합헌적 권리가 없는데도, 법원은 소송을 기각했다. 민간 모금으로 희생자 가족, 특히 가장이 죽은 가족을 위해 약간의 돈을 마련했다. 많은 사람이 계속 독립적인 실사위원회, 기념비, 5월 17일을 국가적 '민주주의의 날'로 지정할 것을 요구했다. 스무 살짜리 아들을 잃은 한 어머니는 보상금 전액(10만 바트, 약 3,000달러)을 가난한 어린이를 위한 교육재단을 세우는 데 써달라고 기부했다.[133] 정부는 38명만 실종됐다고 주장하지만, 약 100명의 실종자 유가족은 검은 5월 유가족위원회를 조직하여 사랑하는 이들의 시신이 있는 위치를 계속 찾았다. 2001년 3월, 유가족위원회는 실종자 수가 1,000명 이상이라고 계속 주장했다.[134]

'휴대전화 폭도'

'민중권력'이라는 용어가 1986년 필리핀의 마르코스 타도를 정의하는 명칭이라면, '휴대전화 폭도Cell Phone Mob'는 검은 5월을 상징하게 됐다. 언론은 이 명칭을 사용하며 여피들이 시위의 주류였다고 주장했다. 비슷하게 냉소적인 명칭이 서구 언론에서도 메아리쳤다. 확실히, 도시 전문직들은 군부의 헌법 초안이 처음 발표된 1991년 11월 일어난 최초의 시위에 광범위하게 참여했다. "휴대전화 혁명"에 대한 언론의 초점은 "명품 의류와 값비싼 시계", 그리고 시위대가 직장에서 퇴근해서 주차한 메르세데스와 BMW 고급 승용차에 맞춰졌다.[135] 며칠 동안 비슷한 논조의 기사들이 주요 언론에서 다뤄졌고, 서구 기자들도 시위대에 그 별명을 붙였다.[136] 그사이에 이 이야기는 학술논문과 잡지의 회고담에서 반복됐다.

1980년대 강력한 경제성장 시기에 크게 늘어난 중산층의 동원은 주목할 만했다. 교사, 학자, 의사, 간호사, 사업가와 다른 전문직들은 시위에서 중요한 역할을 했다. 체제가 상품을 제대로 공급하지 않아서 시위가 시작된 동유럽과는 달리, 증가하는 기대 수준이 1992년 타이 운동에 기름을 부었다.

시위가 평화적인 국면일 때 타이 사회과학협회가 여론조사를 진행해 시위자 대부분이 결혼한 화이트칼라라고 확인했다. 그들의 약 3분의 2가 학위가 있고, 40퍼센트가 공공 부문에서 일하고, 86퍼센트가 월 5,000바트 이상(이 집단의 절반 이상은 그 2배 이상)을 벌었다는 것을 밝혀냈다.[137]

노동자들의 중요한 역할은 여전히 드러나지 않았는데, 주된 이유는 민간 언론이 중산층 기업가들의 역할을 과도하게 강조하면서 동시에 노동자들의 참여에 대한 취재는 최소화했기 때문이다. 케빈 브라운은 비록 작업복을 입고 망치와 낫을 든 산업 노동자의 전형적 이미지는 아니더라도 노동계급의 참여가 강력했다고 설득력 있게 주장한다.[138] 2008년 인터뷰에서, 솜삭 꼬사이숙은 시위에서 안전을 관리한 3,000명의 사수대는 모두 노조원이거나 농민이었고, 살해된 거의 모두가 "학생이나 중산층이 아닌 노동자와 풀뿌리 민중"[139]이었다고 상기시켰다. 또 다른 목격자인 앨런 클리머는 시위대를 지원한 "손수레 노점상 군대"를 언급하며, "살해된 대부분이 도시와 농촌 빈민들"[140]이었다고 증언한다. 노동계급 '오토바이 부대'는 대부분의 중산층이 집으로 돌아간 다음 거리에 남아 있던 투사들에게 귀중한 첩보와 기동성을 제공했다. 한 타이인 목격자는 45.5퍼센트가 '중산층'임을 발견했지만, 총격이 시작된 뒤에 남아서 싸웠던 사람들은 압도적으로 노동계급이 많았다고 지적했다. "사실 노동자들과 하층계급은 운동의 일부였지만, 그보다 더 중요하게, 운동을 그렇게 오랫동안 지속시켰던 것은 위험한 순간에 이 집단이 후퇴하거나 도망치기를 거부했기 때문이다."[141] 《타이 뉴스》는 체포된 사람들이 "하위직 공무원, 교사, 공기업 노동자, 육체 노동자, 대학생과 고등학생, 의료 노동자" 등이라고 보도했다. 노동계급 기반의 람캄행 개방대학 학생이었던 한 목격자는 충격을 당한 사람들의 이름 중 대학생은 소수만 찾을 수 있었다. 그녀가 보기에 "5월 사태의 영웅들은 모두 이름 없는 사람들, 착한 '추종자들'이었다. 아무도 상층계급이나 중산층 출신이 아니었다. 모두가 순수한 마음으로 민주주의와 정의를 요구하러 나온 사회의 밑바닥 사람들이었다".[142]

육체 노동자들의 참여는 여러 가지 요인 때문에 즉각 명백하게 드러나지 않았을지 모른다. 노동조합은 조직 대오로 행진하지 않았다. 타이 노동계의 파편화와 사적 기업의 작은 규모 때문에, 그들은 3년 전 베이징에서처럼 커다란 대오로 결집할 수 없었다(앞에서 지적한 것처럼, 그 당시에도 노동자들의 광범한 참여는 언론 취재에서 주변화됐고, 언론은 일상적으로 운동을 '학생 시위'라고 언급했다). 게다가 대략 25퍼센트의 노동력은 자영업이고, 14퍼센트는 가내 노동자였다. 또 다른 요인은 노동조합들의 분열이다. 검은 5월 몇 년 후에 8개의 중앙 노동조합 조직과 18개의 등록된 노조연맹이 집계됐다.[143] 1992년 동원의 주력은 타이 NGO와 비공식적, 자율적 조직들이었지 결코 노동조합과 정당이 아니었다.[144]

1997년 민중헌법

타이의 기업가계급은 자신들의 힘이 증가하고 군대의 역할이 감소하자 봉기 이후 급속한 경제 팽창을 감독했고, 국제투자자들은 타이의 새로운 역학에서 이윤을 내려고 줄을 섰다. 많은 경우에서 본 것처럼 성공적인 봉기와 민주주의는 경제에 도움이 됐고, 타이도 예외는 아니었다.

1993년 무역자유화를 장려하는 법안이 제정되고, 금융자본의 흐름에 대한 제한이 완화되고, 정규직 노동자의 수는 감소하고, 정리해고와 파업이 늘어났다. 다른 많은 경우처럼, 1992년 봉기 이후 노동쟁의가 봇물처럼 터져나왔다.[145] 타이 섬유 노동자들은 정부 청사에서 5일 밤낮으로 시위해서 부당해고를 중지시키는 투쟁에서 승리했다. 외국인 직접투자(FDI)는 1995년에서 1997년까지 무려 80퍼센트나 증가해, 금액은 20억 달러에서 36억 달러로 늘어났다. 1996년 아시아 국가들의 동남아시아 FDI는 1990년 114억 달러에서 520억 달러로 증가했고, 이는 타이 국내 자동차 시장에 대한 일본의 지배력이 공고해졌음을 의미한다. 일본 자본의 아시아, 태평양 지역 지배는 아주 급속하게 이뤄져서, 1993년 반세기 만에 처음으로 아시아에서 거둔 일본의 이윤이 미국을 추월했다.[146]

수출 지향 생산의 지속적인 발전으로 제조업에 고용된 노동자의 비율은 1981년 7.1퍼센트에서 1995년 13.4퍼센트로 늘어났다. 이미 천문학적 수치였던 작업장 재해율은 1988년 노동자 1,000명당 32명에서 1995년 44.4명으로 급증했다. 《한국의 민중봉기》에서 남한의 악명 높은 재해율을 논의했지만, 노동자 1,000명당 15명이라는 남한의 재해율에 비교해도 타이의 수치는 야만적이다. 작업 중 사망은 1988년 282명에서 1996년 927명으로 늘어났다.[147] 1993년 5월 10일, 역사상 최악의 공장 화재로 케이더 완구 공장에서 최소한 189명의 노동자가 불에 타 죽었다. 의미심장하게도 이 홍콩계 공장은 광둥에서 대부분이 겨우 열두 살인 중국 소녀들을 고용해, 한 달에 약 21달러를 주며 하루 14시간 주 7일을 근무하게 했다. 케이더의 한 경영진은 광둥에서는 "이 여자아이들에게 밤낮으로 일을 시킬 수 있지만, 홍콩에서는 불가능하다"[148]라고 말했다. 그 당시 NGO들은 12세 이하 어린이 50만 명 이상이 공장과 상점에서 일하고 있다고 추정했다.

봉기 이후에 NGO들도 우후죽순처럼 생겨났고, 여기에는 민주적 성향의 후보를 지지한 '민주주의를 위한 기업인회'와 정치인들의 기록을 공개적으로 모니터하는 '의원감시단MP's Watch' 같은 단체도 포함됐다. 1995년 최소 10개의 NGO 조정 기구가 존재했고, 농촌 개발에 관여하는 한 기구는 220개의 가맹 조직을 거느렸다.[149] 1999년까지 타이에서 1만 8,000개의 NGO가 등록했다. 너무나 많은 협조주의적 NGO가 군사정부에 참여하거나 아니면 다른 식으로 민주주의에 반대해서, 일부에서는 "협조주의 NGO와 자율주의 NGO"라는 두 가지 다른 종류의 NGO가 있다고 언급한다. 1992년 이후 중산층이 지위와 돈을 얻자, 노동계급과 농민들은 신자유주의 정책이 강화되면서 자신들의 소득이 악화된다고 봤다. 과거의 동맹자들 사이에 엄청난 격차가 벌어졌다.

1992년 봉기에서 민중의 희생에 걸맞은 헌법을 작성하기 위해 활동가들은 1997년 '민중 헌법'을 위해 지치지 않고 일했다. 99인의 선출된 의회가 작성한 헌법은 희망찬 개혁을 제도화하고, 광범한 시민의 정부 참여를 용이하게 하고, 타이가 대의제를 넘어 '참여'민주주의로 나아가도록 의식적으로 노력했다. 76명의 선출된 대표와 23명의 전문가가 수백 개의 풀뿌리 단체들과 협의한 다음 초안을 작성했다. 전 과정을 통해 활발한 논쟁은 협의를 도왔고, 사람들은 견해를 서로 조율했다. 1992년 봉기에서 활동했던 CFD와 다른 조직들은 '민중 초안'에 147개 이상의 단체가 참여하도록 조정하는 노력을 기울였다.[150] 타넷 아폰수완 박사는 이렇게 생각했다. "헌법을 작성하는 전 과정은 또한 현대 타이 정치사에서 유례가 없었다. 권력자들이 정당성이 필요했기 때문에 만들어낸 과거 대부분의 헌법과 달리, 1997년 헌법은 진정한 민주적 정권을 원하는 시민들의 주도로 만들어졌다."[151] 처음으로 시민들은 "유죄가 입증되기 전까지 무죄"로 추정된다고 선포했다.

여성단체들도 양성평등 옹호, 가정폭력에서 여성 보호, 모성휴가 30일에서 60일로 확대, 아동 성매매 가해자의 처벌을 포함한 성매매 규제법 강화 등의 활동에서 특히 활발했다.[152] 타이 여성단체들은 1970년대에 반성매매법에 반대했는데, 그 이유는 이 법이 심지어 성노동을 강요받는 경우를 포함해서 성매매 여성을 범죄자 취급하는 반면, 고객들은 처벌하지 않고 포주에겐 낮은 형량만을 내렸기 때문이다.[153] 하지만 타이가 '아시아의 사창가'가 되고, 성노동자가 100만 명 이상으로 추정되면서 새로운 관심이 제기되기 시작했다. 타이의 민주주의는 이견을 허용할지 모르지만, 타이는 수십만 명의 여성을 성노동자로 일본에 수출하고 외국인 관광객 유치를 위해 100만 명의 성노동자를 유지하고 자국의 에이즈 위기를 무시한다. 여성의 노동 참여가 76퍼센트를 초과하면서, 타이 여성들은 세계에서 가장 높은 경제활동인구 비율에 속한다. 이들은 또한 주요 제조업 부문에서 일하며 섬유 노동자의 95퍼센트, 가죽 제품의 100퍼센트, 신발과 의류의 79퍼센트를 이룬다.[154] 여성들이 모든 전문기술직 노동자의 절반 이상을 차지하지만, 국회의원의 경우 겨우 10퍼센트 정도이다.[155]

풀뿌리에서부터 다양한 범위의 운동들이 일어났고, 정당 영역 외부에서 자율적 형태로 등장했다. 1990년 LGBT(남녀 동성애자, 양성애자, 성전환자)운동이 서서히 등장했고, 2000년 의료 전문가와 NGO 활동가가 무지개하늘(RS)을 결성했다. 특히 중요한 단체 중 하나는 빈민회의(AOP)로, 8개국 NGO들의 국제 네트워크인 비아캄페시나(Via Campesina, 농민의 길)에 속하는 아시아 지역 조정 단체이기도 하다.[156] 자신을 조직이라고 부르기를 거부하고 의사 결정과 권력이 탈집중화된 '네트워크' 개념을 선호하는 빈민회의는 1995년 12월 탐마삿 대학과 콩치암(우본 랏차타니 주)에서 동시에 열린 집회에서 결성됐다. 국가와 기업, 마을 주민들이 천연자원을 두고 '전쟁'을 벌이는 와중에 탄생한 이 단체는 풀뿌리의 관심을 표현하고 힘을 실어주는 자율적 수단이 됐다. '10월 세대'(1973년 봉기에서 삶을 형성하는 정체성을 끌어낸 과거의 학생 활동가들)의 다수가 안락한 전문직으로 옮겨간 반면, 다른 활동가들은 AOP 같은 단체에 참여했다. 1976년 대학살 이후 타이공산당의 무장투쟁에서 피난처를 찾아 도시를 탈출했던 이들이 특히 그랬다. AOP 내부에서 최종적

[도표 9.3] 타이 빈민회의의 구조

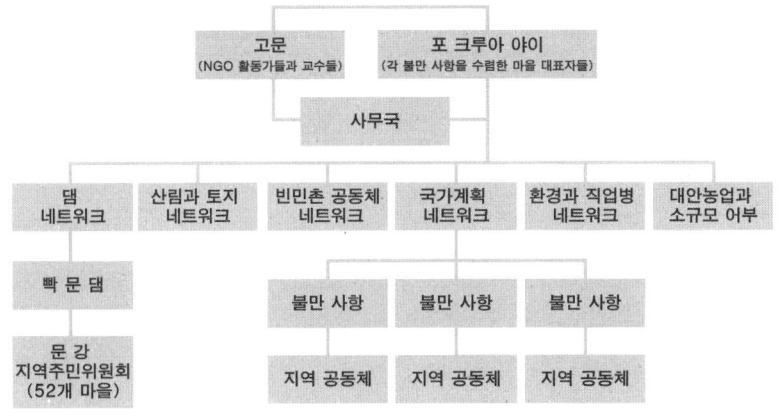

인 의사 결정 권한은 '포 크루아 야이head chefs'에게 있었고, 이들은 다양한 마을 대표자, 보통 260여 명의 사람으로 구성된다. 아무도 총서기 같은 '중심적' 지위를 차지하지 않으며, 국가의 탄압(또는 포섭)이 중요한 영향을 미치기 어렵다. 이 단체의 첫 유인물은 조직의 구조를 도표 9.3과 같이 예시했다.

빈민회의는 결성 직후 약 18만 명을 문제집단(댐, 산림, 대안농업, 빈민촌 공동체)으로 조직했다.

1996년 4월, 빈민회의는 1만 명 이상을 정부 청사로 결집시켜 5주간 농성하면서 정부에 약 100개의 허위 공약에 대해 보상하라고 주장했다. 다시 1997년 1월 25일에 수천 명의 농촌 주민을 방콕으로 결집시켰고, 도시 빈민촌 주민들이 합류하자 그 대오는 2만 5,000명으로 불어났다.[157] 99일간 '빈민들의 마을'은 연설과 공연을 구경했다. 국왕의 대형 사진과 타이 국기를 든 이 단체는 그럼에도 집단 지도력과 내부 민주주의를 고수했다. NGO 회원들은 도시 전역으로 흩어져 사람들과 대화하면서 점거의 이유를 설명했다. 이 시기에 빈민회의는 당국과 협상하기 위해 38회 회의를 가졌고, 마침내 정부는 모두 122개에 달하는 불만을 수용하고 댐 파괴로 피해를 입은 7,000가구에 보상함으로써 "유례없는 양보"를 했다.[158] 그러나 대가는 상당했다. 10명이 죽고 2명이 더 자살했다.[159]

'타이의 기적'이 1997년까지 지속되면서, 공식 빈곤층은 인구의 13퍼센트로 집계됐다.[160] 아무도 신자유주의 정책과 수출 지향 생산이 성장과 번영을 멈추리라고 믿는 것 같지 않았다. 하지만 1997년 7월 금융시장의 붕괴는 경제를 황폐화한 뒤 재빨리 동아시아로 퍼졌다. 이웃 인도네시아의 수하르토 독재가 몰락했고, 말레이시아의 안정성에 의문이 제기됐다.

1997년 IMF 위기

금융 위기는 부의 재분배에서 강력한 무기이자 자본주의 생애 주기의 핵심 부분이다. 이 위기는 내생적 구조의 일부로서 '적자생존'으로 귀결하기 때문에 봉기, 혁명, 정치 변화의 형태로 민중의 의지가 만들어내는 위기와는 전혀 다른 종류이다. 동아시아를 휩쓴 1997년 IMF 위기의 경우, 통화와 대부시장의 국제금융 투자자들과 IMF 자신이 내린 결정이 지역 경제의 폭락을 촉발하고 가속화하는 데 결정적 역할을 했다. 과거 IMF 수석 경제연구원이었던 조지프 스티글리츠는 IMF의 역할에 대해 특히 비판적인 사람 중 한 명이었다. 특히 조지 소로스는 타이의 불행에서 엄청난 이윤을 챙겼다. 소로스의 악명 높은 퀀텀펀드는 타이 경제 팽창의 상승세를 탔지만, 1992년 5월 14일과 15일 대대적 매각을 단행했고, 특히 밧화의 평가절하에 엄청난 돈을 걸었다. 소로스는 타이 통화로 시장에 홍수처럼 들어왔다가 가치가 하락하기 전에 최대한 빨리 빠졌고, 이 과정으로 그는 하룻밤 사이에 수억 달러를 번 반면 타이 경제를 망치고 전 지역으로 여파가 미쳐 이웃 나라들도 곤란에 빠뜨렸다(한때 소로스는 악의적인 탐욕 때문에 타이 법정에 실제로 기소됐지만, 명백한 그의 도덕적, 윤리적 규범 위반은, 특히 그가 국왕을 알현한 다음에 더욱더 타이인의 탄력적인 법률 해석을 조롱했다).

밧화가 가치의 절반 이상을 상실하자, 주식은 훨씬 더 큰 폭으로 75퍼센트나 하락했고 재산 가치도 곤두박질쳤다. 1997년에 경제가 위축되자 수십만 명의 도시 거주자가 고향으로 돌아갔고, 60만 명이 넘는 외국인 노동자도 집으로 갔다. 1998년에 경제 성과가 더욱 악화되어 10퍼센트 이상 하락했다.[161] 정부는 은행과 상품을 헐값으로 외국인 투자자, 특히 일본계 투자자들에게 매각했고, 국내의 부를 유출해 타이 경제를 더욱더 세계 체제 속으로 깊숙이 편입시켰다(미래의 불안정성을 늘렸다). 3년 뒤 GDP는 위기 이전보다 2.3퍼센트 낮은 수준이었다.[162] 2003년까지 GDP는 여전히 1996년 수준으로 되돌아가지 못했다.[163] 1970~1986년 미국이 일본에 비해 약간의 우위를 지켰지만, 타이에 대한 일본의 직접투자는 1997~2006년 미국의 3배 이상이었다.[164] 국내 소매와 생산 기업들이 파산하면서, 유럽 기업인 테스코, 카르푸르 등 대형 할인매장들이 1996년 18개에서 2000년 58개, 2006년 148개로 늘어났다.[165]

하룻밤 사이에 시암은행은 생존의 위험에 처했고, 왕실재산청(CPB)도 수입의 75퍼센트를 상실해 유지비를 마련하려 은행 대출을 받아야 하는 처지가 됐다.[166] CPB의 수입은 면세이고 자산은 비밀에 부쳐지며, 비밀 유지는 연례 보고서를 제출할 필요가 없다는 점을 고려하면 쉬운 일이다. 자회사인 시암상업은행을 통해 CPB는 전국의 최대 투자자 지위를 차지하고, 시암시멘트그룹을 통해 건설업에 대한 엄격한 통제를 유지한다. CPB가 방콕에 보유한 토지는 엄청나다. 2005년 약 400억 달러로 추정되는 그 순가치는 타이 GNP의 약 40퍼센트에 해당한다.[167]

국제 채권 등급이 AA+에서 정크본드 수준인 DD로 하락하고 890억 달러에 달하는 외채 절반 이상의 만기가 몇 달 남지 않자, 타이가 파산을 피할 유일한 수단이 170억 달러 이상의 IMF 구조조정 구제금융임은 분명했다. 노동자들이 '노예계약'이라고 부르는 IMF 조건의 주요 구성 요소는 높은 이자율 유지, 예산 삭감, 국영기업 민영화, 세금 증액, '외국자본 유입'에 대한 금융 부문의 추가 개방 등이었다.[168] 위기에 직면한 타이의 대응은 예상 가능한 것으로, 위기를 야기한 자들인 외국인 투자자들에게 더욱더 심하게 의존하는 것이었다. 1997년 외국 기업들은 일부 기업에서 주식의 절반 이상을 소유할 권리를 부여받았다. 2년 뒤 공개적 표적의 목록은 늘어났다. 정부 사업의 축소가 이뤄지자, 시장의 힘이 국영기업, 대학, 의료 시설에 도입됐다. 빈민회의의 협약은 도중에 실패했고, 외국인의 토지 소유에 대한 과거의 저항과 외국인이 금융기관을 100퍼센트 소유하지 못하도록 막는 제한도 사라졌다.

억만장자 통신사 거물인 탁신 친나왓이 시암상업은행과 국왕을 구하러 나서서, 파산한 텔레비전 방송국을 과대평가된 가격으로 샀다. 이 거래를 부추긴 것은 자비심이 아니라 야망이었다. 탁신은 곧 방송국을 자신의 정치적 경력을 다지는 도구로 바꿨다. 타이의 주요 산업을 지배하는 투자 체제의 성격 변화는 정치적 변혁을 수반했다. 1997년 헌법으로 타이의 기업가계급은 군대보다 우월한 권력을 거머쥐었다. 탁신은 국내 선거에서 지속적 성공을 보장한 북동부 지역에 지지 기반을 구축했다. 그는 2001년과 2005년에 총리로 선출됐다. 2001년 기록한 69.95퍼센트의 투표율은 타이 역사상 최고였다. 탁신의 인기는 아주 높아서 많은 사람의 마음속에서 그는 푸미폰의 경쟁자로 보였다. 탁신은 농촌 빈민들을 위해 병원과 학교를 짓고, 보편적 의료보험을 시행하고, 농촌 지역에 도로를 건설하고, 북동부 농민들에게 금융 구호자금을 지원하고, 도시 중산층에서 농촌 지역으로 부를 재분배했다.

하지만 탁신의 지배에는 가혹한 면이 있었다. 2003년 2월부터 시작한 '마약과의 전쟁'으로 2,000명 이상이 살해됐다. 남부의 무슬림에 대한 대대적 탄압도 벌어졌다. 2004년 10월 25일 딱바이에서 약 90명의 무슬림 청년이 학살됐고, 이는 탐마삿 대학의 1976년 학살과 비견되는 조치였다. 무슬림이나 마약상과 나란히, 노점상, IMF 반대 시위대, 농민, 송유관 반대자들을 해산시키려고 대대적으로 경찰력을 동원했다. 빈민회의는 회원 560명이 기소당하고 118명에게 체포영장이 발부됐다. 농민 시위는 대규모 경찰 폭력으로 해산됐다. 20만 전기 노동자들의 대규모 운동은 탁신의 민영화 계획에 반대했다. 탁신은 아마도 IMF 위기 때에 푸미폰을 도왔기 때문에 자신이 국왕의 은총을 받는다고 믿었을 것이다. 그보다 더한 착각은 없었다.

레드셔츠와 옐로셔츠

탁신을 반대하는 수문이 열리자, 왕실과 군부의 반격이 촉발됐다. 1973년과 1992년 봉기를 특징짓는 군주제, 민족주의, 민주주의의 이상한 혼합이 갑자기 산산이 폭발했다. 과거의 동맹은 적이 됐고, 옐로셔츠가 탁신을 공격하고 레드셔츠가 탁신을 방어하면서 지속된 가두전투로 타이는 심한 진통을 겪었다. 2006년 4월, 옐로셔츠로 알려진 23개 조직의 민중전선인 반탁신 국민민주주의연대(PAD)가 조직한 시위가 10만 명이 넘는 초대형 집회로 커졌다. 2005년 결성된 PAD는 1992년 봉기의 주역인 짬롱 시므앙과 솜삭 꼬사이숙을 포함한 핵심 지도부가 주도했다. 옐로셔츠들은 서구식 민주주의가 부패를 촉진한다고 믿는다. 그들의 견해로, 탁신은 부패한 억만장자로서 국가의 지도자인 국왕을 대체하려고 시도하며, 농촌 지역의 유권자들을 병원과 학교와 도로로 매수했다. 그들은 '다르마민주주의Dharmocracy'를 신봉했다. 이는 다르마(dharma, 의로운 통치), 이타심, 금욕, 고통받는 모든 이에 대한 연민 등 불교적 개념의 통치로서 선거민주주의보다 우월하다고 믿었다. 다르마민주주의가 작동하기 위해서는 국왕의 지혜가 절대적이기 때문에 옐로셔츠는 왕이 의회의 다수를 지명할 것을 요청했다. 비선출 의회라는 수찐다의 제안을 부활시킨 옐로셔츠는 하원 의석의 30퍼센트만을 투표로 뽑자고 제안했다. 1992년 수찐다의 제안을 실현하기 위해 투쟁하는 '민주화' 활동가들이라는 역설은 그들의 상대를 전혀 설득하지 못한다.

나라가 최근의 기억보다 더 양극화되어 있던 2006년 9월 19일 탁신이 뉴욕에서 유엔 연설을 준비할 때 군부 쿠데타가 일어났다. 서구 언론이 동정적으로 보도한, 제2차 세계대전 말 이래 18회째 쿠데타는 민주적으로 선출된 총리를 타도했을 뿐만 아니라 타이 역사상 최상의 헌법마저 폐기했다. 새로 취임한 총리는 1992년 비무장 시위대를 사살한 책임이 있는 군사령관이었다. 군사정부는 새 헌법을 작성할 그룹을 주의 깊게 선택했고, 그것을 승인한 2007년 국민투표 전까지 헌법에 대한 공개 비판을 금지했다.

개정된 헌법하에 치러진 모든 새 선거에서 탁신 지지자들이 승리했지만, 옐로셔츠는 그 결과를 받아들이지 않았다. 2008년 8월 수만 명의 옐로셔츠는 정부 청사를 포위하여 새 총리 공관을 사실상 폐쇄했지만, 육군 사령관 아누뽕 빠오친다 장군은 총리가 비상사태를 선언한 이후 어떤 조치를 취하기를 거부했다. 시위 5일째 많은 목격자는 축제 분위기였다고 전했다. 2008년 8월 30일, AP는 이렇게 보도했다. "군중에는 주식중매인, 금융 분석가, 기업가들이 포함돼 있었고, 많은 이가 비싼 카메라와 휴대전화를 가지고 있었다. 또 거의 모두가 타이에서 폭넓은 인기를 누리는 국왕 푸미폰 아둔야뎃을 기리는 노란색 옷을 입었다. '이것이 투쟁하는 민주주의'라고 화학 공장 사장인 아몬이 말했다. '우리는 민중권력을 보여주기 위해 함께 모였다. 이 느낌은 서양인들에겐 이상할지 모르지만 우리에겐 정상적이다.'" 마침내 9월 10일 헌법재판소는 인기 있는 TV 요리쇼에 출연해 금품을 수수하는 일이 공직자의 이해와 충돌한다는 의견을 개진하며, 탁신의 후임인 사막 순타라웻을 총리직에서 해임해야 한다고 판결했다.

의회에서는 친탁신 세력이 여전히 권력을 쥐고 있어서, PAD의 시위는 계속됐다. 2008년 10월 초, 옐로셔츠 시위대에 경찰이 중국제 최루탄을 사용하면서 최소 2명이 사망하고 경찰과 시위대가 충돌할 때 폭발이 일어나 여러 명이 팔다리가 절단되어 불구가 됐다.[169] 히포크라테스 선서에도 불구하고, 방콕의 일부 의사는 옐로셔츠를 공격한 다친 경찰관의 치료를 거부했다고 보도됐다. 한 타이 항공 조종사도 비슷하게 친탁신계 민중권력당(PPP) 의원 3명의 비행을 거부했다. 왕비의 지지와 군대의 개입 기피로 고무된 옐로셔츠는 푸껫과 방콕 공항을 폐쇄하러 몰려갔고, 타이의 대위기를 촉발했다. 수백 명의 철도 노동자가 병가를 내어 수십 대의 열차편을 취소시켰다. 마침내 헌법재판소가 친탁신 정부를 해산한 이후인 2008년 12월에 시위가 끝났다. 이 판결로 국왕에 충성하는 새로운 총리 아피싯 웨차치와가 취임해 2011년 새로운 선거 때까지 통치했다. 국제 인권단체인 휴먼라이츠워치는 아피싯이 야당 지도자들의 견해를 문제 삼아 그들을 체포하고 웹사이트와 라디오 방송국을 폐쇄하자 그를 "최근 타이 역사에서 가장 왕성한 검열관"이라고 불렀다.

탁신이 이해충돌법을 위반한 혐의로 유죄판결을 받자, 여권이 몰수되고 재산 대부분이 동결됐으며 그는 결석재판에서 2년형을 선고받았다. 2009년 8월 레드셔츠 즉 반독재민주주의연합전선(UDD)은 국왕에게 탁신에 대한 관대한 처분을 요청하는 청원서에 500만 명의 서명을 모았다(국왕은 이 요청을 거부했다). 민주적 개혁을 쟁취하려는 시도가 점차 좌절하자, 레드셔츠는 방콕 중심가를 점거하고 투표로 선출되지 않은 아피싯 정부는 불법이며 퇴진해야 한다고 주장했다. 2010년 4월부터 거의 두 달 동안, 레드셔츠는 핵심 상업 지구를 포함한 도시 중심부 대부분을 점거했다. 정부가 폭력을 막 사용하려고 할 때, 레드셔츠의 가장 중요한 동맹자 중 한 명인 까띠야 사왓디폴 육군 장군이 《인터내셔널 헤럴드 트리뷴》과 인터뷰를 하던 도중 머리에 총탄 한 발을 맞고 암살됐다. 5월 19일 군대가 레드셔츠를 무력으로 몰아내기 위해 이동했고, 레드셔츠는 고급 쇼핑몰과 중심가 상업용 건물에 불을 질러 대응했다. 정부 통계에 따르면 최소 84명의 민간인과 7명의 군인이 2010년 4~5월 폭력으로 사망하고 1,800명 이상이 부상당했으며, 건물 30동이 불탔고 62건의 폭탄 공격이 있었다.[170] 필리핀에서 본 것처럼, 제3차 피플파워에 참여한 가난한 시위대는 1986년 제1차 피플파워나 2001년 제2차 피플파워에서 용인된 중산층 참여자들보다 더 커다란 폭력에 부딪혀야 했다.

타이의 경우, 민주주의에 대한 지지에서 중산층의 동요는 그들의 변화하는 입장―1973년 지지, 1976년 반대, 1992년 지지, 2008년 반대―으로 드러난다.[171] 언론은 옐로셔츠를 중산층, 즉 "왕당파, 군 장교, 사업가, 사회활동가, 학생, 중산층 주부 등의 다양한 혼합"[172]으로 분류한다. 하지만 현실은 훨씬 더 복잡하다. 2008년 내가 옐로셔츠의 정부 청사 점거 현장을 두 번 방문했을 때를 떠올려보면 노동계급 구성원이 상당히 많았다. 지도부의 집결지를 지키는 노동조합 사수대는 체 게바라 티셔츠를 입고 있었다. 만약 '노동귀족'을 중산층이라고 간주하지 않는다면, 어떤 중산층 꼬리표도 적절하지 않다. (이후의 장에서 시민봉기에서 중산층이 담당하는 역할을 논할 것이다.) 연사들이 총리 집무실 외부에 텐트를 친 집회 공간에 모인 수천 명에게 연달아 연설할 때, 캠프 사이로 경찰이나 군대가 침입하기 어렵도록 꼬불꼬불하게 낸 길에서 노점상들이 물건을 팔았는데, 그 가운데는 사파티스타 비디오에서 팔레스타인 배지까지 상당한 양의 좌파 용품들이 있었다. 옐로셔츠 대변인 수리야사이 따까실라는 CPD의 지도자이기도 했던 전 학생 활동가이다.[173]

레드셔츠는 상대편보다 더 많은 가난한 사람을 아울렀지만, 그들이 신자유주의적 의제를 대변하는 억만장자 기업가인 탁신을 지지한다는 사실을 항상 기억할 필요가 있다. 투쟁이 진행되면서 UDD와 왕실의 거리는 당연히 벌어졌고, 나아가 혁명적 발전으로 이어질 수도 있는 파열점에 이르렀다. 그러나 장구한 전통에 충실한 위계제 정치의 지속적 반복은 레드셔츠에 미치는 탁신의 영향력과 옐로셔츠에 미치는 군주의 영향력 모두에서 목격할 수 있다. 타이의 미래는 투명하고 평등한 관계보다는 밀실 거래에 의해 쓰여지고 있다. 무대 뒤에서 두목들이 엄청난 힘을 휘두르더라도, 보통 시민들은 민주적 협의와 협치에 대한 훨씬 더 큰 능력을 보여준다.

지난 세월 계속된 갈등은 타이 봉기의 역사에서 생산된 대중의식에 대해 많은 것을 말해준다. 2010년 군대가 레드셔츠에 폭력을 가하기 이전에, 학생 지도자 빠린야 테와나르밋쿤은 1992년 봉기 당시에 2주 동안 세 번의 대규모 집회가 있었고, 1973년에는 18시간 동안 두 번의 집회가 있었다고 기억했다. 2008년 100일이 넘는 기간 동안 옐로셔츠는 스무 차례 집회를 열었고 아무도 죽지 않았다. "타이 민족은 비폭력의 힘을 배웠다. 비록 우리는 1976년처럼 분열되어 있지만, 차이를 표현하는 방법을 배웠다."[174] 거리의 공론장은 수년에 걸쳐 민중의 희생으로 일군 열매이다. 수많은 민중 동원으로 사람들은 자신의 힘에 대한 믿음을 내면화했지만, 그들이 이미 두 번이나 쟁취한 종류의 자유를 누리긴 아직 이를지도 모른다.

10장
인도네시아

> 인도네시아는 지난 10년간 주목할 만한 경제 발전 성과를 이룩했고, 동아시아에서 손꼽히는 경제 실적을 기록한 나라이다.
>
> — 세계은행, 1997년 9월

> 1998년 위축된 경제는 마이너스 경제성장률과 기록적인 실업률을 기록했고, 타이에서 100만 명 이상, 인도네시아에서 2,100만 명이 빈곤선 이하로 떨어지자 IMF는 놀랍지도 않게 수백만의 궁핍해진 한국인, 타이인, 인도네시아인이 보기에 부패한 정부, 은행가, 조지 소로스와 더불어 위기의 원흉 대열에 합류했다.
>
> — 월든 벨로

연표

1975년 12월 7일	인도네시아가 동티모르 침공, 수천 명 살해
1991년 11월 12일	딜리 학살, 최소 273명의 비무장 동티모르인 살해
1996년 7월 27일	자카르타에서 수천 명이 경찰 바리케이드와 대치
1998년 1월 9일	IMF 위기, 루피아화가 달러당 2,400에서 1만으로, 다시 1만 7,000으로 폭락
1998년 1월 12일	미국 관료 로런스 서머스 자카르타 도착, 수하르토에게 IMF 협약 서명 강요
1998년 2월 9일	많은 도시에서 식량 폭동 발생
1998년 3월 10일	입법부, 수하르토에게 대통령직 7회 연임 허용
1998년 5월 12일	트리삭티에서 경찰 발포로 학생 4명 사망
1998년 5월 12일	자카르타에서 유혈 폭동 발생, 수백 명 사망하고 강간당함
1998년 5월 13~15일	폭동이 많은 도시로 확산, 수백 명 이상 사망하고 강간당함
1998년 5월 18일	학생 수만 명이 국회의사당 점거
1998년 5월 20일	학생 10만 명이 국회에서 집회
1998년 5월 20일	자카르타에서 100만 시민 행진
1998년 5월 20일	의회 지도자들이 수하르토 탄핵 요구
1998년 5월 20일	미 국무장관 매들린 올브라이트도 수하르토 퇴진 요구
1998년 5월 21일	수하르토 대통령 사임
1998년 5월 22일	군대, 남아 있던 학생 2,000명을 의사당에서 조용히 쫓아냄
1998년 11월 12일	학생 10만 명 이상이 군부의 정치 개입에 항의하며 시위
1998년 11월 13일	수십만 노동자와 도시 빈민도 동원
1998년 11월	군인들의 발포로 아트마자야 대학 근처에서 5명 사망, 16명 살해

1999년 8월 30일   동티모르, 국민투표에서 압도적으로 독립 승인
1999년 8월 30일   국민투표 전후로 인도네시아 민병대가 1,000명 이상의 민간인 학살
2004년 9월 7일   활동가 무니르가 인도네시아 항공으로 비행 도중 독살됨

이미 30년 이상 권력을 유지했던 인도네시아의 수하르토 정권은 다른 나라와 달리 나라 전체를 황폐화한 1997년 IMF 위기가 없었다면, 아시아를 휩쓴 봉기의 물결에서 살아남았을지도 모른다. 재정 위기가 닥치자 2,100만 명이 넘는 인도네시아인이 빈곤선 이하로 쏠려갔고, 식량 폭동이 나라 곳곳에서 발생했다. 모하맛 수하르토 대통령은 수십억 달러 이상을 다시 가져온 IMF 협약에 서명하지 않을 수 없었고, 1998년 학생들이 이끈 시위는 그 규모가 더욱 커졌다. 12년 전 필리핀에서 마르코스를 타도한 기억을 떠올린 인도네시아 학생들은 '피플파워 혁명'을 요구했고, 군대가 저지선을 통과시켜주자 국회의사당을 점거했다. 야당 의원들도 대통령을 탄핵하려고 움직였다. 마지못해 수하르토는 대통령직에서 물러났고, 헌법 개정으로 향하는 문을 열었다.

수하르토는 1966년 적지 않게 학생운동의 도움을 받아 권력을 장악했다. 그해 '민중의 세 가지 요구'는 수카르노 대통령의 사임, 인도네시아공산당(ICP)의 청산, 기본 상품의 가격 인하였다. 수하르토는 훨씬 더 강력한 친구들이 있었고, 그중에는 인도차이나 전쟁으로 고생하던 미국도 있었다. 미국의 인정과 지원으로 수하르토 정권은 권력 장악 후 첫 4년간 50만 명으로 추정되는 '좌파들'을 학살했다. 미국 CIA와 국무부가 야당 지도자들을 노린 살생부를 작성했고, 수하르토는 미국의 인도를 아주 긴밀하게 따랐다.[1] 수하르토가 인도네시아를 '정화' 하자 국제투자자들이 이 나라에 몰려들었다.

1971년 킬링필드의 공포가 잦아든 다음, 학생들이 정권에 대항했다. 그들은 백지투표 캠페인을 시작하여 민중에게 불공정한 선거에 항의하는 의미로 투표에서 기권하라고 요청했다. 심하게 탄압받아도 학생 소요는 계속됐다. 1974년 1월, 다나카 일본 총리의 방문에 반대하는 시위는 수하르토를 당황시켰다. 왜냐하면 외국 자본이 인도네시아를 지배하는 뚜렷한 상징이 자신의 통치하에서 공격받았기 때문이다.[2] 예술가들도 정권의 부패와 측근 정치에 대항했다. 검은 12월 사건 때 많은 사람이 1974년 자카르타 비엔날레의 심사위원 선발 과정에 항의했다. 곧 인도네시아 새예술운동(NAM)이 결성을 발표했다.[3] 미술교육제도에 도전한 그들의 선언은 미적 위계제의 전복을 요구했던 아상블라주, 해프닝, 오브제 트루베를 옹호했다. 1978년 새예술운동의 세 번째 전시회에는 수하르토 대통령을 직접 비판한 몽타주와 그의 권위를 패러디한 퍼포먼스 작품이 포함됐다. 가혹하게 탄압받았지만 인도네시아 학생운동은 계속해서 다시 살아나 다양한 이슈를 둘러싼 반대 여론을 강화하기 위해 여러 형태의 저항을 이용했다.[4] 다나카 방문 반대 시위가 있은 지 4년 후인 1978년, 반둥 공과대학 학생들은 대통령을 선출하는 기관이자 주로 임명직으로 이루어진 입법부인 국민협의회(MPR)에 도전했다. 그들은 반식민주의 투사들을 기리는 '영웅의 날'을 선택하여, "한때 독립을 위해 싸웠던 인민은 지금 부를 위해 싸운다"[5] 같은 정교한 구호를 외치며 거리로 나섰다.

수익률 높은 제안으로 거대 다국적기업들을 유치한 수하르토는 자신의 가족을 위해 실질적인 제국을 건설했고, 동시에 그의 정권은 1960년대 인구의 절반 이상에서 1996년 약 12퍼센트로 빈곤을 감소시켰다.⁶ 수십 년간 꾸준히 이어진 연 7퍼센트의 성장은 작은 중산층을 낳는 데 도움이 됐다. 이슬람 나라들에서 아주 희귀한 동성애운동이 1980년대 후반에 등장했다. 석유 가격 하락으로 정권은 이 시기에 중대한 이행, 즉 외국인 투자자를 배려하는 시장 지향 정책으로 선회했다. 정권은 경제 생산을 수입 대체에서 수출로 전환했다. 쌀 생산량이 특히 감소하자 농업은 쇠퇴했고, 인도네시아는 더 많은 식량을 수입하기 시작했다. 노동력에서 제조업 부문이 차지하는 비율은 1980년 9.1퍼센트에서 1997년 25퍼센트로 확대됐고, 1990년에서 1997년까지 외국인 직접투자가 400퍼센트 이상 늘어남과 동시에 1990년대 중반 노동운동이 등장했다.⁷

수하르토가 집권한 32년간 인도네시아는 제도 전역, 특히 최근에야 포르투갈 식민 지배에서 해방된 기독교계 동티모르에서 벌어진 독립운동에 유혈 개입을 감행했다. 군부는 1975년 침략 이후 최소한 10만 명을 학살했다. 침략 전날 밤인 1975년 12월 6일, 수하르토는 자카르타에서 헨리 키신저와 미국 대통령 제럴드 포드를 비밀리에 만나 녹색 신호를 받았다.⁸ 이 모임에서 그들은 타이와 말레이시아의 반란에 대해 논의했고, 포드는 "베트남의 심각한 차질"을 언급했다. 포드는 인도네시아에 M-16 제조 시설을 건설하는 계획을 "열광적"으로 지지하겠다고 약속했다. 자국의 편협한 이익을 추구하기 위해 비밀리에 영토를 분할하는 이 현대판 태프트-가쓰라 조약은 70년 동안 미국의 아시아 정책이 얼마나 변한 게 없는지 보여준다. 지미 카터 대통령의 '인권' 정책 시기인 1970년대 후반에 동티모르의 사상자가 계속 증가할 때도 미국의 원조는 자카르타로 계속 흘러들었고, 미국은 학살을 중단시키려는 유엔의 시도를 봉쇄했다. 1982년에서 1984년까지 레이건 행

1996년 7월 27일, 수천 명의 인도네시아인이 독재에 맞서 일어섰다. (사진 Robinsar VDN)
출처: *The Long Road to Democracy: A Photographic Journey of the Civil Society Movement in Indonesia, 1965-2001* (Jakarta: Yappika Publishers, 2002), 33.

정부 아래서 수하르토 정권에 판매한 무기는 10억 달러 선을 넘었다.[9] 동티모르의 학살은 20년 동안 계속됐다. 1991년 11월 12일 최소 273명의 무장하지 않은 동티모르인이 딜리에서 학살당했다.

이 같은 시기에 전국적으로 수십 명의 민주주의 활동가가 군부에 의해 납치당했다. 민중의 인내는 마침내 1996년 7월 27일 정부 측 폭력배들이 인도네시아민주당(IDP)의 지도자들(수하르토 전임자의 딸인 메가와티 수카르노푸트리를 포함한)을 공격하고 사무실을 점령하자 한계에 도달했다. 거리로 나선 수천 명의 민중은 위 사진처럼 군대의 바리케이드와 대치했다.

워싱턴은 수하르토가 훨씬 더 큰 문제가 되지 않을까 너무나 우려한 나머지, 더 친미적인 기업 환경을 제공할 민주적 이행을 용이하게 하려는 희망으로 1995년에서 1998년 중반까지 수하르토의 정적들에게 비밀리에 2,600만 달러를 썼다.[10] 필리핀의 마르코스처럼, 인도네시아의 수하르토 정권은 막스 베버가 '술탄주의'라고 부른 것, 즉 통치자와 그 가족, 친구들의 단단한 서클이 이끄는 정권이 됐다. 정당성을 결여한 술탄주의 정권들은 그들을 권력에서 제거할 다른 방법이 없기 때문에 봉기에 취약하다.[11] 민주적 정권, 즉 개인적 부의 온건한 분배와 투표에 의한 정당화 의례에 기초한 정권은 훨씬 더 변화시키기 힘들다.

1998년 초에 《포브스》는 수하르토의 재산을 160억 달러로 추정했고, 그는 세계에서 여섯 번째로 부유한 사람이 됐다.[12] 다른 이들은 그보다 훨씬 더 많은 300억~400억 달러라고 추측했다.[13] 그의 가족사업은 호텔에서 인공위성까지 뻗어갔고, 루슨트 테크놀로지, 제너럴 일렉트릭, 하얏트 호텔, 휴스 등과 맺은 협력 관계를 자랑스레 주장했다. 30년간의 통치 동안 세계은행은 그를 지지했고, 300만 달러 이상의 차관을 제공했다. 수십 년 동안 자체 보고를 포함한 수많은 보고서에 따르면 세계은행은 "부패를 용인하고, 그릇된 정부 통계에 그릇된 중요성을 부여하고, 그것을 다른 나라의 모델로 제시하여 독재를 정당화하고, 인권 실태와 경제의 독점적 통제에 만족했다".[14]

그 당시 서구 기자들은 수하르토의 측근 정치를 즐겨 혹평하며 '도둑정치kleptocracy'의 종식을 요구했다. 이 단어는 전쟁에서 부당이득을 취한 딕 체니의 후속 조치들과 부시 행정부가 핼리버튼-블랙워터에 준 수십억 달러의 무입찰 계약에 아주 잘 적용된다. 2000년 플로리다에서 되풀이된 남한의 1987년 부정투표처럼, 인도네시아의 측근 정치와 1997년 경제 위기는 주변에서 중심으로 이동해 2008년 미국을 정면으로 타격하게 된다. 인도네시아에 대한 설명은 미국에도 고스란히 적용될 수 있을 것이다. "측근 정치의 전체적 기초, 즉 입찰 없는 계약 체결, 거대한 부의 축적 같은 모든 것은 경제 위기의 영향을 받을 것이다."[15]

IMF 위기, "물러나라, 수하르토"

1997년 인도네시아 IMF 위기의 격렬한 속도에 많은 전문가가 당황했던 것처럼, 하룻밤 사이에 급속한 경제 악화로 수백만 명이 가혹한 생존 조건에 몰렸다. 1997년 7월 타이 밧화의 가치가 폭락한 직후, 전염병은 자카르타로 퍼졌다. 국제 투기꾼들은 인도네시아 주식을 팔기 시작했고, 시장가치는 절반으로 떨어졌다. 통화도 70퍼센트 이상 하락했다. 인도네시아를 구원하러 달려온, 또는 그렇다고 주장한 IMF는 10월 430억 달러의 구제금융을 퍼부었다. 그 대가로 수하르토는 공공기업을 매각하고 더 많은 외국투자에 문을 개방하는 것 외에 다른 선택이 없었다. IMF 지침은 또한 16개 지방은행을 폐쇄할 것을 명시했고, 이 때문에 나머지 금융기관들에도 대규모 예금 인출 사태를 야기했다. 화폐가치는 7월 달러당 2,400루피아 수준에서 이듬해 1월 9일 1만 루피아 이하로 떨어졌다.[16] 2주 안에 달러당 1만 7,000루피아에 도달했다. 공황 상태에서 훨씬 더 많은 돈이 나라를 떠나자, 수하르토의 사임을 요구하는 목소리가 더욱더 거세졌다.

수하르토가 동의하도록 압력을 가하기 위해, IMF 구조조정 패키지는 그가 국영 독점기업들을 폐쇄하고, 고유 자동차 및 항공 산업을 육성하려는 계획을 취소하고, 모든 IMF '지원' 프로그램처럼 기초식품 가격을 낮게 유지했던 정부 보조금을 삭감할 때까지 분할 지불금을 연기했다. 국제투자자들의 지침에 굴복하길 거부한 수하르토는 인도네시아를 경악시켰고 세계 언론까지 경악시켰다. 1998년 1월 6일, 쌀과 연료 같은 생필품 가격에 대한 보조금 인상을 포함해 정부 지출을 전면적으로 32퍼센트 인상하겠다고 발표했던 것이다. 1월 8일 클린턴 미국 대통령의 전화에도 불구하고, 수하르토는 완강하게 저항했다. 1월 12일, 재무부 부장관 로런스 서머스(2009년 오바마 행정부의 국가경제위원회 위원장)가 수하르토에게 IMF 협약에 서명하도록 압력을 가하기 위해 자카르타를 방문했다. 같은 날에 헬무트 콜 독일 총리, 하시모토 류타로 일본 총리, 존 하워드 오스트레일리아 총리가 모두 IMF의 긴축 패키지를 수용하라고 촉구하는 전화를 했다. 더 이상 버틸 수 없게 된 수하르토는 1월 14일에 마지못해 동의했지만, 그가 시행을 주저하자 클린턴 대통령은 전 부통령 월터 먼데일을 보내 압력을 가했다. 1월 17일 《이코노미스트》는 "물러나라, 수하르토"라고 크게 떠들었다.

국제투자자들과 미국 정치인들은 인도네시아에 최선이라고 생각하는 것을 강제했지만, 1월 15일 수하르토가 마침내 임시협정에 서명할 때 미셸 캉드쉬 IMF 총재가 그의 뒤에서 팔짱을 끼고서 준엄하게 서 있는 사진이 발표되자 그들의 모든 압력은 역효과를 낳았다. 보통 인도네시아인들은 자기 지도자가 국제 자본의 대표자에게 그토록 무시당하는 모습을 보고 분개했다. 그들의 대통령, 아시아에서 가장 오래 집권한 국가수반은 많은 사람에게 IMF 조건의 실행을 거부하는 영웅으로 비쳤다. IMF가 30억 달러의 분할 지불금을 유보했기 때문에, 경제의 자유낙하를 야기하는 것으로 보였다. 3월 10일 국민협의회는 수하르토에게 일곱 번째 대통령 임기를 부여했다.

이미 700억 달러로 추정되는 해외 차관을 인도네시아 기업들에 제공했기에, 국제 관료들은 경제를 부양하는 데 필사적이었다. 4월에는 정부가 휘발유와 식량 보조금을 중단하는 인기 없는 조치(많은 사람이 반정부 시위의 원인으로 비난했던)를 연기할 수 있게 한 세 번째 구호 패키지에 서명했다. 5월에 납치된 민주주의 활동가가 최소 14명으로 늘어나자, 미국과 IMF는 지원 프로그램을 지속하겠다고 약속했다. "우리의 국가 이익은 경제개혁이 전진하도록 감독하는 것이다"라고 한 백악관 관료가 《뉴욕타임스》 5월 9일 자에 떠벌리면서, 10억 달러의 미국 차관 보증이 인권 보장에 대한 고려 없이 이뤄졌다고 발표했다. 나라의 거의 모든 기업이 기술적인 파산 상태에 있었고, 물가 상승은 식량 폭

미셸 캉드쉬 IMF 총재가 수하르토가 협정에 서명하는 모습을 지켜보고 있다. (작가 미상)

동으로 이어졌으며, 특히 메단, 수라바야, 자카르타에서는 유혈 폭동으로 변했다. 오랫동안 식량 수출국이었던 인도네시아는 베트남에서 쌀을 수입해야 했다.

1998년 학생들의 의회 점거

3월 수십 개 캠퍼스에서 수하르토에 반대하는 움직임이 동력을 얻자 매일 시위가 조직됐다. 학생들은 인터넷을 이용해 전국적 네트워크를 연결해서 1986년 필리핀 피플파워 혁명(이후에 그들이 저항의 모델로 삼은)에 대한 선동적인 해설을 유포했다. 문자메시지는 시위를 조정하는 일뿐 아니라 경찰과 군대의 이동에 관한 첩보를 공유하는 데 도움이 됐다. 정부의 비밀요원들이 자신들의 모임과 공개 단체에 깊숙이 침투해 있음을 인식한 학생들은 지도부를 순번제로 정하고 핵심 조직 중 하나인 포럼 코타(Forum Kota, 도시 토론회)의 사무실을 매주 옮김으로써 대응했다. 이 전술은 경찰 첩자가 아니더라도 운동에 대한 지배력을 주장하는 일부 개인에게도 어려움을 야기했고 결국 성공했다.[17] 학생들은 전국적으로 지역 단체에서 대표자들을 뽑아 탈중심적 조직 구조를 발전시켰다. 시위에서 여성들이 한 역할은 무장 군인과 시위대 사이에 선을 형성하는 것이었다. 1967년 펜타곤 행진과 1968년 러시아 침공 당시 프라하의 거리에서 그랬던 것처럼, 여러 차례 여성들은 시위대를 겨눈 총구에 꽃을 꽂았다. 4월 말, 스마랑이란 작은 도시의 주부들이 2,000명의 여학생 행진에 합류했다.[18]

학생들의 평화 행진이 계속되는 동안, 모든 곳에서 '피플파워'에 대한 말이 오갔다. 그럼에도 5월 1일 수하르토는 5년 동안 어떤 정치개혁도 없을 것이라고 주장했고, 심지어 가족기업 매각을 논의하는 것조차 단호하게 거부했다. 같은 날, 30개가 넘는 자카르타 노동자단체의 대표들이 데폭의 인도네시아 국립대학 캠퍼스에 와서 4시간 동안 학생 활동가들과 만났다.[19] 반둥과 수라바야에서도 학생과 노동자가 공동 행동을 발전시키기 위해 만났다. 5월 12일, 학생 약 1만 명이 평화적으로 행진하면서 노래를 불렀고, 엘리트 대학인 트리삭티 캠퍼스에서 주요 고속도로로 진출했다. 행진 대오가 자카르타의 국회로 향하지 않을까 두려워한 경찰이 갑자기 공격했다. 최루탄 세례를 퍼부은 다음 경찰 저격수가 학생 4명을 사살했다.[20] 온 나라의 충격은 곧 분노로 변했다. 수많은 도시에서 학생들이 반격했다. 아주 빠르게 수도는 유혈 폭동에 압도됐다.

5월 13일에서 15일까지 파괴적 폭동이 순식간에 다른 도시들, 특히 솔로, 우중판당, 욕야카르타, 팔렘방으로 퍼졌다. 학생 시위로 시작된 것이 도시 빈민의 약탈로 변했고, 그런 다음 집단 강간, 방화, 살인 등 더 치명적인 공격으로 변질됐다. 자카르타에서 군중이 중국계 인도네시아인들과 그들의 사업체를 목표로 삼으면서 수백 명이 죽었고, 전국에서 1,000명 이상이 죽었다.[21] '무슬림 소유'란 간판을 건 많은 상점은 집단 폭력의 파괴적 힘을 피할 수 있었다(인도네시아 인구의 소수인 중국계가 국부의 75퍼센트를 통제한다). 거의 모두 중국계인 468명의 여성이 불과 며칠 사이에 15곳에서 집단 강간을 당했다. 1,000채가 넘는 가옥이 불타고, 1,604개 상점, 40개 쇼핑몰, 12개 호텔, 11개 파출소와 수백 대의 차량이 피해를 보았다.[22] 동부 자카르타의 욕야 플라자에서 검게 탄 시신 174구의 처참한 광경이 발견됐다. 많은 사람이 트리삭티 학생 사살과 여성들에 대한 공격의 배후에서 수하르토와 그의 사위 프라보워 수비안토의 검은 손을 보았다.[23] 이런 행동은 1965년 수하르토를 정권에 앉힌 중국인 학살과 유사했다. 그 당시 50만 명에 가까운 중국계 인도네시아인이 살해됐다. 그리고 1998년의 이러한 모방은 수하르토의 퇴진에 대한 공포를 퍼뜨리도록 계획한 것으로 여겨졌다.

5월 18일, 밝은색 대학 재킷을 입은 학생 수천 명이 의사당으로 행진해서 점거했다. 그들은 "정치, 경제, 법률 영역에서 개혁"을 요구했고, 수하르토가 현직에서 사임할 때까지 의회에 남아 있겠다고 맹세했다.[24] 중국과 타이완에서처럼, 학생들은 자신들의 '순수성'을 유지하길 고집하며 학생이 아닌 사람들이 운동에 참여하는 것을 막았다.[25] 시인, 작가, 교수들로 구성된 별도의 지원 단체들이 수하르토의 사임을 요구했다. 4시간 동안 군인들은 건물 입구를 지키면서 학생들이 들어가지 못하도록 막았지만, 하원 의장 하르모코가 수하르토의 사임을 요구한 다음 군인들이 방관하자 학생 수천 명이 건물을 접수했다.[26] 군인들에게 줄 장미를 들고, 학생들은 며칠 동안 내부에 머물렀다. 그날 밤, 군대는 건물을 고립시킨 다음 자카르타 전역에 탱크를 배치했지만, 캠퍼

학생들이 의회를 장악할 때 군인들이 협력했다. (작가 미상)

스 동료 수천 명이 곧 학생들에게 합류했다.

학생운동은 스스로를 전 지구적 민중권력의 발현과 동일시했다.[27] 인도네시아의 대학들에서 한 미국인 특파원이 수행한 인터뷰는, 공적 공간 점거라는 전술적 핵심과 마찬가지로 '민중권력'이란 정체성도 필리핀에서 영향을 받았음을 밝혀냈다. 이 에로스 효과의 순간에, 학생들은 정치체제의 주인이 되어 나라를 앞으로 이끌 수 있었다. 학생들은 군대와 민중 사이에서 광범한 지지를 누렸다. 수하르토 세대의 고위 군 장교들이 수하르토의 사임을 촉구했고, 의회를 점령한 학생들에 대한 지지를 선언했다.

　5월 20일, 90년 전 네덜란드인들에 맞선 반식민 투쟁을 기리는 국민 각성의 날에 약 10만 명의 학생이 의사당 경내에서 집회를 열었다. 그와 동시에 100만 명이 넘는 시민이 근처 욕야카르타에서 행진했다. 의사당의 돔 지붕과 마당에 몰려든 학생들은 즐거워하면서, 그 순간을 "봄방학 기간 플로리다 포트로더데일의 인도네시아판"으로 연출했다. 내부에서 사람들이 대리석 복도에 모여 있는 동안, 주회의실에서는 지도자들이 "자연발생적 그림자 정부" 역할을 하며 논쟁하고 연설하고 정치인들과 장군들을 조롱했다. 한 미국인 기자는 이 장면을 그리 낙관적으로 묘사하지 않았다. "인도네시아 해양대학에서 온 카키색 제복을 입은 학생들은 책상을 밟고 방 여기저기로 뛰어다녔다. 다른 학생들은 발언자에게 종이 뭉치를 던져서 방해했다. 그리고 연단에 앉아 있던 비공식 지도자들은 강당에서 차례를 차지하려고 서로 팔꿈치로 밀어제치면서 나아갔다."[28] 그런 소극 대신에, 학생들은 수만 명이 참여하는 총회를 조직할 수도 있었을 것이다. 그들은 매혹적인 의사당에서 권력을 모방했고 회의를 서커스로 바꿔놓았다. 이 회의를 1980년 광주 학생들의 진지함이나 1973년 탐마삿 대학 또는 1990년 3월 장제스 광장 점거와 비교하면, 엄청난 간극이 보인다.

　마지막의 마지막까지, 미국은 세계은행과 IMF처럼 수하르토를 지지했다. 봉기는 아주 예측 불가능해서, 1998년 4월 수하르토가 종말하기 며칠 전에도 한 논평가는 이렇게 예상했다. "일부의 압력에도 불구하고, 가까운 미래에 민주화의 전망은 희박하다."[29] 민중이 들고일어나 수하르토의 퇴진을 주장했을 때에야 그의 국제적 수혜자들은 "민주주의"를 지지했다.[30] 학생들이 의회를 점거한 같은 날, 의회 지도자들은 3월에 허가했던 대통령의 재임을 취소하고 수하르토를 탄핵할 선거위원회 특별회의를 요구했다. 미 국무장관 매들린 올브라이트 역시 수하르토에게 퇴진하고 민주적 이행을 보장하라고 요구했다. 다음날인 5월 21일 수하르토 대통령은 마침내 사임했고, 손수 선택한 2인자 B. J. 하비비 부통령에게 권력을 넘겼다.

어떤 조직이나 카리스마적 지도자가 없는 야당이 방관하는 동안, 수하르토 타도는 일련의 기성 정치인들이 국가권력의 최고위 수준에서 자기 차례를 주장하는 결과를 낳았다. 5월 22일 아침에 3만 명 이상의 학생이 여전히 의회를 점거하고 있었지만, 그들의 기괴한 행동 때문에 인도네시아에 지도력을 발휘할 위치는 아니었다. 학생들은 통일과 거리가 멀었고, 이미 하비비와 그의 '개혁 내각'을 지지하는 쪽과 민주적 선거를 주장하는 쪽으로 분열돼 있었다. 그날 밤 늦게 군인들이 조용히 들어와 남아 있던 학생 2,000명을 그들이 5일간 점거한 건물에서 내쫓았다.

레포르마시 시대

인도네시아인들은 개혁reformasi의 길로 통하는 권리를 쟁취했고, 많은 사람은 그 길이 사회의 완전한 재구조화로 이어지리라고 희망했다. 그러나 그들은 오래된 술을 새 부대에 부었고, 수하르토 없는 수하르토주의에 부딪혔다. 그것은 그들이 투쟁했던 군부 지배체제의 새로운 버전으로, 불균형적으로 상층에서 소수의 가문이 혜택을 누리고 광활한 바다 위에 펼쳐진 2억 민중이 자카르타 군부 엘리트의 명령에 복종하는 체제였다.

하비비가 "밀월"에 대해 말하기도 전에, 인도네시아의 경제 위기는 계속 격화됐다. 모든 피고용인의 거의 15퍼센트가 1998년 8월까지 일자리를 잃었다. GDP는 1998년에 13.1퍼센트 하락했다.[31] 빈곤은 1998년 인구의 4분의 1인 4,000만~5,000만 명에 영향을 미쳤다.[32] 극빈층의 곤궁이 아주 심해서 매년 어린이 17만 명이 굶어죽었고, 이는 매일

수하르토 타도 이후, 교사들이 대대적으로 노동조건 개선과 임금 인상을 요구했다. (사진 Vitasari/Antara)
출처: *The Long Road to Democracy*.

465명이 사망한 수치다. 1인당 GDP는 1996년 1,155달러에서 1998년 449달러로 떨어졌고, 1999년에 720달러로 약간 올랐다.[33]

인도네시아인들이 고통을 겪는 동안, 외국 기업들은 인도네시아의 자산을 헐값으로 사들였다. IMF 구조조정 프로그램은 16개가 넘는 은행의 폐쇄를 강요했고, 정부의 최대 은행인 PT 뱅크 만디리 Tbk, 제2의 통신 기업, 수백 개의 민간 기업이 바닥 수준의 헐값으로 외국인 투자자들에게 팔렸다. 인수는 왜곡된 환율로 믿을 수 없이 값싸게 이뤄졌다. 그해 하반기에 정부는 다수의 국영기업을 매각할 계획을 발표했다. 남한과 타이에서 그랬던 것처럼, IMF 위기와 민주화는 민영화와 글로벌 기업들의 침투 강화로 이어졌다.

몇 달도 안 돼, 시민사회의 변화된 성격은 분명해졌다. 많은 단체가 수하르토 몰락 이후 몇 달 동안 들고일어났다. 거의 곧바로, 쫓겨난 농민들이 타포스에서 수하르토의 거대한 농장을 점거했다.[34] 메단에서 약 2,000명의 농민이 토지 반환을 요구하며 시위했다. 운송 노동자와 교사들도 노동조건 개선과 임금 인상을 위해 시위했다.

1998년 8월 한 은행 노동자들의 선언으로 화이트칼라 노동조합이 결성됐고, 조합은 수십 개 은행의 사무직 노동자들에게 고용 안정과 임금 인상을 제공했다.[35] 곧 언론 노동자, 교사, 공무원, 서비스 노동자, 의약품 노동자 등도 단체를 조직했다. 수하르토 반대운동에서 오래 활동했던 독립언론인동맹(AIJ)이 핵심 역할을 했다. 미국 대사관의 노동 전문가, AFL-CIO, 미국의 지원을 받는 국제 노동단체들이 인도네시아의 조합들을 재편하여, 1998년 8월 정부의 통제에서 벗어난 미국식 노동연맹을 수립하는 데 도움을 줬다.[36]

1999년, NGO의 숫자는 우후죽순 격으로 늘어나 7,000개로 추산됐다.[37] 새로운 단체에는 1998년 9월 17일에 결성된 인도네시아 실종자가족협회 같은 희생자 단체들도 있었다. 콘트라스(Kontras, 비자발적 실종 및 폭력 희생자협회)는 오랜 역사의 인권감시 단체들의 연장선에서 1998년 3월 20일 결성됐다. 새로운 NGO에는 1998년 8월 17일 결성된 무슬림이슬람방어전선(MIDF) 같은 수많은 보수단체들도 포함된다. 온 나라 차원의 샤리아(이슬람 율법)를 옹호하는 그들은 자체 민병대와 수사국을 편성하기도 했다. 그들은 자바에서 이른바 '흑마술' 시술자 수백 명을 살해한 것이 실제로는 무슬림에 대한 공격이었다는 사실을 알아냈다.[38]

수하르토 타도 이전처럼, 학생들은 여전히 운동의 선두에 섰다. 학생들의 요구는 선거를 개최하고 정치적 의사 결정에서 군부의 역할을 끝낼 과도정부를 창출하는 데 초점을 맞췄다. 다시 한 번 운동은 민중 사이에서 광범한 공감을 얻었다. 지역 주민들은 행진하는 학생들에게 돈과 음료수를 주고 지지의 말을 건넸다. 군대의 사주를 받은 폭력배 수백 명이 학생들을 공격하자, 가난한 민중이 그들을 지키러 달려가 폭력배들을 쫓아냈다. 11월 10일 학생 수만 명이 의사당에 집결해, 하비비는 즉각 퇴진하고 노벨상 수상자 카를로스 벨로 주교를 포함한 5인의 레포르마시 지도자로 구성된 과도 최고회의에 권력을 이양하라고 요구했다.[39] 학생 시위는 11월 12일 밤 국회 주위의 육탄전에서 그 정점에 올랐다. 다른 도시들에서도 학생들은 여전히 활동적이었다. 솔로에서는 지방정부 청사를 접수했고, 욕야카르타에서는 국영 라디오 방송국을 점거했다.[40] 국민협의회(여전히 주로 수하르토가 임명한 의원들로 구성된)가 군부의 지도적인 정치적 역할을 재확인하자, 10만 명이 넘는 학생이 11월 12일과 13일에 시위를 벌였다. 그 밖에 수십만 명의 노동자와 도시 빈민도 행동에 나섰다. 국회 근처의 아트마자야 대학 인근에서 군인들이 5명을 사살하자 수십 개 도시에서 민중이 사흘간 총파업을 지원했다. 아체에서 사살된 2명을 포함해 인도네시아 전역에서 총 16명의 사망 소식이 전해지면서 5월 이래 폭력은 가장 격렬한 수준에 이르렀다. TV는 군중이 고립된 경찰관을 피가 나게 구타하는 장면을 보도했고, 그 경찰관은 해병대가 개입해서야 겨우 목숨을 구했다.[41]

사람들이 수하르토의 신질서New Order에 남겨진 부패한 개인들을 정부 관직에서 '청소'하려고 시도하면서 몇 년간 투쟁이 벌어졌지만, 결과는 극히 미약했다. 지역 자치는 소수민족에게는 적용되지 않았다. 교사의 급여는 2004년 여전히 월 50달러 이하였고, 이는 말레이시아 교사의 10분의 1, 필리핀의 절반 수준이었다.[42] 위기가 '종료'된 지 3년 후에, 인도네시아의 GDP는 1997년보다 7.5퍼센트 낮았다.[43] 1999년 6월 9일에 마침내 새 선거가 열렸고, 2001년 7월 메가와티가 새 하원에 의해 대통령으로 선택됐다. 2004년 대통령이 처음으로 직접선거로 선출됐다. 수하르토 이후 시대에 탈집중화가 아주 조금 이뤄졌고, 정책 결정에서 약간의 투명성과 책임성이 제도화됐다. 정부의 개혁에는 국가인권위원회, 경찰위원회, 부패척결위원회의 설립이 포함됐다. 경찰과 군대의 기능은 서로 분리됐지만, 고문은 여전히 경찰 관행의 일부로 남아 있다.[44]

가장 중요하게, 동티모르가 독립을 쟁취했다. 새로운 레포르마시 정권은 국민투표를 허용했고, 섬 주민들은 1999년 8월 압도적으로 독립을 승인했다. 거의 즉각적으로 인도네시아 군대의 지원을 받는 민병대가 살육에 돌입했다. 1,000명이 넘는 죄 없는 민간인이 학살됐고, 약 30만 명의 난민이 인도네시아가 계속 통치하는 서티모르로 내쫓겼다. 동티모르는 자카르타의 통제에서 벗어날 수 있었지만(그리고 처리하기 힘들어 보이는 문제에 부딪혔다), 아체와 서파푸아는 별로 운이 좋지 않았다. 2004년 12월 쓰나미로 황폐화된 아체의 주민들은 독립이란 목표를 이루지 못했고, 최소한 이번 세대에는 가망이 없었다. 사실 '자유화' 이후 아체에서 고문, 사법 외 살인과 실종은 표 10.1에 나타난 것처럼 해마다 2배 이상 늘었다.

2002년 동티모르의 전 주지사가 반인류 범죄로 유죄판결을 받았고 1999년 독립 찬반 국민투표 이후 민병대의 살육극을 막지 못한 혐의로 3년 징역형을 받았다.[45] 2년 뒤 판결은 번복되어, 인도네시아 정부가 자행한 잔혹 행위에 대해 아무도 처벌받지 않았다. 2007년 5월, 1998년 피살자 유가족들이 책임자에 대한 충분한 조사를 다시 요구했다.[46] 리키 구나완이 표현했듯이 "면책의 사슬을 끊지 못한 인도네시아의 실패는 인권침해가 용인된다는 관념을 낳는다. 반복되는 면책은 형사재판 제도를 약화해, 그런 일이 일어나면 곧 부서질 유리 집처럼 만든다."[47] 인권침해는 심지어 가장 온건한 형태의 반대조차 계속 괴롭힌

[표 10.1] 1999~2002년 아체의 폭력

연도	사법 외 살인	고문	체포 및 구금	비자발 실종	합계
1999	421	802	293	101	1,617
2000	524	549	419	140	1,632
2001	1,014	768	578	110	2,470
2002	1,307	1,860	1,186	377	4,730
합계	3,266	3,979	2,476	728	10,449

출처: Database KontraS, 2002

다. 2004년 9월 7일, 운동 지도자 무니르가 가루다 인도네시아 항공의 암스테르담행 비행기 안에서 독살됐는데, 그는 2년간 살해된 인권 활동가 8명 중 하나였다.[48] 비록 한 개인이 이후에 무니르 사건에 관해 유죄판결을 받았지만, 정부 고위관리로 추정되는 배후 조종자는 체포되지 않았다.

풀뿌리 단체들의 국제적 연계는 1998년 봉기의 또 다른 중요한 유산이다. 2004년 총선거에 이르기까지, 콘트라스는 '피의 정치인'에 반대하는 캠페인을 전개했다(한국의 낙선운동에서 직접 배운 방식으로 반동적 의회 후보를 낙선시킬 것이라고 발표했다). 86명의 낙선 후보 중에서 59명이 패배했다. 인도네시아의 운동이 이웃 나라의 민중권력에서 영향을 받았듯이, 인도네시아의 영향은 말레이시아에서 느껴졌다. 1998년 3월 8일 말레이시아 부총리 안와르 이브라힘의 해고는 자칭 '레포르마시' 운동으로 전환한 불만의 폭발로 이어졌다. 마하티르 정부의 가부장주의에 반대하여 시민들이 여러 달 동안 들고일어났다. 시위는 엘리자베스 여왕이 방문한 9월 20일에 정점에 올랐다.[49] 수만 명이 국립 모스크에 모여서 총리 관저로 행진했다.

개별적인 시민봉기들이 성공했든 못했든, 봉기는 미래 운동의 길을 개척한다. 그럼으로써 봉기는 항구적으로 인류의 평화에 기여한다. 다음 장에서 나는 아시아 봉기들의 지속적 영향과 함의를 추적할 것이다.

11장
민중권력은 여전히 작동한다

필리핀, 남한, 방글라데시와 내 조국 '스리랑카'를 포함한 많은 나라에서 민중의 투쟁은 민중권력을 위한 투쟁이 아니었다. 그들의 투쟁은 억압 구조를 끝내고, 권력과 자유의 관계가 발전하는 더 정교한 형태를 가능케 하고, 또한 자유의 영역을 확대하고 권력의 영역을 축소하기 위한 것이었다.

— 바실 페르난도

본성적으로 인간은 자유로워질 운명이다.

— G. W. F. 헤겔

미국의 정치학자들은 참여민주주의가 먼 과거의 영역, 고대 그리스 또는 뉴잉글랜드 주민회의의 유물이라고 가르치지만, 20세기 말 아시아의 봉기들은 참여민주주의가 동시대에 존재한다는 증거를 제공한다. 현대적 형태의 참여민주주의는 인류가 평등과 합의를 추구하는 타고난 성향으로 돌아간다는 것을 상징한다. 1968년 이래 사회적 봉기들은 활성화된 민주주의와 관련된 것이지, 서로 다를 바 없는 둘 사이에서 선택하는 수동적이고 흔히 악용되는 대의제와는 관계가 없다. 사회적 봉기는 수백만 민중을 세계 체제 주변부의 생지옥으로 내몰고 우리 모두를 끊임없는 전쟁과 환경 파괴에 끌어들이는 전 지구적 구조를 변화시킬 수 있는 능력이 인간에게 있음을 상기시킨다.

앞의 사례 연구에서 보았듯이, 봉기가 일어나는 동안 스스로 통치하는 보통 사람들의 능력은 계속해서 지성적이고 합리적인 결정을 내리며 민주적 형태의 협의를 생산했다. 보통 사람들의 지혜는 여느 엘리트의 지혜를 뛰어넘지만, 부자와 권력자들은 자주 민중의 삶과 자원에 대한 장악을 공고화하기 위해 봉기를 이용한다. 개인적 자유와 '신자유주의'의 이름으로 억만장자들은 수세대의 노동자들이 생산한 막대한 사회적 부를 자신의 사적 소유로 전유한다. 민주주의의 이름으로 정치인들은 군사화된 민족국가를 보통 시민들 위에 군림하는 권력의 영역으로 만들고, 때로는 수천 명의 인명을 살상한다. 정치 지도자들은 교육 및 연금 기금 삭감 같은 "해결책"을 논하면서, "정의로운" 전쟁을 수행하고 거대 기업을 "구한다"는 이유로 귀중한 자원을 탕진한다. 기업이 소유한 대중매체의 끊임없는 공포 메시지는 전쟁을 필요한(심지어 "인도주의적인") 것으로 받아들이도록 우리를 길들이며, 수십억 달러의 광고는 생명력을 소비 선택으로 전환시키려고 애쓴다.

봉기는 견고한 독재를 타도하는 중요한 수단이지만, 국가를 초월하는 이해관계를 갖는 전 지구적 엘리트들에게도 유용하다. 에로스 효과는 기존 정권을 전복하는 데 명백히 효과적이지만, 체제는 자신의 작동을 안정화하기 위해 봉기의 물결에 올라타는 데 익숙하다. 민중권력 봉기의 물결은 세계의 더 많은 지역을 일본과 미국 은행의 궤도로 통합하는 데 도움을 줬다. 노동조합 권리를 위한 남한 노동계급의 영웅적 투쟁은 신자유주의의 경제적 침투를 유용하게 했다.[1] 민주화된 남한과 타이완, 마르코스 이후의 필리핀 등의 경우처럼 새로 선출된 행정부들은 신자유주의 프로그램을 가속화하여 외국인 투자자들이 과거에 닫혔던 시장에 침투하고 더 많은 이윤을 끌어낼 수 있도록 수백만 명의 노동력에 규율을 강제했다.

자유를 향한 인류의 끝없는 욕구는 지구의 가장 강력한 자원이다. 자유로운 인간을 창출하는 투쟁에서 정치운동은 중요한 역할을 한다. 봉기는 사회변혁을 가속화하고, 정부를 교체하고, 개인의 의식과 사회적 관계를 근본적으로 바꿔놓는다. 대부분의 민중봉기는 수백만 민중에게 자유를 확대했고, 그들을 야만적으로 탄압하는 정권은 오래가지 못할 것이다. 봉기의 엄청난 에너지는 민중의 일상생활을 변혁하고,

봉기가 사그라든 뒤에도 오랫동안 계속 에너지를 불어넣는다. 필리핀, 타이완, 네팔, 방글라데시, 타이 등 경험적 사례에서 발견된 봉기 이후의 고조는 시민사회의 경이적인 활성화와, 노동자, 학생, 소수민족, 여성 등 기층 집단의 동원을 불러일으켰다. 봉기 이후 자율적 언론과 풀뿌리 조직들이 우후죽순처럼 생겨나고, 페미니즘이 강화되고, 노동자들이 파업을 한다. 심지어 이에 불참하는 이들 사이에도 이 쾌감의 순간에 발산된 강력한 에로스 에너지를 통해 유대가 생겨난다. 마르쿠제가 "정치적 에로스"라고 부른 이 경우들은 상상력에 다시 불을 붙이고 희망을 키우는 데 극히 중요하다.

20세기는 엄청난 번영을 했음에도 끔찍한 전쟁과 대량 기아로 기억될 것이다. 또한 인류가 세계 체제 전체를 변혁하기 위한 투쟁을 시작한 시대로 알려질 것이다. 20세기 말의 봉기들은 전 지구적 정의를 실현하려는 민중의 시도를 드러내 보인다. 지난 30년간 전 세계 수백만 민중은 풀뿌리에서부터 자본주의와 전쟁에 반대하는 장기적 민중봉기를 구성해왔다. 누가 시키지 않아도 수백만 명이 대안세계화운동을 펼치며 세계 경제체제 기구들의 고위급 회담에 대항했다. 이 실천적 행동의 보편적 의미는 새로운 세계경제체제를 바라는 민중의 열망을 극명하게 나타낸다. 어떤 중앙 조직도 이것을 지시하지 않았다. 오히려 수백만 민중이 스스로 생각하고 행동해 투쟁을 발전시켰다. 이와 비슷하게, 중앙 조직 없이 2003년 2월 15일 전 세계에서 3,000만 명이나 되는 사람들이 이라크에 대한 미국의 두 번째 전쟁에 항의하며 거리로 나섰다. 전 지구적 운동이 점차 자신의 힘을 인식하면서, 전략과 영향력은 확실히 더 집중되었다. 민중운동은 직접민주주의 형태의 의사 결정과 전투적 민중 저항을 창조적으로 종합하면서, 1968년과 이후의 아시아 봉기에서 드러난 역사적 계보를 따라 계속 발전할 것이다. 자율, '의식적 자발성', 에로스 효과의 문법을 따르면서.

21세기로 들어가보자. 아랍의 봄은 역사를 바꾸기 위해 거리로 나서는 보통 사람들의 의식이 성장하고 있다는 경험적 증거를 제공한다. 1968년에는 "전 세계가 지켜보고 있었다". 오늘날에는 전 세계가 더욱더 각성하고 있다. 무바라크 없는 이집트의 안정화는 체제의 핵심은 유지하면서도 최상층의 소수를 권좌에서 물러나게 했다. 그렇게 함으로써 타도의 위험—미국의 궤도에서 벗어날 위험—에 처한 독재를 어떻게 구할 수 있는지 보여주었다. 이집트의 군부 지도자들은 무바라크 없는 무바라크주의, 미국에 우호적인 엘리트의 더 안정적인 체제 지배를 강제한다. 마르코스 없는 필리핀, 군부독재 없는 한국, 백색테러 없는 타이완에서 본 바와 같이, 불안정한 나라들은 미국과 일본의 은행 및 기업의 비옥한 놀이터로 변했다. '측근' 자본주의의 종말은 초국적 기업들의 시장과 이윤 확대를 의미했다.

여기에서 핵심적 문제는 사회운동이 자신의 에너지를 견고한 경제적, 정치적 엘리트들에게 빼앗기지 않으면서 사회를 지속적으로 앞으로 밀고 나가는 것이다. 너무나 자주, 꿈을 한 번에 이루지 못해서 실망하는 경우 커다란 기대는 비통과 절망을 낳는다. 심지어 위대한 시몬 볼리바르조차 다르지 않았다. 라틴아메리카를 에스파냐 지배의 속박에서 벗어나게 한 투쟁이 고리대금업을 하는 국가 엘리트로 대체되는 것을 목격한 볼리바르는 이렇게 말했다. "혁명을 했던 자들이 바다에 쟁기질을 하고 있다."

오랜 세월의 억압과 언론 조작에 고통받았던 민중은 어느 정도는 자유에 익숙하지 않다. 봉기는 이 점에서 부자와 권력자에게 쓸모가 있다. 봉기로 자유를 쟁취한 뒤에도 때때로 민중은 그것을 어떻게 누려야 할지 모른다. 습관적으로 항상 일하는 사람들은 자유시간이 생기면 어떻게 해야 할지 모른다. 수감생활에 익숙한 죄수처럼 그들은 해방된 상태를 다루지 못하며, 자신보다는 남이 결정을 내리는 데 익숙한 사람들은 실질적 선택을 잘하지 못한다. 이 자유의 문제는 가혹한 탄압이 일상을 지배했던 사회에서 특히 첨예하다. 수세기 동안 지역적 억압의 형태 아래 살았던 사람들은 흔히 읽고 쓰고 상황을 이해하고 분석하는 지적 역량을 박탈당했다. 또한 의사소통을 가능케 하는 문화적 역량도 부정당해서 일상적 억압에 저항하는 지속적 투쟁을 자신만의 고유한 형식으로 전개할 수 없다.

봉기에서 승리한 후에, 민중의 내부에서 형성된 수십 년 된 습관은 하룻밤 사이에 사라지지 않았다. 지성의 저개발은 정치적 변화와 함께 사라지지 않으며, 우리를 자본주의적 관계에 예속시킨 경쟁과 위계의 가치도 사라지지 않는다. 그래서 확고한 조치를 취해야 한다. 창조성을 공유하는 민중의 역량을 향상시키고, 읽고 쓰고 자신을 표현하는 법을 배우고, 관심사를 좀 더 심오한 방식으로 표현한다는 의미에서 학식을 갖추고, 비위계적이고 협력적인 관계를 형성할 수 있도록 해야 한다. 필리핀과 방글라데시에서 수세기 동안 억압으로 고통받던 민중이 특정한 정권에 맞서 일어나 정권을 붕괴시켰지만, 소수 엘리트들에게 그 성과를 빼앗겼다. 민중은 다시 모호한 상황으로 밀려나 새 정권에 다시 탄압을 당했다.

엘리트들은 흔히 무자비하게 지배를 추구하는 반면, 피억압자의 모호함과 소심함은 여전히 작동한다. 경제적, 정치적 성과를 얻어도 내부의 문화적 형태의 억압은 계속 민중이 최소한 현재 바라는 종류의 자유를 획득하지 못하게 한다. 자유에 대한 사랑은 특정한 정권의 퇴진을 목표로 하는 봉기에서 표현될 뿐만 아니라, 인간, 특히 가장 억압받는 사람들의 총체적 변혁을 향한 사랑이기도 하다. 이를 통해 그들은 더 명료해지고 자신을 충분하게 표현할 수 있게 되고 수세기에 걸친 지역적 억압에서 물려받은 자신의 문화적 억제를 극복할 수 있다.

바실 페르난도는 다음과 같은 견해를 내비쳤다. "'민중권력'이라는 용어의 발명은 어느 정도 긍정적인 의미가 있지만, 국가의 억압적 행위에서 해방을 추구하는 과정에서 적절한 사고를 제한했다. 민중권력의 결과로 권력을 잡은 정권이 반드시 더 나은 국가는 아니었다. ······ 억압 구조의 많은 측면이 여전히 남아 있고, '민중권력'이라고 불리는 것을 통해 권력을 잡은 바로 그 사람들에 의해 이용되기 때문에 그 성과는 부분적이다."[2] 성공적인 봉기는 억압 체제의 가장 혐오스러운 차원을 직접적으로 제거했을 수는 있지만, 그 핵심에서는 엘리트 지배와 자본주의 관계를 강화했다.

봉기는 민중의 도덕적 역량을 확대하고, 창조성을 발현하는 새로운 장을 창출하고, 민중의 내적 열망이 완수되지 않을 때에도 새로운 형태의 표현을 발전시킨다. 민중이 원하는 것—봉기가 일어나는 동안 용기와 희생을 통해 표현되는 것—은 권력이 아니라 자유다. 민중봉기의 궁극적 목표는 억압 구조를 파괴하고 자유의 공간을 넓히는 것이다. 민중은 국가권력이 약해지는 것을 원하는 반면, 정부와 정당은 더 많은 통제를 추구한다. 민중이 원하는 것은 다양한 차원의 자유다. 배고픔에서 벗어날 자유, 교육 혜택으로 무지에서 벗어날 자유, 모든 종류의 가부장제와 독재에서 벗어날 자유, 고된 일에서 벗어날 자유, 그들의 삶을 일로 정의하는 것에 반대할 자유.[3] 민중은 생산물과 생산과정을 통제할 자유, 깨끗하고 안전한 환경에서 살 자유, 예술적 영역의 자유를 원하며, 간섭 없이 자신의 삶을 스스로 추구하길 원하며, 자신이 선택한 대로 스스로를 표현하길 원한다.

정치의 전복이 필요하다

제2차 세계대전 후 한국과 베트남 등 아시아 지역에서 사회운동이 가장 강력했던 것은 우연이 아니다. 그들의 운동은 전투적 전술과 수적 지지만이 아니라 운동의 내적 힘에서도 가장 강력했다. 한국의 윤상원

(광주봉기의 영웅)이나 베트남의 응우옌반쪼이(1964년 미 국방장관 로버트 맥나라마를 암살하려다 처형당한)의 애정 어린 묘사에 상응하는 최근 유럽 또는 미국의 인물을 찾는 것은 헛된 일일 것이다. 두 나라의 경우에 미국이 수행한 전쟁은 수백만 명의 사망을 야기했고, 공동체 문화가 지속적인 저항 운동에 영향을 미쳤다. 전쟁과 평화의 문제에 아주 민감한 시민들이 있는 한국은 2003년 칸쿤 WTO 반대 시위에서 자살한 농민 이경해 같은 이들의 희생적 행동을 통해 모든 나라의 활동가들에게 열정적으로 발언한다. 2005년 12월 한국 농민 수십 명은 WTO 회담장에서 시위를 벌이기 위해 홍콩 항만을 헤엄쳤다.

여러 민중봉기의 사례는 자유를 향한 민중의 열망을 가두는 정신적 감옥의 통제를 완화시키는 도구이며 강력한 대항력이 된다. 역사를 보면, 1968년의 전 지구적 운동은 그 세계사적 성격을 대개 의식하지 못했다. 1990년대에 처음 나타난 새로운 대안세계화운동은 자신의 국제적인 성격을 이해했을 뿐만 아니라, 끝없는 전쟁과 빈곤의 조직적 성격을 깨뜨릴 수 있는 중요한 역할도 했다. 전 지구적 정의와 민주적 협의의 합리적 형태를 창출하기 위해, 봉기운동은 자발성과 의식 사이의 새로운 관계를 개발하고 행동과 목적을 국제적으로 동시에 이뤄지게 할 필요가 있다. 시민사회의 자의식을 키우고 내적 발화를 자극하는 것은 이미 봉기에서 작동하고 있다. 그 경험적 역사는 특히 남한에서(현대적 사회운동의 풍부한 역사는 《한국의 민중봉기》에서 추적했다) 추적할 수 있다.

운동 내부의 배신뿐만 아니라 자멸적 행동(헤르베르트 마르쿠제가 이 현상에 이름 붙인 '심적 테르미도르')은 봉기를 통해 쟁취한 민중의 이익을 방어하기 위해 필요한 힘을 내적으로 몹시 소진시킨다. 하지만 위대한 승리―베트남 민족해방 투쟁의 약진처럼―가 기업의 세계화와 자본의 권력에 의해 은밀하게 전복되는 구조적 이유도 있다. 전 지구적 반아파르트헤이트 투쟁은 넬슨 만델라를 수십 년간 갇혀 있던 로빈 섬에서 구해내 남아프리카공화국 최고 권력의 지위에 올려놓았지만, 만델라 역시 빈민들을 더욱 괴롭히는 신자유주의 경제정책을 시행하지 않을 수 없었다. 유사하게, 독재에 반대한 동아시아의 봉기들도, 심지어 자본주의에 대항하는 중요한 세력을 포괄했음에도 IMF와 세계은행이 권력을 확대하도록 했다.

현대 혁명의 역사는 가장 강력한 고리를 깨지 않으면 세계 체제를 변혁할 수 없다는 것을 보여준다. 과거의 혁명들은 자본주의를 효율적으로 강화했을 뿐 변혁하지는 못했다. 프랑스혁명과 미국독립혁명에서 러시아와 중국의 혁명까지, 체제는 힘을 끌어내고 지배를 확대했다. 체제가 자신의 업적 대부분을 파괴했을 때에도, 그 붕괴는 변혁과 동일하지 않다. 이름에 걸맞은 자유는 우리가 알고 있는 정치의 전복을 필요로 한다. 그것은 단순히 기존 구조의 개혁이나 거대한 자본 구성체의 붕괴가 아니다. 이후의 장에서 나는 위계적이고 중앙집중적인 정당을 대체할 대안적 형태의 전위 조직, 또한 변혁이 필연적인 전 지구적 자본주의의 구조적 과제를 논할 것이다. 그전에 먼저 1968년 이래 에로스 효과를 보여주는 일화에서 점차 증가하는 자기조직화의 국제적 역량을 추적하고자 한다.

1968년에서 봉기 2.0으로

혁명의 변증법적 과정에서, 역학은 자유의 의미가 그러한 것처럼 지속적으로 변화한다. 전 지구적으로 자각한 운동은 이미 베트남에서 미국 제국주의를 패배시키고, 남아프리카공화국에서 아파르트헤이트를 종식시키고, 동아시아 독재들을 개혁하는 데 도움을 줬다. 이 투쟁들의 유산을 기반으로 인간과 모든 형태의 생명에 적합한 세계를 계속 창출할 수 있겠지만, 이는 우리의 승리와 패배를 주의 깊게 평가할 때에만 가능하다.

시민들은 혁명이 위축되거나 심지어 정반대로 변하는 것을 지켜봤다(미국과 소련에서 일어났던 것처럼). 참여적 흐름과 나란히, 사회운동의 역사는 민중봉기가 과거의 진보적 운동에서 자라난 정당과 조직에 의해 진정되거나 순응하거나 매수되는 역사였다. 프랑스나 이탈리아의 공산주의자들, 체코나 방글라데시의 민주주의자들, 또는 한국이나 프랑스의 노동조합들이 그렇다. 명령을 내리는 지도자들의 상명하달식 단체들이 조직한 의례화된 시위는 '대중들'을 거리로 나서게 하는 데 더 이상 충분하지 않다. 명백히, 레닌주의 유형의 정당들처럼 견고한 엘리트들은 자연적으로 형성된 운동의 개혁주의를 능가하는 데 필요치 않다. 왜냐하면 이 운동들은 스스로 보편적 비판과 자치의 자율적 역할을 발전시킬 수 있기 때문이다. 지난 30년간 동아시아에서 일어난 일련의 봉기는 민중이 전문적 정치인들의 '지도' 없이도 직접 스스로를 조직할 수 있는 역량을 확인했다.

21세기에 사회의 변화 속도가 증가하면서, 최근의 투쟁 전술을 소화하고 변화하는 상황에 새로운 테크놀로지를 적용할 수 있는 민중의 역량도 증가했다. 1968년 이래, 전 지구적 운동의 동원은 1999년에서 2001년까지 대안 세계화 시위 동안 무의식적이고 자발적인 형태에서 '의식적 자발성'의 형태로 변화했다. 아랍의 봄 동안, 봉기의 연쇄반응은 튀니지에서 이집트로, 다시 예멘, 바레인, 시리아와 리비아로 퍼졌고, 진짜 해일로 바뀌었다. 수백만 보통 사람이 거리로 나서서 정권을 바꿀 수 있다는, 성장하는 의식을 증명했다. 시위대의 점점 정교해지는 소셜미디어(페이스북, 트위터, 유튜브, SMS)의 활용과 반란이 국경을 넘어 확산되는 속도에서 21세기 민중권력의 잠재력을 엿볼 수 있다. 누군가 이를 '봉기 2.0'이라고 불렀다. 이것은 인터넷을 사용해 세계의 한 곳에서 다른 곳으로 소식을 재빨리 전파하고, 실시간으로 행동을 조정하고, 직접적으로 전 지구적 목소리를 내는 것과 관련이 있다.

　소셜미디어로 용이해진 동시성은 비옥한 환경에서 성장했는데, 운동은 이미 1968년 이래 국제적 동시성을 위한 역량을 축적해오고 있었다. 그 당시 전 지구적 운동은 자연적 동시성과, 민중이 서로를 직관적으로 동일시하면서 비롯된 국제적 조직화와 함께 등장했다. 4년 뒤 전 세계 민중이 독립을 위한 베트남의 투쟁을 지지하기 위해 단결했을 때, 전 세계적 운동의 상당 부분은 중앙 지도부 아래 움직였다. 1972년 2월 베트남인들이 프랑스 베르사유에서 국제회의를 조직했고, 80개국 이상의 평화운동이 대표단을 파견했다. 대표들은 미국의 전쟁이 얼마나 평판이 나쁜지 보여주기 위해 국제적 시위를 조직하는 투쟁 일정에 합의했다. 베트남에서 부활절 즈음에 어떤 일이 일어나면, 동쪽에서 서쪽까지 시위를 이어가기로 했다. 즉 모스크바에서 파리, 뉴욕, 마지막으로 샌디에이고까지. 샌디에이고에서는 리처드 닉슨 미국 대통령이 8월 공화당 전당대회에서 차기 대통령 후보로 재지명될 예정이었다. 계획된 전 세계적 평화 공세의 시작인 베트남의 부활절 공세 때 남베트남 게릴라 부대의 무기고에서 처음으로 탱크가 등장하자, 전 세계 사람들은 깜짝 놀랐다. 베트남군은 탱크를 분해하여 남부로 옮긴 다음 발각되지 않고 다시 조립했다. 전 지구적 정치운동과 협력하여 베트남의 저항 세력은 꽝찌를 수도로 하는 임시 혁명정부의 구성을 발표했다. 미국의 대응은 파괴를 확장하는 것이었다. 미군 폭격 이후 꽝찌를 찍은 사진에는 벽이 남아 있는 건물이 거의 없다. 당시 1945년 히로시마나 나가사키보다 더 많은 파괴력이 사용됐다고 한다.

　베트남의 국토와 민중에 가해진 끔찍한 야만 행위에도 불구하고, 베트남은 승리하여 국토를 재통일했고 오늘날 더욱 번영하고 있다. 2001년, 프랑스와 미국에 맞선 베트남군 군사령관인 보응우옌잡은 베트남이 미국에 승리할 수 있었던 이유를 요약했다. 미국 내 반전운동은 그의 명부에서 중요한 부분이었다. 수년간 베트남 지도자들은 그들이 전장 전술을 조정할 수 있는 세력으로 성장할 때까지 미국의 운동을 지원했다.⁴ 하지만 전장의 승리는 곧 위에서 가해지는 무제한적 억압에 자리를 내줬다. 베트남이 WTO와 세계은행에 가입하자, 그들의 혁명적 이상은 경제적 번영의 제단 앞에 희생됐다. 그렇지만 경제적 번영은 여전히 베트남의 많은 사람에게 다가가기 힘든 목표이다.

국경을 넘어서 운동이 확산된 이 경우들은 상호 증폭과 협력 작용 과정과 관련된 것으로, 미래의 동원에 중요한 선례이다. 1968년 이후에 분권화된 국제적 조정을 위한 전 지구적 운동의 역량이 발전하면서, 국제적 에로스 효과의 다섯 가지 사례를 확인할 수 있다.

1. 1980년대 초반 군비축소운동
2. 이 책에서 논의한 동아시아 봉기의 물결
3. 소비에트 체제에 맞선 동유럽의 반란들(1장을 보라)
4. 대안세계화운동의 물결과 2003년 2월 15일의 반전 동원
5. 2011년 아랍의 봄

1972년에는 베트남인들이 전 지구적 행동을 중앙에서 조율했지만, 최근에는 어떤 한 조직이 '의식적 자발성'의 물결을 책임질 수 없었다.

신좌파의 명백한 쇠퇴 이후, 미국과 소련이 냉전을 계속 확산시키자 대규모 평화운동이 촉발됐다. 양대 초강대국은 중거리 퍼싱과 SS-20 미사일을 유럽에 배치했다. 이로써 소련과 미국은 서로 직접 공격받지 않으면서 '제한적' 핵전쟁을 수행할 수 있게 됐다. 이 결정적 순간에, 시위가 급속히 확산되어 동시다발적으로 수십만 명이 많은 도시의 거리로 나섰다. 모두 합쳐 수백만 명에 달하는 사람이 파리, 런던, 로마, 브뤼셀, 본의 거리로 나섰다. 1970년대 한 줌의 핵군축 시위대에

서 발전한 엄청난 평화운동이 1980년대 초반 세계사를 바꿨고, 냉전을 끝내고 지구적 힘의 균형을 바꾸는 데 기여했다. 1982년 6월 12일, 100만 명에 가까운 사람이 핵 없는 지구를 요구하기 위해 뉴욕에 집결했다. 그해 가을 1,100만 명이 넘는 미국인이 핵무기 동결에 투표했다. 이런 풀뿌리 동원으로 고르바초프는 독일의 침략을 두려워하지 않게 되었고 동유럽 완충국가들에 대한 통제를 완화할 수 있겠다고 확신했다. 같은 시기에, 동아시아 봉기의 물결은 억압적 냉전 정권들을 붕괴시키고 동유럽의 토착 저항을 증폭시켰다.

냉전이 종식되었으나 평화 배당이 실현되지 않고 전 지구적 자본주의만 강화되자, 수백만 명이 '자발적으로' 거대 기업과 WTO-IMF-WB 축에 도전하기로 했다. 어떤 중앙 그룹이 민중 동원의 초점을 결정하지 않아도, 민중은 스스로 전 지구적 자본주의 체제를 투쟁의 초점으로 삼았다. 전 세계적으로 글로벌 경제 정의와 평화를 위한 풀뿌리운동은 1990년대 고위급 회담에 대항했고, 세계 극빈국들의 부채 탕감과 WTO, IMF, WB의 폐지와 같은 요구를 제기했다. 수십 개국에서 IMF 구조조정 프로그램에 맞선 저항이 일어났다. 1988년 베를린에서 수만 명이 전 지구적 금융 엘리트들의 회의에 맞서자 세계의 은행가들은 계획보다 하루 일찍 회의를 마쳐야 했다. 기업의 지배를 강요하려는 시도에 맞선 거대한 대치가 카라카스(1989)와 서울(1997)에서 벌어졌다.

1998년과 1999년 '전 지구적 카니발'에서 시작하여, 수십 개국의 활동가들은 고위급 회담에 항의하는 투쟁을 동기화했다. 1999년 WTO 회담을 중단시킨 시애틀의 신나는 승리는 '트럭 운전사와 거북이Teamsters and Turtles', 노동자와 생태주의자, 레즈비언 어벤저스와 사파티스타 부대가 모두 통일된 투쟁으로 수렴되면서 새로운 지평을 열었다. 그날 전 세계적 투쟁의 조율로 세계의 수십 개 다른 도시에서도 투쟁이 벌어졌다.[5] 시애틀 이후, 볼리비아 코차밤바(2000)와 페루 아레키파(2002) 같은 곳의 보통 사람들도 공동 천연자원의 사유화 시도에 맞서 투쟁해 중요한 승리를 거뒀다. 아래와 같이 전 세계적으로 고위급 회담이 열릴 때마다 수만 명의 시위대가 투쟁했다.

1. 워싱턴 D. C.의 세계은행 총회(2000년 4월)
2. 타이 치앙마이의 아시아개발은행 총회(2000년 5월)
3. 오스트레일리아 멜버른의 세계경제포럼(2000년 9월)
4. 프라하의 세계은행과 IMF 합동총회(2000년 9월)
5. 다보스 세계경제포럼(2001년 1월)[6]
6. 캐나다 퀘벡 시의 아메리카 정상회담(2001년 4월)
7. 스웨덴 예테보리의 EU 정상회담(2001년 6월)
8. 이탈리아 제노바의 G8 정상회담(2001년 7월)

민중이 엘리트 지배에 맞선 결과, 세계 엘리트들은 사람들이 오기 힘든 외딴 곳에서 회담을 진행해야 했다. 이를테면 2001년 11월 WTO 각료회담은 카타르에서 열렸고, 2002년 G8 정상회담은 로키산맥에서 열렸다.

2001년 9월 알카에다가 세계무역센터를 공격하면서, 고조되던 풀뿌리 대안세계화운동은 상당히 약화됐다. 그럼에도 전 지구적 운동은 미국이 이라크를 두 번째로 공격할 준비를 하던 2003년 2월 15일에 새로운 수준의 동시성을 보여주었다. 2002년 가을 피렌체에서 열린 유럽사회포럼에서 반전시위를 호소하는 목소리가 나왔다. 2월 15일 어떤 중앙 조직도 없이 전 세계에서 3,000만 명이 아직 시작되지도 않은 미국의 이라크 전쟁을 반대하며 거리로 나섰다.[7] 60개국 800개 도시에서 사람들이 전쟁에 반대하기 위해 풀뿌리에서부터 모여들었다.[8] 다마스쿠스에서 아테네까지, 서울에서 시드니, 뉴욕, 로마, 부에노스아이레스까지, 수백만 명이 《뉴욕타임스》가 "제2의 슈퍼파워"라고 이름 붙인 전 지구적 시민사회를 구성했다. 런던에서는 140만 명이 거리로 나섰는데, 도시의 2,000년 역사상 가장 큰 시위였다.[9]

평화에 대한 민중의 열망은 세계의 모든 곳에서 놀랍도록 비슷했다. 이는 전쟁을 강요하고 기업 이익을 요구하는 엘리트들에 비해 보통 사람들의 지혜를 보여주는 또 다른 사례다. 연극 단체들은 아리스토파네스의 반전 희곡 〈리시스트라타Lysistrata〉를 1,000회 이상 무대에 올렸다. 2003년 3월 3일까지, 미국의 50개 주 전체와 최소 다른 59개국에서 1,000회 이상의 공연을 기록했다. 1년 뒤인 2004년 3월 20일 중앙에서 조직한 반전시위가 700개 이상의 도시에서 벌어졌고, 참여자는 200만 명으로 추산됐다.[10]

비록 정상회담 대치와 동원이 전쟁을 끝내거나 하룻밤 사이에 자본주의를 바꾸진 못했지만, 아랍의 봄과 미래의 초국적 동원을 위한 토대를 마련했다. 필리핀의 1986년 봉기, 1987년 한국의 6월봉기, 1990년 네팔의 자나 안돌란, 1992년 타이의 수찐다 타도에 이르기까지, 셀 수 없이 많은 시위가 벌어졌다. 선구적 동원은 민중과 조직을 훈련했고, 한 걸음 한 걸음 실천적 경험을 쌓았고, 대규모 봉기로 결정화하는 귀중한 교훈을 가르쳤다. 구타, 총격, 투옥은 단지 저항을 단련시켰을 뿐이다. 수백만 민중은 어떻게 증가하는 대치가 경기장의 파도타기 응원처럼 퍼져나가고, 직관적으로 다른 곳의 유사한 운동을 동원하며, 마침내 시위가 점점 고양되다 폭발해 독재가 더 이상 유지될 수 없게 되는지를 배웠다.

봉기의 주기는 에로스 효과를 통해 상호관계 속에서 발전했다. 1968년의 전 지구적 폭발에서 광주 이후 아시아의 연쇄적 봉기까지, 1989년 동유럽에서 엘리트 정상회담에 맞선 대안세계화 대치까지, 보통 사람들은 역사의 교훈을 얻었다. 아랍 세계에서 민중봉기의 물결은 보통 시민들이 모든 곳에서 투쟁할 준비가 돼 있다는 사실을 명시한다.

아랍의 봄, 여전한 민중봉기의 물결

1986년에서 1992년까지 6년간 아시아의 봉기들은 독재자 7명을 타도했고, 이는 공간적, 시간적으로 분산되어 일어난 탓에 대부분 알려지지 않은 채 넘어갔지만 분명 엄청난 위업이었다. 아랍의 봄 동안에는 아시아에서 몇 년이 걸렸던 운동의 분출이 몇 주 만에 일어났고 따라서 모두가 알아차렸다. 견고한 엘리트들의 유혈 저항 때문에 소수의 승리만 기록했지만, 격변은 이미 전 지구적 반향을 불러일으켰다. 전 세계 사람들은 카이로에서 18일간 벌어진 영웅적 민중권력 봉기로 쟁취한 놀라운 승리인 '이집트혁명'을 열광적으로 받아들였다. 몇 달 전만 해도, 호스니 무바라크가 이집트인들에 대한 파라오적 통치를 끝내야만 할 것이라는 예측은 우스갯소리 또는 희망 사항으로 간주됐을 것이다. 하지만 무바라크는 권좌에서 쫓겨났을 뿐만 아니라, 수천 명의 사람은 그가 부패 혐의로 재판에 회부될 때까지 침묵을 지키길 거부했다. 시위대를 진압하라는 무바라크의 명령에 따라 체제 세력이 살해한 846명에 대해 누가 처벌을 받을 것인가는 또 다른 문제다.

이집트를 수십 년간 장악해온 무바라크의 권력은 이웃 튀니지의 지방 채소 노점상 모하메드 부아지지의 자살로 촉발된 사건들의 연쇄반응으로 깨졌다. 튀니지에서 민중봉기는 견고한 장기 독재자를 망명지로 쫓아냈다(그의 강력한 부인과 함께, 비행기에 실을 수 있을 만큼의 국부도 함께). 부아지지를 비롯해 알제리, 모리타니, 이집트에서 최소한 8명이 분신하면서 풀뿌리의 강력한 대응을 불러일으켰고, 30년 이상 권력을 쥔 예멘 대통령 알리 압둘라 살레의 퇴임 약속을 얻어냈다. 민중봉기의 물결이 몇 주도 안 돼 바레인, 팔레스타인, 시리아로 퍼지면서, 수백 명, 아니 더 많은 사람이 죽었다. 리비아에서 유럽과 미국의 지원을 받는 정권 반대파가 카다피를 타도하려고 시도하면서 내전이 터졌다. 갑자기 아랍 전역에서, 심지어 사우디아라비아에서도, 독재자들은 서둘러 예방 개혁을 시행했다.

민중의 풀뿌리 권력이 마침내 아랍 세계에 도착했을 때 지역을 휩쓴 현상을 지역주의적 역사로 한정해 이해하는 것은 최근 역사에 대한 오독일 뿐만 아니라 운동의 잠재력을 제한하는 것이다. 범아랍적 감성이 추동력임은 분명하지만 핵심은 아니다. 언뜻 현재의 반란은 아랍 세계에 국한된 것처럼 보이지만, 이는 민족적 경계를 넘어 스페인과 그리스의 '분노한 사람들Los indignados'에도 수용됐다. 곧 그 영향은 가봉, 이란, 중국, 이스라엘에서도 분명히 드러났다. 생활수준 하락에 맞서 투쟁하던 위스콘신의 노동자들도 이집트 봉기에 존경을 표했다. 미국이 타흐리르 광장의 순간에 이르렀는지 질문하면서, 시위자들이 은행가들의 탐욕에 반격을 가하기 위해 월 스트리트를 점거했다. 민중은 뼛속부터 변화의 가능성을 느낀다.

장기적 권위주의 정권의 지배를 갑자기 끝장낸 민중권력 봉기의 최근 사례를 보면, 나는 한국에서 연속 19일간 수십만 명의 민중이 불법으로 거리에 나서 수만 명의 전투경찰과 맞서 전투를 벌였던 1987년 6월봉기와의 유사성에 특히 놀란다. 6월 29일 마침내 군부독재는 대통령 직선제를 요구한 야당에 굴복했고, 그럼으로써 26년 군부 통치가 끝났다. 2011년 2월 11일 이집트처럼, 1987년 서울에서도 6·29선언을 한 인물은 다름 아닌 독재의 2인자였다. 노태우는 진보적 경쟁 후보의 쓰라린 분열과 광범한 투표 조작으로 얼룩진 선거 이후, 한국의 새 대통령이 됐다. 군부가 선거를 허용한 이후 민중의 높은 기대와 낙관은 쓰디쓴 실망으로 변했다.

한국의 민주화가 이집트에 가능한 교훈을 주는 것처럼, 1986년의 필리핀도 마찬가지다. '피플파워 혁명'이 장기 독재자 페르디난드 마르코스를 축출한 지 1년도 안 되어 코라손 아키노의 새 정부는 토지개혁 약속을 지키라고 요구하며 마닐라로 행진하던 토지 없는 농민 21명을 사살했다. 오늘날 필리핀은 점증하는 기아로 고통받으며, 300만 명이 넘는 어린이가 저체중, 저신장 상태다. 1973년 타이의 학생들은 방콕의 거리에서 77명이 총격으로 사망한 이후 증오하던 군부독재를 타도했다. 타이 역사상 가장 자유로운 시기였던 2년간을 보낸 후, 군부는 유혈 쿠데타로 독재를 다시 강제했고 학생 수십 명을 살해했다. 1990년 네팔에서는 62명이 사망한 50일간의 민중시위로 입헌군주제를 쟁취했지만, 몇 년 만에 왕실은 다시 절대권력을 장악했다. 2006년 19일간의 민중권력 봉기가 군주제를 끝냈지만, 체제 세력이 21명 이상의 비무장 시민을 죽인 다음에야 가능했다.

급속하고 예상치 못한 정치적 변화는 21세기에 더욱더 삶의 진실이 되고 있다. 과거 50년간 하이테크 매체는 지구를 유례없이 통일했고, 민중은 정부를 전복한 동시적 민중투쟁의 힘을 인식하게 됐다. 누가 시키지 않아도, 공적 공간을 점거함으로써 민중은 한 도시에서 다른 도시로, 한 나라에서 다른 나라로 확산되는 반란을 시작했다.

무바라크가 전복된 다음 주류 언론의 보도는 주로 오바마와 이집트 군부 통치자들의 책동을 다루지만, 진짜 이야기는 이집트인들이 독재 명령의 수동적 수용자에서 변화를 위한 계기의 능동적 창조자로 바뀌었다는 점이다. 불길한 조짐도 있다. 카이로의 일반 대중은 방콕의 레드셔츠와 옐로셔츠, 마르코스를 타도한 마닐라의 노란 색종이의 교훈을 수용했다. 미국이 '진보'의 제단에 허수아비 독재자 한 명을 희생양으로 올리기로 선택했다는 것은 새로운 사실이 아니다.

지금 새로운 것은 민중권력이 아랍 대중에 수용됐다는 사실이다. 1987년 초 팔레스타인의 첫 번째 인티파다는 지역 민중이 동원된 시민의 힘을 이해하는 길을 닦았다.[11] 시위의 물결이 지역에서 독재자들을 청소하든 아니든, 활성화된 시민의 등장은 누가 권력을 잡고 있는가가 아니라 권력 자체의 형태에 문제를 제기한다. 민중권력의 궁극적 목표는 민중적 형태의 의사 결정의 제도화이며, 엘리트에게서 권력을 빼앗아 풀뿌리 형태로 재구성하는 것이다. 1980년 광주의 민중은 살인적 군대에 포위된 상태에서 아름답게 단결하여 스스로 직접민주주의를 통해 평화적으로 통치했다. 운동의 이런 급진적 잠재력 때문에 바로 오늘날 정치 엘리트들은 앞다투어 체제 변혁이 아니라 권력 최정상의 인물 교체만으로 표면적 변화를 시행하고 있다.

카이로의 청년 활동가들은 무바라크의 축출을 출발점으로 전혀 새로운 형태의 정의, 부자들에게 수치스럽게 수탈당한 민중의 부의 회복, 그리고 최근 거리에서 벌어진 비무장 시민 846명의 도살은 물론 수십 년간 이어진 고문과 독재의 책임자 처벌을 원하고 있다. 이집트에서 누가 승리자로 등장할지 아직은 불분명하다. 평화로운 시위대가 주도권을 잡고 사회를 더 높은 수준의 민주화로 이끌지, 아니면 이보다 더 가능성이 높아 보이는 미국 정치인과 이집트 군인들이 계속 지배할지 여부는 불투명하다. 만약 후자의 경우라면, 실질적 민주주의로 도약하기 위한 현재의 잠재력은 소실될 것이다.

아무도 중동에서 작동 중인 상황의 결과를 확실히 예견할 수 없지만, 역사적 선례는 가능한 결과에 대한 통찰력을 제공할 수도 있다. 중동에서 살해된 시민들의 피는 1980년 광주의 수백 명의 열사처럼 자유의 나무에 물을 줄 것인가? 아니면 그들의 희생은 미국 은행과 전지구적 기업들이 부유한 투자자들의 높은 수익성을 위한 무대로 '측근자본주의'를 대체하는 바퀴에 윤활유가 될 것인가? 의심의 여지 없이 두 경우 모두 가능하지만, 이 사이의 균형은 자유를 위한 투쟁에 계속해서 참여하는 시민들에게 달려 있다. 아시아에서 봉기의 물결은 유례없는 경제 팽창의 시기를 가속화했고, 이집트와 튀니지의 경제도 앞으로 수십 년간 상당히 성장할 가능성이 높은 것 같다. 무바라크가 타도되기 전에, 이집트(인구 8,000만 명)는 코스타리카(80만 명)보다 생산량이 적었다. 이미 새로운 기회가 하이테크와 통신에 열려 있어서 이집트의 미래는 훨씬 유망하다.

혁명과 민중봉기는 반드시 직접적인 결과는 아니더라도, 예상치 못한 결과를 가져온다. 심지어 몇 세대 후에, 민중의 기억과 심리는 과거 투쟁의 물결에서 교훈을 흡수한다. 1979년 이란인들의 용기, 샤와 군대의 지독한 탄압에 맞선 저항은 전 세계 민중에게 뚜렷한 인상을 남겼고, 아이티인들과 필리핀인들이 독재자를 타도하도록 영감을 줬다. 1987년, 나는 이렇게 쓴 바 있다. "1968년 이후에 민중운동은 사회변혁의 수단으로써 공적 공간 점거라는 신좌파 전술을 내면화했으며, 이 전술의 국제적 확산은 샤, 뒤발리에, 마르코스의 몰락을 이끌어냈으며…… 에로스 효과와 동기화된 세계사적 운동의 중요성은 더욱 증가할 것이다."

아랍의 봄을 통해 저항과 공적 공간 점거(1968년에 등장한 전술)의 동시성이 지속적으로 확장되고 수용되었다는 것을 알 수 있다. 현재 외견상 하찮아 보이지만, 오늘날의 전 지구적 운동에는 인류의 역사적 진화에서 그 어느 시점보다 더 많은 활동가가 관여하고 있다. 일반 대중이 우리 자신의 역학에 생명력을 불어넣어 미래로 투사하는 경향은 전 지구적 에로스 효과의 활성화를 위한 것이며, 여기에서 전 세계적으로 동시적 투쟁이 분출하여 국경, 나이, 성, 인종의 경계를 넘어 민중을 하나로 만든다.

에로스 효과의 재검토

제2차 세계대전 이후 우리 자신의 힘과 전략적 역량에 대한 인류의 인식이 점차 커지면서, 수십만 민중에 의한 갑작스럽고 동시다발적인 권력투쟁이 나타났다. 민중운동의 무기고에서 중요한 새 전술인 에로스 효과는 단지 정신의 행위가 아니며, 단순히 '의식적 요소'(또는 혁명 정당)의 의지대로 이뤄질 수 없다. 오히려 에로스 효과는 보통 사람들이 역사를 자신의 손으로 가져가면서 민중운동이 제 권리에 맞는 세력으로서 등장하는 것과 관련이 있다. 에로스 효과의 개념은 자발성의 혁명적 가치를 구원하는 수단이자, 무의식의 가치를 재평가하는 일을 자극하는 방식이다.[12] 감정을 반응과 연결짓는 대신, 에로스 효과 개념은 감정을 긍정적인 혁명적 자원의 영역으로 가져가려고 노력하며, 그 자원의 동원은 중대한 사회변혁을 낳을 수 있다. 헤르베르트 마르쿠제가 이해하듯이, 내적·인간적 본성은 혁명 과정에서 동맹자이다.

보수적 정치 지향에도 불구하고, 카를 융도 본능이 우리의 저항적 행동을 불러오는 방식이라고 인식했다. "문화의 성장은 우리가 아는 바와 같이 인간 안의 동물이 점진적으로 정복되는 과정이다. 그것은 자유를 갈구하는 동물적 본성의 반란 없이는 성취될 수 없는 사육 과정이다. 이따금 문화의 한계 내에 너무나 오랫동안 갇혀 있던 인간들의 대열을 통해 광기의 물결이 지나간다."[13] 융이 보기에 이 내적으로 필요한 변화의 동력은 유럽의 르네상스와 다른 형태의 문화적 표현에서 표출됐다. 특정한 조건 아래서 그것들은 사회적 분출을 만들어낼 수 있었다. "본능적 본성으로부터의 분리는 불가피하게 문명화된 인간을 의식적인 것과 무의식적인 것, 정신과 자연, 지식과 신앙 사이의 갈등으로 몰아넣으며, 이 분열은 인간의 의식이 더 이상 본능적 측면을 무시하거나 억압할 수 없는 순간에 병적으로 변한다. 이 심각한 상태에 몰린 개인들이 축적되면서 대중운동을 촉발한다."[14]

자유에 대한 인간의 본능적 욕구—우리가 직관적으로 꽉 움켜잡는 어떤 것—는 에로스 효과를 통해 집단적으로 승화된다. 비록 현재의 합리적 선택론자들(사람들이 행동하는 핵심적 동기로서 개인의 이익을 강조하는) 이 공동체의 열의를 이해하지 못한다고 해도, 심지어 미스터 X라는 가명으로 쓴 유명한 논설문으로 냉전을 촉발했던 조지 케넌도 1980년대 초반 반핵시위의 물결이 "순수한 생존에 대한 심오한 본능적 주장의 표현"이라고 여겼다. "이 운동은 너무나 강력하고, 너무나 기본적이고, 자기보존의 자연스런 인간 본능에 너무 깊이 뿌리박고 있어서 가볍게 제쳐둘 수 없다."15

행동의 본능적 기초는 광주봉기를 다룬 사회과학자 최정운도 발견했다. 1980년에 일어난 상황을 잘 알지 못했던 최정운은 이후 학문적 관심사의 하나로 봉기를 연구했다. 광범한 연구 이후에, 그는 광주 시민들이 모두가 평등하고 사랑의 유대로 단결한 "절대공동체"를 확고히 했다고 결론지었다. "절대공동체는 전쟁을 위해 인간을 억압하여 만든 군대 같은 조직이 아니었고, 용기 없는 인간들이 동료의 숫자의 힘에 기대고자 모은 '떼거지'도 아니었다. 절대공동체는 이미 존엄한 전사들의 만남이었고 사랑만으로 이루어진 공동체였다. …… 서양 철학에서 이성은 개인, 고독한 개인으로부터 나오는 것이었다. 그러나 5·18민중항쟁은 인간의 이성은 고독한 개인이 아니라 공동체의 일원임을 의식하는 인간들이 이루어낸 것임을 보여준다. 이성은 개인의 능력이 아니라 공동체의 능력인 것이다."16

최정운은 광주에서 발견한 연대에 매우 깊은 인상을 받아서 이렇게 믿게 됐다. "5·18에 나타난 인류과 공동체를 지키는 정신은 결코 이 시대에 국한되지 않는, 역사와 문화를 뛰어넘어 태초에 인류가 탄생한 이래 알 수 없는 미래에까지 울려퍼질 인간의 가장 기본적인 가치인 것이다. …… 그 시절 광주 시민들에게 이런 가치는 너무나 당연한 것이었고 또 한편 그간의 우리 사회의 협소한 정치 담론과 이념의 장에서 이 원초적 가치를 일컬을 말을 찾지 못했다." 20세기 후반 군중행동의 실증적 역사—광주에서 가장 분명하게 드러났다—는 군중의 고정된 범주를 재평가하게 한다. 이 고정된 범주는 광주 민중이 열정적인 지성과 사랑으로 가득한 때에도 그들을 감정적으로 열등하다고 간주하기 때문이다.

그렇다면 에로스 효과는 더 나은 세계를 위한 전술이자 분석적 개념인가? 대규모로 공적 공간을 점거하는 민중의 갑작스러운 등장, 한 도시에서 다른 도시로 이어지는 반란의 전국적 확산, 수십만 명의 직관적인 상호 동일화와 자신들이 행동하는 힘에 대한 동시적 믿음, 일상적 가치(지역주의, 경쟁적 기업 관행, 범죄행위, 탐욕과 같은)의 중지 등 이 모든 차원의 에로스 효과가 광주에 존재했다.

전 세계적으로 풀뿌리운동들을 관통하는 연결고리는 아주 다른 투쟁처럼 보이는 수많은 경향 속에 직관적으로 한데 엉겨 있다. 1970년대 이탈리아 자율주의Autonomia운동을 구성한 수십 개의 자율적 그룹 중에서 가장 눈에 띄는 대도시인디언Indiani Metropolitani은 그들 이전의 이피Yippie와 블랙팬더당, 네덜란드의 프로보와 크리스티아니아의 코뮈나르 등과 유사한 개념을 채택했다.[17] 이들 세 투쟁의 공동체를 연결하는 어떤 조직적 통신수단도 없었고, 오히려 직관과 상식으로 동일한 결론이 자연스럽게 사람들의 가슴속에 흘렀다.

에로스 효과가 활성화되면, 서로에 대한 인간적 사랑과 연대가 갑자기 과거에 지배적이었던 가치와 규범을 대체한다. 경쟁이 협력에, 위계제가 평등에, 권력이 진실에 자리를 내준다. 예를 들어, 베트남전쟁 동안 수많은 미국인의 애국주의는 베트남 민중과의 연대에 압도됐고, 인종주의 대신에 많은 백인 미국인이 베트남인의 삶과 미국인의 삶은 같은 가치를 지녔다고 주장했다(반대되는 취지의 지속적인 언론 공세를 무시하면서). 그 당시 많은 여론조사에 따르면, 미국 대학 캠퍼스에서 베트남 지도자 호찌민이 닉슨 대통령보다 더 인기가 있었다. 에로스 효과의 순간은 수백만 명이 투쟁하는 운동의 열망과 비전을 드러내며, 지도자나 조직, 정당의 성명서보다 훨씬 더 중요한 차원이다.

마르크스주의 개념인 투쟁의 순환과 확산 개념은 투쟁이 서로 영향을 미치는 것을 보여주기 때문에 가치가 있다. 새뮤얼 헌팅턴이 '눈덩이snowballing'라고 불렀던 확산 개념은 하나가 어떻게 다른 것을 낳고 또 다른 것을 낳는지 추적하는 데 도움을 줄 수 있다. 그러나 어느 이론도 에로스 효과의 순간에 일어나는 투쟁의 동시성을 이해시키지는 못한다. 그것은 단순한 연쇄반응도 아니고, A가 B를 낳고 다시 C를 낳는 것도 아니다. 사건들은 여러 지점에서 동시에 발생해 상호 증폭한다. 사건들은 다중적 반복으로 피드백 고리를 생산한다. 수학적 분석 용어로 표현하자면, 투쟁의 확산과 순환이 운동의 발전을 기하학적으로 묘사하는 반면, 에로스 효과는 동일한 발전을 미적분의 용어로 묘사한다고 말할 수 있을 것이다.

새뮤얼 헌팅턴은 '눈덩이' 개념을 단시간에 수많은 운동이 등장하는 것을 설명하는 비유로서 사용했다.[18] 눈덩이는 1950년대 미국의 반공주의를 인도했던 '도미노 이론'의 포스트모던 버전이다. 반란의 단일한 기원점이 있다는 가정을 기반으로 한 그의 개념은 자유 투쟁의 동시적 출현에 대한 놀라운 기쁨이 아니라, 자신이 적에게 포위된 것으로 인식하는 사회적 통제의 중심의 편집증적 분노를 표현했다. 워싱턴의 정책 입안자들과 연결된 헌팅턴은 다중심적 풀뿌리운동의 등장을 이해할 수 없었다. 외부자로서 이 사건들을 목격한 그는 이렇게 믿었다. "그들 사이에 어떤 경제적 연관이 존재하든, 아시아와 미국 사회의 근본적인 문화 차이로 인해 그들이 공동의 집에서 함께하는 것은 불가능하다."[19]

헌팅턴이 눈덩이라고 부른 것은 다른 사람들, 심지어 바버라 엡스타인의 '사회운동산업social movement industry'의 경우처럼 진보적 지식인들에 의해 시위 효과, 확산, 모방, 도미노 효과, 전염 등의 용어로 묘사됐다. 명칭의 수만으로도 이 현상이 최근 중요한 변수로 등장했음을 알 수 있다. '전염' 같은 병리적 명칭과 '확산' 및 '시위 효과' 같은 덜 경멸적인 용어에 내재된 가치의 차이를 제외하면, 이 개념들은 모두 단일한 외적 기원을 가정한다. 이 개념들 중 어떤 것도 상이한 민족들 사이의, 심지어 문화를 초월한 반란의 동시적 출현을 이해하지 못한다. 한 사건이 다른 사건에 미치는 영향이 의문의 여지 없이 분명한데도 운동이 외부에서 비롯되었다고 이해하는 것은 마치 볼링공의 충돌처럼 운동의 내적 논리와 의미에 대해 뭔가 핵심을 놓치는 일이다. 반란의 동시적 등장과 상호 증폭은 대안적 이해이며, '에로스 효과' 개념을 기반으로 한 이해이다. 단순히 시위의 비인과적 과정이라기보다, 에로스 효과는 운동 에너지의 다중심적, 사실은 탈중심적 원천을 이해하는 방식을 제공한다. 헌팅턴에게 동시성은 "불가능"하며 따라서 그는 미리 그것을 배제한다.[20] 헌팅턴의 이론과 법 집행관의 차이는 크지 않다. 1960년대 미국의 시민권운동이 가속화되자, 보안관과 경찰은 자기 도시의 문제에 대해 마틴 루서 킹이나 맬컴 X를 비난했고, 대학 행정 관료들은 자주 '외부 선동가들'이 대학 시위를 야기했다고 주장했다.

프랑스에서는 일련의 투쟁을 통해 활동가들이 에로스 효과와 아주 비슷한 개념을 발전시켰다. "혁명운동은 최초의 불꽃 이후 이곳저곳으로 퍼져나가는 선형적 과정인 전염병이나 산불과 같지 않다. 차라리 음악의 형태를 취하며, 그 핵심 지점은 시간과 공간에서 퍼져나가지만 변주의 리듬을 부여하며 항상 더 높은 밀도를 취한다."[21] 많은 곳에서 풀뿌리 활동은 '과학적' 이해를 무시한 동시성과 자율성을 지닌 이 동일한 현상의 '발견'을 가능케 했다.

소셜미디어가 등장하기 오래전부터 동시적인 전술적 혁신이 서로 다른 곳에서 일어났다. 단 하나의 예를 꼽자면, 1970년 5월 미국이 캄보디아를 침공하고 캠퍼스에서 학생들을 죽이자, 미국 전역의 활동가들이 동시적으로 고속도로를 봉쇄했다. 사람들에게 행동을 지시한 어떤 중심적 조직도 없었다. 사람들이 고속도로의 흐름을 방해한 것은 나라의 다른 곳에서 사람들이 그렇게 하고 있다는 말을 들었기 때문이 아니라, 베트남에서 매일 수백 명의 목숨을 파괴하는 사회를 멈추기 위해서였다. 직접적인 통신선 없이도, 서해안의 활동가들이 5번 국도를 막는 동안, 동시에 다른 지역의 활동가들도 근처 도로에서 교통을 막았다. 전술은 확산의 과정을 통해서 A 지점에서 B 지점으로 선을 그리며 움직일지 모르지만, 어떻게 전술적 혁신이 동시적으로 일어나는지 무시해서는 안 된다.

카를 융에게 동시성은 아주 추상적이고 "표현 불가능"해서 그는 심리가 두뇌와 연결되어 있다는 개념을 완전히 포기해야 한다고 주장했다.[22] 그 대신 원형archetype을 통해 무의식적 충동이 의식에 영향을 줄 수 있다고 이해했다. 그런 본능적 충동은 무의식의 깊은 층, 융이 "계통발생적 기층"[23]이라고 부른 것에 기원을 둔다. 본능적 충동은 먼 과거, 즉 인류가 존재하기 시작한 여명기 공동체주의 세계('원시적 공산주의'라고 부르는 것)의 알려지지 않은 우리 삶으로 의식을 귀환시키는 기능을 한다. 융에게는 "먼 의식적 과거의 기억 외에도, 완전히 새로운 사고와 창조적 관념도 무의식에서 자신을 드러낼 수 있고, 결코 전에 의식하지 못했던 생각과 관념을 나타낸다. 충동은 마음의 검은 심연에서 망연(忘蓮, 망각의 연꽃)처럼 자라나서 잠재 심리의 가장 중요한 부분을 형성한다".[24] 무의식은 합리적이지 않을 수도 있지만, 확실히 합리적인 사고보다 더 사리에 맞을 수 있다. '합리적' 산업화로 야기된 무자비한 자연 파괴에 대해 모든 사람이 느끼는 직관적 혐오감을 생각해보라.[25]

무의식은 자극을 받으면 의식을 향해 흐르고, 이 심리적 과정은 내가 에로스 효과라고 이해하는 것과 매우 흡사하다.[26] 융은 "영혼 속에 내재"하면서, 특히 "과도한 사랑 또는 증오"의 순간에 사물을 변화시킬 힘이 있는 무언가를 언급한다.[27] 사랑이란 융에게 모든 형태의 에로스이지 단순히 섹스가 아님을 지적해야 한다. 융에 따르면, 프로이트는 일차원적으로 우리의 본능에서 나오는 내적 에로스의 필연을 이해하려고 시도했다. 프로이트는 "섹스라는 거친 용어 내에서 제한될 수 없는 에로스를 움켜쥐려고"[28] 시도했다. 생활세계가 상품화되는 역전이 지배적인 우리 시대에, 섹스로서 물화의 절정에 이른 에로스를 다시 되찾을 수 있는가? 마르쿠제에게 정치적 에로스는 "가장 승화된 형태의 아름다움"[29]이었다. 에로스 효과는 본능의 저수지, 집단적 무의식에서 나오며, 본능적 충동이 연대와 사랑의 에로틱한 채널로 승화된 형태이다.

에로스 효과는 직관에 의존하며, 그 동시성이 사회적 통제 센터(경찰)의 눈에 띄지 않도록 하는 수량화할 수 없는 질로서 '과학적으로' 검증이 불가능하다. 융에게 동시적 현상은 마술과 비슷하며 통계적으로 검증 불가능하다.[30] "유의미한 우연의 일치"는 이성적 인식으로 설명할 수 없지만, 그것을 회상하면서 미래의 재현을 위한 기반을 준비할 수 있다. 마치 꿈을 기록하는 일이 꿈에 대한 기억을 향상시키는 것처럼, 에로스 효과의 경우를 상기하는 것도 미래의 사건을 위한 기반을 준비한다. 융에게 혁명적 정신은 감각적 인식의 영역 밖에서 일어난다. "정신의 특징은 첫째, 자연적 운동과 활동의 원칙이다. 둘째, 감각 인식과 독자적으로 이미지를 생산할 자연적 능력이며, 셋째, 이 이미지의 자율적이고 자주적인 조작이다."[31]

에로스 효과의 순간에 시간과 공간이 급격하게 변화하면, 선형 개념을 가정하는 것으로는 무슨 일이 일어나는지 이해할 수 없다. 따라서 에로스 효과의 원인은 학술적 사회과학의 틀 내에서 이해하지 못할 수도 있다. 융은 그런 순간을 이렇게 묘사한다. "나는 세계와 완전히 하나가 되고, 너무나 깊숙이 몰입해서 실제로 내가 누구인지 완전히 잊어버릴 것이다. '자신을 잃어버리다'는 이 상태를 묘사하는 좋은 방식이다. 그러나 단지 의식이 볼 수만 있다면 이 자아는 세계이다."[32] 무의식에서 시간은 존재하지 않으며, 무의식은 왜 봉기의 폭발이 과거와 유사성을 띠는지 이해하는 데 도움을 줄 수 있다. '세계와 하나'가 되는 것은 우리 주위의 사람들과 유대를 맺는 것을 의미하며, 가에타노 모스카가 "도덕적, 때로는 육체적 갈등"에 깔려 있는 "무리 짓기"에 대한 인간의 "본능"으로 인식하는 것과 비슷한 과정이다.[33] 어떤 집중화된 통제력 없이 국부적 상황에 적절한 반응을 하는 똑똑한 집단행동은 이미 순록, 새, 벌, 개미 등에게서 볼 수 있다. 스웜 이론(Swarm theory, 개미나 벌, 새의 무리와 같은 집단은 리더 없이도 효율적으로 조직을 운영한다는 이론—옮긴이)은 1999년 시애틀 시위를 이해하는 적절한 수단인 것 같다. 그 당시 휴대전화, 문자메시지, 인터넷, 사람들의 상식이 "물고기 떼처럼" 모였다가 흩어지고 다시 모이는 "똑똑한 폭도smart mobs"를 창출했다.[34]

이후의 장에서 나는 주류 사회과학이 아시아 봉기의 폭발에 대해 만족스러운 설명을 제공하는지 여부를 논의할 것이다. 나는 그들의 어떤 설명변수도 보편적으로 유효하지 않다는 것을 발견했다(중산층 문턱, J 커브, 종교적 유사성, 탄압 지수 등). 오히려 봉기의 동시성과 상호관계가 더 중요한 것처럼 보일 것이다. 어떤 주류 설명도 아랍의 봄과 같은 일을 예상하지 못했다. 반면 가속화되는 동시적 봉기의 시기에 대한 에로스 효과의 정식화에 따르면 예상할 수 있다. 권위주의적 조직 모델에 기반을 둔 정치적 지도력은 자유를 사랑하는 운동들 사이에서 쇠퇴하는 반면, 봉기의 전형과 동시성의 힘은 점차 강력해진다. 모든 인류에게 충분한 것을 제공할 능력이 있는 세계에서 가장 가난한 주민들 가운데 봉기의 주도자들이 나올 때 특히 그렇다.

에로스 효과의 활성화

미래의 전 지구적 고양은 제2차 세계대전 이래 확장되는 민중의 운동 참여와 국제적 동시성을 보여줄 것이다. 다음 세대의 시위는 치아파스, 카라카스, 광주, 베를린, 시애틀, 2003년 2월 15일과 아랍의 봄까지 이어진 궤적을 따라 폭포처럼 연속적인 전 지구적 공명으로 이 물결들을 넘어설 것이다. 세계 체제의 전 지구적 경향이 수백만 민중의 일상생활에 더욱 큰 충격을 미치는 이때, 국제적으로 협력하는 저항이 더욱더 필요해진다. 에로스 효과를 활성화하기 위해, 시민사회를 구성하는 수천 명, 그다음에 수백만 명의 민중이 행동할 필요가 있고, 기존의 일상적 틀을 부정하고 뿌리 깊은 양식을 부술 필요가 있다. 이 과정은 비록 촉발에는 도움이 되더라도 단지 작은 집단의 의지로 작동되지 않는다. 누구의 도움도 없이, 전 지구적 운동은 지역의 문화를 뚫고 민중의 자유를 제한하는 세계 세력과 대치하는 장기적 민중봉기를 향해 나아가고 있다. 공격 대상이 결정되면, 과녁의 정중앙―인류의 집단적 재산을 탐욕스럽게 비축하는 100명의 억만장자들, 훨씬 더 적은 수의 전 지구적 거대 은행과 기업, 대량살상무기로 무장한 군사화된 민족국가들―에 도달한다.

최근의 역사적 경험에 기초하여, 나는 어떻게 에로스 효과가 의식적 결정을 통해 활성화될 수 있는지 가능성을 엿볼 수 있었다. 1999년 여름 사파티스타들이 인터넷을 활용해 신자유주의에 반대하는 시위를 호소하자, 여러 도시의 활동가들이 반응했다. 정글에서 열린 사파티스타 엔쿠엔트로(encuentro, 활동가들의 국제적 모임)가 국제적으로 동기화된 행동을 호소한 뒤, 런던은 적어도 최근 10년간 최대의 폭동을 경험했다. 처음에 엔쿠엔트로에서 제안해 1999년 2월 전지구적민중행동(PGA)이 결성됐고, 연대와 저항의 국제행진단을 조직하여 63회의 직접행동을 주도했으며, 버밍엄 G8 정상회담과 제네바의 WTO 총회에 맞선 대규모 투쟁에서 그 정점에 이르렀다.[35] PGA의 창립 선언문은 가부장제와 인종주의를 포함한 모든 지배 체제와 자본주의의 명확한 거부를 호소했고, 자율적 그룹으로 조직된 직접행동 대치를 옹호했다.[36] 몇 달 뒤, PGA는 두 번째 '저항의 축제'을 조직해 43개국에서 행동했다(런던 투쟁을 포함하여). 유럽에서 그들은 '거리를 탈환하라' '자본주의에 대항한 카니발' '유로메이데이' 등과 같은 행동을 촉발하는 데 기여했다. 전 지구적 투쟁 달력의 세 번째 저항의 날은 N30(11월 30일)에 정점에 올랐는데, 이날은 지금은 신화가 된 시애틀의 WTO 반대 투쟁으로 유명하다.[37]

이런 사례는 멕시코의 사파티스타들이 전 세계에 미친 영향을 보여준다. 사람들은 그런 종류의 조정을 제공하려면 앞장설 정당이 있어야 한다고 생각했지만, 이 투쟁은 다른 방식으로 증명됐다. 일반 대중에게는 그 자신의 지성, 생명력의 지성, 마음의 지성이 있다. 에로스 효과는 데카르트적 이중성의 지성이 아니라, 특별한 이성의 순간이다. 어떻게 빈약한 무기로 무장한 3,000명의 게릴라들, 주로 가난한 아메리카 원주민인 그들이 멕시코시티, 뉴욕, 런던, 파리, 토론토, 마드리드, 밀라노, 시드니에서 사람들의 지지를 얻을 수 있었는가? 완전한 통제와 지배, 원주민 문화와 지역 자치의 파괴를 추구하는 기업의 세계화는 치아파스 민중의 존엄성을 위한 사파티스타 운동에서 가장 분명한 부정에 직면했다. 북미자유무역협정(NAFTA)이 발효된 1994년 1월 1일 시작한 사파티스타 봉기는 신자유주의적 자본주의 체제의 불의에 맞선 전 세계 풀뿌리 행동의 집중점이 됐다. 이런 국제적 동원 방법이 성공하기 위해서는 호소를 주도한 그룹이 많은 사람들의 마음속에서 사회적으로 정당한 지도부여야 하고, 광범한 헤게모니적 권위를 현명하게 사용해야 한다. 사파티스타 외에도, 광주는 더욱더 그런 국제적 역할을 할 수도 있다. 포템킨 전함처럼, 광주의 투쟁은 다시 한 번 봉기의 시대를 알릴지도 모르며 이는 한국에만 국한되지 않는다.

아무도 튀니지의 작은 마을에서 한 채소 노점상의 자살이 아랍의 봄을 촉발할 것이라고 예상하지 못했다. 심지어 모하메드 부아지지도 자신의 외로운 절망과 분노의 행위가 그렇게 많은 사람 사이에서 공명하리라고 생각하지 못했을 것이다. 지도자가 없는 국면이 흔히 에로스 효과를 낳는 것처럼 보인다. 사랑에 빠지는 것처럼, 에로스 효과가 작동하는 것은 복잡한 과정이다. 우리는 우리를 사랑에 빠지게 할 수 있을까? 우리는 단순히 사랑에 빠진 상태로 계속 머물 수 있을까? 만약 에로스 효과가 지속적으로 활성화된다면, 우리는 전사前史의 영역에서 인간이 처음으로 자신이 살기 원하는 유형의 사회를 스스로 결정할 수 있는 영역으로 넘어가게 될 것이다.

12장
자유로운 코뮌 만들기

혁명에 반대하는 투쟁에서, 의회 공화국은 탄압 조치와 함께 자원과 정부 권력의 집중화를 강화할 수밖에 없음을 깨달았다. 모든 혁명은 이 기구를 분쇄하는 게 아니라 그것을 완성했다.

— 카를 마르크스

지방자치의회라는 부르주아적 이상에 무심한 인민 대중은 코뮌으로 기울었다. …… 아무리 투표로 선출한다고 하더라도 실질적 자유도 없고 국가에 속박된 의회, 학교와 병원의 행정에 대한 권위도 정의와 경찰도 없고 시민들의 사회적 노예 상태를 해결할 능력도 없는 의회에 그들이 왜 관심을 갖겠는가?

— 리사가레

봉기가 일어나는 동안 투쟁하는 민중은 자유로운 사회를 예시하는 새로운 조직적 투쟁 형태를 만들어낸다. 자연적으로 생겨난 조직과 즉흥적 공간 점거는 1973년 방콕의 탐마삿 대학, 1980년 해방된 광주, 1989년 톈안먼 광장, 1990년 파탄(네팔), 1990년 타이베이의 장제스 광장에서 여러 형태의 직접민주주의로 이어졌다. 1968년 5월 사태 동안 파리의 해방된 소르본이 담당한 기능처럼, 그런 일시적인 자율적 공간이 시민사회가 정치를 집어삼키고 국가를 대체하는 순간에 숙의민주주의를 제공한다. 그 공간 안에서는 모두가 일정한 방향으로 움직이려고 하며, 정당, 노조, 기층 집단, 공동체, 개인들은 모두 임박한 변화의 냄새를 맡고 마침내 때가 왔다고 느낀다. 코뮌의 형태는 이 모든 관심의 혁명적 상부이지, 소비에트 공산주의자들이 인민의 의지를 대신한 것처럼 지도적 정당(아무리 올바르더라도)의 획일적 강제가 아니다.

위기의 순간에, 해방 공간은 운동이 계속될지 아니면 체제 세력이 평온을 회복할지 가르는 데 결정적일 수 있다. 에로스 효과가 활성화되는 순간, 그런 공간은 민중의 의지를 정식화하고 실행하는 열쇠가 된다. 그 현장은 운동이 계속해서 비전과 전술을 개발할 수 있도록 해주는 직접민주주의의 장이다. 무바라크 타도 이후 몇 달 만에 이집트의 운동이 다시 타흐리르 광장으로 돌아온 일이 보여주듯이, 공적 공간의 지속적 점거는 기층 집단의 대항 담론을 다시 활성화하고 체제의 포섭 세력에 도전할 수 있다. 운동이 승리하면 이 해방 공간은 자유의 현상적 형태인 코뮌을 낳는다. 코뮌은 지배계층 간의 의례화된 선거가 제공하는 현대 '민주주의'의 환상을 깨부수는 형태의 자유이다.

정부들은 심지어 평온한 순간에도 해방된 공간이 제기하는 위협을 인식한다. 1968년 이래 봉기는 상품 체제의 외곽에서 반문화적 공간이 제공한 피난처가 없었다면 불가능했을 것이다. 치아파스에서 크리스티아니아까지, 오악사카에서 광주까지, 브릭스턴에서 크로이츠베르크까지 많은 사람은 주류의 장소에서보다 이곳에서 더 자유롭게 살 수 있다. 공적 공간의 해방이 세운 모범은 전복적이며, 사람들이 모이는 직접적인 장소를 훨씬 넘어 외부로 영향을 미친다. 자유로운 공간에서 사람들은 아무리 일시적이더라도, 때로 압도적으로 끊임없이 강요되는 돈거래 및 도구적 관계와 단절하는 경험을 할 수 있다. 비록 겉으로는 소외되고 비현실적이며 하찮고 심지어 우습게 보일지라도, 봉기가 최고조에 올랐다가 쇠퇴한 후 잔재로 남은 고립 영토enclave인 이 해방 공간은 민중이 자기 삶의 비전을 새로운 용어로 그려낼 역량을 촉진하는 매우 중요한 역할을 할 수 있다. 민중이 실질적 문제를 협의할 수 있는 모든 공간, 여성의 자율성, 청소년의 심리적 독립성, 기층 집단의 역능감이 충만한 모든 공간의 중요성을 과소평가해서는 안 된다. 이 공간의 전복적 효과는 왜 크리스티아니아가 지속적으로 경찰 침입의 위협을 당했고, 왜 수십 년간 코펜하겐 운동의 중심이었던 웅돔슈세트가 2007년 3월 1일 폭력적으로 철거됐는지를 설명하지 않는가?

중요한 문제를 자유롭게 협의하는 것은 태초 이래 인간의 조건을 정의해왔고, 현대 문명이 아무리 민중의 자율과 선택을 제한하더라도 앞으로도 그럴 것이다. 아테네의 폴리스에서 미국의 주민회의까지, 활성화된 시민들의 민주적 협치 형태는 번성했다. 사람들은 대표를 뽑지 않고 스스로 정보에 근거해 결정했다. 19세기에 알렉시 드 토크빌은 조심스럽게 지적했다. "시민들의 지역회의는 자유국가의 힘을 구성한다. 주민회의와 자유의 관계는 초등학교와 과학의 관계와 같다. 주민회의는 자유를 모든 사람이 누릴 수 있게 한다." 그가 생각하기에 미국 민주주의의 기둥은 "마을 단위에서…… 대의제를 채택하지 않고…… 유권자 기구가 치안판사를 지명한 다음 그들에게 국가의 단순하고 일반적인 감독 업무를 넘어 모든 것을 지시한다"[1]는 점이었다.

1957년 더 최근의 경험에 기초하여, 코르넬리우스 카스토리아디스는 헝가리 노동자 평의회들의 협의적 의사 결정을 민주적 협치의 모델로 평가했다. 카스토리아디스는 정치인들이 공적 영역을 독점화하는 반면, 정치적 문제를 해결할 적절한 공간은 "각 특정 기업의 노동자 평의회와 총회이며, 그 필수적인 공동의 배경은 의견의 대립과 정보를 기반으로 한 정치적 의견의 정교화이다. 이들이 모든 정치적 결정의 궁극적인 주권이 될 것"[2]이라고 인식했다. 미국의 급진적 운동 내에서, 두 가지 분리된 경향의 급진적 민주주의 사상이 이와 유사한 결론에 이르렀다. '혁명적 범공동체주의'를 옹호한 블랙팬더당 지도자 휴이 뉴턴과 '지방자치 사회주의'를 제안하고 정치적 형태의 자유를 직접민주주의와 지역 통치로 정의한 아나키스트 머레이 북친이 그들이다.

지난 2,000년간 유럽과 아시아의 정부들은 자유롭고 공동으로 소유하는 광장을 통제해왔다. 강과 토지에서 친밀한 관계까지, 정부는 우리 일상생활을 허가하고 통제하게 됐고, '전 영역의 통치'를 수립했다. 문화적 식민화는 합의와 직접민주주의에 기초한 본래의 민주적 형태를 파괴하고, 그것을 '민주주의' 명목으로 투표라는 기준에 한정해 민중의 통제력을 약화시켰다. 투표의 물신화는 추상적 개인의 생활세계에서 상품 형태를 반영한다. 투표는 자유와 민주주의를 충족하는 반면, 감수성은 소비주의로 격하되고 에로스는 섹스로 축소된다. 이 생활세계의 식민화를 역전시켜 일상적 권력관계의 상투적 수용을 파괴하려면 비상한 노력과 에너지가 필요하다.

21세기에 소셜미디어는 시민들에게 직접적이고 즉각적인 의사소통, 이전에는 결코 가능하지 않았던 규모의 직접민주주의적 협치를 위한 훨씬 더 큰 역량을 가져다준다. 개인이든 조직이든 고립적 주체는 다양한 주체의 복수성으로 대체됐다. 오늘 구글 닥스에 문서를 작성하는 역량은 내일 새로운 형태의 합의민주주의를 가능케 하는 데 기여할 것이다. 주체-객체 이원성의 철학적으로 새로운 가능성은 데카르트 이래 서양의 정치적 존재를 특징지었는데, 이는 통일된 주체-객체로서 민중의 출현을 통해 해결될 수 있다. 새로운 테크놀로지 내에서 '집단 지성'이 위키피디아 같은 창조물을 통해 새로운 세력으로 떠올랐다. 이 세계에서는 마치 음과 양의 이음매 없는 융단처럼, 정보의 생산자는 소비자이며 동시에 그 역도 성립한다. 웹 2.0은 인류에게 "생산을 조직하는 새로운 양식"의 기회를 준다. 그 새로운 양식은 "급진적으로 탈집중화되고 협력적이고 비소유적이며, 시장의 신호나 경영진의 명령에 의존하지 않고 서로 협력하려는, 광범하게 분포되고 느슨하게 연결된 개인들 사이에서 자원과 생산물의 공유에 기초한 양식"[3]이다.

1871년 파리코뮌과 1980년 광주봉기 동안 살아난 과거의 두 코뮌은 구체적 경험에서 민중의 직접적 정치 참여의 역량과 필요를 드러낸다. 이 역사적 경험 동안 코뮌 형태의 자유는 정치의 미래를 투영할 낙관적 근거를 제공한다.

파리코뮌에서 광주봉기로

현대 세계사의 두 사건에서 수십만 명의 보통 사람은 스스로 통치하며 자생적 역량의 독특한 횃불을 들었다. 1871년 파리코뮌과 1980년 광주봉기가 그것이다. 두 도시에서 정부에 반대하는 비무장 시민은 '법과 질서'를 재확립하려는 무장한 군사력이 있는데도 도시 공간을 효과적으로 통제했다. 수십만 민중은 효과적이고 효율적으로 전통적 정부 형태를 대체한 민중적 정치권력 기관을 창출했고, 해방기 동안 범죄율은 급락했으며, 민중은 서로 새로운 형태의 동류 의식을 느꼈다.

두 사건 사이에는 주목할 만한 접점이 존재한다. 이 해방된 영역에서 수많은 유사한 역학이 발생했다.

- 민주적 의사 결정을 위한 민중적 기관의 자연발생적 등장
- 아래에서 시작된 무장 저항
- 도시에서 범죄행위 감소
- 시민 사이에 진정한 연대와 협력이 존재
- 계급, 권력, 지위에 따른 위계제 중지
- 참여자 내부의 분열

파리코뮌처럼, 광주의 역사적 의의는 국제적이다. 그 교훈은 동과 서, 남과 북에 똑같이 적용된다. 1980년 민중봉기는 이전 혁명의 순간처럼 계속 국제적 반향을 유지한다. 투쟁의 상징으로서 광주는 다른 사람들이 행동하도록 계속 영감을 준다. 광주봉기는 보통 사람들이 권력을 자신의 손으로 쟁취한 사례로서 이후 동아시아 사건들의 선구였다. 1996년 홍콩의 아시아인권위원회 활동가 산지와 리야나제는 봉기의 이런 차원을 다음과 같이 표현했다. "'민중의 권력'은 매우 강력해서 폭력적 억압 수단으로 파괴할 수 없다. 민중에서 나오는 이 같은 권

력은 여러 세대에 걸쳐 지속될 정신을 퍼뜨린다. 광주는 '민중권력'으로 가득 찬 도시이다. 1980년 광주에서 일어난 것은 단지 고립된 사건이 아니었다. 광주는 여전히 잔인하게 억압적인 정권과 군사정부로 고통받는 많은 사람에게 새로운 빛과 희망을 주었다. …… 광주 민중이 선동적 투쟁을 수행하려는 힘과 의지는 아주 인상적이었다. …… 오늘날 많은 사람이 그들을 존경하고, 그들이 성취한 것에 대해 찬사를 바친다. …… 나는 그들의 용기와 정신에 영감을 받았다. 광주는 억압되지 않는 민중권력을 상징하는 특별한 징표로 남아 있다. 그 징표는 많은 사람에게 희망의 불길이다."4

이 봉기들의 가장 중요한 역사적 유산은 인간 존엄의 확인과 자유로운 사회의 예시이다. 파리코뮌처럼, 광주 민중은 이길 수 없는 세력에 맞서 자생적으로 들고일어났다. 파리 봉기의 오랜 전통처럼, 광주 민중은 근대의 1894년 농민전쟁과 1929년 학생 저항, 1980년 봉기까지 되풀이하여 한국에서 혁명의 도래를 알렸다.

두 봉기는 불의에 대한 불만이 쌓이면서 생성되어 극단적 사건들로 촉발됐다. 파리코뮌은 1871년 프로이센-프랑스 전쟁 말기에 승리한 프로이센인들이 프랑스 수도를 장악하기 위해 이동하면서 발생했다. 프로이센에 완전히 굴복한 프랑스 정부에 파리 시민들은 격노했고, 3월 18일 파리의 국민군이 비교적 피를 덜 흘린 쿠데타로 도시 통제권을 장악했다. 정부군이 공격해왔지만, 코뮈나르들은 프로이센 정복자들이 무장을 지원한 프랑스 군대에 맞서 70일간 버텼다. 코뮈나르들은 국방을 조율하고 파리 시민들의 일상적 필요를 충족한 기능적 정부를 수립했다. 두 번의 선거가 열렸고, 선택된 대표들은 강력하게 민주적 방식으로 해방된 도시를 통치하려고 노력했다. 마침내 5월 28일 압도적 군사력이 봉기를 분쇄했고, '피의 일주일' 시가전에서 수천 명이 살해됐다.

한 세기 후 광주의 민중봉기는 군대의 화력이 몇 배나 증가한 시대에 일어났다. 도시로 진군하는 외국 정복군은 없었지만, 그럼에도 시민들은 자기 정부의 군부독재(미국의 지원과 교사를 받은)에 맞서 반란을 일으켰다.[5] 정예 공수부대가 광주 민중에게 끔찍한 야만 행위를 저지른 후에, 수천 명의 민중이 용감하게 싸워서 군대를 도시에서 몰아냈다. 그들은 해방된 공간을 6일간 지켰고, 이는 파리코뮌보다는 훨씬 짧은 기간이었다. 해방된 광주에서는 매일 수만 명의 민중이 참여한 시민 집회에서 오랜 세월의 좌절과 억눌린 열망을 표현하는 보통 사람들의 목소리가 터져나왔다. 지역 주민 그룹들은 질서를 유지했고, 새로운 유형의 정부, 곧 민중의, 민중에 의한, 민중을 위한 정부를 창출했다. 1980년 5월 27일, 파리코뮌이 109년 전에 분쇄된 날 하루 전에 광주코뮌은 군사력에 압도당했다.

봉기를 억제하고 봉기가 확산되는 것을 막기 위해서, 기존 정부는 두 도시를 고립시켰다. 그럼에도 불구하고 지방에서 고립된 파리코뮌은 많은 지지자를 찾았고, 비슷한 코뮌 실험이 마르세유에서 투르까지 많은 도시에서 분출했다. 파리에서 코뮈나르들은 반란을 확산하기 위해 편지를 채운 풍선을 지방으로 날려 보냈고,[6] 농민들을 위한 이 회람은 성공적으로 전달됐다.[7] 광주에서 반란은 최소한 전라남도의 인근 16개 시·군으로 확산됐다. 많은 사람이 반란을 퍼뜨리기 위해 광주 주변의 군사 저지선을 뚫으려 시도하다 살해됐고, 방어를 돕기 위해 광주로 들어가려던 수십 명이 더 죽었다.

화가 쿠르베가 방돔 광장의 기념비를 부수는 등 여러 가지 방식으로 코뮌을 지지하는 예술가 그룹에 참여했던 파리처럼, 광주의 예술가들도 중요한 역할을 했다. 마당극 집단(극단 광대)은 집회를 조직하는 데 중심 역할을 했고, 홍성담과 시각 예술가들은 운동을 위해 포스터를 만들고 일간신문 제작을 도왔다.

두 도시에서 모두 봉기를 배신하고 정부를 지지한 사람들(코뮌을 방해하고 파괴하기 위해 코뮌 내부로 침투한 첩자와 파괴 공작원을 포함하여)이 꽤 많았다. 광주의 정부 첩자들은 도청 지하실에서 기폭 장치를 제거하여 화순광부들이 가져온 다이너마이트를 쓸모없게 만들었다. 파리코뮌 동안, 작은 무리의 코뮈나르들이 도시를 굽어보는 요새 중 하나를 지키는 초소를 떠나기로 결정해서 가장 전략적인 위치를 잃어버렸고, 반동 세력은 곧 그 초소를 이용해서 대포로 파리를 폭격했다. 파리는 내부의 적으로 '가득 차' 있었고, 방돔 광장과 부르스에서 베르사유와 지속적으로 접촉하는 '충성스러운' 시민들이 선동한 폭동이 일어났다. 광주의 '독침 사건'은 일련의 내부 문제 중 가장 유명한 사건일 뿐이었다.[8]

파리와 광주 코뮌의 해방된 현실은 인간이 본질적으로 악하기 때문에 질서와 정의를 유지하기 위해 강력한 정부가 필요하다고 광범하게 선전되는 신화와 모순된다. 오히려, 이 해방의 순간 시민들의 행동은 자치와 협력의 타고난 역량을 드러냈다. 엄청난 야만성과 불의로 행동한 것은 자율적으로 통치한 민중이 아니라, 패배한 국가의 세력이었다. 국가의 야만성을 보여주는 다음의 묘사를 읽으면, 파리에서 일어난 일인지 아니면 광주에서 일어난 일인지 구별하기가 어렵다.

"너희는 무엇을 하든 끔찍하게 죽을 것이다! 만약 손에 무기를 든다면, 죽음을! 자비를 구한다면, 죽음을! 오른쪽, 왼쪽, 뒤로 앞으로 위로 아래로 어느 쪽으로 돌든, 죽음을! 너희는 단지 법 외부에 있을 뿐 아니라 인류 외부에 있다. 나이나 성별도 너희와 가족을 구하지 못할 것이다. 너는 죽겠지만, 먼저 네 부인, 누이, 어머니, 아들과 딸, 심지어 요람에 있는 아기까지 고통을 맛볼 것이다. 네 눈앞에서 부상자는 구급차에서 끌려나와 총검으로 난도질당하거나 개머리판으로 짓이겨질 것이다. 그자는 부러진 다리나 피 흘리는 팔을 잡혀 산 채로 끌려가 고통스러워하고 신음하는 쓰레기 더미처럼 시궁창에 던져질 것이다. 죽

음을! 죽음을! 죽음을!"⁹

1871년과 1980년 모두, 해방의 평온한 나날이 유혈 사태로 끝난 후 야만적 탄압이 유행처럼 펼쳐졌다. 파리코뮌 이후 처형된 사람들의 수는 3만 명에 이르며, 이는 프랑스 제국의 머나먼 태평양 보호령에 즉결로 추방된 수천 명은 포함하지 않은 수이다.¹⁰ 광주에서는 훨씬 적은 사람들이 죽었는데, 이는 자국의 시민을 살해할 수 있는 정부 권력이 쇠퇴했다는 증거이다. 비록 오늘날 공식 사망자 집계는 200여 명이지만, 대부분의 사람은 그 당시 봉기 동안 2,000여 명이 죽고 수백 명이 실종됐다고 믿었다. 심지어 광주코뮌이 무자비하게 분쇄된 이후에도 봉기에 대한 소식은 너무나 파괴적이어서, 군부는 알려지지 않은 수의 시신을 불태우고 다른 시신은 묘비 없는 무덤에 묻고 기록을 파괴했다. 군부는 봉기에 대해 공개적으로 말하는 것을 막기 위해 수천 명을 체포하고, 학살에 대한 속삭임마저 탄압하려 수백 명을 고문했다. 적어도 10여 명이 학살의 진실을 주장하면서 자살했다. 탄압에도 불구하고 광주의 민중은 새로운 형태로 봉기를 지속했고, 궁극적으로 미국이 지원하는 군부독재를 타도하도록 한국을 이끌었다.¹¹ 광주처럼 프랑스에서도 수년 간의 탄압은 진실을 억누르려고 애썼다. 경찰은 장례식을 방해하며 공개적으로 운동과 연관된 사람의 경건한 매장을 허락하지 않았다. 이런 관행은 1887년까지 지속됐고,¹² 남한에서도 최소한 1987년까지 계속됐다.¹³

두 봉기는 장기간의 경제성장 이후에 일어났다. 비록 억압적이었지만, 박정희의 유신 체제는 노동계급을 초과 착취한 대가로 1970년대 한국 경제에서 커다란 성과를 거두었다. 노동자들은 장시간 노동, 저임금, 민중의 기본권에 대한 체계적 탄압을 받아야 했다. 프랑스에서는 루이 나폴레옹의 제2제국 동안 생산이 팽창했다. 1853년에서 1869년 사이에, 농업은 78퍼센트, 공업은 53퍼센트, 건설업은 106퍼센트 성장하고 수출은 164퍼센트 증가했다. 1860년에서 1870년 사이 국민소득은 24퍼센트 증가하고, 실질임금도 1852년에서 1869년까지 20퍼센트 늘어났다.[14] 비슷하게 한국에서도 1968년에서 1979년 사이에 농업 생산량이 82퍼센트 증가했고, 공업은 746퍼센트, 건설업은 3.6배, 수출은 33.1배, 국민소득은 16.8배 증가했다. 1980년 광주와 1871년 파리의 주변 지역은 농업에서 공업으로 비슷한 이행 과정을 거치고 있었고, 이 경향은 농촌에서 도시로 거대한 이주를 불러왔다. 1872년에 실시된 인구조사는 프랑스 산업 노동자의 수를 노동력의 44퍼센트로 집계했지만, 100명 이상의 노동자를 고용한 공장은 15개에 불과했고, 100여 개의 공장이 20~50명의 노동자를 고용했다.[15] 비슷하게 1980년 광주는 많은 소규모 공장의 본거지였고, 이는 더 높은 형태의 산업화로 이행하는 과정에서 나타나는 특징이다. 1866년 49.8퍼센트의 프랑스 국민이 1차산업에서 일했고, 28.9퍼센트가 2차산업(제조업)에서, 21.3퍼센트가 서비스업에서 일했다.[16] 1975년에 45.9퍼센트의 한국 국민이 1차산업에서 일했고, 19.1퍼센트가 2차산업, 35퍼센트가 서비스업에서 일했다.[17]

두 봉기에서 여성들은 가부장적 노동 분업에서 전통적으로 여성의 역할이라고 생각해온 영역 내에서 지원을 조직했음에도 중요한 역할을 수행했다. 강력한 페미니즘 정서가 파리에서 나타났고, 특히 국제노동자협회(IWA)의 대열 내에서 두드러졌다. IWA 러시아 지부의 젊은 회원인 엘리자베스 드미트리예프는 파리 방어 및 부상자 치료를 위한 여성연합을 건설하는 데 기여했다. IWA는 양성평등과 성매매 폐지를 요구했다. 여성연합은 코뮌의 많은 행동위원회에 참여했고, 또 극빈자에게 무료 급식을 제공하는 라 마르미트 식당 같은 노동 협동조합을 조직했다. 첫 선거 때는 투표를 거부당했지만, 여성은 새로 구성된 체제에서 투표권을 얻었다. 광주에서는 여고생들이 많은 시신을 수습하고 부상자 치료를 도왔다. 비록 소수의 남성이 도청과 도시 전역에서 공동 식사 준비에 참여했지만, 모든 사람에게 음식이 제대로 돌아가는지 살피는 것은 주로 여성들의 몫이었다. 광주에서는 일부 여성만 봉기 동안 무기를 소지했지만, 파리 국민군의 별도 여성 대대는 프로이센과 프랑스 동맹군이 공격할 때 블랑슈 광장을 방어하기 위해 싸웠다.

광주와 파리의 차이

이 두 역사적 사건의 차이는 꽤 분명하다. 앞서 언급한 것처럼, 파리코뮌은 3월 18일 봉기가 시작되어 5월 28일 최종 진압될 때까지 약 10주간 지속됐다. 반면 광주봉기는 5월 22일부터 27일까지 겨우 6일 동안 해방된 광주를 지켰다. 그러나 이런 정치적 사건에서 시간은 핵심 변수가 아니며, 적어도 우리가 일반적으로 평가하는 것과는 다르다.

1789년 대혁명 때 들고일어난 사람들처럼, 코뮈나르들은 교회를 적의 영토로 생각했다. 4월 첫 주에 주로 풀뿌리 세력의 주도로 200명 이상의 사제를 체포했다.[18] 아무도 시키지 않았지만, 사람들은 수많은 마을 교구를 접수해 마을회관, 고아원, 가족 피신처, 도시 빈민들의 휴식처로 바꿨다. 공동체의 민원을 논의하기 위해 마을 사람들을 교구로 소집했다. 대조적으로 광주에서는 교회가 봉기를 지원하는 중요한 역할을 했다. 많은 교회가 교구 주민들이 봉기에 대해 논의하고 자신의 역할을 결정하는 모임 장소가 됐다. 가톨릭 사제 조비호는 전선에서 젊은 투사들과 많은 시간을 보냈고, YMCA와 YWCA는 일부 가장 급진적인 저항 세력의 조직화 중심지였다. 해방된 광주에서는 아무도 처형되지 않았다. 파리에서는 코뮌의 몰락을 앞두고 파리 대주교와 몇몇 사제가 처형됐다.

파리코뮌에는 다양한 유럽 국적의 사람들이 포함됐다. 이탈리아인, 폴란드인, 독일인, 스위스인, 심지어 러시아인들도 평등하게 참여했다.

한동안 파리 방어를 담당한 사령관은 폴란드인 야로스와프 돔브로프스키였고, 헝가리인 레오 프랑켈은 정부에 선출되어 노동부 장관이 됐다. 광주에서는 지리적 또는 언어적 장벽으로 운동에 참여한 외국인이 거의 없었지만, 외국인을 환대하는 한국인의 성향은 기자와 심지어 선교사까지 환영했고, 그들은 공적으로나 사적으로 갈채와 도움을 받았다.

더 중요한 차이는 광주에서는 파리 국민군과 같은 기존의 군대가 권력에 맞선 공격을 이끌지 않았다는 점이다. 해방된 광주는 정부의 계략이나 정당들의 계획 없이 조직됐다. 오히려 공수부대의 잔인한 행위에 맞선 자생적 저항 과정이 남성들과 여성들을 역사적 사건들의 구체적 맥락 속에서 난국에 대처할 수 있도록 앞으로 나서게 했다. 많은 사람이 과거에 정치적 경험이 전혀 또는 거의 없었다. 군 복무는 모든 남성에게 의무였지만, 일부는 공식 교육을 전혀 또는 거의 받지 못했다. 20세기 후반에, 광주봉기는 군부독재나 소수 기득권층보다 수백만 민중이 훨씬 더 현명하게 스스로 통치할 역량이 있음을 보여주는 하나의 사례다. 민중의 직접적 자치 역량(뿐만 아니라 엘리트 지배의 치명적인 불합리성)은 광주봉기의 사건들에서 너무나도 분명히 드러났다.

쿠데타를 전개할 어떤 기존 조직도 없었을 뿐만 아니라, 봉기가 시작됐을 때 알려진 운동 지도자들은 체포됐거나 숨어 있었다. 5월 17일 밤에 군 첩보 기관과 경찰은 시 전역에서 활동가들의 집을 습격해 운동의 지도부를 체포했다. 잡히지 않은 사람들은 대부분 도시를 떠나 숨었다. 그럼에도 처음에는 학생들이, 다음에는 전 도시가 자발적으로 단결해 군대를 몰아낸 다음 평화적으로 자치를 실행했다. 심지어 엄청난 유혈 사태 속에서도 그들의 직접민주주의 역량은 명백했다. 5월 20일, 수만 명의 민중이 금남로에 모여 〈우리의 소원은 통일〉을 노래했다. 공수부대가 노래하는 군중을 곤봉으로 위협해 해산시켰지만, 5,000명의 대오가 다시 모여 길에서 농성했다. 그런 다음 그들은 대표

자를 뽑아 군대와 경찰을 분리하려고 했다.¹⁹

광주에서 수만 명의 민중이 참여한 일일 집회는 의견의 차이를 드러내고 다양한 시각을 표현하는 직접민주주의 토론장을 제공했다. 모든 계층의 민중이 전체 시민에게 연설할 수 있었고, 그중에는 연대를 약속한 조직폭력배 두목도 있었다. 구두닦이 소년, 성판매 여성, 보통 사회의 '바닥'이라고 간주되는 사람들이 해방된 도시에서 평등하게 참여했다. 파리에서는 선출된 지도자들이 민중을 위해 결정을 내리고 포고를 발표했던 반면, 광주 민중은 직접 결정을 내렸다. 그렇게 내린 두 가지 중요한 결정은 군대에 항복하지 않는다는 것(많은 사람이 주장한 대로)과 수감 중인 수십 명을 석방하는 대가로 수백 정의 무기를 군대에 돌려준다는 것이었다. 시민들이 투쟁의 필요를 주장하면, 즉각 그룹을 구성하여 적절한 조치를 취했다.

광주의 총회와 직접민주주의와 달리, 파리에는 다양한 대의적 권력 구조가 존재했다. 프로이센과 전쟁을 벌이는 동안, 1870년 8월 11일 프랑스 정부는 이미 유산계급에서 선발한 60개 대대와 나란히 싸울 새로운 국민군 200개 대대를 빈민 계급에서 선발해 조직했다. 1871년 2월 8일 새로 선출된 국민공회가 프로이센에 항복하기로 표결하자, 민중은 그 결정을 증오했고 국민군은 민족자존의 유일한 원천이 됐다. 3월 15일, 약 215개 대대가 복살Vauxhall에서 총회를 열고 가리발디를 국민군 총사령관으로 선포했다. 같은 모임에서, 각 지역에서 선출된 대표자 30명이 자신을 소개했다.²⁰ 기존의 260개 국민군 대대 중에서 최소한 215개 대대의 지지로, 그들의 지도자들은 3월 18일 권력을 장악했다. 파리의 20개 지구당 3명의 대표로 구성된 국민군 중앙위원회가 사실상 새 정부가 됐다. 파리는 이미 설립된 조직과 정당으로 가득했고, 마르크스가 속한 IWA도 그중 하나였다. 3월 초, IWA 파리 지부는 아직 명확한 정치적 강령이 없었다.²¹

새로운 정치체제를 정당화하기 위해 3월 26일 선거가 열렸고, 남성 28만 7,000명이 투표했다(여성은 아직 선거권이 없었다). 코뮌의 90인 위원이 선출됐지만, 거기엔 15명의 정부 지지자와 정부에 반대하고 3월 18일 "내란"에도 반대하는 9명의 시민도 포함됐다.[22] 다음날 오텔 드 빌(시청)에서 열린 결과 발표와 새 정부 취임식에 20만 명이 참석했다. 모두가 발언권을 가진 광주 민주광장의 자유로운 집회와 달리, 파리의 군중은 대표자들이 선서하는 모습을 지켜본 다음 그냥 떠났다. 새로 선출된 정부는 여성 선거권, 교회와 국가의 분리, 빵집의 야간노동 금지, 빈민의 밀린 집세 면제, 반동적 사제 체포, 버려진 공장의 재가동, 노동자에 벌금 부과 금지 등을 선포했다. 마지막 조치로 노동자들은 전당포에 맡긴 연장을 되찾을 수 있었다.

그러나 선출된 대표들은 고려해야 할 유일한 권력이 아니었다. "공화파 중앙위원회(국민군을 배출하고 군주제나 엘리트 지배보다 민주주의를 선호하는 지역 협회들에 기반을 둔)가 그림자 정부로 활동했다."[23] IWA 및 노동자협회연합(FCWS)과 함께 3개의 분리된 그룹이 각각 코르드리 광장에서 첫 모임을 소집해서, 때로는 함께 선언을 발표하고 때로는 서로 대립하기도 했다.[24] 많은 지구에서 별도의 소위원회가 구성되어 시민들에게 서로 다른 지침을 발표했다. 게다가 국민군 사령관들도 부대에 독자적인 명령을 내렸다. 지침의 불협화음 속에서, 야전의 장교들은 때로 상충하는 세 가지 명령을 받았다. 선출된 의원들의 명령은 자주 권위를 주장하는 다른 그룹들, 중앙위나 공화파 지구 협회들에 의해 뒤집히기도 했다. 그 결과 선출된 정부는 실제로 무력했고, 군사 문제에 대해서는 중앙위와 경쟁을 벌였으며, 자율적 지구 협회들에 정치 권력을 빼앗겼다. 새 정부는 파리를 운영하기 위해 가장 급진적인 노동회관을 포함한 9개 위원회를 창설했지만, 이 위원회들은 효과적으로 일하지 못했다. 풀뿌리 포병대위원회는 정부의 육군성과 대포를 어디에

배치할지 논쟁을 벌였고, 각자 다른 장소에서 대포를 통제했다.[25]

비극적이게도, 선출된 정부는 구성원 사이의 개인적 적대로 허우적거렸고, 복무를 거부하거나 사임한 선출직 대표들이 빠져나갔다. 가장 중요하게, 새 정부는 코뮌의 원수인 옛 정부에 충성하는 자들에 의해 내부적으로 약화됐다. 공개적 종교 행사의 예산 삭감 같은 중요한 문제에 정신을 빼앗긴 정부는 즉각적 관심이 필요한 긴급한 군사 문제를 무시했다. 장군들은 상임 대표들에게 자세한 군사 정보를 알리는 수고조차 하지 않았다.[26] 중앙위 지도자들이 몽발레리앵 요새(코뮈나르들이 장악하고 있다고 믿었던 전략적 진지)의 함락 소식을 들었지만 정부는 이를 대중에 알리지 않았고, 우호적 진지라고 생각한 곳에서 총격을 받아 용감한 코뮈나르들이 수없이 죽었다.

잘못된 결정 또는 결정의 부재는 곧 흔한 일이 됐다. 대표자에 의존하는 것이 민중 스스로 통치하는 것보다 열등함을 보여주는 데는 단 하나의 예로 충분하다. 파리에 있는 대포 1,200문 중에서 겨우 200문을 코뮈나르들이 사용했고, 노련한 포병 2,500명 중에서 겨우 500명만 계속 근무했다.[27] 마침내 5월 1일 34 대 28의 표결로 대의 체제가 붕괴하자, 정부는 "모든 위원회를 총괄하는"[28] 공안위원회를 창설했다.

보통 파리 시민들은 대의정부를 선호하지 않고 대신에 직접민주주의를 원했던 것 같다. 리사가레가 말하는 것처럼 "지방자치의회라는 부르주아적 이상에 무심한 인민 대중은 코뮌으로 기울었다. …… 아무리 투표로 선출한다고 하더라도 실질적 자유도 없고 국가에 속박된 의회, 학교와 병원의 행정에 대한 권위도 정의와 경찰도 없고 시민들의 사회적 노예 상태를 해결할 능력도 없는 의회에 그들이 왜 관심을 갖겠는가? 인민들이 추구했던 것은 자신들이 처한 상황을 개선하는 일에 직접 참여할 수 있도록 허용하는 정치 형태였다. 그들은 모든 헌법과 모든 대의정부가 이른바 선출된 대표자의 의지와 반하는 것을 보았고, 더욱더 전제적으로 변하는 국가권력은 노동자들에게서 심지어 자신의 노동을 방어할 권리조차 박탈했으며, 숨 쉬는 공기마저 지정하는 이 권력은 항상 자본주의적 약탈에 개입하길 거부했다".²⁹

여기에서 파리와 광주의 가장 중요한 차원을 볼 수 있다. 다음 지배자를 선택하는 단순한 선거보다 훨씬 더 자율권을 행사하는 체제인 실질적 민주주의를 요구함으로써 파리와 광주의 민중은 자유가 미래에 취할 형태의 궤적을 보여준다. 마침내 파리에서 선거가 실시돼 전시 상태에서 점증한 권력이 공안위원회의 손아귀에 집중된 반면, 광주에서는 임박한 침공의 위협에도 불구하고 민중이 결연하게 코뮌 형태의 숙의민주주의를 유지했다. 심지어 군대가 위협을 가하고 해방의 마지막 날이 다가왔을 때에도, 많은 인근 도시의 별도 지부와 함께 집회와 저항을 용이하게 할 새 구조를 창출했다. 새 지도부는 총회를 대신하여 결정하는 것이 아니라, 자신을 총회의 결정을 용이하게 하는 수단으로 인식했다.³⁰

군대의 역할

두 코뮌은 궁극적으로 군대에 압도당했다. 파리코뮌 동안, 정규군의 모든 부대가 코뮌 쪽으로 넘어갔다(비록 대부분이 정부에 충성하고 프로이센의 편에서 싸웠지만). 코뮌의 편에 섰던 군부대들은 때로 규율이 없었다. 한 목격자에 따르면 "포병 대대는 실제로 더 완전하게 법 그 자체였고, 독자적인 지구위원회를 두고 주력인 국민군 중앙위원회에 통합되는 것을 거부했다".³¹ 비록 코뮌이 투사 6만 명, 머스킷총 20만 정, 대포 1,200문, 요새 5개, 몇 년간 쓰기에 충분한 탄약을 확보하고 있었지만, 혼란과 다중심적 권위 체계 때문에 결정적 행동을 취하기 어려웠다.³² 1871년 3,000명의 블랑키주의자가 있었지만, 프랑스은행을 접수하려는 어떤 시도도 하지 않았다.³³ 루이즈 미셸은 마지막 피의 일주일에 1만 5,000명의 민중이 군대와 대결하려 나섰지만, 5월 21일 베르사유군이 처음으로 파리로 밀고 들어왔을 때 대규모 군중은 튈르리 정원에서 연주를 경청하고 있었다고 전한다.³⁴ 실제로 적의 파리 입성을 감시하는 고지대에 전략적으로 배치된 한 부대는 진지를 포기하기로 결정했고, 그럼으로써 치명적인 최후의 공세에 파리로 향하는 문을 열어줬다.

파리처럼 광주에서도 군인과 경찰은 때로 봉기의 편에 섰다. 31사단(주로 전라남도 출신으로 이뤄진) 사단장 정웅 장군과 호남 계엄사령관 윤흥정 장군은 모두 명령 이행 거부로 직위해제됐다.³⁵ 광주역 근처에서 벌어진 전투에서 31사단 부대는 확성기를 통해 "우리는 시민 여러분을 해치려는 것이 아닙니다. 우리는 외곽으로 이동하고 있습니다. 길을 내주십시오!"라고 호소했다. 그들은 사고 없이 떠날 수 있었는데 군중이 지혜로 군인들의 진심을 이해했기 때문이다. 나중에 특수부대가 사단 본부에 쳐들어와, 무고한 민간인을 사살하라는 명령을 용감하게 거부한 정웅 사단장을 구금한 사실이 알려졌다. 1960년에(학생들이 주도해 독재자 이승만을 타도한 혁명에서) 치명적 총격을 명령한 경찰 간부들이 사형선고를 받았다는 사실을 아는 광주의 경찰서장도 살육에 참여하길 거부했다. 많은 개별 경찰관들은 다친 시민들을 도왔고, 광주가 해방되고 나서는 새로운 시민 당국에 협조했다. 일부는 심지어 제복을 벗고 군대를 몰아내기 위해 시민들과 나란히 싸우기도 했다.

미국의 기밀문서에서는 광주의 봉기 세력이 사로잡은 적을 처형했다고 비난했지만, 해방된 광주에서 아무도 처형되지 않았다. 파리에서는 제한된 수의 처형이 이뤄졌다. 3월 18일 코뮌이 시작되자마자, 3회나 부대에 발포 명령을 내린 르콩트 장군이 잡혀와 코뮌을 위한 군중의 동원에 동조적인 반란군에 의해 처형됐다. 장교들이 그들을 제지하려 했지만, 20명의 병사가 줄지어 서서 머스킷총으로 재빨리 장군과 그의 부관 한 명을 재판 없이 처형했다. 5월 말, 격렬한 전투로 파리가 불타고 붙잡힌 코뮈나르 수백 명이 이미 즉결처형된 상태에서, 공안위원회는 다르부아 대주교를 포함한 6명의 저명한 죄수를 처형하라고 명령했다. 자원병들이 처형을 집행하러 달려나갔다.[36] 반동적 신문들도 탄압을 받았고, 모두 약 800건의 체포가 이뤄졌다. 파리에서 단결의 부족을 훨씬 더 잘 보여주는 것은 국민군 중앙위원회의 포스터였다. "약탈에 죽음을! 절도에 죽음을!"[37] 대조적으로, 해방된 광주에서는 약탈이나 절도 사건이 전무하다시피 했다.

1917년 상트페테르부르크와 모스크바, 1919년 부다페스트와 바이에른, 또는 1923년 함부르크, 광둥과 상하이 등 20세기 초반의 봉기들은 이를테면 공산당처럼 권력 장악을 지향하는 중앙집권적 조직들이 지도했다. 이 초기의 반란적 봉기의 물결은 적의 군대를 제압하고 새로운 정부를 수립할 붉은 군대의 창설이 필연적이었고, 이런 의미에서 이 봉기들은 중앙집권적 조직들이 지도하지 않았던 20세기 말 시민봉기의 물결보다는 미국과 프랑스의 혁명전쟁에 더 가까웠다. 중국, 한국, 베트남에서 중앙집권적 정당들이 이끈 지구전은 민족 해방에 결정적이었다. 유럽의 공산주의 반란과 아시아의 민족 해방 전쟁은 단순히 전술적 차원 이상에서 최근의 시민봉기들과 다르다. 시민봉기는 국가나 정당이 아니라 시민사회에서 발생하며, 그 열망과 결과는 훨씬 덜 명확하기 때문에 군대의 승자 독식 전투보다 승리하기가 더욱 어렵다. 현대적 운동에 대한 대중적 지지는 노골적인 정부 탄압을 완화할 수는 있지만, 국가가 체제를 유지하기 위해 시민 학살을 자제할지 여부는 확실하지 않다.

광주봉기에서 파리코뮌의 역할

자주 간과되지만, 봉기의 최대 성과 중 하나는 보통 사람들을 철저하게 변혁한다는 점이다. 일단 자유의 쾌감을 맛보고 사회를 변화시키는 힘을 경험하면, 보통 사람들은 권리를 주장하기 위해 또다시 거리로 나설 준비가 된다. 이는 왜 필리핀인들이 1986년 이후 두 번의 민중권력 봉기를 일으켰고, 2008년 한국의 촛불시위가 그렇게 대규모였으며, 2007년 버마의 사프란혁명이 그토록 빨리 불붙었고, 2008년 티베트의 시위가 빠르게 널리 확산됐으며, 2006년 네팔의 두 번째 민중봉기가 군주제를 종식시켰고, 타이의 레드셔츠와 옐로셔츠가 대치하는지 이해하는 데 도움이 된다. 자유를 위한 투쟁은 이후의 봉기를 규정하며, 이는 시간과 공간의 경계 내로 한정되지 않는 현상이다. 세계 어떤 곳의 역사적 사건들은 대륙과 세기를 넘어 사람들에게 영감을 불어넣고 동기를 부여한다. 20세기 초반 독일의 혁명가들이 자신을 스파르타쿠스주의자라고 불렀던 것은 우연이 아니고, 19세기 파리코뮌의 기억이 1980년 광주와 1989년 베이징(5장에서 지적한 것처럼)에서 활동가들에게 영감을 준 것도 우연이 아니다.

광주의 투사들과 진행했던 수십 건의 인터뷰 과정에서, 나는 파리코뮌의 역사적 기억에서 영감을 받았던 많은 사람을 만났다. 2001년에 수행한 29건의 봉기 참가자들 인터뷰에서, 많은 사람이 광주봉기 이전에 파리코뮌을 학습한 모임의 일원이었다고 이야기했다. 더욱이 이 가운데 한 사람은 봉기의 상징인 윤상원 열사가 1976년 녹두서점에서 파리코뮌에 대해 논한 김남주 시인의 모임에 참석했다고 기억했다.[38] 봉기 동안 윤상원은 다른 지도적 활동가들과 토론하는 자리에서 파리코뮌에 대해 최소 한 번 이상 공개적으로 발언했다.[39]

전남대에서 역사를 전공한 이양현은 1970년대에 파리코뮌에 관한 책을 읽었다. 독서를 통해 그는 "서너 살짜리 아이가 프랑스군에 돌을 던졌"던 장면을 기억했다. 과장이라고 생각했지만, 이양현은 자신의 세 살짜리 아들이 실제로 광주봉기 동안 경찰에게 돌을 던지는 것을 목격했다.⁴⁰ 고등학교 시절 이양현과 동료 정상용(역시 주요 참가자)은 독서 모임의 회원이었고, 이 모임은 한때 파리코뮌에 집중했다. 김종배는 정상용, 윤강옥, 김영철, 윤상원, 박효선 등이 모두 봉기 이전에 파리코뮌 학습 모임의 회원이었다고 말했다.⁴¹ 윤강옥은 이 모임이 "느슨한", 즉 아무나 참석할 수 있는 모임이었다고 묘사했고 리영희 교수의 핵심적 역할을 회상했다. 김효석은 YWCA의 '양서협동조합'에서 파리코뮌에 대한 글을 읽었다.⁴² 장두석, 윤영규, 송기석이 조직한 이 조합은 많은 사람을 끌어들였다. 윤영규에 따르면, 1970년대 후반 최소한 18개의 독서 모임이 조직됐다. 고등학생, 대학생, 교수들을 한데 모은 이 모임들에는 '여론 주도층'과 불법 조직의 지도자들도 있었다. 파리코뮌을 다룬 많은 책이 있었는데 모두 불법이고 대부분 인쇄 상태가 불량했다.⁴³

정상용은 1960년 4월 19일 이승만 타도 이후 결성된 '광랑光郎'(광주의 젊은이들)이란 모임에서 봉기 이전에 파리코뮌에 대해 읽었다고 기억했다.⁴⁴ 그의 회상에 따르면 1966년 한 대학 선배가 일본어로 그 텍스트를 읽은 뒤 당시 각 학년별로 여러 명씩 모두 20여 명이 참석한 세미나에서 소개했다. 이들은 동료들과 조를 나누어 주제를 토론했는데, 이는 많은 사람이 학습하는 데 용이한 구조였다. 김상윤은 1978년에 파리코뮌을 주제로 한 학습 모임을 기억했다. "많아봐야 5명이 함께 공부했습니다. 각자는 다시 거의 같은 주제로 다른 모임을 만들었죠. 김남주는 파리코뮌에 관한 일본어 책을 갖고 있었어요."⁴⁵ 이춘희는 봉기 이후에야 파리코뮌에 대해 집중적으로 읽었지만, 봉기 중에 지도적 인물들이 YWCA에서 체 게바라의 중요성과 함께 파리코뮌에 대해 말했다고 회상했다.⁴⁶

김창길에 따르면, 파리코뮌과 광주봉기는 공동체 정신, 즉 어려운 상황에서 사람들이 "함께 살고 투쟁했던" 면에서 유사했다. 파리코뮌처럼, 실제 사건이 일어나기 전에 봉기에 대한 수많은 호소가 있었다. 김창길은 그와 김남주, 박석무 등이 1972년에 봉기를 호소했다고 회상했다. 그들은 12월 8일 전남대학 본관과 법과대 옥상에서 유인물을 몰래 뿌렸고, 광주일보와 한 여고에서도 똑같은 행동을 했다.[47] 그는 또한 1980년 훨씬 이전에 또 다른 봉기를 호소하기도 했다고 언급했다.

다른 사람들은 두 사건이 그다지 비슷하지 않다고 생각했다. 광주봉기를 역사적으로 기술한 책의 저자인 이재의[48]는 파리코뮌과 광주봉기의 차이와 유사성에 대한 날카로운 분석을 제시했다.[49] "파리코뮌에서 그들은 선거를 조직하고 행정 구조를 수립할 충분한 시간이 있었습니다. 그러나 광주에서는 지도부가 민중에게서 권위를 획득할 시간이 없었죠." 그는 계속했다. "상황에 대한 대응에서 아주 유사하다고 생각해요. 비록 이데올로기, 역사, 사회, 문화 등에서 많은 차이가 있지만, 인간은 존엄과 존재를 지키기 위해 대응한다는 점에서 비슷하죠."

윤한봉은 파리코뮌과 광주봉기가 비슷하지 않다고 생각했다. 왜냐하면 파리코뮌이 더 "체계적이고 이데올로기적"이었기 때문이다.[50] 그의 견해로는 광주가 더 "자발적"이었다. "이곳 민중의 민주주의 수준은 매우 낮았습니다. 그들은 미국 군함이 도우러 올 것이라 믿었는데, 이는 국제적 정치 역학에 대한 이해가 없었다는 걸 보여주죠." 윤한봉은 파리코뮌의 노동자들이 높은 의식을 지녔던 반면 광주의 노동자들은 교육받지 못했다고 느꼈다. 광주봉기는 "도덕적"이었고, 상점과 은행은 약탈당하지 않았다. "만약 그들이 어느 정도 계급의식 개념이 있었다면, 이 상품과 기금을 빈민들에게 재분배했을 겁니다." 내가 파리코뮌에서도 프랑스은행을 내버려뒀고 사실 코뮈나르들이 은행을 지켰다고 반박하자, 우리는 다음번에 아주 길게 토론을 계속하기로 했다. 불행하게도, 윤한봉은 우리가 토론을 하기 전에 사망하고 말았다.[51]

파리코뮌과 광주봉기의 이런 직접적 연관은 파리든 광주든 봉기의 유산이 어떻게 다른 인간들에게 억압에 맞서 투쟁하도록 힘을 주는지 보여준다. 파리와 광주의 영웅적 투쟁 이후에 민중은 의식적이든 아니든 권한을 획득했고, 미래의 자유 투쟁을 준비하는 교육을 받았다. 심지어 봉기가 이 두 경우처럼 잔인하게 진압당했어도, 그 경험은 공공연하게 민중의 마음과 정신 속에서 새로운 열망과 새로운 필요, 새로운 공포와 새로운 희망을 창출한다. 1987년 19일간 이어진 영웅적 6월봉기 당시 "광주를 기억하라!"는 핵심적 투쟁 구호였다. 2년 뒤인 1989년 5월 20일 톈안먼 광장을 점거한 중국 노동자들과 학생들은 "우리는 우리 생명의 피로 또 다른 코뮈나르의 벽을 세울 것이다"라고 선언한 공동성명으로 파리코뮌에 대한 기억을 불러일으켰다.[52] 봉기는 역사적으로 혁명 이론의 수원지였지만, 20세기에 소련과 제휴한 공산당들이 러시아를 혁명의 모국이라고 선언한 이후 '자발성'에 대한 폄하는 극단에 이르렀다. 소련공산당은 자신의 통제 외부에서 일어난 어떤 민중운동도 혁명적 행동의 영역으로 받아들이지 않았다. 1968년 5월 프랑스와 1977년 이탈리아에서, 공산당들은 봉기운동에 반대하며 정부의 편을 들었다. 18세기와 19세기 봉기의 역사를 보면, 아주 다른 지향의 혁명가들을 발견할 수 있다.[53] 마르크스와 레닌은 모두 파리코뮌을 자신들의 열망이 체현된 것으로 환영했다. 소비에트 공산주의 이론이 자발성을 매도하고 조직을 물화한 반면, 아나키즘적 사고는 반란과 더 연결되어 있었다. 특히 표트르 크로포트킨의 기여는 우리 시대에도 유효하다. 볼셰비키 혁명의 운명에 비하면, 그런 과제는 직설적이다. 크로포트킨은 혁명에 우호적이면서도 아주 초기부터 혁명의 발전과 퇴행을 분석했다. 크로포트킨의 사상을 20세기 후반 혁명운동의 발전에 적용하는 것은 조금 더 어려운 것 같다.

표트르 크로포트킨과 민중봉기

우리는 많은 면에서 크로포트킨을 용서해야 한다. 그 목록의 최상단에는 카이저가 차르의 지배를 종식시킬 것이라는 희망으로 제1차 세계대전 당시 독일을 지지한 사실이 있다. 그 목록의 어딘가에는 유럽 중심적 편견도 있다.[54] 친절하고 점잖은 크로포트킨은 너그러운 아이 같은 어른이었고, 러시아 귀족 중에서 최상의 인간이자 혁명적 변화에 대한 결의에서 열정적이었다. 그는 국제주의자였다. 자신이 편집하던 스위스 신문 《반란Le Revolte》의 역할을 고려하면서 그는 이렇게 썼다. "사람의 심장 뛰는 소리에, 오랜 불의에 맞선 반란에, 새로운 형태의 삶을 이뤄내려는 시도에 사람들이 공감을 느끼도록 하는 것, 이것은 혁명적 신문의 주된 의무가 되어야 한다. 혁명을 성공으로 이끄는 것은 절망이 아니라 희망이다."[55]

러시아혁명 및 영국과 미국의 경험과 나란히 크로포트킨은 주로 프랑스의 운동에서, 특히 1789~1793년의 혁명과 1871년 파리코뮌에서 혁명에 대한 분석을 발전시켰다. 크로포트킨에게 자유로운 코뮌은 진정한 혁명의 목적이자 수단이 됐다. 그는 대의제 정부와 민중의 책임과 권리를 가로채는 관료들을 혐오했다. 여러 차례 먼 곳의 장군들처럼 앉아서 거리의 운동에 명령을 내리는 자들을 맹비난했다.[56] 오늘 시위가 벌어지는 동안 집에 앉아 있다가 내일 활동가들에게 전하는 충고로 가득한 '지침서'를 쓰는 자들에 대해 그가 뭐라고 말할지 상상해 보기만 하면 된다. 당대에 크로포트킨은 무장 시위에 참여했고, 운동 내 비겁함을 극복할 필요성을 주제로 삼았다.[57]

크로포트킨의 보통 사람에 대한 믿음은 한계가 없었다. 프랑스혁명에서 "파리 민중이 보여준 자발적 조직화"를 찬양하면서, 그는 도시의 각 지부가 별도의 군사 및 민간 위원회를 지명했지만 "모든 중요한 문제를 일반적으로 다루는 곳은 저녁에 열리는 총회였다"고 지적했다.[58]

시간이 흐르면서 이 지부들은 공안위원회의 무기(즉 국가의 도구)로 변했다고 크로포트킨은 서술했다. 4만 개의 혁명위원회를 국가가 집어삼키면서 혁명은 말살당했다.[59]

혁명운동에서 목숨을 잃은 수천 민중의 희생은 크로포트킨에게 '독립 코뮌'이라는 진정한 혁명의 형태를 드러내줬다. 그의 저작 전체를 통해 크로포트킨은 민주공화국과 대의정부를 중산층 급진파, 즉 기존 사회질서 전체를 혁명적으로 바꾸기보다 개인의 운명을 개선하기 위해 기존 체제의 개혁을 원하는 자들의 야망을 완수하는 것으로 이해했다.[60] "대의정부는 역사적 사명을 완수했고, 궁정 지배에 치명타를 가했다."[61] "절대왕정은 농노제 체제에 조응했다. 대의정부는 자본 지배 체제에 조응한다."[62]

1871년 파리코뮌에 대해 자신의 사상을 발전시킨 그는 이렇게 썼다. "파리코뮌 봉기는 모든 혁명가가 고뇌한 문제의 해결책을 가져왔다. 프랑스는 두 번이나 중앙집권적 정부를 통해 강제함으로써 일종의 사회주의혁명을 성취하려고 시도했다. 자코뱅의 강력한 조치를 통해 진정한 경제적 평등을 도입하려 했던 1793~1794년과, '민주사회주의 공화국'을 강제하려 했던 1848년이었다. 두 번 다 프랑스는 실패했다. 그리고 지금 새로운 해결책이 나왔다. 새로운 코뮌은 자신의 영역에서 해결해야만 한다."[63]

크로포트킨에게 자유로운 사회의 정치적 형태는 독립 코뮌이었다. "이것은 사회적 혁명이 취해야 하는 형태, 독립 코뮌이다. 모든 나라와 모든 세계가 코뮌에 대항하게 하라. 그러나 일단 주민들이 상품의 소비, 교환과 생산을 코뮌화하기로 결정했다면, 반드시 자신들 사이에서 코뮌을 실현해야 한다."[64] 파리코뮌과 그에 이은 카르타헤나 및 바르셀로나 코뮌을 이해하는 과정에서 크로포트킨은 정치적 형태로서 코뮌의 의미를 구체화했고, 그것을 미래로 투사했다. "만약 이 운동 자체로 분석할 뿐 아니라 그것이 코뮌 혁명 동안 표출된 정신과 경향에 남긴 영향도 분석한다면, 우리는 사회 발전에서 더 진보한 미래의 인간 복합체에서 독립적 생활을 시작하려고 노력할 것임을 인식해야 한다. 또 법과 폭력으로 자신의 의견을 강요하거나 항상 평범의 지배에 불과한 다수결에 종속되는 대신에 모범에 따라 한 국가의 후진적 부분을 바꾸려고 노력할 것임을 인식해야 한다. 그와 동시에, 코뮌 자체 내에서 대의정부의 실패는 자치정부와 자치행정이 단순한 영역의 의미를 넘어 집행되어야 한다는 것을 증명했다. 효과를 갖추기 위해 코뮌은 자유로운 공동체 내에서 다양한 생활 기능을 수행해야 한다."[65]

이후의 저작에서 크로포트킨은 1871년 이후 "자유로운 코뮌이 현대적 사회주의 사상을 실현하는 매개체가 됐다"[66]고 선언했다. 또한 상호부조에서 공동체의 협력이 진화와 역사에서 취한 형태를 추적했다.

1917년 이후, 크로포트킨은 러시아로 돌아갔다. 볼셰비키에 비판적이었지만, 그는 주로 러시아에 파견된 반혁명적 외국 군대를 공격하는 2개의 짧은 성명만을 발표했다. 그러나 그는 다시 자유로운 코뮌에 지지를 표했다. "러시아제국의 자연스럽게 분리된 부분을 중앙 통제 아래 재통합하려는 모든 시도는 실패가 예정돼 있다. …… 나는 이 연방의 각 지역이 그 자체로 자유로운 코뮌과 자유로운 도시의 연방이 될 때가 오고 있음을 본다. 또한 서유럽의 특정한 지역도 곧 같은 경로를 따르리라 본다."[67]

자신이 살았던 시대의 모든 혁명에 대해, 크로포트킨은 진정한 자유의 목적을 독립 코뮌으로 설정했다. 그러나 어떻게 사람들은 이 목표를 성취할 것인가? 어떤 수단을 사용할 것인가? 크로포트킨의 대답은 분명했다. 봉기가 그 기반을 닦을 것이다. 전위 정당이나 다른 식으로 조직된 소규모 집단이 아니라 민중 자신이 스스로 혁명을 해야 한다고 믿었기 때문에, 봉기와 자유로운 코뮌은 크로포트킨에게 필수적이었다. 민중 동원을 위해, 예컨대 프랑스혁명 당시 팔레 루아얄처럼 중심적 모임 장소보다 중요한 것은 없었다. "정원과 카페가 있는 팔레 루아얄은 야외 클럽이 됐고, 거기에서는 모든 계급의 사람 1만 명이 매일 소식을 교환하고 시시각각 나오는 팸플릿에 대해 토론하고 군중 사이에서 미래의 행동에 대한 열정을 다시 확인하고 서로에 대해 알고 이해했다."[68]

민중 동원에 모임 장소가 중요했던 한 가지 사례는 1789년 6월 10일에 있었다. 11명의 병사가 파리 시민에게 겨눈 머스킷총의 장전을 거부해서 체포되어 투옥됐다는 사실을 알고 나서, 약 4,000명의 시민이 즉시 병사들을 구하기 위해 팔레 루아얄로 갔다. 대규모 군중을 본 간수들은 순응했고, 군중을 멈추려고 전속력으로 달리던 기마병들은 재빨리 칼을 칼집에 꽂고 민중과 친밀하게 어울렸다.[69] 거리 민중의 자연적 호전성을 찬양한 크로포트킨은 상점을 통제하는 군중이 약탈하지 않아서 도둑질이 끝났고, 단 집단 식사와 방어를 위해 필요한 몇몇 경우만 예외였다고 지적했다.[70] 반란이 한 도시에서 다른 도시로, 파리에서 프랑스 대부분 지역으로 확산되자 "전 유럽이 혁명의 말과 행동에 열광했다". 크로포트킨은 어떻게 반란이 과거에 상상하지 못한 방식으로 프랑스를 통일했는지 추적했다.[71]

광주봉기가 크로포트킨의 분석 틀을 입증하고 검증하는 주된 방식은 세 가지가 있다.

1. 독립 코뮌과 자유로운 상품의 분배
2. 대의정부가 아닌 민주광장의 총회가 최고 의결기구
3. 자발적 조직화

1871년 파리코뮌 이후 스페인의 카르타헤나와 바르셀로나에서 비슷한 봉기가 일어나자, 크로포트킨은 봉기 자체가 다른 사람들이 들고 일어나도록 영감을 준다는 것, 에로스 효과의 현상을 이해하는 데 접근했다. 크로포트킨은 봉기가 자주 절망의 산물이지만 혁명에 필수적이라고 지적했다. "그들은 때로 국부적 성공의 희망으로, 싫어하는 일부 관리들에 맞선 작은 반란이나 파업으로, 또는 굶주린 아이들에게 먹을 것을 주기 위해 반란을 일으키지만, 빈번하게 어떤 성공의 희망도 없이 그렇게 한다. 단지 주어진 조건을 더 이상 참을 수 없기 때문에. 단 하나 또는 둘, 열 번의 반란이 아니라 수백 번의 비슷한 반란이 선행했고, 나아가 모든 혁명에 선행해야 한다. 이런 반란이 없다면, 어떤 진화도 이뤄지지 않는다."[72]

크로포트킨은 나중에 봉기가 단지 수단일 뿐만 아니라, 혁명의 목적을 결정하는 열쇠이기도 하다고 선언했다. "따라서 일반적으로 모든 혁명의 성격은 그것에 선행하는 봉기의 성격과 목적에 의해 규정된다고 진술할 수 있을 것이다."[73] 1968년의 전 지구적 반란이 1989년 러시아와 동유럽에서 일어난 획기적 사건들의 기반을 닦았던 것처럼, 파리코뮌도 광주봉기의 길을 닦았고, 광주는 이후 봉기운동 물결의 길을 닦았다. 오늘날 이런 코뮌들은 진화하는 형태의 자유를 구체적으로 체현한 선례로 존재한다. 코뮌은 우리 모두에게 인간의 존엄에 대한 구체적 감정과 해방을 위한 투쟁을 강화할 필요성을 계속 제시한다.

13장
조직과 운동

우리, 예술가들은 아방가르드로 복무할 것이다. 우리가 가진 모든 무기 중에서 예술의 힘은 가장 신속하고 가장 효율적이다. 우리가 사람들 사이에서 새로운 사상을 퍼뜨리고자 할 때, 우리는 차례로 악기, 시 또는 노래, 이야기 또는 소설을 이용한다. 우리는 그 사상을 대리석이나 캔버스 위에 새긴다. …… 우리는 마음과 상상력을 겨냥하고, 따라서 우리의 효과는 가장 생생하고 가장 결정적이다.

— 앙리 드 생시몽

예술의 자율성은 자유롭지 못한 사회에서 개인의 부자유를 반영한다. 사람들이 자유롭다면, 예술은 그들의 자유를 나타내는 형식이자 표현이 될 것이다.

— 헤르베르트 마르쿠제

정치적 변화를 실현하기 위해 거리로 몰려나오는 보통 사람들의 능력을 국제적으로 널리 인식하게 되면서, 민중봉기를 촉발하는 조직과 단체의 능력도 상당히 흥미로운 주제로 떠올랐다. 아랍의 봄에 촉매 역할을 한 영향 때문에 소셜미디어는 상당한 찬사(다른 관점에서는 비판)를 받았고, 심지어 봉기의 주된 이유를 소셜미디어에 돌릴 정도였다. 페이스북, 유튜브, 트위터에 대한 낙관적 독해는 민중을 동원하는 데 도움이 되는 자원과 현대 사회운동의 진정한 추동력—역사는 상당 부분 민중 스스로 만드는 것이라는 민중의 자각—을 혼동한다. 이 의식이 없다면, 소셜미디어는 그 내용이 파편화되고 개인화된 네트워킹 수준인 상호작용의 껍데기일 뿐이다. 활성화된 민중이라는 맥락에서 소셜미디어는 상상력과 행동 사이의 연결을 강화해주고, 무능한 많은 미국 도시에서 실제적인 공적 공간을 창출한다.

봉기는 혁명적 변화의 가능성에 대한 우리의 이해를 풍부하게 한다. 혁명적 변화를 가로막는 장애물도 볼 수 있게 해준다. 에로스 효과가 활성화되면 봉기는 예상치 못한 속도로 발생하여 급속하게 확산된다. 이 역학의 가속화는 과거의 경험에 의해 규정된다. 소셜미디어의 윤활유 역할로 민중의 행동하려는 직관적 충동은 훨씬 더 즉각적으로 나타난다. 경험은 중앙집권식 정당을 주장하는 관료화된 좌파가 민중운동을 되풀이하여 배반해온 역사를 밝혀주기도 한다. 다른 누구보다도 운동 내부의 집단이 시민의 급진적 열망을 좌절시킬 수 있다.

가장 중요한 것은 위기 동안(위기에 앞서 대비하는 동안) 활동가들이 민중에게 자치 역량에 대한 자기확신을 주고, 자치를 위한 공간을 건설하고, 민중권력 기관, 특히 총회를 강화하는 것이다. 심지어 군대가 공적 공간을 점령하려 올 때에도, 가장 긴급한 것은 가상현실에서라도, 즉 사이버 공간 또는 시민사회에서 코뮌을 건설하는 것이다. 현대적 형태의 아방가르드 혁명 조직은 민중에게 직접적으로 권한을 부여하며, "역사적으로 진정한 혁명운동이 범하는 오류는 가장 똑똑한 중앙위원회의 무오류성보다 무한하게 더 유익하다"는 로자 룩셈부르크의 믿음을 훨씬 더 통찰력 있는 것으로 만든다.

정치적 위기의 순간에는 이집트의 페이스북 게릴라나 1968년 5월 프랑스의 행동위원회처럼 작은 모임들이 엄청난 영향력을 행사할 수 있다. 전위당과 달리, 탈집중화된 아방가르드 그룹들은 자율, 평등, 탈상품화, 연대('에로스 효과')의 문법에 따라 발전한다. 직접민주주의 형태의 의사 결정과 전투적인 민중 저항은 자기조직화를 기반으로 한 운동 내에서 긴밀하게 결합되어 있다.

보통 정치 영역의 외부로 간주되는 예술계는 오랜 기간에 걸친 의식의 변혁을 성취하는 강력한 방식을 제공한다. 편협한 한계의 감각에서 해방된 인간을 창조하는 투쟁에서, 입체파, 다다, 초현실주의가 크게 기여했다. 이들은 각각 적은 수로 시작했지만, 결국 광범한 문화적 영향을 주었고, 궁극적으로 미적 표현 양식에 도전해 그것을 변화시켰으며, 대안 정치·경제 영역의 선구자 역할을 했다. 이 장에서는 집단들이 운동을 이끌고 의식을 변혁하는 역량에 초점을 맞출 것이다. 미래의 혁명가들에게, 다다와 초현실주의 같은 예술운동은 전위당보다 더 나은 모델일 수 있다.

시대와 아방가르드의 미학

20세기 대부분 동안, 아방가르드라는 용어는 예술계에서 개념과 관계에 새로운 차원을 창조한 집단을 정의할 때 널리 쓰였다. 하지만 이 용어는 예술과 정치의 교차점에 기원을 두며, 바로 거기에서 가장 폭발적인 해석을 발견할 수 있다. 많은 사람이 노동을 종種을 구성하는 행동으로 인식하는 반면, 혁명과 예술은 종이 자연적으로 주어진 존재에서 사회적 존재로 스스로를 개발하는 수단으로 받아들인다. 최상의 상태에서 예술은 생산자가 전적으로 통제하고 관리하는 형태의 생산이다.

오늘날 '아방가르드 예술'이라고 불리는 것은 대개 완전히 탈정치화되어 있고, '미학적' 관심이 감정적 경험의 영적, 종교적 구조화를 세속적 등가물인 '예술'로 대체하는 모더니즘 담론의 한 양상이다. 아방가르드 개념의 탈정치화는 예술이 상품(예술 시장에서 판매하기 위한)이 되는 과정의 일부, 즉 자본주의 사회에서 모든 인간관계가 겪는 운명이다. 소비에트 마르크스주의는 거만하게 '아방가르드주의'를 "자본주의와 프티부르주아 개인주의에 물든" 것으로 공격했고, 동시에 사회주의적 리얼리즘을 물신화하여 예술을 당과 국가를 미화하는 수단으로 전락시켰다.[1]

19세기 프랑스부터 현대까지 아방가르드 운동 내에서 아방가르드적 실천과 관련된 정치적 영역과 미적 영역 사이에는 명백히 상당한 긴장이 존재해왔다.[2] 지난 두 세기 넘게 미학과 정치를 변혁하려고 노력한 집단들은 때로는 보완적 관계로 서로 얽혔으며, 분리되거나 심지어 적대적 경향으로 존재한 순간도 있었다. 예술운동과 관련하여 '아방가르드'란 용어가 처음 사용된 19세기에(즉 소비에트 공산주의와 '모더니즘' 시대 이전에), 그런 운동은 단순히 미학의 영역 내부만이 아니라 사회를 진보시키는 세력으로 생각됐다.

아방가르드 개념은 프랑스에서 혁명 정치의 환경과 아카데미의 예술계 지배 반대가 교차하는 지점에서 등장했다. 1825년, 앙리 드 생시몽이 《문학, 철학, 산업에 대한 의견Literary, Philosophical and Industrial Opinions》에서 '아방가르드'라는 용어를 처음 사용한 것으로 알려졌다.

귀스타브 쿠르베, 오노레 도미에, 장 프랑수아 밀레 같은 화가들은 미술이 사회에서 해방적 역할을 할 수 있다는 생각을 한 초기 옹호자였다. 유럽 대륙의 혁명운동이 실패한 지 1년 후인 1849년에 그린 쿠르베의 기념비적 유화 〈돌 깨는 사람들〉은 부자나 권력자가 아니라 보통 노동자들을 주요하게 묘사했다.⁴ 파리코뮌 동안 쿠르베는 예술가연맹의 주요 조직책으로서, 원래 나폴레옹의 승전을 기리기 위해 세워진 방돔 광장 기념비를 파괴하는 작업을 도왔다. 그는 코뮌의 마지막 '피의 일주일'에 벌어진 살육에서 살아남았지만 감옥에 갇혔고, 그의 작품은 전시가 금지되었다. 재정적으로 파산한 그는 스위스로 망명했고 몇 년 뒤 거기에서 죽었다.

비록 이 시기 프랑스 예술에서 대부분 빠져 있지만, 그 시대의 결정적 사건은 1만 5,000명 이상의 목숨이 희생된 파리코뮌의 유혈 진압이었다. 우리는 코뮌 이후 툴루즈 로트레크, 모네, 르누아르, 드가 등이 그린 유쾌한 파리의 정경에 매우 익숙하며, 이 그림들은 오늘날 예술 시장에서 가치가 높다. 코뮌 이후 시기에 파리의 쾌락을 그린 화가들은 우리 주위에 광기가 넘치는데도 야만 속에서 인생을 즐기라고 요청한다. 이 과도기에, 처음에는 예술의 수치로 간주되던 인상파가 결정적 장르로 등장했다(프랑스 의회는 공적 자금으로 인상파 전시회를 지원하는 것을 금지하는 법안을 고려했다). 인상파는 자동차가 도시 풍경에 악영향을 미치고 공업이 자연을 쓰레기로 만들고 20세기의 도시 거주자들이 범죄 때문에 내향적으로 변하기 이전의 '좋은 시절belle epoch'의 기억을 불러낸다. 인상파의 감각적인 빛과 색채는 감각의 즉각적인 만족을 주고, 현대에도 인기를 누리고 있다. 그 까닭은 상업주의와 개인적 이익에 기반을 둔 사회와 맥락이 닿아 있기 때문이다.

코뮌 이후 프랑스에서 등장한 예술 생산의 대안적 흐름은 에두아르 마네의 그림에서 찾을 수 있다. 마네의 가장 유명한 그림 〈풀밭 위의 점심식사〉는 흔히 즐거운 파리 생활을 묘사한 것으로 간주되지만, 다르게 읽는 것도 가능하다. 마네는 정면의 여성이 관람객을 직접 응시하도록 그렸고, 그림으로써 그녀에게 보통 남성들의 전유물인 주체성을 부여했다. 흔히 초기 모더니즘으로 이해되는 마네의 그림들은 직접적으로 드러나는 것보다 더 사회적인 내용을 담고 있다. 〈모니에 가의 깃발〉(1878)에서 도시 풍경은 거의 황량하다. 전면에 외다리 남자가 관광객에게서 등을 돌린 채 목발을 짚고 무료한 거리를 걸어간다. 프랑스 국기들이 기이하게 머리 위로 나부끼는데, 애국적 기념의 의미만큼 위협적인 장치이다. 대조적으로 클로드 모네의 〈몽토르게유 가, 1878년 6월 30일의 축제〉는 코뮌 이후의 파리를 용맹하고 행복한 국가로 그렸는데, 거리는 애국적 행진과 무수한 국기로 붐비고 그림 정중앙에는 한 국기가 공중에서 신비롭게 펄럭인다. 예술계에서 마네를 평가할 때 거의 언급하지 않는 것이 그가 코뮌 동안 파리 국민군에 복무한 사실이며, 이는 의심의 여지 없이 이후 〈파리코뮌의 바리케이드〉와 〈내전〉(둘 다 1871년)을 구성한 결정적 요소였다.

후기 인상파 중에서 카미유 피사로와 폴 시냐크, 자칭 아나키스트 화가들은 예술적 관심과 정치적 관심을 통합하려고 노력했다. 특히 시냐크에게, 예술가들이 "노동자들을 자본과 적대하도록 하는 거대한 사회적 과정을 목격하는 데 일조한" 것은 점묘법 같은 급진적 테크닉이었다. 시냐크는 급진적 예술을 그 내용으로 격하하는 것(프루동 같은 정치 활동가들이 옹호하는 것처럼)을 맹비난했고, 그 대신 혁명이 "노동계급 주택 같은 주제에 적용되거나…… 또는 훨씬 나은 방식으로 데카당스의 쾌락을 종합적으로 표상함으로써, 순수 미학에서 더 강력하고 더 웅변적인 것으로 드러날 것"[5]이라고 주장했다. 역사가 사회적 참여의 가능성을 부정하는 순간, 시냐크 같은 예술가들은 사회적 세계를 개혁하는 작업을 계속할 도구로서 바라보는 새로운 방식을 전파했다.

예술사에 관한 책이 수백 권이어도, 아방가르드를 창조하는 데 기여한 아나키스트들의 역할은 거의 언급하지 않는다. 여러 인물 중에서도 피카소는 바르셀로나의 아나키스트 서클에 등장했고, 파시즘이 스페인을 지배하자 파리의 자유로운 영혼들이 그에게 몽마르트르의 피난처를 제공했다. 아나키스트와 예술은 아주 긴밀하게 연결되어 있었다. 1908년 영국의 작가 G. K. 체스터턴은 "예술가는 아나키스트와 동일하다"[6]고 말했다. 1905년 가을 살롱에 전시된 '야수파'를 고려하든, 아니면 앙리 마티스의 표면상 비정치적인 작품이 제기한 "문화적 가치에 대한 아나키즘적 위협"(1913년 시카고 미술대학 학생들은 그의 〈푸른 누드〉 허수아비를 불태웠다)[7]을 고려하든, 아방가르드 예술이 제기한 정치적 위협은 아주 실제적인 것으로 간주됐다.

이와 관련해서 가장 중요한 것은 입체파다. 그들은 500년 이상 유럽 미술을 지배한 과학적 단일 시점을 급진적으로 해체했다. 입체파는 감각적 쾌락의 촉감 세계에 대한 인상파의 집착을 퇴색시킨 지적 예술을 창조했고, 그리하여 예술가들이 시각적 표현과 의식의 문법을 어떻게 변화시킬 수 있는지 중요한 사례를 제공했다. 인상파처럼 입체파도 처음에 충격과 혐오를 유발했다. 입체파 예술을 이해하기 위해서는 감각의 세계에서 구성을 해방한 발전을 생각해봐야 한다. 피카소의 〈아비뇽의 처녀들〉은 오늘날 20세기 전반기의 훌륭한 작품으로 손꼽히지만, 피카소 자신도 그가 창작한 작품을 너무나 두려워해서 몇 년 동안 침실 벽장에 숨겨뒀다. 출발한 지 거의 1세기 후에 입체파를 되돌아보면, 그 영향이 계속 확산되고 있음을 알 수 있다. 의식을 변화시키는 이 과정에 정치운동이 수용할 수 있는 논리가 있을까?

제1차 세계대전의 대살육이 유럽을 쇠퇴시키고 그 정치 기관의 야만성을 드러낸 이후, 예술은 그런 유혈 사태를 초래한 질서정연한 정신에 등을 돌렸다. 다다와 함께 부르주아적 질서정연함에 대항한 궁극적 반항이 등장했다. 놀이, 무작위, 혼돈, 자발성이 아방가르드의 새로운 핵심 가치로 신성시됐다. 캔버스에 한정하는 대신에 다다는 콜라주, 음악, 영화, 사진, 조각 등 모든 가능한 매체를 이용하여 유럽 문화의 '문명화된 야만성'에 대한 혐오를 표현했고, 이 매체들은 다시 자신을 겨냥했다. "예술을 타도하라!" 그들은 절규했다. "다다는 혁명적 프롤레타리아트의 편이다." 그들은 "도적 떼의 손아귀에 버려진 세계의 완전한 공격적 광기"[8]의 파괴를 요구했다. 운동이 전 유럽으로 퍼져나가자, 다다는 급진적 공산주의와 점차 뒤섞였고, 한때 '독일 볼셰비즘'이라고 불리기도 했다.

러시아혁명과 그 뒤를 이은 내전 동안, 추상적 예술의 새로운 언어는 반혁명을 물리치는 투쟁에 동원됐다. 다른 어떤 아방가르드 예술 양식보다 공학에 더 가까운 구성주의가 새로운 사회 건설과 제휴한 예술운동으로서 등장했다. 구성주의는 두 가지 다른 원천에 의해 침해당했다. 한편에서는 "기능을 따르는 형태"라는 바우하우스 개념으로 변형되어 순수하게 실용적인 시도로 의미가 줄어들었고, 다른 한편으로는 혁명이 공고해지면서 당국의 제재를 받거나 그 반대편으로 변했다. 혁명 후 첫 10년간 아주 활기찼던 소련의 초기 혁명적 추동력이 반혁명으로 전환되고 고참 볼셰비키들이 스탈린의 숙청으로 청산되자, 사회주의적 리얼리즘이 유일하게 수용 가능한 형태의 예술이 됐다. 소비에트 당국은 모든 형태의 아방가르드주의를 비난했다. 1932년 모든 자율적 예술단체는 법적으로 해산됐고, 억압적 검열제도가 지배하게 됐다.

자본주의 사회인 서구에서도 급진적 정치사상이 초현실주의자들의 미학에 영향을 주었지만, 그들은 다다의 반개인주의를 부정했다. 최초의 초현실주의 잡지는 《초현실주의 혁명The Surrealist Revolution》이었고, 두 번째는 《혁명에 봉사하는 초현실주의surrealism in the Service of the Revolution》였다. 프로이트의 무의식 대륙 발견에 강한 영향을 받은 초현실주의자들은 상업주의적 문화 상품화와 전통적인 개인 정체성 개념과 거리를 두는 수단으로서 꿈과 환상을 그렸다. 초현실주의처럼 다다와 구성주의도 미학적 혁신을 사회질서에 대한 급진적 비판과 결합하려고 시도했다. 그들은 "삶의 실천에서 출발한 시작된 기관으로서 예술의 해체"를 추구했고, 이는 '고급 모더니즘'과의 결별이었다. 혁명적 활동가 서클 내에서 등장한 다다와 초현실주의, 구성주의는 정치 참여와 미학적 혁신의 관계에 다시 새로운 활기를 불어넣을 수 있었다.

팝아트, 미니멀리즘, 추상표현주의, 액션페인팅이 등장하면서 미학적 형식주의와 정치적 참여 간의 거리는 벌어졌다. 제2차 세계대전 후 뉴욕 미술 시장에서 그러한 그림들의 가격이 치솟았다. 노골적으로 급진적인 주제와 관련된 미술은 거래상의 관심을 거의 끌지 못했다. 다다, 초현실주의, 구성주의, 미래주의(이탈리아의 우익 버전과 러시아의 좌익 버전 둘 다)의 미학적, 정치적 참여를 1945년 이후 뉴욕 미술의 소비주의적 호소력과 비교하면, 선진자본주의에 의한 상상력과 예술 식민화의 뚜렷한 증거를 발견할 수 있다.

소비주의가 욕망의 대륙을 에워싸고 대량살상무기가 아름다움의 토대를 파괴하는 시기에는 예술 자체의 자율적 논리가 구원이 될 수 있다. 얼핏 모순되어 보이는 이 해결법은 예술의 형식적 미학 내에 사회를 변혁하는 진리가 포함되어 있다는 사실을 이해하는 것이다. 마르쿠제에게 "예술은 오직 예술로서만, 그 자체의 언어와 이미지로만 급진적 잠재력을 표현할 수 있고…… 예술의 해방적 '메시지'는…… 결코 오지 않을 밀레니엄까지 지속될 것이며, 예술은 계속해서 소외된 상태로 남아야 한다. …… 예술은 혁명을 대표할 수 없으며, 단지 다른 매체로, 즉 정치적 내용이 메타정치적이 되고 예술의 내적 필요에 의해 좌우되는 미학적 형태로 혁명을 불러낼 수 있을 뿐이다".[9]

예술이 정치투쟁의 명령에 복종해야 한다는 호소는 "상상력이 온전히 기능적이 되고 도구주의적 이성의 노예"[10]임을 의미한다. 특히 민중이 소비재를 구입하기 위해 일하며 살도록 체제가 상품을 공급하는 시대에, 예술은 세계를 변화시키려고 하기 때문에 "민중의 적"이 되기도 한다.[11]

시위의 미학, 아방가르드 정치

혁명적 정치 조직들은 미학운동과 질적으로 다르다고 흔히 생각하지만, 현대 소비주의의 바로 그 성공이 일생생활의 미학화를 위한 전제조건을 창출했다. 마르쿠제가 그 모순을 제기했듯이 "예술의 자율성은 자유롭지 못한 사회에서 개인의 부자유를 반영한다. 사람들이 자유롭다면, 예술은 그들의 자유를 나타내는 형식이자 표현이 될 것이다".[12]

예술가들이 공공연하게 정치적 관심에서 거리를 두자, 제2차 세계대전 후 운동의 활동가들은 정당에서 자유로워지는 동시에 미학적 아방가르드의 차원을 일상생활을 변혁하는 실천적 시도로 통합했다. 다다의 불확정성과 우연 개념에 새로운 생기를 불어넣은 모더니즘 음악가들에서 비롯된 플럭서스Fluxus는 예술계에 활력을 가져오는 동시에 네덜란드의 프로보, 오렌지자유국Orange Free State, 카바우터Kabouter, 프랑스의 상황주의자, 독일의 전복행동Subversive Aktion, 미국의 디거Digger와 이피Yippies 등의 정치 집단에도 생기를 불어넣었다. 많은 나라에서, 정치적으로 참여하는 집단들은 일상생활의 캔버스 위에 그림을 그리기 위해 주요 대도시의 거리를 이용했다. 사람들의 존재의 문법을 변혁하고 삶의 미학적 형태를 바꾸려고 노력한 이피들은 뉴욕 증권거래소 바닥에 돈을 뿌렸고, 이는 뛰어난 다다적 행동이었다. 그들은 중개인들이 달러 지폐를 주우려고 하면서 주식 거래를 중단시키는 데 성공했을 뿐만 아니라, 무한 경쟁에 대한 젊은이들의 거부를 광범하게 알리기도 했다. 1968년 미국 대통령 선거에 돼지를 출마시킨 이피들은 정치인들의 이미지 계산법을 영원히 바꿨으며, 이는 미국에만 국한되지 않는다. 스튜 앨버트가 회상한 것처럼, 이피는 1960년대 전 지구적 대항문화 속에서 헤엄쳤다.

"1971년 독일에서 제리 루빈, 필 옥스와 나는 다니엘 콘벤디트와 며칠 동안 지냈다. 우리는 금방 친해졌다. 그는 내가 보안관 선거에 출마했다는 사실을 무척 좋아했고, 계속 우리 모두가 서부영화에 나오는 것처럼 행동하기를 즐겼다. 카부우터? 우리는 암스테르담의 인도네시아 잔디밭에서 그들과 함께 며칠을 보냈다. 그들은 일종의 우드스톡 국가인 오렌지자유국의 창설에 대해 이야기했다. 제리와 나는 프로보의 영향을 받았다. 이피들은 잡지 《매드Mad》, 아르토(프랑스의 극작가, 시인, 배우, 감독으로 들뢰즈와 가타리에게 영향을 줌―옮긴이), 진 셰퍼드(미국의 선구적인 컨트리 여가수―옮긴이), 〈닥터 스트레인지러브〉에서 다다와 초현실주의까지 많은 영향을 미쳤다. 우리는 사물을 한데 모아 이상하고 비논리적인 방식으로 배열하여 충격을 주고 관심을 끌고 핵심을 찌르는 감각이 있었다. 우리는 TV가 의식의 확장을 이루었으며, 이제 공동의 인간 두뇌의 일부라는 사실을 깨달았다. 우리의 목표는 TV에 등장해 대중적 사고의 중독된 패턴을 전복할 수 있는 아주 다르고 재미있는 이미지(억만장자 주식중개인에게 돈을 던지고, 돼지를 대통령에 출마시키는 것)를 창조하는 것이었다. 우리는 거리와 그곳의 물건들을 TV 이미지를

만들어내기 위한 무한한 야외 소품으로 바꿔놓았다."¹³

이피들은 작은 직접행동이 정당보다 현대사회의 변혁에 더 적합한 수단일지 모른다는 관념을 자극했다. 1968년 5월 학생 반란이 프랑스 전역으로 확산되자, 작은 그룹의 선배 활동가들이 갑자기 소르본을 점거해 운동의 중앙 모임 장소만이 아니라 노동자들이 와서 참여할 수 있는 장소를 확보했다. 해방된 소르본은 서로 다른 직업과 계급의 사람들이 자유롭게 말하는 직접민주주의의 토론장이 됐다. 이것은 우리가 20세기 후반 작은 그룹의 아방가르드 행동이 더 커다란 변화와 운동을 촉발했다고 지적할 수 있는 한 사례이다.

예술은 전략적 행동 모델 외에도, 전술적 혁신을 제공할 수 있다. 2000년 워싱턴 D.C.에서 열린 세계은행 반대 시위에서, 완전군장을 한 전투경찰이 대오를 갖추고 해산 명령에 복종하지 않는 수천 명을 강제로 해산시킬 준비를 하자, 군중 속에서 누군가가 침착하게 대형 카세트의 볼륨을 최대로 높여 영화 〈스타워즈〉의 주제곡을 틀었다. 그 순간, 전투경찰을 무장해제시키는 데 이보다 더 유용한 수단은 없었을 것이다. 전투경찰은 물러나서 자신들의 어리석은 복장을 보고 웃었다.

예술가들은 또한 운동의 정체성을 형성하는 데 핵심 인물이며, 봉기 세력이 공적 공간을 점거했을 때 더욱 그렇다. 해방된 광주에서 극단 광대는 일일 집회의 조직과 무대감독을 지도했다. 홍성담과 같은 화가들은 운동의 열망을 표출한 목판화를 제작했다. 톈안먼 광장에서 미술대학 학생들은 봉기의 가장 지속적 상징인 민주주의의 여신상을 만들었다. 다양한 집단의 예술가들은 이스라엘이 팔레스타인의 영토를 통제하고 합병하기 위해 세운 수백 킬로미터에 달하는 불법 장벽을 거대한 갤러리 공간으로 바꾸어 반대 의사를 표현했다.¹⁴

마르크스가 공장생활의 단조로운 규율이 해방적 프롤레타리아트를 형성하는 데 도움이 되리라고 예상했던 것처럼, 우리는 오늘날 올림픽이나 월드컵 같은 소비사회의 스펙터클(민족주의적 포장에도 불구하고)이 인류의 국제적 정체성을 형성하는 데 도움이 되는 현실을 목격한다. 전 세계적으로 민중은 전보다 더 서로를 밀접하게 동일시한다. 에로스 효과를 통한 봉기의 확산은 그런 보편적 정체성을 드러내는 하나의 강력한 암시이며, 국경을 넘어선 전술적 혁신의 재생산도 마찬가지다. 블랙블록Black Bloc(BB)은 20세기 후반 전 지구적으로 실현된 시위에 대한 한 가지 접근법이며, 이는 의회와 게릴라 전술의 전투적 대안이다. 주요 시위에서 검은 옷으로 위장한 활동가들이 급진적 대오를 형성했고, 운동의 메시지를 명확하게 가리키는 목표물을 공격했다. 미국 레이건 대통령이 베를린을 방문했을 때 벌인 대치(미국이 핵무기 경쟁을 가속화했을 때)부터 남부 독일의 바커스도르프 핵 재처리 공장(독일에 무기등급 플루토늄을 제공할) 반대 투쟁까지, 블랙블록은 기존 전 지구적 체제 전체의 부패에 맞서는 저항을 열었다. 블랙블록의 의식적 자발성은 소수의 무장 행동이 아니라 민중의 참여와 가두진출에 의존했다.

부당한 권력에 맞선 일련의 지속적 대치는 훨씬 더 커다란 동원의 주기, 민중적 격변을 각성시키는 중요한 차원을 불러왔다. 학계와 전문 활동가들이 조직적 노력과 자원 축적을 운동 건설의 중심 과제로 강조하지만, 대치 정치는 다른 어떤 것보다도 민중의 의지와 상상력을 분출시킨다. 1980년대 가두행동과 대치의 와중에 형성된 국제 네트워크는 거대 초국적 기업이 인류의 부를 통제하는 것에 대한 반대와 대안세계화운동의 씨앗이 됐다. 국제적 시위에서 다양한 언어 집단과 문화권 출신 활동가들이 보여준 자연적 응집은 전 지구적 시민사회를 건설하는 수단이 되었다. 대치 정치의 순간 형성되는 정치적 정체성은 장기간 지속되는 사회운동을 창출하는 데 중요하다. 아주 많은 젊은이가 수십 년간 활발히 활동했다는 사실은 대치 정치의 전술적 공명, 세대에서 세대로 시위를 혁신하는 능력을 보여준다.

전투적 가두대치는 필요와 욕망의 심적 재작동의 도가니이자, 엄청난 변혁의 가치를 지닌 현실의 무대이다. 제노바 시위 이후, 한 블랙블록 참가자는 내게 "과거 몇 년간의 모임보다 시위 기간 며칠이 나를 더 많이 변화시켰다"고 말했다. 다른 활동가는 그것이 자신의 인생에서 "가장 중요한 경험"이라고 했다. 만약 소비자 문화가 일종의 식민화라고 한다면, 블랙블록의 맥도널드와 나이키 매장 및 은행 파괴는 구체적 탈식민화이며, 기업 통제로부터 공간을 해방하는 일이자 경찰이 통제하지 못하는 자율적 공간을 창출하는 일이다. 오래전에 파농이 발견한 것처럼, 폭력은 탈식민화 운동에서 핵심 역할을 한다. 블랙블록의 통제된 폭력은 거리에서 개인들의 심적 재작동일 뿐만 아니라, 체제 전체에 맞서는 반대의 순간이다. 민중의 해방을 향한 열망을 구체화함으로써, 수십 년에 걸쳐 우리를 귀먹게 하는 소비주의와 쇠약하게 하는 안락을 하룻밤 사이에 던져버릴 수 있다. 기존 전 지구적 체제의 책임에 문제를 제기함으로써, 전투적 대치는 중요한 장기적 영향을 미칠 수 있다.

전투적 행동은 전복적 성격에도 불구하고 한때 활기찼던 행동이 의례적 반복으로 굳어지면 그 유효성을 급속하게 잃어버릴 수 있다. 예를 들어, 심지어 상황주의자들처럼 과거에 활력 넘쳤던 집단들도 이데올로기적 종파로 굳어지면 운동보다는 향수를 불러일으킨다. 자크 랑시에르가 말했듯이 "상황주의 담론의 궤적, 즉 전후 아방가르드 예술운동으로 출발해 1960년대에 정치에 대한 급진적 비판으로 발전했다가 오늘날 기존 질서의 '비판적' 대역으로 행동하는 환멸스러운 담론의 반복으로 흡수된 궤적은 의심할 바 없이 현대 미학과 정치의 부침을 가리키는 징후이자, 향수로 전락한 아방가르드적 사고의 징후이다."[15] 전투성의 의례화 문제에 더하여, 블랙블록에는 경찰이 상당히 침투했고 경찰 공작원이 시위대를 공격해서 시위대끼리 서로 싸우는 모습이 연출되기도 했다.

운동의 중산층 분자들은 모든 종류의 전투성을 악마화한다. 대규모 평화 시위대와 함께 전투적 가두대치로 분화된 시위는 현대 운동의 다양성, 공동으로 인식한 문제를 해결하기 위한 시위로 결합한 집단의 다양성과 자율성을 반영한다. 하지만 일부 집단은 획일적 통제를 강제하려고 애쓴다. 일부 '평화주의자들'은 1999년 시애틀에서 더 전투적인 시위대를 물리적으로 가로막고 그들의 정체를 폭로함으로써(심지어 경찰이 그들을 체포하는 것을 도왔다), '규율'을 강제했다. 활기찬 다양성의 더 나은 사례는 2000년에 발견할 수 있는데, 그 당시 대안세계화운동은 세계은행과 IMF의 총회에 맞서기 위해 프라하에 모였다. 다양한 범위의 전술의 통일성은 도시의 여러 지역에서 도착한 색깔별 대오로 정점에 달했다. 회의에 참석하려던 많은 은행가는 붐비는 거리를 뚫고 지나갈 수 없었고, 총회는 일찍 휴회해야 했다. 운동 내에서 다양성과 즉흥성은 성공적 저항을 촉발한 열쇠였다. 비록 모든 측면에서 흑백의 선이 그려지긴 하지만, 분명히 어떤 하나의 전술이나 조직은 해결책이 아니며 문제도 아니다.

봉기 2.0, 가상 코뮌의 건설

대중 시위의 물결을 건설하는 것은 단순히 의지의 문제로 이해해서는 안 된다. 인간의 통제를 벗어난 낯선 힘으로서 역사적 발전과 체제의 힘은 투쟁의 가능성을 미리 규정한다. 우리 자신이 선택한 조건에 따라 미래를 만들 수는 없지만, 최근의 봉기에서 분명한 것처럼 주요한 순간에 우리는 선택을 할 수 있다. 아시아와 라틴아메리카에서, 군중의 지혜는 시위 동안 상승하는 역학이었다. 2001년 경제 위기가 벼락처럼 닥쳐서 하룻밤 사이에 아르헨티나의 경제가 붕괴했을 때 자율적으로 이뤄진 풀뿌리 동원은 예지력을 보여주었다. 2008년 남한의 촛불

시위처럼, 민중은 어떤 지도자도 용인하지 않았다. "군중에 합류하려 했던 소수의 정치 지도자들은 거부당했다."[16]

민중은 IMF와 세계은행이 강제하는 궁핍화에 굴복하길 거부했고, 적과 협력하려는 대통령을 몰아내려 들고일어났다. 자율적으로 운영하는 노동자평의회와 직접민주주의 형태들이 전국적으로 꽃피웠다. 아시아의 봉기에서 나타났던 것과 비슷한 참여적 형태의 협치는 민중의 직접민주주의 역량과 열망을 중요하게 보여주었다. 직업, 식량, 교육을 요구한 젊은 '피케테로piquetero'들은 거리 봉쇄를 조직했다. 정부와 협상할 대표를 보내지 않겠다고 주장한 그들은 모든 사람이 참여하도록 도로를 봉쇄한 장소에서 모든 결정을 할 것을 요구했다. 2002년 6월 26일 정부는 더 이상 봉쇄를 용인하지 않겠다고 경고했고, 수천 명의 민중이 모이고 수백 명의 경찰이 출동했다. 픽업트럭과 소총을 사용한 경찰은 부에노스아이레스 전역에서 피케테로들을 사냥했고, 100명 이상에게 부상을 입히고 최소한 160명 이상을 체포했다.[17] 노동자들은 공장, 호텔, 사무실을 접수해 자본가들보다 더 생산적으로 운영했다. 수백 개의 마을 주민회의가 결성되어 미래의 행동과 정책을 결정하기 위해 매주 회의를 열었다.

비슷한 역학이 2006년 멕시코에서도 나타났다. 교사 파업으로 시작해 오악사카 시의 해방과 그에 대응한 정부의 공격으로 이어졌다. 처음 교사들은 학생 신발 같은 하찮은 물품을 요구했다. 그러다 멕시코시티의 선출된 정부에 의해 오랫동안 주변화되어온 분노한 오악사카 주민들이 동참했다. 풀뿌리 진원지인 오악사카민중회의(APPO)는 도시의 통제를 위해 투쟁하는 시민들의 지속적 동원에서 성장했다. 민중적이고 참여적인 평의회는 수개월 동안 도시의 사실상 정부 역할을 했고, 광주와 같은 직접민주주의적 코뮌 형태가 이루어졌다. 그러나 곧 도시를 다시 장악한 경찰 수천 명의 지속되는 물리적 공격과 살상으로 얼룩졌고, 투쟁에 영향력이 크게 줄어들었지만 APPO는 계속 저항했다.

사파티스타에서 아레키파(페루)의 코뮈나르까지, 라틴아메리카 민중의 일상은 투표, 시위, 모든 종류의 정치적 활동(선거와 민중봉기를 포함한)을 통해 개선되고 있다. 베네수엘라에서 차베스의 볼리바르주의 정부는 아래에서부터 민중 행동을 고무하기 위해 블랙팬더당의 슬로건 '모든 권력을 민중에게!'를 사용한다. 차베스 정부는 남미은행Banco del Sur을 설립했고, 그 목표는 지역경제에 대한 IMF와 세계은행의 약탈적 지배를 몰아내는 것이다. 남미은행은 베네수엘라의 모든 외채를 거의 상환했고, 전 지구적 기구들을 몰아내기 위해 합리적 이자율로 엄청난 액수를 다른 나라들에 빌려줬다. 그들은 쿠바에서 의료 전문가들을 받는 대신 석유를 보냈고, 그 결과 베네수엘라의 많은 사람이 평생 처음으로 의사의 진료를 받게 됐다. 비록 이 운동이 차베스에게 많이 빚지고 있지만, 그것은 차베스나 베네수엘라에 한정되지 않는다. 볼리비아와 에콰도르에서 선출된 지도자들은 확대되는 풀뿌리운동의 토대를 반영한다. 라틴아메리카 사회운동은 수세기 동안의 종속과 위계 관계를 철저하게 파괴하기로 약속했다. 민중 동원이 강화되자, 거리의 운동을 억제하고 소멸시키는 중도좌파 정권들이 등장했다. 그 이후에 곧 남아 있던 민중적 성과의 지표가 감소한 반면, 지역의 전통적인 형태의 종속, 예컨대 상품 수출국 역할과 엘리트 지배의 종속은 회복되기 시작했다.[18] 그럼에도 불구하고 이 운동들은 단일한 지도자나 정당으로 구성되지 않았기 때문에, 계속해서 풀뿌리 차원의 변화를 도모한다. 로저 버바크는 그들의 국회 밖 토대를 이른 시기에 묘사한 사람 중 하나였다. "남아메리카에서 국가 변혁의 새 모델은 진보적 사회 주체와 운동의 복잡한 혼합체에 기초한 광범한 정치적 연합을 건설한 데에 뿌리를 둔다. 이 과정에서 정당의 역할은 격렬한 논쟁의 주제이다. 많은 사람이 당의 중심적 역할을 거부하며 정당이 내적으로 위계적(그리고 자주 가부장적)이고 따라서 진정한 민중 참여에 적대적이라고 주장했다. 다른 사람들은 '사회운동 정당'이라고 스스로 정의하는 볼리비아의 '사회주의를 향한 운동'(MAS) 같은 '새로운 유형의 정당'이 필요하다고 주장한다."[19]

이런 자의식적 자율성의 대규모 분출은 라틴아메리카에 국한되지 않는다. 2008년 남한에서 2011년 아랍의 봄까지, 시위자들은 조직하고 서로 돕기 위해 인터넷, 특히 페이스북과 탈중심적 조직을 이용했다. 튀니지인들은 경찰에 부상을 입을 경우 다른 활동가들이 와서 도울 수 있도록 휴대전화 번호를 공유했고, 경찰 부대의 위치를 실시간으로 인터넷에 올려 활동가들에게 피해야 할 지역을 알려줬다. 대안적 시각의 주류 언론 접근이 거부되는 곳이면 어디든지, 인터넷이 동원과 정보의 귀중한 수단이 됐다(최소한 당국이 인터넷을 폐쇄하기로 판단하기 전까지). '똑똑한 군중'은 실시간 동원을 위해 휴대전화를 훨씬 더 효과적으로 사용한다.

이미 살펴본 것처럼 1992년 타이 시위대는 휴대전화를 사용했고, 1989년 중국 학생들은 통신을 위해 휴대용 팩스를 이용했다. 2001년 1월 필리핀에서 문자메시지는 수백만 명을 동원하여 조지프 에스트라다 대통령을 퇴진시키는 데 도움이 됐다. 2007년 버마 활동가들은 외부 세계와 통신하기 위해 영상전화와 블로그를 이용했다. 2009년 몰도바의 젊은이들은 함께 모이기 위해 새로운 통신 기술을 사용했다. 사실 싱크몰도파ThinkMoldova의 설립자 중 하나인 나탈리야 모라리는 1만 5,000명이 참가한 첫 시위의 배후 조직이 "6명, 10분간의 난상토론과 결정, 몇 시간의 네트워크, 페이스북, 블로그, SMS, 이메일을 통한 정보의 전파"라고 설명했다. 다음날 아침 트위터와 페이스북을 사용해 사람들에게 다시 모이라고 해서 수천 명이 모였지만, 이번에는 경찰과 충돌이 벌어졌고 정부 건물이 공격받았다. 193명이 체포된 이후, 트위터는 시위에 관한 수백 가지 이야기를 퍼뜨렸다. 정부는 즉시 인터넷을 폐쇄했다.[20]

2008년 선출된 보수적 이명박 대통령과 미국산 소고기에 반대한 시위의 물결인 한국의 '촛불 혁명'을 보면, 비슷하게 혁신적인 형태의 조직화 행동을 목격할 수 있다. 모든 계층의 참가자들을 모은 집회의 오픈마이크, 지도부의 순번제, 새로운 부문의 등장(초기 단계에 시위를 시작하고 이끈 여중생과 여성 네티즌) 등이다. 한국인들 사이에서 광범위하게 인정되는 것은 '축제 같은' 분위기와 '지도자 없는' 운동이었다. 대통령을 '2메가바이트'(2MB)라고 부른 10대 소녀들은 한국의 어휘 사전과 가장 강력한 정치인의 정치적 위상을 유머러스하게 바꿨다. 한겨레의 기사는 봉기의 분위기를 이렇게 포착했다. "서울광장은 게임과 풍자, 웃음의 축제장이 됐다. …… 정부에 대한 엄숙한 저항은 사라졌고, 분노는 풍자로 바뀌었다. '축제'에 참가한 가족, 대학생, 회사 노동자들은 서로 알지 못해도 하나가 됐다. …… 음식을 나눠 먹으면서 시민들 간에 새로운 유대가 끈끈해졌다."[21]

거리에 모인 사람들이 많아지자, 경찰은 시위대를 분리하려는 시도로 대응했다. 경찰버스와 화물 컨테이너가 갑자기 주요 거리에 엄청난 방어벽으로 쌓였다. 즉시 누군가 버스를 끌어낼 로프를 온라인으로 요청하자 몇 분 안에 로프가 도착했고, 사람들은 차단벽을 옆으로 밀어내고 앞으로 밀고 나갔다. 고등학생들이 전투경찰에게 장미를 주었고, 연인들은 시위장에서 만나 데이트를 했다. 보수 언론이 시위대의 '폭력적' 성향을 비난하고 시위대의 압도적인 평화적 성격을 왜곡하자, 네티즌들은 '시위 2.0'에 대한 그들 자신의 설명을 방송하기 시작했다. 아무도 그럴 권한을 주지 않았지만, '붙박이' 시민들은 기자가 되어 자기 노트북으로 실시간 보도를 했고, 수백 명이 블로그에 글을 올리고 채팅을 했다. 유튜브를 이용해서 보도를 올리는 활동가 웹사이트들이 곧 생겨났고, 이는 한스 엔첸스베르거가 수십 년 전에 주장했던 것, 즉 모든 수신자가 송신자가 되는 상황의 실현이었다. 곧 주류 언론은 네티즌을 인용하기 시작했다.[22] 1987년 6월봉기의 기념일인 2008년 6월 10일, 수많은 사람이 모여 한국 역사상 최대의 시위를 형성했다.[23] 촛불시위 동안 서울의 시민기자들이 세운 미니 TV 방송국은 2007년 봉기에 대한 비디오, 사진, 설명을 내보내기 위해 목숨을 걸었던 버마의 용감한 기자들과 유사했다.

웹사이트와 인터넷 통신의 다양성과 번성은 운동의 탈집중화에 기여하고 이데올로기적 획일성을 거부하게 한다. 이런 의미에서 소셜미디어는 민중 위에 군림하는 '의식적 부류'의 필요성이 감소함을 나타낸다. 소셜미디어는 집단지성을 증가시키는 자원이며, 풀뿌리 참여와 통제를 확고히 하는 참여민주주의의 도구이다. 웹 사용자의 집단지성은 사람들이 새로 발견한 민중권력을 인식하도록 하는 데 도움을 줬다. 대통령을 2MB로 이름 붙이는 한국 시위대의 역량은 사람들이 현존 권력을 초월하기 위해 역설과 장난스러운 비판을 어떻게 사용하는지 보여주는 하나의 사례일 뿐이다. 새로운 테크놀로지는 새롭고 아직 식민화되지 않은 방식으로 우리를 서로 연결함으로써, 지성과 직접행동 역량이 봉기의 현상적 형태를 재형성할 감독 없는 집단성을 형성하는 데 기여한다.

아방가르드 집단의 문제의식은 민중을 지도하는 것이 아니라, 그들의 에너지를 유지하고 상상력을 촉발하는 것이다. 동아시아의 봉기를 보면, 이 통찰력은 광주와 버마의 비교에서 얻을 수 있다. 탈집중화된 풀뿌리 반란이 하향식 봉기보다 더 큰 영향력을 띤다. 특히 단 한 명의 카리스마적 지도자에 의존하면, 1988년 이래 여러 세대의 버마인들이 견뎌낸 치명적 패배에서 드러난 것처럼 집중된 지도력의 약점은 너무나도 명백하다.²⁴ 오늘날 사람들은 지명되거나 민주적으로 선출된 어떤 종류의 통치자보다 자신들이 더 지성적임을 알고 있다. 세계에서 가장 인터넷이 발달한 나라 남한에서, 네티즌들은 한국 정치에 엄청난 역할을 했다. 인터넷을 이용한 직접민주주의 전망이 광범하게 논의되고 있다. "그들이 예측한 전자민주주의의 이상은 엘리트 주도의 대의민주주의 대신에 모든 시민이 자유롭고 평등하게 참여하는 본질적인 참여민주주의를 획득하는 것이다. 전자민주주의에서 시민들은 선거를 통해 대표를 선택하는 전통적 참여 방법을 고수하지 않는다. 그들은 정당, 투표 또는 이익집단 같은 정치적 매개를 통한 간접 참여보다 일상생활에서 직접 참여를 선호한다. 정치 참여의 모델은 집단에 기초한 개인에서 네트워크에 기반을 둔 개인으로, 그리고 대표자 선출에 초점을 맞춘 간접 참여에서 의제의 수립, 여론의 동원과 의사 결정으로 구성된 직접 참여로 변했다. 이 날마다의 직접적인 정치 참여 방법은 민주 정치체제의 핵심인 '국민에 의한 지배'의 가능성을 제시한다."²⁵

현대적 테크놀로지는 전에 가능하지 않았던 규모로 숙의민주주의와 자율성을 용이하게 한다. 몇 년 전에, 폴 마틱은 민족국가 또는 심지어 노동자 자주관리가 아니라 대중적 시민평의회가 생산을 통제할 필요가 있다고 설득력 있게 주장했다. 역사상 어느 때보다 더 모든 민중이 자유로운 사회에서 무엇을 생산할지 결정하는 것이 가능하며, 심지어 필요하기도 하다.

기업의 돈을 받는 NGO의 역할

비록 성공하지 못해도, 봉기는 새로운 집단의 형성을 자극하고 더 많은 자유에 대한 민중의 열망을 촉발한다. 이 책에서 논의한 모든 경우 NGO, 시민단체, 자율적 언론, 기타 시민사회 기관들의 폭발적 출현은 민중봉기의 후광 속에서 이뤄졌다. 진보적 활동의 아우라에 휩싸여 있기 때문에 수많은 주요 NGO 인사들은 급여도 빈약하고 위험한 사회운동 활동에서, 기층의 필요를 전문적으로 관리하는 넉넉한 세계로 건너오라는 유혹을 받았다. 산업화된 북반구의 다수가 즐기는 번영의 수준을 유지할 만큼 후원자에게 급여를 받으면서, 과거의 활동가들은 자신의 사회적 토대에서 유리되고 그 대신에 잠재적 반대 집단을 통제하면서 자신을 도울 토착 동맹자를 필요로 하는 국제적 엘리트들과 제휴한다.[26] 미국 기관들은 미국의 이익에 우호적이고 전 지구적 기업 체제에서 하위 엘리트로서 봉사하고자 하는 토착 지도력을 건설하기 위해 대상 국가의 NGO들에 자금을 대주었다. 제임스 데이비스가 재치 있게 비꼰 것처럼 "NGO와 제국주의의 관계는 보헤미안 예술가들과 도시 미화의 관계와 같다".[27]

1945년 유엔이 창설됐을 때 회원 국가나 정부가 아닌 비정부기구(NGO)로 공식 인정을 받은 기구들은 오늘날 그 수가 결코 적지 않고, 영향력이 주변적이지도 않다. NGO가 처음 대규모로 증가한 것은 1968년 전 지구적 저항이 일어난 뒤였다. 1985년 《국제기구 연감》에는 7,109개 NGO가 존재하는 것으로 나와 있다.[28] 1999년 제임스 페트라스는 제3세계에서만 국제금융 기구들에게서 최소한 100억 달러 이상을 받는 5만 개 이상의 NGO를 집계했다.[29] 1년 뒤 다른 추산은 미국에 200만 개의 NGO, 인도에 100만 개 이상의 '풀뿌리 단체'가 있다고 밝혔다. 1988년에서 1995년 사이에 약 10만 개의 NGO가 동유럽에서 출범했다. 적십자에 따르면, 2000년 세계의 NGO들은 "세계은행보다 더 많은 돈을 지출한다".[30]

국제적으로 NGO의 수는 엄청나게 증가했다. 지난 수십 년간 단 한 영역에 대해 수치를 제시해보자면, 국제 NGO(INGO)는 표 13.1에서 볼 수 있는 것처럼 500퍼센트 이상의 경이적인 성장을 기록했다. 이는 최소 수치이다. 《이코노미스트》는 1996년 INGO 수를 2만 6,000개(1990

[표 13.1] 1973~2003년 초국적 사회운동 조직들의 수

연도	수
1973	183
1983	348
1993	711
2000	959
2003	1,011

출처: Jackie Smith and Hank Johnston, eds., *Globalization and Resistance: Transnational Dimensions of Social Movements* (Lanham: Rowman and Littlefield, 2003), 32.

년 6,000개)로 추정하며, 유엔은 2002년 3만 7,000개로 산정한다.[31]

팝스타 보노의 참여로 화려해진 NGO들은 원주민 저항을 진정시키기 위해 기성 제국 체제와 함께 일하는 기능을 담당했던 선교사들의 역사적 발걸음을 따른다. 마치 노동조합이 기업에 노동계급을 순응시키는 수단이 된 것처럼, NGO들도 체제의 최악의 과도함을 완화하는 메커니즘을 제공하거나 또는 그렇게 하는 것처럼 보인다. 신자유주의가 복지국가의 흔적을 뿌리 뽑은 다음, NGO들이 사회서비스를 민영화하는 방식이 됐다. 《이코노미스트》에 따르면 "최근 NGO들이 호황을 누리는 주된 이유는 서구 정부들이 재정을 지원하기 때문이다. 이것은 자선의 문제가 아니라 민영화의 문제이다."[32] 정부와 기업이 점차 전 지구적 시민사회에 개입하면서, NGO들은 시민운동에서 등장한 과거 자율적이었던 영역에 침투하는 그들의 도구가 됐다. 1990년대에 기업들의 기부는 거의 3,850억 달러로 2배나 늘었다.[33] 세계은행은 80명 이상의 시민사회 국가별 담당자가 이끄는 네트워크를 통해 NGO의 참여를 추구했고, WTO의 1994년 마라케시 협정은 NGO와 "협의와 협력"[34]을 위한 문을 열었다.

일단 '측근들'이 타도되고 더 '효과적으로' 기능하는 전 지구적 은행과 기업으로 대체되면, NGO들은 기층의 요구를 민영화하고 저항

운동의 동원을 막는 데 중요한 역할을 한다. 한국의 진보적 대통령 노무현은 진보적 활동가들을 행정부에 끌어들임으로써 가두시위를 꺾었고, 진보적 조직들의 활동가 회원은 급감했다. 보수파가 권력에 복귀하자, 시위는 다시 시작됐고 저항은 다시 활력을 얻었다. 독재에 비해 민주 정부는 대항문화 공간처럼 여성, 동성애자, 청년 등 기층 집단에게 새로운 기회와 더 많은 자유를 부여한다. 한국의 민주주의 쟁취, 남아프리카공화국의 아파르트헤이트 종식, 미국의 인종주의와 성차별 완화, 기층 민중의 권리 확대 추진 등 모든 민중의 승리는 전문적 활동가들이 개인의 경력을 쌓을 무대를 창출한다. 흔히 전문적 활동가들과 특수 집단들은 체제에 대한 도전을 완화하는 효과를 낳는다. 단지 국제 기부자들이 자칭 지도자들에게 주는 물질적 보상 때문만이 아니라, 민중의 필요를 관리 가능한 개량주의적 경로의 틀에 맞추기 때문이다. 군사화된 민족국가를 물러나게 하고 약탈적 초국적 기업들을 사회화할 수 있는 새로운 국제 시민사회를 구성할 필요를 인식하는 민중의 직관은 체제가 잘 작동하고 있다고 주장하는 NGO 전문가들의 논리와 상충한다. 전문적 활동가들은 근본적 변화의 언어를 말할지 모르지만, 이매뉴얼 월러스틴이 상기시켜주는 것처럼 그들은 "양극화되고 불평등한 체제를 유지하면서도 녹색 우주, 다문화 유토피아, 만인의 기회 등 반체제 운동에서 등장한 슬로건들"[35]을 사용한다.

    전 지구적 엘리트들과 어깨를 겯는 국제회의에서 돌아온 NGO 활동가들은 '지속 가능한 발전'이나 '양성평등' 같은 구호로 '진보'와 '계몽'의 언어를 말하면서 신자유주의에 적응할 것을 고무한다. 국제적으로 재정 지원을 받는 NGO들이 민주적 구조를 갖춘 경우는 거의 없고, 그들이 기업 세계화에 반대하는 경우는 훨씬 더 드물다. 기층 집단의 파편화를 촉진함으로써, NGO들은 자주 체제 전체에 대한 명확한 비판에 장애가 된다. 그들은 흔히 반란을 기존 체제로 포섭하고 급진적 요구를 개량주의적 결과로 전환시키는 수단이 된다.

　이런 맥락에서, '시민사회'란 용어는 계급 분열을 모호하게 하는 수단, 즉 국제자본과 세계은행과 WTO 같은 기관들이 침투하여 풀뿌리 에너지를 자신의 목적에 이용하는 외피가 됐다. 제임스 페트라스가 발견한 것처럼, 비록 NGO들이 공적 이미지를 "권위주의적 국가주의와 야만적 시장자본주의 사이의 제3의 길"로 포장해도, "시민사회의 전위"라는 그들의 주장은 사실과 거리가 한참 멀다. 오히려 NGO들은 오늘날 어느 때보다 더 심각한 불평등을 자주 모호하게 한다. 페트라스가 상기시키듯이 "노동자에 대한 최대의 불의는 대부분 국내 부채에 과도한 이자를 쥐어짜내는 시민사회의 부유한 은행가, 농민을 땅에서 쫓아내는 지주와 노동자를 착취 공장에서 기아 임금으로 탈진시키는 산업 자본가가 자행한다".[36]

　이런 조직된 작은 단체의 잠재력에 대해 아무도 의문을 품지 않도록, CIA와 국제 투기꾼 조지 소로스가 그들을 어떻게 이용하는지 살펴보자.

미국이 개입한 혁명의 시나리오

민주적 반란의 물결과 미국의 관계는 기존 연구에서 거의 다루지 않는 주제이다. CIA와 미국의 국립민주주의기금(NED)의 더욱 음흉하고 은밀한 개입과 조지 소로스의 기업 이익 선전은 상대적으로 다루지 않는 연구 영역이다.[37] 광주봉기의 진압에서 본 것처럼, 미국은 정치적 자유화를 지지하지 않으면서도 경제적 자유화를 강제했고, 그 후 수십 년간 반미주의라는 결과에 부딪혔다. 반미가 1980년대 남한에서 미국의 엄청난 투자에 위협이 될까 걱정한 미국은 자본주의 세계시장을 확대하고 '측근' 체제가 봉쇄한 경제에 침투하기 위해 민주적 봉기의 물결에 올라타기 시작했다.

마르코스의 반공전쟁이 흔들리는 등 미국이 필리핀에 개입할 만한 많은 이유가 있었지만, 그럼에도 필리핀은 이 문제의 또 다른 경우로 봐야 한다. 1980년대 초반 공산당계 신인민군은 수천 명의 남녀를 무장시켜 농촌의 광대한 지역을 해방한 반면, 필리핀 육군은 적절한 의료나 장화조차 없었다. 전쟁에 사용하라고 미국이 제공한 헬리콥터들은 야전의 부대에서 사용되지 않고, 마르코스의 친구나 친척의 호화 파티에 손님을 나르는 데 쓰였다. 마르코스는 측근들에게 부를 축적할 권한을 줬다(자신과 이멜다가 뉴욕의 부동산과 스위스 은행 계좌에 축적한 개인 재산은 말할 것도 없이). 미국에 우호적인 엘리트들이 통제하는 의회 정권은 공산주의자들에게 대항하고 미국의 기업 이익을 보호하는 수단으로서 친미 독재보다 더 유리했다.

1990년대 후반 '색깔 혁명'(때로 '벨벳 혁명'이라고 불리는)[38]은 슬로바키아(1998), 세르비아(2000), 벨라루스(2001, 2006), 조지아(2003), 우크라이나(2004), 키르기스스탄(2005), 우즈베키스탄(2005), 아제르바이잔(2005), 카자흐스탄(2005) 등 많은 나라에서 발생했다. 이 혁명들은 러시아를 둘러싼 전략적 지역에서 일어났고 놀라울 정도로 비슷한 전술을 써서, 서구가 개입한 게 아닌가 하는 많은 의문이 제기됐다. 이 색깔 혁명들은 나토의 제5열인가? 소규모 집단의 효율성이 미국 기관들의 숨겨진 역할처럼 많은 색깔 혁명에서 드러난다.

1986년 필리핀 봉기에서 CIA는 군개혁운동(RAM) 반란군과 24시간 직접 접촉을 유지하며 그들에게 마르코스 군대의 이동에 관한 실시간 첩보를 제공했다. CIA가 지원한 쿠데타는 1953년 이란, 1954년 과테말라, 1963년 브라질에서도 일어났다. 1973년 CIA는 산티아고 거리에서 아옌데의 사회주의 정부를 흔들기 위해 주부들이 냄비와 프라이팬을 두드리는 시위를 조종했고 트럭 기사들의 파업을 자극했다. 미국이 개입을 인정하지 않으면서 1973년 칠레, 1976년 타이, 1980년 한국과 터키에서 신자유주의를 유혈로 강제한 사건들의 배후가 모호해진다. 오늘날 정권 교체에 CIA가 직접 개입하는 일은 대부분 불필요하다. 왜냐하면 다른 정부 기관들이 CIA의 영역이었던 바로 그 프로젝트를 담당하기 때문이다. 더 최근에 미국이 개입하는 형태는 NGO와 시민사회를 통해 반정부 세력을 양성하고, 또한 대상 국가를 미국과 영국 언론의 선전방송으로 폭격하는 것이다.

2009년 대통령 선거 이후 이란의 야당 세력은 선거 결과에 항의하여 거리로 나섰지만, 이미 오래전에 그들은 서구의 재단들과 일련의 모임을 가졌다. 이란의 메흐르 통신사는 이렇게 보도했다. "이란 대통령 선거 반년 전에, CIA는 오렌지혁명 시나리오를 준비하고 있었다. CIA 요원들은 터키, 아제르바이잔, 쿠웨이트, UAE(아랍에미리트연방)에서 이란 야당 인사들을 만나 지침을 줬다. 우드로윌슨 센터와 소로스 재단이 이란 혁명 계획을 꾸미고 전략을 완수하기 위해 3,200만 달러의 자금을 제공했다고 비난받고 있다."[39]

CIA가 공산주의에 반대한 동유럽의 투쟁에 개입한 일은 오래된 역사이다. 냉전 종식 이래 NED, 헤리티지 재단, AFL-CIO, 프리덤하우스 등 미국의 재단들은 러시아 근처의 나라에서 활동을 강화했다. 그들은 수입의 대부분을 정부 재정에 더욱 의존하게 된 'NGO'들의 망을 구축하는 데 도움을 줬다. 중동부 유럽에서 1900~1999년까지 주로 미국 국제개발처에서 나온 '민주주의 지원' 기금의 총액은 15억 달러에 약간 못 미쳤다.[40] 전 세계적으로 민주주의운동이 출현한 이후, 전 지구적 자본은 이 운동을 자신의 목적에 맞게 이용하려고 시도했다. 색깔 셔츠와 플래카드로 완성된 대규모 시위는 문제의 나라 외부에서 조정되고 자금 지원을 받았다. 미국의 기업 이익에 비우호적인 정권에 맞선 많은 세력 가운데에는 미국의 소리(VOA), 자유 라디오, 라디오 자유 유럽 등 반공전쟁의 유물들이 있었다. 억만장자 국제 투기꾼 조지 소로스와 같은 신참은 자신의 이익에 비우호적인 정부를 타도하는 데 크게 기여했다.

다른 관여 그룹으로는 NED가 있는데, 이 재단은 2002년 4월 차베스 타도 시도에 연루됐다.[41] 2009년 대통령 선거 이후 이란의 불안정은 조지아(장미), 우크라이나(오렌지), 키르기스스탄(튤립), 레바논(삼나무), 벨라루스(청바지), 이라크(퍼플), 버마(사프란), 베네수엘라(흰색), 아르메니아(수선화), 몰도바(트위터) 등의 색깔 혁명과 놀라울 정도로 유사하다.[42] 이 가운데 CIA의 직접 개입 가능성이 가장 높은 것이 장미혁명(2003년 조지아)과 오렌지혁명(2004년 우크라이나)이다.

무대 뒤에서 일하는 미국 기관들은 NGO들을 동원해 큰 효과를 낼수 있다. 1997년 12월, 시민사회재단의 후원 아래 빈에서 열린 행사에서 NGO와 학생 활동가들이 모여 불가리아 반체제 활동가들의 교훈을 연구했는데, 1월 불가리아에서 소피아 도심의 텐트촌이 경찰의 공격을 받았다. 그로 인해 분노가 촉발돼서 현직 대통령 젤류 젤레프가 선거에서 패배했다. 빈의 난상토론에서 젊은이들을 동원하기 위해 록 음악을 이용하는 등 주요한 아이디어가 등장했는데, 그것은 미국의 평화봉사단 단원 마이크 호클러트너의 제안이었다.[43] 그들은 미국 힙합 가수 쿨리오를 비롯해 국제적으로 유명한 스포츠 선수와 음악가를 불러와서, 마레크 카푸스타가 청년층 유권자의 20퍼센트 투표율을 80퍼센트로 끌어올리려고 조직한 '투표를 흔들자Rock the Vote' 캠페인을 성공적으로 이용했다. 그 결과 1998년 선거에서 슬로바키아의 현직 대통령 블라디미르 메치아르가 패배했다.

미국 프리덤하우스는 그 당시 슬로바키아에서 대부분 외국 여행을 한 적이 없던 지역 활동가들의 회의를 소집했는데, 그 모임은 "미래 혁명가들의 '인명사전'처럼 읽혔다".[44] 퇴역 미 육군 대령 로버트 헬비는 이미 1988년에 버마 국경에서 활동하고 있었다(활동가들은 그가 자신들의 투쟁력을 꺾었다고 설명했다). 그는 보스턴의 알베르트 아인슈타인 연구소의 소장인 진 샤프와 함께 1992년에서 1998년 사이에 적어도 여덟 가지 임무를 담당했다. 비록 샤프와 헬비가 전술로서 비폭력을 옹호하긴 하지만, 그들은 지속적으로 미국에 비우호적인 정권들에 대해서만 그 전술을 활용하면서 펜타곤과 연계를 맺고 있다. F. 윌리엄 엥달의 의견에 따르면 그들은 수많은 시위 사건에 책임이 있다. "샤프란 승려들이 이끈 비폭력적 정권 교체 전술의 지휘자는 매사추세츠 주 케임브리지에 있는 기만적 명칭의 알베르트 아인슈타인 연구소의 설립자 진 샤프이며, 이 단체는 전 세계 주요 지역에서 미국에 우호적인 정권 교체를 양성하기 위해 NED의 한 유관 단체에서 자금을 지원받는다. 샤프의 연구소는 정권이 반정부 세력을 침묵시키려 약 3,000명의 시위대를 학살한 직후인 1989년 이래 버마에서 활동했다. CIA 특별요원이자 랑군 주재 전 미 무관인 로버트 헬비 대령(미 육군에서 퇴역)[45]은 비밀작전 전문가로, 1989년 반정부 세력을 비폭력 전략으로 훈련하도록 샤프를 버마에 소개했다. 흥미롭게도, 샤프는 텐안먼 광장의 극적인 사건 2주일 전에 중국에도 있었다."[46]

버마 임무를 설명하면서 헬비는 이렇게 보고했다. "내가 한 유일한 일은 그들에게 비폭력 제재의 잠재력, 즉 비폭력 제재를 다른 종류의 전쟁처럼 계획하고 집행할 수 있음을 보여준 것뿐이다."[47] 하지만 버마 망명의회에 속한 한 활동가는 헬비와 샤프의 기여가 "버마 운동을 무장해제하고 약화시키는 것"[48]이었다고 신랄하게 비판했다.

헬비에게 "군사적 승리는 적의 전투 역량과 의지를 파괴함으로써 성취할 수 있는 것이다. 이런 면에서 비폭력 전략은 아주 다른 무기체계를 사용한다는 점을 제외하면 무장 분쟁과 다르지 않다".[49] 헬비는 베트남에서 현역 미군 장교였고, "베트남에서 한 일은 잘못한 게 없다고 생각했다".[50] 미국의 이익에 충실한 종인 헬비는 비폭력이 "베트남

시대의 '꽃을 든 어린이, 평화주의자, 병역 기피자'"[51]와 함께 생겨났다고 생각했기 때문에 비폭력에 결코 관심이 없었다. 1987년에서 1988년까지 헬비는 하버드 대학의 국제문제센터에서 미 육군 선임연구원으로 일하며 샤프를 만났고, 비폭력을 펜타곤의 무기고로 통합하는 데 기여했다(샤프는 토머스 셸링 교수의 도움으로 펜타곤 기금을 받아 하버드에 있었다). 이 두 사람은 미국의 목표를 확장하기 위해 비폭력 무기를 사용하여, 자주 미국의 자금으로 전 세계적 캠페인에 착수했다.

프리덤하우스의 자금으로 베오그라드의 한 사조직이 진 샤프의 책 《독재에서 민주주의로Dictatorship to Democarcy》 5,000부를 인쇄했고, 로버트 헬비는 2000년 3월 부다페스트 힐튼 호텔에서 세르비아 활동가들의 훈련을 직접 지도했다. 헬비의 주된 초점은 "'경찰과 군대를 포함한' 정권의 '지지축'을 어떻게 전복할 것인가"였다. 그는 특히 활동가들에게 폭력을 사용하면 국제적 기부자들이 이탈하고 재정 지원을 하지 않을 것이라고 경고했다.[52] 슬로바키아 활동가들도 세르비아 학생단체 옷포르(Otpor, 저항)에 크게 영향을 받았고, 자주 세르비아로 가서 밀로셰비치(1999년 3월에 시작된 나토의 폭격에도 불구하고 권력을 유지한)에 맞선 선거 캠페인을 지원했다. 2000년 옷포르, 시민주도센터, 다른 단체들은 미국의 국제공화당연구소와 전국민주주의연구소에서 최소한 4,000만 달러를 받아 밀로셰비치 반대 캠페인에 사용했다.[53] 옷포르는 미국 정부의 기금을 받았을 뿐만 아니라 그에 대해 회원들에게 거짓말을 했고, 나중에 진실이 밝혀지자 가장 이타적인 지지자들 대부분이 항의하여 사퇴했다.[54]

2000년 10월, 수십 대의 차량이 옷포르의 깃발 아래 콜루바라의 반 밀로셰비치 광부들을 태우고 베오그라드로 향하는 행진단을 구성했다. 이 행진단은 밀로셰비치와 최후의 결전을 벌였다. 2000년 10월 5일 야당 후보가 선거에서 이겼지만 밀로셰비치가 결선투표를 주장했고, 군중이 의사당을 공격해서 불태웠다. 격렬한 전투가 벌어져 최소한 여성 1명이 사망하고 다른 4명이 부상당했다. 라디오 텔레비전 세르비아도 점거당해 불탔고, 인근의 경찰서도 불탔다.[55] 그날 저녁 국회가 계속 불타는 동안, 약 10만 명의 민중이 모여서 밀로셰비치의 퇴진을 요구했다. 다음날 그는 사임했다. 나토 폭격이 이루지 못한 것이 다른 수단으로 완수됐다.

이 똑같은 활동가들, 특히 카푸스타는 그다음에 조지아로 이동해서 2003년 11월 예두아르트 셰바르드나제의 축출을 지원했다. 2003년 조지아의 '장미혁명'을 이끈 것은 학생운동단체인 크마라(Kmara, 충분하다)였고, 베오그라드의 비폭력저항센터의 지원과 함께 조지 소로스의 열린사회연구소(OSI)에서 재정 지원을 받았다. 셰바르드나제 타도에 결정적이었던 동일한 그룹들은 다시 우크라이나로 이동해, 2004년 오렌지혁명을 권좌에 올렸다. 포라(Pora, 시간이 됐다)가 이끄는 우크라이나 학생운동은 옷포르와 크마라의 베테랑들에게 도움을 받았고 미국의 프리덤하우스와 전국민주주의연구소에서 재정 지원을 받았다. 시위대가 몇 주 동안 국회를 포위할 때, 비밀경찰인 우크라이나 보안대가 야당에 다가오는 탄압을 경고했고 그들이 시위대의 편을 들었기 때문에 효과적으로 정권의 탄압을 저지했다.

학생단체 켈켈(Kelkel, 부흥)이 이끈 키르기스스탄의 튤립혁명이 다음 차례였다. 옷포르, 포라, 크마라, 벨라루스의 주브르(Zubr, 무르익은 때), 카자흐스탄의 카하르(Kahar, 항의), 아제르바이잔의 욕(Yok, 아니다) 등에서 영감을 받은 키르기스스탄의 운동 역시 동일한 미국 재단들과 연결되어 있었다. 자유연구소의 전 이사이자 조지아 국회 국방안보위원회 위원장인 기비 타르가마제는 튤립혁명 동안 키르기스스탄 야당 지도자들에게 충고하기 전에 우크라이나 야당 지도자들과 비폭력투쟁 기술을 상의했다. 2005년 3월 수도의 폭동으로 3명이 사망하자, 아스카르

아카예프 대통령 정권은 붕괴했다.

위키리크스에 유출된 전문에 따르면, 이집트와 예멘의 주요 활동가들은 국제공화당연구소, 국립민주주의기금, 프리덤하우스에게 훈련과 자금을 받았다.[56] 이집트 시위대의 최소 1명 이상의 지도자는 돈을 받고 베오그라드에 가서 2000년 슬로보단 밀로셰비치를 타도한 전 옷포르 활동가들에게 일주일간 훈련을 받았다. 이 사례는 작은 그룹들의 힘이 성공적 봉기를 촉발하는 데 도움을 줄 수 있음을 보여준다. 여기서 중요한 것은 주의 깊게 선택된 그룹들에게 사용 가능한 외부 지원과 금융 자원이 융합된 전 지구적 시각이다. 비록 정권을 타도하는 데는 유용했지만, 이 같은 유형의 그룹들은 스스로 기존 체제의 정치 장악과 경제의 구조적 과제를 독자적으로 파괴할 수 없다. 전 지구적 자본주의는 이 젊은 개혁가들에게 이미 만들어진 대안을 제공했다.

물론 전 세계를 휩쓴 민중권력의 물결이 민중을 활성화하는 데 도움을 주며, 따라서 많은 경우에 민중이 행동하도록 동기를 부여하는 데 외부의 도움은 필요하지 않다. 쿠바혁명에서 1968년 신좌파까지, 아시아의 봉기들에서 아랍의 봄까지, 민중봉기는 교조적 정당과 화석화된 이론 없이도 발생했다. 오히려 그런 운동들은 보통 사람들의 자유에 대한 열망에서 터져나왔다. 흔히 민중운동의 꿈은 체제 세력에 의한 유혈 탄압으로 익사한다. 안타깝게도 전 세계의 정부들은 공손한 행동의 필요성을 말하면서 계속 폭력을 유발한다. 토착 봉기가 즉각적 목표를 성취할 때, 풀뿌리 에너지는 흔히 기쁨의 축하나 물리적 소진으로 붕괴한다. 정당과 전업 활동가들이 민중이 쟁취한 승리의 열매를 훔치러 달려가면서 동원은 끝난다. 그에 따른 권력투쟁은 정치적 교착상태에 빠지고, 운동은 탈정치화되며, 전 지구적 자본은 더 효율적이고 유연화된 정치체제 내에서 확장한다.

사람들에게 막대한 사회적 부를 관리하는 질적으로 다른 조직화 원칙을 확신시키기 위해, 문화 활동가들이 혁명적 위기 이전에 민중의 의식을 준비시키고 그들의 꿈을 자극하기 위해 활동할 필요가 있다. 역사는 여전히 아무도 통제할 수 없는 현상이기 때문에, 민중봉기는 자기 삶의 경로를 바꾸기 위해 시민들이 사용할 수 있는 소수의 수단 중 하나이다. 최근의 봉기들은 우리에게 미래에 어떤 주체가 활성화되리라고 기대할 수 있는지 보여준다.

14장
프롤레타리아트의 변화하는 얼굴

현대적 생산조건은 오늘날 노동하는 자들에 의한 생산과 경제의 일반화된 자주관리가 발전할 객관적인 가능성을 제공한다.

— 세르주 말레

노동이 해방되면, 모두가 노동자가 되고 생산적 노동은 계급적 속성이기를 멈춘다.

— 카를 마르크스

20세기 동안 혁명적 변화가 러시아와 중국에서 제도화되자, 봉기 이론의 근본적 수정이 이뤄졌다. 마르크스주의는 약자의 무기에서 공산당이 지배하는 국가 독재의 도구가 됐다. 선진자본주의 나라에서 혁명적 변화는 실현되지 못했고, 학문적 마르크스주의는 노동의 형이상학, 즉 전 세계에서 변화의 물결이 쇠퇴하자 마음을 진정하는 데 도움이 되는 지식인의 아편으로 신성화됐다. 아나키즘은 러시아만큼 스페인에서 야만적으로 탄압받았고, 아메리카의 아나키즘(아르헨티나에서 미국까지)도 덜 폭력적이지만 같은 정도로 철저한 패배를 당했다. 한때 바르셀로나의 거리, 콜로라도의 광산, 아르헨티나의 팜파스에서 활기찬 이론이 울려퍼졌지만, 아나키즘은 민중운동에서 고립되어 주변화된 독선주의의 교조가 됐다.

혁명이 퇴조하면서, 표류하는 정당과 동시대적으로 유용한지 의심스러운 폐기된 이론이 남았다. 1968년 프랑스공산당은 1,000만 노동자와 학생이 참여하는 비공인 파업에 반대했다. 1977년 이탈리아공산당은 학생과 청년의 시위를 탄압하는 경찰을 도왔다. 이 구식 조직들이 급진적 고양에 호전적으로 반대한 것처럼, 그들의 이론도 혁명적 전환을 위한 변화하는 조건에 대항한다. 마르크스가 프롤레타리아트의 객관적인 경제적 조건(즉자적 계급)과 주체적인 역사적 등장(대자적 계급)을 구별해야 한다고 주장한 반면, 마르크스주의자들은 거의 전적으로 객관주의적 생산 범주라는 단일 렌즈를 통해 계급을 이해하는 데 초점을 맞췄다. 소련과 중국의 마르크스주의가 혁명 이데올로기에서 통치의 도구로 전환하면서 민중봉기를 '즉흥적'인 것으로 낙인찍었다. 경제적 생산 범주에 과다한 관심을 기울이는 가운데, 구체적 역사에서 등장한 변화를 위한 운동 주체에 대해선 거의 관심을 기울이지 않았다.

많은 마르크스주의자와 생디칼리스트에게, '노동계급' 범주는 육체 노동자들의 지도 역량과 헤게모니에 대한 선호를 의미한다. 최근에 일어난 거의 모든 봉기에서 좌파가 무의미했던 이유 중 하나는 그들이 프롤레타리아트를 형이상학적으로 정의하고 있었던 것이다. 고정된 이데올로기적 전제에 묶여 있던 좌파 정당들은 오랫동안 새로운 사회 세력의 등장을 인식할 유연성을 결여했다.[1] 해리 브레이버먼 같은 이론가들이 노동계급에 대한 중요한 탐구를 했지만, 생산의 고정된 범주는 학문적 또는 분석적 마르크스주의의 한계를 계속 드러낸다. 자칭 노동계급 이론가들은 여성이나 소수민족을 거의 언급하지 않으며, 단지 드문 경우에(헤르베르트 마르쿠제가 마지막 책에서 그랬던 것처럼) 노동에 대한 강요 없이 살아간다는 의미로서 자유의 가능성을 고려한다.[2] 인간이 20년간 주당 20시간을 일하고 괜찮게 살 충분한 돈을 가지고 은퇴하는 것이 가능한 때에, 국가자본주의 체제는 정부와 기업이 계속 기능하기 위해 우리에게 더 오랜 기간 동안 더 많은 시간을 일하라고 요구한다. 소련 같은 국가사회주의도 별반 낫지 않다. 사실 그런 종류의 마르크스주의는 마땅히 전 세계를 하나의 공장으로 만들길 원하는 것으로 인식됐다.

얼마나 많은 천사가 핀의 꼭대기 위에서 춤출 수 있는지 논쟁했던 중세 신학자들처럼, 이상주의적 지상명령은 많은 좌파들이 민중 영역의 전략적 가치를 분석할 수단을 정의한다. 주류 민주화 이론가들에게 민주화의 도구로서 중산층을 선호하는 편견이 존재하는 반면, 학구적 마르크스주의자들은 완고하게 노동계급이 핵심이라고 주장하며 그들이 정연하게 감시하는 경계 밖으로 간주되는 사람들을 토론회와 잡지에서 배제할 정도이다.[3] 많은 마르크스주의자에게 '프롤레타리아트'는 집단적인 아버지 같은 인물로 기능하고, 보편적으로 '타당'하지만 아무 데서도 유효하지 않은 응고된 형이상학에서 확고하게 고정된 물자체로 기능한다.

최근 봉기의 역사는 민중 영역들의 정치적 입장을 평가하고, '대자적 계급'의 구체적인 역사적 의미를 측정하는 풍부한 경험적 자원을 제공한다. 혁명적 주체는 구체적 실천에서 자신을 드러내지, '분석적 마르크스주의자들'의 모호한 계산과 도표에서 드러내지 않는다. 프롤레타리아트적 교조주의 때문에 좌파는 학문적 모래통에서 놀거나 존재하지 않는 '주인계급'을 역사의 쓰레기통에서 찾는다.

러시아 혁명가들이 권력을 장악하기 위해서, 레닌은 많은 사람에게 아주 후진적인 경제에서 자본주의가 발전할 것이라고 납득시키고, 반란 전야에 볼셰비키당을 떠나겠다고 위협해야 했다. 마오쩌둥은 당의 주요 지지 기반인 농민들의 현실에 부합하는 방향으로 당을 재정비해야 했고, 농촌에 기반을 둔 투쟁을 옹호했다는 이유로 당에서 축출당했다. 호찌민은 디엔비엔푸에서 중국과 러시아 고문들의 조언을 기각해야 했다. 피델 카스트로는 도시가 아닌 산악지대를 혁명 기지로 제시해야 했다. 오늘날 필요한 것은 비전을 가진 활동가들이 그와 비슷하게 이단자나 수정주의자로 불릴 위험을 무릅쓰고, 자신이 옳음을 독선적으로 믿는 자들의 서클에서 배척되고 추방되는 것을 무릅쓰는 것이다.

유연성은 20세기 모든 혁명의 특징이며, 21세기에는 유동적 개념화와 변화하는 조건에 대한 조정이 단순히 필요한 수준을 넘어선다. '대자적 계급'(혁명적 변화의 주체)의 특징은 여전히 철학적 범주에서 프롤레타리아트—자본주의 사회의 단호한 부정, 절대다수의 민중, 그리고 "사슬 이외에는 아무것도 잃을 것이 없는" 사람들—로 정의할 수 있다. 하지만 구체적으로 실제 역사를 평가한다면, 불가해한 텍스트의 케케묵은 페이지가 아니라 실천에서 드러난 사회운동의 변화하는 주체를 분석할 필요가 있다.

확대되는 혁명의 토대, 중산층과 룸펜프롤레타리아트

1968년 새로운 노동계급의 정식화에서 시작한 연구는 점차 유럽과 미국만이 아니라 선진자본주의 내에서 정치투쟁에 핵심인 새로운 집단을 발견했다.[4] 그 당시 학생들은 중국에서 멕시코까지, 파리에서 뉴욕까지 전 세계적으로 반란의 지도부에 있었다. 비록 프랑스와 폴란드에서 공장 노동자들이 활발히 활동했지만, 노동자들(물질적 생산의 객관적 범주로 정의된)이 투쟁을 이끌 것이라는 기대는 점차 경험적 현실에서 실망으로 바뀌었다. 지난 투쟁에서 지도적 역할을 한 노동자들이 대개 비물질적 생산에 종사하는 사람들(화이트칼라 노동자, 오프라인 사무직과 보건의료 노동자, 프롤레타리아트화한 전문직)이었던 반면, 공장 노동자들의 활성화는 흔히 민중봉기 이후에 이뤄졌다. 동유럽 관료 독재의 타도와 아랍의 봄처럼 아시아의 봉기들에서, 또 대안세계화운동에서 아랍의 봄까지 비슷한 역학이 드러났다. 학생과 프롤레타리아트화한 전문직 종사자가 흔히 운동을 이끌었던 반면, 노동자들은 민주화 봉기의 절정이 투쟁의 공간을 연 이후에 분출했다.

필리핀, 남한, 네팔, 방글라데시, 타이완, 타이의 봉기들은 모두 언론에서 '중산층'이라고 정의한 주체들의 폭넓은 참여를 끌어냈다. 정부 공무원과 기업 노동자가 대거 참여해서, 많은 주류 이론가는 중산층을 민주화의 주요 주체로 규정했다. 타이의 봉기는 운수 노동자와 학생이 핵심 참여 세력이었음에도, 서구 언론에서 '휴대전화 폭도'라고 폭넓게 규정됐다. 중국의 톈안먼 광장 시위도 비록 노동자들이 의존할 수 있는 핵심 집단이고 학생운동이 쇠퇴한 뒤에 광장에 집결했음에도 거의 항상 학생운동으로 묘사됐다. 광주봉기도 도시 빈민과 운수 노동자가 봉기에 핵심적이었음에도, 많은 사람이 학생운동이었다고 생각한다. 이 책에서 검토하는 거의 모든 봉기에는 기술직 노동자와 화이트칼라, 교사와 학생, 작가, 언론인, 공무원, 그리고 의사, 교수, 변호사 등 프롤레타리아트화한 전문직 종사자가 참여했다. 이 집단들이 수행한 중요한 역할을 무시하는 것은 역사적 정확성을 신경 쓰지 않는 위험을 무릅쓰는 것이다. 동시에 주류 언론이 중산층에 최고의 중요성을 부여하는 것은 기층 집단을 모욕하고 육체 노동자와 도시 빈민의 기여를 축소한다.

생산의 물질적 조건이 역사적 주체의 형성에 중요한 역할을 하는 한, 학생과 전문직의 지도적 역할에 대한 설명은 변화하는 경제 조건에서 발견할 수 있다. 20세기의 엄청난 기술 발전으로 대학들은 상아탑이라는 고전적 지위를 포기했다. 그 대신 대학은 연구개발의 중심지로 변했고, 제국적 통제를 유지하는 중요한 자원이 됐다. 미국에서 하버드는 수많은 나라의 정부에 관리자를 공급하고, MIT는 국방부를 위해 선진 무기 체계를 개발했다.[5] 전쟁과 정치적 지배를 돕는 그런 기관들 내부에서 비전을 가진 학생운동이 등장했다. 대학의 경제와 정치 참여는 고등교육의 엄청난 확대를 동반한 것이었다. 오늘날 전 세계에서 9,000만 명 정도가 중등교육 이후의 학생이며, 그 수는 1980년 5,100만 명에서 1995년 8,200만 명으로 급증했다.[6]

지식인들과 혁명의 친밀한 관계는 20세기에 생산의 성격이 변화한 것보다 이전의 일이다. 차리즘을 공격하는 강력한 세력인 19세기의 러시아 학생들은 "사상의 프롤레타리아트"7라고 불렸다. 1968년을 기점으로 수십만 명의 학생이 엄청난 비전을 가진 진보 세력이 됐다. 그들은 자신의 자유를 위해 투쟁함과 동시에, 전 세계 민중과 연대하여 투쟁했다. 그들의 실천에서 드러난 것처럼, 학생과 중산층은 거대한 자기조직화 역량을 보유하고 있다. 학생들은 투쟁을 촉발하는 데 정통한 반면, 보통 투쟁을 오래 지속하지는 못한다. 한정된 시기 동안 캠퍼스에 집중되며 주로 젊은 사람들로 구성된 학생 투쟁은 초기의 핵심적 순간 이후에 사라지곤 한다. 학생들은 사소한 논쟁과 말다툼에 빠지는 경향이 있다. 민중의 다른 부문에 비해 어려움을 견디는 참을성이 부족하다. 이를테면 광주봉기 기간에 일단 전투가 본격적으로 시작되자 많은 학생이 사라져 집으로 돌아가고 또 다른 학생들은 안전한 피난처를 찾아 광주를 떠났다. 동시에, 도시 빈민과 노동자가 전선에 모여들었다. 버스 운전사와 택시 기사들은 군대가 치명적 무력을 사용해 민중의 사기가 떨어진 것처럼 보였던 5월 20일 밤에 민중을 집결했다. 광주의 최대 기업인 아시아자동차 노동자들은 새로 만든 장갑차를 포함해 수십 대의 차량을 시민군에 제공했고, 도시가 해방된 이후 거리에 중장비를 가져와 불에 탄 차의 잔해와 다른 쓰레기를 청소했다. 1992년 타이에서도 학생들이 민중봉기를 촉발했지만, 운수 노동자와 노동조합원의 참여가 중요했다. 중국에서도 학생 대오가 줄어들자 베이징노동자자치연합이 성장하는 세력이 됐다. 노동계급 오토바이 운전자들이 베이징과 방콕에서 주요한 첩보 기능을 제공했다. 방글라데시, 네팔, 남한에서 최초의 돌파 직후에 노동자들이 하나의 계급으로 활성화됐다. 최근의 역사적 실천에 기초하면, 학생은 혁명적 고양의 뇌관인 반면 노동자와 빈민은 다이너마이트였다. 심지어 폴란드처럼 노동계급이 명확히 선두에 설 때에도, 좌파 활동가들은 시민들의 완고한 종교적 보수주의와 위계 조직에 뒷걸음질했다. 대니얼 싱어가 인식한 것처럼 혁명의 새로운 주체들은 자주 예상을 비껴간다.

현대 자본주의가 더욱 진화하면 할수록, 생산에 직접 종사하는 노동자의 수는 인구의 훨씬 더 작은 부분을 이룬다. 전통적 노조 조직은 조합원 수가 급격하게 감소했다. 생산의 재편과 관련된 구조적 이유가 이런 변화에 직접 영향을 미쳤다. 1968년에 브라질의 활동가 라디슬라우 도우보르는 이렇게 말했다. "현대적 부문의 성장이 전통적 산업의 위기를 불러온다. …… 그 결과 노동계급은 점차 생산과정에서 쫓겨나 주변인 계급을 팽창시키고, 더 높은 급여를 받고 상대적으로 만족하는 훨씬 더 적은 수의 노동계급은 혁명에 대한 의향을 완전히 잃어버린다." 앙드레 고르는 1980년에 이런 현상을 더욱 정교하게 설명했다. "전통적 노동계급은 이제 특권적 소수에 불과하다. 인구의 다수는 이제 후기산업사회의 신프롤레타리아트에 속하며, 그들은 어떤 고용 안정이나 명확한 계급적 정체성 없이 가채용, 계약직, 비정규직, 임시직, 시간제 고용을 채운다."[8] 수십 년 전 고르가 인식한 경향은 지속적으로 강화됐다. 오늘날 남한에서는 모든 직업의 거의 절반이 시간제이며 복지 혜택도 없다. 오늘날 미국에서 노동조합은 노동자의 15퍼센트 이하를 대표하며, 그중에서도 공무원, 교사, 기타 화이트칼라 노동자가 회비를 납부하는 조합원의 상당 비율을 이룬다. 1988년 인도네시아, 필리핀, 타이에서 제조업에 고용된 노동력은 인구의 10퍼센트 이하였던 반면, 중산층은 타이와 필리핀(인구의 45퍼센트가 빈곤 속에 사는 나라) 인구의 약 20퍼센트였다.[9]

세계 거부들 사이에서 자본이 끊임없이 부를 축적하는 가운데 주변으로 밀려나고 빈곤해진 사람들이 늘어나면서, 더욱더 많은 빈민이 운동에 참여할 것이다. 비록 언론과 주류 학계가 그들이 사회운동에 참여하는 것을 폄하해도, 아시아의 많은 봉기에서 도시 빈민 또는 룸펜프롤레타리아트가 투쟁했다. 네팔에서 룸펜은 중요한 마오주의의 신병이었고 전사로서 엄청난 힘을 보탰다. 광주의 성판매 여성들은 다른 많은 사람이 관여하지 않으려고 할 때 시민군 대원들을 숨겨줬다. 많은 성노동자가 헌혈하겠다고 나섰고, 수많은 팀에서 시민단체들과 함께 일했다. 광주의 깡패 두목들도 초기의 한 총회에 참여해서 동원된 시민과 함께 일하겠다고 맹세했다. 정부는 시민을 '폭도'로 규정하고 그들 모두를 "깡패, 넝마주이, 무직자, 노동자, 구두닦이, 거지 등의 룸펜프롤레타리아트 계층"이라고 봤다. "5·18은 이들 계층뿐만 아니라 전 시민이 참가한 투쟁이었다. 학생, 젊은이들은 말할 것도 없고 할아버지 할머니들이 구타당하고 어린아이들까지 학살당하는 등 시민들의 일상생활이 중지된 극도의 비상 상황이었다. …… 염두에 두어야 할 것은 5·18 당시 광주 시민들의 자발적 분업 체계와 즉흥적 조직은 놀라울 정도로 이루어지고 있었다는 점이다. 도시 빈민들이 가두투쟁에 앞장서고 조직 폭력배들도 시민들의 자치활동에 협조할 것을 선언하는 일은 시민정신의 발로였다."[10] 블랙팬더당과 알제리 혁명 내부에서도 룸펜프롤레타리아트가 중요한 역할을 했지만, 19세기 파리의 투쟁에서 도출한 이론은 메타역사적 판단에 고정되어 있었다.

최근에 중산층과 도시 빈민은 모두 권위주의적 통치자들을 지지했다. 타이에서 도시 중산층은 민주주의를 지지하는 입장에 동요를 겪었다. 봉기와 운동은 우리가 추론하고 투사할 수 있는 실제적 경험을 제공한다. 1973년 타이의 공과대학 학생들은 경찰서를 공격했지만, 1976년 그들 중 일부는 탐마삿 대학을 공격하고 학생 수십 명을 죽인 잔인한 폭도의 일부가 됐다. 1970년대에 칠레의 중산층 가정주부들은 아옌데와 사회주의에 반대하여 들고일어났지만, 1990년대에는 피노체트 독재에 등을 돌렸다.

그러나 먹기 위해 일해야 하는 압도적 다수의 민중 사이에서 아무리 경계를 긋고 분열을 일으키더라도 많은 유휴 노동자의 구조적 지위는 불안정하며, 민영화와 기업의 인원 삭감으로 대량해고가 너무나 흔한 신자유주의 시대에는 특히 더 그렇다. 세르주 말레, 앙드레 고르, 헤르베르트 마르쿠제 등은 이를 '새로운 노동계급'으로 이해했지만, 다른 사람들은 이들이 새로운 '중간'계급이라고 주장한다. 경영자가 되기에 충분한 교육을 받은 그들의 직업은 정신노동과 육체노동의 전통적 구별을 거부한다. 대부분이 명령을 받아 상사 아래서 소외된 위계 속에 일한다. 현대 경제 내에서 새로운 노동계급은 수치스럽게 권리를 박탈당하고 있지만 권력을 지닌 사람보다 자신이 더 지적이라고 생각한다. '새로운 노동계급'과 '중간계급'이라는 바로 그 개념이 이 집단의 모순적 이해를 가리킨다. 경영자나 결정하고 명령하는 사람들은 명령을 받는 화이트칼라 노동자와 아주 다른 지위를 차지한다. 벨 버리스가 주목한 것처럼 "경험적 증거와 일치하지 않는 것은, 노동계급의 일부이든 별도의 중간계급이든 모든 화이트칼라 노동자를 하나의 단일한 계급의 일원으로 취급하는 모든 이론이다".[11]

아시아의 경험적 연구는 이 집단의 구조적 지위와 사회운동 참여를 분석한다. 한국의 한상진은 '중간 풀뿌리middling grassroots'[12]의 구성을 분석했다. 한국전쟁 이후 엄청난 빈곤을 경험한 유산 중간계급과는 달리, 중간 풀뿌리 계층은 빈곤 이후의 노동자들(미국의 베이비붐 세대처럼)이며, 유산 중간계급의 보수적, 물질주의적 가치보다 참여와 자기표현 같은 포스트 물질주의적 가치를 강조했다. 타이완에서 활동가들의 배경을 조사한 원판은 그들이 상층 및 중상층의 계급적 배경(화이트칼라 부모의 자녀를 포함해서)에서 나올 확률이 2배나 높았던 반면, 상점주, 농민, 노동자들은 비교적 적은 활동가 자녀를 배출했다는 사실을 발견했다(후자의 그룹은 인구의 67퍼센트를 이루지만 조사한 146명의 활동가 중에서 겨우 30퍼센트만을 배출했다).¹³ 8개국의 연구를 마친 후, 마이클 샤오는 급여를 받는 중산층의 첫 세대가 민주주의를 지지하는 반면, 두 번째 세대는 더 순응적이고 보수적이라는 결론을 내렸다. 샤오는 타이완 인구의 57퍼센트 이상이 중산층에 속하는 것으로 파악했다.¹⁴ 만약 소득에 기초한 계층화를 고려하면, 급여를 받는 피고용인은 엄청난 구성 인자이며 아마도 노동자의 다수일 것이다. 처음으로 진술된 네팔의 한 보고서에 따르면 개발도상국에서 하루에 10달러에서 100달러를 버는 중산층이 33퍼센트에서 2006년 57퍼센트로 증가했다.¹⁵

20세기 말 민주화운동에서 이 계층의 역할은 아주 뚜렷해서 이들의 역할을 무시한다는 것은 위험한 일이다. 주류 민주화 이론가들은 유휴 노동자의 진보적 성격을 강조했다.

"커뮤니케이션과 조직 자원에 대한 접근 때문에, 화이트칼라, 특히 전문직종의 화이트칼라는 반정부 시위에서 중요한 역할을 하며…… 자의적인 정부 당국은 그들의 경력만이 아니라, 예컨대 법이나 대학의 보전 같은 직업적 규범도 위협할 수 있다. 격렬한 양극화의 시기를 제외하면, 프롤레타리아트화한 전문직은 입헌주의를 요구하는 경향이 있다. 그들이 대중적 민주화운동에 합류하는 것은 흔히 정치적 이행 과정에서 결정적인 역할을 하며, 그 이유는 부분적으로 그들의 합류가 정부가 강제력을 사용할지 고려하는 계산에 영향을 미치기 때문이다."¹⁶

마르크스주의 이론은 이 중산층 집단에 대해 우호적인 평가를 반대하는 이데올로기적 경향이 있다. 1950년(C. 라이트 밀스가 《화이트칼라》에서 그들의 지배와 소외를 탐구했던 것과 거의 같은 시기에), C. L. R. 제임스, 라야 두나옙스카야, 그레이스 리 보그스는 이 부분을 비상한 비판으로 분석했다. "가장 명백하게 반동적이고 가장 쉽게 인식할 수 있는 것은 중간계급의 반혁명이다. 현 단계의 자본주의인 국가자본주의는 그들을 완전한 청산 및 프롤레타리아트로의 흡수라는 관점으로 바라보기 때문에, 그들은 자본주의의 완전한 파괴와 자연적 불평등에 입각한 새로운 중세로 복귀할 것을 제안한다."[17] 소련의 공포정치와 미국의 매카시즘에 대응한 그들의 분석은 암울하고 단호하다. "부르주아지의 합리주의는 스탈린주의적 일당 관료 행정 계획국가로 끝났다. 이 합리주의와 프롤레타리아트 혁명에 대한 반발로, 중간계급은 파시즘의 야만으로 뒷걸음한다. 반스탈린주의, 반자본주의 프티부르주아 지식인들, 정신노동과 육체노동의 절대적 분리의 피해자인 그들은 어디로 갈지, 무엇을 할지 모른다." 이매뉴얼 월러스틴은 중간계층을 "지배계층의 정치적 동맹자이자 비숙련 다수의 계층 상승 모델"[18]이라고 언급하면서 비슷하게 경멸적인 결론에 도달했다.

학생운동의 등장, 1960년대 시민권운동, 이후의 아시아 봉기는 새로운 역사적 분석 데이터를 제공한다. 신좌파운동이 등장하기 전에, C. L. R. 제임스는 이렇게 썼다. "1917년이 파리코뮌을 뛰어넘었듯이, 1950년에 보편적인 것이 1917년을 훨씬 뛰어넘는다." 이 말로 그는 봉기와 역사의 경험적 진보에 분석의 초점을 맞췄고, 이는 새로운 사회세력의 등장과 물질적 조건의 변화하는 성격을 이해하는 핵심 수단이었다.

젠더와 봉기

선진자본주의는 여성을 집 밖으로 이끌어 글로벌 기업의 사무실과 공장으로 데려갔고, 여성들은 오늘날 전 지구적 노동력에 광범하게 통합됐다. 대학이 생산과 정치의 중심으로 이동한 것과 동시에, 가정은 선진자본주의의 요청으로 급속하게 변화했다. 대가족과 핵가족 구조는 경제제도의 요청으로 급감했다. 대부분의 가족이 수지를 맞추기 위해 2명의 수입원을 필요로 하기 때문에, 대부분의 여성은 집 밖에서 일자리를 찾아야만 했다. 가정에서 이루어지던 그들의 부불노동은 패스트

푸드 산업, 의료기관, 교육의 확대를 통해 민중의 일상생활에 침투한 자본으로 대체됐다. 과거에 자율적이었던 생활세계의 영역은 새로운 영역을 이윤활동의 궤도로 통합하려는 체제의 끊임없는 추동력에 의해 식민화됐다. 이웃은 이윤을 위해 일상생활을 착취하려는 자본의 끊임없는 추동력에 맞선 투쟁으로 경쟁의 장이 됐다. 과거에 공적 영역에서 주변화됐던 여성들은 점차 중심이 되고 있다. 여성의 프롤레타리아트화는 그들의 사회운동 참여를 증가시키는 구조적 요인이다.

1968년 이래, 가부장제 비판은 점차 확대되어 수백만 명을 아울렀다. 진정한 현대 혁명인 자본주의적 가부장제의 세계사적 변혁의 잠재력은 전쟁과 거부들의 낭비적 생산이 없는 세계, 인류의 막대한 자원이 기본적인 인간의 요구를 충족시키는 세계, 자연을 보존하고 회복시키며 모든 사람에게 본연의 자기인식에 따라 창조적 역량을 계발할 기회를 제공하는 세계를 제시한다. 아무리 체제가 그런 꿈을 유토피아적이고 비현실적인 것으로 보이게 하더라도, 보통 사람들은 현대 테크놀로지가 그런 세계를 가능케 한다는 단순한 사실을 직관적으로 파악한다. 그들은 노동이 노년의 황금기로 확장되는 것은 말할 것도 없고 민중의 삶에서 중심적인 관심사로서 강제되기보다 최소화될 수 있다는 것을 안다. 오늘날 인간의 삶을 지배하는 가부장적 수행 원칙을 전복하는 것이 가능하다면, 여성들은 그런 노력에서 중요한 역할을 할 것이다. 이미 아시아의 봉기 과정에서—비록 너무나 자주 기존의 가부장적 정치구조가, 떠오르는 여성 지도자들을 권력의 지위로 통합하려고 노력함에도(전 지구적 자본이 잠재적인 근본적 반대 세력인 기층 집단에 그러는 것처럼)— 사회변혁을 용이하게 하고 이끌어갈 여성의 잠재력을 얼핏 볼 수 있다.

유럽인과 미국인은 아시아를 서구에 비해 특히 가부장적이라고 보는 경향이 있지만, 최근에 필리핀의 코리 아키노(1986), 파키스탄의 베나지르 부토(1988), 방글라데시의 칼레다 지아와 셰이크 하시나 와제드(1990), 버마의 아웅 산 수 치(1988) 등 새로운 세대의 아시아 여성 지도자들이 등장해 민주 정부와 정당을 이끌고 있다. 용기와 끈기로 아웅 산 수 치는 1991년 노벨평화상을 받았다. 중요한 사실은 같은 시기에 유럽의 어떤 운동에서도 주요한 여성 지도자가 등장하지 않았다는 점이다. 비록 아시아의 봉기들에서 이 지도자들의 역할이 사진으로 운동 포스터를 장식하는 혁명적 '핀업 걸'에 불과하다고 모욕당해도,[19] 그에 대한 상당한 비판 역시 제기될 수 있다.

아시아의 모든 경우에 여성 지도자는 표 14.1에서 지적한 것처럼 순교한 남성 지도자의 딸이거나 부인이다. 여성의 전통적 영역인 가족 관계가 여성의 역할에서 중요한 위치를 차지한다. 심지어 새로운 사회질서를 창출하려고 노력하는 운동 내에서도 그렇다. 그것이 이 여성 지도자들 중 누구도 자기 조국의 미래에 대해 특별한 비전과 열망을 제시하지 못하는 한 가지 이유일지도 모른다.

확실히, 여성 지도자들은 민주적 봉기에 국한되지 않는다. 여성이 남성만큼 위계적이고 심지어 독재적일 수 있는지 확인하려면 메가와티 수카르노푸트리, 인디라 간디, 박근혜를 떠올리면 된다. 현대 아시아에서 위의 보수적 여성 지도자들의 의미를 언급하려면, 이들이 모두 국가의 수반이었던 아버지가 있었다는 사실, 즉 가부장적 유산이 그녀들의 지도력을 가능하게 했다는 사실을 지적하지 않을 수 없다.

봉기에서 이 저명한 개인들의 역할은 남성 지도자들과 별로 다르지 않다. 방글라데시에서 칼레다 지아와 하시나 와제드의 개인적 언쟁은 자주 폭력으로 귀결된다. 아웅 산 수 치가 지지자들에게 행사하는 개인적 지배력은 달라이 라마 같은 수많은 카리스마적 남성 지도자의 경우만큼 완고하게 위계적이고 신비화돼 있다. 그러나 역사의 '위대한 여성'보다 수천 여성 활동가의 상황에 관심의 초점을 맞춘다면, 전혀

[표 14.1] 현대 아시아의 안티고네들

국가	여성 지도자	관계	남성 지도자	남성 지도자의 운명
필리핀	코라손 아키노	미망인	베니그노 아키노	암살
네팔	사하나 프라단	미망인	푸슈파 랄 슈레스타	사망
버마	아웅 산 수 치	딸	아웅 산	암살
방글라데시	셰이크 하시나 와제드	딸	셰이크 무지부르 라만	암살
방글라데시	칼레다 지아	미망인	지아우르 라만	암살
파키스탄	베나지르 부토	딸	줄피카르 알리 부토	처형
말레이시아	완 아지자 완 이스마일	부인	안와르 이브라힘	투옥, 재판 중
인도네시아	메가와티 수카르노푸트리	딸	수카르노	가택 연금 중 사망

다른 그림이 나타난다. 여성들은 단연코 활동가 반란의 핵심이다. 봉기가 실패하고 지도자들이 살해되면, 여성들은 자주 조각을 맞추어 다음 단계의 투쟁을 준비한다. 저명한 개인들이 개량적 권력 구조에 통합되면, 다수의 여성은 가장 가난하고 가장 힘없지만 가장 선견지명이 있는 사회 구성원으로 남는다.

흔히 영웅적 무장투쟁만으로 묘사되는 광주봉기 동안, 여성들은 해방된 도시의 삶과 '절대공동체'에서 중요한 역할을 했다. 1978년 여성들만으로 구성된 단체인 송백회는 여성의 운동 참여를 지원했고, 구속된 많은 남성을 포함해 활동가들 사이에서 중요한 가교 역할을 했다. 봉기가 일어난 뒤에 송백회의 여성들은 민주광장의 일일 집회를 조직하는 주요 세력 중 하나가 됐다. 또한 여성들은 대자보와 일간신문 투사회보를 발행하는 데 핵심 역할을 했다. 일부 여성들이 카빈총을 가지고 다녔지만, 대부분의 전사는 남성이었다. 가두투쟁에 깊숙이 참여했음에도, 여성들은 주로 공동 식당에서 음식을 제공하거나 헌혈과 모금을 위한 지역사회 활동을 관리하거나 부상자를 치료하고 사망자를 수습하는 등 '보통의' 여성적 역할을 담당했다. 《한국의 민중봉기》에서 좀 더 자세히 논의했듯이, 해방된 광주는 진정으로 자유로운 사회를 맛보게 했지만, 그 공간 내에서 여성의 역할은 보통 시기의 일상생활과 극적으로 다르지 않았다. 시민군 내에는 단 한 명의 여성 지도자도 없었다. 군대가 광주에 재진입할 태세를 갖추자, 여성과 청소년은 최후의 전투에서 제외되어 도청을 떠나라고 요청받았다. 그럼에도 대여섯 명의 여성이 남아서 수백 명의 남성과 나란히 싸웠다.

1970년대 남한 노동운동 내에서, 여성 섬유 노동자들이 주요한 역할을 했다. 1987년 6월봉기 동안, 여성들은 최루탄 반대의 날을 후원했고 이로써 봉기가 계속해서 전국적 관심의 초점이 되도록 했다. 수천 명의 여성은 전투경찰 사이를 돌면서 꽃을 나눠주었고, 수많은 강경파 정권 지지자들을 효과적으로 물러나게 할 수 있었다. 기층 지위에 얽매여 있는 것에 지친 한국 여성들은 점차 조직화했다. 1987년 6월봉기 이후, 여성운동은 오래된 가족법, 특히 오랫동안 여성을 주변화해온 유교식 호주제도를 바꾸는 데 성공했다. '세계에서 가장 유교적인 사회'에서 10대 소녀들이 노동조합을 포함한 수백만 명이 참여한 촛불시위를 이끄는 모습을 보게 됐다. 한국의 문화적 변혁을 보여주는 놀라운 증거이다.

1959년 티베트에서도 여성의 지도력과 투쟁을 위한 통합적 역량이 드러났다. 이는 라싸 봉기에 필수적이었다. 1973년 타이 학생 시위에는 여중생과 여고생의 유명한 대오도 포함되어 있었다. 1986년 필리핀에서 가톨릭 수녀들의 역할은 전설적이다. 톈안먼 광장에서 차이링이 한 파괴적 역할도 주목할 만하다. 그녀는 헌신적인 활동가 대열에서 이탈해서 논란의 여지는 있지만 1989년 봉기의 가장 중요한 지도자였다. 1990년 네팔에서 여성들의 용기는 난폭한 탄압을 견뎌내는 운동의 역량에서 중요한 역할을 했다. 이 모든 경우를 보더라도 보통 여성들이 봉기에 기여한 것은 찬양받아 마땅하고 그 역할은 매우 중요했다.

여성의 원형과 민주화

여성의 사회운동 참여에 흔히 관심을 보이지 않는 이유 하나는 가부장제가 사회 속에 침투해 가장 혁명적인 운동마저 훼손하기 때문이다. 우리가 미국이나 한국, 유럽, 아시아 또는 아프리카 어디에 살든, 여성은 체계적으로 종속되고, 차별받고, 어머니이면서 주부이자 노동자로서 이중의 역할을 강요당하고, 성적 욕망의 대상이 되고, 남성 폭력에 희생당한다. 전면적 성과에 여성이 기여한 바는 자주 최소화되거나 무시당한다. 비록 주변적이라고 간주되더라도, 여성들은 자신의 노동으로 공장과 사무실에서 이윤을 생산하는 프롤레타리아트의 핵심 주체이며, 여성들의 가내 부불노동은 노동력의 재생산과 유지에 필수적이다.[20] 이 두 가지 구조적 지위로 여성들은 확고하게 사회의 중심에 위치한다.

비경제적 관심을 운동의 열망과 내적 삶에 투여함으로써 여성들은 운동을 내부에서부터 변혁하고, 남성들이 다르게 살도록 인도하고, 우리 모두가 상호성(위계제가 아니라), 협력(경쟁이 아니라), 모든 형태의 생명에 대한 사랑(생명을 유린하는 대신에)의 가치로 가게 하는 데 중대한 역할을 한다.[21] 많은 여성이 이미 일상생활에서 민주적 모범을 보이고 있다. 사회언어학자 데버러 태넌은 일상적 대화 습관에서 미국 여성들이 수평적 노선을 따라 친밀감을 형성하는 경향이 있는 반면 남성들은 위계를 가리는 경향이 있다는 결론에 이르렀다.[22] 알랭 투렌은 여성운동이 "거대 기업이 우리 일상생활에 행사하는 점증하는 권력에 가장 잘 반대할 수 있다"[23]고 믿는다. 마르크스주의자들이 생산의 범주를 물신화하고 전 세계를 하나의 공장으로 만들고 인류를 프롤레타리아트화한다면, 페미니즘은 노동 이외의 영역에서 인간의 삶을 유기적으로 구성하는 중요한 대항력이다. 마르쿠제가 아주 웅변적으로 우리에게 상기시키듯이 "자유로운 사회에서······ 존재는 더 이상 평생을 소외시키

는 노동에 의해 결정되지 않을 것이다".[24]

특히 여성의 열망이 풀뿌리에서부터 자유로운 표현을 하게 될 때, 여성 참여의 잠재적 결과는 엄청나다. 가부장제는 자본주의보다 선행하며 우리 의식(그리고 무의식)에 아주 깊이 자리 잡고 있기 때문에, 가부장제의 타도는 모든 가능한 혁명 중에서 가장 급진적인 결과를 가져올 것이다. 일상생활을 급진적으로 변혁하는 페미니스트 혁명(다른 형태의 억압 역시 거부하는 혁명)은 가장 광범위하고 민주적인 혁명이 될 것이며, 모든 사람이 일상생활에서 자신의 운명을 자유롭게 결정하게 될 것이다. 직관적으로 명백한 것처럼 페미니스트 혁명으로 여성들이 혜택을 보겠지만, 연구들이 점차 보여주듯이 남성들에게도 혜택이 돌아갈 것이다. 평균적으로 여성은 남성보다 더 오래 산다. 만약 남성들에게 아이를 키우거나 노인들을 돌볼 공간이 주어지고, 그들이 가족이나 친구들과 더 많은 시간을 보내고 작업장의 스트레스 받는 환경이나 부와 권력의 공적 공간에서 더 적은 시간을 보낸다면, 삶의 질은 말할 것도 없이 좋아지고 기대수명도 눈에 띄게 증가할 것이다. 많은 좌파가 페미니즘과 '정체성의 정치', '새로운 사회운동'이 노동계급의 통일성을 침해한다고 이해한다. 흔히 파편화된 '새로운 사회운동'의 등장으로 보편적 이해를 잃어버린다고 생각하지만, 그것은 기층 집단의 특수성에도 존재할 수 있다. 예를 들어 여성운동은 얼핏 사회의 절반만의 이해에 기반을 둔 것처럼 보이지만, 실제로는 억압적 가부장제 관계에서 모든 인간을 해방하는 약속을 담고 있다.[25]

여성과 봉기의 관계에 대해 논의할 때 생기는 문제 중 하나는, 여성들이 빈번히 봉기에 깊숙이 참여함에도 용기에 대한 가부장적 정의나 대변인 선택에서 언론의 편견 때문에 그 역할이 최소화된다는 점이다. 운동 내부에서 여성들은 자주 보조적 위치로 격하된다. 1960년대 초, 학생비폭력조정위원회(SNCC, 미국 시민권운동의 주요 조직 중 하나)의 여성들은 메모를 옮겨 타이핑한 반면 남성들은 그 메모를 직접 썼고, 여성들이 기자회견문을 등사본으로 인쇄한 반면 남성들은 카메라 앞에서 발언했다. 여성들은 무대 뒤에서 일하도록 돼 있었을 뿐 아니라, 활동가로서 노골적으로 폄하되기도 했다. 독일과 미국에서 신좌파 주요 학생조직의 남성 지도자들은 처음에 여성해방에 대한 요구를 엄청난 적대감으로 대했다(공정하게 말해 곧이어 페미니즘은 미국에서, 뒤이어 독일에서도 모든 운동 조직의 필수적 부분이 됐다고 덧붙여야 한다). 여성들은 오악사카 코뮌같이 해방된 순간에도 남성 활동가들에게 부당한 대우를 받았으며 일부 여성들은 "2개의 전선, 즉 체제와 우리 운동 내부의 남성들과 투쟁하고"[26] 있다고 느꼈다.

블랙팬더당 중앙위원회의 첫 여성 위원인 캐슬린 클리버는 기자가 조직 내 여성의 역할에 대해 질문하자 쏘아붙였다. "아무도 지금까지 나에게 혁명에서 남성의 역할이 무엇인지 묻지 않았습니다!" 그의 요점은 분명하다. 1969년 블랙팬더당의 당원 3분의 2가 여성이었고, 비록 살인적인 경찰의 공격으로 당원 수십 명이 죽었지만 조직은 공개적으로 여성(그리고 동성애자)해방을 지지하는 길로 나아갔으며, 평등과 동등한 역할 수행에 기초한 상호존중 관계를 수립하려고 노력했다.[27]

미국, 이탈리아, 독일에서 페미니즘이 민주화운동에 폭넓은 영향을 미친 것은 부분적으로 이론과 실천의 권력 기반으로서 여성 자신의 자율적 조건이 발전했기 때문이었다. 독립적인 여성조직들은 혁명적 변화에 대한 전체 운동의 결의를 심화했다. 이탈리아에서 자율적 페미니즘운동은 개인이 위에서 명령을 받지 않고 집단이 자주관리적 합의의 원칙에 따라 활동하는 '1인칭 정치'의 모범을 정립했다. 페미니즘의 자율성 개념은 이후 자주적인 청년운동과 노동자운동의 등장에 결정적이었다.[28] 남아프리카공화국에서 아프리카민족회의 내부의 여성들은 모든 의사 결정 기구에 여성의 참여를 보장하기로 결의하여, 민주화운동을 더 효과적이고 여성의 관심과 지도력에 민감하도록 바꿔놓았다.

　유럽인과 미국인이 자주 자국 여성들이 아시아 여성보다 더 해방돼 있다는 믿음을 퍼뜨렸지만, 서구의 봉기운동에서 여성 지도자들은 어디 있는가? 이집트와 아시아의 역사는 여성 정치 지도자들로 가득 차 있다. 약 2000년 전, 쯩 자매는 중국에 맞서 성공한 베트남 독립운동의 선두에 섰다. 첫 패배 이후, 중국의 한족은 조직을 재정비하여 베트남을 다시 장악하기 위해 훨씬 더 많은 군대를 보냈다. 코끼리 위에 올라탄 쯩 자매는 다시 한 번 저항을 이끌었지만, 중국이 전투에서 이길 것이 분명해지자 포로로 잡히기보다 스스로 목숨을 끊었다. 이 베트남 여성들은 한 세대에서 다음 세대 여성으로 토지를 상속하는 것을 포함해 베트남 여성 지도력의 강력한 전통에서 등장했다.

　고대 그리스 문명의 계속되는 보편적 호소력은 이라크전쟁 기간에 반전 연극인들이 〈리시스트라타〉―기원전 411년 아리스토파네스가 펠로폰네소스 전쟁에 항의하기 위해 쓴 희곡―를 공연하기 시작한 이유를 설명해준다. 현대 중국에 관한 윌리엄 힌턴의 책 《판선Fanshen》에서도 묘사된 것처럼, 아리스토파네스의 희곡에 나오는 여성들은 평화를 쟁취하기 위한 전술로 남편과의 섹스를 거부한다.

안티고네와 춘향

꼭 실제 인물에 기초한 것은 아니지만, 원형과 고대 전설은 문화에 대해 뭔가 본질적인 것을 드러낸다. 그것들은 특정 문화의 익숙한 행동 관습을 체현하기 때문에 수백년 동안 한 세대에서 다른 세대로 전수된다. 내 견해로, 한국 문화의 차원은 그리스 신화의 안티고네라는 인물과 비슷한 보편적 호소력이 있다. 그녀의 이름을 딴 소포클레스의 희곡에서 안티고네는 테베의 폭군 크레온에 도전했다. 크레온은 그녀의 오빠의 시신을 독수리 먹이로 들판에 내버려두라고 명령했지만, 안티고네는 종교적 법률이 세속의 법률보다 중요하다고 선언하고 폴리네이 케스의 시신을 수습해서 적절한 장례식을 치렀다. 이 범죄로 그녀는 굶어죽는 형벌을 받았다. 서서히 고통스러운 종말을 기다리는 대신 안티고네는 목매달아 죽었다. 자기 아들(오이디푸스)의 딸(안티고네)을 낳았다는 사실을 알고 목을 맨 그녀의 어머니 이오카스테와 같은 운명이었다.

안티고네는 모든 한국인이 아는 신화적 여성인 성춘향과 비슷한 점이 있다. 전설에 따르면, 춘향은 변사또의 성적 요구를 거부했다. 그는 왕이 임명한 전라도(광주가 있는 곳)의 지사로 무자비하게 세금을 징수하고 지역 여성들에게 자신의 성적 요구를 충족시킬 것을 요구했다. 전 사또의 아들인 이몽룡을 향한 충절과 그에 대한 신의를 지키려는 소망(가부장적 일부일처제 버전) 때문에 춘향은 애인이 되어달라는 변사또의 요구에 저항했다. 춘향이 완강히 저항하자, 변사또는 심하게 곤장을 때리도록 명령해서 춘향을 죽을 지경에 이르게 했다. 사또의 생일 축하연에서 춘향을 처형하기로 되어 있을 때 이몽룡이 몰래 전라도로 돌아왔다. 변사또가 자신이 연인 춘향처럼 순수하고 아름다운 사람을 고문했다는 사실을 알고 놀란 이몽룡은 사악한 지사를 추방하고 전라도를 조화로 돌아가게 했다. 춘향의 이야기는 전라도의 순수성을 압축하고 있으며, 전라도 특유의 판소리(일종의 전라도식 블루스) 형태로 널리 공연되어 왔다.

한국인들은 아주 겸손해서 자주 자신들 문화의 중요성을 깎아내린다. 그래서 보통 춘향이 조선 시대에 남성에 순종적이었던 한국 여성을 대표하며, 춘향전보다 더 반페미니즘적 이야기는 없을 것이라고 해석한다. 조선왕조의 한 시점에 가부장적 일부일처제가 바뀌어 남성들이 부인 외에 첩을 두게 됐다(비록 첩에게서 태어난 아이들은 열등하다고 간주되었지만). 이상적인 부인은 정조를 지키고 계속 남편과 가족을 위해 희생했다. 여성의 지성은 극히 무시되어서(흔히 불가능하다고 생각돼서) 글 읽기를 배우는 경우가 거의 없었다. 심지어 1930년에도 한국 여성 10명 중 9명이 문맹이었다.

춘향이 첩의 '열등한' 자식이었을 뿐만 아니라 그녀의 애인이 귀족 상류계급인 양반 출신이었기에, 이 이야기에는 계급 역학이 잘 짜여져 있다. 춘향의 홀어미는 첩이고 이몽룡의 아버지는 강력한 양반이었기 때문에, 이몽룡과 춘향은 이루어질 수 없는 커플이었다. 춘향을 사랑함에도 불구하고 몽룡은 부유한 양반의 딸을 아내로 맞아 수도에서 고위 관리로서의 삶을 준비하고 있었다. 춘향전의 이런 차원은 부자들(그리고 남성들)이 즐겁게 흥청거릴 자유의 열거에 불과하며, 반면 가난한 사람들(그리고 여성들)은 뒤에 빠져 있다. 춘향의 애인은 자유롭게 그녀를 떠나 부유한 여성과 결혼하는 반면, 춘향은 몽룡에게 충절을 지킬 것으로 기대된다. 구성에 자리 잡은 보수적 요소에도 불구하고, 다른 해석도 가능하다. 불의한 중앙 권력에 맞선 춘향의 개인적 저항은 그 대의가 아무리 보수적이라도, 자신의 운명을 결정할 개인의 권리를 긍정하는 모범적 사례이다. 안티고네의 저항 행위는 오빠의 시신을 돌보는 것(여성의 전통적 역할인 남자 친척을 돌보는 것)인 반면, 춘향의 행위는 자신의 살아 있는 몸을 통제하는 것이었다. 사또의 수청을 거부했음에도 춘향은 해피엔딩을 맞이하며, 모두 자살한 안티고네, 클레오파트라, 쭝 자매의 삶과 다르다.

임권택의 영화 〈춘향뎐〉에서, 그녀의 완강한 거부와 희생은 자기결정권에 대한 더 큰 요구를 촉발하는 데 도움이 됐다. 춘향의 해방과 회복 이후에 왕은 그 지역에 수년간 세금을 면제해주었다. 이렇게 저항적인 행위로 정부 관리와 정책의 변화를 이끌었기 때문에 춘향은 민주적 역할 모델이라고 할 수 있다. 그녀는 첩이긴 해도 남편을 얻었을 뿐만 아니라, 토착 생활세계에 침투하려는 외부 권력에 맞서 공동체가 선택한 삶의 방식을 긍정했다.

원형과 전통적 문화 형태는 해방적 사회운동에 동원할 수 있는 자원인가? 아니면 그런 자유투쟁의 장애물인가? 아마도 둘 다일 것이다. 광주의 공동체주의, 삶의 일상적 측면은 집단적 행동의 중요한 자원인 놀랍도록 풍부한 매일의 경험과, 개인의 자유를 방해하는 사회적 초자아를 모두 제공할 수 있다. 유교적인 공적 공간은 흔히 젊은 사람과 여성의 가치를 축소하며, 아시아의 페미니스트들은 과도한 가부장적 차원을 올바르게 이해한다. 서구의 대부분과 마찬가지로 미국에서도, 심화된 사회적 세분화와 틀에 박힌 경쟁, 개인주의, 남성이기주의 양상 때문에 집단적 행동이 억제된다. 대조적으로 한국의 공동체주의는 위계적이고 때로 권위주의적이지만 공동체 의식을 촉진한다. 그것을 가능케 한 의사소통 채널로서 한국인의 사교성은 이 나라의 위대한 천연자원 중 하나일 것이다. 유교적 일상생활의 온순함은 미래 사회를 예시하며, 민간인 폭력이나 경찰의 무모함에서 목격되는 미국의 일상적 폭력과 뚜렷한 대조를 이룬다.

현대 아시아의 안티고네들은 수백만 명의 여성에게 아시아를 넘어 여성이 정치에 참여할 수 있는 가능성이 현실적이라는 신호를 보낸다. 이 '위대한 여성들'은 봉기적 사회운동을 통해 저명한 지위에 오르지만, 그들이 특별히 급진적인 것은 아니다. 미래의 사회운동은 의문의 여지 없이 더욱더 여성들로, 여성을 위해 구성될 것이며, 이는 부분적으로 그들의 언니들이 남긴 유산 때문이다.

15장
봉기의 공식

국내 소요나 전쟁이 주로 궁핍한 시기에 일어난다는 통상적 의견 또는 그 역은 잘못된 것이다. 이 말은 반대의 진술, 즉 전쟁과 혁명이 주로 번영의 시기에 일어난다는 것이 보편적 규칙이라는 의미는 아니다. …… 전쟁, 국내 소요, 경제 피동 모두가 서로 상당히 독립적으로 움직이며 전쟁과 혁명의 원인은 주로 경제적인 것이 아니라는 의미다.

— 피티림 소로킨

새로운 운동은 경제 위기와 정치 변화 사이의 관계, 민란의 경쟁력, 노동의 역할, 민주주의의 정의, 새로운 역사를 창조할 때 개인적, 문화적 요소의 중요성에 대해 격렬한 논쟁을 촉발했다.

— 칼 보그스

수십 년 동안 사회과학자들은 사회적 봉기의 발생을 예측할 수 있는 구체적 변수와 관계를 찾아내려고 노력했지만, 이는 사회운동 산업에 종사하는 수천 명의 연구자를 계속 자극하면서도 포착하기 힘든 목표다. 추상적 가설을 경험적 데이터로 채우는 연구자들은 통제 기관에 잠재적으로 유용한 행정적 사회 연구를 생산한다. 하지만 가설연역적 방법론은 표준화된 공식의 규정 아래 사회적 현실의 독특한 성격을 포함하기 때문에, 때로 무언가 밝혀내기보다 더 모호하게 한다.

일찍이 1937년 피티림 소로킨은 보편적 공식을 찾으려고 수천 건의 "사회적 소요"를 분석했다. 자신도 놀라움을 느끼면서 소로킨은 "전쟁, 국내 소요, 경제 파동 모두가 서로 상당히 독립적으로 움직이며 전쟁과 혁명의 원인은 주로 경제적인 것이 아니"[1]라는 점을 발견했다. 이런 발견은 많은 질문을 미궁 상태로 남겨둔다. 왜 봉기들은 하필 그때 발생하는가? 왜 어떤 봉기는 성공하고 다른 봉기는 실패하는가? 왜 1986년 필리핀 독재자 마르코스의 타도처럼 어떤 봉기의 일시적 승리가 더 장기적인 체제 변화로 이어지지 않는가? 왜 비슷한 행동에서 상이한 결과가 나오는지 어떻게 이해해야 하는가? 한 봉기와 다른 봉기 사이에 관계가 있는가?

이 책에서 검토한 봉기들에 적용해볼 때, 학문적 연구가 낳은 어떤 예측변수도 모든 봉기와 강력하게 연관성이 있는 것처럼 보이지 않는다. 경제적 요인, 시위의 정점, 사망자 수, 정권 내부자의 역할, 종교 모두 마찬가지다. 민중의 봉기 참여와 강도가 이후 민주화의 심화를 시사하는 것처럼 보이지만, 모든 경우에 이 관계가 유효한 것은 아니다. 시민사회의 기반도 중요한 기여 요소인데, 특히 그런 자원이 자율적 조직과 집단적 지도력을 향상시키기 때문에 그렇다. 봉기의 일차적 원인을 국내의 경제·정치적 변수에서 찾기보다, 한 반란과 다른 반란의 관계가 가장 중요한 것 같다. 봉기는 상호연쇄와 상호강화의 에로스 효과로 무리를 이룬다. 2011년 아랍의 봄 동안, 이 현상은 충분히 가시적이었다. 페이스북, 유튜브, SMS 메시지의 윤활유 역할로 봉기에 참여하려는 민중의 직관적 역량은 강력해졌다.

봉기를 일으키는 경제적 요소

소로킨의 경험적 작업의 발걸음을 따라, 이후의 연구는 하락하는 지위와 몰락하는 경제적 위치를 우익운동과 관련지었다. 고전적 사례는 제1차 세계대전 후 독일 경제 위기에 이은 나치즘의 등장이다. 1933년 아서 레이퍼는 1901년에서 1930년까지 미국 남부에서 일어난 수백 건의 인종적 린치와 면화 가격 사이에서 역의 상관관계를 밝혀냈다.[2] 면화 가격이 올라가면 평화가 지배하지만, 면화 가격이 떨어지고 곤경이 시작되면 린치 수가 극적으로 증가했다. 사회과학이 극소수의 경험적 발견을 보편적이라고 주장할 수 있긴 하지만, 노동계급이 곤경에 맞서 일어설 것이라는 일반적인 믿음에도 불구하고 장기적인 경제적 곤란과 지위 하락의 시기가 우익, 심지어 독재적 사회운동을 생산한다는 통찰은 많은 시간과 장소에서 유효한 것 같다.

흔히 진보적 운동이 경제 위기의 결과로 등장한다고 생각하지만, 좌파 혁명의 격변은 상승하는 번영과 기대가 경제성장의 급격한 하락으로 이어질 때 발생하는 듯하다. 제임스 데이비스는 1952년 이집트혁명과 20세기 초반의 러시아혁명을 조사한 다음 그런 'J 커브'를 공식화했다.³ 전체적으로 볼 때, 20세기 말 아시아 봉기와 관련된 데이터는 데이비스의 가설을 입증하지 않는다. 인도네시아, 필리핀, 중국에서는 경제 위기, 특히 인플레이션이 민중들 사이에서 커다란 공포를 야기하고 소요에 기여했다. 필리핀과 인도네시아에서 봉기 이전에 GDP 마이너스성장을 경험했고, 특히 인도네시아에서는 IMF 위기 동안 그 수치가 13.1퍼센트에 이르렀다. 수하르토 타도 이전에 시민 2,000만 명의 생활수준이 빈곤선 이하로 떨어졌다. 마르코스 치하의 필리핀에서는 민중이 그를 망명지로 쫓아내기 전에 수년간 경제가 침체했다. 하지만 경제 위기는 보편적으로 크게 중요한 것은 아니었다. 남한의 경제는 1987년 6월봉기 이전에 12.4퍼센트라는 건실한 성장을 기록했고, 타이의 경제 생산도 1992년 이전 2년간 평균 10퍼센트 증가했다. 표 15.1의 데이터는 최근에 일어난 아시아 봉기 이전에 어떤 획일적인 경제조건을 확인할 수 없음을 보여준다.

만약 경제 위기가 봉기로 이어진다면, 1997년 IMF 위기 동안 해당하는 지역 전체에서 주요한 동원을 볼 수 있어야 했다. 신자유주의에 맞선 한국의 총파업은 1996년 12월에 시작됐고, 이는 위기가 처음 발생하기(1997년 7월 타이에서) 훨씬 이전이었다. 1997년 후반 한국 경제가 파산했고, 이는 민족 구성원의 이름으로 노동계급을 잠재우는 데 사용된 한 가지 이유였다. 타이에서 100만 명 이상이 1998년까지 빈곤선 이하로 떨어지자, 국민들의 반응은 거리로 나서 항의하기보다 자신을 구하는 것이었다. 1986년 이전까지 필리핀에서는 심각한 경제불황이

[표 15.1] 봉기 이전 물가상승률과 GDP 성장률

국가(봉기)	연도	물가상승률	GDP 성장률	연도
네팔(1990)	1980~1990	9.1	7.2, 4.2	1988, 1989
방글라데시(1990)	1980~1990	9.6	2.9, 2~5	1988, 1989
필리핀(1986)	1980~1986	18.2	-7.3, -7.3	1984, 1985
인도네시아(1998)	1998~1999	58.5, 20.5	4.7, -13.1	1997, 1998
타이(1992)	1980~1992	4.2	11.6, 7.9	1990, 1991
남한(1987)	1980~1987	5	6.9, 12.4	1985, 1986
타이완(1990)	1980~1987	1.3	4.9, 11.6	1985, 1986
중국(1989)	1988~1989	18.8, 18.0	11.3, 4.1	1988, 1989

출처: Junhan Lee, "Primary Causes of Asian Development: Dispelling Conventional Myths," *Asian Survey* 42, no. 6: 825; China Statistical Yearbook, 2002, China Institute for Reform and Development, *Thirty Years of China's Reforms: Through Chinese and International Scholars' Eyes* (Beijing: Foreign Languages Press, 2008) 81에서 인용

마르코스 축출에 선행했고, RAM 장교들, 신 추기경, 민주적 야당이 참을성 있게 봉기를 준비하는 시기에도 마찬가지였다. 폭동의 타이밍은 점차 성공을 거둬가는 공산주의 소모전과 마르코스에 대한 미국의 불만 같은 정치적 요소의 기능이었다. 한편 1998년 인도네시아에서는 분명히 IMF 위기로 야기된 중대한 경제적 혼란이 수하르토에 반대하는 학생 동원에 크게 기여했다. 중국에서도 경제 문제는 1989년 이전에 중요했다.

1959년 시모어 마틴 립셋은 민주화가 장기적으로 지속되기 전에 중산층이라는 문턱이 존재한다는 가설을 담은 중대한 논문을 썼다.[4] 립셋의 가설은 이후에 진실로 받아들여졌지만, 최소한 여기에서 논의한 나라들의 봉기 발생에 대해서는 절대적으로 유효한 것 같지 않다. 표 15.2의 데이터는 경제적 번영 수준의 광범한 편차를 보여주지만, 모든 나라에서 지속적으로 민주화가 이뤄졌다. 봉기의 성공이 커다란 중산층의 창출 또는 1인당 GNP의 기능으로 보이지는 않는다.

네팔의 성공적인 두 번의 봉기는 낮은 경제 번영 수준에서도 일어

[표 15.2] 봉기 당시의 1인당 GNP

국가	연도	1인당 GNP (달러)
네팔	1990	170
방글라데시	1990	210
네팔	2006	268
중국	1987	290
필리핀	1986	560
인도네시아	1998	636
타이	1992	1,840
남한	1987	2,690
타이완	1987	5,325

출처: Junhan Lee, "Primary Causes of Asian Development: Dispelling Conventional Myths," *Asian Survey* 42, no. 6: 823; Roger V. Des Forges, Ning Luo, Yen-bo Wu, eds., *Chinese Democracy and the Crisis of 1989: Chinese and American Reflections* (Albany: SUNY Press, 1992), 224, http://www.studentsoftheworld.info/country_information.php?Pays=NEP

났다. 2006년 봉기 이후 네팔의 첫 번째 행동은 군주제를 완전히 폐지하는 것이었다. 민주주의가 계속될지 여부를 판단하기에 아직 너무 이를지도 모르지만, 광범한 경제적 지위는 최소한 이 나라들에서 경제발전 수준과 봉기 사이의 상관관계는 중요하지 않다는 걸 나타낸다. 20세기 말 아시아에서, 봉기는 명백하게 경제결정론자들이 주장하는 것처럼 자본의 이동에서 주요한 시기는 아니었다.

식민화 권력의 정체성도 중요한 요소는 아닌 것 같다. 왜냐하면 과거에 네덜란드(인도네시아, 타이완), 미국(필리핀), 일본(타이완, 한국), 영국(네팔, 방글라데시, 버마)의 지배를 받은 나라들이 모두 강력한 민주화 봉기를 경험했기 때문이다. 과거 프랑스 식민지들(베트남, 캄보디아, 라오스)이 운동의 물결에 참여하지 못한 것은 프랑스의 식민화보다는 인도차이나 전쟁(그 사회와 경제를 결정한) 동안 이루어진 미국의 집중적 폭격 때문이었을 것이다. 심지어 여기에서도 반대 사례를 발견할 수 있는데, 남한의 경우 한국전쟁(1950~1953) 동안 미국 공군력에 의해 전 국토가 황폐화된 지 겨우 7년 만에 민중은 이승만 독재를 타도하기 위해 봉기했다.

시위의 정점과 민주화의 심도

대결 정치와 끈질긴 조직화 노력의 관계도 자주 이것이냐 저것이냐 식의 용어로 묘사되지만,[5] 내 연구는 이 둘이 상호 보완적임을 보여준다. 나라마다 봉기는 장기적 조직화를 고양시켰고, 파업의 물결, 시민사회 조직들의 대대적 등장, 자율적 언론의 번성 등에 기여했다. 가두투쟁의 조직화를 폄하(심지어 적대)하는 한 가지 이유는 전문적 활동가들과 학술적 '목격자들'이 민중운동이 갑작스럽게 '자신들의' 영역에 진입하는 데 위협을 느끼기 때문이다. 봉기가 시작되면 새로운 자율적 목소리들이 기층 집단의 대표자로서 전문가들의 높은 지위를 몰아낸다. 피억압자가 스스로 발언하면, 먼저 목소리를 낮추는 사람들 일부는 바로 그들을 대표한다고 주장하는 자들이다.

흔히 봉기는 운동의 고조를 창출하며, 심지어 운동이 잔인하게 억압받는 경우에도 그렇다(버마와 티베트처럼). 네팔, 한국, 타이, 방글라데시에서 민주적 돌파 직후에 노동운동이 폭발하여 노동조합을 확대하고 임금 인상과 노동조건 개선을 주장했다. 네팔, 방글라데시, 남한의 여성운동은 새로운 정부 보호와 일상생활의 변화를 쟁취했다. 법제화 또는 조직 건설과 달리, 봉기는 뿌리박힌 행동 관습을 해체하고 일상화된 지배구조에 도전하기 때문에 일상생활의 사회적 변혁을 자극할 수 있다. 봉기는 국가가 지배하는 영역을 되찾아오는 중요한 도구이고, 봉기의 에로스적이고 정서적인 에너지는 되살아난 시민사회에 필수적이다.

신좌파 이후의 고조로 이뤄진 1980년대와 1990년대 민주화의 성격을 연구하면, 봉기가 강렬하면 할수록 민주화의 심도는 더 크고, 역으로 중요한 민중 동원이 없었던 나라들에서 민주화가 가장 취약하다

[표 15.3] 도시 시위의 정점

도시	날짜	정점의 시위대 수	도시 인구	인구 비율
방콕	1973년 10월 13일	500,000	3,500,000	14
광주	1980년 5월 21일	300,000	700,000	43
마닐라	1986년 2월 23일	1,000,000	7,725,000	13
서울	1987년 6월	1,000,000	10,000,000	10
랑군	1988년 8월 8일	500,000	2,800,000	18
랑군	1988년 9월 8일	1,000,000	2,800,000	36
베이징	1989년 5월 20일	1,000,000	12,000,000	8
카트만두	1990년 4월 6일	400,000	1,100,000	36
방콕	1992년 5월 17일	300,000	6,220,000	5
자카르타	1998년 5월 20일	1,000,000	9,000,000	11
카트만두	2006년 4월 22일	1,000,000	1,900,000	53

는 사실을 목격할 수 있다. 예를 들어, 파키스탄에서 비행기 사고로 지아 울하크 대통령이 사망하자 1988년 베나지르 부토가 선거에서 승리했다. 많은 정치학자에게 이 선거는 비록 다시 독재로 전락하긴 했지만 파키스탄에 민주주의가 존재한다는 증거였다. 다른 한편 동원이 오랫동안 확산되고 지속됐던 남한에서 민주화는 아주 활력이 넘쳐서 극소수의 사람들만이 군부 체제가 다시 강제될 가능성을 본다. 심지어 제한을 받더라도 거리의 중요한 시위가 없다면 엘리트들이 형식적 민주주의조차 존중할 희망이 거의 없다는 게 사실인 듯하다.

아시아 봉기의 물결은 동유럽의 변혁적 사건들에 선행하며, 1989년 동유럽 혁명과 달리 냉전을 끝내려는 세계 지도자들의 결정으로 일어난 것이 아니었다. 동아시아의 봉기는 일반적으로 엘리트들의 결정이 아니라 활성화된 시민의 직접행동으로 촉발됐다. 이것은 민주적 돌파 이후에 아시아 민중의 삶이 일반적으로 나아진(오히려 기대수명이 짧아진 구소련과 동유럽 공화국에서 일어난 하향식 반란과 달리) 이유를 설명하는 데 도움을 줄 수 있을까? 운동의 정점과 봉기의 지속 효과를 관련지을 수 있을까?[6] 표 15.3에서 볼 수 있는 것처럼 광주의 활성화된 시민은 인구의 약 43퍼센트이며, 이는 어떻게 그날 밤 그들이 군대를 압도할 수 있었는지 설명하는 놀라울 정도로 높은 비율이다(비록 1980년 5월 27일의 패배와 그 이후 미국의 지원을 받는 전두환의 7년 독재를 설명하지는 못하지만). 그러나 광주의 높은 참여율은 왜 그 도시가 한국에서 봉기를 계속 추동하고, 왜 한국에서 민주주의가 궁극적으로 승리했는지에 대한 근거일 수 있다. 표 15.3은 운동의 정점을 보여준다.

다른 추상적 공식처럼, 정치적 시위의 정점 모델도 획일적으로 적용되는 것 같지 않다. 랑군에서는 도시 인구의 약 36퍼센트가 1988년 9월 8일 민주주의를 위해 동원됐지만, 극심한 탄압으로 수십 년간 독재가 이어졌다. 1959년 3월 19일 라싸에서는 실제로 전 도시가 달라이 라마를 방어하라는 호소에 응답했지만, 수천 명이 사망한 전투의 결과 중국이 승리하고 라싸는 식민화에 굴복했다. 1987년 6월 26일 서울에서는 최대 시위에 인구의 10퍼센트인 100만여 명이 참여했지만, 운동의 발전은 강력하고 장기적이었다.

사망자 집계와 권력

아무도 놀라지 않겠지만, 군부독재의 어리석음은 오직 그들의 야만성에 어울리며, 어떤 필요한 수단을 써서라도 권력을 유지하는 것이 이해타산인 '합리적' 엘리트 행위자의 이익에만 어울린다. 봉기 동안 사망한 사람들의 수와 정부의 안정성 사이에 상관관계가 있을까? 표 15.4의 수치는 정권이 더 많은 사람을 죽일수록 권력에 남아 있을 가능성이 더 크다는 사실을 나타내는 것 같다. 비록 국제 여론과 국내의 제약 요인 때문에 각국의 정부들이 자국민에게 폭력을 더욱더 전면적으로 사용하지는 못했지만, 개중 버마의 군부는 별로 자제력을 보여주지 않았고 2011년 아사드와 카다피도 마찬가지였다. 1989년 루마니아

[표 15.4] 봉기 기간의 사망자

장소	연도	사망자 수
라싸	1959	5,000
타이	1973	77
광주[7]	1980	240
마닐라	1986	12
한국	1987	1
버마	1988	3,000
티베트	1989	250
베이징	1989	250
타이완	1990	0
네팔	1990	62
방글라데시	1982~1990	105
타이	1992	52
인도네시아	1998	1,188
네팔	2006	21
이집트	2011	840

주: 수치는 보수적으로 적용되었고, 유효한 공식적인 총계를 반영한 것이다.

정권은 수백 명을 죽이고도 타도됐다. 다른 추상적 공식처럼, 심지어 심한 탄압도 정권 교체 또는 그것의 부재를 항상 설명할 수는 없다.

다른 대륙과 비교하면, 아시아 봉기들의 사상자 수는 아주 적다. 새뮤얼 헌팅턴은 1974년에서 1990년까지 (남아프리카공화국과 아시아의 다른 지역에 주로 집중된) 30건의 민주화 노력에서 총 2만 명이 사망했다고 집계했다.[8] 아시아에서 미국의 전쟁으로 살해된 수백만 명이나 라틴아메리카 분쟁에서 사망한 수만 명과 비교하면, 정치 문제를 다룰 때 아시아의 온순함은 명백해 보인다. 1973년 그리스 독재 정권이 아테네 공과대학을 통제하기 위해 탱크를 이용했을 때 약 34명(주로 학생)이 죽었다. 1989년 IMF가 강제한 긴축 프로그램에 맞선 베네수엘라 봉기에서 공식 집계로 276명이 사망했지만, 이는 지나치게 줄여 잡은 수치이다.

더 신뢰할 만한 수치는 수천 명에 이른다. 같은 해에 루마니아의 독재자 차우셰스쿠를 타도하는 과정에서는 거의 800명(공식적으로 794명)이 살해됐다.

군대와 정권 내부자의 역할

민주화 이행의 유형학에서, 정치학자들은 엘리트의 역학에 엄청난 관심을 기울인다. 외부의 분석가들은 헝가리의 이행 과정이 공산주의 엘리트들이 자본주의 엘리트로 변신한 것과 관련이 있다고 말할 수도 있고, 한편 체코슬로바키아에서 새로운 엘리트가 등장했다고 말할 수도 있을 것이다. 하지만 그런 시각은 봉기의 생생한 경험을 이해하거나 민중의 삶이 변혁되는 방식 또는 구체적 계급 주체가 운동을 창출하고 지도하는 데 관여하는 방식을 이해할 수 없다.

일반적으로 인식하는 것보다 훨씬 더 많이 군대의 대열 내에서 봉기 편으로 중요한 이탈이 일어났다. 필리핀에서는 반정부 장교들이 마르코스에 맞서 폭동을 이끌었고, 가톨릭교회의 도움으로 수백만 명의 지지자를 불러모았다. 심지어 마르코스에 동조적인 군인들조차 거리에 밀집한 시민들에게 탱크를 밀어붙이기를 거부했다. 중국에서도 비슷하게 군대는 베이징 시민들이 자신들을 저지하기 위해 평화적으로 동원된 2주간 계엄령을 강제로 집행하기를 거부했다. 한 지휘관은 공개적으로 선언했다. "우리는 인민의 병사들이다. 우리는 결코 인민을 진압하지 않을 것이다." 38군의 쉬친셴 장군은 무력을 사용하라는 명령에 따르길 거부했고, 폭력이 격화되자 100명 이상의 장교와 1,400명의 사병이 탈영했다. 1973년 타이의 끄릿 시와라 장군은 방콕에 추가 부대 파견이나 탄약 재공급을 거부했고, 사실상 시위대를 진압하려는 경쟁자의 지위를 제한했다. 왕립타이해군은 공공연하게 학생들을 지지했고, 공군 인사들은 탄압에 반대하는 시위를 조직했다. 광주봉기

동안 정웅 장군은 시위대에 군사력을 사용하라는 명령에 따르길 거부했다. 그는 세 번이나 경찰로 충분하다고 주장했다.⁹ 전라도에 주둔한 그의 부대는 광주역 교전 동안 평화적 후퇴 협상에 성공했다. 광주 지역 거주자로서 그들은 유혈 사태에 참여할 의사가 없었고, 민중도 그들이 평화적으로 떠나도록 했다. 광주의 경찰서장 역시 부하들에게 발포를 명령하길 거부했고, 이 행위 때문에 체포됐다. 버마에서는 국경경찰, 출입국 관리, 공군 인사 모두가 1988년 9월 9일 시위에 참여했다. 독립운동을 이끈 유명한 '30인 동지' 중 11명이 민주주의를 지지했다. 인도네시아에서 군대는 학생들이 의사당 건물을 점거하도록 허용했다(그리고 수하르토가 대통령궁을 떠나자, 점잖게 학생들을 쫓아냈다).

버마의 경우, 베르틸 린트네르는 만약 1988년 어떤 장군이 민주주의의 깃발을 내걸고 랑군에서 행진했다면, 운동이 성공했을 가능성이 높았다고 추정했다. 버마군 장교들은 이타적 행동이 아니라 소수민족 여성 집단 강간과 막대한 재산 축적으로 악명 높았지만, 민주주의의 전망에서 보자면 좌익 군부 쿠데타는 성공 가능성이 매우 높았다. 카렌민족동맹 부의장인 데이비드 타레카보는 내게, 군대가 너무나 잔인했기 때문에 시민을 보호할 무력 없이 시위를 위해 군대를 거리로 불러내는 것은 학살을 조직하는 것이나 다름없었다고 말했다.¹⁰

대규모 시위와 함께 군사행동의 협력 또는 최소한의 위협도 확실히 정권 교체를 실행하는 효과적 수단이다. 자율적인 군대는 네팔의 2006년 봉기에서 중요했다. 그 당시 마오주의 군대는 군사 공격을 도시 동원과 결합시켰다. 필리핀에서 RAM의 폭동은 대규모 봉기의 열쇠였다. 폭동군에 대한 교회의 노골적 지지는 마르코스 군대의 사기를 떨어뜨렸고, 정부군은 반란군 기지에 효과적인 반격을 가할 수 없었다. 총 병력을 사용하지 않겠다는 정부의 결정을 통해서든, 민중 동원을 탄압할 수 없을 정도로 심각한 분열을 통해서든, 봉기가 성공하려면 최소한 군대는 중립적이어야 한다.

군대 내부의 이탈과 함께, 고위 정부 관리들도 항명했다. 중국에서는 결정적 순간에 덩샤오핑이 자오쯔양을 리펑으로 교체했음에도 불구하고 외무부는 자오쯔양이 여전히 총리라고 주장했다. 1992년 타이에서 전 방콕 시장 짬롱은 시위의 지도력을 접수했고, 많은 각료가 군대의 무력 사용을 공개적으로 규탄했다. 네팔에서 외무부는 왕립군의 과도한 폭력 사용을 비판했고, 많은 정부 부처 공무원이 운동을 지지하기 위해 '펜을 내려놓는' 파업을 전개했다. 필리핀에서 주지사들과 고위 관리들은 야당 편으로 넘어갔고, 인도네시아에서 의회 지도자들은 수하르토의 재선을 무효화하고 탄핵을 요구했다. 아시아 봉기들에 동조하고 때로 참여한 정권 내부자들은 별로 연구되지 않은 차원이다. 많은 민주화 이론가는 혁명이 성공하기 위해서는 그런 세력과 단결하는 것이 중요하다고 주장한다. 봉기가 성공하려면 기존 엘리트의 일부가 봉기 세력으로 넘어가야 한다고 주장하면서, 앨프리드 스테판은 결론 내린다. "사회 주도의 격변은 그 자체로 사실상 재민주화를 이끌 수 없다고 주장하고픈 유혹을 느낀다."[11]

아시아에는 시민사회가 없는가

유럽 역사에서, 서기 285년 로마제국의 동서 분열로 2개의 아주 다른 사회체제가 창출됐다. 동유럽에서 황제는 콘스탄티노플의 정교회와 비잔틴제국의 수장이 됐다. 로마가 게르만 민족에게 두 번이나 정복당한 후, 교황은 정치권력의 부속물로 전락했다. 1,000년 뒤 신교개혁과 결합되자, 그 순수한 결과로 서유럽에서 자율적 세속주의가 형성되고 시민들이 권리를 주장할 수 있는 공간이 창출됐다. '시민사회'가 존재하기 위해서는 이런 서유럽의 역사적 발전의 결과를 모든 사회가 모델로 삼아야 한다는 가설이 정립됐다.

위르겐 하버마스는 특히 '진정한' 시민사회가 존재한다고 말하기 위해서 필요한 긴 목록을 작성했다. 자유 언론과 문자해독력, 개인의 권리, 예절, 집단 협의를 위한 장소가 그것이다.[12] 다른 많은 이론가와 마찬가지로 하버마스는 서유럽의 사생활과 원자화가 부르주아적 개인이 발전하지 않은 아시아나 동유럽과 첨예하게 대비된다고 믿는다. 예를 들어 독일에서 사생활과 개인의 권리는 아시아의 밀집한 도시와 근본적으로 다르다고 생각한다. 하버마스의 견해로, 18세기 유럽의 커피하우스는 공적 영역과 시민사회에 크게 기여했다. 그의 발자국을 따라 많은 사람이 아시아의 찻집을 비슷한 영역으로 볼 수 있는지 여부를 물었다. 유럽 사회를 높이 평가하는 사람들의 대답은 "아니다"였다.[13] 내 경험으로 보면, 아시아의 많은 찻집과 심지어 거리의 모퉁이도 유럽 최고의 카페 내부보다 더 시민적 공간일 수 있으며, 나는 두 장소 모두에서 많은 시간을 보냈다. 아시아의 이웃들은 사람들이 흔히 지역사회의 구성원조차 제대로 모르는 미국보다 서로의 삶에서 더 지속적이고 협력적인 역할을 한다. 하버드 대학 교수 헨리 루이스 게이츠는 이런 진술을 입증할 수 있다. 2009년 그는 중국 여행에서 돌아와 집 열쇠를 잃어버렸음을 알아차렸다. 자기 집 문을 부수고 들어가자 이웃의 누군가가 경찰에 신고했고, 흑인인 그는 케임브리지의 부유한 지구에 있는 자기 집 안에서 경찰에 체포됐다.

많은 서구의 관찰자는 아시아의 가치와 관계의 유산을 자원으로 생각하지 않고, 미국식의 자발적 단체가 없음을 지적하며 아시아에 시민사회가 없다고 결론 내린다.[14] 존 킨은 "초기 현대적 용법에서 '시민사회'는 전형적으로 '아시아적' 지역과 대조되는데, 거기에서 시민사회가 명시적으로 등장하는 데 실패했거나 그렇다고 일컬어졌다."[15] 그러나 아시아에 활기찬 시민사회의 뿌리가 존재한다는 것은 확실히 알려진 사실이다. 1905년에서 1949년까지 베이징에서만 100개나 되는 상이한 여성신문이 발행됐고, 1912년 시장이 들어선 도시에는 약 20만 명의 상인 회원이 속한 최소 2,000개의 중국상공회의소가 존재했으며, 추가로 대도시에 871개의 협회가 있었다고 한다.[16] 민주주의는 유럽(그리스)의 발명품으로 정식화돼 있지만, 연구에 따르면 공화적 형태의 정부를 고대 수메르 도시들에서 찾아볼 수 있다.[17] 인도에서는 선출된 지도자와 의회를 갖춘 공화국들이 갠지스 평원에서 생겨났고, 거기에서 자이나교와 불교처럼 힌두 카스트제도에서 벗어난 평등주의가 등장했다.[18] 노자, 맹자, 공자 등의 아시아 철학자들에게서 뿌리를 발견한 김대중은 아시아의 문화적 전통이 새로운 "전 지구적 민주주의"를 구성할 기초를 제공한다고 설득력 있게 정리했다.[19]

광주에서 활동가들은 심지어 군부독재의 극심한 탄압 아래서도 시민들이 이웃집에 음식을 가져다주면서 운동권 소식을 퍼뜨렸다고 상기시켜줬다. 특히 김치를 새로 담그면 이웃과 나눠 먹는 한국의 오랜 전통을 이용하여 소식을 몰래 알리고 행사를 조직했다. 1980년 광주봉기 동안 YMCA, YWCA, 남동성당, 여성들의 송백회, 녹두서점, 들불야학, 극단 광대, 예술가협회 등 시민단체들의 활동은 엄청나게 중요했다. 그럼에도 미국의 지도적 한국 학자들은 1985년 선거 때까지 시민사회가 다시 깨어나지 못했다고 주장한다.[20] 40년간의 가혹한 탄압('백색테러') 아래 국가 주도로 정치적 반대자들 수천 명이 암살당한 타이완에서 시민사회, 즉 "기층의 대항공화국"의 창출은 활동이 발생할 수 있는 유일한 장소였다.

비슷한 친유럽적 편견을 보수적 논평가 루시언 파이의 저작에서 발견할 수 있는데, 그는 프로테스탄티즘을 시민 문화의 이상적인 기초로 규정하고 그것을 결여했기 때문에 아시아가 민주화의 마지막 대륙이 될 것이라고 암시했다.[21] 1970년대와 1980년대에 아시아의 경제가 급속히 성장하자, 싱가포르의 리콴유와 말레이시아의 마하티르 모하맞은 "아시아의 가치"를 성공의 이유로 설명했다. 그들은 서구와 달리 아시아인들이 개인보다 가족, 개인적 자유보다 사회질서, 여가보다 노력을 소중히 여긴다고 믿었다. 하지만 '아시아적' 가치에 대한 모든 말에도 불구하고, 이 대륙은 이라크에서 한국, 시베리아에서 스리랑카까지 포함해 믿을 수 없을 만큼 다양하다. 동아시아로 한정해도, 다양성은 많은 사람이 생각하는 것보다 훨씬 더 크다. 이 책에서 연구한 10개국 중에서도 이슬람 국가(방글라데시와 인도네시아) 둘, 힌두 국가(네팔) 하나, 유교 국가(중국, 타이완, 남한) 셋, 가톨릭 국가(필리핀) 하나, 불교 국가(타이, 버마, 남한)가 셋이다. 남한에는 또한 많은 신교도가 있어 대략 인구의 3분의 1에 이른다. 한때 유교의 가치를 사업 수완의 결여와 느긋함 때문에 비난하면서도 서양 사업가들은 예의바른 동양인들을 이용했는데, 이곳에서 오늘날 유교 문화는 확실히 부와 관련이 있다.[22]

미국의 보수적 반공주의는 '전체주의' 국가가 사회의 모든 자율적 요소를 삼켰다고 주장함으로써 동유럽 시민사회의 존재를 은폐했지만, 오늘날에는 20세기 말 동유럽의 봉기들이 시민사회에서 비롯되었다는 데 일반적으로 동의하는 듯하다. 역사의 교활함이 양측에서 많은 냉전 선전이 틀렸다는 걸 입증했기 때문에, 폴란드(압도적인 가톨릭 사회) 자유노조의 정치적 실천으로 폴란드의 반체제 인사들이 "국가에 대항한 시민사회의 반란"[23]에 대해 말하게 되었다.

많은 서구 이론가가 시민사회를 경제 발전의 기능이라고 믿기 때문에, 그들은 서구의 궤적과 여러 시민사회가 "덜 발전한" 나라들의 미래라고 기대한다.[24] 실제로 20세기 말 변화하는 역학은 "산업적으로 더 발전한 나라는 그저 덜 발전한 나라에게 그들의 미래 이미지를 보여준다"[25]는 정치적 상투성을 역전시킬지도 모른다. 1997년 아시아의 IMF 위기에 이어 10년 후 미국에서 시작된 전 지구적 경제 붕괴가 일어났다. 하부구조가 악화되고 정부가 더 많은 권력을 쥐면서, 미국이

제3세계 국가가 되고 있다는 예측은 점차 사실로 보인다. 서양이 동양에 미래를 보여주는 것이 아니라 정반대의 일이 일어나는 중일 수도 있다.

이 책 전체에서 나는 서양의 것과 전혀 다른 아시아의 전통적 시민사회가 사회운동의 힘의 원천이 됐던 방식을 지적했다. 한국의 마을사람들이 불만을 알리고 그것을 해결하는 합의적 수단을 찾기 위해 사용한 나무와 북에서, 불만의 시정을 청원할 수 있는 중국인들의 권리, 국왕이 정의롭게 통치해야 한다는 다르마의 의미에 대한 네팔인들의 이해까지, 아무리 오래됐더라도 문화적 전통은 지배권력에 대한 반대를 결집하는 효과적 수단이 됐다. 래리 다이아몬드 등이 지적한 대로 "시민사회는 민주화 이행을 위한 압력을 키우고 그것을 완성까지 밀고나가는 데 결정적인 역할을 했다".[26] 만약 아시아의 시민사회가 취약했다면, 어떻게 민주화운동이 성공했겠는가?

봉기들의 자율성과 집중화 비교

봉기의 단기적인 성공을 이끈 요인들의 목록 위쪽에 탈집중화된 권위 구조를 갖춘 수많은 풀뿌리 단체의 자율적 주도력이 있다. 봉기 자체의 역사에 대해 더 정확한 분석을 해보면 이 역학을 가장 잘 이해할 수 있다. 1948년 중앙집중적으로 조직된 제주봉기는 참가자들이 희망했던 국가의 통일을 유지하는 데 실패했던 반면, 자발적이고 자율적인 광주봉기는 민주화 이행의 일부로서 전두환과 노태우를 구속시킨 끈질기고 성공적인 노력으로 이어졌다. 광주에서 봉기 이전에 운동 지도자들이 체포되면서 운동은 더욱 자생적이고 풀뿌리다워졌다. 다중이 중심이었고, 요구는 비전을 보였고, 연대는 지도자들 간의 이데올로기적(그리고 개인적) 불일치로 방해받지 않았다. 그렇다면 봉기가 더 자율적일수록 단기적 성과가 더 크다고 일반화할 수 있을까?

《한국의 민중봉기》에서 길게 논의한 것처럼, 제주와 광주에서 일어난 한국의 봉기들은 미국이 지배하는 사회관계에 직면하여 자율적 자결의 열망을 키웠다는 점에서 본질적으로 유사하다. 두 봉기는 모두 국제적 공룡—오늘날 전 세계적으로 지역 문제에서 우위를 보이는 기업·정부 권력의 총자본Gesamtkapital—에 맞섰다. 이 봉기들은 보통 국내 역학의 맥락에서 이해되지만, 제주봉기와 1947년 2월 28일 타이완의 봉기에는 공통점이 있다. 공산주의에 맞서 냉전을 수행하기로 한 영미의 결정에 의해 제2차 세계대전이 끝날 무렵 분단이 된 나라였고 여기에서 무고한 민간인 수만 명이 학살된 비극적인 사건이 일어났다.[27] 우연의 일치로, 제주에서 일어난 최초의 학살은 타이완에서 학살이 시작된 지 하루 만에 이뤄졌다. 두 경우 모두 체제 세력은 통제를 회복하기 위해 대대적 폭력을 자행했다. 타이완에서는 수만 명이 살해되고, 시신들은 바다에 던져지거나 들판에서 썩도록 버려졌다.[28] 겨우 15만 명의 인구를 가진 섬 제주에서는 최소 3만 명이 살해됐다.

두 경우 모두 인간의 자유가 노예제에 맞선 순간이었지만, 제주와 광주는 다른 담론 세계를 이뤘다. 제주봉기는 일부 세부 사항까지 중앙에서 조직했지만, 광주봉기는 자연발생적으로 이뤄졌고 민중의 꿈(또는 악몽)을 넘어 퍼졌다. 이는 구좌파와 신좌파 사이의 차이와 놀라운 유사성을 띤다. 위의 언급은 단지 제주봉기에 대한 기초적 분석이지만, 봉기가 중앙에서 조직되고 통제되는 정도를 명확하게 드러낸다. 남로당은 마을 단위까지 섬 전체에 집중화된 구조를 갖추고 있었고, 이 조직은 1945년에서 1948년까지 사실상 정부 역할을 했던 인민위원회를 통제했다. 비록 일본의 패전 이후 미국과 평화적으로 협력하긴 했지만, 1947년 3월 1일 경찰이 미군 장교의 명령에 따라 한 초등학교에서 발포하여 3명을 사살하자 민중은 봉기 이외에 다른 선택이 없었다. 그 이후 총파업이 진압되고 섬의 많은 젊은이가 고문당하고 일부가 죽자, 봉기가 일어났다. 특별하게 집중화된 봉기는 89개 오름에서 동시에 봉화를 피워 올리며 시작됐다. 전사들은 마을 수준의 자위대와 함께 중앙의 명령을 받는 연대와 대대로 조직됐다.

제주와 달리, 광주의 봉기는 전적으로 자연발생적이었고 시민을 공격한 야만적 공수부대의 도시 침입에 대한 대응이었다. 제주에서는 명확히 남로당이란 지도부가 있었지만, 광주에서는 어떤 조직도 운동 전체를 통제하지 못했다. 봉기가 시작되었을 때 대부분의 활동가는 체포되거나 이미 도시를 탈출한 상태였다. 공수부대가 시민들에게 가한 끔찍한 폭력 행위는 전 도시의 자발적 봉기로 전화됐고, 민중은 군대를 도시 밖으로 몰아낸 뒤 일주일 동안 버텼다. 민중은 자생적으로 기동타격대를 구성하고 시민군, 수습위원회, 투쟁위원회 등을 공식화했다. 그들은 시신을 수습하고 슬픔에 잠긴 가족들을 위로했고, 부상자를 치료하고 해방된 도시를 청소했다. 시민군은 무장해제당한 경찰을 포함해 모든 공무원에게 원래 위치로 복귀하라고 지시했고, 휘발유 분배, 교통 통제, 정보 조정 등을 책임졌다. 수만 명의 민중이 일일 집회에 모였고 일종의 직접민주주의가 실행되어 군대와 진행한 협상에서 궁극적 결정 권한을 행사했다. 일간 투사회보는 임박한 반격에 맞선 저항을 조직하는 데 기여했고, 최고사령관이든 중앙위원회든 위에서 민중에 명령을 내리는 집중화된 권위 없이도 이 모든 일이 이뤄졌다. 범죄율은 상당히 줄었고, 사람들은 전과 거의 다르지 않게 서로 협력했다.

제주에서는 봉기 참가자들이 경찰을 살해한 수많은 사건이 기록됐다. 소식통에 따르면 제주에서 피살된 사람의 대략 5퍼센트인 1,764명만이 반란군의 희생자였다고 하며, 군인, 선거 관리인, 경찰관, 우익단체 회원들이 여기에 포함됐다.[29] 대조적으로 광주에서는 아주 적은 수의 군인이나 경찰이 살해됐고, 처형은 전혀 없었다. 시민군 대원 50여 명과 진행한 인터뷰에 따르면 반란군은 포로로 잡은 많은 군인을 해치지 않고 풀어줬다. 한 군인은 심지어 상관들에게 처벌받지 않도록 총을 돌려받기도 했다(실탄 없이).

몇 년이 지난 뒤에도 제주와 광주의 양상은 여전히 달랐다. 광주에서는 바로 첫 재판부터 사람들이 판사에게 쓰레기를 던졌고, 사망자와 부상자 유가족들은 저항을 조직했다. 끔직한 살인과 잔혹 행위가 훨씬 더 컸던 제주에서는 대학살에 관한 속삭임이 들리기까지 수십 년이 걸렸다. 1960년 학생들이 이승만 독재를 끝장낸 이후 장면 정부는 제주 학살에 대한 조사를 개시했지만, 1961년 박정희가 쿠데타를 일으킨 다음날 조사관들이 체포됐다. 독재는 과거에 대한 진상조사를 탄압했고, 학살에 대한 어떤 공개적 암시도 1978년 현기영이 중편소설 〈순이 삼촌〉을 발표할 때까지 나오지 않았다. 1987년 6월 대항쟁 기간에 제주대학 학생회는 학살당한 사람들을 위한 최초의 위령제를 열었다.[30]

한국의 정치 발전에서 이 자율성과 집중화의 변증법을 이해하면 버마, 필리핀, 티베트에 대한 통찰력을 갖게 된다. 필리핀의 봉기는 위에서부터 조직됐고, 군대 일부와 교회가 이끌었다. 1986년 피플파워 혁명이 마르코스를 축출하는 데 성공했음에도, 운동은 부자들의 지배 체제에 상대적으로 별로 영향을 주지 못했다. 티베트에 대한 달라이 라마의 지도력과 버마에서 아웅 산 수 치의 유명무실한 역할은 두 지역의 운동에 하향성을 부여하며 그 영향력을 제한했다. 용감한 카리스마적 지도자가 강제한 비폭력에 대한 절박한 지지와 함께, 그들의 권위는 창조적 풀뿌리 행동의 영향력을 빼앗는다. 국제적인 도덕적 우위는 그들의 것일지 모르지만, 국내 정치에 미치는 효력은 협소하다. 아웅 산 수 치의 아버지는 천재적으로 다수 버마인과 함께 독립을 위한 투쟁에 모든 소수민족을 단결시켰지만, 그의 딸은 완고한 평화주의를 고집해 소수민족은 도시의 야당에서 고립됐고, 야당은 통일된 전략을 갖추지 못했다. 비록 10여 건 이상의 무장투쟁을 소수민족이 수행했지만, 군사평의회는 그들을 진압하거나 단번에 무찌를 수 있었고 마침내 전국에 대한 통제력을 확보했다. 아웅 산 수 치의 평화주의는 암묵적으로 생존하기 위해 투쟁하는 길 외에 거의 선택권이 없는 소수에 대한 다수의 도덕적 우위를 주장한다. 1971년 티베트의 무스탕 지역에서 달라이 라마가 미국-중국 데탕트의 결과로 무기를 내려놓으라고 명령하자, 수많은 자유 투사가 자살했다.

버마에서는 수년 간의 억압적 독재가 1988년 봉기로 갑자기 막을 내렸다. 그해 초만 해도 랑군의 한 찻집에서 일어난 말다툼이 정부의 명백한 종말과 전국을 통제하는 마을 평의회의 성장으로 급속하게 발전하리라고 아무도 추측하지 못했다. 운동이 끔찍한 탄압을 당하자 봉기가 1988년 8월 8일 정확히 오전 8시 8분으로 예정됐고, 그 시각에 랑군의 항만 노동자들이 파업을 시작했다. 몇 시간 안에 전 도시가 파업에 들어갔고, 며칠 내에 온 나라가 파업에 참여했다. 해방된 대학 기숙사에서 학생들이 한 최초의 행위들 중 하나는 당국에 밀고한 것으로 의심되는 3명의 동료 학생을 처형한 것이었다. 투쟁이 격화되고 많은 사람이 죽었기 때문에, 포로로 잡힌 경찰관이 재판 없이 공개적으로 참수되자 군중은 환호했다.

봉기들 사이에서 다른 중요한 차이도 찾을 수 있다. 광주 민중이 하나로 뭉쳐 '절대공동체'를 이루고 수만 명이 참여한 총회가 '민주광장'에서 중요한 결정을 내린 반면, 버마의 시위는 모든 민중의 품위 있는 단결과 해방된 공간에서 수만 명이 일일 집회를 가질 역량이 없었다. 사람들이 거리에 모일 때마다, 군대는 무참하게 그들을 해산했다. 광주에서는 시민들이 잔인하게 공격하는 공수부대에 맞서 싸워 도시를 해방했다. 자생적 자치 역량과 민중의 유기적 연대에서 그들이 세운 모범은 버마 봉기를 초월했다.

버마 시위가 고조되는 시기에, 정부는 갑자기 랑군 주변의 교도소에서 수천 명의 범죄자를 풀어줬고, 마을들은 24시간 대나무 담장 뒤에서 경계선을 치고 도둑, 강간범, 갖가지 반사회적 악당들을 막기 위해 순찰을 돌아야 했다.[31] 이 현상은 광주에서 일어났던 일과 정반대이다. 광주에서 죄수들을 해방하려는 시도로 수십 명이 광주교도소를 공격하다가 사망했다는 사실을 상기하면 두 경우의 차이는 훨씬 더 두드러진다. 버마 정부는 죄수들이 민중들에게 공포를 줄 것을 알았기 때문에 그들을 석방했다.

랑군에서는 아웅 산 수 치와 소수의 유명인사가 재빨리 운동의 지도부가 됐다. 광주에서는 아웅 산 수 치와 같은 어떤 인물도 운동의 가장 중요한 지도자로 등장하지 못했다. 비록 군부가 김대중을 지도자로 지목했지만, 그는 봉기가 일어나는 전 기간 동안 감옥에 있었고 몇 주 후까지 봉기가 일어났는지 알지도 못했다. 봉기가 시작되기 전에 수십 명의 활동가가 체포되어 거리에서 공백이 생겼지만, 민중운동은 새로운 조직과 집단적 지도부를 발전시켰다. 중앙지휘부 없이도 소그룹 주도의 통합은 5월 21일 도시에서 군대를 몰아내기에 충분히 강력했다. 시민군은 어떤 중앙적 권위나 한 명의 지도자가 결정을 내릴 최종 권한을 갖지 않도록 수평적으로 조직됐다. 민중 자신이 정부가 됐고, 핵심적 필요는 협동을 통해 충족했다. 광주봉기의 탈중심적이고 자율적인 성격은 운동을 강화하는 데 기여했다. 집중화가 힘과 효율성을 의미한다는 지배적인 견해와 대조적으로, 광주봉기는 자율성과 탈집중화 중의 힘을 보여주지 않는가? 이런 요소들(단결, 참여민주주의, 자발성)은 봉기의 단기적 효과에 대한 더 커다란 가능성을 보여준다.

물론 남한과 버마 사이에는 엄청난 차이가 있다. 유교 사회인 남한은 세계의 최대 경제 국가 중 하나이고, OECD 회원국이며, 현대적 하부구조, 선진적 생산 시설, 급증하는 하이테크 부문을 보유한 '반주변부' 국가이다. 지난 30년간 한국의 경제성장은 경이적이었다. 1963년 겨우 100달러였던 1인당 GNP는 2007년 2만 달러를 넘었다. 1992년 이래 들어선 민주적 체제와 함께, 한국 경제는 팽창하여 하이테크 산업으로 이동했다. 전 지구적 통계가 겨우 지금에야 표준화된 반면, 한국은 흔히 '세계에서 컴퓨터 통신이 가장 발달한 사회'로 간주된다. 다른 발전 지표와 마찬가지로 버마는 2007년 단 2대의 인터넷 서버를 가진 IT 무능 국가였고, 새 수도에는 휴대폰 서비스도 없었다.

분리된 시간 단위로 측정하면, 직접적 봉기는 실패할지 모른다. 봉기 지도자들은 죽거나 감옥에 갇히고, 많은 사람이 인과로 고통받고, 공개적으로 나선 단체들은 다시 잠복하거나 침묵할 수 있다. 그러나 봉기의 공공연한 불만과 희망 표현은 심지어 시간적 제약이 있어도 기존 체제의 정치적 현실에 대한 장악력을 침식한다. 민중봉기 이후 기존 정당들은 과거에 지녔던 유형의 승인을 상실하기 시작한다. 정당들이 진정한 변화를 이루거나 주변화될 위험을 무릅쓰고 처리해야 할 엄청난 정치적 간극이 생긴다. 때로 특정한 봉기의 영향은 아무리 그 분출이 짧더라도 수십 년간 지속된다. 과거에 정당성이 있었던 정당들과 낡은 일상생활 규범의 궁극적 파괴는 느리게 일어날지 모르지만, 반란의 영향은 지속된다.[32]

장기적 시각은 전략적 봉기 조직의 필요성을 가리키지만, 버마에서 과거 수십 년간 계속된 탄압과 잔혹한 폭력은 집중화된 지도력의 불이익 또한 크게 드러낸다. 아웅 산 수 치는 20년간 대부분 가택연금 상태였고, 운동은 여전히 주변적 상태이다. 반란자들의 '폭력'에 대한 평화주의자들의 비판은 확실히 NGO들을 포함한 엘리트 참여자들에겐 문제이지만, 많은 운동 참여자들에게는 문제가 아닌 것 같다. 비록 무장했지만 광주 민중봉기는 한국에서 군대의 폭력을 저지했기 때문에 비폭력운동으로 기억된다. 필리핀 마르코스 대통령의 타도가 엄격히 비폭력적이었다는 자주 반복되는 신화에도 불구하고, 실제로는 치명적

정확성을 가진 무기를 사용한 무장 반란군이 운동을 지도했다.[33]

네팔과 버마의 봉기가 미리 계획되고 위에서 아래로 조직됐던 반면, 광주봉기는 군대의 공격에 대한 자연발생적 반응이었다. 네팔과 버마의 민중 사이에서 발생한 폭력은 한국의 상황과 첨예한 대조를 이룬다. 네팔에서 정치적 차이는 자주 언쟁과 심지어 물리적 대치의 원인이었다. 버마에서처럼 많은 경찰이 재판 없이 거리에서 살해됐다. 여러 설명에 따르면, 1990년 '자발적' 일제 소등 기간에 불을 끄지 않은 집의 유리창이 깨졌고, 이후에 주민들은 만약 일제 소등에 따르지 않으면 집에 불을 지르겠다는 협박을 들었다.[34]

포로로 잡힌 적 전투원의 인도주의적 치료가 나중에 더 커다란 성공으로 이어질까? 광주와는 달리 중국에서 시민들은 시위 진압 명령을 따르는 젊은 군인들의 목숨(그리고 일부 시신도)을 존중하지 않았다. 그런 상황에서 죽은 군인들은 소수였지만, 결과적으로 시민운동에 부메랑이 되어 돌아왔다. 만약 운동이 성공할 희망이 있었다면, 그것은 수십만 명이 군대를 저지했으면서도 군인들에게 먹을 것을 줬던 5월 20일처럼 인민군 병사들에게 사랑과 연대로 다가가서 에로스적 유대를 실현한 보통 사람들의 역량에 있었다. 그러나 6월 3일에 양측에서 폭력 행위가 벌어지면서 전혀 다른 시나리오가 전개됐다.

봉기의 발생에 대해 가능한 설명을 검토해보면, 한 봉기가 다른 봉기에 미치는 영향을 제외하고는 우리가 설명할 수 있는 단 하나의 만족스러운 차원은 존재하지 않는다. 무의식에서 생겨나는 에로스 효과는 과학적으로 검증할 수 없는데다 동아시아에서 일련의 봉기는 오랜 세월에 걸쳐 시간 간격을 두고 일어났기 때문에 에로스 효과로 이해되지도 않았다. 내가 방문한 모든 나라의 주요 활동가들은 인터뷰에서, 거대한 영감과 에너지가 국경을 넘어 교훈을 주었다고 지적했다. 만약 아시아의 운동들이 몇 년이 아니라 2011년 아랍의 봄처럼 몇 달 안에 분출했다면, 의심의 여지없이 이 봉기들의 '유의미한 동시 발생'을 더 많이 인정했을 것이다.

우리는 전 지구적 정부government 없는 전 지구적 통치governance라고 불리는 체제, 즉 세계은행, IMF, WTO 등 소수의 기관들과, 일정한 금융 및 상업적 이해에 긴밀하게 연관된 금융, 상업, 무역 부서 등 소수의 주자들이 지배하면서 그들의 결정에 영향을 받는 사람들 다수가 거의 목소리를 내지 못하는 체제 속에서 살고 있다.

— 조지프 스티글리츠, 노벨경제학상 수상자

상비군은 곧 완전히 폐지될 것이다.

— 이마누엘 칸트, 1795년

"인간은 자유롭게 태어나지만 모든 곳에서 사슬에 묶여 있다." 이 불멸의 문장은 1762년 장 자크 루소가 썼는데 오늘날에도 여전히 진실이다. 놀라운 기술 발전과 현기증 나는 경제 팽창에도 불구하고, 인간의 조건은 '자유'라는 단어에 실질적으로 어울리지 않는 상태이다. 모든 사람을 위한 잠재적인 풍요는 셀 수 없이 많은 사람을 무자비하게 도살하는 끝없는 전쟁에 사용되는 무기로 왜곡된다. 자본주의 세계경제는 절대다수 인간의 목소리를 배제하면서도, 그 체제상의 요구는 수십억 명의 사람을 기아에 허덕이도록 내몰고, 우리 모두에게 먹기 위해 일하도록 강요한다. 매일 수만 명이 기아와 쉽게 예방할 수 있는 질병으로 죽는다. 환경 파괴는 현기증 나는 속도로 진행된다.

모든 대량살상무기는 금지되어야 하고, 억만장자들의 부는 인류에게 속해야 하며, 훨씬 더 큰 민주주의가 필요하다는 보통 사람 수백만 명의 집단의식에도 불구하고, 이윤에 굶주린 기업과 군사화된 민족국가들은 인류의 막대한 부를 수치스럽게 낭비한다. 시대에 뒤진 소유관계와 구식 정치 형태에 가로막힌 인류는 오늘날 기로에 서 있다. 새롭고 민주적인 형태의 협치를 창출하거나, 아니면 지구상에서 자유(많은 사람이 향유하는 번영을 포함해)의 침식을 목격할 것이다.

백악관에 누가 앉아 있든, 누가 글로벌 금융기구와 기업을 운영하든, 문제는 최상층의 남녀 개인이 아니다. 체제가 문제다. 체제의 기본 규칙은 연이어 위기를 낳는다. 체제는 그 주변부에서 궁핍해진 수억 명의 인간에 대해 책임이 있다. 체제는 전쟁을 요구한다. 체제는 우리의 자연환경을 파괴한다. 식민화의 현대적 버전인 세계무역기구(WTO), 국제통화기금(IMF), 세계은행(WB) 등 전 지구적 기관들이 이 규칙을 집행한다. 그들은 '자유'무역을 통한 더 많은 번영, IMF '구제금융'을 통한 미래의 번영, 세계은행의 '원조'를 통한 빈곤의 종식을 약속하지만, 실은 전 지구적 안정성을 파괴하며 지속적인 고통과 비참한 삶을 안겨준다. 인간이 20년 동안 주당 20시간만 일하고도 지구에서 나머지 시간 동안 잘살 수 있는 시대에, 이 전 지구적 기관들은 우리 모두가 더 적은 돈을 위해 더 많은 시간 동안 더 오래 일해야 한다고 주장한다. 2008년 글로벌 경제 위기는 이 체제가 생산할 비극을 미리 조금 맛보는 것뿐이다.

가장 훌륭한 사람과 가장 똑똑한 사람

인류가 직면한 문제의 체제적 성격을 묘사하는 하나의 방법은 현대 미국 대통령들 중에서 '가장 훌륭한' 경우를 살펴보는 것이다. 미국 대중문화에서 존 F. 케네디는 자주 '캐멀롯'과 연결되고 재키의 아름다움으로 기억된다. 하지만 비극적이게도 역사상 최대의 화학전 작전을 명령했던 사람이 다름 아닌 역사상 가장 자유주의적인 미국 대통령 케네디였다(베트남에 '에이전트 오렌지Agent Orange'라 불리는 대량의 고엽제가 뿌려졌는데, 인간에게 알려진 가장 치명적인 화학물질 중 하나를 부드럽게 은폐하는 단어다). 사담 후세인과 마찬가지로 케네디는 민간인에 대한 화학전을 승인한 현대

국가의 수반이다. 사실 후세인의 할랍자 학살은 이에 비교하면 사소하다. 그것은 약 8,000명을 죽인 한 번의 공격인 반면, JFK는 수년 간의 화학전을 명령하여 밝혀지지 않은 수천 명을 죽였고 수십 년간 끔찍한 선천적 기형과 암을 일으켰다.

JFK와 명백히 다른 공화당 대통령 리처드 닉슨 역시 고엽제를 계속 사용했고, 이는 미국에서 양당의 기본적 일치를 보여주는 또 하나의 사례이다. 공화당의 조지 W. 부시는 아프가니스탄을 공격했고, 민주당의 버락 오바마는 전쟁을 확대했다. 오바마의 첫 국방장관은 부시가 지명한 로버트 게이츠로, 그는 전 CIA 국장이자 미국 최대의 투자신탁 회사인 피델리티펀드의 전 회장이었다. 오바마 정부 국가경제위원회의 첫 위원장은 로런스 서머스로, 그는 1997년 아시아 IMF 위기를 장기화하고 심화한 국제적 대응의 실행을 도운 인물이자 불명예 퇴진한 전 하버드 대학 총장이었다. 미국의 이라크와 아프가니스탄 전쟁과 나란히, '자유주의적인' 오바마 행정부는 리비아, 필리핀, 소말리아(에티오피아라는 대리인을 통해서), 콜롬비아에서 전쟁을 수행하고, 이스라엘을 무장시켜 팔레스타인의 마을과 도시를 짓뭉개고 포위하게 하고, 독일과 일본 군국주의의 부활을 부추기고, 베네수엘라의 차베스 정부를 고립시키려 시도하고, 국제형사재판소의 권한 밖에서 머무르고, 1972년 제정된 국제생물무기금지협약에 서명하길 거부한다. 그의 재임 중에 미국은 수천 명의 무고한 사람이 매년 '잔류' 지뢰로 사망한다는 분명한 증거에도 불구하고 150개국이 지지한 전 지구적 대인지뢰금지협약을 거부했다. 미국은 초소형 '벙커 파괴' 핵폭탄도 개발한다(미국이 서명한 국제조약을 위반하면서).[1] 오바마의 재임 첫 2년 반 동안, 월 스트리트의 이윤은 부시 2세의 8년 임기 기간보다 높은 60억 달러였다.

어떤 대통령을 언급하든 단지 한 사람과 그의 행정부에만 초점을 맞출 수는 없다. 내가 검토하고자 하는 바는 '체제system'이기 때문이다.

시민들이 4년마다 두 가지 악 중에서 덜 나쁜 것을 선택하도록 허용하는 '민주적 자유'는 전혀 자유가 아니며, 코카콜라와 펩시, 맥도널드와 버거킹이 아니라, 전쟁과 평화, 엘리트의 탐욕과 번영의 공유 사이에서 선택할 때 자유는 의미가 있다. 오늘날 체제는 대규모 군비 지출, 기업의 경제 통제 또는 환경 파괴에 대한 대안을 제시하지 않는다. 그런 구조적 과제 내에서, 역사는 심지어 '진보적' 지도자들이 어떻게 그저 문제를 악화시켰는지에 대한 수많은 증거를 제공한다. 할리우드 리메이크 영화들은 지속적으로 현재 미국의 정책이 제2차 세계대전 당시 나치 독일이나 일본과 다르다고 강조하지만, 그 사이에는 엄청난 연속성이 존재한다. 2009년 오바마 대통령이 아키히토 천황에게 절하기 1세기 전에 미국은 일본 천황과 협력하여 1905년 태프트-가쓰라 밀약을 맺었고, 미국이 필리핀을 지배하는 데 간섭하지 않기로 한 일본 측 동의의 대가로 "조선의 종주권을 수립할" 일본의 권리를 인정했다. 이 양국 간 협정은 수십 년간 비밀로 지켜졌지만, 일본은 즉각 총독을 조선에 파견하여 1910년 조선을 공식적으로 합병하고 1945년까지 야만적으로 지배했다.

제2차 세계대전 직후 미국의 정책 입안자들은 일본과 독일을 새로운 동맹국으로 삼고, 재빨리 과거의 동맹국인 러시아와 1949년 이후 중국을 고립시켰다. 서독과 일본에서 미국 행정가들은 과거 파시스트 요원들을 포용하여 미국의 군사 및 경제 통제 구조로 통합했다. 전쟁범죄로 재판정에 서는 대신에, 독일의 로켓 과학자들과 일본의 생물학전 전문가들은 특별 손님이 됐다. 독일은 소수의 고위 관리들이 재판을 받아 처형됐고 부분적으로 탈나치 작업을 벌인 반면, 일본은 난징대학살, 죄수들에 자행한 생물학무기 실험, 성노예("천황이 충성스러운 군대에 하사하는 선물")로 이용한 20만 명의 위안부(절반은 조선인) 납치 등을 포함한 전쟁범죄를 인정하거나 사과하기를 여전히 거부한다. 제2차 세계대전 동안 일본은 '대동아공영권'을 내세우며 자국의 석유가 부족해지자 산업 연료용으로 베트남의 쌀을 일본에 수출하라고 명령했다. 1944년에서 1945년까지 대기근으로 최소한 150만 명(아마 200만 명)의 베트남인이 북부(인구가 1,400만 이하인)에서 굶어죽었다. 일본의 통제에서 쌀 창고를 해방한 전 민중의 봉기(커이 웅히아khoi nghia)가 없었다면, 수천 명이 더 굶어죽었을 것이다.

수백만 명의 보통 사람이 사망한 전쟁 뒤에서 세계 엘리트들은 서로 협력한다. 조지 W. 부시 대통령의 할아버지(조지 H. W. 부시 대통령의 아버지)인 프레스코트 부시는 히틀러와 나치 정권을 위해 일한 여러 대기업을 소유했다.² 더 최근에 부시 부자와 제임스 베이커 등의 동료는 군수 및 항공우주 기업 인수를 전문으로 하며 워싱턴과 연줄이 많은 상업은행인 칼라일 그룹에서 빈라덴 가문과 함께 일했다.³ 칼라일 그룹은 전 지구적 경제의 팽창이 남반구로 이동하자 미국 지배층이 추진한 초국적 정책의 한 징후였다. 자본 팽창의 수익을 계속 거두기 위해서, 초국적 엘리트들은 권위주의 정권에 맞선 봉기로 열린 공간에서 등장한 일국의 지도자들—예컨대 필리핀의 피델 라모스나 타이의 탁신—에게 문을 열어줬다. '측근주의'를 제거했다는 점은 바람직하게 들릴지 모르지만, 최종 결과는 초국적 은행과 기업의 이윤 증가였다. 수백만 민중에게 돌아온 순수한 결과는 심화되는 빈곤화와 주변화였다.

지난 여러 세기 동안, 자유주의자들은 진보라는 이름 아래 지속적으로 자본주의 체제의 팽창을 이끌었다. 우리 모두는 나치의 흉측한 범죄에 대해 잘 알고 있지만, '계몽된' 형태의 유럽 자본주의 문명이 주변부에서 원주민 살육을 강화하고 핵심 조직 원리로 군사주의를 요구하는 집중화된 세계 체제를 창출했다는 사실은 잘 모른다. 미국인들이 계속해서 나치, 일본 파시스트들과 비교해 자국의 우월성을 강조하는 것과 달리, 제2차 세계대전 이래 전 세계적으로 1,000만 명 이상이 미국이 벌인 전쟁에서 죽었다. 요한 갈퉁은 70건의 미국 개입으로 1,200만에서 1,600만 명의 목숨이 희생됐다고 추산하며, 이는 최근 이라크와 아프가니스탄 전쟁이 일어나기 전의 수치다.[4]

20세기 후반의 '냉전' 기간에 미국은 500만 명이 넘는 아시아인을 살해했다. 고작 3년 만에 300~500만 명이 한국에서 살해됐는데 그중 절대다수가 무고한 민간인이었다. 도시는 일상적으로 폐허와 잿더미로 변했다. 미국은 수천 명의 민간인 피란민을 학살하고 생물학무기를 사용했지만, 여전히 이 행동을 인정하거나 사과하지 않는다.[5] 그 대신 킬링필드를 이라크로 옮기기 전에 인도차이나에서 학살극을 벌였고, 역사상 과거 모든 전쟁을 합친 것보다 더 많은 화력을 사용하여 최소한 200만 명을 살해하고 수백만 명 이상을 부상시키거나 피란민으로 만들었다. 화학전은 체계적이었다. 2,000만 갤런 이상의 고엽제가 베트남에 뿌려졌다. 미국은 남베트남의 모든 성인 남녀와 어린이 1인당 1갤런의 고엽제를 뿌리고 40파운드의 네이팜탄, 0.5톤의 최루가스, 1,000파운드 이상의 폭탄을 투하해(전부 해서 히로시마의 원자폭탄 700개에 맞먹는 양), 잘못이라곤 단지 민족 독립을 위해 투쟁한 것밖에 없던 사람들을 맹폭했다.[6]

개인적 수준에서 미국인들은 친절하고 느긋하며 민주주의를 들이쉬고 자유를 내쉬는 것으로 알려져 있다. 많은 미국인은 오늘날 자신들이 아프가니스탄과 이라크 여성들을 조야한 가부장제의 지배에서 '해방'했다고 자랑스러워하지만, 사담 후세인에게서 이라크인들을 해방하기 위해 사용한 살인적 방법은 역사적으로 1258년 약 80만 명을 학살하여 아바스 왕조를 멸망시킨 몽골인들의 살육에 비견할 수 있을 뿐이다. 2005년 언론은 아부 그라이브에 투옥된 이라크 포로들의 곤경을 예외적인 것으로 묘사했지만, 그런 학대는 오랜 비극적 역사를 가지고 있다. 베트남전쟁 기간에 베트콩으로 의심되는 사람은 일상적으로 전기충격기로 고문하거나 헬리콥터 밖으로 던졌다. 한국전쟁에서 수집된 증거는 또한 미국이 국제법은 아니더라도 인류적 규범을 위반했음을 보여주었다. 오스트레일리아 기자 월프레드 버쳇은 거제도의 포로수용소에서 의료 실험(병균을 옮기는 이의 사용을 포함한)과 고문이 자행되었다고 수십 건 기록했다.[7]

이런 전쟁이 지속된 이유는 단지 소수의 잘못된 정책 입안자들과 가학적 젊은이들의 그릇된 결정이 아니라, 경제 체제의 구조적 요인 때문이다. 체제 자체의 바로 그 성공이 문제이지 단지 허약한 인간이 무기를 쥐고 있기 때문은 아니다. 가장 비난받는 자들은 수백만 달러어치 무기를 생산하고 무장 군인을 지구상의 모든 구석에 보내는 정치인, 대통령, CEO, 억만장자이지만, 그들조차 자본주의의 전 지구적 그물망에 걸려 있다. 여기에서 핵심적인 인식은 기존 세계경제체제의 구조적 요인이 체제 변화를 요구한다는 점이다.

자유와 민주주의의 이름으로

이집트와 아랍 세계의 최근 봉기들은 수십 년 전 동아시아에서 선행했던 봉기처럼 민주주의와 자유의 모호한 약속으로 추동되고 있다. 독재자들을 몰아내고 '부패한' 자본주의를 교정한다는 미명하에 운동은 수만 명의 지지자를 끌어냈고, 여기에는 과거에 닫혀 있던 시장에 침투하고 국제 자본이 이용할 수 없었던 노동력에 접근하고 '민주주의'로 재탄생한 독재 정권을 뒷받침하길 바라는 글로벌 기업의 경영진도 포함된다. 양의 탈을 쓴 늑대처럼, 자신을 너그럽고 심지어 진보적이며 계몽적이라고 포장할 기업자본주의의 역량은 그 살인적 현실을 위장한다.

상식적으로는 핵심적 민주주의가 증가하고 독재자를 타도하면 정책이 계몽되고 모든 인간의 삶이 나아져야 한다. 하지만 이 마지막 장에서 나는 형식적 민주주의의 확장과 인류 고통의 증가 사이의 역관계에서 계몽과 노예화의 변증법을 밝혀내고자 한다. 2세기 동안 미국과 프랑스 혁명의 '계몽적' 가치를 따르는 진보적 사상가와 정책 입안자들은 체제의 확장을 성공적으로 주도했다. 자본주의 체제의 전 지구적 침투는 급속한 경제 발전과 중요한 형태의 개인적 자유를 가져왔지만, 또한 대량 학살을 초래한 제국의 지배와 불안정한 경제의 초거대 기업을 낳았다. "기계를 부수는 대신에" 완성한 18세기 말의 혁명적 변화는 유럽에 집중된 초기 세계 체제를 국제적 지배의 틀에 밀어넣었고, 민족국가에 군사력을 집중시켰으며, 세계의 부를 거대 기업과 은행의 손에 몰아주었다. 미국 역사의 변증법적 역설은 미국이 자유의 다문화적 횃불임과 동시에 인종학살과 노예제 위에 건설한 유럽계 백인들의 정착 식민지였다는 점이다.

주변 지역이 북부 유럽의 경제구조에 급속하게 동화된 16세기 초, 북반구의 점증하는 정치적 민주주의는 남반구의 강화된 착취와 우연히 일치했다. 유럽 정착민들은 아메리카, 남아프리카, 아시아, 가장 최근에 이스라엘에서 과거에 자치 지역이었던 곳을 통합하는 과정에서 토착민의 땅을 훔치기 위해 인종학살을 자행했다. 수천만 명의 아메리카 원주민을 몰살한 것 외에도, 유럽 식민주의자들은 수천만 명의 아프리카인을 노예화했다. 노예무역으로 사망한 아프리카인의 추정치는 1,500만 명에서 5,000만 명에 이른다.

가장 초기부터 북부 유럽 출신의 정착 식민주의자들은 생물학전을 실행했다. 오늘날까지 매사추세츠, 뉴욕, 뉴햄프셔 주에 그의 이름을 딴 도시가 있는 제프리 애머스트 경은 백인의 생명은 위협하지 않으면서 토지에서 원주민을 제거할 계획을 고안해 유명해졌다. 그는 아메리카 원주민들에게 천연두 바이러스가 묻은 담요를 주어, 도움을 준다는 미명 아래 마을 전체를 쓸어버렸다. 원주민의 전멸은 미국독립혁명 이후 가속화됐고, 그다음 세기에 거의 모든 원주민 종족이 체계적으로 도살됐다. 비록 오늘날 널리 유감을 표현하긴 하지만, 미국 국민은 결코 그런 폭력에 대해 사과하거나 비난하지 않았다. 사실 몇 곳의 도시와 저명한 한 대학이 여전히 애머스트란 이름을 달고 있다. 유서 깊은 매사추세츠 애머스트 칼리지 근처의 가장 호화로운 식당 중 하나는 '로드 제프Lord Jeff'로 불린다.

이와 유사하게, 유럽계 정착 식민주의자들은 고의적으로 버펄로를 몰살해 원주민들의 주요 식량원을 제거하려고 시도했다. 1872년에서 1874년까지 버펄로 370만 마리가 도살됐다(그중에서 겨우 15만 마리만 아메리카 원주민이 사냥했다). 1874년에서 1883년까지 미국 북서부에서 정착 식민주의가 강화됐고, 약 800만 마리의 버펄로가 도살됐다. 이런 형태의 생물학전에 대해 죄의식을 느끼기는커녕 '버펄로 빌'(미국 서부 개척 시대의 총잡이―옮긴이)은 그것을 축하하기 위해 〈와일드 웨스트〉 서커스 쇼를 무대에 올렸고, 미국의 동부 해안뿐만 아니라 유럽에서도 순회공연을 했다.

자유의 이름으로 미국은 1848년 '앵글로색슨 민주주의'와 '명백한 운명'을 확대할 목적으로 멕시코의 거의 절반을 병합했다. 10여 명의 미국 병사로 이루어진 세인트패트릭 여단은 멕시코에 맞서 싸우기를 거부한다는 이유로 재커리 테일러 장군의 명령에 따라 처형됐다. 19세기 말, 제조업자들이 국제시장을 찾자 미국(인디언 전쟁을 경험한 사람들이 이끄는)은 필리핀을 정복했다. 최소한 20만 명의 필리핀인이 전쟁과 질병으로 사망했다.[8] 모든 장로교 선교단의 단장은 필리핀인의 학살을 "세계 문명의 위대한 발걸음"[9]이라며 환영했다. 노벨상을 받으러 간 윌리엄 매킨리 대통령은 설명했다. "본인은 가능한 가장 엄격한 조치의 사용을 기꺼이 승인한다." 시어도어 루스벨트에게 필리핀의 학살은 "미개와 야만의 검은 혼돈에 맞선 문명"의 승리를 위해 필요한 것이었다. 1900년 인디애나의 앨버트 베버리지 상원 의원은 미국 권력의 정신을 요약했다. "우리는 세계를 지배하는 인종이다. …… 우리는 문명 세계의 신 아래 우리 인종, 신탁 관리자의 사명에서 우리의 역할을 포기하지 않을 것이다."

마크 트웨인과 반제국주의동맹은 미국의 전 지구 정복에 반대했지만, 제국의 야망은 너무나 강했다. 1898년에서 1934년 사이에 미국 해병대는 온두라스를 7회, 쿠바를 4회, 니카라과를 5회, 도미니카공화국을 4회, 아이티와 파나마를 각각 2회, 과테말라를 1회, 멕시코를 3회, 콜롬비아를 4회 침략했다. 1915년 미군이 농민 반란을 무자비하게 진압하면서 5만 명이 넘는 아이티인들이 살해됐다.[10] 해병대는 중국, 러시아, 북아프리카 등 미국의 투자자들이 도움을 필요로 하는 곳이면 어디든 파견됐다.

프랑스대혁명은 전 세계에 파리의 계몽을 전파했다. 1418년 몽골 침입에 맞서 승리를 이끈 베트남의 민족 영웅 레러이를 기리는 하노이 탑 꼭대기에 프랑스 식민 당국이 미국 자유의 여신상을 실제 크기로 복제한 작품을 설치했을 때, 베트남에서 계몽과 노예화의 변증법은 생생하게 드러났다. (레러이의 신화에는 호안끼엠-돌아온 검-호수와 관련된 것도 있는데, 거기서 황금 거북이 건네준 마술 검으로 그는 몽골인들을 몰아냈다. 평화가 회복되자 거북은 다시 나타나 검을 돌려달라고 했다. 여기에 영국 설화의 아서 왕 이야기와 다르지 않은 진짜 캐멀롯이 있다.) '계몽적인' 프랑스의 식민주의는 잔인하고 치명적이었다. 인도차이나인들은 죽은 사람들이 미슐랭 타이어의 원료를 공급한 베트남의 광대한 고무 농장에 있는 모든 나무에 비료가 되었다고 회상한다.

가장 강력한 프랑스 제국 팽창주의자들은 자신을 프랑스혁명의 이념적 후계자로 간주하는 단호한 반교권주의적 '진보주의자들'이었다. 미국의 혁명적 유산의 전통을 밖으로 전파한다고 믿었던 존 F. 케네디 및 행정부 구성원들만큼, 그들도 비슷한 '계몽적' 자유주의자들이었다. 교육부 장관 쥘 페리는 보통, 세속, 의무 교육을 시행함으로써 가톨릭교회에 대항했지만, 나중에 식민주의 강화를 최우선 강령으로 삼은 최초의 프랑스 총리가 됐다. 페리는 열등한 민족을 문명화하는 것이 프랑스의 의무라고 믿었고, 1883년 5월 15일 베트남을 강제로 보호령으로 삼기 위해 총원정을 시작했다.[11]

프랑스의 보수주의자들은 이런 식민지 팽창에 반대했다. 베트남이 통킹, 안남, 코친차이나라는 이름으로 포함되어 사라지자, 프랑스인들은 그들을 안남인이라고 부르면서 심지어 베트남 민중의 정체성마저 공격했다. 프랑스 군대는 1885년 후에의 황실 도서관을 불태웠는데, 그곳은 고대 두루마리와 필사본이 보관된 수세기에 걸친 지혜의 보고였다. 우리는 여기에서 계몽주의와 프랑스혁명에서 비롯된 자유주의적 가치의 공간적 팽창을 보게 되는데, 그 가치는 프랑스의 '문명화의 사명'의 기초가 되었다. 이는 미국독립혁명이 나중에 '명백한 운명'이 된 것과 같다.[12]

대혁명의 직접적 영향 아래, 프랑스는 알제리의 노예제에 대해 십자군 원정을 선포했고, 질서와 문명 상태를 제도화한다는 명목으로 '야만적'이고 '몽매한' 오스만제국 지배자들도 건드리지 않은 토지를 포함해 아랍 공동체의 마을 공유지를 파괴했다. 이슬람 문화가 지배하던 시절에는 씨족과 가족의 토지를 양도할 수 없었고, 따라서 판매가 불가능했다. 50년간 프랑스의 '계몽적' 통치 이후에 대토지가 다시 나타났고, 기근이 알제리에서 추악한 얼굴을 드러냈다.

문명과 자유민주주의의 이름으로 영국인들은 인도에서 마을 토지의 공동체 소유를 파괴했다. 공유지는 수세기 동안 지역 문화를 유지한 구조이자, 페르시아, 그리스, 스키타이, 아프가니스탄, 타타르, 몽골의 침략에서 살아남은 공동체 전통이었지만, 영국 정부의 자유주의적 원칙의 '완성'에는 저항할 수 없었다. 1867년 영국 자유주의의 첫 열매가 나타났다. 인도의 오리사 지구에서만 100만 명 이상이 기근으로 죽었다. 그런 기근은 '후진적' 전통(유럽의 가치에 따르면)을 가진 인도에서 거의 나타나지 않았지만, 유럽 민주주의의 '계몽적' 자유주의에 의해, '민주적' 자본주의 원칙의 공간적 확대를 통해 나타났다.

모든 시기에 사람들은 과거의 어리석음과 야만을 넘어 전진하고 있다고 믿지만, 심지어 오늘날에도 '계몽'과 노예화는 계속 나란히 나아간다. '계몽화된' 중국은 봉건주의와 미신을 타파한다는 이름으로 티베트를 파괴한다. 자유의 이름으로 미국은 수백만 명의 보통 아프간인, 이라크인, 파키스탄인에게 불행을 가져다준다. 모든 미국 전투원이 이라크를 떠난 뒤에도, 미국의 '합리적' 전쟁은 수백 톤에 달하는 열화우라늄탄의 잔류 효과 때문에 앞으로도 수십 년간 사람을 죽이고 불구로 만들 것이다.[13]

자칭 자유주의적 가치의 공간적 확장에도 불구하고, 아니 더 정확히는 바로 그 때문에, 제2차 세계대전 이전 40년보다 이후 40년간의 전쟁에서 4배나 많은 살상이 일어났다. 1992년에서 2002년까지 세계의 총수입은 연평균 2.5퍼센트 증가한 반면, 가난한 사람들의 수는 1억 명이나 늘어났다. 세계의 상위 1퍼센트는 하위 57퍼센트와 같은 수입을 올리며 그 격차는 점차 증가하고 있다.[14] 전 세계가 군대에 연간 1조 달러가량을 쓰는 반면, 어른 3명 중 1명은 글을 읽고 쓰지 못하고, 4명 중 1명은 굶주리며, 지구의 생태 위기는 격화된다.

세계 체제의 구조적 요청

분명히 자본주의 세계 체제는 테크놀로지를 극적으로 발전시켰고, 엄청난 양의 부를 창조했다. 하지만 이제 생산이 한계에 도달했고, 바로 그 성과를 파괴하고 있다. 역설적으로 다름 아닌 성공이 자신의 지속을 파괴한다. 기존 체제의 구조적 요청structural imperative은 금융시장에서 이익을 얻기 위해 투자자들이 돈을 움직이는 겉으로 보기에는 진부한 과정에 의해, 오직 이윤에 기초해서 투자 결정을 내리는 은행과 기업에 의해, 국민에게 안전과 안정을 제공할 정부의 필요에 의해 시행된다. 기업 체제의 지배는 다음과 같은 구조적 요청 때문에 우리 모두를 계몽과 노예화의 주기 속에 가둔다.

- 전쟁과 무기
- 거품과 붕괴
- 억만장자와 거지
- 이윤과 공해

첫 번째 구조적 요청 — 전쟁과 무기

1929년 대공황 이래, 군사주의는 세계경제의 침체를 돌파하는 주된 해결책이 됐으며 미국만 그런 것은 아니다. 칸트가 곧 상비군이 완전히 폐지될 것이라고 말한 지 200년이 지났지만, 역사상 그 어느 때보다 오늘날에 더 많은 군인과 무기가 있다. 세계의 정부들은 엄청난 경제 위기가 닥친 해인 2008년 군대에 1조 4,600억 달러를 썼고, 경제 위기에도 불구하고, 아니 그 결과로 전 지구적 군비 지출은 4퍼센트 증가해 10년 전보다 45퍼센트나 높은 수준에 이르렀다. 미국의 군비 지출은 2008년에 10퍼센트 가까이 증가해서 6,070억 달러(세계 전체의 42퍼센트)에 이르렀다. 2위 자리는 미국의 7분의 1(약 849억 달러로 추산)을 지출하는 중국이었다.[15] 2001년 전 세계 군비 지출(최소 추정치)은 2퍼센트 오른 8,390억 달러로 세계 GNP의 2.6퍼센트였고, 이는 지구상의 모든 성인 남녀와 어린이 1인당 약 137달러에 해당하는 수치다.[16] 이 수치는 2008년 217달러로 증가했다.[17] 1948년 이래 미국은 군대에 15조 달러 이상을 썼고, 이는 모든 공항, 공장, 고속도로, 다리, 빌딩, 기계, 상하수도, 발전소, 학교, 병원, 쇼핑센터, 호텔, 가옥 및 자동차의 누적 화폐가치보다 더 많은 액수다.[18]

누가 백악관에 있든, 군사주의는 오랫동안 미국 외교정책과 경제발전의 중심이었고 확실히 앞으로도 그럴 것이다. 어느 당 소속이든 미국 대통령은 상하원 의원처럼 미국 군사력의 막대한 확장을 보증하고 직접적 위협이 되지 않는 나라에 대한 전쟁을 외교정책의 도구로서 계속 승인했다. 소련이 파열하면서 냉전이 끝났을 때, 약속한 평화배당금은 결코 실현되지 않았다. 그 대신 미국은 이슬람 테러리즘과 북한을 악마화하여 무기 지출을 늘리고 이라크와 아프가니스탄에서 전쟁을 일으키고 전 세계적으로 미군의 주둔을 확대했다. 2008년 미국은 130개국 700개 해외 기지에 25만 명 이상을 주둔시키고 있다.[19]

세계 인구의 4분의 1, 생산력의 20퍼센트, 무역의 13퍼센트를 차지하는 동북아시아는 지난 20년간 세계 경제성장의 주요 지역이었고, 21세기에 중심적 열강이 될 위치에 있다. 냉전 종식으로 평화 배당금을 받기는커녕, 동아시아는 지역적 핵무기 위기와 재래식 군사력의 대규모 증강의 장이 됐다. 미국의 무역 적자를 보전하는 수단으로서 동아시아에 무기를 판매하는 전략은 과장된 전쟁의 위협 속에 급증했다. 타이완에서 중국의 위협은 더 많은 무기 체계를 판매하는 데 계속 이용됐다.[20] 북한의 위협을 과장하는 미국의 정보 조작은 일본과 남한에 최신 '미사일 방어' 무기 체계를 판매하는 데 중요한 역할을 한다. 우리는 경험상 CIA가 냉전 시기 소련의 능력을 크게 과장했다는 것을 알고 있으며, 부시 행정부는 악명 높게도 거짓으로 이라크가 '대량살상 무기'를 보유하고 있다고 주장한 바 있다. 평양의 핵과 미사일 역량을 과장하는 것은 미사일 체계를 일본, 남한, 타이완에 파는 미국의 성공적 마케팅 수단이며, 이들 모두는 비싼 '방어' 무기 판매를 통해 거둬

들일 수 있는 수십억 달러의 외환 보유고를 가진 나라이다.[21]

오늘날 동북아시아는 미국의 직접 개입 없이도 지역 전쟁을 수행할 수 있을 것이다. 최악의 시나리오로 미국의 정책 입안자들은 한국인끼리 싸우는 국지전을 시작하기로 선택할 수도 있을 것이다. 미국인 사상자만 최소화하면 그런 전쟁은 미국 대중의 입맛에 맞을 것이다.[22] 2010년 중국과 북한 해안에서 실시한 대규모 군사훈련은 하나의 패턴을 따른다. 1976년에서 1993년까지 실시한 '팀스피리트 훈련'은 북한의 침략과 핵전쟁을 위협했다. 매일 핵무기를 투하할 수 있는 미국 비행기들이 38선에 접근했다. 비록 마지막 순간에 선회했지만, 북한 주민들에게 미국의 핵전쟁 위협은 수십 년간 매일의 현실이었다. 1980년대와 1990년대에 북한은 매년 7,900건 이상의 도발 행위를 했다고 발표했고, 미국도 매일 북한 상공을 감시하는 비행을 포함해 같은 수준의 많은 도발 행위를 했다고 인정했다. 1953년 휴전 이래, EC-121 첩보기를 포함해 최소한 10대의 미국 비행기가 북한에 의해 격추됐다. 2003년 3월, 미국은 북한을 사정거리에 두는 괌의 미 태평양 기지에 10여 대의 B-52 전폭기와 같은 수의 B-1 전투기를 배치했다. 이래도 평양이 핵무기를 개발했다는 것이 놀라운 일인가?

2008년 경제 위기 이래 세계경제가 계속해서 침체되면서, 평화 속에서 균제 상태 성장을 제공하지 못하는 체제의 무능력은 체제 변혁의 필요성을 강력하게 시사한다. 현재의 구조적 요청이 세계경제의 양상을 유지한다면, 세계 정치 엘리트들은 전 지구적 침체를 막고 국력을 증대하기 위해 계속해서 무제한으로 군비를 지출할 것이다.

두 번째 구조적 요청 — 거품과 붕괴의 위기

기존 세계 체제의 반복적 문제는 거품과 붕괴의 주기적 패턴이다. 2008년 세계 금융의 하부구조가 붕괴 직전에 이르렀던 상태는 체제의 불안정성을 명백하게 보여줬지만, 비슷한 트라우마는 계속해서 드러나왔다. 폭발적 금융 위기가 1994~1995년 멕시코, 1997~1998년 동아시아의 대부분, 1998년 러시아와 브라질, 2002년 초 아르헨티나를 강타했다. 1990년대 후반 하이테크 거품 기간에 인터넷 벤처기업 주식가격은 치솟았다가 폭락했다. 7조 달러나 되는 자산이 사라졌고, 2001년에서 2002년까지 경기 후퇴가 이어졌다.[23] 더 일반화된 인간의 필요를 충족하기보다 개인의 이익을 극대화하는 기본 원칙, 즉 자본주의 경제 체제의 핵심적인 규칙에 의해, 새로운 위기가 일상적인 일로서 계속해서 재생산되고 있다.

최근 위기의 주된 원인은 은행과 기업이 국내 이윤이 감소하자 전 지구적 이윤을 증대하려고 했다는 점이다.[24] 1970년대 후반의 경기 침체는 이자율이 물가상승률을 거의 따라잡지 못하자 록펠러 가문 등 부유한 미국 은행들이 국내 임금과 복지국가를 공격하고 더 커다란 이윤을 쥐어짤 수 있는 모든 것을 '금융화'했기 때문에 발생했다. 미국의 도움으로 유혈 사태 속에 독재자 전두환이 권력을 잡은 한국과 같은 나라의 자발적 친미파가 손쉬운 먹이가 됐다. 1980년대 말까지, 70개국 이상의 제3세계 나라들이 경제의 국가 통제를 급격하게 완화하는 '충격요법'인 구조조정 프로그램을 경험했다. IMF가 국가 경제를 통제하면서 1976년에서 1986년까지 10여 개 나라에서 폭동이 일어났다.[25] 말을 배우는 아기처럼, 기업 주도 세계화에 맞선 운동이 수십 차례의 폭넓고 전투적인 투쟁 속에서 태어났다.

성장률이 둔화되면서, 세계경제는 이매뉴얼 월러스틴이 최종 위기라고 간주한 것에 돌입했다. 1965년에서 1989년까지 중간 및 하위 소득의 나라에서 1인당 GNP 연평균 성장률은 다음과 같다.

1965~1973년   4.0퍼센트

1973~1980년   2.6퍼센트
1980~1989년   1.8퍼센트[26]

거대 기업은 성장을 지속하기 위해 새로운 시장과 금융 자원을 필요로 한다. 뉴욕과 도쿄의 은행가들이 이끄는 국제투자자들이 1970년대 후반 스태그플레이션 위기를 해결하려고 달려가면서, 체제의 문제를 치유하기 위해 신자유주의가 발전했다. 2008년 금융 위기는 이 '해결책'의 단기적 성격을 드러냈다. 끊임없는 이윤 증대 드라이브는 '자유화'에 대한 요구로 이어졌고, 자유화란 외국 자본의 금융 부문 침투를 의미한다. 정부 통제를 대신하는 시장 통제의 추구는 위기라는 전염병을 가져왔다. 표 16.1에서 볼 수 있듯이, 나라마다 탈규제로 은행 위기가 닥쳤다.

투자자들에게 서류상의 손실은 슬픔을 불러일으키지만, 세계의 가난한 사람들은 비극을 겪는다. 2008년 전 세계의 경제가 거의 붕괴하자 투자자들은 수조 달러의 부를 잃었지만, 세계 체제 주변부의 더 많은 사람은 굶주림을 경험했다. 전 세계적으로 2003년에서 2005년까지 8억 4,800만 명으로 감소했던 굶주리는 사람들의 수는 2008년 9억 6,300만 명으로 늘어났다.[27] 위기의 여파로 전 지구적 구조적 실업은 세계의 가장 부유한 7개국에서 3,000만 명 이상을 실업자로 만들었다.

결국 위기로 인한 이 수조 달러의 손실은 은행가나 경영진이 아니라 세계의 노동자들과 농민들이 갚아야 할 것이다. 미국의 납세자들은 2008년 주요 금융기관들에 흘러들어간 엄청난 지원금을 부담할 것이며, 그 금융기관들이 민활하게 번영으로 복귀하는 모습은 대은행과 대기업이 위기에서 얼마나 큰 혜택을 받는지 보여준다. 1997년 IMF-아시아 금융 위기 동안, 인도네시아는 8개월 만에(1997년 7월 1일에서 1998년 2월 18일까지) 환율이 73.5퍼센트 폭락했고, 한국의 화폐도 48.1퍼센

[표 16.1] 은행 위기와 금융 부문 규제 완화

국가	위기	이자율 규제 완화	직접 신용 통제 폐지	경쟁 확대	국제 자본 흐름 허용	민영화	규제 완화
인도네시아	1997-2002	1983	1983	1988		1996	1992
한국	1997-2002	1991	1982	1981	1996	1983	1988
말레이시아	1997-2001	1991	1976	1985			1989
필리핀	1998	1983	1983	1993	1995	1995	
타이	1997-2002	1992	1980	1992	1992	1993	1993

출처: A. Abiad and A. Mody, "Finanacial Reform: Who Shakes It? What Shapes It?" *American Economic Review* 95, no. 1 (2005): 66-88.

트, 타이는 43.2퍼센트 하락했다.[28] 2,100만 명의 인도네시아인과 100만 명의 타이인이 빈곤선 이하로 내몰렸다. 타이의 납세자들은 위기로 인한 생산 감소와 그로 인한 수입 손실은 말할 것도 없이 GDP의 35퍼센트에 이르는 손실 총액을 지불해야 했다. 하지만 조지 소로스는 몇 주 만에 이 지역에서 1,000억 달러를 빼가는 투자자 쏠림 현상을 연출한 다음 엄청난 번영을 누렸다. 외국 투기자들에 대한 IMF 구제금융은 실물경제의 붕괴를 악화시켰을 뿐이며, 1998년 동아시아 전역에서 경기 침체를 심화했다.[29] 한국, 인도네시아, 타이의 납세자들은 1997년 IMF 차관을 갚았다. 그들은 IMF의 '도움'과 '지원'에 대한 조건을 수용하는 것 외에 아무 대안이 없었기 때문이다.

신자유주의는 무엇보다도 일본과 미국의 은행과 기업을 위한 특권을 의미한다. 금융 규제 완화와 무역자유화에 대한 압력은 미국 정책의 목적에서 최우선이었고, 칠레, 타이, 남한과 터키에 군부독재를 가져왔다. 광주봉기의 경우에서 본 것처럼, 미국은 정치적 자유화를 거부하고 수백 명이 희생당하는 봉기의 와중에도 경제자유화를 과도하게 밀어붙였다. 외국의 개혁 요구는 개발국가에게서 기업의 성장과 경제적 축적을 통제할 권력을 빼앗으려 했다. 그 결과 남한과 타이완에서 기업 부문이 자국의 정부와 맺은 연계는 느슨해진 반면, 세계경제와 맺은 관계는 강화됐다. 일국의 엘리트들이 기업 부문을 통제할 수 없다는 것이 입증되자, 그들은 민중의 눈으로 보기에 정당성을 잃었다. 1997년 IMF 위기 동안, 클린턴 대통령의 전 상무부 차관이었던 제프리 가튼은 솔직하게 진술했다. "이 대부분의 나라는 어둡고 깊은 터널을 통과하고 있다. …… 그러나 다른 끝에는 미국 기업들이 더 깊숙한 시장 침투, 더 깊은 접근을 획득한 상당히 다른 아시아가 존재할 것이다."[30]

1997년에서 2008년까지, 자본주의 체제의 훨씬 더 커다란 거품과 붕괴의 나선형 소용돌이가 전보다 더 많은 사람을 그 궤도로 끌어들였다. 1990년대 후반 4조 6,000억 달러나 되는 투자자의 부가 월 스트리트에서 사라졌고, 이는 1987년 붕괴 때 입은 손실 규모의 약 4배였다.[31] 자본 흐름의 증가가 한 원인이다. 1970년대에 선진국들은 국경 외부로 연간 340억 달러를 투자했다. 1990년까지 해외투자의 연간 흐름은 6배나 늘어난 약 2,140억 달러였다.[32] 세계 외환 및 금융 시장의 일일 거래량은 1973년 150억 달러, 1992년 8,200억 달러에서 1998년 1조 5,000억 달러로 증가했다.[33] 2003년에 이르면 글로벌 금융시장은 매일 1조 3,000억 달러를 거래했고, 이는 세계 무역액의 100배 이상이다.[34]

아시아에서 IMF와 WTO, 세계은행은 미국에 유리한 정책을 시행하여, 국가 지원 경제로 미국의 기업과 은행에 오랫동안 닫혀 있던 문을 부순다. 일단 '측근' 정권이 타도되고 '민주적' 정권이 들어서면, 미국의 상품과 투자가 지역으로 흘러들어오고 지역을 기업 경제 통제의 전 지구적 그물망으로 통합한다. 체제 위기 경향의 그물망 내에서 1997년 IMF 위기는 헐값으로 자산을 구매하는 데 이용됐다. 월든 벨로는 이렇게 설명했다.

"아시아 금융 위기가 측근 자본주의에 의해 야기된다는 모든 이야기는, 상당 부분 동아시아의 몰락을 불러온 IMF의 압력에 응하여 투기 자본을 규제의 제약에서 자유롭게 풀어준 것이 위기의 원인이었다는 사실을 가릴 수 없다. IMF 역시 위기 이후에 아시아 경제에 가혹한 프로그램을 강제한 데에 대해 철저한 공개적 검토를 받았는데, 그 프로그램은 경제 위축을 가속화할 뿐이었고 위기를 맞은 경제가 아니라 외국은행과 투기적 투자자를 보호하기 위해 수십억 달러의 구조 패키지를 한데 묶은 것이었다."[35]

가난한 나라들에서 기업을 통제하기 위해서는 미국과 일본 기업들의 침투에 대한 토착 엘리트의 반대를 무력화하기 위해 의회민주주의가 필요했다. 정치적 자유화는 전 지구적 기업들의 시장, 금융 하부구조, 신자유주의적 의제의 확대에 적합한 도구가 됐다. 실질적 민주주의의 확대라는 의미에서 유리된 '제3의 물결'의 민주화는 세계경제의 기업 확대에 적합했다. 역사적으로 과거에 그랬던 것처럼, '자유화'는 전 지구적 자본주의의 확대와 나란히 진행됐다. 새롭게 등장한 의회 체제는 준주변부와 주변부에서 글로벌 기업들의 통제를 확대하는 데 적합한 도구였다.

글로벌 기업들이 신흥 시장에 초점을 맞추면서 미국의 은행과 기업은 국내 도시들을 포기했다. 미국의 대부분은 자국 기업들이 더 수익성 높은 투자 지역으로 이동하면서 공동화됐고, 흑인 시장들이 디트로이트와 같은 과거 번영의 껍데기를 통치하도록 선출됐다(오바마가 부시-체니 시대에 망가진 경제를 물려받은 것과 아주 흡사하게).

'진정한 악의 축'인 IMF, WB, WTO는 단락적 해방의 자극에서 중요한 역할을 한다. 경제에 대한 시장 통제를 확대하려고 민중봉기를 이용하는 이 기관들은 미국과 일본의 은행 및 기업과 일정한 거리를 유지하려는 토착 엘리트('측근'이라고 읽을 것)를 밀어내는 데 도움을 준다. 민중운동의 에로스적 에너지를 이용하여 자본의 국제기구들은 자유에 대한 요구를 소비재, 신기한 장치와 발명품에 대한 요구로 전환한다. IMF의 '지원'으로, 지역 기업에 고용된 노동자들은 자발적인 초국적 자본의 종업원으로 바뀌며 동시에 지역의 경제 엘리트는 개혁된 정치구조 내에서 국제 자본을 추종하게 된다. 거대 기업들은 전 지구적 경제 통합이 진행되면서 민중의 부에서 더욱 늘어난 몫을 통제한다. 시장이 세계의 대부분을 글로벌 기업에 굴종시키는 데 성공하자, CIA 쿠데타와 대량 학살 전쟁으로 구현되는 미국의 원색적 권력은 별로 필요하지 않게 됐다.

'자유'무역과 '자유'시장 금융거래를 통해 새로운 시장과 투자 영역이 열렸다. 자본의 이윤율 감소는 소규모 사업자를 파산시킴으로써 일시적으로 상쇄됐고, 글로벌 기업의 시장점유율과 이윤을 증가시켰다. 연이은 금융 위기의 순수 효과는 엄청난 자본집적을 가속화하는 것이었다. 현재의 세계경제체제가 그대로인 한, 비슷한 위기는 보통 감기처럼 확실하게 반복될 것이며 초국적 은행과 기업이 세계의 부를 더 장악하면서 위기의 규모는 커질 것이다.

2000년에 세계 상위 50대 금융기관은 50조 달러의 자산을 통제했고, 이는 대략 전 지구적 부의 3분의 1이었다. 세계의 300대 기업이 세계의 상품과 서비스 생산의 절반을 통제한다. 이 거대 기업들은 민족국가를 왜소하게 만든다. 예를 들어 엑손은 영국보다 더 많은 선박을 보유하고 있다. 세계의 100대 경제를 고려하면, 현재 51개가 글로벌 기업이고, 겨우 49개가 국가이다.[36] 세계 200대 기업의 매출 총액은 182개국 경제를 합친 것보다 훨씬 더 많다. 세계 200대 기업의 총 고용은 겨우 1,880만 명이며 이는 지구 인구의 1퍼센트보다 훨씬 적다. 세계의 상품과 서비스의 수출 총액은 2005년 11조 달러로 7년 만에 거의 2배가 되었지만, 세계무역의 3분의 1은 동일 기업 내 다양한 단위들 사이의 거래로 이뤄진다.

세 번째 구조적 요청 — 억만장자와 거지

"구조적 폭력"과 불평등은 세계경제체제에 의해 지속적으로 심화됐다.[37] 20세기의 마지막 10년간, 세계의 부를 거부들이 장악하면서 억만장자의 수는 3배로 늘었고, 세계의 가장 부유한 1,100명은 가장 가난한 25억 명 자산의 거의 2배를 보유했다. 오늘날 1,000명의 억만장자와 나란히, 충분히 먹을 것이 없는 10억 명의 극빈자가 있다.[38] 불균등한 지역 발전은 사하라 이남의 아프리카 전체보다 맨해튼에 전화가 더 많다는 것을 의미한다. 세계의 가장 가난한 20퍼센트와 가장 부유한 20퍼센트 사이의 소득 불평등은 1960년 1 대 30에서 1990년 1 대 60, 1994년 1 대 74로 늘어났다.[39] 심지어 '선진' 경제에서도, 30년 전 다국적기업 CEO들은 평균 노동자 임금의 35배를 벌었지만, 오늘날 이 수치는 350배 이상이다.[40]

유엔에 따르면, 2009년 1만 7,000명 이상의 어린이가 매일 기아로 죽었으며, 그해 총 600만 명 이상이 죽었다. 유니세프의 추정에 따르면 제3세계에서 매일 3만 명의 5세 이하 어린이가 쉽게 예방할 수 있는 질병으로 죽는다.[41] 이것은 10년마다 1억 명 이상의 5세 이하 어린이가 설사, 감기, 백일해, 파상풍, 폐렴, 홍역 등을 포함해 불필요한 원인으로 죽는다는 것을 의미하며, 이 질병들은 값싼 백신이나 단지 깨끗한 물로 쉽게 예방할 수 있다. 기아와 질병에서 살아남은 운좋은 사람들은 평생의 문제에 직면한다. 2009년 11월, 유니세프는 거의 2억 명에 달하는 5세 이하 어린이가 식량 부족으로 인한 발육부전이라고 보고했다. 식량농업기구(FAO)는 지구상에서 6명 중 1명꼴로, 즉 1억 명이 넘는 사람이 기아에 시달린다고 발표했다.[42] 2008년 금융 위기가 시작됐을 때, 유엔의 2008년 밀레니엄개발목표(MDG) 보고서는 추가로 1억 명이 "극빈" 상태로 내몰릴 것이라고 결론 내렸다.

이런 세계에서 지속적 평화는 있을 수 없다. 대지의 저주받은 자들,

세계 체제의 주변에 있는 사람들의 인간성이 말살되고, 테러리스트로 낙인찍히고, 기아 주변에서 헤매는 한, 그들은 가능한 모든 수단으로 정의를 찾는 것밖에 다른 대안이 없다. 단기 수익성을 기반으로 한 경제체제의 구조적 폭력은 최대로 긴급한 지속적 위기를 구성한다. 기존 경제의 비합리성은 그것이 인류의 부를 허비하고, 전통문화를 통째로 파괴하고, 지구의 천연자원을 약탈하기 때문에 더욱 가시화될 것이다. 이미 IMF가 강제한 긴축 조치들은 식량 가격 인상, 제3세계에서 실질 임금의 하락, 많은 나라에서 국민총생산의 하락을 가져왔다. 제3세계의 부채는 34퍼센트 늘어난 2조 5,000만 달러가 됐다.[43] 세계에서 가장 가난한 나라들의 부채를 탕감해주겠다는 약속에도 불구하고, 1996년 이래 삭감된 부채는 약 10억 달러에 불과하며 이는 세계에서 가장 가난한 41개 나라의 부채에서 5퍼센트 이하다.[44] 제3세계의 부채 전부를 갚는 데에 필요한 비용은 부유한 나라들이 2008년 시작된 위기 때 금융기관들을 살리는 데 사용한 액수보다 적다. 만약 유럽에서 매일 3만 명이 죽는다면, 세계 지도자들이 그들의 목숨을 구하는 데 조금이라도 주저하겠는가?

네 번째 구조적 요청 — 이윤과 공해

세계경제체제는 인간 생명의 가치를 무시할 뿐만 아니라, 자연 전체를 별로 중요하지 않은 '외부'로 다룬다. 체제의 자기확장적 가치는 이윤 창출을 위해 사용 가능한 물질의 풀에 자원을 더욱 통합할 필요가 있다. 어족 자원은 감소하고 해양오염은 치명적 수준에 이르는 한편, 산림은 베이거나 불태워져 지구온난화를 야기한다. 기후변화, 사냥, 서식지 파괴가 경제 발전과 함께 진행되고 공해가 증가하자, 포유류 4마리당 1마리, 양서류 3마리당 1마리가 '멸종 위기'에 처해 있다.

자본주의가 퇴화시킨 자연에는 외적 자연 즉 나무, 강, 산, 공기만이 아니라, 내적 자연 즉 우리의 마음, 상상력, 공동체도 포함된다. 현 체제는 일상생활을 식민화하고, 노동을 탈인간화하며, 공동체를 파괴한다. 우리 세계를 형성하는 생명력의 창조적 적용인 노동이 사고파는 상품이 됐기 때문에, 더욱더 많은 사람이 삶의 긍정과 협력에 반하는 끔찍하게 소외되고 위계적인 삶의 지위를 점차 받아들여야만 한다. 우리는 어떻게 살아갈 것인지 선택할 자유를 가지고 살기보다는 그저 일하기 위해 산다.

원자화가 소비사회의 선호하는 형태이기 때문에 가족도 공격을 받는다. 수익성은 건축업자들이 부자들을 위해 여러 층의 호화 공간을 지을 것을 요구하는 반면, 수백만 명은 홈리스이다. 건축업의 화폐 방정식 어디에도 함께 살고 싶은 보통 사람들을 위한 공동주택은 찾을 수 없지만, 공동주택은 공동체보다는 수익성을 위한 주거 공간의 자본주의적 분할로 현재 고립된 많은 사람들과 노인 그리고 육아를 위해 합리적인 해결책이다.

인류의 귀중한 자원은 알프스와 피레네 산맥의 불필요한 터널, 덴마크와 스웨덴을 연결하는 거대한 다리, 프린스에드워드 섬과 캐나다 본토를 잇는 고속도로, 보스턴의 도심 터널인 빅딕Big Dig, 남아도는 월드컵 경기장 등에 낭비되며, 끝없는 전쟁과 소모적 군비 지출은 말할 것도 없다. 이런 프로젝트들의 공통점은 한 줌의 거대 기업들에 대규모 이윤을 제공한다는 점이다. 여기에 문제의 핵심이 있다. 이 기업들은 민주적으로 통제되지 않는다. 그들은 이윤이 해마다 증가해야 한다는 한 가지 법칙에 따라 작동한다. 민주주의는 그들이 만든 국제기구들과 아무 관계가 없고, 오히려 IMF, WB, WTO의 지침은 각국이 명령에 따르도록 강제한다. 미국은 현재 세계은행 이사회에서 유일한 상임이사직을 보유하고 있으며, 주요한 결정에 대해 거부권을 행사한다. 이 이사회는 세계은행이 베트남과 아프가니스탄(소련의 지배 아래 있을 때)에 자금을 제공하는 것을 막았고, 팔레스타인해방기구(PLO)의 옵서버 자격을 거부했다.⁴⁵ WTO는 너무 불투명해서 세계의 부유한 나라들이 한 줌의 가난한 나라를 선택적으로 초청하는 '그린룸'의 비밀회의에서 주요한 결정이 이뤄진다. 대부분의 나라는 배제된다. 협상이 결렬된 핵심 이슈는 OECD 나라들이 자국 농민들에게 지불하는 농업보조금이었다. 그 때문에 그들은 가난한 나라의 소농민이 감당할 수 없는 가격 이하로 지역 시장에 생산물을 덤핑할 수 있었다. 부유한 나라의 그런 보조금은 1995년(WTO가 창설된 해) 1,820억 달러에서 1997년 2,800억 달러, 1998년 3,620억 달러로 늘어났다.⁴⁶ 말리의 면화 농부, 케냐의 옥수수 농부, 아이티의 쌀 재배자는 보조금으로 수십억 달러를 받는 북반구의 농민과 경쟁할 수 없다.

2009년 9월 피츠버그에서 열린 G20 정상회담은 G20을 세계 최고의 경제포럼으로 전환하기로 합의했고, 그리하여 선진국들이 세계경제를 통제해서는 안 된다(할 수도 없다)는 것을 인정했다. G20은 글로벌 경제의 약 85퍼센트와 개발도상국 전체 경제의 절반 이상을 차지한다. 일부 목격자들에게, 이 변화는 전 지구적 경제민주주의에서 중요한 전진을 의미한다. G20 회원국들은 2011년까지 IMF와 세계은행의 자본 구조를 재편하기로 했다. 하지만 각국이 모든 부와 수입의 많은 몫을 차지하는 엘리트들에 지배될 때, 그 국가들의 협력이 모든 사람에게 더 큰 민주주의를 의미하는가? 아니면 그것은 인류의 중요한 문제를 영구화하는 바로 그 구조를 강화한다는 것을 의미하지 않는가? '핫머니'는 1997년 IMF 위기의 문제였고, '파생 상품'과 '2차 저당 시장' 문제가 2008년 위기를 창출했지만, 둘 다 개인 투자가들의 국제 자본 통제를 위한 아바타들일 뿐이다.

여러 세대에 걸쳐 창조된 인류의 집단적 부는 가장 비민주적인 방식으로, 그리고 소수에게만 혜택을 주는 목적을 위해서 몇 백 개의 초국적 기업이 통제한다. '계몽적' 신자유주의 경제학의 논리에 따르면, 이 기업들은 시장의 명령에 따라 성장하거나 망해야 한다. 물론 월 스트리트 은행들이 2008년 멸종의 위협을 받았을 때, 미국 정부는 재빨리 그 수사를 포기하고 그들을 구하기 위해 역사상 최대의 복지 프로그램을 만들어냈다.

진정한 악의 축인 WTO, IMF, WB를 이용하여 거대 기업들은 많은 민중을 궁핍으로 내몰면서 자신의 부를 계속 축적한다. 세계은행은 WTO 협상이 시행된 이후로 사하라 이남 아프리카의 소득이 2퍼센트 감소했다고 계산했다.[47] 아이티는 미국산 '마이애미 쌀'을 수입할 것을 요구한 구제금융에 동의한 다음 쌀 재배자들이 파산했다. 오늘날 아이티인들은 진흙 파이를 먹는다. 케냐는 IMF '지원' 프로그램 이전까진 식량 생산을 자급했다. 오늘날 케냐는 식량을 높은 가격으로 수입한다.

IMF의 '도움' 없이도 중국, 홍콩, 싱가포르, 말레이시아는 번영했던 반면, 기금의 지원을 수용한 나라들은 침체하고 연이어 위기를 겪었다. 1960년대와 1970년대에 라틴아메리카의 소득은 75퍼센트 성장했지만, 1980년대와 1990년대(IMF 구조조정 프로그램 이후) 성장률은 6퍼센트로 떨어졌다. 과거 공산권 동유럽 나라들과 사하라 이남 아프리카 나라들의 평균소득도 IMF의 도움으로 떨어졌다.[48] 사실 1990년대 IMF 구조조정 프로그램의 영향을 받은 모든 지역, 즉 동유럽, 남아시아, 라틴아메리카, 카리브해, 사하라 이남 아프리카에서 빈곤 속에 사는 사람의 절대적 수가 증가했다.[49]

위에서 언급한 현 체제의 비합리성이 일부 감소해도, 체제의 구조적 모순 때문에 불가피하게 전쟁은 계속해서 다시 출현할 것이다. 필리핀인들이 1986년 마르코스를 축출한 이후 수비크 만의 거대한 기지에서 미국을 몰아내기로 투표했지만, 미군은 '테러와의 전쟁'의 일부로 필리핀에 돌아와 있다. 전략적으로 효과를 거두려면, 민중운동은 전 지구적 구조 변혁을 위한 장기적 비전을 개발할 필요가 있다. 군사주의에 대한 체제의 요청은 새로운 구조적 요청을 필요로 하며, 그것은 기업 이윤이 아니라 인간의 필요를 강조하는 요청이다. 진정한 민주주의와 함께라면, 직업적 정치인들의 지배와 달리 모든 대량살상무기는 불법이 되고 상비군은 과거의 유물이 될 것이다. 수세기 동안의 노동으로 축적된 부가 효율성과 수익성이라는 '계몽적'이고 '합리적'인 원칙에 여전히 지배된다면, 체제의 구조적 요청은 전쟁과 불안정을 낳을 것이다.

어떻게 이런 상황이 전개됐는가? 우리 인류가 이런 조건 아래서 살아야 하는 것은 민주적으로 결정됐는가? 현 세계 체제는 합리적으로 선택되기보다는 가장 강한 자의 힘에 의해, 현재의 살아 있는 힘보다는 죽은 과거의 무게에 의해 강제된 것이다. 프랑스와 미국 혁명에서 러시아와 중국 혁명까지 민족국가의 힘은 강화됐고, 각 나라는 세계 체제의 위계적 건축물에서 위로 올라가려고 노력했다. 단지 핵, 화학, 생물학무기만이 아니라 전투기, 폭격기, 지뢰, 대포 및 자동화기 같은 이른바 재래식 무기까지 대량살상무기를 완전히 폐기해야 한다는 생각에 동의하지 않는 사람은 거의 없을 것이다. 민중이 비군사적 형태의 갈등 해결을 주장할 때에야 비로소 인류의 미래 운명은 우리의 최악의 현실을 넘어 개선될 것이다.

합리적 체제를 향하여

새로운 체제를 창조하는 것은 압도적인 과제로 보이지만, 인류의 막대한 사회적 부를 분산하고 자주관리하에 두는 세계 체제의 근본적 재구조화의 필요성에 동의하는 국제적 합의가 증가하고 있다. 이미 다음과 같은 새로운 구조적 요청의 윤곽을 정의하며 첫걸음을 내디뎠다.

1. 생산과 분배의 규제를 위해 시장으로는 충분하지 않다.
2. 억만장자들의 부와 권력은 삭감되어야 한다.
3. 민주주의는 민중의 직접 의사 결정을 포함하도록 확장되어야 한다.
4. 공적 영역(인권, 노동권, 자연)은 보호되어야 한다.
5. 모든 민중의 기본적 필요는 충족되어야 한다.⁵⁰

세계사회포럼(WSF)과 같은 국제 모임은 민중의 상상력에 불을 붙였다. 전 세계적으로 일련의 다른 모임들이 자급자족과 꾸준한 국가 경제 생산, 국제투자가들의 이윤이 아니라 인간의 필요를 위한 생산에 기초한 대안의 구체적 밑그림을 내놓았다.⁵¹ 비아 캄페시나Via Campesina라는 국경을 초월한 농민들의 모임은 56개국에서 대표들이 참여한 가운데, 생산기술과 소비자 적용은 자연 생태계를 보전하고 적절한 기술과 자원을 고갈시키지 않는 에너지원을 사용해야 한다는 일반적 개념을 승인했다.

세계사회포럼은 재단 후원자들이 정치적 입장을 취하거나 전 지구적 행동을 후원하는 것을 금지하며, 그 많은 문제들은 그에 대한 대안이 필요하다는 것을 드러낸다.⁵² 그럼에도 세계사회포럼 모임에 참여한 사람들의 수 자체는 체제 변화에 대한 전 지구적 지지가 증가하고 있음을 보여준다. 참석자 수는 그 누구의 예상도 뛰어넘어 증가했다.

2009년 베이징에서 열린 아시아-유럽 민중포럼과 벨렝에서 열린 사회포럼은 세계경제의 민주적 관리와 금융 및 산업의 사회화에 대한 요구를 발표했고, 이것은 인류의 귀중한 존재와 지구의 무리한 파괴에 대한 합리적 해결책을 요구한 많은 목소리 중 두 가지였다. 이런 지역 모임을 통해, 전 지구적 경제 관리의 투명하고 민주적인 기관이 WTO, WB, IMF를 대체할 수 있을 것이다.

일찍이 1970년에 블랙팬더당은 새로운 체제의 윤곽을 작성하기 위

[표 16.2] 세계사회포럼 참석자 수

연도	장소	참석자 수
2001	브라질 포르투알레그리	20,000
2002	브라질 포르투알레그리	50,000
2003	브라질 포르투알레그리	100,000
2004	인디아 뭄바이	80,000
2005	브라질 포르투알레그리	155,000
2006	베네수엘라 카라카스	60,000
2006	말리 바마코	15,000
2006	파키스탄 카라치	30,000
2007	케냐 나이로비	40,000
2009	브라질 벨렝	133,000

출처: Heather Gautney, *Protest and Organization in the Alternative Globalization Era: NGOs, Social Movements, and Political Parties* (New York: Palgrave, Macmillan, 2010).

해 직접민주주의 원칙을 적용한 '혁명적 민중의 제헌회의'를 소집했다. 필라델피아에서 엄청난 탄압 속에 모인 1만여 명 활동가의 총회는 최종 문서를 승인했고, 이 문서는 미약한 첫걸음이지만 과감한 것이었다. 문서는 국제 정치와 경제에서 적절한 행동을 위한 윤리적 기준을 주장하면서, 미국 상비군의 폐지, 풀뿌리 민중권력, 그리고 민중이 낙원의 시민으로서 참여하는 자유로운 국가들의 세계 연방을 요구했다.[53]

전 세계 군대의 해체는 의심의 여지없이 전 지구적 자본주의 체제를 재앙 같은 불황에 빠뜨릴 것이다. 그러므로 완전히 다른 세계 체제를 개발할 필요의 일부로서 민중은 더욱 이 문제를 논의해야 한다. 만약 대형 금융거래의 마법사들이 2008년에 그랬던 것처럼 은행들을 살리기 위해 수조 달러의 정부 지출을 할 여유가 있다면, 우리는 확실히 평화 경제로 이행하는 시기에 경제를 안정화할 방법을 찾을 수 있다. 현 체제에서 모든 사람은 주요한 금융기구들과 매일 경제활동을 지속할 투자가들의 수익성 선택에 의존한다. 월든 벨로에 따르면, 기업 주도 세계화의 "해체"는 IMF가 "지원"을 덜 요청받고 궁극적으로 연구 집단으로 전환하는 것을 의미한다. 세계은행의 권력은 채권으로 재정을 마련하는, 더 참여적인 지역 금융기관들의 창출을 통해 축소될 것이다.[54] 금융거래를 제한하는 수단은 국경 내의 투자 결정을 통제할 권한을 민족국가(또는 지역)에 부여할 것이다. 유엔은 민족국가의 대표들로 구성되어 있기 때문에, 세계의 사회들 가운데 수백 개를 대표하지 못한다. 지역에 기반을 둔 분산적 통치를 위한 지역 구조는 토착 민중이 스스로 통치하도록 허용할 뿐만 아니라 자원의 평등한 분배를 용이하게 할 것이고, 자율적으로 고안된 문화적, 정치적 필요를 아래에서부터 결합할 것이다.[55]

계속되는 전 지구적 봉기

다원주의적이고 탈중심화된 형태의 전 지구적 혁명은 이미 진행 중이다. 아시아의 봉기들, 라틴아메리카의 봉기들과 대안세계화운동에서 나타나듯이, 보통 시민들의 민중권력과 더 큰 민주주의에 대한 열망은 모든 곳에서 나타났다. 현재 외견상 주변화된 오늘날의 전 지구적 운동에는 우리 종의 역사적 진화에서 그 어느 시점보다 더 많은 활동가가 참여하고 있다. 공중파가 중앙의 권위와 사회적 순응의 필요성을 강조하는 버전의 역사를 방송하는 동안, 레이더 바로 아래에서는 민중의 이해와 자기주도적 행동이 강력한 흐름을 구성한다. 우리가 점차 우리 자신의 힘과 전략적 역량을 인식하게 되면서, 미래에 대한 우리의 영향은 더욱 집중되고 동기화될 것이다. 우리가 미래에 투사할 수 있는 한 가지 경향은 전 지구적 에로스 효과의 활성화이며, 이때 하나로 동기화된 행동들은 전 세계의 민중을 통일한다.

진정한 악의 축인 IMF, WB, WTO는 인류의 막대한 부에 대한 독점을 자발적으로 청산하진 않을 것이다. '자유'라는 이름에 걸맞은 삶을 창조하기 위해서는 전 지구적으로 동기화된 수십만 민중의 투쟁이 필요하다. 내 희망은 최근 아시아 봉기들의 역사가 미래의 봉기에, 아무리 마지못해 시도하더라도 기존 세계 체제의 조직적인 위기 경향에 의해 필연화될 봉기에 기여하리라는 것이다. 슬픔과 기쁨, 고통으로 가득 차 있지만 행복의 눈물을 불러오는 봉기는 극단적으로 절박한 순간이며, 그때 인간의 마음은 민중이 가장 사랑하는 꿈에 따라 행동한다. 이 꿈을 이해하고 그것에 충실함으로써, 우리는 자유로운 미래를 누릴 수 있게 된다.

옮긴이의 말

마침내 조지 카치아피카스 교수의 〈아시아의 알려지지 않은 민중봉기〉 2부작이 한국어판으로 나오게 됐다. 원래 미국 출간과 동시에 한국어판을 낼 계획이었지만, 번역이 지연되고 출판사가 바뀌는 등 여러 사정으로 예정보다 출간이 늦어졌다. 이 책의 주제와 문제의식을 통해 새로운 관심과 논쟁을 촉발할 기회를 놓치지 않았을까 우려되고, 이 점에 대해 저자에게 미안한 마음이 앞선다.

이 책은 한국의 민중운동과 아시아 봉기라는 방대한 시공간을 포괄한다. 활동가이자 연구자인 저자가 10년 넘는 세월을 바친 연구와 현지 조사의 결과물이면서, 헌신적인 노력과 집념의 결정체이다. 15년 이상의 우정으로 집필 과정을 지켜보고 토론했던 시간과 노력이 이 책으로 이어져 하나의 결과물로 창조됐다는 사실 자체가 옮긴이의 기쁨이기도 하다.

한국의 민중·사회운동 100년사를 다루는 《한국의 민중봉기》에서는 외국인 저자로서 갖는 불가피한 한계 때문에, 사실관계에서 발견한 원문의 몇 가지 오류는 저자와 상의해서 수정했다. 더불어 저자의 경험과 인식 지평을 옮긴이가 100퍼센트 이해하면서 번역하는 일은 사실상 불가능하기에 생길 수 있는 오류는 옮긴이의 몫이다. 지난한 번역 과정에서 저자와 일정한 논의를 통해 오류를 수정한 만큼, 저자의 견해 외에 발견되는 오류는 옮긴이의 책임임을 밝혀둔다.

《아시아의 민중봉기》에서 저자는 아시아 9개국의 봉기를 숨 가쁘게 섭렵하면서, 68신좌파혁명의 유럽 중심주의적 시각을 넘어 진정한 의미의 전 지구적 관점에서 봉기를 종합하고 이론화하고자 했다. 각국의 역사와 현 상황, 특히 운동 지형에 대한 완벽한 이해가 부족한 상태에서 저자의 호흡을 따라가는 번역은 옮긴이의 역량을 넘는 힘겨운 분투의 과정이었고, 따라서 여러 측면에서 일정한 한계가 있을 수밖에 없다. 국경을 넘어 아시아 각국의 민중 투쟁에 대한 뜨거운 애정으로 운동과 투쟁의 궤적을 현지 조사로써 추적한 저자의 노력을 훼손하지 않기 위해 노력했다.

번역과 출판은 사실 관련된 모든 사람들에게 고문이다. 거친 번역 초고를 꼼꼼하게 읽으면서 수정해주신 박석삼 선배, 5·18과 관련된 내용을 검토해주신 나간채 교수님의 도움에 감사드린다. 그리고《아시아의 민중봉기》에서 영어권과는 달리 중국과 타이완의 경우 고유명사를 한자어로 표현하는 것이 독자의 이해를 도울 것이라는 판단으로 원문에 없는 한자를 찾아서 더 정확히 표기하는 데 엄청난 도움을 준 아그네스 쿠 박사에게도 감사의 말을 전한다.

또한 어려운 출판 환경 속에서도 출판과 편집을 담당해주신 박재영 대표와 편집자 양선화 선생님께도 감사드린다. 번역의 정확성이라는 미명 아래 충분히 다듬어지지 않은 옮긴이의 거친 원고가 독자들의 가독성을 높이는 형태로 완성된 것은 전적으로 편집자들의 고문에 가까운 노동 덕분이다. 두 사람의 높은 직업 정신에 최고의 찬사를 보내고 싶다.

《한국의 민중봉기》《아시아의 민중봉기》 이 두 권의 책은 치열한 투쟁에도 불구하고 완성도 높은 운동사를 생산해내지 못한 지난 반세기 우리 운동을 부끄럽게 한다. 이 책의 출판을 계기로 많은 활동가와 연구자들이 다시 한 번 운동을 되돌아보고, 한 나라의 국경을 넘어 시야를 확장하는 계기가 만들어지길 희망한다. 이 책은 한국과 아시아 운동사의 평가와 정리를 위한 중요한 디딤돌이 되는 만큼, 한국만이 아니라 아시아 지역에서도 활동가들과 연구자들이 활발한 토론과 논의를 통해 공동의 프로젝트로서 한 단계 더 전진하길 바란다.

무엇보다도 옮긴이보다 더 한국과 한국 운동에 대한 깊은 존중과 사랑을 지닌 저자 조지 카치아피카스 교수와, 운동과 인생의 동지로서 이 책의 한국어판 출간의 기쁨을 함께 나누고 싶다. 더불어 이 책의 한국어판 출간을 보지 못한 채 세상을 떠난 고 신은정 감독도 이 책을 함께 만든 동지인 만큼, 자본주의 지평 너머에서 기쁨을 함께 나누리라 믿고 싶다.

봉기, 항쟁, 반란······ 번역 용어 채택에 대해서

이 책은 봉기, 반란, 폭동 등의 불온한 어휘를 민중 주체의 관점에서, 제도권의 부정적 시각과는 달리 긍정적으로 다룬다. 그 결과《한국의 민중봉기》의 핵심 주제인 1980년 광주가 '광주사태'에서 '광주민주화운동' '광주민주항쟁' '광주민중항쟁' 등 다양한 정치적 뉘앙스를 띠면서 표현되는 한국어 어휘의 현실과 달리, 저자는 광주를 일관되게 '봉기'로 규정하며, 그러한 관점에서 한국 근현대사의 주요한 사건과 투쟁들을 다루고 있다.

따라서 옮긴이는 저자 및 감수자, 편집 관련자들과의 논의를 통해 저자의 견해와 표현 방식을 최대한 반영한다는 기본 원칙을 세우고 번역 용어를 채택했다. 'uprising'은 한국 운동과 진보학계에서 사회화된 '항쟁'이라는 용어 대신 '봉기'로 옮겼다. 다만 'insurgency'의 경우 특정 주체의 목적의식적 봉기라는 점에서 자연발생적 성격이 강한 uprising과 구별됨에도, 한국어에서 이들 단어 간의 차이를 구별할 방법이 없어 같은 단어를 사용했다. 그러나 구체적인 역사적 맥락에서 특정한 주체의 선동과 주도로 전개된 봉기와 자연발생적 봉기를 구별하기는 어렵지 않을 것으로 판단된다.

반란의 경우도 좀 더 조직적 형태를 갖춘 'rebellion'과 일회성 저항의 성격이 강한 'revolt'의 한국어 구분이 명확치 않아 맥락에 맞게 반란, 폭동 등으로 옮겼음을 밝혀둔다. 특히 영어의 어법에서 동의어와 유의어에 의한 반복 회피 경향이 강하기 때문에, 봉기와 반란이 유의어로 사용되는 경우도 많아서 기계적인 단어 적용은 애초에 불가능하다. 또 역사 속 구체적 현실에서는 자연발생성과 목적의식성이 서로 얽혀 있는 상황이 대부분이다. 따라서 번역은 기본 원칙에 충실하되 상황에 맞게 대처하는 방법을 취하기로 했다.

다만 좀 더 엄밀한 개념 차이를 원하는 연구자나 독자의 경우, 원문을 참조하면서 확인하시기 바란다.

2015년 4월
원영수

미주

1장 봉기하는 세계

1. 두 개의 중요한 사례는 Adam Przeworski and Fernando Limongi, "Modernization: Theory and Facts," *World Politics* 49, no. 2 (January 1997), 155–83; and Fareed Zakaria, *The Future of Freedom: Illiberal Democracy at Home and Abroad* (New York: W.W. Norton and Co., 2003), 한국어판 《자유의 미래》(민음사, 2004)이다.
2. Liu Jianfei, "Chinese Democracy and Sino-U.S. Relations," Institute of International Strategic Studies, The Central Party School of the Chinese Communist Party, September 2007, 8.
3. Samuel Huntington, *The Third Wave: Democratization in the Late Twentieth Century* (Norman: University of Oklahoma Press, 1991), 307. 한국어판 《제3의 물결》(인간사랑, 2011).
4. See Mark R. Thompson, *Democratic Revolutions: Asia and Eastern Europe* (London: Routledge, 2004), 131.
5. Somchai Phatharathananunth, *Civil Society and Democratization: Social Movements in Northeast Thailand* (Copenhagen: NIAS Press, 2006), ix.
6. Monina Allarey Mercado, ed., *People Power: An Eyewitness History* (Manila: The James B. Reuter, S.J. Foundation, 1986), 226, 258, 308을 보라.
7. Sunhyuk Kim, "Civic Mobilization for Democratic Reform," in *Institutional Reform and Democratic Consolidation in Korea*, eds. Larry Diamond and Doh Chull Shin (Stanford: Hoover Institution Press, 1999), 281. 6월봉기에 대한 더 자세한 사항은 《한국의 민중봉기》(오월의 봄, 2015) 9장을 보라.
8. 전승희가 내게 해준 설명이다(2006년 케임브리지).
9. 버마 군사정부는 국명을 미얀마로, 수도 명을 양곤으로 바꿨지만, 민주화운동 세력은 옛 이름을 그대로 쓸 것을 고집했고 나는 그들의 주장을 따르고자 한다.

10   인권운동가들은 수백 명이 살해되거나 실종되었다고 주장한다.
11   Jørgen Johansen, "Waves of Nonviolence and the New Revolutionary Movements," 아직 출판되지 않은 논문, 37; 수정되어 출판된 논문, "Waves of Nonviolence and the New Revolutionary Movements" in *Seeds of New Hope: Pan-African Peace Studies for the Twenty-First Century* (2 vols.), eds. Elavie Ndura-Ouedraogo, Judith Atiri, and Matt Meyer (Trenton, NJ: Africa World Press, 2008).
12   1968년 운동의 세계사적인 특징에 대한 더 자세한 사항은 내가 쓴 책 *The Imagination of the New Left: A Global Analysis of 1968* (Boston: South End Press, 1987) 1장을 보라. 한국어판 《신좌파의 상상력》(난장, 2009). 이후 *Imagination*으로 표기.
13   베트남의 선도적 역할은 제2차 세계대전 동안 일어난 봉기에 힘입었다. 1945년 일본의 지배 아래 수백만 명의 베트남인이 굶어죽자, 전역에서 봉기가 일어나 전국의 쌀 저장고와 식량 공급소를 접수했다. 코민테른에서 활동하며 1920~1930년대 유럽과 중국의 무장 도시 봉기를 연구했던 호찌민의 마스터플랜은 1968년 동시다발적인 구정공세의 핵심 요소였다. A. Neuberg, *Armed Insurrection* (London: New Left Books, 1970)을 보라. 저자들은 실제로 미하일 투하쳅스키, 호찌민, 오시프 피아트니츠키, 에리히 볼렌베르크였다.
14   *Imagination* 2장을 보라.
15   내가 '에로스 효과'라고 부르는 것에 관한 논의는 *Imagination* and *The Subversion of Politics: European Autonomous Social Movements and the Decolonization of Everyday Life* (Oakland: AK Press, 2006)를 보라. 한국어판 《정치의 전복》(이후, 2000).
16   마르쿠제의 본능과 혁명의 공식화는 *Essay on Liberation* (Boston: Beacon Press, 1969)을 보라. 한국어판 《혁명론》(울력, 2004).
17   Choi Jungwoon, *The Gwangju Uprising: The Pivotal Democratic Movement that Changed the History of Modern Korea* (Paramus: Homa and Sekey Books, 2006), 85, 131. 한국어판 《오월의 사회과학》(오월의봄, 2012).
18   이 자료와 분석은 *Liberation, Imagination, and the Black Panther Party*, eds. Kathleen Cleaver and George Katsiaficas (New York: Routledge, 1997)에 포함되어 있다.
19   신좌파의 반란과 폴란드 사건에 대한 간단한 개요는 Imagination, 58-70을 보라.
20   "Poland," *Imagination*, 66–70을 보라. 폴란드 운동의 초기 발전과 함께 지속성에 대해서는 Jane Leftwich Curry on "Poland's permanent revolution" in Jane Curry and L. Fajfer, *Poland's Permanent Revolution: People vs. Elites 1956 to the Present* (Washington, D.C.: American University Press, 1996)를 보라.
21   조정관은 몇 년 후 전두환 장군의 사저에서 우호적 대담자로서 전두환을 인터뷰했다. 그는 남한 군부의 다른 최고위 엘리트들과도 만났으며 그들 다수가 폭력 사용에 반대했다고 보고했다. Jung-kwan Cho, "The Kwangju Uprising as a Vehicle of Democratization" in *Contentious Kwangju: The May 18 Uprising in Korea's Past and Present*, eds. Gi-Wook Shin and Kyung Moon Hwang (Lanham, Maryland: Rowman & Littlefield, 2003), 76–77을 보라.
22   Thompson, *Democratic Revolutions*, 3.
23   *Imagination*, 23–27.
24   《한국의 민중봉기》(오월의봄, 2015) 9장을 보라.
25   Almonte가 Angela Stuart Santiago, *1986: Chronicle of a Revolution* (Manila: Raintree Publishing,

1996), 49에서 인용.
26 Jose T. Almonte, *My Part in the People Power Revolution* (Manila: n.p., 2006), 14.
27 다음 2장을 보라.
28 민중권력(Poder Popular)은 1975년 설립된 쿠바 정부기관의 명칭이기도 하다. 그전에 칠레에서도 "창출하라, 창출하라: 민중권력!(Crear, crear; Poder Popular!)"이란 구호를 널리 외쳤다. 2007년 필자는 베네수엘라 카라카스에서 경찰 순찰차 옆면에서 "모든 권력을 민중에게!(Todo el Poder al Pueblo!)"라는 구호가 쓰여 있는 것을 보고 놀랐다.
29 Thompson, *Democratic Revolutions*, 131.
30 Edward Friedman, ed., *The Politics of Democratization: Generalizing East Asian Experiences* (Boulder: Westview Press, 1994), 24.
31 Christopher Neck, *Actual* (April 1990); *World Journal* (April 6, 1990): 33. Quoted in Friedman, *Politics*, 54.
32 V.G. Kulkarni and R. Tasker, "Promises to Keep," *Far Eastern Economic Review* 159 (February 29, 1996): 22.
33 Giovanni Arrighi, Terence K. Hopkins, and Immanuel Wallerstein, "1989: The Continuation of 1968," *After the Fall: 1989 and the Future of Freedom*, ed. George Katsiaficas (New York: Routledge, 2001), 35.
34 Mikhail Gorbachev and Zdeněk Mlynář, *Conversations with Gorbachev: On Perestroika, the Prague Spring, and the Crossroads of Socialism* (New York: Columbia University Press, 2002), 47, as quoted in Fredo Arias-King, "Orange People: A Brief History of Transnational Liberation Networks in East Central Europe," *Demokratizatsia* 15, no. 1 (January 2007): 38.
35 Mark Almond, *Uprising! Political Upheavals that Have Shaped the World* (New York: Barnes and Noble Books, 2002), 98.
36 Arias-King, "Orange People," 31.
37 Grazina Miniotaite, *Nonviolent Resistance in Lithuania: A Story of Peaceful Liberation* (Boston: The Albert Einstein Institution, 2002), 26.
38 Johansen, "Waves of Nonviolence," 24.
39 여러 해 동안 이 소문은 사실로 알려졌지만, 최근에 야당을 건설하기 위해 고의로 퍼뜨린 소문으로 밝혀졌다. "Velvet Revolution's Roots Still Obscure 20 Years Later," *New York Times*, November 17, 2009.
40 Peter Ackerman and Jack Duvall, *A Force More Powerful: A Century of Nonviolent Conflict* (Palgrave: New York, 2000), 439.
41 Ibid., 436.
42 Miniotaite, *Nonviolent Resistance*, 49; Johansen, "Waves of Nonviolence," 29; Richard Deats, "The Global Spread of Active Nonviolence," Fellowship of Reconciliation, http://www.forusa.org/nonviolence/0900_73deats.html.
43 Olgerts Eglitis, *Nonviolent Action in the Liberation of Latvia* (Boston: The Albert Einstein Institution, 1993), 32–33.
44 Harlan Cleveland, "The Age of People Power," *The Futurist* (January–February 1992): 15.
45 George Katsiaficas, ed. *Vietnam Documents: American and Vietnamese Views of the War* (Armonk,

NY: M.E. Sharpe, 1992), 143.
46 Carl Boggs, *The Crimes of Empire* (London: Pluto Press, 2010), 55.
47 Michael Crozier, Samuel Huntington, and Joji Watanabe, *The Crisis of Democracy: Report on the Governability of Democracies to the Trilateral Commission* (New York University Press, 1975), 106, 113–15.
48 위생학과 다른 외교 정책에 대한 하버드 대학의 개입에 대해서 다큐멘터리〈베리타스: 하버드의 진실(Verita$: Harvard's Hidden History)〉(2011)을 보라.
49 Samuel P. Huntington, "Will More Countries Become Democratic?" *Political Science Quarterly* 99, no. 2 (Summer 1984): 217–18.
50 Friedman, *Politics*, 33.
51 Huntington, *Third Wave*, 9.
52 Ibid., 16.
53 Peter Hering in *The Role of Civil Society and Democratization in Nepal*, ed. Ananda P. Srestha (Kathmandu: Nepal Foundation for Advanced Studies, 1998), i.
54 Huntington, *Third Wave*, 61.
55 Ibid., 76.
56 *Imagination*, 71–73을 보라.
57 Huntington, *Third Wave*, 286.
58 Han Minzhu, ed., *Cries for Democracy: Writings and Speeches from the 1989 Chinese Democracy Movement* (Princeton: Princeton University Press, 1990), 343–44.
59 Stephen Rousseas, *The Death of a Democracy: Greece and the American Conscience* (New York: Grove Press, 1967).
60 Eraklis Anastasiadis, "The Athens Polytechnic Uprising: The Uprising that Brought Down a Dictatorship," Wentworth Institute of Technology, Summer 2007.
61 Huntington, *Third Wave*, 287.
62 Ibid., 18.
63 Ibid., 40, 164.
64 Ibid., xv.
65 Ibid., 146.
66 Ibid., 103–4.
67 *Transitions from Authoritarian Rule: Tentative Conclusions about Uncertain Democracies* (Baltimore: Johns Hopkins University Press, 1986)를 보라.
68 Stephen Haggard and Robert Kaufman, *The Political Economy of Democratic Transitions* (Princeton: Princeton University Press, 1995), 377.
69 Guillermo O'Donnell and Philippe Schmitter, eds., *Transitions from Authoritarianism: Comparative Perspectives* (Baltimore: Johns Hopkins University Press, 1986).
70 전문학자도 아니고 활동가도 아닌 목격자들의 책으로는 James Silewecki, *The Wisdom of Crowds* (New York: Random House, 2005) and Howard Rheingold, *Smart Mobs: The Next Social Revolution* (Cambridge, MA: Perseus Publishers, 2003, 한국어판《참여 군중》, 황금가지, 2003) 을 보라.

71 《한국의 민중봉기》(오월의봄, 2015)를 보라.
72 Juan J. Linz and Alfred Stepan, *Democratic Transitions and Consolidation: Southern Europe, South America, and Post-Communist Europe* (Baltimore: Johns Hopkins University Press, 1996), 316–28.
73 *Imagination*, 13–18.
74 Joseph E. Stiglitz, *Globalization and Its Discontents* (New York: Norton, 2002), 153. 한국어판 《세계화와 그 불만》(세종연구원, 2002).
75 이 현상의 첫 분석 중 하나는 William I. Robinson, *Promoting Polyarchy: Globalization, U.S. Intervention, and Hegemony* (Cambridge, UK: Cambridge University Press, 1996)이다.
76 Ibid., 95.
77 James Petras, *The Arab Revolt and the Imperialist Counterattack* (Atlanta: Clear Day Books, 2011), 16.
78 공산주의가 권력을 장악하는 데 필요했던 엄청난 희생에 비하면, 공산주의를 타도하는 데에는 비교적 희생이 적었고, 이는 공산주의의 평화적 진화 역량에 대한 찬사이다.
79 Susan Buck-Morss, *The Dialectics of Seeing: Walter Benjamin and the Arcades Project* (Cambridge: MIT Press, 1989), 77, 55. 한국어판 《발터 벤야민과 아케이드 프로젝트》(문학동네, 2004).

2장 필리핀

1 Mercado, *People Power*, 226, 258, 308.
2 그레고리오 호나산 상원 의원과의 인터뷰(2009년 6월 2일, 마닐라).
3 F. 시오닐 호세와의 인터뷰(2009년 6월 1일, 마닐라).
4 Leon Wolff, *Little Brown Brother* (Baltimore: Johns Hopkins University Press, 2006). 20만 명이라는 수치는 미군이 살해한 필리핀인의 수를 상당히 줄여 말한 것이다. 존 터민은 그것을 최소치로 추정했고, 40만 명까지 추산한다. *The Deaths of Others* (New York: Oxford University Press, 2011), 18을 보라.
5 John J. Carroll, *Forgiving or Forgetting: Churches and the Transition to Democracy in the Philippines* (Manila: Institute on the Church and Social Issues, 1999), 10; Benedict Anderson, "Cacique Democracy in the Philippines," *New Left Review* 169 (May–June 1988): 13, 14, 19를 보라.
6 F. 시오닐 호세, "Literature as History," 2005년 5월 5일 스탠포드 대학교에서 한 강연. 강연록 복사본을 호세가 내게 전해주었다.
7 F. Sionil José, "Why Are We a 'Nation of Servants'?" *Philippine Star*, April 5, 2009.
8 Lorna Kalaw-Tirol, ed., *1996: Looking Back, Looking Forward* (Manila: Foundation for Worldwide People Power, 1995), 166; Joseph Yu, "Elections and Poverty," *Education for Development* 6, no. 2 (March–April 2007): 23. 정부의 교육 예산이 감소하면서 중등 교사의 수는 1996년 14만 5,000명에서 2004년 12만 명으로 줄었다. Edna E.A. Co et al., *Philippine Democracy Assessment: Economic and Social Rights*, 122.
9 마르코스의 축출 직후, 호세 알몬테는 이 돈을 환수할 공식적 권한을 부여받았다. 그는

1986년 후반 "즉시 인출 가능한" 금액 38억 달러를 기록했고, 추가로 40억 달러를 확인했다. 그는 스위스 은행들과 접촉하여 정부가 10억에서 20억 달러를 회수할 수 있다고 믿게 됐다(Almonte, *My Part*, 2006, 20). 도널드 커크는 마르코스의 재산을 85억 달러로 추정했고, 1983년 이후 정부 재정에서 약 48억 달러가 '실종'됐다고 보고했다. Donald Kirk, *Philippines in Crisis: U.S. Power versus Local Revolt* (Manila: Anvil Publishing, 2005), xiii, 179. Ackerman and Duvall, *A Force More Powerful*, 373. 일부에서는 겨우 4억 달러 정도의 지분만이 회수됐다고 믿지만, 1998년 《뉴욕타임스》는 마르코스의 재산이 50억에서 100억 달러 사이라고 추정했고, 약 10억 달러의 숨겨진 돈이 환수됐다고 보도했다(Seth Mydans, "Suharto and Co.," *New York Times*, May 25, 1998, A6).

10 Benedict Anderson, "Cacique Democracy," 21–22를 보라.
11 Raymond Bonner, *Waltzing with a Dictator* (New York: Times Books, 1987), 307–9; Anderson, "Cacique Democracy," 23.
12 Kirk, *Philippines in Crisis*, vi.
13 Benigno Aquino Jr., *A Garrison State in the Making* (Manila: Benigno S. Aquino Jr. Foundation, 1985), 243을 보라.
14 Almonte, *My Part*, 7–8.
15 그레고리오 호나산 상원 의원과의 인터뷰(2009년 6월 2일, 마닐라).
16 Manuel L. Quezon III, "The Long View: Left and Right Sides of People Power," *Philippine Daily Inquirer*, January 5, 2009.
17 Daniel Schirmer and Stephen Shalom, eds., *The Philippines Reader* (Boston: South End Press, 1987), 315–16. 다소 높은 추정치일 수도 있다. 다른 소식통은 주력 전투원을 2만 4,000명, 그 가운데 절반 정도가 무장한 것으로 추정했다.
18 Lawyers Committee for Human Rights, *Vigilantes in the Philippines: A Threat to Democratic Rule* (New York: 1988), 3.
19 Haggard and Kaufman, *Political Economy*, 48.
20 Joseph Y. Lim, "The Philippines and East Asian Economic Turmoil," in *Tigers in Trouble: Financial Governance, Liberalisation and Crises in East Asia*, ed. Jomo K.S. (London: Zed Books, 1998), 199–200.
21 에드 베이커와의 대화(2007년, 매사추세츠 케임브리지). 내가 아키노에 헌정된 타를라크 박물관을 방문했을 때, 매사추세츠 시절 방명록에서 K로 시작하는 쪽이 펼쳐져 있었다. 테드 케네디와 스탠리 카노의 항목 아래 김대중의 전화번호 2개가 적혀 있었다.
22 Schirmer and Shalom, *Philippines Reader*, 322–23.
23 Lee Jae-eui, "Operation Fascinating Vacation," in *The Kwangju Uprising: Eyewitness Press Accounts of Korea's Tiananmen*, eds., Henry Scott-Stokes and Lee Jae-eui (Armonk: M.E. Sharpe, 2000), 40.
24 Huntington, *Third Wave*, 199.
25 한 추정에 따르면 1987년까지 이런 연극단의 수는 400개에 이르렀다. Eugène Van Erven, *The Playful Revolution: Theater and Liberation in Asia* (Bloomington: Indiana University Press, 1992), 92.
26 Bach M. Macaraya, *Workers' Participation in the Philippine People Power Revolution* (Manila: Friedrich Ebert Stiftung, 1988), 42–43.

27 Randolf David, "A Movement Dies, a Regime Is Born," *Kasarinlan* 3 (1988), 3.
28 Santiago, *1986*, 12.
29 Mercado, *People Power*, 48.
30 Huntington, *Third Wave*, 82.
31 Robinson, *Promoting Polyarchy*, 130.
32 Mercado, *People Power*, 71.
33 Stanley Karnow, *In Our Image: America's Empire in the Philippines* (New York: Random House, 1989), 414.
34 "The Philippine Revolution and the Involvement of the Church," (Manila: Social Research Center of University of Santo Tomas, 1986), 12; Macaraya, *Workers' Participation*, 49.
35 Patricio N. Abinales, "When a Revolution Devours Its Children," in *The Revolution Falters: The Left in Philippine Politics After 1986*, ed. Patricio N. Abinales (Ithaca: Cornell Southeast Asia Program, 1996), 156–57.
36 파트리시오 아비날레스는 NPA·CPP가 1986년 1만 6,018명의 무장한 정규군을 보유하고 있다고 추정했다. ibid., 169를 보라. 물론 피플파워 봉기는 CPP 내부에서 유례없는 위기를 촉발했다. 특히 선거 보이콧은 필리핀 민중들 사이에서 압도적인 운동이 폭발할 시기에 당을 주변화시키는 결정적 오류였기 때문이다. 봉기로 마르코스가 축출된 이후, 당내에서 공공연하게 반대의 목소리가 제기됐고 의견 차이로 여러 차례 분열이 일어났다. 이 모든 분열로 당은 더욱 신뢰를 잃었다. Kathleen Weekley, "From Vanguard to Rearguard," in *The Revolution Falters: The Left in Philippine Politics After 1986*, ed. Patricio N. Abinales (Ithaca: Cornell Southeast Asia Program, 1996), 30, 53을 보라.
37 그레고리오 호나산 상원 의원과의 인터뷰(2009년 6월 2일, 마닐라).
38 Patricio Mamot, *Profile of Filipino Heroism* (Quezon City: New Day Publishers, 1986), 52.
39 Santiago, *1986*, 38.
40 Ibid., 25, 32.
41 Ibid., 54.
42 Ibid., 53.
43 Ibid., 38.
44 Fidel Ramos, ibid., 52에서 인용.
45 Ibid., 53. 이 또한 최초였다. 제임스 캐럴은 이것이 "교회가 사전에 혁명을 승인한 최초의 사례"라고 내게 말했다. 저자와의 인터뷰(2009년 6월 4일, 마닐라).
46 Sterling Seagrave, *The Marcos Dynasty* (New York: Harper and Row, 1988), 414, Santiago, *1968*, 55에서 인용.
47 Ibid., 172.
48 Ibid., 41.
49 Ibid., 60.
50 M. Bernad, ed., *Conversations with F. Sionil Jose* (Quezon City: Vera Reyes, 1991), 215, Joseph Scalise, "Articulating Revolution: Rizal in F. Sionil Jose's *Rosales* Saga." (Essay in author's possession.)에서 인용.
51 The EDSA Revolution website, http://library.thinkquest.org/15816/therevolution.article5.html

52 Seagrave, *The Marcos Dynasty*, 415, Santiago, *1968*, 79에서 인용.
53 Yolanda Lacuesta, ibid., 65에서 인용.
54 Ibid., 169.
55 Ibid., 194.
56 Ibid., 135, 141.
57 코라손 훌리아노솔리만과의 인터뷰(2009년 6월 2일, 마닐라).
58 Bonifacio Tupaz, president of the Trade Unions of the Philippines and Allied Services(1987년 7월 9일 인터뷰). Macaraya, *Workers' Participation*, 12–13을 보라.
59 Ibid., 36.
60 Benedict Kerkvliet and Resil Mojares, *From Marcos to Aquino: Local Perspectives* (Honolulu: University of Hawaii Press, 1992), 4.
61 Santiago, *1968*, 87.
62 제임스 캐럴과의 인터뷰(2009년 6월 4일, 마닐라).
63 Santiago, *1968*, 95.
64 제임스 캐럴과의 인터뷰(2009년 6월 4일, 마닐라).
65 Santiago, *1968*, 99.
66 Ibid., 108.
67 Ibid., 112.
68 *Sunday Inquirer Magazine*, June 1, 1986; *Bulletin Today*, February 25, 1986, Santiago, *1968*, 130에서 인용. EDSA에 모인 사람의 수를 계산하는 아주 흥미로운 방법 중 하나로, 면적과 군중의 밀도를 기준으로 해서 루네타, 리왕상 보니파시오, 우가르테 필드에서 그 수를 198만 6,376명에서 249만 4,028명으로 추정했다. 그러나 이 수치는 자동차, 기념비, 나무, 건물, 기둥 등의 면적을 포함한 것이었다. 따라서 봉기를 지지하여 거리에 100만 명 이상이 모였다고 말하는 정도가 안전할 것 같다. Renato Constantino, *Malaya*, April 30, 1986, reprinted in Santiago, *1968*, 131–32를 보라.
69 Mercado, *People Power*, 308.
70 Ackerman and Duvall, *Force More Powerful*, 390.
71 Santiago, *1968*, 137.
72 Ibid., 151.
73 Mercado, *People Power*, 232.
74 Mercado, *People Power*, 258.
75 Santiago, *1968*, 170.
76 Amando Doronila in *Manila Times*, February 26, 1986, cited in Santiago, *1968*, 161.
77 Mercado, *People Power*, 241.
78 Santiago, *1968*, 180.
79 Arturo Aruiza, *Ferdinand E. Marcos: Malacañang to Makiki* (Quezon City: ACA, 1991), 159–60. Col. Aruiza는 20년 넘게 마르코스의 보좌관이었다.
80 Santiago, *1968*, 182.
81 Santiago, *1968*, 197.
82 Lee Jae-eui, "The Seventeen Years of Struggle to Bring the Truth of the Gwangju Massacre to

Light," in *Gwangju in the Eyes of the World*, 143.
83　V.G. Kulkarni and Rodney Tasker, "Promises to Keep," *Far Eastern Economic Review* 159 (February 29, 1996): 22–23.
84　Joaquin R. Roces in *Sunday Times Magazine*, reprinted in Santiago, *1986*, 173. 이런 통찰력은 내가 했던 인터뷰에서 얻은 것이다. 장기 구금에서 석방된 뒤에 망명 중이었던 필리핀 활동가 에디시오 델라 토레에게 남아프리카 ANC 지도자들은 민주화 이행을 추구하기 위해 필리핀의 사태를 해석해달라고 요청했다. 에디시오 델라 토레와의 인터뷰(2009년 6월 5일, 마닐라).
85　Fidel Ramos, "Vale Cory Aquino: a lifetime of service and a precious legacy," *Taipei Times*, August 12, 2009.
86　Walden Bello, *The Anti-Development State: The Political Economy of Permanent Crisis in the Philippines* (Manila: Anvil Publishers, 2009), 13. 마르코스가 남긴 부채에 대한 다른 추정치는 560억 달러에 이르기도 하는데, 대부분 차관으로 IMF와 세계은행에서 독재 정권으로 흘러 들어갔다. 2005년까지 필리핀의 부채는 약 700억 달러로 치솟았다.
87　Robinson, *Promoting Polyarchy*, 139.
88　Kathleen Weekley, "From Vanguard to Rearguard," 54. Kalaw-Tirol, *1996*, 79의 자료도 보라.
89　Van Erven, *Playful Revolution*, 56–57.
90　《한국의 민중봉기》(오월의봄, 2015) 10장을 보라.
91　F. 시오닐 호세와의 인터뷰(2009년 6월 1일, 마닐라).
92　David, "A Movement Dies," 5; Lawyers Committee for Human Rights, *Vigilantes*, 139–43.
93　Roland Simbulan, "The CIA's Hidden History in the Philippines," Lecture at the University of the Philippines, August 18, 2000.
94　"People Power in the Philippines," http://fragmentsweb.org/TXT2/philiptx.html.
95　Maria Ela L. Atienza, "Health Devolution and Central-Local Relations in the Philippines: The Tripartite Partnership of the Department of Public Health, Local Government Units and Civil Society Organizations," *Journal of Democracy and Human Rights* 9, no. 1 (April 2009): 241; 메리 라셀리스와의 인터뷰(2009년 5월 29일, 마닐라).
96　GABRIELA, *The Situation of Women under the Estrada Administration*, 1999, Philippine Alliance of Human Rights Advocates (PAHRA), *Human Rights Report, 2000: A Prelude to Estrada's Curtain Call* (Quezon City: 2001), 73에서 인용. 1995년 필리핀의 여성 노동력 참여는 겨우 49퍼센트였던 반면, 남성은 82퍼센트였다. Miriam Coronel Ferrer, "Human Rights and Democracy in the Philippines," in *Democracy and Human Rights in the New Millennium*, International Symposium on the 20th Anniversary of the Kwangju Uprising Program (Gwangju: May 18 Institute, 2000), 141.
97　Carolyn I. Sobritchea, "Engendering Democracy and Nation-Building," in *Democratization Movements and Women*, Conference Proceedings of the Third 5.18 Memorial International Conference for Democratization and Human Rights (Gwangju: Chonnam National University May 18 Institute, 2002), 94. 동시에 미국은 기존의 여성주의 단체들과 경쟁할 네트워크로서 KABATID에 재정을 지원했고, 이는 미군 기지를 유지하고 공산당과 좌파 세력의 활동 금지를 지속하는 등 미국의 이해를 옹호하는 역할을 했다. Robinson, *Promoting Polyarchy*,

132–33을 보라.
98 Amrita Basu, "The Many Faces of Asian Feminism," *Asian Women* 5 (Fall 1997): 11.
99 Vincent Boudreau, "Of Motorcades and Masses: Mobilization and Innovation in Philippine Protest," in *The Revolution Falters: The Left in Philippine Politics After 1986*, ed. Patricio N. Abinales (Ithaca: Cornell Southeast Asia Program, 1996), 60.
100 Haggard and Kaufman, *Political Economy*, 225.
101 Eva-Lotta E. Hedman, "Beyond Boycott: The Philippine Left and Electoral Politics After 1986," in *The Revolution Falters: The Left in Philippine Politics After 1986*, ed. Patricio N. Abinales (Ithaca: Cornell Southeast Asia Program, 1996), 90.
102 Kalaw-Tirol, *1996*, 57.
103 Kirk, *Philippines in Crisis*, 174.
104 《한국의 민중봉기》(오월의봄, 2015) 2장을 보라.
105 Haggard and Kaufman, *Political Economy*, 219.
106 Kalaw-Tirol, *1996*, 110–11.
107 Ibid., 138.
108 Kirk, *Philippines in Crisis*, 226.
109 Kalaw-Tirol, *1996*, 150.
110 Muthiah Alagappa, ed., *Civil Society and Political Change in Asia: Expanding and Contracting Democratic Space* (Stanford: Stanford University Press, 2004), 4.
111 Mary Racelis, "New Visions and Strong Actions: Civil Society in the Philippines," in *Funding Virtue: Civil Society Aid and Democratic Promotion*, eds. Marina Ottaway and Thomas Carothers (Washington: Carnegie Endowment, 2000), 179.
112 PAHRA, *Human Rights Report*, 39–42를 보라.
113 Ibid., 74.
114 Carl H. Lande, "The Return of 'People Power' in the Philippines," *Journal of Democracy* 12, no. 2 (April 1991): 92.
115 Alice Raymundo, "Trade Liberalization and the Struggle for Food Sovereignty in the Philippines, in Anuradha M. Chenoy, *Putting People at the Centre: Human Security Issues in Asia* (New Delhi: ARENA, 2006), 132.
116 IBON Database and Research Center, *WTO: Supreme Instrument for Neoliberal Globalization* (Manila: IBON Books, 2005)를 보라.
117 IBON Foundation, "RP is Asia's Top Rice Importer," *Education for Development* 6, no. 2 (March–April 2007): 10.
118 Amando Doronila, ed., *Between Fires: Fifteen Perspectives on the Estrada Crisis* (Makati and Pasig: Inquirer Books and Anvil Publishing, 2001), 101.
119 Jomo, *Tigers in Trouble*, 213.
120 Jennifer C. Franco, "The Philippines: Fractious Civil Society and Competing Visions of Democracy," in *Civil Society and Political Change in Asia: Expanding and Contracting Democratic Space*, ed. Muthiah Alagappa (Stanford: Stanford University Press, 2004), 123; Doronila, *Between Fires*, 239.

121　Doronila, *Between Fires*, 15, 240.
122　Sheila S. Coronel, *EDSA 2: A Nation in Revolt* (Pasig City: Anvil, 2001), 17; Lande, "The Return," 94. 이 자료는 1월 18일 군중의 수를 50만 명에서 100만 명 사이로 추정하는 소식통을 인용한다. 민다나오 추방에 대해서는 PAHRA, *Human Rights Report*, 27을 보라.
123　코라손 훌리아노솔리만과의 인터뷰(2009년 6월 4일, 마닐라).
124　Coronel, *EDSA 2*, 127; 코라손 훌리아노솔리만과의 인터뷰(2009년 6월 4일, 마닐라).
125　Doronila, *Between Fires*, 171.
126　John J. Carroll, "Civil Society, the Churches, and the Ouster of Erap," in Doronila, *Between Fires*, 246.
127　PAHRA, *Human Rights Report*, 9.
128　Doronila, *Between Fires*, 8.
129　Lande, "The Return," 96.
130　Teresa S. Encarnacion Tadem, "Philippine Social Movements and the Continuing Struggle to Confront the Challenges of the Martial Law Period," *Journal of Democracy and Human Rights* 9, no. 1 (April 2009): 281.
131　Doronila, *Between Fires*, 83.
132　코라손 훌리아노솔리만과의 인터뷰(2009년 6월 2일, 마닐라).
133　Ibid.
134　Mary Racelis, "From the Fringes to the Mainstream," *Intersect* 8, no. 4 (April–May 1994): 7–8, Kalaw-Tirol, *1996*, 30에서 인용.
135　Racelis, "New Visions, Strong Actions," in *Funding Virtue*, 164.
136　에디시오 델라 토레와의 인터뷰(2009년 6월 5일, 마닐라).
137　Racelis, "New Visions, Strong Actions" 160–61, 181. 라셀리스가 지적한 것처럼, 1980년에서 1997년까지 미국은 필리핀 NGO와 필리핀에 있는 미국의 민간 자원 단체들에게 5,450만 달러를 기부했다. 1991년 해외 기부자들은 NGO들에게 1억 200만 달러를 줬다. 따라서 이 단체들이 실제로 비정부 단체들인지에 대해 의문이 생긴다.
138　Coronel, *EDSA 2*, 226.
139　Asia Human Rights Commission, *The State of Human Rights in Eleven Asian Nations—2006* (Hong Kong, 2006), 222.
140　IBON Foundation, *A New Wave of State Terror in the Philippines* (Manila: IBON Books, 2005), 59.
141　Asian Human Rights Commission, "Arbitrary Deprivation of Life in the Philippines," (Hong Kong, September 2008), 3.
142　Asian Human Rights Commission, "Rotten to the Core: Unaddressed Killings, Disappearances and Torture in the Philippines," *Article 2 of the International Covenant on Civil and Political Rights* 6, no. 1 (February 2007): 43.
143　Antonio Tujan Jr., "Political Killings Stem from Opposition to Arroyo's Economic Policies," *Education for Development* 6, no. 2 (March-April 2007): 7.
144　Ibid., 74.
145　Tadem, "Philippine Social Movements," 286.

146 Edna E.A. Co et al., *Philippine Democracy Assessment: Economic and Social Rights* (Pasig City: Anvil Publishing, 2007), 19.
147 라울 소크라테스 반수엘라와의 인터뷰(2009년 5월 30일, 마닐라).
148 Kirk, *Philippines in Crisis*, 151; Information Bureau, CPP, *Images of the New People's Army* (2004), xi.
149 Kalaw-Tirol, *1996*, 140; PAHRA, *Human Rights Report(20)*의 추정으로 MILF의 병력은 8,000명 내지 4만 명이다. MILF는 12만 명의 무장-비무장 전투원을 보유하며 더 많은 지지자들이 있다고 주장했다.
150 Carlos H. Conde, "Philippines on Alert After Plot," *New York Times*, February 15, 2008.
151 Keith Bradsher, "The Philippines Struggles to Cope with Deficits and Insurgents," *New York Times*, October 26, 2003.
152 Kirk, *Philippines in Crisis*, 182.

3장 버마

1 아웅 초 소와 아웅 모 조와의 인터뷰(2008년 11월 4~5일, 타이 매솟).
2 아웅 산은 현대 버마의 아버지로 알려져 있다. 그에 대한 민중의 존경은 아주 커서, 1988년 그의 딸인 아웅 산 수 치가 아픈 어머니를 보살피기 위해 망명에서 돌아오자, 그녀는 곧 버마 민주화의 지도자가 됐다.
3 2008년 11월 5일 타이 매솟에서 한 인터뷰에서, 카렌민족연맹 부의장이자 고참 활동가인 데이비드 타레카보는 학생 104명이 살해됐다고 기억했다.
4 Bertil Lintner's *Outrage: Burma's Struggle for Democracy* (London and Bangkok: White Lotus, 1990). 베르틸 린트네르의 책은 이 사건들에 대해 생생하게 자세히 기록하고 있다. 버마에 대한 린트너의 저작은 독보적이며, 나는 그의 책에 상당히 의지했다.
5 Ibid., 9.
6 ibid., 90–92의 논의를 보라.
7 Maung Maung, *The 1988 Uprising in Burma* (New Haven: Yale Southeast Asia Studies, 1999), 93.
8 Lintner, *Outrage*, 95.
9 Alan Clements and Leslie Kean, *Burma's Revolution of the Spirit* (New York: Aperture Foundation, 1994), 36.
10 *Voices from the Jungle* (Tokyo: Center for Christian Response to Asian Issues, 1989), 1. Hereafter *Voices*.
11 Vincent Boudreau, "State Repression and Democracy Protest in Three Southeast Asian Countries," in *Social Movements: Identity, Culture and the State* (Oxford: Oxford University Press, 2002), 35.
12 Lintner, *Outrage*, 114.
13 Maung Maung, *1988 Uprising*, 226.
14 William A. Callahan, *Cultural Governance and Resistance in Pacific Asia* (Abingdon: Routledge, 2006), 94.
15 2006년 4월 9일 베르틸 린트네르가 내게 보낸 이메일에서 확인한 내용이다. 린트네르는 또

한 이런 상황은 9월 18일 이후 많은 설명이 주장한 것처럼 '법과 질서'가 붕괴하지 않았다는 사실을 가리킨다고 봤다.

16 Lintner, *Outrage*, 121–22.
17 Lintner, *Outrage*, 127; Maung Maung, *1988 Uprising*, 226.
18 *Voices*, 5.
19 Maung Maung, *1988 Uprising*, 267.
20 Gamanii, "Putting Out Fires—The Burmese Way," unpublished pamphlet, Mae Sot Thailand, 2008을 보라.
21 아웅 초 소와의 인터뷰(2008년 11월 5일, 타이 매솟).
22 아웅 모 조와의 인터뷰(2008년 11월 5일, 타이 매솟).
23 *New York Times*, November 14, 2000, 11.
24 Clements and Kean, *Burma's Revolution*, 89.
25 *Burma: Anatomy of Terror*, a film by John Pilger.
26 Shan Women's Action Network, http://www.shanwomen.org.
27 Alternative ASEAN Network on Burma, *Burma Briefing: Issues and Concerns* (Bangkok: 2004), 85.
28 Walden Bello, Shea Cunningham, and Li Kheng Poh, *A Siamese Tragedy: Development and Disintegration in Modern Thailand* (Oakland, CA: Food First Books, 1998), 88.
29 Teddy Buri, "International Community and Democratic Change in Burma," in *Gwangju International Peace Forum*, May 16, 2009, 31.
30 Andrew Marshall, "Blood, Robes, and Tears: A Rangoon Diary," *Time*, October 22, 2007, 24.
31 Awzar Thi, "Burma's Saffron Revolution," *Human Rights Solidarity* 17, no. 5 (Hong Kong: Asian Human Rights Commission, September 2007): 3.
32 Thomas Fuller, "A Monk's Tale of Protest and Escape from Myanmar," *New York Times*, October 26, 2007.
33 Marshall, "Blood, Robes, and Tears," 27.
34 Pankaj Mishra, "The Revolt of the Monks," *New York Review*, February 14, 2008, 36.
35 Jürgen Kremb, "Die Stadt der leeren Klöster," *Der Spiegel* 41 (2007): 157.
36 F. William Engdahl, "Chokepoint! The Geopolitical Stakes of the Saffron Revolution," October 15, 2007, http://www.engdahl.oilgeopolitics.net/Geopolitics___Eurasia/Myanmar/myanmar.html.
37 산 아웅과의 인터뷰(2008년 11월 4~5일, 타이 방콕).
38 Justin Wintle, *Perfect Hostage: A Life of Aung San Suu Kyi* (London: Hutchinson, 2007).

4장 티베트

1 Dalai Lama, *My Land and My People* (New Delhi: Srishti Publishers, 1997), 69. 한국어판《티벳, 나의 조국이여》(정신세계사, 1988).
2 Ibid., 76.
3 Jamyang Norbu, *Warriors of Tibet: The Story of Aten and the Khampas' Fight for the Freedom of*

Their Country (London: Wisdom Publications, 1986), 22–23.

4 Ibid., 52–53.
5 Mary Craig, *Tears of Blood: A Cry for Tibet* (London: HarperCollins, 1992), 15. 중국의 공격으로 사망한 티베트인의 수를 210만 명으로 추정하는 자료 International Commission of Jurists, *The Question of Tibet and the Rule of Law* (Geneva, H. Studer, 1960), 132–33을 보라. 티베트 망명정부가 집계한 정보에 따르면, 1949년과 1979년 사이에 120만 명 이상의 티베트인들이 죽었다. 티베트의 전통 작물인 보리를 밀로 대체하는 중국 측 정책의 결과 1956년 동티베트에서 최소한 50만 명이 사망했다. 중국의 대체정책은 실패했고, 티베트에서 처음으로 기근이 발생하는 원인이 됐다. Mikel Dunham, *Buddha's Warriors: The Story of the CIA-Backed Tibetan Freedom Fighters, the Chinese Invasion, and the Ultimate Fall of Tibet* (New York: Penguin, 2004), 5를 보라. 중국 정부가 집계한 인구와 사망자 수치는 상당히 낮다.
6 *A Survey of Tibet Autonomous Region* (Tibet People's Publishing House, 1984).
7 더욱이, 1957년 2월 27일 〈모순에 관하여〉라는 유명한 연설에서 마오는 "2차 5개년 계획 (1958~1962년) 기간에 티베트에서 민주개혁으로 전진하기 않기로 결정됐으며, 우리는 이후 상황에 비추어 3차 5개년 계획의 시기에 민주개혁을 수행할지 여부를 결정할 수 있을 뿐이다"라고 덧붙였다. Raja Hutheesing, ed., *Tibet Fights for Freedom: A White Book* (Bombay: Orient Longmans, 1960), 20을 보라. 달라이 라마는 "마오가 티베트를 공산주의 국가로 전환시키기 위해 결코 폭력을 사용하지 않을 것이라고 확신"했으며, "나는 아직도 그런 억압이 마오쩌둥의 승인과 지지를 받았다고 믿기 어렵다"고 말했다. 그는 저우언라이에 대해서는 아주 다르게 생각했다. Dalai lama, *My Land*, 118을 보라.
8 William Blum, *Killing Hope* (Monroe, ME: Common Courage Press, 1995), 26, 한국어판 《미군과 CIA의 잊혀진 역사》(녹두, 2003); Dunham, *Buddha's Warriors*, 200–208, 365.
9 Jane Ardley, *The Tibetan Independence Movement: Political Religious and Gandhian Perspectives* (London: Routledge, 2002), 28–29.
10 "Work Report of the People's Council of the Tibetan Autonomous Chou of Kanze," *Kanze Pao* (Kangting), Hutheesing, *Tibet Fights*, 23–24에서 인용.
11 Dunham, *Buddha's Warriors*, 257.
12 Ibid., 256–59.
13 Hutheesing, *Tibet Fights*, 31.
14 Tashi Khedrup, *Adventures of a Tibetan Fighting Monk* (Bangkok: Orchid Press, 1998), 86.
15 Hutheesing, *Tibet Fights*, 28.
16 Dalai Lama, *My Land*, 134.
17 Khedrup, *Adventures*, 102; Craig, *Tears of Blood*, 97; Dunham, *Buddha's Warriors*, 263.
18 Hutheesing, *Tibet Fights*, 37; Dalai Lama, *My Land*, 168.
19 Hutheesing, *Tibet Fights*, 39.
20 Khedrup, *Adventures*, 89.
21 Hutheesing, *Tibet Fights*, 38; Dunham, *Buddha's Warriors*, 274.
22 Craig, *Tears of Blood*, 106.
23 Hutheesing, *Tibet Fights*, 17.
24 Ibid., 79.

25   Dunham, *Buddha's Warriors*, 272.
26   Hutheesing, *Tibet Fights*, 42.
27   Dalai Lama, *My Land*, 196.
28   Michel Peissel, *Secret War in Tibet* (Boston: Little, Brown, 1972), 143.
29   Ibid., 144.
30   Dunham, *Buddha's Warriors*, 326.
31   New China News Agency, March 25, 1959, as quoted in Hutheesing, *Tibet Fights*, 51.
32   2000년 3월 9일 통과된 미 상원 결의안 60호는 1959년 3월 10일 봉기의 결과로 살해되거나 체포되거나 노동수용소로 추방된 티베트인을 8만 7,000명으로 추산하는 중국 측 통계를 인용했다. 국제법률가위원회는 라싸에서 살해된 티베트인의 수만 해도 Hutheesing, *Tibet Fights*, 222 보고된 대로, 약 2만 명으로 추산했다.
33   저항 세력에 애석하게도, 이 전사들도 라싸에서 싸우다가 도망치는 승려의 말을 몰수했고, 그들을 수감했다. 추시 강드룩이 이끈 캄파 투사 부대의 일부는 밀가루, 버터, 말을 가난 농민들에게서 빼앗았고, 다른 일부는 티베트 소녀들을 그들의 가족에게서 납치했다. Khedrup, *Adventures*, 98; Dunham, *Buddha's Warriors*, 241을 보라.
34   Hutheesing, *Tibet Fights*, 29, 45, 106.
35   *Xizang Xingshi he Renwu Jiaoyu de Jiben Jiaocai*, 1960, http://www.tibet.com/WhitePaper/white5.html에서 인용.
36   Dunham, *Buddha's Warriors*, 353.
37   Ibid., 5.
38   1959년 6월 인도에서 달라이 라마는 1958년 이전에 1,000개 이상의 사원이 파괴됐다고 주장했다. Ardley, *Tibetan Independence Movement*, 30; Dunham, *Buddha's Warriors*, 325를 보라.
39   Dunham, *Buddha's Warriors*, 372.
40   Craig, *Tears of Blood*, 167–68.
41   John Kenneth Galbraith, *A Life in Our Times* (Boston: Houghton Mifflin, 1981), 395, Dunham, *Buddha's Warriors*, 356에서 인용.
42   Dunham, *Buddha's Warriors*, 382.
43   Ibid., 383.
44   Ibid., 389.
45   Ronald D. Schwartz, *Circle of Protest: Political Ritual in the Tibetan Uprising* (New York: Columbia University Press, 1994), 22.
46   Qiogya, "What Really Happened in Lhasa," in *Tibetans on Tibet* (Beijing: China Reconstructs Press, 1988), 188.
47   Ibid., 189.
48   Melissa Harris and Sidney Jones, eds., *Tibet Since 1950: Silence, Prison or Exile* (New York: Aperture, Human Rights Watch, 2000), 146.
49   Schwartz, *Circle of Protest*, 26.
50   Testimony in ibid., 80–83.
51   Ibid., 83.
52   1959년 체포되어 중국 감옥에서 16년을 보낸 승려인 롭상 노르부는 자기 주변에서 수천 명

의 사람들이 죽는 것을 보았다. 일부는 일상적 조건의 야만성에서 탈출하기 위해 심지어 "자기 목을 긋기도" 했다.

53 John Ackerly and Blake Kerr, "Torture and Imprisonment in Tibet," in *The Anguish of Tibet*, eds. Petra Kelly, Gert Bastian, and Pat Aiello (Berkeley: Parallax Press, 1991), 122–23.
54 Schwartz, *Circle of Protest*, 98.
55 Craig, *Tears of Blood*, 18에서 인용.
56 Schwartz, *Circle of Protest*, 126–27.
57 Ibid., 125에서 인용.
58 Amnesty International, report, "Repression in Tibet, 1987–1992."를 보라.
59 Christa Meindersma, "Eyewitness Report: Tibet, December 10, 1988," in *Anguish of Tibet*, 245–47.
60 Schwartz, *Circle of Protest*, 140.
61 중국 정부는 달라이 라마에 대항하여 판첸 라마를 이용하려고 시도했지만, 그는 1964년 달라이 라마를 비난하기를 거부했고 그 이후 13년 동안 실종됐다. 1987년 3월 28일 판첸 라마는 베이징의 전국인민대회 소위원회에 강력한 호소를 전하면서, 암도에서 일어난 인민해방군의 민간인 살해를 '참사'로 언급했다. http://www.tibet.com/WhitePaper/white5.html 을 보라.
62 1992년 2월 21일 티베트정보네트워크에 따르면, 1987년 9월부터 1989년 9월까지 여승들이 25회의 시위에 참가했고, 그중에서 절반 이상을 독자적으로 책임졌다.
63 또다시 한 유럽인 관광객이 이후 이 사건들에 대해 증언했다. Susanne Maier, "Impressions of Lhasa, March 1989," in *Anguish of Tibet*, 248–51을 보라.
64 Schwartz, *Circle of Protest*, 157.
65 Pico Iyer, "Tibet's Nobel Man," *Time* (Hong Kong) 173, no. 25–26 (June 29–July 6, 2009): 68. 그는 1989년 3월 시위 이후에 라싸에서 250명이 죽었다고 집계했다.
66 Amnesty International, "One Year after Martial Law: Update on Human Rights in Tibet," in *Anguish of Tibet*, 252.
67 *Tibet: The Lost Nation* (film, 1989).
68 *Tibet Review*, September 1990, 4에 보고된 1990년 4월 30일 연설.
69 Steven Marshall, "Prisons in Tibet," in *Tibet Since 1950*, 147.
70 Ibid., 144–49.
71 Ardley, *Tibetan Independence Movement*, 24.
72 "Tackling Tibet," *Time*, January 9, 2008.
73 International Committee of Lawyers for Tibet, *A Generation in Peril: The Lives of Tibetan Children under Chinese Rule* (Berkeley: International Committee of Lawyers for Tibet, 2001), 11–12.
74 Warren W. Smith Jr., *Tibet's Last Stand? The Tibetan Uprising of 2008 and China's Response* (Lanham, MD: Rowman & Littlefield, 2010), 2.
75 프리 티베트의 웹사이트에서 훌륭한 BBC 다큐멘터리를 볼 수 있다. http://www.freetibet.org/newsmedia/uprising-tibet-video-chronology.
76 Edward Wong, "China Has Sentenced 55 over Tibet Riots in March," *International Herald*

Tribune, November 6, 2008, 6.
77 Taiwan Foundation for Democracy, *China Human Rights Report 2008* (Taipei, 2009), 11.
78 Nicholas Kristof, "The Terrified Monks," *New York Times*, May 15, 2008, A29; Smith, *Tibet's Last Stand*, 3.

5장 중국

1 비록 정부는 숫자를 줄여 발표했지만, 약 700명이 살해된 것으로 보인다.
2 Blum, *Killing Hope*, 22.
3 Ibid., 26.
4 Roderick MacFarquhar, *The Politics of China: The Eras of Mao and Deng* (Cambridge: Cambridge University Press, 1997), 303.
5 Jan Wong, *Red China Blues* (New York: Anchor Books, 1997), 44.
6 Mark Selden, "Limits of the Democratic Movement," in *Chinese Democracy and the Crisis of 1989*, eds. Roger Des Forges, Luo Ning, and Wu Yen-bo (Albany: SUNY Press, 1993), 112를 보라.
7 Jack Goody, "Civil Society in an Extra-European Perspective," in *Civil Society: History and Possibilities*, eds., Sudipta Kaviraj and Sunil Khilnani (Cambridge: Cambridge University Press, 2001)에서 좋은 반증을 발견할 수 있다. 구디는 중세 중국에서 길드의 중요성과 다른 구체적인 시민사회의 예를 지적하는 것 외에도, "동방 통치자들의 탐욕과 폭정은 자주 과장된 반면, 서구 통치자들의 그것은 축소됐다"(155)고 주장한다.
8 Frederic Wakeman, "Boundaries of the Public Sphere in Ming and Qing China," *Daedalus* 127, no. 3 (1998). 웨이크먼은 이 사건들의 잔재가 남아 문화대혁명에서도 지속됐다고 주장한다.
9 Stanley Rosen, "Guangzhou's Democracy Movement in Cultural Revolution Perspective," *The China Quarterly* 101 (March 1985): 28.
10 명백히 중국에도 문화대혁명에 대한 반감은 심각하다. 문화대혁명이 끝난 지 10년 후에도 황샤오광은 우한성에서 85명과 인터뷰를 하면서 문화대혁명이 다시 일어나면 참여하겠냐고 질문했다. 모든 응답자가 참여하지 않겠다고 답했지만, 부패한 관료에 반대하는 운동에 대해 똑같은 질문을 하자 모두가 참여하겠다고 응답했다. Shaoguang Wang, "From a Pillar of the Community to a Force for Change: Chinese Workers in the Movement," in *Chinese Democracy and the Crisis of 1989*, eds. Roger Des Forges, Luo Ning, and Wu Yen-bo (Albany: SUNY Press, 1993), 177.
11 Geremie Barmé, "Beijing Days, Beijing Nights," in *The Pro-Democracy Protests in China: Reports from the Provinces*, ed. Jonathan Unger (Armonk: M.E. Sharpe, 1991), 39.
12 Andrew G. Walder and Gong Xiaoxia, "Workers in the Tiananmen Protests: The Politics of the Beijing Workers' Autonomous Federation," *The Australian Journal of Chinese Affairs* 29 (January 1993): 2, 19에서 인용. http://www.tsquare.tv/links/Walder.html에서도 볼 수 있다.
13 가문의 명예가 중요한 사회에서 '의로운 것'과 '의롭지 못한 것'의 구별은 특히 중요하다.

미국에서 그런 시민적 지속성은 실제로 존재하지 않는다. 부시 가문이 제2차 세계대전 시 나치와 협력했다는 사실을 아는 미국인은 거의 없다. 이는 명예를 중요한다면 정치적 재앙에 해당하는 가문의 유산이다.

14 Rosen, "Guangzhou's Democracy," 2.
15 Wong, *Red China Blues*, 188–89.
16 Rosen, "Guangzhou's Democracy," 14.
17 Ibid., 25.
18 *Freedom at Issue* 63 (November–December 1981): 24, as quoted in ibid., 31.
19 David A. Kelly, "The Chinese Student Movement of December 1986 and Its Intellectual Antecedents," *The Australian Journal of Chinese Affairs* 17 (January 1987): 132.
20 ibid., 139에서 인용.
21 Teresa Wright, *The Perils of Protest: State Repression and Student Activism in China and Taiwan* (Honolulu: University of Hawaii Press, 2001), 24.
22 Julia Kwong, "The 1986 Student Demonstrations in China: A Democratic Movement?" *Asian Survey* 28, no. 9 (September 1988): 970–72.
23 Kelly, "Chinese Student Movement," 127.
24 David Bachman, "Planning and Politics Since the Massacre," in *The Aftermath of the 1989 Tiananmen Crisis in Mainland China*, ed., Bih-jaw Lin (Boulder: Westview Press, 1992), 301, 305, 308.
25 Richard Baum, "The Road to Tiananmen: Chinese Politics in the 1980s," in *The Politics of China: The Eras of Mao and Deng*, ed. Roderick MacFarquhar (Cambridge: Cambridge University Press, 1997): 420–21.
26 Andrew G. Walder, "Political Sociology of the Beijing Upheaval," *Problems of Communism* 38 (September–October 1989), 33–34.
27 물가상승률은 1951년에서 1978년까지 1퍼센트 이하, 1979년에서 1984년까지 3퍼센트 이하, 1985년에서 1987년까지 6.0에서 8.8퍼센트였고, 1988년 공식 물가상승률은 18.5퍼센트로 치솟았다. Calla Wiemer, "Price Reform Stalled: An Inherent Obstacle, A Missed Opportunity," *Journal of Asian Economics* 1, no. 2 (1990): 371을 보라.
28 Wang, "Pillar of Community," 184.
29 Bachman, "Planning and Politics," 303; Baum, "Road to Tiananmen," 420–21.
30 Han, *Cries for Democracy*.
31 Wang, "Pillar of Community," 186.
32 Ralph Crozier, "The Avant-Garde and the Democracy Movement: Reflections on Late Communism in the USSR and China," *Europe-Asia Studies* 51, no. 3 (1999): 483–513.
33 Walder and Xiaoxia, "Workers," 2.
34 des Forges et al., *Chinese Democracy*, 180. Thompson, *Democratic Revolutions*, 145에서 인용.
35 Orville Schell and David Shambaugh, eds., *The China Reader: The Reform Era* (New York: Vintage, 1999), 82.
36 Wright, *Perils of Protest*, 35–36.
37 Wong, *Red China Blues*, 227–28.

38 Wright, *Perils of Protest*, 38.
39 시안 사건의 자세한 서술은 Joseph W. Esherick, "Xi'an Spring," in *Pro-Democracy Protests*, 83–91, and Han, *Cries for Democracy*, 100–101을 보라.
40 Karen Eggleston, "'You Are Dead, the Square Is Dead': The 1989 Chinese Pro-Democracy Movement," *Transactions of the Royal Asiatic Society* 64 (1989): 39.
41 Han, *Cries for Democracy* 37.
42 Ibid., 43.
43 Corinna-Barbara Francis, "The Progress of Protest in China: The Spring of 1989," *Asian Survey* 29, no. 9 (September 1989): 904.
44 Ibid., 903. 북대련은 공식적으로 4월 26일 설립됐다. 이 단체의 '최고 강령'은 중난하이 지구 농성단의 7대 요구였다(언론과 집회의 자유, 교육예산 확대, 부패 처벌, 고위공직자 재산 공개, 후야오방에 대한 공정한 재평가 등).
45 Lawrence Sullivan, "The Chinese Democracy Movement of 1989," *Orbis* 33 (Fall 1989): 565–66, as quoted in Eggleston, "Kwangju 1980 and Beijing 1989," 54–55.
46 Tang Tsou, "The Tiananmen Tragedy: The State-Society Relationship, Choices, and Mechanisms in Historical Perspective," in *The Roundtable Talks and the Breakdown of Communism*, eds. Jon Elster (Chicago: The University of Chicago Press, 1996), 221.
47 Walder, "Political Sociology," 32; Selden, "Limits," 127.
48 1989년 말 폴란드에서 자유노조가 주도한 연립정부가 구성됐고, 1989년 11월 9일 베를린장벽이 붕괴했고, 3일 후에 체코의 벨벳혁명이 일어났다. 또한 Rudolf Wagner, "Political Institutions, Discourse and Imagination in China at Tiananmen," in James Manor, ed., *Rethinking Third World Politics* (New York: Longman, 1991)를 보라.
49 Walder, "Political Sociology," 32.
50 Han, *Cries for Democracy*, 318–20.
51 Tsou, "Tiananmen Tragedy," 216.
52 Wright, *Perils of Protest*, 48.
53 개혁 개방에 대한 마르크스주의 정권의 폭넓고 예지적인 분석은 Herbert Marcuse, *Soviet Marxism* (Boston: Beacon Press, 1958)을 보라. 혁명의 산물로서 자기이해를 고려하면, 공산주의 정권들은 서구나 남반구의 정권들에 비해 정권에 맞선 항의운동을 온건하게 다뤘다. 소련에서는 정권의 이데올로기가 사회변혁과 변화를 추구하고 역사과정의 일부로 껴안았기 때문에 체제가 효과적으로 전복됐다. 한국어판《소비에트 마르크스주의: 비판적 분석》(동녘, 2000).
54 Wong, *Red China Blues*, 231.
55 Tsou, "Tiananmen Tragedy," 224.
56 Wright, *Perils of Protest*, 60.
57 Tsou, "Tiananmen Tragedy," 223–24.
58 Teresa Wright, "Disincentives for Democratic Change in China," *Asia Pacific Issues* 82 (February 2007): 4를 보라.
59 Zhang Liang, *The Tiananmen Papers* (New York: Public Affairs, 2001), 133.
60 Barmé, "Beijing Days," 37.

61　Wang, "Pillar of Community," 178.
62　"Letter to Workers of the Entire Nation," quoted in Walder and Xiaoxia, "Workers," 8에서 인용. 여기에서 "원래의 위대함으로 복귀해야 한다"는 구호에 주목하라. 이는 여전히 중화 왕조의 정체성, 즉 중국이 세계의 중심이라는 정체성의 핵심 부분이다.
63　Wang, "Pillar of Community," 179.
64　Dated May 17, Walder and Xiaoxia, "Workers," 8에서 인용.
65　Pik Wan Wong, "The Pro-Chinese Democracy Movement in Hong Kong," in *The Dynamics of Social Movement in Hong Kong*, eds., Stephen Wing Kai Chiu and Tai Lok Lui (Hong Kong: Hong Kong University Press, 2000), 58.
66　Zhang, *Tiananmen Papers*, viii.
67　Esherick, "Xi'an Spring," 92.
68　Anita Chan and Jonathan Unger, "Voices from the Protest Movement," in *Pro-Democracy Protests*, 114.
69　Eggleston, "You Are Dead," 52.
70　Wong, *Red China Blues*, 229.
71　Ibid., 232–24.
72　Crozier, "Avant-Garde," 504.
73　Wong, *Red China Blues*, 232. 마치 베이징의 모든 사람들이 항의하여 거리에 나선 것처럼 보였다. 이슬람을 모독하는 성욕에 관한 책에 항의하여 5월 12일 3,000명의 이슬람교도가 행진했다. 4월 말에는 2만 명 이상의 이슬람교도들이 간수성의 성도인 란조우에서 시위를 벌였고, 5월 중순에는 10만 명의 이슬람교도들이 칭하이성의 성도인 시닝에서 시위했고 비슷한 시위가 우르무치, 우룬치, 내몽골, 우한, 위난에서 벌어졌다. (Dru C. Gladney, "The Social Life of Labels: State Definition, Religion and Ethnicity in China," AAA Paper, 1990.) 이들은 정부가 그 책을 금지하기를 원했다. 이 순간 에로스 효과는 비록 다수의 의도에 반하더라도 이슬람교도들을 활성화시켰다.
74　Barmé, "Beijing Days," 54.
75　Wong, *Red China Blues*, 235.
76　Tsou, "Tiananmen Tragedy," 223.
77　Barmé, "Beijing Days," 52.
78　Zhang, *Tiananmen Papers*, 173.
79　영화 〈톈안먼(The Gate of Heavenly Peace)〉에서 캡처.
80　Wong, *Red China Blues*, 235.
81　Han, *Cries for Democracy*, 201.
82　Walder and Xiaoxia, "Workers," 24.
83　Francis, "Progress of Protest," 913.
84　Selden, "Limits," 122를 보라.
85　Eggleston, "You Are Dead," 45.
86　Shen Tong, *Almost a Revolution* (Boston: Houghton Mifflin, 1990), 270.
87　"Crime in Beijing This Month Experiences Sharp Drop," *HuaQiao Ribao*, May 23, 1989, 6, as quoted in Francis, "Progress of Protest," 914. 베이징 공안당국은 5월 1일~21일 범죄, 화재,

교통사고율이 전년보다 33퍼센트 낮았다고 보고했다. (Zhang, *Tiananmen Papers*, 289).
88 *Reminin Erbao*, May 24, 1989, as quoted in Eggleston, "You Are Dead," 46.
89 Burt Green, "The Meaning of Tiananmen," *Anarchy: A Journal of Desire Armed* (Fall–Winter 2004–2005): 44.
90 *Huaqiao Ribao*, June 14, 1989, 4, as reported in Tsou, "Tiananmen Tragedy," 228.
91 Wong, *Red China Blues*, 234.
92 Joseph F. Kahn, "Better Fed than Red," *Esquire*, September 1990, 186–97.
93 Chu-Yuan Cheng, *Behind the Tiananmen Massacre: Social, Political and Economic Ferment in China* (Boulder: Westview Press, 1990), 41–42, 98.
94 Han, *Cries for Democracy*, 273.
95 Wang, "Pillar of Community," 179. 왕은 한 중국 학자의 말을 인용하는데, 그는 총공회 지도부의 동의를 얻어내는 사람들과 친했다. 그는 전국총공회를 하나의 단체로 언급한다. 6월 4일 이후, 지도부의 일원인 주호제(Zhu Houzhe)는 사태에 관여한 사유로 사퇴해야 했다.
96 Wong, *Red China Blues*, 238.
97 Cheng, *Tiananmen Massacre*, 204.
98 Baum, "Road to Tiananmen," 452; Walder, "Political Sociology," 39.
99 Democratic Socialist Party of Australia, *The Class Nature of the People's Republic of China* (Newtown: Resistance Books, 2004), 21–22.
100 5월 23일자 《아시아 월 스트리트 저널》은 전인대 상임위원 24인이 계엄령 종식을 위한 비상회의 호소문을 발표했다고 보도했다.
101 Gene Sharp, *Waging Nonviolent Struggle: 20th Century Practice and 21st Century Potential* (Boston: Porter Sargent Publishers, 2005), 262.
102 Walder and Xiaoxia, "Workers," 9. Three years before Walder and Xiaoxia's study, Selden placed their membership at only three thousand ("Limits," 122).
103 Frederic Wakeman, "Items," *Social Science Research Council* 43, no. 3 (September 1989), 60, as cited in Karen Eggleston, "Kwangju 1980 and Beijing 1989," *Asian Perspective* 15, no. 2 (Fall–Winter 1991), 38. 물론 시민사회에 대한 이런 논의는 과도하게 유럽 중심주의적 기조를 가지며, 어떤 특정한 종류의 유럽 시민사회가 유일하게 중요한 모델로 투사된다. 따라서 중국의 금융협회(멀리 타이와 인도네시아에서도 중요한), 오래 유지된 상소제도나 수백 개의 독립적인 서원들은 포함되지 않는다. Tsou, "Tiananmen Tragedy," 220 and 234, for mention of "emergence of a civil society almost from scratch."의 언급을 보라. 다른 학자들은 공산주의가 1978년 경제개혁의 재개 시까지 시민사회의 전통적 발전에서 '균열', 즉 시민사회의 탄압 또는 실종을 제공했다고 주장한다. William A. Callahan, "Comparing the Discourse of Popular Politics in Korea and China: From Civil Society to Social Movements," *Korea Journal* 38, no.1 (Spring 1998): 281–82. Foucault considers China the "exotic East" [*History of Sexuality*, vol. 1 (New York Vintage, 1980), xv]; Afterward to Hubert Dreyfus and Paul Rabinow, *Beyond Structuralism and Hermeneutics* (New York: Harvester Press, 1982), 213의 논의를 보라.
104 Wang, "Pillar of Community," 179.
105 Wright, *Perils of Protest*, 83.
106 Ibid., 84.

107 Cheng, *Tiananmen Massacre*, 205.
108 Dated May 26, as quoted in Walder and Xiaoxia, "Workers," 12–13.
109 Zhang, *Tiananmen Papers*, 319–22.
110 Wright *Perils of Protest*, 94.
111 Walder and Xiaoxia, "Workers," 24.
112 Wright, *Perils of Protest*, 93.
113 Walder and Xiaoxia, "Workers," 15.
114 Selden, "Limits," 122.
115 봉기가 진압된 다음, 매사추세츠 주 월트햄의 브랜다이스 대학에서 팩스가 사용된 것으로 밝혀졌다. 중국 학생들은 여러 도시에서 브랜다이스로 보고서를 팩스로 보낸 다음, 경찰이 도착하기 전에 팩스기를 다른 장소로 옮겼다. 새로운 장소에서 연락을 받으면, 브랜다이스의 중국 학생들은 편집한 보고서를 다시 중국으로 보냈다.
116 Han, *Cries for Democracy*, 343–44.
117 이 인터뷰는 영화 〈톈안먼〉에서 볼 수 있다. 마침내 군대의 공격이 시작되자 차이링은 결국 자발적으로 광장을 떠나기로 결정했다. 더 많은 해명은 Tsou, "Tiananmen Tragedy," 239를 보라.
118 Cheng, *Tiananmen Papers*, 205.
119 Schell and Shambaugh, *China Reader*, 203에서 인용.
120 Zhang, *Tiananmen Papers*, 367.
121 Green, "Meaning of Tiananmen," 44.
122 Baum, "Road to Tiananmen," 459.
123 공격 한 달 후 베이징 시장 첸시통은 장문의 상세한 보고서를 제출했고, 그는 내가 이 장에서 언급한 저항 사례의 목록을 정리했다. Chen Xitong, "Report on the Checking the Turmoil and Quelling the Counterrevolutionary Rebellion," in *The China Reader: The Reform Era*, eds. Orville Schell and David Shambaugh (New York: Vintage, 1999), 79–95.
124 Zhang, *Tiananmen Papers*, 384.
125 Unger, *Pro-Democracy Protests*, 77, 222.
126 Keith Forster, "The Popular Protest in Hangzhou," in *Pro-Democracy Protests*, 180.
127 Tsou, "Tiananmen Tragedy," 220.
128 Cheng, *Tiananmen Massacre*, 206.
129 Baum, "Road to Tiananmen," 469.
130 사망자 숫자는 200~300명(정부 수치)에서, 《뉴욕타임스》의 400~800명, 1,000명(미국 국가안보청), 2,600명(중국 적십자)까지 이른다. 마크 블레처는 '최상의 추정치'를 약 1,000명으로 본다. Marc Blecher, *China Against the Tides: Restructuring through Revolution, Radicalism and Reform* (London: Pinter, 1997). 108.
131 Schell and Shambaugh, *China Reader*, 92–93.
132 Cheng, *Tiananmen Massacre*, 207.
133 Jan Wong, *Red China Blues*, 257.
134 "The Tiananmen Square Confrontation Rewriting History for a new Generation," http://www.alternativeinsight.com/Tiananmen.html, accessed October 1, 2009.

135 *Prisoner of the State: The Secret Journal of Premier Zhou Ziyang* (New York: Simon and Schuster, 2009).
136 Crozier, "Avant-Garde," 498.
137 Zhang Hongtu's *Last Banquet* in Crozier, "Avant-Garde," 492를 보라. 레오나르도 다빈치의 〈최후의 만찬〉에 마오쩌둥을 끼워 넣은 이 패러디 작품이 워싱턴 D.C.에서 전시되자 한 보수적 의원은 '신성모독'이라고 반감을 표시했다.
138 Wright, "Disincentives," 4.
139 우지에민 교수와의 인터뷰(2009년 8월 15일).
140 Wang Dan, "An Olympic Amnesty," *Washington Post*, June 3, 2008.
141 펑충더가 인터뷰한 한둥팡, "June 4th's Long-term Legacy," *China Rights Forum* 2 (2006): 75.
142 Yanqi Tong 성장률을 7퍼센트로 측정했다. "The Prospects of Democracy in China: Theory and Reality," in *Democracy and Human Rights in the New Millennium*, International Symposium on the 20th Anniversary of the Kwangju Uprising Program (Gwangju: May 18 Institute, 2000), 125를 보라.
143 China Institute for Reform and Development, eds., *Thirty Years of China's Reforms: Through Chinese and International Scholars' Eyes* (Beijing: Foreign Languages Press, 2008), 23.
144 State Administration of Foreign Exchange, People's Republic of China, http://www.chinability.com/Reserves.htm
145 Richard Walker and Daniel Buck, "The Chinese Road: Cities in the Transition to Capitalism," *New Left Review* 46 (July–August 2007): 48.
146 National Bureau of Statistics as reported in *China Human Rights Report 2008*, 112.
147 Taiwan Foundation for Democracy, *China Human Rights Report 2008* (Taipei: Taiwan Foundation for Democracy, 2009), 41.
148 China Institute for Reform and Development, *Thirty Years of China's Reforms*, 157–60.
149 Ibid., 167.
150 Walden Bello, "Asia: The Coming Fury," *Foreign Policy in Focus*, February 10, 2009.
151 *Asian Labour News*, May 8, 2004.
152 You Yongding, "The Experience of FDI Recipients: The Case Of China," in *Multinationals and Economic Growth in East Asia*, eds. S. Urata, C. Yue, and F. Kimura (London: Routledge, 2006), 436.
153 "China Is Rich Abroad Due to Worker Bulge," *China Post*, August 3, 2009.
154 Mary E. Gallagher, "The Limits of Civil Society in a Late Leninist State," in *Civil Society and Political Change in Asia: Expanding and Contracting Democratic Space*, ed. Mutiah Alagappa (Stanford: Stanford University Press, 2004), 443을 보라.
155 Joseph Kahn, "In China, a Lake's Champion Imperils Himself," *New York Times*, October 13, 2007.
156 Howard French, "Citizens' Groups Take Root Across China," *New York Times*, February 15, 2007.
157 홍콩 인권 및 민주주의센터에 의하면, 1998년에서 2000년까지 대규모 시위가 거의 3배로 늘어 17만 건에 이르렀다. Green, "Meaning of Tiananmen," 47에서 인용. 마틴 하트-랜스버그와 폴 버케트는 2000년 노동쟁의를 32만 7,152건으로 보고했다. Martin Hart-Landsberg

and Paul Burkett, *China and Socialism: Market Reforms and Class Struggle* (New York: Monthly Review Press, 2005), 82.
158 Taiwan Foundation for Democracy, *China Human Rights Report 2008*, 57.
159 Howard French, "China Covers Up Violent Suppression of Village Protest," *New York Times*, June 27, 2006.
160 Gordon C. Chang, *The Coming Collapse of China* (London: Arrow Books, 2002), 뒤표지.

6장 타이완

1 《한국의 민중봉기》(오월의봄, 2015) 4장에 나오는 제주 4·3봉기에 대한 논의를 보라.
2 George H. Kerr, *Formosa Betrayed* (Upland, CA: Taiwan Publishing Co., 2005; originally published in 1966), 76.
3 Lai Tse-han, Ramon Myers, and Wei Wou, *A Tragic Beginning: The Taiwan Uprising of February 28, 1947* (Stanford: Stanford University Press, 1991), 99.
4 Hung Chien-Chao, *A History of Taiwan* (Rimini: Il Cerchio Iniziative editoriali, 2000), 250.
5 훙셴차오는 조지 커(*Formosa Betrayed*, 256)와 마찬가지로 최소한 4명이 죽었다고 주장한다. 다른 자료에서는 수십 명이 사망했다고 한다.
6 Ibid., 257.
7 Lai et al., *Tragic Beginning*, 107.
8 Hung, *History of Taiwan*, 251.
9 Kerr, *Formosa Betrayed*, 260.
10 Richard C. Kagan, *Chen Shui-bian: Building a Community and a Nation* (Taipei: Asia-Pacific Academic Exchange Foundation, 2000), 26.
11 Lai et al., *Tragic Beginning*, 125.
12 Kerr, *Formosa Betrayed*, 266.
13 Ibid., 273.
14 Ibid., 264, 274–75.
15 Lai et al., *Tragic Beginning*, 123.
16 *The Road to Freedom: Taiwan's Postwar Human Rights Movement* (Taipei: Taiwan Foundation for Democracy, 2002), 43
17 Lai et al., *Tragic Beginning*, 138.
18 Kerr, *Formosa Betrayed*, 233.
19 Ibid., 277.
20 Peng Ming-min, *A Taste of Freedom: Memoirs of a Formosan Independence Leader* (New York: Holt, Rinehart and Winston, 1972), 69–70.
21 Kerr, *Formosa Betrayed*, 301.
22 Hung, *History of Taiwan*, 253.
23 As quoted in Lai et al., *Tragic Beginning*, 157.
24 *The Road to Freedom*, 16–18. 수십 년 뒤 본토 공산당의 한 소식통은 5만 명 이상이 사망한

것으로 추산했다. (Lai et al., *Tragic Beginning*, 158). 1992년《뉴욕타임스》는 600만 명 인구 중에서 2만 5,000 내지 3만 명이 목숨을 잃었다고 보도했다. 리처드 케이건은 1만 6,000 내지 4만 명으로 추정하는 반면, 커는 현실적 추정치는 2만 명이라고 주장했다.(Kagan, *Chen Shui-bian*, 26; Kerr, *Formosa Betrayed*, 310).

25 Chen Tsui-Lien, "Responsibility on the Part of Taiwanese Military and Political Authorities," in *Research Report on Responsibility for the 228 Massacre: A Brief Introduction* (Taipei: Memorial Foundation of 228, 2007), 30.

26 Kerr, *Formosa Betrayed*, 357.

27 Chen Chun-Hung, "Human Rights in the Process of Transition and Consolidation of Democracy in Taiwan," in *Colonialism, Authoritarianism, Democracy and Human Rights in South East Asia* (Conference book for the Second International Conference on the 1980 Gwangju Uprising) May 15–17, 2001.

28 Te-Lan Chu, "The White Terror in Taiwan: The Tsui Hsiao-ping Case," and Lai Jeh-hang, "The State and the People: The History of Authoritarian Rule and Democratization in Taiwan, 1895–2000." Both articles are in *The Role of Jeju Island for World Peace in the 21st Century*, Conference Proceedings of the 2nd Conference on the Jeju April 3rd Uprising (Cheju National University, 2002), 62–63; 99.

29 June Teufel Dreyer, "Taiwan's Evolving Identity," http://www.formosafoundation.org/pdf/Taiwan's%20Identity%20(J_Dreyer).pdf.

30 Jaushieh Joseph Wu, *Taiwan's Democratization: Forces Behind the New Momentum* (Hong Kong: Oxford University Press, 1995), 46.

31 Stephen Haggard and Chien-Kuo Pang, "The Transition to Export-Led Growth in Taiwan," in *The Role of the State in Taiwan's Development*, eds. Joel Aberbach, David Dollar, and Kenneth Sokoloff (Armonk: M.E. Sharpe, 1994), 60에서 인용.

32 Hung, *History of Taiwan*, 271.

33 Thomas Gold, *State and Society in the Taiwan Miracle* (Armonk: M.E. Sharpe, 1986), 86–87.

34 Susan Greenhalgh, "Supranational Processes of Income Distribution," in *Contending Approaches to the Political Economy of Taiwan*, eds. Edwin Winckler and Susan Greenhalgh (Armonk: M.E. Sharpe, 1988), 80–81.

35 Robert P. Weller, *Alternate Civilities: Democracy and Culture in China and Taiwan* (Boulder: Westview, 1999), 68.

36 Walden Bello, *Dragons in Distress* (San Francisco: Food First Books, 1992), 219.

37 Fang-Yi Wang, "Reconsidering Export-Led Growth," in *Role of the State*, 28.

38 Yun-han Chu, "The Automobile Industry in South Korea and Taiwan," in *Role of the State*, 125–26을 보라.

39 Haggard and Pang, "Transition to Export-Led Growth," 280.

40 Chen Guuying, "The Reform Movement Among Intellectuals in Taiwan since 1970," *Bulletin of Concerned Asian Scholars*, 14, no. 3 (July–September 1982): 34.

41 "The Feminist Movement in Taiwan: 1972–1987," *Bulletin of Concerned Asian Scholars* 21, no. 1 (January–March, 1989): 14–15.

42 미국 페미니즘의 영향은 쑤황과의 인터뷰(2009년 2월 3일, 타이베이)에서도 언급된다. February 3, 2009.
43 Hsiu-Lien Annette Lu, "Women's Liberation: The Taiwanese Experience," in *The Other Taiwan: 1945 to the Present*, ed. Murray Rubinstein (Armonk: M.E. Sharpe, 1994), 294.
44 Chen, "Reform Movement," 32.
45 Ibid., 45.
46 John Kaplan, *The Court-Martial of the Kaoshing Defendants* (Berkeley: Institute of East Asian Studies, 1981), 14.
47 마이클 린이 보낸 이메일(2009년 8월 5일).
48 Kagan, *Chen Shui-bian*, 64; Wu, *Taiwan's Democratization*, 63.
49 마이클 린과의 인터뷰(2009년 8월 10일, 타이베이).
50 Linda Arrigo, "From Democratic Movement to Bourgeois Democracy," in *The Other Taiwan: 1945 to the Present*, ed. Murray Rubinstein (Armonk: M.E. Sharpe, 1994), 154.
51 Mark O'Neill, "King Duck Goes to his Taiwanese Reward," *Asian Sentinel*, October 24, 2007을 보라.
52 마이클 샤오와의 인터뷰(2009년 2월 3일, 타이베이); James C.Y. Soong, "Explaining Taiwan's Transition," in *Institutional Reform*, 209.
53 Haggard and Pang, "Transition to Export-Led Growth," 320; 1980년에서 1991년까지 상위 20퍼센트 가구의 하위 20퍼센트에 대한 소득 비율은 결코 5.18배를 넘지 못했다. 반면 브라질은 26.08배, 미국은 8.09배, 오스트레일리아는 5.59배였다. Wu, *Taiwan's Democratization*, 52를 보라.
54 Denny Roy, *Taiwan: A Political History* (Ithaca, NY: Cornell University Press, 2003), 164.
55 Shih-Chung Hsieh, "Taiwan Aborigines in Transition," in *The Other Taiwan: 1945 to the Present*, ed. Murray Rubinstein (Armonk: M.E. Sharpe, 1994), 412.
56 Chen Hsin-Hsing, "State vs. Civil Society: Dynamics and Pitfalls of Social Movements in Taiwan since the 1980s," in Cho Hee Yeon, Lawrence Surendra and Eunhong Park, eds., *States of Democracy: Oligarchic Democracies and Asian Democratization* (Mumbai: Earthworm Books, 2008), 72.
57 Hsin-Huang Michael Hsiao, "The Labor Movement in Taiwan: A Retrospective and Prospective Look," in *Taiwan: Beyond the Economic Miracle*, eds., Dennis Simon and Michael Kau (Armonk: M.E. Sharpe, 1992), 159.
58 Ibid., 159.
59 Ming-sho Ho, "The Politics of Anti-Nuclear Protest in Taiwan: A Case of Party-Dependent Movement, 1980–2000," *Modern Asian Studies* 37, no. 3 (2003).
60 Wu, *Taiwan's Democratization*, 41, 67.
61 Ming-sho, "Anti-Nuclear Protest," 689.
62 Yun-han Chu, "Social Protests and Political Democratization in Taiwan," in *The Other Taiwan: 1945 to the Present*, ed. Murray Rubinstein (Armonk: M.E. Sharpe, 1994), 103.
63 Hung-mao Tien, "Taiwan's Transformation," 125. 그럼에도 더 신중한 추정치에 따르면 보도된 사회적 항의의 숫자는 1983년 143건에서 1987년 676건으로 증가했다. Chu, "Social

Protests," 99.
64 Roy, *Taiwan*, 171.
65 우지에민과의 인터뷰(2009년 8월 15일, 타이베이).
66 Chin-Chuan Lee, *Sparking a Fire: The Press and the Ferment of Democratic Change in Taiwan* (Austin: Association for Education in Journalism and Mass Communication, 1993), 27.
67 오충일과의 인터뷰(2001년 11월 27일, 서울).
68 2009년 1월 31일 자 이메일에서 판윈은 1980년대 후반 타이완 학생운동가들이 번역된 한국 학생운동사를 읽었다고 확인했다; 전승희와의 인터뷰(2007년 케임브리지).
69 Hung-mao Tien, "Taiwan's Transformation," in *Consolidating the Third Wave Democracies: Regional Challenges*, eds. Larry Diamond, Marc Plattner, Yun-han Chu, and Hung-mao Tien (Baltimore: Johns Hopkins, 1997), 123.
70 Alan M. Wachman, *Taiwan: National Identity and Democratization* (Armonk: M.E. Sharpe, 1994), 145.
71 Wright, "Disincentives," 99.
72 프랭크 천과의 인터뷰(2009년 8월 10일, 타이베이).
73 *Central Daily News*, April 20, 1988, 2, as quoted in Wu, *Taiwan's Democratization*, 60.
74 Hsiao, "The Labor Movement in Taiwan," 157.
75 내 견해는 마이클 샤오의 성찰에 신세를 진 것이다.
76 Yun Fan, "Taiwan: No Civil Society, No Democracy," in *Civil Society and Political Change in Asia: Expanding and Contracting Democratic Space*, ed. Muthiah Alagappa, (Stanford: Stanford University Press, 2004), 185.
77 John Minns, *The Politics of Developmentalism: The Midas States of Mexico, South Korea and Taiwan* (New York: Palgrave, 2006), 219.
78 Hsin-Huang Michael Hsiao, "Emerging Social Movements and the Rise of a Demanding Civil Society in Taiwan," *The Australian Journal of Chinese Affairs* 24 (July 1990).
79 Weller, *Alternate Civilities*, 7, 122.
80 Ibid., 110.
81 Hsin-Huang Michael Hsiao, "Political Liberalization and Taiwan's Farmers' Movement," in *The Politics of Democratization: Generalizing East Asian Experiences*, ed. Edward Friedman (Boulder: Westview Press, 1994), 205.
82 Roy, *Taiwan*, 178.
83 Hsiao, "Political Liberalization," 213–15.
84 Ibid., 207.
85 Ibid., 215.
86 "The Feminist Movement in Taiwan: 1972–1987," in *Bulletin of Concerned Asian Scholars* (January–March, 1989), 12.
87 Jens Damm, "Tongzhi in Contemporary Taiwan: Successful Only on the Surface? From a Promising Start to the Abuse of a Multiculturalism Policy?" unpublished manuscript.
88 June Teufel Dreyer, "Taiwan's December 1991 Election," *World Affairs* 155 (1992).
89 이청주와의 인터뷰(2009년 8월 6일, 타이베이).

90 관원은 Alagappa, *Civil Society*, 164–90에서 숫자를 수만 명으로 추산했다.
91 1990년 야생백합학생운동에 대한 더 상세한 것은 Wright, *Perils of Protest*, 106–25를 보라.
92 Hung-mao Tien, *Taiwan's Electoral Politics and Democratic Transition* (Armonk: M.E. Sharpe, 1996) as quoted by Yun-han Chu, "Taiwan's Unique Challenges" in *Democracy in East Asia*, eds., Larry Diamond and Marc Plattner, (Baltimore: Johns Hopkins University Press, 1998), 138.
93 Wright, *Perils of Protest*, 114.
94 Tu Cheng-sheng, *Educational Reform in Taiwan: Retrospect and Prospect* (Taipei: Taiwan Ministry of Education, 2007), 17.
95 Tien, "Taiwan's Transformation," 17.
96 Hagen Koo, "Globalization and the Asian Middle Classes," in *The Changing Faces of the Middle Classes in Asia-Pacific*, ed. Hsin-Huang Michael Hsiao (Taipei: Center for Asia-Pacific Area Studies, 2006), 16.
97 Weller, *Alternate Civilities*, 17.
98 Hsiao, "Civil Society," 217.
99 Hsin-Huang Michael Hsiao, "NGOs, the State, and Democracy under Globalization: The Case of Taiwan," in *Civil Life, Globalization, and Political Change in Asia*, ed. Robert P. Weller (London: Routledge, 2007), 45.
100 Hsin-Huang Michael Hsiao, "Civil Society and Democratization in Taiwan, 1980–2005," in *Asian New Democracies: The Philippines, South Korea and Taiwan Compared* (Taipei: Center for Asia-Pacific Area Studies, 2006), 212.
101 Yung-Ming Hsu, Chia-Hung Tsai, and Hsiu-Tin Huang, "Referendum: A New Way of Identifying National Identity," in *Asian New Democracies: The Philippines, South Korea and Taiwan Compared* (Taipei: Center for Asia-Pacific Area Studies, 2006), 274.
102 Josephine Ho, "Sex Revolution and Sex Rights Movement in Taiwan," *Berliner China-Hefte/ Chinese History and Society* 32 (2007): 130.
103 Ibid., 135.
104 Ibid., 123.
105 Chu, "Taiwan's Unique Challenges," 51.
106 Chung Hsiu Mei, et al., "Towards Flexibility and Dynamism: Taiwan's Social Movements," in *The Disenfranchised: Victims of Development in Asia*, ed. Urvashi Butalia (Hong Kong: Arena Press, 2004), 209.
107 Lee Teng-hui, "Chinese Culture and Political Renewal," in *Consolidating the Third Wave Democracies: Regional Challenges*, eds. Larry Diamond, Marc Plattner, Yun-han Chu, and Hung-mao Tien (Baltimore: Johns Hopkins, 1997), 196.
108 여성 국회의원 텐주진과의 인터뷰(2009년 2월 4일, 타이베이).
109 Ho, "Politics," 684–85.
110 자원동원이론(Resource mobilization theory)은 개혁의 포섭적 이용으로 사회운동의 체제 유지의 한 형태가 된다고 본다. 호밍쇼가 민진당의 반핵운동 포기 사례를 분석하면서 말한 것처럼, "외부 엘리트의 후원은 토착적 자원의 심각한 박탈을 완화하여 초기 동원의 문턱을 낮췄다". ("Politics," 688).

111 Doh C. Shin, *Mass Politics and Culture in Democratizing Korea* (Cambridge: Cambridge University Press, 1999), 260.
112 Chu Yun-han, "Taiwan's Struggling Democracy," in Cho et al., *States of Democracy*, 49.
113 Keith Bradsher, "Protesters Fuel a Long-Shot Bid to Oust Taiwan's Leader," *New York Times*, September 28, 2006, A3.
114 Jerome Keating, *Taiwan: The Search for Identity* (Taipei: SMC Publishing, 2008), 15; also see Jerome Keating, "Chen's Gone, the System Lives on," http://en.taiwantt.org.tw/index.php/editorials-of-interest/15-taipei-times/256-chens-gone-the-system-lives-on.
115 John Tkacik, "Reflected Reflections: Elections in the U.S., Taiwan, and Japan, and How They Influence U.S. Policy-Making," in *The U.S.-Japan-Taiwan Trilateral Strategic Dialogue* (Washington, D.C.: Heritage Foundation, 2003).
116 William Lowther, "Study Warns PRC Patience May Be Tested," *Taipei Times*, September 25, 2009.

7장 네팔

1 카필 슈레스타 교수와의 인터뷰(2009년 4월 26일, 카트만두 트리부만 대학).
2 Rishikesh Shaha, *Ancient and Medieval Nepal* (New Delhi: Manohar Publishers, 2001), 105.
3 Kanak Mani Dixit, foreword to Kiyoko Ogura, *Kathmandu Spring: The People's Movement of 1990* (Lalitpur: Himal Books, 2001), x.
4 Jagadish Sharma, *Nepal: Struggle for Existence* (Kathmandu: 1986), 37–49를 보라. 표면상 궁정이 감독하는 일종의 '직접민주주의'인 판차야트 체제는 비록 대부분의 판차들을 민중이 직접 선출하는 것은 아님에도 '계급 없는 사회'의 창출을 지향했다. 이론적으로 판차야트 체제는 직접민주주의에 기반을 두고 있었다. 풀뿌리 촌락평의회는 직접 선출되고, 이들이 지구평의회를 선출하고, 차례로 지구평의회들이 지역평의회를 선출하고, 이 지역평의회가 140인 라스트리야 판차야트, 즉 의회를 선출하는데, 이 의회에는 국왕이 임명한 의원도 포함됐다. 그러나 실제로 판차야트 체제 자체는 국왕의 말대로 "아래로부터 선출되고 민중의 적극적 협력과 민중의 합의에 기반을 둔 행정 단위로서, 민주적이고 진보적이며 착취에서 자유로운 상호창출을 목적으로 한다." King Birendra, *Proclamations, Speeches and Messages 1972–1981* (Kathmandu: Royal Government of Nepal, 1982), 7을 보라.
5 Michael Hutt, ed., *Nepal in the Nineties* (New Delhi: Oxford University Press, 1994). 작가운동의 뿌리는 1968년 '거부당한 세대'의 출판과 1974년 '구두닦이' 시위에 뿌리를 두는데, 이들은 뉴로드의 보리수나무 아래에서 모여 검열에 항의했다.
6 G. Pokhrel, "Media Perspective," in *The Role of Civil Society and Democratization in Nepal*, ed. Ananda P. Srestha (Kathmandu: Nepal Foundation for Advanced Studies, 1998), 84.
7 William Raeper and Martin Hoftun, *Spring Awakening: An Account of the 1990 Revolution in Nepal* (New Delhi: Viking, 1992), 24, 76, 86, 97, 108, 214.
8 Ibid., 97.
9 그 당시 네팔에 주재했던 폴 라우틀리지는 운동 지도부가 민중봉기에 대해 커다란 통제력

을 발휘했다고 봤다. "Backstreets, Barricades and Blackouts: Urban Terrains of Resistance in Nepal," *Journal of Environment and Planning* 12, no. 5 (1994): 559–78을 보라.
10 Raeper and Hoftun, *Spring Awakening*, 103.
11 Saubhagya Shah, "A Himalayan Red Herring?" in *Himalayan People's War: Nepal's Maoist Rebellion*, ed. Michael Hutt (Bloomington: Indiana University Press, 2004), 203; 또한 Martin Hoftun, William Raeper, and John Whelpton, *People, Politics and Ideology: Democracy and Social Change in Nepal* by (Kathmandu: Mandala Book Point, 1999), 117을 보라.
12 Raeper and Hoftun, *Spring Awakening*, 123. 정당을 합법화하는 국왕의 4월 선언 이후에도 인도는 새 조약 협상을 거부했다. 시효가 만료된 조약을 부활하는 한편, 새 정부와 조약을 체결하기 위해 네팔의 선거가 끝날 때까지 기다리겠다고 주장했다.
13 World Bank, *Nepal: Poverty and Incomes* (Washington, D.C.: World Bank, 1991), xii.
14 Alan Macfarlane, "Fatalism and Development in Nepal," in *Himalayan People's War: Nepal's Maoist Rebellion*, ed. Michael Hutt (Bloomington: Indiana University Press, 2004), 108.
15 Tribhuvan University survey, January–February 1990, quoted in Hoftun et al., *People, Politics and Ideology*, 118.
16 Rishikesh Shaha, *Politics in Nepal: 1980–1990: Referendum, Stalemate and Triumph of People Power* (Kathmandu: Manohar, 1990), 188; *Dawn of Democracy: People's Power in Nepal* (Kathmandu: Forum for the Protection of Human Rights, 1990), 24.
17 *Dawn of Democracy*, 118.
18 Hutt, *Nepal*, 90–91.
19 Ogura, *Kathmandu Spring*, 33.
20 Hoftun et al., *People, Politics and Ideology*, 120.
21 Krishna Hachhethu, "Mass Movement 1990," *Contributions to Nepalese Studies* 17, no. 2 (July 1990): 180; *Dawn of Democracy*, 26.
22 Raeper and Hoftun, *Spring Awakening*, 56.
23 Ibid., 57.
24 Ogura, *Kathmandu Spring*, 74–75.
25 *Dawn of Democracy*, 26.
26 Saroj Pant, "One Step toward a Brighter Future," http://www.asmita.org.np/Women_Subject_Category/social_movement.htm.
27 Ogura, *Kathmandu Spring*, 86–88.
28 Raeper and Hoftun, *Spring Awakening*, 109.
29 Ibid., 106.
30 Routledge, "Backstreets," 565.
31 Ibid., 568.
32 Raeper and Hoftun, *Spring Awakening*, 110.
33 Ogura, *Kathmandu Spring*, 114–17.
34 Routledge, "Backstreets," 570.
35 Ibid., 570.
36 Ogura, *Kathmandu Spring*, 123.

37 인터뷰 상대의 요청으로 이름을 밝히지 않음(2009년 4월 14일, 파탄).
38 *Dawn of Democracy*, 30.
39 Ogura, *Kathmandu Spring*, 131.
40 Hoftun et al., *People, Politics and Ideology*, 129.
41 Routledge, "Backstreets," 567.
42 Raeper and Hoftun, *Spring Awakening*, 79.
43 Michael Hutt, "The Blowing of the April Wind: Writers and Democracy in Nepal," *Index on Censorship* 8 (1990): 8.
44 Vincanne Adams, *Doctors for Democracy: Health Professionals in the Nepal Revolution* (London: Cambridge University Press, 1998)을 보라.
45 David Seddon, "Democracy and Development," in *Nepal in the Nineties*, ed. Michael Hutt (New Delhi: Oxford University Press, 1994), 137.
46 T. Louise Brown, *The Challenge to Democracy in Nepal: A Political History* (London: Routledge, 1996), 134.
47 Shaha, *Politics in Nepal*, 208.
48 Seddon, "Democracy," 138; Routledge, "Backstreets," 573; Hoftun et al., *People, Politics and Ideology*, 132를 보라; *Dawn of Democracy*, 34에서는 비르 병원에 50명의 시신이 있었고 100명 이상의 사람들이 순드하리잘 공동묘지에 매장됐다고 기록하고 있다; Hisila Yami, *People's War and Women's Liberation in Nepal* (Kathmandu: Janadhwani, 2007), (191)에서는 200명이 이상이 총격으로 사망했다고 기록하고 있다.
49 Raeper and Hoftun, *Spring Awakening*, 112.
50 Hachhethu, "Mass Movement," 181.
51 Hoftun et al., *People, Politics and Ideology*, 134.
52 Raeper and Hoftun, *Spring Awakening*, 113.
53 Huntington, *Third Wave*, 151–61.
54 Brown, refers here to an interview with D.R. Pandey (*Challenge to Democracy*, 139). 봉기 초기에 미국 국무부는 정부와 야당의 대화를 촉구하는 성명을 발표했고, "표현의 자유를 포함한 인권에 대한 지지"를 표명했다. 필리핀에서 엘리트 주도 이행에서 주요한 역할을 했던 스티븐 솔라스 의원을 포함한 3명의 하원 의원들과 케네디, 펠, 모니핸 상원 의원 등은 대량 체포에 대한 우려를 표명하는 서한을 보냈지만, 3월 6일 미 국무부 부장관 존 켈리는 하원 소위원회에서 증언하면서 정부의 "자제"를 칭찬했다. 켈리는 의회에서 "네팔은 많은 민주주의의 특징을 갖는 독자적 정부체제를 갖고 있다"고 발언했다. (Shaha, *Politics in Nepal*, 194).
55 Pant, "One Step," 2.
56 Brown, *Challenge to Democracy*, 143.
57 Raeper and Hoftun, *Spring Awakening*, 113; Routledge, "Backstreets," 573; Hutt, *Nepal*, 29. 몰릭위원회(Mallik Commission)는 2월 18일과 4월 13일 사이에서 겨우 45명이 사망했다는 사실을 발견했다. (Brown, *Challenge to Democracy*, 148).
58 Narayan Prasad Sivakoti, *Jan-Andolan ra Sahidharu* (Kathmandu: Bhisma Kadariya, 2047 V.S., 1990).
59 앰너스티 인터내셔널은 1992년 보고서에서 8,000건 이상의 체포가 있었다고 기록했다.

T. Louise Brown, *The Challenge to Democracy in Nepal: A Political History* (London: Routledge, 1996), 123을 보라. 체포자 숫자는 자료에 따라 다르지만, 거의 모든 사람들이 체포에 대한 광범한 학대와 고문에 대해 보고했다.
60 Shaha, *Politics in Nepal*, 220.
61 Richard Burghart and Martin Gaenszle, "Martyrs for Democracy," *European Bulletin of Himalayan Research* 2 (1991): 13.
62 Shaha, *Politics in Nepal*, 221.
63 Burghart and Gaenszle, "Martyrs," 14; *Dawn of Democracy*, 38.
64 Brown, *Challenge to Democracy*, 145.
65 Hoftun et al., *People, Politics and Ideology*, 138.
66 브라운은 이 행동을 자신의 만행에 대한 증거를 없애길 원하는 폭력배들이 저질렀다고 주장한다(*Dawn of Democracy*, 38).
67 Hoftun et al., *People, Politics and Ideology*, 374; Shaha, *Politics in Nepal*, 220–21.
68 Hutt, *Nepal*, 32.
69 *Subversion of Politics*를 보라.
70 Raeper and Hoftun, *Spring Awakening*, 137.
71 Martin Hoftun, "The 1990 Revolution," in *Nepal in the Nineties*, ed. Michael Hutt (New Delhi: Oxford University Press, 1994), 19.
72 Shaha, *Politics in Nepal*, 219.
73 Hoftun et al., *People, Politics and Ideology*, 158.
74 Pushkar Bajracharya, "Trade Union Perspective," in *The Role of Civil Society and Democratization in Nepal*, ed. Ananda P. Srestha (Kathmandu: Nepal Foundation for Advanced Studies, 1998), 20–21.
75 Raeper and Hoftun, *Spring Awakening*, 171–72.
76 Chaitanya Mishra, *Essays on the Sociology of Nepal* (Kathmandu: Fine Print, 2007), 29.
77 Santa B. Pun, "How 'Inclusive' Nepal's Institutions?" in *Peace Building Process in Nepal*, eds. Ananda P. Srestha and Hari Uprety (Kathmandu: Nepal Foundation for Advanced Studies, 2008), 89.
78 Gabriele Beisenkamp and Thomas Beisenkamp, *Women of Nepal March Forward* (Kathmandu: Jana Shikshya Griha, 2007), 31.
79 Yami, *People's War*, 141; 2001년 인구조사에 의하면 인구의 13.8퍼센트가 달리트이지만, 대부분의 사람들은 이보다는 훨씬 적다고 생각한다. Prakash A. Raj, *The Dancing Democracy: The Power of the Third Eye* (New Delhi: Rupa and Co., 2006), 57.
80 Yami, *People's War*, 188; Sumon Tuladhar, "Gender and Social Change in Nepal," *Society and Education* 1 (2007): 99.
81 수보드 라지 피아쿠렐과의 인터뷰(2009년 4월 13일, 카트만두).
82 D. Chand, "NGO Perspective," in *The Role of Civil Society and Democratization in Nepal*, ed. Ananda P. Srestha (Kathmandu: Nepal Foundation for Advanced Studies, 1998), 49.
83 Ibid., 50; 비슷한 숫자는 Jan Sharma, "Nepal's Faltering Peace Process: Civil Society, Media and International Community," in *Peace Building Process in Nepal*, eds. Ananda P. Srestha and Hari

Uprety (Kathmandu: Nepal Foundation for Advanced Studies, 2008), 61에서도 발견된다. 샤르마는 국제 NGO의 숫자를 1990년 221개, 1995년 3,284개, 2005년 약 2만 1,000개로 추산했다.

84　Pokhrel, "Media Perspective," 84.
85　*The Kathmandu Post*, February 22, 1997.
86　G. Pokhrel, "Media Perspective," 86.
87　Hachhethu, "Mass Movement," 182.
88　Hutt, *Nepal*, 19. 또한 Hutt, *Himalayan People's War*, 61, and Hoftun et al., *People, Politics and Ideology*, 169를 보라.
89　4월 국왕의 정부는 투쟁 과정에서 가족구성원이 사망한 모든 가족에게 1만 5,000루피, 심각한 부상자에게 5,000루피, 경상자에게 2,000루피를 위로금으로 제공하겠다고 약속했다. 임시정부는 사망자 위로금을 2만 5,000루피로 인상했다.
90　Krishna Hachhethu, "Transition to Democracy in Nepal: Negotiations Behind Constitution Making, 1990," *Contributions to Nepalese Studies* 21, no. 1 (January 1994): 124.
91　1991년과 1994년 여성들은 모든 후보의 5 내지 6퍼센트를 차지했고, 하원 의원의 4퍼센트를 차지했다. 상원에는 겨우 3명의 여성만이 있었다. 게다가 한 분석가가 여성의 역할을 요약한 것처럼, 그들에게 오직 한 가지 전공, 즉 여성문제만 다루도록 '허용'됐다. Stephanie Tawa Lama, "Women and Politics in Nepal: Small Actors, Big Issue," *European Bulletin of Himalayan Research* 11 (1996): 4–7을 보라.
92　Raeper and Hoftun, *Spring Awakening*, 188.
93　John Whelpton, "The General Elections of May 1991," in *Nepal in the Nineties*, ed. Michael Hutt (New Delhi: Oxford University Press, 1994), 71.
94　Raeper and Hoftun, *Spring Awakening*, 216.
95　Hoftun et al., *People, Politics and Ideology*, 189.
96　*Guardian*, April 27, 1992.
97　Birendra Prasad Mishra, *Rebuilding Nepal* (Kathmandu: Bhrikuti Academic Publications, 2007), 176–84를 보라.
98　Barburam Bhattarai, *Monarchy vs. Democracy: The Epic Fight in Nepal* (Noida, India: Samkaleen Teesari Duniya, 2005), 5.
99　Ibid., 43.
100　패트릭 레이히, 2007년 9월 18일 미국 상원에서 한 연설, Srestha and Uprety, *Peace Building Process in Nepal*, 1에서 인용.
101　Raeper and Hoftun, *Spring Awakening*, 92–93에서 인용.
102　샤리크 람 잠카텔과의 인터뷰(2009년 4월 12일, 카트만두).
103　Sudheer Sharma, "The Maoist Movement," in *Himalayan People's War: Nepal's Maoist Rebellion*, ed. Michael Hutt (Bloomington: Indiana University Press, 2004), 43–47을 보라.
104　Marie Lecomte-Tilouine, *Hindu Kingship, Ethnic Revival, and Maoist Rebellion in Nepal* (New Delhi: Oxford University Press, 2009), 219.
105　Arjun Karki and David Seddon, eds., *The People's War in Nepal: Left Perspectives* (New Delhi: Adroit Publishers, 2003), 43.

106　Raj, *Dancing Democracy*, 22.
107　Bush quoted in Jan Sharma, "Nepal's Faltering Peace Process: Civil Society, Media and International Community," in *Peace Building Process in Nepal*, eds. Ananda P. Srestha and Hari Uprety (Kathmandu: Nepal Foundation for Advanced Studies, 2008), 70.
108　Deepak Thapa, "Radicalism and the Emergence of the Maoists," in *Himalayan People's War: Nepal's Maoist Rebellion*, ed. Michael Hutt (Bloomington: Indiana University Press, 2004), 33.
109　록 라지 바랄 교수와의 인터뷰(2009년 9월 15일, 카트만두).
110　Human Rights Watch, "Between a Rock and a Hard Place: Civilians Struggle to Survive in Nepal's Civil War," October 2004, http://www.hrw.org/reports/2004/nepal1004/nepal1004.pdf.
111　7대정당연합(SPA)에는 네팔의회당(NC), 네팔의회당(민주파), 네팔공산당(통합마르크스-레닌주의파, CPN-UML), 네팔노동당(NWPP), 네팔선의당(NGP), 통합좌파전선(ULF), 인민전선(PF)이 가입했다.
112　Ayaz Muhammad, "Nepal: *Jana Andolan* and Its Challenges," *Nepali Journal of Contemporary Studies* 6, no. 2 (2006): 4.
113　Mishra, *Rebuilding*, 168.
114　Asia Human Rights Commission, *The State of Human Rights in Eleven Asian Nations—2006* (Hong Kong, 2006), 133.
115　Ibid., 139.
116　Roshan Chitrakar, "Education for Social Transformation," *Society and Education* 1 (2007): 10.
117　Kundan Aryal and Upendra Kumar Poudel, *Jana Andolan II: A Witness Account* (Kathmandu: INSEC, 2006). 이는 최소 수치이다. 다른 소식통은 22명이 사망했고, 4,000명 이상이 중상을 입었다고 보고한다. Anirban Roy, *Prachanda: The Unknown Revolutionary* (Kathmandu: Mandala Book Point, 2008), 135를 보라.
118　샤리크 람 잠카텔과의 인터뷰(2009년 4월 12일, 카트만두).
119　Asia Human Rights Commission, *State of Human Rights*, 146.
120　이는 최소 숫자이다. 다른 자료에서는 부상자가 200명이라고 기록하고 있다. Poudel, *Jana Andolan II*, 1을 보라.
121　Raj, *The Dancing Democracy*, 31.
122　프라카시 만 싱과의 인터뷰(2009년 4월 12일, 카트만두).
123　Poudel, *Jana Andolan II*, 75.
124　Raj, *The Dancing Democracy*, 32.
125　Asia Human Rights Commission, *State of Human Rights*, 147.
126　록 라지 바랄 교수와의 인터뷰(2009년 9월 15일, 카트만두).
127　Poudel, *Jana Andolan II*, 49.
128　Ibid., 2.
129　Ibid., 130.
130　Somini Sengupta, "In a Retreat, Nepal's King Says He Will Reinstate Parliament," *New York Times*, April 25, 2006.
131　2009년 4월 12일 카트만두에서 했던 마다브 쿠마르 네팔과의 인터뷰 도중, 그는 내게 제2차 자나 안돌란이 있기 전에 광주를 방문했고 "민중의 영웅적 투쟁에 영감을 받았다"고

말했다.
132　Ameet Dhakal, "Triumph of People Power," *Republica*, April 24, 2009, 1.
133　Ibid., 3.
134　Roy, *Prachanda*, 135.
135　John Lancaster, "Bowing to Protests, Nepal King Reinstates Parliament," *Washington Post*, reprinted in the *Boston Globe*, April 25, 2006.
136　Akhilesh Tripathi, editor of Kantipuronline, as quoted in "Nonviolent Uprising Restores Democracy in Nepal" by Alyson Lie, http://www.peaceworkmagazine.org/node/94.
137　Nathalie Hrizi가 쓴 기사, "Mass Uprising in Nepal Forces King to Grant Concessions," *S&L Magazine*, June 2006을 보라.
138　Somini Sengupta, "Nepal Legislators Move to Curb the King's Powers," *New York Times*, May 19, 2006, A14.
139　디팍 쿠마르 바타라이, 고피 크리슈나 바타라이, 파완 로이, 푸니아 반다리, 바와나 바타와의 인터뷰(2009년 4월 11일, 카트만두).
140　수보드 라지 피아쿠렐과의 인터뷰(2009년 4월 13일, 카트만두).
141　마다브 쿠마르 네팔과의 인터뷰(2009년 4월 12일, 카트만두).
142　록 라지 바랄 교수와의 인터뷰(2009년 9월 15일, 카트만두).
143　Liam Cochrane, "A Year after Uprising, Nepal Takes Halting Steps toward Peaceful Republic," *World Politics Review*, April 25, 2007.
144　비말 사르마와의 인터뷰(2009년 9월 15일, 카트만두).
145　Somini Sengupta, "New Conflicts Accompany Nepal's Efforts at Democracy," *New York Times*, April 29, 2007. The report was finally made public, but no high-level official has yet been made to bear responsibility for the killings. In addition, the former king's control of uncounted millions of dollars in assets has yet to be challenged.
146　Srestha, *Peace Building*, v–vi.
147　Bill Weinberg의 블로그 글 "Nepal: 'Light at End of Tunnel'—for Tribal Peoples Too?,"에서 인용. World War 4 Report, http://ww4report.com/node/2184.
148　*Himalayan Times*, May 2, 2009, 2.
149　*People's Review*, April 30–May 6, 2009, 1.
150　수딥 파탁과의 인터뷰(2009년 4월 24일, 네팔 인권단체, 카트만두).
151　"Who Is Endangering Civil Peace in Nepal?" http://links.org.au/node/1050, December 10, 2009를 보라. 이 논문의 제목 자체가 헌정 위기가 새로운 내전의 가능성에 대해 외국인과 반동 세력을 비난하는 핑계로 사용되고 있음을 보여준다. 좌파 세속주의 정치의 고매한 세계에서, 아프가니스탄 공산주의자들은 미국에 아프가니스탄에서 미군과 나란히 싸울 고르카 병사들의 모집을 허용하는 과제를 마오주의 정부에 들고왔다.
152　이 비디오는 http://www.nepalnews.com/archive/2009/may/may05/news12.php#1에서 볼 수 있다.
153　Routledge, "Backstreets," 568.

8장 방글라데시

1. Lawrence Lifschulz, *Bangladesh: The Unfinished Revolution* (London: Zed Press, 1979), 44–45, 109, 139.
2. Anthony Mascarenhas, *Bangladesh: A Legacy of Blood* (London: Hodder and Stoughton, 1986).
3. Lifschulz, *Bangladesh*, 140–41.
4. Al Masud Hasanuzzaman, *Role of Opposition in Bangladesh Politics* (Dhaka: The University Press Limited, 1998), 60.
5. Lifschulz, *Bangladesh*, 100–119.
6. 의학박사 샤리풀 이슬람과의 인터뷰(2010년 12월 22일, 다카).
7. Hasanuzzaman, *Role of Opposition*, 99. 하르탈(또는 네팔과 미얀마에서 사용하는 단어인 반드bandh)은 총파업 이상이며, 총파업을 포괄하되 초월하는 단어이다. 모든 사람이 일상을 중지하는 것을 의미하며, 사업체는 문을 닫고, 학교는 휴업하며, 사무실은 비게 된다. 상하수도와 전기 같은 일반 서비스는 작동하지만 교통시설은 중단된다. 하르탈은 언론의 이벤트가 아니라, 운동의 힘을 측정하는 척도이다. 하르탈이란 단어는 '시장'을 의미하는 산스크리트어 '하르(haar)'와 '폐쇄'를 의미하는 힌두어 '탈(tal)'이 조합된 단어이다. Robert S. Anderson, "Stop Everything in Bangladesh: Communication, Martial Law and National Strikes," *Canadian Journal of Communication* 13, no. 5 (1988): 85를 보라.
8. Talukder Maniruzzaman, *The Bangladesh Revolution and Its Aftermath* (Dhaka: The University Press Limited, 1988), 53.
9. Bazlul M. Chowdhury, *Class and Social Structure of Bangladesh* (Dhaka: Ankur Prakashani, 2008), 66.
10. Talukder Maniruzzaman, "The Fall of the Military Dictator: 1991 Elections and the Prospect of Civilian Rule in Bangladesh," *Pacific Affairs* 65, no. 2 (Summer 1992): 3, 63, 80–82.
11. Ibid., 203–24.
12. 아미룰 하케 아민과의 인터뷰(2010년 5월 10일, 다카).
13. Ibid.
14. Anderson, "Stop Everything," 67–86.
15. 무슈투크 후사인 박사와의 인터뷰(2010년 5월 10일, 다카).
16. Hasanuzzaman, *Role of Opposition*, 109.
17. *Far Eastern Economic Review*, May 22, 1986.
18. Badruddin Omar as quoted in S.M. Shamsul Alam, "Democratic Politics and the Fall of the Military Regime in Bangladesh," *Bulletin of Concerned Asian Scholars* 27 (1995): 36.
19. Maniruzzaman, "Fall," 206.
20. Ibid., 218.
21. Hasanuzzaman, *Role of Opposition*, 133.
22. 아딜루르 라만 칸과의 인터뷰(2010년 5월 11일, 다카).
23. Alam, "Democratic Politics," 33.
24. 파즐룰 하케 밀란과의 인터뷰(2010년 5월 11일, 다카).
25. 아타우르 라만과의 인터뷰(2010년 5월 11일, 다카).

26 아심 쿠마르 우킬과의 인터뷰(2010년 5월 10일, 다카).
27 아미룰 하케 아민과의 인터뷰(2010년 5월 10일, 다카).
28 Alam, "Democratic Politics," 34.
29 고팔 찬드라다스와의 인터뷰(2010년 5월 11일, 다카).
30 Alam, "Democratic Politics," 28.
31 저널리스트 아이니 엘리아스와의 인터뷰(2010년 5월 9일, 다카).
32 비나 시크다르 박사와의 인터뷰(2010년 5월 10일, 다카); Hasanuzzaman, *Role of Opposition*, 209.
33 아미룰 하케 아민과의 인터뷰(2010년 5월 11일, 다카).
34 알람에게 "방글라데시와 다른 이슬람 나라의 이슬람교는 시민사회의 수준에서 친족, 마을, 종교 공동체의 권위주의적이고 가부장제적 틀에 현대적 조건을 재생산하며, 그런 공동체들이 사회경제적 현대화에 의해 분산되고 이완되는 시기에도 낡은 틀을 재생산한다." ("Democratic Politics," 39).
35 Imtiaz Ahmed and Binayak Sen, "The Case of Bangladesh," in *The Disenfranchised: Victims of Development in Asia*, ed. Urvashi Butalia (Hong Kong: Arena Press, 2004), 221, 245.
36 Lamia Karim, "Democratizing Bangladesh: State, NGOs, and Militant Islam," in *Recreating the Commons? NGOs in Bangladesh*, eds. Chowdhury Khan, Ahrar Ahmad, and Munir Quddus (Dhaka: The University Press limited, 2009), 149.
37 Amena Moshin, "The Nation State and Its Limits: Reflections from Bangladesh" in *Nepal: New Frontiers of Restructuring the State*, ed. Lok Raj Baral (New Delhi: Adroit Publishers, 2008), 209–11.
38 Karim, "Democratizing," 169.
39 Ahmed and Sen, "Case," 243.
40 Chowdhury, *Class and Social Structure*, 93.
41 Alam, "Democratic Politics," 41.
42 Kasimere Bran, "Setting Hell on Fire: Solidarity and Destruction in Bangladesh," *A Murder of Crows* 20 (March 2007): 6.
43 Asia Human Rights Commission, *State of Human Rights*, 19.
44 Ibid., xix.
45 "Workers' Uprising in Bangladesh," http://www.infoshop.org/inews/article.php?story=20060524 17570713.
46 Ibid.
47 J. Hasan, *Labour Rights in the Readymade Garment Industry in Bangladesh* (Dhaka: Odhikar, 2008), 15–18.
48 Moshin, "Nation State," 201.
49 Rater Zonaki, "The Misrule of Law in Bangladesh," *Article 2* 6, no. 4 (August 2007): 38.
50 Md. Shariful Islam, "Democratization and Human Rights in Bangladesh: An Appraisal of the Military-Controlled Fakhuddin Interregnum," *Article 2* 7, no. 4 (December 2008): 27.
51 첫 7개월 동안 구금되어 사망한 수를 126명이라고 한 보고서도 있다.
52 수보드 라지 피아쿠렐과의 인터뷰(2009년 4월 13일, 카트만두).

53 Asian Human Rights Commission, "Insidious Militarization and Illegal Emergency," 21.
54 Asian Legal Resource Center, "Bangladesh's State of Emergency is a State of Lawlessness," *Human Rights Solidarity* 17, no. 5 (September 2007): 3.
55 Iftekharuzzaman, "Corruption, Human Insecurity and Democratization in Bangladesh," in *Breaking the Barriers*, eds. Mohiuddin Ahmad and Cho Hee-Yeon (Dhaka: Nabodhara, 2008), 170–71.
56 "Letter from London," *Far Eastern Economic Review*, February 7, 1975.
57 Somini Sengupta, "Nearly 12,000 Are Arrested in Roundup in Bangladesh," *New York Times*, June 5, 2008.
58 탈툭데르 마니루자만과의 인터뷰(2010년 12월 20일, 다카).
59 Manoranjan Pegu, "Development, Capitalism, NGOs and People's Movements in Bangladesh: An Interview with Anu Muhammad," http://links.org.au/node/2075.
60 Pegu, "'Development.'"
61 Babasaheb Ambedkar, "What Congress and Gandhi Have Done to the Untouchables," (1946).
62 Mubin S. Khan, "Wage Wars," *New Age Extra*, December 17, 2010, 11.
63 Amy Kazmin and Jonathan Birchall, "Brands on Safety Push after Bangladesh Fire," *Financial Times*, December 20, 2010.
64 "UK Aids Dhaka Death Squad, Cables Show," *South China Morning Post*, December 23, 2010, A8.
65 아딜루르 라만 칸과의 인터뷰(2010년 5월 10일, 다카).

9장 타이

1 타이의 법률제도는 타이를 가난한 미소의 나라로 유지하는 국왕의 역할에 대해 조금이라도 의심하는 사람들에게 압박을 가한다. 모두 합쳐 10권도 안 팔린 자비 출판 소설의 오스트레일리아 작가인 해리스 니코이디스는 3년 징역형을 선고받았다. 법원은 니콜라이디스의 책이 "국왕의 권력남용을 암시"했다고 판결했다. 2008년 4월 한 타이 시민은 극장에서 영화 시작 전에 연주된 국왕가가 연주될 때 자리에 앉아 있었다는 이유로 체포됐다. 한 동료는 "일어서지 않는 것은 범죄"라고 쓰인 셔츠를 입었다고 보복 해고를 당했고, 그녀가 속한 노조는 이후 그녀를 지지해주지 않았다. 2008년 유사한 수십 건의 사건이 재판 중이었고, 찌 웅빠꼰 교수는 자신에게 가해진 자의적 판결에 굴복하지 않고 타이를 떠났다. 수백 개의 웹사이트가 폐쇄됐다. 불교 활동가 술락 시와락은 푸미폰의 통치에 대한 호화판 축하 행사에 의문을 제기했는데, 대역죄로 고발당했다.
2 "Thai King Is World's Wealthiest: Forbes," *Korea Times*, August 23–24, 2008, 5.
3 Prudhisan Jumbala, "Toward a Theory of Group Formation in Thai Society and Pressure Groups in Thailand after the October 1973 Uprising," *Asian Survey* 14, no. 6 (June 1974): 537을 보라.
4 Yuangrat Wedel, with Paul Wedel, *Radical Thought, Thai Mind: The Development of Revolutionary Ideas in Thailand* (Bangkok: Assumption Business Administration College, 1987), 6.
5 Ian Buruma, "All the King's Men," *New York Review of Books*, October 11, 2006, 44.
6 Ji Ungpakorn, *The Struggle for Democracy and Social Justice in Thailand* (Bangkok: Arom

Pongpangan Foundation, 1997), 20.
7   J. Stephen Hoadley, *Soldiers and Politics in Southeast Asia: Civil-Military Relations in Comparative Perspective* (Cambridge: Schenkman Publishing, 1975), 32; Surachart 1985, 152–55).
8   Van Erven, *Playful Revolution*, 207.
9   쁘라짝 꽁끼리띠와의 인터뷰(2008년 10월 28일, 방콕).
10 쁘라짝 꽁끼리띠의 이메일.
11 Ross Prizzia and Narong Sinsawasdi, "Evolution of the Thai Student Movement: 1940–1974" *Asia Quarterly* 1 (1975): 3–54.
12 Ruth Inge-Heinze, "Ten Days in October—Students vs. the Military," *Asian Survey* 14, no. 8 (June 1974): 491.
13 줌발라는 이 그룹이 1969년에 세워졌다고 주장한다(Jumbala, "Group Formation," 540); 다른 사람들은 1970년이라고 한다. Charnvit Kasetsiri, ed., *From October 14, 1973 to October 6, 1976: Bangkok and Tongpan's Isan* (Bangkok: Foundation for the Promotion of Social Science and Humanities Textbooks, Thai Year 2549), 94.
14 Prizzia and Sinsawasdi, "Evolution," 26에서 인용.
15 U.S. Embassy Confidential Memorandum, June 23, 1973 (BANGKO 09756 231325Z).
16 As quoted in Prizzia and Sinsawasdi, "Evolution," 29.
17 Giles Ji Ungpakorn, *A Coup for the Rich: Thailand's Political Crisis* (Bangkok: Workers Democracy Publishing, 2007), 71.
18 나르몬 타춤폰 교수와의 인터뷰(2008년 10월 29일, 방콕 쭐라롱꼰 대학).
19 Prizzia and Sinsawasdi, "Evolution," 32에서 인용.
20 Inge-Heinze, "Ten Days in October," 497.
21 Kasetsiri, *From October 14*, 108.
22 Inge-Heinze, "Ten Days in October," 499; Prizzia and Sinsawasdi, "Evolution," 38.
23 Inge-Heinze, "Ten Days in October," 501.
24 *Far Eastern Economic Review*, October 22, 1973, and October 29, 1973.
25 Prizzia and Sinsawasdi, "Evolution," 44.
26 Ungpakorn, *Coup for the Rich*, 72.
27 해거드와 커프먼은 거의 80명이 사망했다고 말한다. (*Political Economy*, 104). Norman Peagam, "A Cinema Review of *Tongpan*," uses the figure of seventy-one in Kasetsiri, *From October 14*, 168에서 71명이라고 말한다. 주목할 만한 비디오 〈1973년 10월 14일 학생봉기 (October 14, 1973 Student Uprising)〉(베네딕트 앤더슨이 영어 자막을 붙인)에 내가 위에서 언급한 수치가 나온다.
28 Terence C. Lee, "The Causes of Military Insubordination: Explaining Military Organizational Behavior in Thailand," Paper presented at the Annual Meeting of the International Studies Association Honolulu, Hawaii, March 2005를 보라.
29 솜차이 홈라오르와의 인터뷰(2008년 10월 28일).
30 Prizzia and Sinsawasdi, "Evolution," 44.
31 Somchai Phatharathananunth, *Civil Society*, 55에서 인용.
32 찌 웅빠꼰 교수와의 인터뷰(2008년 10월 30일, 방콕 쭐라롱꼰 대학).

33 Ji Giles Ungpakorn, *History and Class Struggle in Thailand*.
34 Katherine A. Bowie, *Rituals of National Loyalty: An Anthropology of the State and the Village Scout Movement in Thailand* (New York: Columbia University Press, 1997), 104; David Morell and Chaianan Samudavanija, *Political Conflict in Thailand: Reform, Reaction, Revolution* (Cambridge, MA: Oelgeschlager, 1981), 188–89.
35 Walden Bello, Shea Cunningham, and Li Kheng Poh, *A Siamese Tragedy: Development and Disintegration in Modern Thailand* (Oakland, CA: Food First Books, 1998), 75.
36 Jumbala, "Group Formation," 542.
37 Marian Mallet, "Causes and Consequences of the October '76 Coup," in *Thailand: Roots of Conflict*, eds., Andrew Turton, Jonathan Fast and Malcolm Caldwell (Nottingham: Spokesman, 1978), 1082.
38 Ungpakorn, *Struggle for Democracy*, 91.
39 Bruce D. Missingham, *The Assembly of the Poor in Thailand: From Local Struggles to National Protest Movement* (Chiang Mai: Silkworm Books, 2003), 24.
40 Ungpakorn, *Coup for the Rich*, 73.
41 Bowie, *Rituals*, 101.
42 Wedel, *Radical Thought*, 145에서 인용.
43 Inge-Heinze, "Ten Days in October," 505.
44 Harold Stockwin, "The Unholy Gross," *Far Eastern Economic Review*, November 5, 1973, 45.
45 *Bangkok World*, November 18, 1973, as reported in Prizzia and Sinsawasdi, "Evolution," 47.
46 Luis Camnitzer et al., *Global Conceptualism: Points of Origin, 1950s–1980s*, (New York: Queens Museum of Art, 1999), 144.
47 Callahan, *Cultural Governance*, 47.
48 Virada Somswasdi, "The Women's Movement and Legal Reform in Thailand," April 1, 2003, Cornell Law School, http://lsr.nellco.org/cgi/viewcontent.cgi?article=1001&context=cornell/biss 를 보라.
49 Inge-Heinze, "Ten Days in October," 506.
50 World Bank, IMF, Haggard and Kaufman, *Political Economy*, 92.
51 Mallet, "Causes and Consequences," 86.
52 Alex Hang-Keung Choi, "Non-Governmental Development Organizations (NGDOs) and Democracy in Thailand: The 1992 Bangkok Uprising," unpublished thesis (Queen's University, 2001), 45–46.
53 Bowie, *Rituals*, 102. Between 1974 and 1979, forty-six leaders of the FCT were killed. "People's Progress: 30 Years On," Special Supplement to the *Bangkok Post*, October 14, 2003.
54 Benedict Anderson, "Withdrawal Symptoms: Social and Cultural Aspects of the October 6 Coup," *Bulletin of Concerned Asian Scholars* 9 (1977): 19–20, from Bowie, *Rituals*, 106.
55 Mallet, "Causes and Consequences," 85.
56 Suthachai Yimprasert, "The Coming of 6th October 1976 Suppression in Thailand," *Colonialism, Authoritarianism and Human Rights of South East Asia*, conference book (Gwangju, South Korea: May 18 Institute, 2001).

57 Frank C. Darling, "Thailand in 1976: Another Defeat for Constitutional Democracy," *Asian Survey* 17, no. 2 (1977): 127.
58 Puey Ungpakorn, "Violence and the Military Coup in Thailand," *Bulletin of Concerned Asian Scholars* 9, no. 3 (1977): 5.
59 Ibid., 8.
60 Bowie, *Rituals*, 128 for discussion of academics' views on the role of the monarchy in the October 6, 1976, bloodbath를 보라.
61 Bowie, *Rituals*, 115를 보라.
62 Ungpakorn, *Coup for the Rich*, 84.
63 P. de Beer, "History and Policy of the Communist Party of Thailand," *Journal of Contemporary Asia* 8, no. 1 (1978): 148–49, in Bowie, *Rituals*, 137.
64 Comrade "Sung," "Looking Back to When I First Wanted to Be a Communist," in *Radicalizing Thailand: New Political Perspectives*, ed. Ji Giles Ungpakorn (Bangkok: Institute of Asian Studies, 2003), 172.
65 Wedel, *Radical Thought*, 163.
66 Comrade "Sung," "Looking Back," 179–80.
67 Wedel, *Radical Thought*, 183.
68 Dae-oup Chang, "Neoliberal Restructuring of Capital Relations in East and South-East Asia," in *Neoliberalism: A Critical Reader*, eds. Alfredo Saad-Filho and Deborah Johnston (London: Pluto Press, 2005), 252; Joseph Kahn, "Thai Troubles Drive a Dynasty to Sell Its Crown Jewel Bank," *New York Times*, April 16, 1998, A1을 보라.
69 Bello, "Asia."
70 Bello, Cunningham, and Li, *Siamese Tragedy*, 66.
71 Ibid., 74.
72 Pasuk Phongpaichit and Chris Baker, eds., *Thailand's Boom and Bust* (Chiang Mai: Silkworm Books, 1998), 4.
73 Bello, Cunningham, and Li, *Siamese Tragedy*, 37.
74 Gerald W. Fry, "Saturday 'Surprise,' the February 23, 1991 Coup in Thailand: The Role of the Military in Politics," Georgetown University School of Foreign Service, Case 353, 1992, 12.
75 *Statistical Yearbook*, Thailand, 1992.
76 Kevin Hewison, ed., *Political Change in Thailand: Democracy and Participation* (London: Routledge, 1997), 140.
77 Fry, "Saturday 'Surprise,'" 3.
78 Ibid.; Larry Diamond, Juan Linz, and Seymour Marin Lipset, eds., *Democracy in Developing Countries: Asia,* (Boulder: Lynne Rienner, 1989), 329.
79 Phongpaichit and Baker, *Boom and Bust,* 147.
80 Ibid., 97.
81 Scott Bamber, "The Thai Medical Profession and Political Activism," in *Political Change in Thailand: Democracy and Participation*, ed. Kevin Hewison (London: Routledge, 1997), 240.
82 Larry Diamond, "Introduction," in *Democracy in Developing Countries: Asia*, eds. Larry

83   Diamond, Juan Linz, and Seymour Marin Lipset (Boulder: Lynne Rienner, 1989), 44.
83   *New York Times*, February 27, 1992, as quoted in Physicians for Social Responsibility, "Bloody May: Excessive Use of Lethal Force in Bangkok: The Events of May 17–20, 1992, October 1, 1992.
84   See Andrew Brown, "Locating Working-Class Power," in *Political Change in Thailand: Democracy and Participation*, ed. Kevin Hewison (London: Routledge, 1997), 172.
85   Bello, Cunningham, and Li, *Siamese Tragedy*, 77.
86   논의를 위해 Somsak Kosaisook, *Labour Against Dictatorship* (Bangkok: Friedrich Ebert Foundation, Thai Labour Museum, and Arom Pongpangan Foundation, 2004), 87–89를 보라.
87   헌법을 개정하기 위해 1979년 설립된 이 그룹은 총리 사무실의 군사 통제가 임박했던 1983년에 다시 만들어졌다. 그리고 1991년에 세 번째로 다시 등장했다. 나르몬 탑춤폰 교수와의 인터뷰(2008년 10월 29일, 방콕 쭐랄롱꼰 대학).
88   빠린야 테와나르밋쿤과의 인터뷰(2008년 10월 30일, 방콕).
89   Choi, *NGDOs and Democracy*, 306, 316.
90   Khien Theeravit, *Thailand in Crisis: A Study of the Political Turmoil of May 1992* (Bangkok: Thailand Research Fund, 1997), 20.
91   Surin Maisrikrod, *Thailand's Two General Elections in 1992: Democracy Sustained* (Singapore: Institute of Southeast Asian Studies, 1992), 29.
92   Tatsuya Hata, *Bangkok in the Balance: Bangkok's 'Slum Angel' and the Bloody Events of May 1992* (Bangkok: Duang Prateep Foundation, 1996), 178.
93   Kosaisook, *Labour*, 98.
94   Alan Klima, *The Funeral Casino: Meditation, Massacre, and Exchange with the Dead in Thailand* (Princeton: Princeton University Press, 2002), 96.
95   비파르 다오마니 교수와의 인터뷰(2008년 10월 28일, 방콕 탐마삿 대학).
96   Hata, *Bangkok*, 251.
97   빠린야 테와나르밋쿤과의 인터뷰(2008년 10월 30일, 방콕).
98   Kosaisook, *Labour*, 109–10.
99   Klima, *Funeral Casino*, 101–2.
100   Ibid., 108–9.
101   Choi, *NGDOs and Democracy*, 350; *Thai NGOs: The Continuing Struggle for Democracy* (Bangkok: The NGO Support Project, 1995), 130.
102   Kosaisook, *Labour*, 117–18.
103   Public Relations Department, 1990, as reported in Ubonrat Siriyuvasak, "The Development of a Participatory Democracy: Raison d'Être for Media Reform in Thailand," *Southeast Asian Journal of Social Science* 22 (1994): 105.
104   Kosaisook, *Labour*, 117.
105   빠린야 테와나르밋쿤과의 인터뷰(2008년 10월 30일, 방콕).
106   Paul Handley, *The King Never Smiles*, as excerpted in *Asia Sentinel*, September 8, 2006.
107   Kosaisook, *Labour*, 123.
108   Physicians for Social Responsibility, "Bloody May," 8.

109　Hata, *Bangkok*, 189.
110　Stan Sesser, "The Course of Corruption," *Mother Jones*, May–June 1993에서 인용.
111　J. Ungpakor, *The Struggle for Democracy and Social Justice in Thailand* (Bangkok: Arom Pongpangan Foundation, 1997), 108–12.
112　William A. Callahan, *Imagining Democracy: Reading "The Events of May" in Thailand* (Singapore: Institute of Southeast Asian Studies, 1998), 86.
113　Physicians for Social Responsibility, "Bloody May," 9.
114　Siriyuvasak, "Development," 107.
115　Kosaisook, *Labour*, 128.
116　Klima, *Funeral Casino*, 138.
117　Philip Shenon, "Military Crackdown in Thailand Blunts Protest Against Army Rule," *New York Times*, May 20, 1992, A1.
118　Choi, *NGDOs and Democracy*, 332.
119　Hata, *Bangkok*, 235.
120　Ibid., 215
121　Klima, *Funeral Casino*, 9.
122　나르몬 타춤폰 교수와의 인터뷰(2008년 10월 29일, 방콕 쭐랄롱꼰 대학교).
123　타이 내무부는 44명이 사망하고, 38명이 실종되고 11명이 불구자가 됐고 500명 이상이 부상당했다고 주장한다. 인권 활동가들은 수백 명이 살해당하거나 실종됐다고 지적했다. 타이의 어떤 정부도 1973년, 1976년, 19992년 민주화 시위대의 학살에 대해 결코 책임지지 않았다.
124　Philip Shenon, "Thai Coalition Struggles to Form a New Government," *New York Times*, May 29, 1992, A7.
125　Xiaoke Zhang, *The Changing Politics of Finance in Korea and Thailand: From Deregulation to Debacle* (London: Routledge, 2003), 128.
126　Thitinan Pongsudhirak, "Thailand's Media: Whose Watchdog?" in *Political Change in Thailand: Democracy and Participation*, ed. Kevin Hewison (London: Routledge, 1997), 217을 보라.
127　Maisrikrod, *General Elections*, 37; Theeravit, *Thailand in Crisis*, 58.
128　Reported in Surichai Wun'gaeo, "Human Rights and Democracy in Thailand," in *Democracy and Human Rights in the New Millennium*, International Symposium on the 20th Anniversary of the Kwangju Uprising Program (Gwangju: May 18 Institute, 2000), 155.
129　Jacques Bertrand, "Growth and Democracy in Southeast Asia," *Comparative Politics* 30, no. 3 (April 1998): 369.
130　Maisrikrod, *General Elections*, 1.
131　"Ousted Thai's Decree for His Own Amnesty Is Reversed," *Boston Globe*, October 8, 1992.
132　논의를 위해 Callahan, *Imagining Democracy*, 145–48을 보라.
133　Wun'gaeo, "Human Rights," 157.
134　The Relatives Committee of the May 1992 Heroes, "The Status of the Missing as a Result of the May 1992 Political Crackdown," (Pathumdhani: March 2001), 73.
135　Philip Shenon, "Mobile Phones Primed, Affluent Thais Join Fray," *New York Times*, May 20,

1992, A10.
136 Philip Shenon, "The 'Mobile Phone Mob' Faces Guns and Tanks," *New York Times*, May 24, 1992, E3.
137 Kevin Hewison, "Thailand" in *The New Rich in Asia: Mobile Phones, McDonald's and Middle-Class Revolution*, eds. Richard Robison and David Goodman (London: Routledge, 1996), 138; Phongpaichit and Baker, *Boom and Bust*, 238.
138 Andrew Brown, "Locating Working-Class Power," in *Political Change in Thailand: Democracy and Participation*, ed. Kevin Hewison (London: Routledge, 1997), 162.
139 솜삭 꼬사이숙과의 인터뷰(2008년 10월 31일, 방콕).
140 Klima, *Funeral Casino*, 9, 159.
141 Anek Laothamatas, *The Mobile Phone Mob: The Middle Class and Businessmen and the Development of Democracy* (In Thai) (Bangkok: Matichon Publishing, 1993) as quoted in Ungpakorn, *Struggle for Democracy*, 111.
142 Ungpakorn, *Struggle for Democracy*, 112에서 인용.
143 Bello, Cunningham, and Li, *Siamese Tragedy*, 80.
144 Callahan, *Imagining Democracy*, 109.
145 Phongpaichit and Baker, *Boom and Bust*, 141.
146 Bello, Cunningham, and Li, *Siamese Tragedy*, 66.
147 Ibid., 83.
148 *Business Week*, October 31, 1988.
149 Amara Pongsapich, "Strengthening the Role of NGOs in Popular Participation," in *Thai NGOs: The Continuing Struggle for Democracy* (Bangkok: The NGO Support Project, 1995), 30.
150 Kosaisook, *Labour*, 226.
151 Asian Human Rights Commission, "Thailand: The Return of the Military and the Defiance of Common Sense," *Article 2 of the International Covenant on Civil and Political Rights* 5, no. 5 (October 2006): 4.
152 저자가 지적했듯이, 새 헌법은 낡은 질서의 비진보적 특징을 보이기도 했다. 결혼과 가족생활은 그대로다. 여성들은 "여전히 어울리고 싶어하는 남자가 살 수 있다. …… 그는 그녀가 강간당하거나 다른 남자와 합의 아래 성행위를 하는 경우 결혼을 거부할 수 있지만, 여성은 그럴 수 없다. 남성은 단 한 번의 혼외정사로 여성에게 이혼을 요구할 수 있다. 그러나 여성에게 허용한 유일한 이혼 사유는 남성이 공개적으로 다른 여성(들)을 부인으로 인정하거나 재정적으로 지원하는 것을 입증하는 경우다. 게다가 결혼상 강간은 처벌받지 않고 이혼 사유로 간주되지 않는다. 아이들은 아버지가 누군지 모르는 경우가 아니라면 아버지의 성을 따라야 한다". 그 밖에도 노동자들은 투표하려면 고향 마을로 돌아가야 하는 조항에 대해 불평했는데, 이주 노동자들에게는 투표하는 게 어려운 일이며, 대학 학위가 없는 후보를 금지하는 조항 역시 불만 사항이다. (Kosaisook, *Labour*, 226–27).
153 Yuki Fujime, "The Prohibitionist System and Feminism in Thailand and the Philippines," in *Contemporary Women's History in Asia* (Osaka: Association for the Study of Contemporary Asian Women's History and Gender, 2005), 29.
154 Bello, Cunningham, and Li, *Siamese Tragedy*, 81.

155 Juree Vichit-Vadakan, "Women in Politics and Women and Politics in Thailand," in *Women and Politics in Thailand: Continuity and Change*, ed. Kazuki Iwanaga (NIAS Press, 2008), 28.
156 솜차이 파타라타나눈트는 AOP 결성의 기원을 같은 시간에 열린 10개국 NGO 국제회의에 둔다. 미싱햄의 획기적 분석을 보완한 이 뛰어난 연구에서, 그는 농촌지역 조직화의 역사와 과거 노력의 집중 속에서 AOP가 등장했다고 말한다. (Somchai Phatharathananunth, *Civil Society*, 143–44).
157 Missingham, *Assembly of the Poor*, 121.
158 Pei Palmgren, "Claims to Globalization: Thailand's Assembly of the Poor and the Multilevel Resistance to Capitalist Development," *The Resistance Studies Reader 2008*, ed. Christopher Kullenberg and Jakob Lehne (London and Gothenburg: Resistance Studies Network, 2009), 34–60을 보라. 또한 Phatharathananunth, *Civil Society*, 161도 보라.
159 Phongpaichit and Baker, *Boom and Bust*, 207.
160 World Bank, Thailand Country Brief, September 1997.
161 Pasuk Phongpaichit and Chris Baker, eds., *Thai Capital After the 1997 Crisis* (Chiang Mai: Silkworm Books, no date), 9.
162 Stiglitz, *Globalization*, 97.
163 Peter Brimble, "The Experience of FDI Recipients: The Case of Thailand," in *Multinationals and Economic Growth in East Asia*, eds. Shujiro Urata, Siow Yue Chia, and Fukunari Kimura (London: Routledge, 2006), 354.
164 Phongpaichit and Baker, *Boom and Bust*, 24.
165 Ibid., 92–93.
166 Ibid., 168.
167 "The Crown Property Bureau in Thailand," Talk at Harvard University, Southeast Asia Workshop Series October 4, 2007.
168 Bello, Cunningham, and Li, *Siamese Tragedy*, 45.
169 Seth Mydans, "In Thai Heartland, Anger over Protests," *New York Times*, October 13, 2008.
170 Seth Mydans, "Conflict in Thailand Shifts from Protests to Politics," *International Herald Tribune*, June 2, 2010, 8.
171 Thanks to Ji Ungpakorn for helping to formulate this insight.
172 Mydans, "Thai Heartland," *New York Times*, October 13, 2008.
173 Giles Ji Ungpakorn, *Thailand's Crisis and the Fight for Democracy* (London: WDPress, 2010), 61.
174 빠린야 테와나르밋쿤과의 인터뷰(2008년 10월 30일, 방콕). 그는 레드셔츠와 옐로셔츠 모두 빈민과 노동계급을 대표하지 못하기 때문에 또 다른 저항축이 필요하다는 견해를 표현했다.

10장 인도네시아

1 Blum, *Killing Hope*, 194.
2 Yayasan Penguatan Partisipasi Inisiatif dan Kemitraan Masyarakat Indonesia, *The Long Road to*

  Democracy: A Photographic Journey of the Civil Society Movement in Indonesia, 1965–2001 (Jakarta: Yappika Publishers, 2002), 33.
3 Queen's Museum of Art, *Global Conceptualism: Points of Origin, 1950s–1980s*, (2000), 144.
4 Mikaela Nyman, *Democratising Indonesia: The Challenges of Civil Society in the Era of Reformasi* (Copenhagen: Nias Press, 2006), 64–68을 보라.
5 "The White Book of the Indonesian Student Movement," *Ampo* 10, no. 1–2 (1978): 30.
6 Irwanto, "Indonesia," in *The Disenfranchised: Victims of Development in Asia*, ed. Urvashi Butalia (Hong Kong: Arena Press, 2004), 31.
7 Ibid., 19.
8 이와 관련한 자료는 http://www.gwu.edu/~nsarchiv/NSAEBB/NSAEBB62/#doc4, December 9, 2009를 보라.
9 Boggs, *Crimes*.
10 Tim Weiner, "U.S. Has Spent $26 Million Since '95 on Suharto Opponents," *New York Times*, May 20, 1998, 11.
11 Thompson, *Democratic Revolutions*, 114.
12 Mydans, "Suharto and Co."
13 Nicola Bullard with Walden Bello and Kamal Malhotra, "Taming the Tigers: The IMF and the Asian Crisis," in *Tigers in Trouble: Financial Governance, Liberalisation and Crises in East Asia*, ed. Jomo K.S. (London: Zed Books, 1998), 95.
14 Walden Bello, *Deglobalization: Ideas for a New World Economy* (Manila: Ateneo de Manila University Press, 2006), 70. 한국어판《탈세계화》(잉걸, 2004).
15 Muthiah Alagappa, *New York Times*, May 20, 1998에서 인용.
16 Bullard "Taming the Tigers," 93–96을 보라.
17 Jorgen Johansen, "Waves of Nonviolence," 37.
18 Nicholas D. Kristof, "Students in Struggle to Topple Suharto," *New York Times*, April 29, 1998, A1.
19 Margot Cohen, "Indonesia: To the Barricades," *Far Eastern Economic Review*, May 14, 1998, 22.
20 이 사건들을 묘사하고 분석한 기사는 《워싱턴 포스트》 1998년 6월 8일 자에 실렸고, 다음 책에도 실렸다. Edward Aspinall, Herb Feith, and Gerry Van Klinken, *The Last Days of President Suharto* (Clayton, Australia: Monash Asia Institute, 1999), 45–50.
21 그 당시 군부는 자카르타에서 499명이 사망했다고 집계했으나, 경찰은 더 낮은 숫자인 293명이라고 주장했지만, 5월 18일 예수회는 1,188명이 자카르타와 탕게랑에서 살해되었다고 판단했다. Gerry Van Klinken, "The May Riots," in *The Last Days of President Suharto*, ed. Edward Aspinall, Herb Feith and Gerry Van Klinken (Clayton, Australia: Monash Asia Institute, 1999), 50을 보라. 아시아 인권위원회(Asia Human Rights Commission) 역시 1,000명이 사망했다고 주장한다. (*State of Human Rights*, xvi).
22 Van Klinken, "May Riots," 50–51.
23 Susan Berfield and Dewi Loveard, "Ten Days that Shook Indonesia," *Asiaweek*, July 24, 1998 as reprinted in *The Last Days of President Suharto*, ed. Edward Aspinall, Herb Feith, and Gerry Van Klinken (Clayton, Australia: Monash Asia Institute, 1999), 53–64를 보라.
24 Seth Mydans, "Suharto Reverse Hike in Fuel Price Demanded by I.M.F.," *New York Times*, May

16, 1998, A1.
25   Nyman, *Democratising Indonesia*, 77.
26   Seth Mydans, "In a Suharto Fief, 'Hang Suharto!'" *New York Times*, May 19, 1998, A10.
27   Cohen, "Barricades," 21–22를 보라.
28   Mark Landler, "Joyfully, Indonesian Students Thumb Noses at Authority," *New York Times*, May 20, 1998, A10.
29   Jacques Bertrand, "Growth and Democracy in Southeast Asia," *Comparative Politics* 30, no. 3 (April 1998): 369.
30   Thomas Carothers, "The Sequencing Fallacy," *Journal of Democracy* 18, no. 1 (January 2007): 21.
31   Dae-oup Chang, "Neoliberal Restructuring of Capital Relations in East and South-East Asia," in *Neoliberalism: A Critical Reader*, eds. Alfredo Saad-Filho and Deborah Johnston (London: Pluto Press, 2005), 252.
32   이는 세계은행의 수치다. 크리스 매닝과 피터 반 디어먼은 빈곤선 아래에서 사는 사람들의 숫자가 1976년 5,400만 명에서 1996년 2,250만 명으로 감소했다고 제시한다. 댄 라보츠는 훨씬 더 높은 수치를 인용한다. Manning and Peter Van Diermen, *Indonesia in Transition: Social Aspects of Reformasi and Crisis* (London: Zed Press, 2000), 151을 보라. Dan La Botz, *Made in Indonesia: Indonesian Workers Since Suharto* (Boston: South End Press, 2001), 37을 보라.
33   Irwanto, "Indonesia," 57.
34   Anton Lucas and Carol Warren, "Agrarian Reform in the Era of *Reformasi*," in *Indonesia in Transition: Social Aspects of Reformasi and Crisis*, eds. Chris Manning and Peter Van Diermen (London: Zed Books, 2000), 228.
35   Donni Edwin, "The White Collar Movement," in *Indonesia's Post-Soeharto Democracy Movement*, eds. Stanley Adi Prasetyo, A.E. Priyono, and Olle Tornquist (Jakarta: Demos, 2003).
36   La Botz, *Made in Indonesia*, 174–75.
37   Philip Eldridge, "Nongovernmental Organizations and Democratic Transition in Indonesia," in *Civil Life, Globalization, and Political Change in Asia*, ed. R.P. Weller (London: Routledge, 2005), 149를 보라.
38   Jajang Jahroni, *Defending the Majesty of Islam: Indonesia Front Pembela Islam, 1998–2003* (Chiang Mai: Silkworm Books, 2008), 25.
39   David Bourchier, "Habibie's Interregnum," in *Indonesia in Transition: Social Aspects of Reformasi and Crisis*, eds. Chris Manning and Peter Van Diermen (London: Zed Books, 2000), 19.
40   John Percy, *Green Left Weekly*, November 19, 1998, http://www.mail-archive.com/leftlink@vicnet.net.au/msg00262.html.
41   *Albion Monitor*, November 15, 1998, http://www.monitor.net/monitor.
42   Irwanto, "Indonesia," 25.
43   Stiglitz, *Globalization*, 97.
44   Asian Human Rights Commission, "Torture, Killings Continue Despite 10 Years of Reforms" *Hong Kong* 7, no. 4 (December 2008): 94.
45   Jane Perlez, "Indonesia Convicts an Ex-Governor in East Timor Killing Frenzy," *New York Times*,

August 15, 2002.
46 "May 1998 Riots Remain a Mystery: Indonesia," http://www.planetmole.org/daily/may-1998-riots-remain-a-mystery-indonesia.html.
47 Ricky Gunawan, "Indonesia can learn from Korean uprising," May 20, 2009, http://www.upiasia.com/Human_Rights/2009/05/20/indonesia_can_learn_from_korean_uprising/7836/.
48 Impartial Indonesian Human Rights Monitor, *Test of Our History? A Thick Wall on the Murder investigation of Munir* (Jakarta, 2006), 3.
49 Liew Chin Tong, *Speaking for the Reformasi Generation* (Kuala Lumpur: Research for Social Advancement, 2009), xiii and 17.

11장 민중권력은 여전히 작동한다

1 Loren Goldner, http://libcom.org/history/korean-working-class-mass-strike-casualization-retreat-1987-2007을 보라.
2 위의 성찰은 바실 페르난도와 논의한 덕분에 나올 수 있었다.
3 많은 음모 이론가들은 자유의 이런 기본적 차원을 이해하지 못한다. 대신 그들은 개인에 대한 새로운 집단적 통제 메커니즘을 옹호한다.
4 우리 모두는 베트남에 커다란 빚을 지고 있다. 그들의 희생과 저항으로 민족 독립의 이상이 유지됐기 때문이다. 미국 내에서 전쟁에 대한 저항은 개인의 자유라는 원칙을 유지하고 1980년대 중앙아메리카와 아프리카에 대한 미국의 군사개입을 저지하는 데 기여했다. 한국전쟁 동안 미군의 학살에 대한 진실이 알려졌다면, 얼마나 많은 베트남인들이 목숨을 구할 수 있었을까?
5 Mark Laskey, "The Globalization of Resistance," in *Confronting Capitalism: Dispatches from a Global Movement*, eds. Eddie Yuen, Daniel Burton-Rose and George Katsiaficas (New York: Soft Skull Press, 2004)를 보라.
6 동시에 약 2만 명이 브라질 포르투 알레그레에서 열린 첫 번째 세계사회포럼(World Economic Forum)에 모였다.
7 Barbara Sauermann, ed., *2/15: The Day the World Said NO to War* (Oakland: AK Press, 2003)를 보라.
8 이 투쟁들의 윤곽을 경험적으로 연구하고 정확한 숫자와 최대 영향을 미친 부분, 투쟁의 형태, 참여 조직 등을 정교화하면 더 풍부한 자료를 얻을 수 있다.
9 Joss Hands, "Civil Society, Cosmopolitics and the Net: The Legacy of February 15, 2003," *Information, Communication & Society* 9, no. 2 (April 2006): 225–43.
10 John Berg, "Waiting for Lefty: The State of the Peace Movement in the United States," in *Tamkang Journal of International Affairs* 12, no. 4 (April 2009): 77–101.
11 팔레스타인 민중은 BDS(Boycott Divest Sanction: 보이콧 투자 철회 제재)와 같은 단체들의 국제적 연대 행동을 자극했다. BDS의 '조직된 자발성'은 이스라엘 상품을 판매하는 슈퍼마켓에서 댄스 시위를 벌이는 행동으로 이어져 많은 지지를 얻었다. http://www.youtube.com/watch?v=y6dO9eVOY2I&feature=player_embedded를 보라.

12　더 이른 이론적 공식화는 나의 1989년 논문을 보라. http://eroseffect.com/articles/eroseffectpaper.PDF.
13　Carl Jung, "The Eros Theory," in *Collected Works*, vol. 7 (Princeton: Princeton University Press, 1966), 19.
14　Carl Jung, *The Undiscovered Self* (New York: Signet, 2006), 79.
15　George Kennan, "On Nuclear War," *The New York Review of Books*, January 21, 1982, as quoted in Marc Nerfin, "Neither Prince Nor Merchant: Citizen—An Introduction to the Third System," *Development Dialogue* (1987), 175.
16　Choi, *Gwangju Uprising*, 134.
17　Mary Anne Staniszewski, Dara Greenwald, and Josh MacPhee, eds., *Signs of Change* (Oakland: AK Press, 2010)를 보라.
18　Huntington, *Third Wave*, 46.
19　Samuel Huntington, *The Clash of Civilizations and the Remaking of World Order* (London: Simon and Schuster, 1996), 307. 한국어판《문명의 충돌》(김영사, 1997).
20　Huntington, *Third Wave*, 33.
21　The Invisible Committee, *The Coming Insurrection*, http://www.bloom0101.org/thecominginsurrection.pdf, 6. 한국어판《반란의 조짐》(여름언덕, 2011).
22　Carl Jung, *Synchronicity: An Acausal Connecting Principle* (Princeton: Princeton University Press, 1973), 89.
23　Carl Jung, *The Archetypes and the Collective Unconscious* (Princeton: Princeton University Press, 1990), 286. 한국어판《원형과 무의식》(솔출판사, 2002).
24　Carl Jung, "Approaching the Unconscious," in *Man and His Symbols* (New York: Dell, 1968), 25. 한국어판《인간과 상징》(열린책들, 2009).
25　테오드로스 키로스는 '마음의 합리성'이 현대문명의 이성 악용에 대한 해독제라고 간주한다. *Zara Yacob: Rationality of the Human Heart* (Trenton, NJ: Red Sea Press, 2005)를 보라.
26　Jung, *Synchronicity*, 30.
27　Ibid., 32. 융이 지적한 것처럼, 이 개념은 원래 아비체나(Avicenna)의 것이다. 300년 후에 이븐 할둔은 유사하게 이성적 사고의 영역 외부에 존재하는 인식 형태를 논했다. 내가 쓴 글 "Ibn Khaldun: A Dialectical Philosopher for the New Millennium," in *African Philosophy: Critical Interventions*, ed. Teodros Kiros (New York: Routledge, 2000)를 보라.
28　Jung, "Eros Theory," 28.
29　Herbert Marcuse, *The Aesthetic Dimension: A Critique of Marxist Aesthetics* (Boston: Beacon Press, 1978), 64.
30　Jung, *Synchronicity*, 95, 103, 106–7을 보라.
31　Jung, *Archetypes*, 212.
32　Ibid., 22.
33　Gaetano Mosca as quoted in Mancur Olson, *The Logic of Collective Action: Public Goods and the Theory of Groups* (Cambridge: Harvard University Press, 1971), 17.
34　더 많은 스웜 이론에 관해서는 Peter Miller, "Swarm Theory: Ants, Bees and Birds Teach Us How to Cope With a Complex World," *National Geographic*, July 2007, 146을 보라.

35 Amory Starr의 고무적인 책, *Global Revolt: A Guide to the Movements against Globalization* (London: Zed Press, 2005), 26–27을 보라. 최소한 한 가지 결정적 차원에서 활동가들은 1960년대보다 더 앞선 것으로 보인다. 이데올로기적 차이로 인한 종파주의적 분란이 명백히 존재하지 않는다는 점에서 그렇다. 활동가들 자신이 진정한 믿음의 위험에 더 적절히 대응했고, 그 결과 자율적 조직화가 가능했다.

36 이전의 사파티스타 버전은 Markus S. Schulz, "Collective Action across Borders," *Sociological Perspectives* 41 (Fall 1998): 3을 보라.

37 Yuen, et al., *Confronting Capitalism*을 보라.

12장 자유로운 코뮌 만들기

1   Alexis de Tocqueville, *Democracy in America*, vol. 1 (New York: Colonial Press, 1899), 60–61. 한국어판《미국의 민주주의》(한길사, 1997).

2   Cornelius Castoriadis, *Political and Social Writings 1955–1960: From the Workers' Struggle Against Bureaucracy to Revolution in the Age of Modern Capitalism* (Minneapolis: University of Minnesota Press, 1988), 140.

3   Yochai Benkler, *The Wealth of Networks: How Social Production Transforms Markets and Freedom* (New Haven: Yale University Press, 2006), 60. 한국어판《네트워크의 부》(커뮤니케이션북스, 2015).

4   Sanjeewa Liyanage, "Gwangju, The Flame of People's Power," *International Youth Net* 1 (1996): 29.

5   광주봉기 진압에 미국이 개입한 자세한 사항은 내 웹사이트의 파워포인트 http://eroseffect.com/powerpoints/NeoliberalismGwangju.pdf를 보라. 도표로 된 광주와 파리코뮌의 비교는 http://eroseffect.com/powerpoints/518ParisCommune.pdf를 보라.

6   Louise Michel, *The Red Virgin: Memoirs of Louise Michel* (Tuscaloosa: University of Alabama Press, 1981), 65.

7   Eugene Schulkind, ed., *The Paris Commune of 1871: The View from the Left* (New York: Grove Press, 1974), 152.

8   《한국의 민중봉기》(오월의봄, 2015) 6장을 보라.

9   Peter Kropotkin, "The Commune of Paris" which first appeared in English as *Freedom Pamphlets* 2 (London: W. Reeves, 1895)를 보라.

10 루이 미셸은 사망자를 3만 5,000명으로 추산한다(Louise Michel, *Red Virgin*, 67 and 168). 스튜어트 에드워즈는 2만 5,000명이라고 한다(Stewart Edwards, *The Communards of Paris, 1871* [Ithaca: Cornell University Press, 1973], 42). 패트릭 허튼은 코뮌의 진압 이후 벽에서 2만 5,000명이 처형됐다고 추정한다(Patrick Hutton, *he Cult of the Revolutionary Tradition: The Blanquists in French Politics, 1864–1893* [Berkeley: University of California Press, 1981], 96). 로저 윌리엄스는 1만 7,000명 내지 2만 명이 살해되었다고 추정하며, "그들 중 다수가 무자비하게 도살당했다"(Roger L. Williams, *The French Revolution of 1870–1871* [New York: W.W. Norton, 1969], 151). 사망자 외에, 1871~1875년 재판에 계류된 4만 6,835건의 사건 중에서, 2만 4,000명이 무죄로 석방됐다. 거의 1만 3,000명의 유죄판결 중에서 110명이 사형선고를

받았고, 그 가운데 26명이 실제로 처형당했다(Williams, *French Revolution*, 152).

11 Na Kahn-chae, "A New Perspective on the Gwangju People's Resistance Struggle: 1980–1997," *New Political Science* 23, no. 4 (December 2001)를 보라; reprinted in *South Korean Democracy: Legacy of the Gwangju Uprising* (London: Routledge, 2006), 165–83.
12 Hutton, *The Cult*, 127.
13 Alain Plessis, *The Rise and Fall of the Second Empire 1852–1871* (Cambridge: Cambridge University Press, 1987), 69. 여기에 인용된 생산물 증가치는 프랑화를 기준으로 측정한 것이다.
14 Ibid., 68, 115.
15 Edwards, *Communards of Paris*, 15.
16 Plessis, *Rise and Fall*, 96.
17 The Bank of Korea, *Year Book of Economic Statistics* (1981), 132, 142, 178–79, 206, 288.
18 Hutton, *The Cult*, 81–82.
19 Lee Jae-eui, *Gwangju Diary: Beyond Death, Beyond the Darkness of the Age* (UCLA Asian Pacific Monograph Series, 1999), 64. 한국어판 《죽음을 넘어 시대의 어둠을 넘어》(풀빛, 1985).
20 Prosper Olivier Lissagaray, *History of the Paris Commune of 1871* (St. Petersburg, FL: Red and Black Publishers, 2007), 68–69. Originally published in 1876.
21 Schulkind, *Paris Commune*, 294.
22 플레시스는 등록한 유권자 47만 명 가운데 23만 명이 투표한 것으로 추정한다(*Rise and Fall*, 171).
23 Williams, *French Revolution*, 90, 122, 130.
24 Lissagaray, *History*, 47, 6.
25 Ibid., 177–78.
26 Ibid., 137.
27 Ibid., 171.
28 Ibid., 198–99.
29 Ibid., 80.
30 자세한 내용은 《한국의 민중봉기》(오월의봄, 2015)를 참조하라.
31 Edwards, *Communards of Paris*, 32.
32 Lissagaray, *History*, 183.
33 Hutton, *The Cult*, 30; Williams, *French Revolution*, 138.
34 Michel, *Red Virgin*, 67; Edwards, *Communards of Paris*, 40.
35 Lee, *Gwangju Diary*, 70.
36 Lissagaray, *History*, 75, 280.
37 Schulkind, *Paris Commune*, 136.
38 김창길과의 인터뷰(2001년 11월 7일).
39 이양현과의 인터뷰(2001년 7월 22일).
40 Ibid.
41 김종배와의 인터뷰(2001년 11월 27일)
42 김효석과의 인터뷰(2001년 11월 6일).
43 윤영규와의 인터뷰(2001년 4월 10일).

44 정상용과의 인터뷰(2001년 10월 17일).
45 김상윤과의 인터뷰(2001년 4월 15일).
46 이춘희와의 인터뷰(2001년 12월 21일).
47 김창길과의 인터뷰(2001년 11월 7일).
48 영어로 번역된 이재의의 책, Lee Jae-eui, *Gwangju Diary: Beyond Death, Beyond the Darkness of the Age* (UCLA Asian Pacific Monograph Series, 1999).
49 이재의와의 인터뷰(2001년 4월 17일).
50 윤한봉과의 인터뷰(2001년 10월 29일).
51 우리가 했던 언급은 파리코뮌과 광주봉기 간의 유사성과 차이를 밝히기 위해 더욱 필요한 작업이다. 봉기 전후와 봉기 동안 범죄 통계, 전체 도시에서 도청과 오텔 드 빌(파리시청)이 차지한 공간 역학의 비교, 고등교육과 종교 부문 비교, 파리코뮌과 광주 권위구조에 대한 도표의 정식화, 1870년 파리와 1980년 광주의 더 많은 비교, 문서들의 비교 등 경험적 연구가 필요하다.
52 Zhang, *Tiananmen Papers*, 236.
53 See W.J. Fishman, *The Insurrectionists* (London: Methuen and Co., 1970).
54 《한국의 민중봉기》(오월의봄, 2015) 1장을 참조하라.
55 Peter Kropotkin, *Memoirs of a Revolutionist*, (New York: Dover Publications, 1971), 418. 한국어판 《크로포트킨 자서전》(우물이있는집, 2014).
56 예를 들어 Kropotkin, *Memoirs*, 282를 보라.
57 Ibid., 419.
58 *The Great French Revolution* (New York: Vanguard Press, 1929), 313.
59 Ibid., 532.
60 예를 들어 *The Conquest of Bread*, (London: Chapman and Hal, 1906), 44, 213–14를 보라.
61 "Anarchist Communism" in *Kropotkin's Revolutionary Pamphlets*, ed. Roger Baldwin (New York: Dover Publications, 1970), 68.
62 Ibid., 52.
63 "Modern Science and Anarchism," in *Kropotkin's Revolutionary Pamphlets*, ed. Roger Baldwin (New York: Dover Publications, 1970), 164.
64 Ibid., 163. Italics in the original.
65 "Anarchist Communism," 51–52.
66 Page xiv of the 1906 preface to *The Conquest of Bread*.
67 "Letter to the Workers of Western Europe," *Kropotkin's Revolutionary Pamphlets*, ed. Roger Baldwin (New York: Dover Publications, 1970), 254. Originally published in English July 20, 1920.
68 *The Great French Revolution*, 61.
69 Ibid., 69.
70 Ibid., 75, 106.
71 Ibid., 95, 177.
72 "Modern Science and Anarchism," 190. Italics in the original.
73 Ibid., 191.

13장 조직과 운동

1 이제는 없어진 1973년 판본 *Great Soviet Encyclopedia*를 보라. 이에 대한 비평은 Herbert Marcuse, *The Aesthetic Dimension*을 보라.
2 Paul Wood, *The Challenge of the Avant-Garde* (New Haven: Yale University Press, 1999), 270.
3 Reprinted in Charles Harrison and Paul Wood, eds., *Art in Theory 1815–1900: An Anthology of Changing Ideas* (Oxford: Blackwell, 1998), 40.
4 이 그림은 1945년 2월 14일 영국 공군이 독일의 드레스덴에 소이탄을 사용하여 수만 명을 죽였던 때에 파괴됐다.
5 Reprinted in Harrison and Wood, *Art in Theory*, 797.
6 Theda Shapiro, *Painters and Politics: The European Avant-Garde and Society 1900–1925* (New York: Elsevier, 1976), vii에서 인용. 영국은 아방가르드 미학과 정치 발전에서 오랫동안 프랑스에 뒤쳐져 있었고, 영국에서 '아방가르드'라는 용어는 1910년 《데일리 텔레그래프》의 평론에서 처음 사용됐다(최소한 옥스퍼드 영어사전에 따르면).
7 Harrison and Wood, *Art in Theory*, 186을 보라.
8 Tristan Tzara, *Dada Manifesto*를 보라.
9 Herbert Marcuse, *Counterrevolution and Revolt* (Boston: Beacon Press, 1972), 103–4.
10 Ibid., 107.
11 Marcuse, *Aesthetic Dimension*, 35.
12 Ibid., 72–73.
13 스튜 앨버트와의 인터뷰(1999년 12월 3일, 오리건 주 포틀랜드).
14 Zia Krohn and Joyce Lagerweij, *Concrete Messages: Street Art on the Israeli-Palestinian Separation Barrier* (Arsta, Sweden: Dokument Press, 2010)를 보라.
15 Jacques Rancière, *The Politics of Aesthetics* (London: Continuum, 2004), 9.
16 Carlos Gabetta, "Argentina: IMF Show States Revolt," *Le Monde Diplomatique*, January 2002, Starr, *Global Revolt*, 77에서 인용.
17 John Jordan and Jennifer Whitney, *Que Se Vayan Todos: Argentina's Popular Rebellion* (Montreal: Kersplebedeb, 2003), 42.
18 더 많은 논의를 위해 James Petras and Henry Veltmeyer, *What's Left in Latin America? Regime Change in New Times* (Surrey, UK: Ashgate, 2009)를 보라.
19 Roger Burbach, "Ecuador's Popular Revolt: Forging a New Nation," in *NACLA Report on the Americas* 40, no. 5 (September–October 2007): 5를 보라. 이와 유사한 유럽의 성장에 대해서는 Carl Boggs, *Social Movements and Political Power: Emerging Forms of Radicalism in the West* (Philadelphia: Temple University Press, 1986)를 보라.
20 Ellen Barry, "For Protesters in Moldova, the Revolution Will Be Tweeted," *International Herald Tribune*, April 9, 2009.
21 "Protests Against U.S. Beef Imports Transforms into a Huge Festival," http://english.hani.co.kr/arti/english_edition/e_national/292014.html.
22 Ronda Hauben, http://www.columbia.edu/ percent7Erh120/other/netizens_draft.pdf를 보라.
23 한국에서 촛불시위는 오랜 역사를 가지며, 최소한 1975년 오충일과 김대중이 군부독재에

대한 투쟁을 극적으로 만들려고 조직한 바 있다. 2002년 2명의 여중생이 미국 탱크에 깔려 비극적으로 사망하자, 몇 달에 걸쳐 촛불시위가 일어났다. 심지어 모스크바, 워싱턴 D.C. 등까지 한국인이 있는 곳이면 어디든지 확산됐다. 한 온라인의 제안에 약 1만 5,000명이 11월 30일 첫 촛불시위에 모였고, 2주 후에 10만 명 이상의 시위대가 서울 중심가에서 촛불을 들고 항의시위를 벌였다.

24 버마와 한국에서 운동에 대항하는 권력은 아주 대단해서 봉기운동이 군부에 의해 학살당하고 있을 때, 미국 항공모함이 구조하러 온다는 소문이 퍼졌다. 한국의 경우 항공모함은 광주의 봉기자가 아니라 군사정권을 지지하기 위해 파견됐다. 버마에서는 미국 군함이 아예 버마 해역에 들어간 적이 없었다. 비록 사실 아니더라도 소문은 희망과 바람을 표현한다. 미국의 권력이 민주주의 편에서 개입하길 기대한 것이다. 그러나 모든 곳에서 실망은 명백했다.

25 Yun Seong-Yi, "Political Participation in the New Internet Era," *Korea Herald*, January 18, 2008. 참여민주주의의 예지력 있는 분석은 Michael Hauben, "Participatory Democracy From the 1960s and SDS Into the Future On-line," http://www.columbia.edu/~hauben/CS/netdemocracy-60s.txt를 보라.

26 Robinson, *Promoting Polyarchy*.

27 James Davis, "This Is What Bureaucracy Looks Like: NGOs and Anti-Capitalism," *The Battle of Seattle: New Challenges to Capitalist Globalization* (New York: Soft Skull Books, 2002), 178에서 인용.

28 Nerfin, "Neither Prince Nor Merchant," 172.

29 James Petras, "NGOs: In the Service of Imperialism," *Journal of Contemporary Asia* 29, no. 4 (1999): 429–40을 보라.

30 *The Economist*, quoted in Heather Gautney, *Protest and Organization in the Alternative Globalization Era: NGOs, Social Movements, and Political Parties* (New York: Palgrave, Macmillan, 2010), 89에서 인용.

31 Gautney, *Protest*, 88.

32 James Davis, "Bureaucracy," 177에서 인용.

33 John Keane, *Global Civil Society?* (Cambridge: Cambridge University Press, 2003), 83.

34 Jody Jensen and Ferenc Miszlivetz, "Global Civil Society: From Dissident Discourse to World Bank Parlance," in *The Languages of Civil Society*, ed. Peter Wagner (New York: Berghahn Books, 2006), 196–97.

35 *New Left Review* 62: 141을 보라.

36 Petras, "NGOs: In the Service of Imperialism."

37 An important counterexample can be found in William Blum's "Anti-Empire Report," December 19, 2004, http://killinghope.org/bblum6/aer16.htm.

38 Timothy Garton Ash, "Velvet Revolution: The Prospects," *New York Review of Books* 56, no. 19, December 3, 2009를 보라.

39 PanArmenian.net, June 29, 2009, as quoted by Rick Rozoff in "West's Afghan War and Drive into Caspian Sea Basin," http://groups.yahoo.com/group/stopnato/message/40624, July 10, 2009.

40　Sarah E. Mendelson and John Glenn, eds., *The Power and Limits of NGOs: A Critical Look at Building Democracy in Eastern Europe and Eurasia* (New York: Columbia University Press, 2002), 5, 191–92.
41　Eva Golinger, *The Chavez Code: Cracking U.S. Intervention in Venezuela* (New York: Monthly Review Press, 2007).
42　Rozoff, "Afghan War."
43　Arias-King, "Orange People," 44.
44　Ibid.
45　Ackerman and Duvall, *A Force More Powerful*, 475.
46　Engdahl, "Chokepoint!"
47　Ackerman and Duvall, *A Force More Powerful*, 475.
48　버마 활동가 아웅 초 소와의 인터뷰(2008년 11월, 태국 매솟).
49　Robert L. Helvey, *On Strategic Nonviolent Conflict: Thinking About the Fundamentals* (Boston: The Albert Einstein Institution, 2004), xi.
50　진 샤프와의 인터뷰(2011년 4월 3일, 보스턴). 기록은 http://eroseffect.com을 보라.
51　Helvey, *Nonviolent Conflict*, xii.
52　Ackerman and Duvall, *A Force More Powerful*, 485–86.
53　Johansen, "Waves of Nonviolence."
54　Tina Rosenberg, "Revolution U: What Egypt Learned from the Students Who Overthrew Milošević," *Foreign Policy*, February 16, 2011.
55　Sharp, *Waging Nonviolent Struggle*, 336. 2011년 3월 3일 나는 보스턴에 있는 알베르트 아인슈타인 연구소에서 진 샤프와 인터뷰했고, 그와 비폭력 혁명을 위한 미국의 지지에 대한 우려를 논의했다. 인터뷰는 내 웹사이트 http://eroseffect.com에서 볼 수 있다.
56　Ron Nixon, "U.S. Groups Helped Nurture Arab Uprisings," *New York Times*, April 14, 2011.

14장 프롤레타리아트의 변화하는 얼굴

1　《한국의 민중봉기》(오월의봄, 2015) 10장 마이클 츠바이크의 논의를 보라.
2　Marcuse, *Aesthetic Dimension*, 28–29.
3　최근 사례로 미국사회학협회(American Sociological Association) 회장인 에릭 올린 라이트는 2011년 자율적 사회운동에 관한 패널을 승인하지 않았다. 왜냐하면 그가 자율적 사회운동을 "노동계급적"이라고 간주하지 않았기 때문이다.
4　초기 의견으로는 세르주 말레의 새로운 노동계급에 관한 에세이 *The New Working Class* (Bristol, UK: Spokesman Books, 1975) and *Bureaucracy and Technocracy in the Socialist Countries* (Nottingham, UK: Spokesman Books, 1974)를 보라.
5　최근 독립영화 *Verita$: Everybody Loves Harvard* (2011)를 보라.
6　Keane, *Global Civil Society?*, 129.
7　Fishman, *Insurrectionists*, 119.
8　André Gorz, *Farewell to the Working Class: An Essay on Post-Industrial Socialism* (Boston: South

9   End Press, 1982), 69. 한국어판《프롤레타리아트여 안녕》(생각의나무, 2011).
9   John Girling, "Development and Democracy in Southeast Asia," *The Pacific Review* 1, no. 4 (1988): 333.
10 Choi, *Gwangju Uprising*, 37–39.
11 Val Burris, "The Discovery of the New Middle Class," *Theory and Society* 15 (1986): 344–45.
12 Han Sang-Jin, "The Public Sphere and Democracy in Korea," in *Korean Politics: Striving for Democracy and Unification*, ed. Korean National Commission for UNESCO (Elizabeth, NJ: Hollym, 2002), 266–67.
13 Yun Fan, "Taiwan: No Civil Society, No Democracy," in *Civil Society and Political Change in Asia: Expanding and Contracting Democratic Space*, ed. Muthiah Alagappa (Stanford: Stanford University Press, 2004), 168; Also see Richard Robison and David Goodman, *The New Rich in Asia: Mobile Phones, McDonald's and Middle-Class Revolution* (London: Routledge, 1996), 10.
14 마이클 샤오와의 인터뷰(2009년 2월 3일, 타이베이).
15 Shrishti Rana, "Don't Forget Kathmandu," *Kathmandu Post*, April 11, 2009, 6을 보라.
16 Haggard and Kaufman, *Political Economy*, 31.
17 C.L.R. James, in collaboration with Raya Dunayevskaya and Grace Lee, "The Ideological Crisis of the Intermediate Classes," in *State Capitalism and World Revolution* (Chicago: Charles H. Kerr Publishing Company, 1986), 113–35.
18 "Structural Crises," in *New Left Review* 62 (March–April 2010): 139.
19 Callahan, *Cultural Governance*.
20 여성의 프롤레타리아트화에 대한 초기 평가는 Martin Oppenheimer의 뛰어난 책, *White Collar Politics* (New York: Monthly Review Press, 1985)를 보라.
21 Gorz, *Farewell*, 84–85, Herbert Marcuse, "Marxism and Feminism," in *The New Left and the 1960s*, ed. Douglas Kellner (New York: Routledge, 2005), 165–72.
22 Tannen의 통찰력 있는 책, *You Just Don't Understand: Women and Men in Conversation* (New York: Ballantine Books, 1990)을 보라. 한국어판《그래도 당신을 이해하고 싶다》(한언, 2011).
23 In Gorz, *Farewell*, 85.
24 Marcuse, *Aesthetic Dimension*, 28–29.
25 유의 보편적 이익에 대한 논의가 필요하면, *The Subversion of Politics* 마지막 장을 보라.
26 Barucha Calamity Peller, *Women in Uprising: The Oaxaca Commune, the State, and Reproductive Labor* (2011), http://readthenothing.files.wordpress.com/2011/07/oaxaca-commune3.pdf.
27 블랙팬더당에 대한 더 많은 것은 클리버의 글, "Women, Power and Revolution" in *Liberation, Imagination, and the Black Panther Party* (New York: Routledge, 2001)를 보라.
28 내 책 *The Subversion of Politics* (Korean translation published in 2000)를 보라.

15장 봉기의 공식

1   Pitrim Sorokin, *Social and Cultural Dynamics*, vol. 3: *Fluctuations of Social Relationships, War, and Revolution* (New York: American Book Company, 1937), 238.

2   Arthur Raper, *The Tragedy of Lynching* (Chapel Hill: University of North Carolina Press, 1933), 31.
3   James C. Davies, "Toward a Theory of Revolution," *American Sociological Review* 27, no. 1 (February 1962): 5–19.
4   Seymour Martin Lipset, "Some Social Requisites of Democracy: Economic Development and Political Legitimacy," *The American Political Science Review* 53, no. 1 (March 1959): 69–105.
5   Alagappa, *Civil Society*를 보라.
6   Junhan Lee, "Primary Causes of Asian Development: Dispelling Conventional Myths," *Asian Survey*, 42, no. 6, 823, 831을 보라. 이준한은 그런 시도를 했지만, 진짜 정점을 이해할 경험적 데이터는 없었다. 나는 그의 방법론적 제안에 도움을 받았다.
7   이 수치는 5·18기념재단의 자료이다. 정부의 보상 프로그램은 더 낮은 수치를 제시하는데, 이는 부분적으로 일부 가족이 등록을 거부했기 때문이다.
8   Huntington, *Third Wave*, 194
9   정웅과의 인터뷰(2009년 12월 4일, 서울).
10 데이비드 타레카보와의 인터뷰(2008년 11월 5일, 태국 매솟).
11 Alfred Stepan, "Paths toward Redemocratization" in *Transitions from Authoritarian Rule: Comparative Perspectives*, vol. 3, eds. Guillermo A. O'Donnell, Philippe C. Schmitter, and Laurence Whitehead (Baltimore: Johns Hopkins University Press, 1991).
12 Callahan, "Comparing the Discourse," 281–82.
13 Susanne H. Rudolf and Lloyd I. Rudolf, "The Coffee House and the Ashram: Gandhi, Civil Society and Public Spheres," in *Civil Society and Democracy*, ed. Carolyn M. Elliott (Oxford: Oxford University Press, 2003), 377–404를 보라. 심지어 아시아의 찻집 어딘가에서 벌어지는 토론의 성격이 유럽의 카페에서 이뤄지는 개인적 자율의 고귀한 수준에 이르지는 못하다는 주장이 난무한다.
14 한국의 경우는 《한국의 민중봉기》(오월의봄, 2015)에서 길게 논의했다. 그레고리 헨더슨은 "사회관계에서 무정형과 고립"을 발견했다. Henderson, *Korea: The Politics of the Vortex* (Cambridge: Harvard University Press, 1968), 4를 보라. 한국어판 《소용돌이의 한국정치》(한울, 2013).
15 Keane, *Global Civil Society?*, 31. 다음 쪽에서 킨은 "무슬림 사회에서 시민사회는 불가능하다"는 유럽인들의 견해에 대해 논평을 계속한다.
16 Gordon White, Jude Howell, and Shang Xiaoyuan, "Market Reforms and the Emergent Constellation of Civil Society in China," in *Civil Society and Democracy*, ed. Carolyn M. Elliott (Oxford: Oxford University Press, 2003), 266–67.
17 Thorkild Jacobsen, "Primitive Democracy in Ancient Mesopotamia," *Journal of Near Eastern Studies* 2, no. 3 (1943): 159–72를 보라.
18 Romila Thapar, *A History of India* (Harmondsworth: Penguin Books, 1966), 53. Goody, "Civil Society," 156을 보라.
19 Kim Dae Jung, "Is Culture Destiny? The Myth of Asia's Anti-democratic Values," *Foreign Affairs* 6, 189–94.
20 Bruce Cumings, "Civil Society in West and East," in *Korean Society: Civil Society, Democracy and the State,* ed. Charles Armstrong (London: Routledge, 2002), 24.

21 Lucian Pye, *Asian Power and Politics: The Cultural Dimensions of Authority* (Cambridge: Belknap Press, 1985).
22 Larry Diamond, ed., *Political Culture and Democracy in Developing Countries* (Boulder: Lynne Rienner Publishers, 1993)를 보라.
23 John Ehrenberg, "Civil Society," *New Dictionary of the History of Ideas* (New York: Scribner's, 2004)를 보라.
24 예를 들어, Girling, "Development and Democracy," 332를 보라.
25 Karl Marx, *Capital: A Critique of Political Economy* (New York, International Publishers, 1967), 독일어 초판 서문, 8-9. 한국어판 《자본》(길, 2008).
26 Diamond et al., *Consolidating*, xxx. 하지만 무티아 알라가파가 지적하듯이, NGO와 시민사회도 민주화에 장애가 될 수 있다.
27 Lai et al., *Tragic Beginning*을 보라.
28 정확한 사망자의 수치는 결코 알려지지 않았지만, 추정치는 1만 명에서 10만 명 이상까지다. 1947년 4월 1일, 타이완의 7개 단체는 살해된 이들이 5만 명이라고 추산했다. Ibid., 158.
29 Rimwha Han and Soonhee Kim, "Jeju Women's Lives in the Context of the Jeju April 3rd Uprising," presented at the international conference, The Jeju Sasam Uprising and East Asian Peace: International Legal Issues and Human Rights in 21st Century Korea, Harvard University, April 25, 2003.
30 Chang-sung Hyun, Young-hee Cho, Chan-sik Park, Seok-ji Hahn, Chang-hoon Ko, "The Resistance of the People and the Government's Countermeasures: The Historical Flow and Significance of the Case Studies from 1000 Years in Jeju," *Journal of Island Studies* 3, no. 1 (Spring–Summer 2000): 27.
31 베르틸 린트네르가 나에게 이메일로 확인을 해주었다(2006년 4월 9일).
32 바실 페르난도와의 논의가 나의 분석에 크게 도움을 주었다.
33 메르카도(Mercado)의 뛰어난 책, *People Power*를 보라. 특히 226, 232, 258, 308쪽.
34 Routledge, "Backstreets," 568.

16장 문제는 체제다

1 Thom Hartmann, "The Genetically Modified Bomb," Common Dreams News Center, September 10, 2003, http://www.commondreams.org/views03/0910-15.htm; Ethirajan Anburasan, "Genetic Weapons: A 21st Century Nightmare?" United Nations Educational, Scientific and Cultural Organization, October 12, 2003, http://www.unesco.org/courier/1999_03/uk/ethique/txt1.htm.
2 1942년 10월 20일 미국 정부는 나치와 연계됐다는 이유로 프레스콧 부시의 은행 활동을 압류했다. 부시가 주도한 유니온 뱅킹 작전을 중지시키기 위해 적성국교역법(the Enemy Act)이 적용됐다. E. 롤런드 해리먼, 3명의 나치, 기타 2명과 함께 부시는 UBC의 주식을 소유했다. 프레스콧 부시가 의붓아버지 조지 허버트 워커와 함께 오랫동안 운영한 실레지엔-아메리칸 코퍼레이션(Silesian-American Corporation)의 독일 측 지분도 1942년 11월 17

일 압류됐다. 프레스콧 부시는 히틀러가 무기와 돈을 마련하는 데 도움을 준 핵심 인물이었다. 1942년 미국 정부의 조사 결과 부시의 은행이 철강 회사 페라이니히테 슈탈베르케(Vereinigte Stahlwerke)에 깊이 관여했다고 판정했고, 이 기업은 나치 선철의 50.8퍼센트, 압연강판의 41.4퍼센트, 나치 독일의 파이프와 튜브의 45.5퍼센트, 나치 독일의 폭발물의 35.0퍼센트를 생산한 것으로 밝혀졌다. Webster G. Tarpley and Anton Chaitkin, *George Bush: The Unauthorized Biography*, *Executive Intelligence Review* (January 1991), http://www.tarpley.net/bush2.htm을 보라.

3   Andrew Wheat "The Bush–bin Laden Connection," *Texas Observer*, November 9, 2001, http://www.texasobserver.org/showArticle.asp?ArticleID=480을 보라.

4   Johan Galtung, "The Korean Peninsula: Moving from the DMZ to a Zone of Peace." http://wagingpeacekorea.org/board/view.php?id=hero&page=5&sn1=&divpage=1&sn=off&ss=on&sc=on&select_arrange=headnum&desc=asc&no=15. 그는 또한 200개 국가 내에서 2,000개 민족이 자치를 열망하는 것으로 추정한다. 제2차 세계대전 이후 100번 이상 전쟁이 일어나 2,500만 명이 사망하고 7,500만 명이 부상당했다. Kristin Dawkins, *Global Governance: The Battle over Planetary Power* (New York: Seven Stories Press, 2003), 96

5   International Scientific Commission on Biological Warfare in Korea and China, *Report*, 1952. 이라크전쟁을 주도했던 조지 부시 대통령은 자주 "한국 모델"을 언급했다. 1945년에서 1950년까지(한국전쟁 이전에) 미군정과 이승만 정부 아래서 분단에 반대했던 약 10만 명의 한국인들이 살해당했다. 한국이 미국의 국제관계에서 '모델'이 됐다는 것은 미국 정부의 본질에 대해 많은 것을 말해준다. 2005년 미국의 한국 주둔 지속을 논하면서, 존 매케인 상원 의원은 한국의 사례가 "우리가 곤란을 겪었던 베트남과 극명하게 대조"된다고 상기시켰다. 민주당 지도자들은 많이 다르다고 생각하지 않도록, 클린턴 정부의 국방장관 윌리엄 페리는 한국이 통일되더라도 미군을 계속 주둔시키겠다고 약속했다. 명백히 한국과 베트남에서 전쟁의 재앙 이후에도 전 지구적 지배를 위한 미국의 전략은 여전히 중국의 포위에 초점을 맞추고 있고, 동아시아 본토의 육상 기지는 펜타곤의 정책 입안자들에게 중요한 요소다.

6   George Katsiaficas, ed., *Vietnam Documents* (New York: ME Sharpe, 1992), 146.

7   Alan Winnington and Wilfred Burchett, *Plain Perfidy: The Plot to Wreck Korean Peace* (1954)를 보라.

8   Wolff, *Little Brown Brother*. 존 터먼은 무려 40만 명의 필리핀인이 살해되었을 거라고 믿는다(*Deaths of Others*, 18).

9   Noam Chomsky, "The United States and Indochina: Far from an Aberration," in *Coming to Terms: Indochina, the United States and the War*, eds. Douglas Allen and Ngo Vinh Long (Boulder: Westview Press, 1991), 165.

10 Catherine A. Sunshine, *The Caribbean: Survival, Struggle, and Sovereignty* (Boston: South End Press, 1985), 32.

11 Robert Aldrich, *Greater France, A History of French Overseas Expansion* (New York: St. Martin's, 1996), 98을 보라.

12 환호하는 관객 중의 하나가 프랜시스 후쿠야마이다. 그는 현대의 미국식 대의민주주의가 인류 발전의 바람직한 종점이며, 우리는 '역사의 종말'에 도달했다고 주장했다. 비록 지금 중국이 제공한 대안을 인정하지만, 후쿠야마는 1806년 예나 전투(나폴레옹이 프로이센 군주제를 패배시킨)가 자유민주주의적 국가의 공고화를 상징하며, "민주주의 국가에서 시민

권의 원칙과 특권이 확대되어야 한다"고 썼다. 후쿠야마에게 인류의 사회 진보는 "새로 발명할 것이 남아 있지 않다". 후쿠야마가 기고한 "The End of History," *Foreign Affairs (1988)*, 5을 보라. 후쿠야마에게 프랑스혁명의 원칙이 공간적으로 확장된 것은 나머지 세계가 동일하게 인류 진보를 경험하는 걸 의미한다.

13 열화우라늄탄(DU)은 극도의 밀도 때문에 철갑을 뚫는 발사 무기에 사용돼왔다. 펜타곤은 320미터톤의 열화우라늄탄이 이라크 전장에 남아 있다고 인정했지만, 러시아 측은 1,000미터톤에 가까운 양이라고 추산하고 있다. 열화우라늄탄은 태양계의 나이보다 더 긴 반감기를 가지며 걸프전증후군, 이라크에서 죽은 수천 명의 목숨과 기형태아와도 관련되어 있다. 한 영국 연구자는 20세기 말 이전에 50만 명이 이 방사능 때문에 사망할 것이라고 추정했다. Neil Mackay, "U.S. Forces' use of depleted uranium weapons is 'illegal'" *Sunday Herald*, March 30, 2003 (http://www.truthout.org/docs_03/printer_040103F.shmtl)을 보라.

14 Arundhati Roy, "Not Again," *Guardian*, September 27, 2002를 보라.

15 The Stockholm International Peace Research Institute 2009 report.

16 다른 보도에 따르면 전 지구적 평균은 GDP의 3.5퍼센트이며, 타이완의 군사 지출은 6.3퍼센트에 이른다. Arirang 8/10/03.

17 미국 국방부는 2005년 120억 달러에 비해, 2009 회계연도 320억 달러의 무기와 군사 장비를 판매 또는 이전하기로 합의했다. 외국 정부들이 2005년 580억 달러에서 증가한 960억 달러의 무기 수출 라이선스를 획득하면서 상업적 직접 판매가 급속히 증가했다.

18 Joel Andreas, *Addicted to War*, 39. 현재의 펜타곤 예산에 해외 군사원조, NASA의 군사 부문, 에너지부의 핵무기 예산, 과거 군사 지출로 인한 부채 이자 지불을 더하면, 미국은 매일 1분마다 100만 달러 이상을 소비한다. 미국 내에서 펜타곤은 남한의 면적보다 더 많은 토지를 소유하며, 토지 지분은 북한 전체 면적에 거의 맞먹는다.

19 이 통계는 적절한 시각에서 문제를 제기하는 시작일 뿐이다. Bernd Debusmann, "Fading Superpower, Rising Rival Nations," *Korea Herald*, August 29, 2008을 보라.

20 Thom Shanker, "Arms Deal to Taiwan Riles China," *New York Times*, October 4, 2008.

21 2006년 미국은 요격미사일 9기의 일본 판매(4억 5,800만 달러 상당)를 승인했다. 2008년 10월 미국은 60억 달러 이상의 선진 무기를 타이완에 판매한다고 발표했다. 여기에는 31억 달러의 패트리어트 3등급 유도미사일 시스템, 정교한 미사일, 미사일과 항공기 방어용 레이더와 통제 시스템이 포함돼 있었다. 또 이 계약(2010년 1월 최종 승인된)에는 25억 달러의 아파치 공격용 헬리콥터와 지원 시스템도 포함돼 있었다. 남한은 국방개혁 2020을 통해 미국이 주도하는 탄도미사일 방어계획에 합류하는 조치로서 저고도 미사일 방어망 PAC-3 시스템에 수십억 달러를 지출할 예정이다. 한국형미사일방어체계(KAMD)란 이름의 지대공 방어 시스템은 2012년까지 가동할 계획이며, 이때까지 한국은 미국에게서 한국군에 대한 전시작전통제권을 환수하여 조기경보 레이더, 이지스함에 구축한 SM-2 대공미사일 시스템, PAC-2 요격미사일을 갖추게 될 것이다. 이미 배치된 KDX-III 구축함 외에, 남한은 2012년까지 1척 더 구매할 계획이며(1척당 가격은 약 10억 달러) 한국식 3,000톤급 KSS-III 잠수함과 이지스급 군함을 건설할 계획이다.

22 여기에 주한미군 유지가 실제 전쟁억지력으로 작동하는 하나의 실용적 이유가 있다. 만약 분쟁이 발생할 경우 많은 미군 병사들도 사망하게 되고 그렇게 되면 미국이 대량살상무기를 사용할 가능성은 적어질 것이다. 백낙청의 이런 통찰력이 처음으로 내 관심을 끌었다.

23　Walden Bello, "A Primer on the Wall Street Meltdown," http://links.org.au/node/657.

24　Gérard Duménil and Dominique Lévy, "The Economics of U.S. Imperialism at the Turn of the 21st Century," *Review of International Political Economy* 11, no. 4 (October 2004): 663.

25　John Walton, "Urban Protest and the Global Political Economy: The IMF Riots," in *The Capitalist City: Global Restructuring and Community Politics*, ed. Michael Peter Smith and Joe R. Feagin (London: Basil Blackwell, 1997), 364; and John Bellamy Foster and Fred Magdoff, "Financial Implosion and Stagnation: Back To The Real Economy," in http://monthlyreview.org/2008/12/01/financial-implosion-and-stagnation을 보라.

26　Huntington, *Third Wave*, 311.

27　UN Food and Agriculture Organization statistics. See Javier Blas, "World's Hungry Close to One Billion," *Financial Times*, December 9, 2008.

28　Lowell Dittmer, "Globalization and the Asian Financial Crisis," in *East Asia and Globalization*, ed. Samuel S. Kim (Lanham: Rowman & Littlefield, 2000), 36.

29　Stiglitz, *Globalization*를 보라.

30　"Worsening Financial Flu Lowers Immunity to U.S. Business," *New York Times*, February 1, 1998. 오바마의 주요 경제고문 중 한 명이 로런스 서머스였고, 그는 클린턴의 재무부 장관이었다. 위기가 발생하기 몇 년 전인 1999년, 아르헨티나의 상태를 평가하면서 서머스는 이렇게 썼다. "오늘날 아르헨티나 은행 부문의 50퍼센트, 민간은행의 70퍼센트가 외국인 통제 아래 있고, 이는 1994년 30퍼센트에서 상승했다. 그 결과 더 심오하고 더 효과적인 시장이 생겼다." Walden Bello, *Deglobalization: Ideas for a New World Economy* (Manila: Ateneo de Manila University Press, 2006), 78에서 인용. 한국어판 《탈세계화》(잉걸, 2004).

31　투자시장에서 수조 달러의 주인이 바뀌면서 카지노 자본주의는 기록적 호황에 이어 심각한 불황을 낳았다. 손실 총액은 1932년 6월 80퍼센트, 1942년 4월 60퍼센트, 1974년 10월 50퍼센트, 2008년 10월 거의 같은 규모였다. "How This Bear Market Compares," http://www.nytimes.com/interactive/2008/10/11/business/20081011_BEAR_MARKETS.html?hp, accessed October 12, 2008. 또한 Bello, *Deglobalization*, 14를 보라.

32　Samuel S. Kim, *East Asia and Globalization* (Lanham: Rowman & Littlefield, 2000), 8.

33　Benjamin Cohen, "Phoenix Risen: The Resurrection of Global Finance," *World Politics* 48, no. 2 (1996): 268–96; UN Conference on Trade and Development, *World Investment Report 1999*, 477–83; Beinart, "An Illusion for our Time: The False Promise of Globalization" *New Republic*, October 20, 1997, 20–24; David Goldblatt, David Held, Anthony McGrew, and Jonathan Perraton, "Economic Globalization and the Nation-State," *Alternatives* 22, no. 3 (1997): 269–85; David Goldblatt, David Held, Anthony McGrew, and Jonathan Perraton, "The Globalization of Economic Activity," *New Political Economy* 2, no. 2 (1997): 257–77, as cited in Kim, *East Asia*, 28.

34　Keane, *Global Civil Society?*, 174.

35　Bello, *Deglobalization*, 5.

36　Sarah Anderson and John Cavanagh, "How Important Is the Market to the Economy?" Corporate Watch, Summary of Findings, 2000, http://www.globalpolicy.org/component/content/article/221/47211.html.

37 Johan Galtung, "Violence, Peace and Peace Research," *Journal of Peace Research* 6, no. 3 (1969), 167–91.
38 2010년 《포브스》는 1,210명의 개인이 10억 달러 이상을 보유한 것으로 추산했고, 이들의 재산 합계는 4조 5,000억 달러에 이르며, 전 세계의 빈민 40억 명의 재산보다 더 많은 액수다. 분석을 위해 James Petras, "Billionaires Flourish, Inequalities Deepen as Economies 'Recover,'" http://theglobalrealm.com/2011/04/22/billionaires-flourish-inequalities-deepen-as-economies-"recover"/를 보라.
39 Keane, *Global Civil Society?*, 90.
40 David Rothkopf, "Change is in the Air for the Financial Superclass," *Financial Times*, May 16, 2008, 9.
41 Elizabeth Olson, "UN Says Millions of Children Die Needlessly," *New York Times*, March 14, 2002, 13. 2008년 말, 빈곤퇴치를위한지구행동(Global Call to Action against Poverty)은 전 세계적으로 매일 5만 명이 불필요하게 사망한다고 추정했다. 절반 이상이 기아나 빈곤으로 죽는 5세 이하의 어린이들이다. 아프리카에서만 매일 7,000명이 말라리아로, 6,000명이 HIV/AIDS로, 1,500명이 결핵으로 사망한다. 거의 해마다 1,100만 명의 어린이들이 예방할 수 있는 질병으로 죽는다.
42 "U.N. Says Hunger Stunts 200 Million Children," *Korea Herald*, November 13, 2009, 15.
43 Dawkins *Global Governance*, 19, 31.
44 James Kanter, "1 in 4 Mammals Threatened, Study Says," *New York Times*, October 6, 2008.
45 Bello, *Deglobalization*, 60.
46 Ibid., 72.
47 Stiglitz, *Globalization and Its Discontents* (New York: Norton, 2002), 61.
48 "Global Capitalism: Can It Be Made to Work Better?" *Business Week*, November 6, 2000, 42–43.
49 Bello, *Deglobalization*, 68–69 (quoting a World Bank study by Mattias Lundberg and Lyn Squire).
50 Dawkins, *Global Governance*, 118–20.
51 John Cavanagh and Jerry Mander, eds., *Alternatives to Economic Globalization: A Better World Is Possible* (San Francisco: Berrett-Kohler, 2004); William Fisher and Thomas Ponniah, eds., *Another World Is Possible: Popular Alternatives to Globalization at the World Social Forum* (London: Zed Books, 2003); Dada Maheshvarananda, *After Capitalism: Prout's Vision for a New World* (Washington, D.C.: Proutist Universal Publications, 2004), 한국어판 《자본주의를 넘어》(한살림, 2014)를 보라.
52 세계사회포럼에 대한 비판적 통찰에 대해 제임스 페트라스에 감사한다. 또한 Stellan Vinthagen, "Is the World Social Forum a Democratic Global Civil Society?" in *The World and U.S. Social Forums: A Better World Is Possible and Necessary*, eds. Judith Blau and Marina Karides (Leiden: Brill, 2008)를 보라.
53 The documents are contained in Kathleen Cleaver and George Katsiaficas, eds., *Liberation, Imagination, and the Black Panther Party* (New York: Routledge, 2001).
54 Bello, *Deglobalization*, 108–12. 만약 WTO가 악명 높은 그린룸에서 만나고자 한다면, 세계 최강 경제 국가들의 밀실 결정은 다른 나라들에 강제될 수 없을 것이다. 동시에, 벨로는 문화

적 다양성을 존중하고 견실한 국가, 생태적으로 조화로운 경제를 건설하고 적절한 테크놀로지를 장려하면서도 고갈되는 에너지 자원을 절약하는 "전 지구적인 경제 협치의 다원적 체제"의 건설을 촉구한다. 많은 구체적 세부 사항은 지역 총회에서 만들어낼 필요가 있다.

55 Samir Amin, "The Future of Global Polarization," in *Globalization and Social Change*, eds. Johannes Schmidt and Jacques Hersh (London: Routledge, 2000), 40.

인터뷰 목록

타이

비파르 다오마니 교수, 탐마삿 대학교, 방콕, 2008년 10월 28일.
쁘라짝 꽁끼리띠, 방콕, 2008년 10월 28일.
솜차이 홈라오르, 인권 변호사, 방콕, 2008년 10월 28일.
나르몬 타춤폰 교수, 쭐랄롱꼰 대학교, 방콕, 2008년 10월 29일.
찌 웅빠꼰 교수, 쭐랄롱꼰 대학교, 방콕, 2008년 10월 30일.
빠린야 테와나르밋쿤, 방콕, 2008년 10월 30일.
솜삭 꼬사이숙, 방콕, 2008년 10월 31일.

버마

두라, 서울, 한국
산 아웅, (방콕, 타이), 2008년 11월 1일.
아웅 초 소, (매솟, 타이), 2008년 11월 4일.
아웅 모 조, (매솟, 타이), 2008년 11월 5일.
데이비드 타레카보, (매솟, 타이), 2008년 11월 5일.

타이완

마이클 샤오 교수, 중앙연구원, 타이베이, 2009년 2월 3일.

쑤황, 타이베이, 2009년 2월 3일.
텐주진, 타이베이, 2009년 2월 4일.
이청주, 타이베이, 2009년 8월 6일.
마이클 린, 타이베이, 2009년 8월 11일.
프랭크 천, 타이베이, 2009년 8월 12일.
우지에민, 타이베이, 2009년 8월 15일.

네팔

케샤르 중 라야마지, 카트만두, 2009년 4월 10일.
디팍 쿠마르 바타라이, 고피 크리슈나 바타라이, 파완 로이, 푸니아 반다리, 바와나 바타, 카트만두, 2009년 4월 11일.
프라카시 만 싱, 카트만두, 2009년 4월 12일.
샤리크 람 잠카텔, 카트만두, 2009년 4월 12일.
마다브 쿠마르 네팔, 카트만두, 2009년 4월 12일.
수보드 라지 피아쿠렐, 카트만두, 2009년 4월 13일.
인드라 마이날스, 파탄, 2009년 4월 14일.
록 라지 바랄 교수, 카트만두, 2009년 4월 15일.
비말 샤르마, 카트만두, 2009년 4월 16일.
수딥 파탁, 카트만두, 2009년 4월 24일.
자가디시 포카렐 교수, 카트만두, 2009년 4월 26일.
욕 프라사드, 카트만두, 2009년 4월 26일.
람 바란 야다브 대통령, 카트만두, 2009년 4월 26일.
카필 슈레스타 교수, 카트만두, 2009년 4월 26일.
무쿤다 파틱 교수, 카트만두, 2008년 5월 2일.
람 찬드라 포카렐, 카트만두, 2009년 5월 2일.

필리핀

피터 라온, 마닐라, 2009년 5월 29일.
메리 라셀리스, 마닐라, 2009년 5월 29일.
라울 소크라테스 반수엘라, 마닐라, 2009년 5월 30일.
F. 시오닐 호세, 마닐라, 2009년 6월 1일.
코라손 훌리아노솔리만, 마닐라, 2009년 6월 2일.

그레고리오 호나산 상원 의원, 마닐라, 2009년 6월 2일.
존 캐럴, 마닐라, 2009년 6월 4일.
에디시오 델라 토레, 마닐라, 2009년 6월 5일.

중국
선딩리, 2009년 6월 24일.

방글라데시
아이니 엘리아스, 다카, 2010년 5월 9일.
아미룰 하케 아민, 다카, 2010년 5월 10일.
아심 쿠마르 우킬, 다카, 2010년 5월 10일.
비나 시크다르 박사, 다카, 2010년 5월 11일.
무슈투크 후사인 박사, 다카, 2010년 5월 10일.
파즐룰 하케 밀란, 다카, 2010년 5월 11일.
고팔 찬드라다스, 다카, 2010년 5월 11일.
아딜루르 라만 칸, 다카, 2010년 5월 11일.
아타우르 라만, 다카, 2010년 5월 11일.
샤리풀 이슬람 의학박사, 다카, 2010년 12월 22일.

기타
스튜 앨버트, 포틀랜드, 오리건 주, 1999년 12월 3일.
바실 페르난도, 다카와 홍콩, 2010년 12월 22~23일.
진 샤프, 보스턴, 2011년 3월 3일.

네팔 대통령 람 바란 야다브와 함께.

마오주의자 리더 샤리크 람 잠카텔(가운데), 마닉 라마와 함께.

마다브 쿠마르 네팔과 함께.

타이 국경에서 버마의 활동가들과 함께.

방글라데시에서 아딜루르 라만 칸(가운데), 바실 페르난도(그 왼쪽)를 비롯한 활동가들과 함께.

필리핀 상원 의원 그레고리오 호나산과 함께.

광주에서 오월어머니상을 수상하며. (사진 최성욱)

남한의 전 장관 김근태와 함께.

Credits

— "The Unfinished Struggle for Democracy in Bangladesh," *Democracy and Human Rights* 11, no. 2 (2011) 389–420.
— George Katsiaficas interviewed by Kourosh Ziabari, "U.S. Human Rights Policy is Self-Serving and Duplicitous," *Teheran Times*, May 1, 2011, http://www.tehrantimes.com/index_View.asp?code=239724.
— "The Eros Effect and Arab Uprisings: Interview with David Zlutnick," April 6, 2011, http://www.youtube.com/watch?v=DhjTw77W6-I, http://www.counterpunch.org/zlutnick04222011.html.
— "The Real Egyptian Revolution Is Yet to Come," *Sri Lanka Guardian*, February 14, 2011, http://www.srilankaguardian.org/2011/02/real-egyptian-revolution-is-yet-to-come.html.
— "The Eros Effect Comes to Cairo," *Egyptian Gazette*, February 16, 2011. http://213.158.162.45/-egyptian/index.php?action=news&id=14994&title=The%20Eros%20effect%20comes%20to%20Cairo.
— "Nepal's 2006 People's Uprising," *Democracy and Human Rights* 10, no. 3 (2010).
— "Reading Signs of Change," in *Signs of Change: Social Movement Cultures 1960s to Now*, eds. Dara Greenwald and Josh MacPhee (with Exit Art) (Oakland: AK Press, 2010).
— "Uprisings and Civil Society: Nepal's 1990 *Jana Andolan*," *Democracy and Human Rights* 9, no. 2 (2009), 317–60.
— "Comparing Uprisings in Korea and Burma," *Socialism and Democracy* 23, no. 1 (March 2009).
— "Ideen der Studenten Bewegung von 1968: politische und philosophische Auswirkungen," *Korean Journal of German Studies* (December 2008).
— "Asia and South Korean Social Movements," *Conference Book* (Pacific and Asia Conference on Korean Studies (PACKS), Hanoi, November 24–26, 2008).
— "Korean Candlelights in History," *Jumeokbab*, September 2008, 10–15 (in Korean and English).
— "1968 and Alterglobalization Movements," *Conference Book*, Ideas and Strategies in the

Alterglobalization Movements, Gyeongsang National University, May 2008.
— "Aesthetic and Political Avant-Gardes" in *Historical Memory and Cultural Representation: 4.3 and 5.18 Cultural Movements* (Gwangju: Chonnam National University, 2003).
— "The Anonymous People" by Basil Fernando, used by permission of the author.

찾아보기

ㄱ

가브리엘라(GABRIELA) 116
가오슝 사건 276, 286, 288~290, 292, 297, 298, 300, 301, 308, 319, 322
강드룩, 추시 184
갸넨드라 국왕 331, 337, 380, 381, 391, 393, 398, 399, 401
경비총사령부 283, 285, 286~288, 302
고르바초프, 미하일 23, 46~49, 53, 208, 231, 235, 237, 241, 244, 249, 339, 553
광주봉기 8, 17, 22, 36, 40, 42, 43, 57, 62, 269, 404, 548, 562, 577~595, 599, 600, 627, 642, 643, 651, 671, 677, 678, 682, 684, 705
구좌파 34, 46, 678
국가행정개혁협의회(NARC) 475, 476
국내안보작전사령부(ISOC) 467
국민당 141, 142, 180, 181, 212, 276~299, 302~304, 308~315, 318, 320, 325, 326
국민민주주의연대(PAD) 513, 515
군개혁운동(RAM) 43, 44, 84, 91~97, 115, 117, 628, 665, 672
그레고리, 딕 242
긴급행동대대(RAB) 431, 437
김대중 8, 84, 86, 308, 675, 682
김영삼 242
꼬사이숙, 솜삭 487, 495, 504, 513
끼띠카쫀, 타놈 37, 441, 449, 451, 461~464, 468, 472, 473

ㄴ

나는 호랑이(飛虎隊) 208, 253, 257
나스린, 타슬리마 409, 428
냉전 7, 47, 54, 55, 552, 553, 562, 629, 668, 676, 678, 693, 701
네 윈 24, 30, 138, 140, 142, 143, 147, 232
네팔공산당 346, 374, 375, 378, 400
네팔노동조합총연맹(GFNTU) 356, 401
네팔의회당과(ULF) 330, 340, 347, 349, 361, 363, 373, 374
네팔전문직총연맹 331, 395, 401
노란 호랑이 441, 458, 462, 463

793

노무현 324~326
노태우 28, 66, 557, 677
닉슨, 리처드 55, 141, 191, 551, 563, 690

ㄷ

다다(Dada) 224, 605, 606, 610, 611, 613
다카 대학교 408, 415, 419, 420, 422, 434
다할, 푸슈파 카말(프라찬다) 399
달라이 라마 171, 176, 179, 180, 183~190, 192, 197, 200~204, 650, 669, 680, 681
대중민주주의운동(CPD) 442, 482, 483, 484, 486, 490, 517
대약진운동 215, 247
덩난룽 314
덩샤오핑 191, 211, 214, 215, 217, 218, 222, 226, 229, 230, 232, 247, 248, 251, 265, 673
데이비스, 제임스 624, 664
독립봉기조직 198
독립언론인동맹(AIJ) 536
돕돕 182~184
드랍치 교도소 199, 200
딕시트, 카낙 398
딜리 학살 520, 525

ㄹ

라디오 베리타스 94~97, 106
라모스, 피델 94~99, 103, 104, 109, 111, 118~120, 131, 135, 157, 445, 692
라발, 비나이 343
랑군 공과대학(RIT) 143, 144, 170
랑군 대학교(RU) 141~145, 158
레드셔츠 33, 443~445, 513~517, 558, 592
레이건, 로널드 29, 87, 90~92, 103, 106, 524, 615

루데, 조지 66
류귀경 262, 263
르윈, 셰인 24, 138, 147, 152
리딩후이 277, 303, 313, 315, 316, 318~320, 324
리사가레, 올리비에 573, 588
리이저 217, 218
리정톈 217
리펑 198, 199, 208, 209, 230, 232, 238, 248~250, 255, 259, 319, 673
리훙린 219
릭파이, 추안 484, 502
린트네르, 베르틸 137, 156, 157, 672
릴리, 제임스 306
립셋, 시모어 마틴 24, 56, 665

ㅁ

마르코스, 페르디난드 24, 29, 31, 38, 39, 44, 67, 70, 76, 78~93, 96~99, 101~115, 118~122, 127, 133~135, 147, 230, 232, 306, 325, 339, 481, 503, 522, 526, 543, 545, 558, 560, 628, 662, 664, 665, 671, 672, 680, 683, 713
마르쿠제, 헤르베르트 35, 37, 450, 544, 548, 561, 567, 603, 612, 639, 646, 653
마르크스, 카를 39, 175, 240, 573, 586, 594, 606, 637, 639
마르크스주의 216, 240, 374, 469, 564, 614, 638, 639, 640, 647, 653
마사, 알사 124
마오쩌둥 83, 181, 190, 191, 213, 214, 216, 217, 239, 247, 254, 279, 640
마웅 마웅 138, 148, 153, 157~159
마헨드라 국왕 330, 336, 344, 359
만 싱, 가네시 339, 340, 354, 371, 372, 374

매킨리, 윌리엄 696
맥아더, 더글러스 81, 279
멘디올라 학살 76, 83, 109, 113
모로민족해방전선(MNLF) 84, 99
몰로토프-리벤트로프 조약 49, 50
무바라크, 호스니 70, 545, 556, 558~560, 575
문화대혁명 190, 214~217, 265
미국독립혁명 17, 22, 61, 549, 695, 698
민족민주동맹(NLD) 30, 138, 139, 160, 162~167, 171
민족민주전선(NDF) 76, 113
민주주의의 여신상 61, 62, 209, 241, 259, 614
민주주의회복운동(MRD) 340, 343, 345, 349, 360~363, 371
민주진보당(민진당) 307, 312~316, 319, 320, 323~327
민주총연맹(CFD) 490, 491, 500, 507
민중권력당(PPP) 515
밀로셰비치, 슬로보단 70, 168, 632~634

ㅂ

바타라이, 바르부람 376
바타라이, 크리슈나 프라사드 341, 361, 363, 401
바랄, 록 라지 19, 397
박정희 82, 582, 680
반미주의 63, 117, 467, 627
방글라데시민족주의당(BNP) 409, 413, 415~421, 425, 426, 428, 435
버마공산당(CPB) 141, 162
버마연방민족회의(NCUB) 171
벅모스, 수전 71
베버, 막스 25, 526

베이징군사령부 241
베이징노동자자치연합 208, 211, 226, 643
베이징 대학 207, 214, 220, 221, 224, 242, 265
베이징대학생자치연합 207, 221
베이징 사범대학 207, 225
벨로, 월든 519, 716
벨로, 카를로스 16, 537
벨벳혁명 48, 50, 111, 230, 628
부시, 조지 H.W. 215, 692
부시, 조지 W. 135, 327, 379, 526, 690, 692, 701
부시, 프레스코트 692
블랙 블록(BB) 615, 616
블랙팬더당 36, 42, 44, 450, 563, 576, 619, 645, 655, 715
보그스, 칼 56, 661
비공식부문서비스센터(INSEC) 396
비렌드라 국왕 331, 336, 337, 340, 349, 358~360, 371, 380
빈민회의(AOP) 508, 509, 512, 513

ㅅ

사마지탄트리크 달(JSD) 412
사프란혁명 139, 167~172, 592, 630, 631
산, 아웅 141, 651
사파티스타 8, 43, 516, 553, 569, 570, 619
세계무역기구(WTO) 43, 68, 72, 120, 121, 132, 267, 548, 552~554, 569, 570, 625, 627, 689, 706, 707, 711~713, 715, 717
세계사회포럼(WSF) 72, 715, 716
세계은행(WB) 68, 72, 112, 118, 133, 259, 341, 373, 380, 411, 434, 435, 479, 526, 533, 549, 552, 554, 614, 617~619, 624, 625, 687, 689, 706, 711~713, 717

셰쉐훙 284~287, 290, 292
소로스, 조지 510, 519, 627, 629, 630, 633, 705
소로킨, 피티림 661~663
소셜미디어 42, 550, 551, 565, 577, 604, 605, 622
소텔로, 안토니오 95, 104
수 치, 아웅 산 30, 121, 137~139, 154, 160~164, 171, 502, 650, 651, 680~683
수카르노푸트리, 메가와티 525, 650, 651
수하르토, 모하맛 24, 32, 33, 67, 111, 325, 510, 520, 522~538, 664, 665, 672, 673
쉬더후이 285
쉬신량 308
쉬친센 264, 671
스티글리츠, 조지프 510, 687
시므앙, 잠롱 255, 442, 485~494, 498, 513, 673
시와라, 끄릿 462, 463, 472, 671
시와락, 술락 449, 476
신, 하이메 42, 76, 79
신자유주의 33, 54, 72, 115, 117, 118, 120, 131, 132, 311~313, 373, 436, 441, 445, 478~480, 507, 510, 517, 543, 549, 569, 570, 625, 626, 629, 646, 664, 704, 705, 707, 713
신좌파 32~34, 37, 41~47, 57, 453, 552, 560, 634, 648, 655, 667, 678, 721

ㅇ
아나키즘 595, 609, 638
아랍의 봄 7, 8, 22, 36, 70, 111, 545, 550, 552, 555, 556, 560, 568, 569, 571, 604, 620, 634, 641, 663, 684
아로요, 글로리아 78, 121, 123~133, 135

아로요, 호세 미겔 133
아리스토파네스 656
아마티아, 툴사 랄 377
아시아인권위원회(AHRC) 130, 382, 578
아와미동맹 409, 415
아키노, 베니그노 8, 75~77, 83, 85~87, 89, 92, 93, 308, 651
아키노, 코라손 44, 90, 94, 96, 101~103, 105, 107, 109, 111~123, 127, 131, 135, 558, 650, 651
안티고네 651, 656~659
알람, S. M. 샴술 423, 425
알몬테, 호세 94
야다브, 람 바란 18
야생백합학생운동 43, 315~319
에로스 효과 7, 18, 35, 36, 79, 100, 154, 211, 229, 230, 488, 532, 543, 544, 549, 552, 555, 560~571, 574, 577, 599, 604, 605, 663, 667, 684, 707, 717
에르샤드, 모하마드 24, 31, 33, 67, 408, 410, 413, 414, 416~430, 435, 437
에스트라다, 조지프 33, 77~79, 118~131, 134, 620
엔릴레, 후안 폰세 82, 93~100, 103, 105, 109, 113
옐로셔츠 33, 443, 444, 445, 513~517, 558, 592
오바마, 버락 55, 63, 527, 558, 690, 691, 707
올랄리아, 롤란도 76, 112, 113
올브라이트, 매들린 520, 533
왕단 234, 235, 243, 254, 256, 266
왕립네팔군(RNA) 379, 383, 389
왕시저 217~219
왕실재산청(CPB) 511
외국인직접투자(FDI) 505, 506

우얼카이시 211, 225, 229, 233, 234, 243, 244, 248, 249, 256, 319
울포위츠, 폴 55, 92
워라찻, 차랏 442, 483, 484, 490
월러스틴, 이매뉴얼 295, 626, 648, 703
위안부 278, 691
윤상원 547, 592, 593
융, 카를 560, 566, 567, 578
이명박 9, 326, 621
이브라힘, 안와르 121, 539, 651
이승만 28, 590, 593, 667, 680
이재의 9, 594
인도네시아민주당(IDP) 525
인민대회당 208, 227, 241, 248, 260, 261
인세인 교도소 145, 156

ㅈ

자나 안돌란 330, 331, 342, 358, 363, 370, 382, 383, 386, 396, 400, 555
자오쯔양 199, 208~210, 222, 226, 232, 237, 238, 240, 244, 248~250, 255, 265, 673
잠카텔, 샬리크 람 383
장제스 30, 43, 82, 141, 180, 189, 212, 213, 278, 279, 288~293, 302, 303, 316, 313, 574
장징궈 290, 292, 296, 302, 303, 306, 309, 311
장쩌민 220, 249, 271
장춘난 272
저우언라이 176, 188, 214
저우융캉 229, 232, 233
전국인민대표대회(전인대) 220, 249, 251, 272
전국자유선거시민운동(NAMFREL) 91
전두환 24, 28, 49, 67, 157, 230, 232, 242, 325, 481, 669, 677, 703

전버마학생연맹 147, 150, 170
전버마학생민주전선 159
전타이완산업총공회 285
정웅 590, 672
제2차 세계대전 25, 60, 63, 80, 81, 157, 212, 278, 303, 410, 514, 547, 560, 569, 611, 612, 678, 691, 692, 699
존슨, 린든 35
중국공산당 141, 180, 210, 213, 218, 236, 251, 266
중난하이 207, 218, 225, 227, 260, 261
중앙미술학원 241, 258
징글리 146, 150, 156, 158

ㅊ

차베스, 우고 40, 60, 619, 630, 690
차우셰스쿠, 니콜라이 40, 45, 52, 339, 341, 671
차이링 209, 235, 243, 249, 254~256, 259, 265, 652
천수이벤 302, 320, 323~326
천시퉁 264,
천이 280, 282~284, 286~288, 292
천팡밍 275
천이양 217
청년자치동맹 278, 287
초당파학생연합(APSU) 408, 420, 422, 423
촛불시위 23, 386, 592, 652
최정운 562
춘향 656~658
친나왓, 탁신 443, 445, 512~515, 517, 692

ㅋ

카다피, 무아마르 557, 669
카르키, 락스미 343

카푸난, 에두아르도 93, 94
칸트, 이마누엘 67, 687, 700
칼라일 그룹 135, 445, 692
캉드쉬, 미셸 528, 529
커닝엄, 필립 259
케넌, 조지 562
케네디, 존 F. 55, 191, 689, 697
켄트 주립대학 36, 231
쿠마르 네팔, 마다브 18, 390, 391, 403
콘트라스 536, 539
크라쁘라윤, 수찐다 24, 32, 442, 483, 485, 489, 490~492, 497~502, 514, 555
크레임 기지 96, 97, 99, 104~106
크로포트킨, 표트르 595~600
크루스, 레네 101
클리머, 앨런 439, 488, 504
클리버, 캐슬린 655
키신저, 헨리 56, 63, 191, 412, 524
킹, 마틴 루서 35, 42, 231, 565

ㅌ

타이노동조합연맹(FLUT) 465
타이농민총연맹(FCT) 466
타이공산당(CPT) 469, 476, 508
타이독립학생연맹(FIST) 467
타이전국학생센터(NSCT) 450~452, 454~456, 458, 462, 463, 466, 469
타이학생연맹(SFT) 482~484, 486, 490~492
타헤르, 아부 412
타흐리르 광장 110, 557, 575
탐마삿 대학 441, 444, 448, 450, 453~456, 458~461, 469, 471~475, 488, 508, 513, 533, 574, 645
탕웨이 33, 299, 300, 304, 319
태프트-가쓰라 밀약 118, 524, 691

테와나르밋쿤, 빠린야 486, 490, 491, 517
텐진, 참파 192, 193
톈안먼 광장 8, 31, 45, 51, 57, 62, 197, 199, 207~210, 212, 214, 220, 221, 224~227, 230, 232, 235, 237, 238, 240, 241, 243~245, 248~252, 255~257, 259~261, 265, 266, 272, 315, 316, 318, 327, 339, 344, 485, 574, 595, 614, 631, 642, 652
톰슨, E.P. 66
통합민족민중운동(UNPM) 340, 358, 362
통합인민전선(UPF) 374, 375
통합좌파전선(ULF) 330, 340, 347, 349, 361, 363, 373, 374
투사회보 679
트루먼, 해리 212, 294
트리찬드라 대학 344, 347
트위터 550, 604, 620, 630

ㅍ

파드마카냐 대학 347, 348
파타라타나눈트, 솜차이 27
파리코뮌 8, 41, 216, 577~582, 584, 589, 591~597, 599, 607, 608, 648
파트와 428, 430
판원 309
판차야트 330, 336, 337, 340, 344, 349, 350, 351, 354, 358, 361~363, 365~367, 371, 374, 386
판첸 라마 176, 188, 197, 199, 201
펑충더 209, 233, 243, 255
페르난도, 바실 14, 541, 546
페미니스트 달리트 조직(FDO) 369, 388, 401
페미니즘 36, 297, 298, 303, 370, 544, 583, 653, 655, 657
페이스북 550, 605, 620, 663

페트라스, 제임스 19, 70, 627
평화를 위한 집단캠페인(COCAP) 396
포드, 제럴드 524
포럼 코타 32, 530
포우델, 람 찬드라 394, 398
푸미폰 국왕 446, 448, 457, 458, 461, 463, 471, 473, 475, 476, 502, 512~514
프라찬다 399, 402, 403
프라하의 봄 34, 46~48, 51
프랑스혁명 17, 41, 61, 549, 596, 598, 697, 698
피터 황 296
필리핀공산당(CPP) 84, 93, 112
필리핀민주당(LABAN) 88
필리핀민중회의(KOMPIL) 89

ㅎ

하버마스, 위르겐 674
하벨, 바츨라프 45, 51, 111
하비비, B. J. 534, 537
하티랏, 산뜨 485, 490
학생자치회 207, 208, 225, 234
한국전쟁 28, 63, 294, 448, 646, 666, 694
한둥팡 226, 257
합동조정위원회 349
헌팅턴, 새뮤얼 21, 24~25, 55~65, 67, 142, 214, 362, 481, 564, 565, 670
헤겔, G.W.F. 541
호나산, 그레고리오 18, 44, 84, 93, 94, 99, 157
호세, 시오닐 80, 81, 99
호찌민 83, 563, 640
홍성담 9, 580, 614
황자오친 282
후야오방 207, 210, 219, 220, 224, 225, 227, 229
후진타오 199, 249, 271
휴대전화 폭도 503, 642
히긴스, 앤드루 244

1968년 7, 17, 32~37, 40, 41, 44~48, 51, 52, 57, 62, 68, 83, 111, 216, 230, 447, 448, 450, 530, 542, 544, 545, 548~552, 555, 574, 575, 583, 595, 600, 605, 613, 614, 624, 634, 638, 641, 643, 644, 649
2·28사건 276, 281, 292, 320
4·5사건 218
4인방 214, 217
5·4봉기 215
7대정당동맹(SPA) 331, 381
88세대 138, 167, 168
BBC 147, 167, 346, 387, 495
CIA 60, 69, 70, 79, 90, 91, 96, 114, 134, 170, 181, 183, 187, 191, 467, 468, 523, 627, 628~631, 690, 701, 708
EDSA 76~79, 89, 94, 97, 99~101, 103~105, 107, 109, 118, 122~128
IMF 38, 39, 68, 72, 118, 120, 121, 267, 342, 373, 408, 418, 442, 478, 479, 510, 512, 513, 519, 520, 522, 527~529, 533, 535, 549, 553, 554, 617~619, 664, 665, 670, 676, 687, 689, 690, 703~708, 710~713, 715, 717
NATO 54
NGO 69, 70, 80, 89, 91, 102, 116, 119, 123, 126~129, 133~135, 269, 270, 308, 321~324, 370, 386, 396, 409, 425, 426, 429, 435, 436, 482, 485, 490, 496, 505~509, 536, 623~627, 629, 630, 683
OECD 682, 712

아시아의 민중봉기

초판 1쇄 펴낸날 2015년 5월 11일

지은이 조지 카치아피카스
옮긴이 원영수
펴낸이 박재영
편집 양선화 강곤
교정교열 양재화
디자인 최진규

펴낸곳 도서출판 오월의봄
주소 413-841 경기도 파주시 탄현면 참매미길 194-9
등록 제406-2010-000111호
전화 070-7704-2131
팩스 0505-300-0518

이메일 maybook05@naver.com
트위터 @oohbom
블로그 blog.naver.com/maybook05
페이스북 facebook.com/maybook05

ISBN 978-89-97889-61-7
      978-89-97889-59-4 (세트)

이 책은 저작권법에 따라 보호받는 저작물이므로 무단전재와 복제를 금합니다.
이 책 내용의 전부 또는 일부를 이용하려면 반드시 저작권자와 도서출판 오월의봄에게
서면 동의를 받아야 합니다.

이 도서의 국립중앙도서관 출판시도서목록(CIP)은 e-CIP홈페이지(http://nl.go.kr/ecip)와
국가자료공동목록시스템(http://www.nl.go.kr/kolisnet)에서 이용하실 수 있습니다.
(CIP 제어번호: CIP2015012437)

책값은 뒤표지에 있습니다. 잘못된 책은 바꾸어 드립니다.